민사실무 입문

민사실무 입문

| 황태윤 | 지음

전북대학교 출판문화원

이 저서는 2014년도 전북대학교 저술장려 경비 지원에 의하여 연구되었음

차 례

제1장 서 론

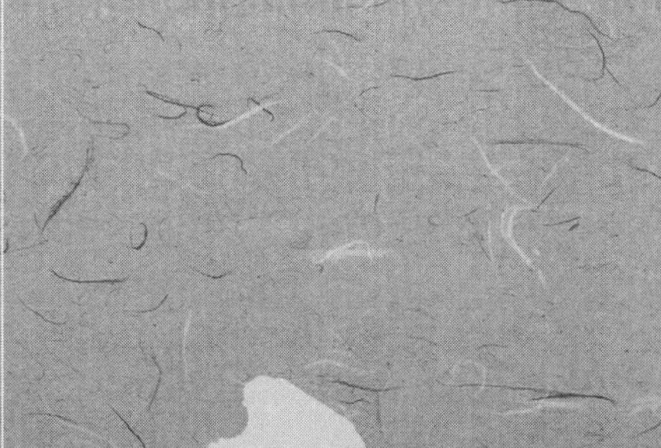

민사실무 입문

제1장

서 론

개인의 사적소유권을 보장하고 시장경제와 민주주의 정치시스템을 유지하는 문명국가에서는 오로지 국가만이 합법적으로 폭력을 독점하고 있으며, 시민들이 폭력을 사용하여 스스로 분쟁을 해결하는 것을 허용하지 않는다. 따라서 문명국가의 시민들은 반드시 폭력이 아닌 말과 글을 통해 분쟁을 해결하여야 한다. 민사소송은 말과 글로 판결문을 획득하는 과정으로 소송요건 심사와 본안 판결로 구성된다. 강제집행은 민사소송을 통해 획득한 판결문을 국가의 힘을 이용해 강제적으로 실현하는 과정이다. 우리나라 민사법을 관통하는 최고 원리는 의심할 여지없이 법질서를 통한 사적소유권의 확립과 이를 바탕으로 한 개인 간 공정한 거래의 보장에 있다. 민사와 관련된 분쟁은 법률과 대법원판례라는 두 가지 法源에 의하여 해결되게 고안되어 있다. 따라서 민사실무에 대한 지식습득의 요체는 민법, 상법·부동산등기법·집합건물법·임대차보호법 등 여러 민법 관련 법률, 민사소송법, 민사집행법에 대한 이해를 기본으로 많은 대법원판례들을 접하는 것에 있다. 이 책은 민사실무와 관련한 법률들의 중요 내용과 대법원 판례를 보건처분-소송요건-본안판결-강제집행 순으로 설명한 것이다.

제2장 보전처분

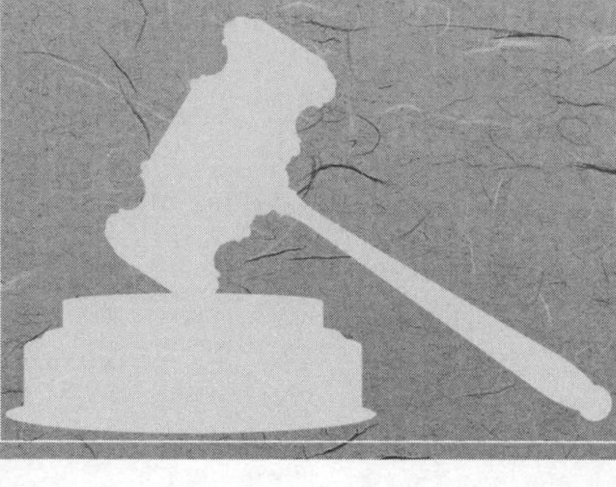

민사실무 **입문**

제2장

보전처분

제1절 서설

민사집행법 제4편은 보전처분 표제 아래 가압류(민사집행법 제276조), 다툼의 대상에 관한 가처분(민가집행법 제300조 제1항), 임시의 지위를 정하는 가처분(민사집행법 제300조 제2항)을 규정하고 있다. 보전처분(가압류·가처분)은 보전처분절차(가압류·가처분결정에 이르는 재판절차)와 보전처분집행절차(가압류·가처분결정의 집행절차)로 구성된다.

민사집행법상 보전처분은 본안재판 지연으로 인하여 생길 위험·손해를 방지하기 위하여 간이·신속하게 잠정적으로 현상을 동결하거나 임시적 법률관계를 형성하는 것을 목적으로 한다. 본안소송을 제기하려거나 진행 중인 자는 법원으로부터 보전처분결정을 받아 그 집행을 하여 둠으로써 후일 본안 판결을 얻은 후 그 판결의 집행을 매우 용이하게 할 수 있는 것이다.

보전처분은 확정판결의 집행보전을 위한 것으로 본안소송과 별도 절차에 의하여 가압류 등기와 같은 잠정적인 처분을 하는 것이며, 본안소송에 의하여 얻을 수 있는 권리 범위를 초과하는 처분을 할 수 없다. 보전처분은 판결이 아닌 결정으로 하도록 되어 있으며, 주장에 대한 소명으로 충분하다. 또한 집행문 없이 결정문만으로 집행이 가능하다. 보전처분절차는 원칙적으로 채무자가 알 수 없는 상태에서 비밀리에 심리되고 발령하며 그 결정문을 채무자에게 송달하기 전에 미리 집행에 착수한다.

보전처분절차에서는 가압류·가처분 신청인을 채권자, 상대방을 채무자라고 부른다. 다만 보전처분 취소사건에서는 취소신청인을 신청인으로, 그 상대방을 피신청인이라 한다. 보전소송 역시 본안소송과 마찬가지로 당사자능력과 소송능력이 있어야 하는데, 소송능력이 없는 경우 법정대리인이나 법정대리인이 선임한 소송대리인의 대리에 의해 소송할 수 있다. 본안소송에서 소송대리권을 가지는 자는 보전소송의 대리권도 가지기 때문에, 본안소송 위임장 사본을 제출하는 경우에는 별도의 소송위임장을 제출할 필요는 없다. 보전처분 신청 당시 상대방이 이미 사망한 경우 그 보전처분 신청은 부적법한 것으로 당연무효이다.

제2절 가압류

Ⅰ. 가압류의 신청

가압류는 금전채권이나 금전으로 환산할 수 있는 채권에 대하여 동산 또는 부동산에 대한 강제집행을 보전하기 위하여 할 수 있다(가압류의 피보전권리). 채권에 조건이 붙어 있는 것이거나 기한이 차지 아니한 것인 경우에도 가압류를 할 수 있다. 장래 발생할 채권이나 조건부 채권은 현재 그 권리의 특정이 가능하고 가까운 장래에 발생할 것임이 상당 정도 기대되는 경우 가압류 대상이 된다.[1]

보전처분의 피보전채권과 본안의 소송물인 권리는 엄격히 일치함을 요하지 않으며 청구의 기초의 동일성이 인정되는 한 보전처분의 보전의 효력은 본안소송의 권리에 미친다. 따라서 본안소송에서 피보전채권 중 일부의 존재가 인정되지 아니한 경우에는, 특별한 사정이 없는 한 가압류결정에 피보전채권액으로 기재된 액의 범위 내에서는 위 피보전채권 중 그 존재가 인정되는 나머지 부분뿐만 아니라 그와 청구기초의 동일성이 인정되는 채

1) 대법원 2009. 6. 11. 선고 2008다7109 판결

권에도 그 존재가 인정되는 한 보전처분의 보전의 효력이 미친다.[2)]

근저당권이 있는 채권이 가압류되는 경우, 근저당권설정등기에 부기등기의 방법으로 그 피담보채권의 가압류사실을 기입등기하는 목적은 근저당권의 피담보채권이 가압류되면 담보물권의 수반성에 의하여 종된 권리인 근저당권에도 가압류의 효력이 미치게 되어 피담보채권의 가압류를 공시하기 위한 것이므로, 만일 근저당권의 피담보채권이 존재하지 않는다면 그 가압류명령은 무효라고 할 것이고, 근저당권을 말소하는 경우에 가압류권자는 등기상 이해관계 있는 제3자로서 근저당권의 말소에 대한 승낙의 의사표시를 하여야 할 의무가 있다.[3)]

가압류는 이를 하지 아니하면 판결을 집행할 수 없거나 판결을 집행하는 것이 매우 곤란할 염려가 있을 경우에 할 수 있다(보전의 필요성). 채권자가 피보전권리에 관하여 이미 확정판결이나 그 밖의 집행권원(조정, 화해 등의 조서 또는 집행증서)을 가지고 있는 때에는 즉시 집행할 수 있는 상태에 있으므로 원칙적으로 보전의 필요성이 없어 가압류신청을 허용할 수 없다.[4)] 우리나라에서는 피보전권리만 소명되면 보전의 필요성은 사실상 추정된다고 보고 있기 때문에 심리의 주된 대상은 피보전권리의 존부이며, 보전의 필요성은 채권자가 적극적으로 소명하여야 할 요건이 아니라 예외적으로 보전의 필요성을 조각하는 사유가 있을 경우 보전신청을 기각하는 정도의 지위에 그치고 있다.[5)]

가압류신청이 사망자를 상대로 한 것이면 사망자 명의의 그 가압류결정은 무효이다.[6)] 신청 당시 생존하고 있던 채무자가 결정 직전에 사망하였거나 수계절차를 밟음이 없이 채무자명의의 결정이 이루어진 경우 그 가압류결정은 유효하다.[7)]

---

2) 대법원 1997. 2. 28. 선고 95다22788 판결
3) 대법원 2004. 5. 28. 선고 2003다70041 판결
4) 대법원 2005. 5. 26. 선고 2005다7672 판결
5) 권창영, "보전소송에서 보전의 필요성의 지위-가압류·계쟁물가처분의 보전이유를 중심으로-", 사법논집 제48집, 법원도서관(2009), 69면.
6) 대법원 1982. 10. 26. 선고 82다카884 판결
7) 대법원 1976. 2. 24. 선고 75다1240 판결

가압류는 가압류할 물건이 있는 곳을 관할하는 지방법원이나 본안의 관할법원이 관할한다. 가정법원 전속관할인 다류가사소송사건(이혼시 위자료 청구권)·마류가사비송사건(부양료청구권, 재산분할청구권)이 본안인 경우 가압류·가처분의 관할도 가정법원 전속관할이지만, 민사집행법상 규정이 그대로 준용된다.[8] 할부계약에 관한 소송, 방문판매·전화권유판매·다단계판매·통신판매 관련 소송은 제소당시 매수인 또는 소비자의 주소를 관할하는 지방법원의 전속관할이므로[9], 가압류·가처분의 관할도 이에 따른다.

가압류신청에는 청구채권의 표시, 그 청구채권이 일정한 금액이 아닌 때에는 금전으로 환산한 금액가압류의 이유가 될 사실의 표시를 적어야 한다. 청구채권과 가압류의 이유는 소명하여야 한다. 소명은 즉시 조사할 수 있는 증거에 의하여야 하므로[10], 증거신청한 당일 조사를 마칠 수 있는 증거방법이 아닌 증인신청·문서제출명령·문서송부촉탁·감정신청 등은 허용될 수 없다.

가압류신청은 서면으로 한다.[11] 가압류신청서에 붙여야 하는 인지액은 1만 원이다.[12] 실무상 채권자는 부동산가압류·유체동산가압류·채권가압류 세 가지로 구분하여 동일채권을 위하여 동일 채무자 소유자의 부동산·유체동산·채권을 각 목적재산으로 하여 신청하고 있으며, 법원도 별개 사건으로 취급하고 있다. 미등기부동산을 목적재산으로 가압류를 신청하는 경우 즉시 채무자명의로 등기할 수 있다는 것을 증명할 서류를 가압류신청서에 붙여야 한다. 미등기 건물인 경우에는 그 건물이 채무자의 소유임을 증명할 서류, 그 건물의 지번·구조·면적을 증명할 서류 및 그 건물에 관

8) 가사소송법 제63조
9) 할부거래에 관한 법률 제16조; 방문판매 등에 관한 법률 제46조; 전자상거래 등에서의 소비자보호에 관한 법률 제36조
10) 민사집행법 제23조 제1항, 민사소송법 제299조 제1항
11) 민사집행규칙 제203조 제1항
12) 민사소송 등 인지법 제9조 제2항 "민사집행법에 따른 가압류·가처분의 신청이나 가압류·가처분 결정에 대한 이의 또는 취소의 신청을 위한 신청서에는 1만원의 인지를 붙여야 한다. 다만, 임시의 지위를 정하기 위한 가처분의 신청 및 그에 대한 이의 또는 취소의 신청은 그 본안의 소에 따른 인지액의 2분의 1에 해당하는 인지를 붙여야 한다. 이 경우 인지액의 상한액은 50만원으로 한다."

한 건축허가 또는 건축신고를 증명할 서류를 신청서에 붙여야 한다.[13] 미등기부동산에 대하여 가압류결정이 내려지면, 집행법원은 미등기부동산에 대한 가압류등기를 촉탁하고, 이 때 등기관이 직권으로 당해 부동산에 대한 소유권보존등기를 먼저 경료하고 나서 가압류결정에 대한 기입등기를 한다.[14]

가압류신청은 채권자대위권에 기한 대위신청이 가능하다. 본안소송에서 소송대리권을 갖는 경우 보전소송에서도 대리권을 갖는다.[15] 따라서 본안소송 위임장사본을 제출하면 족하고, 따로 가압류신청에 관한 위임장을 제출할 필요가 없다.

Ⅱ. 가압류 신청에 대한 재판

가압류신청에 대한 재판은 변론 없이 할 수 있다. 청구채권이나 가압류의 이유를 소명하지 아니한 때에도 가압류로 생길 수 있는 채무자의 손해에 대하여 법원이 정한 담보를 제공한 때에는 법원은 가압류를 명할 수 있다. 청구채권과 가압류의 이유를 소명한 때에도 법원은 담보를 제공하게 하고 가압류를 명할 수 있다. 담보를 제공한 때에는 그 담보의 제공과 담보제공의 방법을 가압류명령에 적어야 한다. 또한 가압류명령에는 가압류의 집행을 정지시키거나 집행한 가압류를 취소시키기 위하여 채무자가 공탁할 금액을 적어야 한다.

가압류신청에 대한 재판은 결정으로 한다. 채권자는 가압류신청을 기각하거나 각하하는 결정에 대하여 즉시항고를 할 수 있다. 담보를 제공하게 하는 재판, 가압류신청을 기각하거나 각하하는 재판, 즉시항고를 기각하거나 각하하는 재판은 채무자에게 고지할 필요가 없다.

---

13) 민사집행법 제81조 제1항; 채무자 명의로 등기할 수 있다는 서면을 제출하지 못하는 경우 가압류대상이 될 수 없으므로 각하하여야 한다.

14) 등기선례 제5-648호(1998. 12. 11.) '미등기 부동산에 대한 가압류등기 절차'

15) 민사소송법 제90조 제1항

Ⅲ. 가압류결정에 대한 채무자의 이의신청

채무자는 가압류결정에 대하여 이의를 신청할 수 있다. 이의신청에는 가압류의 취소나 변경을 신청하는 이유[16]를 밝혀야 한다. 이의신청은 가압류의 집행을 정지하지 아니한다. 가압류신청의 소송대리인은 이의신청절차에서 소송대리인 지위를 그대로 유지한다.[17]

법원은 가압류이의신청사건에 관하여 현저한 손해 또는 지연을 피하기 위한 필요가 있는 때에는 직권으로 또는 당사자의 신청에 따라 결정으로 그 가압류사건의 관할권이 있는 다른 법원에 사건을 이송할 수 있다. 다만, 그 법원이 심급을 달리하는 경우에는 그러하지 아니하다.

채무자는 가압류이의신청에 대한 재판이 있기 전까지 가압류이의신청을 취하할 수 있다. 취하에는 채권자의 동의를 필요로 하지 아니한다. 가압류이의신청의 취하는 서면으로 하여야 한다. 다만, 변론기일 또는 심문기일에서는 말로 할 수 있다. 가압류이의신청서를 송달한 뒤에는 취하의 서면을 채권자에게 송달하여야 한다. 채권자가 변론기일 또는 심문기일에 출석하지 아니한 때에는 그 기일의 조서등본을 송달하여야 한다.

이의신청이 있는 때에는 법원은 변론기일 또는 당사자 쌍방이 참여할 수 있는 심문기일을 정하고 당사자에게 이를 통지하여야 한다. 법원은 심리를 종결하고자 하는 경우에는 상당한 유예기간을 두고 심리를 종결할 기일을 정하여 이를 당사자에게 고지하여야 한다. 다만, 변론기일 또는 당사자 쌍방이 참여할 수 있는 심문기일에는 즉시 심리를 종결할 수 있다. 이의신청에 대한 재판은 결정으로 한다. 결정에는 이유를 적어야 한다. 변론을 거치지 아니한 경우에는 이유의 요지만을 적을 수 있다. 법원은 이의신청에 대한 결정에서 가압류의 전부나 일부를 인가·변경 또는 취소할 수 있다. 이의신청절차에 의하여 가압류를 취소하는 결정을 하는 경우 법원은 채권자가 그 고지를 받은 날부터 2주를 넘지 아니하는 범위 안에서 상당하다고 인정하는 기간이 경과하여야 그 결정의 효력이 생긴다는 뜻을 선언할 수

---

16) 이의신청에 있어 이의사유에 관한 제한은 없다. 이와 달리 취소신청의 경우에는 제소기간의 도과, 사정변경 등 그 사유가 제한되어 있다.

17) 대법원 2003. 8. 22. 자 2003마1209결정

있다. 이의신청에 대한 결정에 대하여는 즉시항고를 할 수 있지만, 이 때 즉시항고는 집행을 정지시키는 효력이 없다.

상급심에서 가압류·가처분 결정을 취소·변경함으로써 그 가압류·가처분에 관하여 새로운 집행이 필요하게 된 때에는, 법원이 그 가압류·가처분의 집행기관이 되는 경우에 한하여, 그 취소·변경 재판을 한 상소법원이 직권으로 가압류·가처분 집행 절차를 진행한다. 다만 그 취소의 재판을 한 상소법원이 대법원인 때에는 채권자의 신청에 따라 제1심 법원이 가압류를 집행한다.

Ⅳ. 가압류결정에 대한 채무자의 취소신청

1. 제소명령에 의한 취소신청

가압류법원은 채무자의 신청에 따라 변론 없이 채권자에게 상당한 기간 이내에 본안의 소를 제기하여 이를 증명하는 서류를 제출하거나 이미 소를 제기하였으면 소송계속사실을 증명하는 서류를 제출하도록 명하여야 한다. 본안의 소를 제기하여야 할 상당한 기간은 2주 이상으로 정하여야 한다. 채권자가 위 기간 이내에 소를 제기하였다는 서류를 제출하지 아니한 때에는 법원은 채무자의 신청[18]에 따라 결정으로 가압류를 취소하여야 한다. 소를 제기하였다는 서류를 제출한 뒤에 본안의 소가 취하되거나 각하된 경우에는 그 서류를 제출하지 아니한 것으로 본다. 제소명령기간 도과에 의한 가압류취소 결정에 대하여는 즉시항고를 할 수 있지만, 이 때 즉시항고는 집행을 정지시키는 효력이 없다.

민사집행법 제287조에 규정된 본안의 소의 부제기 등에 의한 가압류취소는 채권자에게 본안의 소를 제기할 것을 명하고 채권자가 본안의 소를 제기하였다는 등을 증명하는 서류를 일정한 기간 이내에 제출하지 아니한 때에 가압류명령을 취소하는 제도로서, 제소명령에 정하여진 기간 이내에 본안의 소를 제기하지 아니하거나 본안의 소가 계속되고 있지 아니한 때는

18) 보전처분의 취소를 원하는 채무자는 제소명령신청과 별도로 보전처분의 취소 신청서를 제출하여야 한다.

물론이고 정하여진 기간 이내에 본안의 소가 제기되었거나 이미 소를 제기하여 계속되고 있었음에도 불구하고 채권자가 그러한 사실을 증명하는 서류를 기간 이내에 법원에 제출하지 아니한 경우에도 법원은 가압류명령을 취소하여야 하고, 그 기간이 지난 뒤에 증명서류를 제출하였다고 하더라도 마찬가지이다.[19] 이러한 법리는 정하여진 기간 이내에 본안의 소를 제기하였다가 그 기간이 지난 뒤에 이를 취하하면서 그에 앞서 그 청구기초의 동일성이 인정되는 별소를 제기한 사실이 있는 경우,[20] 가압류의 피보전채권 중 일부 채권액에 대해서만 정하여진 기간 이내에 본안의 소를 제기하고 나머지 채권액에 대하여는 그 기간이 지난 뒤에 청구 취지 확장의 방법으로 본안의 소를 추가로 제기한 경우[21]에도 마찬가지로 적용이 된다.

2. 사정변경 등에 의한 취소신청

채무자는 ①가압류이유가 소멸되거나 그 밖에 사정이 바뀐 때, 또는 ②법원이 정한 담보를 제공한 때[22], 또는 ③가압류가 집행된 뒤에 3년간 본안의 소를 제기하지 아니한 때[23]에는 가압류가 인가된 뒤에도 그 취소를

19) 대법원 2003. 6. 18. 자 2003마793 결정

20) 대법원 2008. 7. 10. 자 2008마332 결정

21) 대법원 2008. 7. 10. 자 2008마260 결정

22) 이 경우를 담보제공에 의한 가압류취소라고 하며, 가압류취소를 받기 위해 제공된 담보는 가압류명령 기재 청구채권을 직접 담보하고 있다(대법원 2008. 7. 1. 자 2008마711 결정). 따라서 채권자는 이때의 담보에 대하여 질권자와 동일한 권리를 가지게 되어 우선권이 인정된다. 가압류해방공탁에의 의한 집행취소에서의 가압류해방공탁금은 단지 가압류목적물에 갈음하는 것에 지나지 않기 때문에 채권자가 해방공탁금에 대한 우선변제권이 인정되지 않는 것과 비교된다.

23) 이 규정은 보전처분을 집행한 때부터 3년이 경과할 때까지 채권자가 본안의 소를 제기하지 않은 경우에는 채무자가 보전처분 취소소송을 제기하여 그 취소를 구할 수 있다는 것에 불과하고, 보전처분 집행 후 3년간 본안소송이 제기되지 아니하였다고 하여 보전처분 취소판결 없이도 보전처분의 효력이 당연히 소멸되거나, 보전처분 취소판결이 확정된 때에 보전처분 집행시부터 3년이 경과된 시점에 소급하여 보전처분의 효력을 소멸하게 하는 것은 아니다. 본안소송이 제기된 시점이나 소유권이전등기가 된 시점이 가처분 집행 후 3년이 경과한 후에도 같다(대법원 2004. 4. 9. 선고 2002다58389 판결). 3년간 본안의 소를 제기하지 아니하였음을 이유로 한 가압류 취소는 시효중단의 효력이 소급하여 없어지는 민법 제175조에서 정한 가압류 취소의 경우에 해당하지 않는다(대법원 2009. 5. 28. 선고 2009다20 판결).

신청할 수 있다. 특히 가압류가 집행된 뒤에 3년간 본안의 소를 제기하지 아니한 때에 해당하는 경우에는 이해관계인도 가압류의 취소를 신청할 수 있다. 이 신청에 대한 재판의 관할은 가압류를 명한 법원이 한다. 다만 본안이 이미 계속된 때에는 본안법원이 관할법원이다. 이 재판에는 이의신청에 대한 심리와 재판에 관한 민사집행법 제286조 제1항 내지 제4항·제6항 및 제7항을 준용한다.

가압류·가처분채권자가 본안소송에서 승소하고 채무명의를 획득하여 즉시 본집행을 할 수 있는 요건을 갖추었음에도 불구하고 그 집행을 하지 아니하고 있는 경우에는 피보전권리에 대한 보전의 필요성은 소멸되었다고 할 것이고, 이와 같이 가압류·가처분 결정 후에 보전의 필요성이 소멸된 때에는 그 가처분을 그대로 존속시켜 놓을 수 없는 사유인 사정변경이 있다고 보아야 할 것이다.[24)]

가압류의 피보전권리가 소멸되었거나 또는 존재하지 아니함이 본안소송에서 확정된 경우에는 사정변경에 따른 가압류 취소사유가 되며, 이 경우 그 가압류를 그 피보전권리와 다른 권리의 보전을 위하여 유용할 수 없다.[25)] 보전처분의 본안소송에서 보전처분 신청인이 실체법상의 이유로 패소판결을 받은 경우에는 사정변경이 있다고 할 수 있고, 그 경우에 본안소송의 유용은 허용되지 아니하나, 본안소송에서 소송법상의 이유로 각하판결을 받은 경우에는 일반적으로 사정변경이 있다고 할 수는 없다.[26)]

가압류·가처분결정 후 그 본안소송에서 가압류·가처분채권자가 패소하고 그 판결이 상급심에서 변경될 염려가 없다고 인정되는 경우 그 가압류·가처분결정은 사정변경을 이유로 취소될 수 있다고 할 것인바, 본안소송에서의 가압류·가처분채권자의 패소판결이 상소심에서 변경될 가능성이

---

24) 대법원 1984. 10. 23. 선고 84다카935 판결; 대법원 2000. 11. 14. 선고 2000다40773 판결 "가처분채권자가 본안소송에서 승소판결을 받은 그 집행채권이 정지조건부인 경우라 할지라도 그 조건이 집행채권자의 의사에 따라 즉시 이행할 수 있는 의무의 이행인 경우 정당한 이유 없이 그 의무의 이행을 게을리 하고 집행에 착수하지 않고 있다면 보전의 필요성은 소멸되었다고 보아야 할 것이다."

25) 대법원 1976. 4. 27. 선고 74다2151 판결; 대법원 1994. 8. 12. 선고 93므1259 판결

26) 대법원 1995. 8. 25. 선고 94다42211 판결

있는지 여부는 사정변경을 이유로 한 가압류·가처분취소신청사건의 사실심 종결시를 기준으로 하여 그때까지 제출된 당사자의 주장과 증거방법을 기초로 판단하여야 할 것이다.[27)]

채권자가 가압류·가처분명령이 있은 후 그 보전의 의사를 포기하였다고 볼 만한 사정이 있는 경우에는 가압류·가처분명령 취소사유인 사정변경에 해당한다고 보아야 한다. 그런데 소의 의제적 취하는 여러 가지 동기와 원인에서 이루어지고, 가압류·가처분명령에 대한 본안소송이 쌍방불출석으로 취하된 것으로 간주되었다고 하더라도, 통상의 소취하의 경우와 마찬가지로 본안에 대한 종국판결이 있기 전이라면 피보전권리에 영향을 주는 것이 아니어서 다시 같은 소송을 제기할 수도 있는 것이므로(민사소송법 제240조 제2항), 그 취하의 원인, 동기, 그 후의 사정 등에 비추어 채권자가 보전의 의사를 포기하였다고 인정되지 아니하는 이상 가압류·가처분명령에 대한 본안소송이 취하된 것으로 간주되었다는 사실 자체만으로 가압류·가처분명령 취소사유인 사정변경에 해당한다고 볼 수는 없다.[28)]

사정변경 등에 의한 가압류취소결정에 대하여 즉시항고가 있는 경우에, 불복의 이유로 주장한 사유가 법률상 정당한 사유가 있다고 인정되고 사실에 대한 소명이 있으며, 그 가압류를 취소함으로 인하여 회복할 수 없는 손해가 생길 위험이 있다는 사정에 대한 소명이 있는 때에는, 법원은 당사자의 신청에 따라 담보를 제공하게 하거나 담보를 제공하지 아니하게 하고 가압류취소결정의 효력을 정지시킬 수 있다.

V. 가압류집행과 가압류집행취소신청

1. 가압류집행

가압류의 집행에 대하여는 다른 규정이 있는 경우를 제외하고는 원칙적으로 강제집행에 관한 규정을 준용한다. 가압류에 대한 재판이 있은 뒤에 채권자나 채무자의 승계가 이루어진 경우에 가압류의 재판을 집행하려면

27) 대법원 2008. 11. 27. 자 2007마1470 결정
28) 대법원 1998. 5. 21. 선고 97다47637 전원합의체 판결

(승계)집행문을 덧붙여야 한다. 가압류에 대한 재판의 집행은 채권자에게 재판을 고지한 날부터 2주를 넘긴 때에는 하지 못한다. 가압류집행은 채무자에게 재판을 송달하기 전에도 할 수 있다.

보전처분 명령이 성립하면 채권자에게 고지함과 동시에 집행력이 발생한다. 따라서 채권자의 집행신청을 기다리지 않고 법원은 집행에 착수한다. 보전처분에는 따로 집행문 부여가 없다. 다만 당사자의 승계가 있을 경우에 한해 승계집행문이 필요하다. 실무상 집행착수 전에는 채무자에게 재판서 정본을 송달하지 않는 것을 원칙으로 하고 있다.

부동산에 대한 가압류의 집행은 가압류재판에 관한 사항을 등기부에 기입하여야 한다. 이 때 집행법원은 가압류재판을 한 법원으로 한다. 가압류등기는 법원사무관등이 촉탁한다. 가압류의 집행으로 강제관리를 하는 경우에는 관리인이 청구채권액에 해당하는 금액을 지급받아 공탁하여야 한다. 동산에 대한 가압류의 집행은 압류와 같은 원칙에 따라야 한다.[29] 채권가압류의 집행법원은 가압류명령을 한 법원으로 한다. 채권의 가압류에는 제3채무자에 대하여 채무자에게 지급하여서는 아니 된다는 명령만을 하여야 한다.[30]

집행기간은 집행이 가능한 때부터 진행한다. 즉시 집행이 가능한 보전처분(가압류, 부동산점유이전금지가처분 등)은 채권자에게 그 재판을 고지한

---

29) 유체동산의 가압류집행은 별도로 집행관에게 집행위임을 하여야 한다.

30) 대법원 1999. 2. 9. 선고 98다42615 판결 "소유권이전등기청구권에 대한 압류나 가압류는 채권에 대한 것이지 등기청구권의 목적물인 부동산에 대한 것이 아니고, 채무자와 제3채무자에게 그 결정을 송달하는 외에 현행법상 등기부에 이를 공시하는 방법이 없는 것으로서, 당해 채권자와 채무자 및 제3채무자 사이에만 효력이 있을 뿐 압류나 가압류와 관계가 없는 제3자에 대하여는 압류나 가압류의 처분금지적 효력을 주장할 수 없게 되므로, 소유권이전등기청구권의 압류나 가압류는 청구권의 목적물인 부동산 자체의 처분을 금지하는 대물적 효력은 없고, 또한 채권에 대한 가압류가 있더라도 이는 채무자가 제3채무자로부터 현실로 급부를 추심하는 것만을 금지하는 것이므로 채무자는 제3채무자를 상대로 그 이행을 구하는 소송을 제기할 수 있고 법원은 가압류가 되어 있음을 이유로 이를 배척할 수는 없는 것이지만, 소유권이전등기를 명하는 판결은 의사의 진술을 명하는 판결로서 이것이 확정되면 채무자는 일방적으로 이전등기를 신청할 수 있고 제3채무자는 이를 저지할 방법이 없게 되므로 위와 같이 볼 수는 없고 이와 같은 경우에는 가압류의 해제를 조건으로 하지 않는 한 법원은 이를 인용하여서는 안되는 것이며, 가처분이 있는 경우도 이와 마찬가지로 그 가처분의 해제를 조건으로 하여야만 소유권이전등기절차의 이행을 명할 수 있다."

날부터 집행기간이 진행한다. 2주 안에 집행하여야 한다는 것은 2주 안에 집행에 착수하여야 한다는 것을 의미한다. 집행 착수 이후 절차는 집행기간 경과 후에 이루어져도 무관하다. 유체동산 집행의 경우는 집행관이 압류할 재산을 찾기 위하여 채무자의 가옥, 사무실, 창고 그 밖의 장소에 대한 수색에 나아가면 집행의 착수가 있다고 본다. 부동산가압류의 경우는 등기촉탁서를 발송하면 착수가 있다고 본다. 어음, 수표, 그 밖에 배서로 이전할 수 있는 증권으로서 배서가 금지된 증권채권의 가압류는 집행관이 그 증권의 점유를 개시한 때가 집행의 착수시기이다.

가압류한 금전은 공탁하여야 한다. 가압류물은 현금화를 하지 못한다. 다만, 가압류물을 즉시 매각하지 아니하면 값이 크게 떨어질 염려가 있거나 그 보관에 지나치게 많은 비용이 드는 경우에는 집행관은 그 물건을 매각하여 매각대금을 공탁하여야 한다.

제3채무자가 가압류 집행된 금전채권액을 공탁한 경우에는 그 가압류의 효력은 그 청구채권액에 해당하는 공탁금액에 대한 채무자의 출급청구권에 대하여 존속한다.

2. 가압류집행취소신청

가. 채권자의 가압류집행취소신청

채권자는 보전처분의 집행상태가 계속되고 있는 한 언제든지 그 집행취소를 신청할 수 있다.

채권자의 집행해제신청 또는 집행신청취하라고도 한다. 채권자는 채무자의 동의없이 집행취소를 신청할 수 있고, 채권자의 집행취소신청에 의한 법원의 집행취소결정에 대하여 채무자가 항고할 수도 없다.[31] 부동산·채권 가압류의 경우 법원에, 동산가압류는 집행을 담당한 집행관에게 취소신청서를 제출한다. 이 때 송달료와 등록세 등 비용을 예납하여야 하나, 인지

31) 대법원 1980. 2. 15.자 79마351 결정 "가처분 신청인은 가처분 피신청인의 동의없이 그 가처분 집행취소의 신청을 할 수 있으며, 그 집행취소결정은 그 가처분 피신청인에게 아무런 불이익도 주지 아니하므로 그 가처분 피신청인은 그 집행취소 결정에 대하여 항고할 수 없다."

를 붙일 필요는 없다. 실무에서는 집행취소결정을 하지 않고 곧바로 집행취소의 절차를 밟는다.

금전채권의 보전을 위하여 채무자의 금전채권에 대하여 가압류가 행하여진 경우에 그 후 채권자의 신청에 의하여 그 집행이 취소되었다면, 다른 특별한 사정이 없는 한 가압류에 의한 소멸시효 중단의 효과는 소급적으로 소멸된다.[32)]

나. 채무자의 해방금액공탁을 이유로 한 가압류집행취소신청

채무자가[33)] 가압류명령에 정한 금액을 공탁한 때에는 법원은 결정으로 집행한 가압류를 취소하여야 한다. 이때 취소결정에 대하여는 즉시항고를 할 수 있으며, 민사집행법 제17조 제2항[34)]의 규정을 준용하지 아니한다.

해방금액공탁을 이유로 가압류집행이 취소되더라도 가압류명령 그 자체의 효력이 소멸되는 것이 아니므로 가압류결정에 대한 제소기간도과나 사정변경에 의한 취소신청에 의한 가압류·가처분 결정의 취소와는 전혀 다른 것이다.

---

32) 대법원 2010. 10. 14.자 2010다53273 결정 "민법 제175조는 가압류가 '권리자의 청구에 의하여 취소된 때에는' 소멸시효 중단의 효력이 없다고 정한다. 가압류의 집행 후에 행하여진 채권자의 집행취소 또는 집행해제의 신청은 실질적으로 집행신청의 취하에 해당하고, 이는 다른 특별한 사정이 없는 한 가압류 자체의 신청을 취하하는 것과 마찬가지로 그에게 권리행사의 의사가 없음을 객관적으로 표명하는 행위로서 위 법규정에 의하여 시효중단의 효력이 소멸한다고 봄이 상당하다. 이러한 점은 위와 같은 집행취소의 경우 그 취소의 효력이 단지 장래에 대하여만 발생한다는 것에 의하여 달라지지 아니한다. 원심은, 원고가 이 사건 채권에 기하여 피고의 제3채무자에 대한 예금채권에 대하여 가압류를 신청하여 2007. 5. 23.자의 가압류결정이 그 무렵 제3채무자에게 송달되었으나 그 후 원고가 가압류집행의 해제를 신청하여 같은 해 7. 4. 그 가압류집행해제통지서가 피고에게 송달되었으므로 위 가압류로 인한 소멸시효 중단의 효력은 소급적으로 소멸하였다고 판단하여, 결국 피고의 소멸시효 완성 주장을 받아들였다. 원심의 그러한 판단은 정당하고, 거기에 상고이유의 주장과 같이 소멸시효중단사유 또는 가압류의 집행해제에 관한 법리를 오해한 위법이 있다고 할 수 없다."

33) 채무자가 아닌 제3자는 해방금액을 공탁할 수 없다. 이를 인정할 경우 채권자가 채무자에 대한 집행권원을 받아도 그 해방금액에 대한 집행을 할 근거가 없게 되기 때문이다.

34) 민사집행법 제17조(취소결정의 효력) ① 집행절차를 취소하는 결정, 집행절차를 취소한 집행관의 처분에 대한 이의신청을 기각·각하하는 결정 또는 집행관에게 집행절차의 취소를 명하는 결정에 대하여는 즉시항고를 할 수 있다. ② 제1항의 결정은 확정되어야 효력을 가진다.

가압류해방금액은 채무자가 입을 수 있는 손해를 담보하는 취지의 이른바 소송상의 담보와는 달리 가압류의 목적물에 갈음하는 것으로서, 금전에 의한 공탁만이 허용되고, 유가증권에 의한 공탁은 그 유가증권이 실질적 통용가치가 있는 것이라고 하더라도 허용되지 않는다.[35] 집행이 취소되면 해방공탁금은 가압류 목적물에 갈음하기 때문에 가압류채권자에게 해방공탁금에 대한 우선변제권이 인정되지 않고, 가압류채권자는 채무자가 가지는 해방공탁금회수청구권을 가압류한 채권자와 같은 지위에 있게 된다.[36] 그러나 가압류채무자에게 해방공탁금의 용도로 금원을 대여하여 가압류집행을 취소할 수 있도록 한 자는 특별한 사정이 없는 한 가압류 채권자에 대한 관계에서 가압류해방공탁금회수청구권에 대하여 위 대여금채권에 의한 압류 또는 가압류의 효력을 주장할 수는 없다.[37]

다. 가압류 신청취하 등을 이유로 한 가압류집행취소신청

실무상 가압류신청의 취하 또는 취하간주가 되었을 때 채무자는 가압류신청 취하서 또는 취하증명서를 제출하여 가압류집행취소신청을 하고 있다. 이 때 부동산가압류 또는 채권가압류의 경우에는 법원이 별도의 집행취소결정 없이 곧바로 집행취소절차를 밟지만, 유체동산 가압류의 경우 집행관이 별도의 집행해제신청을 받아 집행취소절차에 착수한다.

채권가압류에 있어서 채권자가 채권가압류신청을 취하하면 채권가압류결정은 그로써 효력이 소멸되지만, 채권가압류결정정본이 제3채무자에게 이미 송달되어 채권가압류결정이 집행되었다면 그 취하통지서가 제3채무자에게 송달되었을 때에 비로소 그 가압류집행의 효력이 장래를 향하여 소멸된다.[38] 이러한 법리는 그 취하통지서가 제3채무자에게 송달되기 전에 제3채무자가 집행법원 법원사무관 등의 통지에 의하지 아니한 다른 방법

35) 대법원 1996. 10. 1. 자 96마162 전원합의체 결정

36) 대법원 2002. 8. 27. 선고 2001다73107 판결; 압류채권자는 해방공탁금을 지급받기 위하여 본안승소확정판결 등을 집행권원으로 하여 공탁금회수청구권에 대한 별도의 추심 또는 전부명령을 받아야 한다(김홍엽, 「민사집행법」, 박영사(2013), 424-425면).

37) 대법원 1998. 6. 26. 선고 97다30820 판결

38) 대법원 2001. 10. 12. 선고 2000다19373 판결

으로 가압류신청 취하사실을 알게 된 경우에도 마찬가지라고 할 것이다.[39)]

Ⅵ. 가압류집행의 효력

가압류명령이 집행되면 채무자는 가압류명령의 목적물을 매매, 증여, 담보물권의 설정 기타 일체의 처분을 하여서는 안 된다.[40)] 그러나 가압류의 목적은 장차 목적물을 현금화하여 그로부터 금전적 만족을 얻자는 데 있는 것뿐이므로, 그러한 목적 달성에 필요한 범위를 넘어서까지 채무자의 처분행위를 막을 필요는 없다. 따라서 가압류채무자가 가압류의 처분금지적 효력에 반하여 일정한 처분을 한 경우 그들 사이의 거래는 전적으로 유효하고, 다만 가압류채권자에 대해서만 그 거래의 유효를 주장할 수 없다. 가압류가 취소되거나, 가압류결정이 무효로 밝혀진 경우 채무자와 제3취득자 사이의 거래행위는 전적으로 유효하다.

가압류 목적물에 대하여 강제집행이 가능하며, 이 경우 가압류채권자는 배당요구를 하지 않아도 당연히 배당받을 권리가 있다. 첫 경매개시결정 기입등기 후에 부동산을 가압류한 채권자는 배당요구를 하여야 한다. 체납처분은 재판상의 가압류 또는 가처분으로 인하여 그 집행에 영향을 받지 않는다.[41)]

가압류와 가처분은 그 내용이 서로 모순·저촉되지 한 경합이 가능하지만, 그 내용이 모순·저촉되는 경우에는 그 효력의 우열은 부동산의 경우

---

39) 대법원 2008. 1. 17. 선고 2007다73826 판결 "채권가압류는 가압류명령이 제3채무자에게 송달되어야 그 효력이 생기고, 가압류명령의 신청이 취하된 때에는 법원사무관 등은 가압류명령을 송달받은 제3채무자에게 그 사실을 통지하여야 하는데, 만약 제3채무자의 주관적 인식이나 가압류당사자들의 특수한 사정에 따라 채권가압류집행의 효력 소멸 여부를 달리 판단한다면 이해관계 있는 제3자의 이익을 보호하고 법적 안정성을 도모할 수 없기 때문이다. 원고의 이 사건 전부명령은 선행 가압류신청의 취하통지서가 제3채무자에게 송달되어 그 가압류집행의 효력이 소멸되기 전에 압류가 경합된 상태에서 발령된 경우에 해당하여 무효이고, 한번 무효로 된 전부명령은 그 후 채권가압류의 집행해제로 압류의 경합 상태에서 벗어났다고 하여 되살아나지 않는다."

40) 대법원 1983. 4. 26. 선고 83다카116 판결 "부동산에 대하여 가압류등기가 마쳐진 후에 그 채무자로부터 그 부동산을 임차한 자는 가압류집행으로 인한 처분금지의 효력에 의하여 가압류사건의 본안판결의 집행에 의하여 그 부동산을 취득한 경락인에게 그 임대차의 효력을 주장할 수 없다."

41) 국세징수법 제35조

집행의 선후에 의한다.[42] 등기신청의 접수순위는 등기공무원이 등기신청서를 받았을 때를 기준으로 하고, 동일한 부동산에 관하여 동시에 수개의 등기신청이 있는 때에는 동일 접수번호를 기재하여 동일 순위로 기재하여야 하므로, 등기공무원이 법원으로부터 동일한 부동산에 관한 가압류등기 촉탁서와 처분금지가처분등기 촉탁서를 동시에 받았다면 양 등기에 대하여 동일 접수번호와 순위번호를 기재하여 처리하여야 하고 그 등기의 순위는 동일하다고 할 것이며, 이와 같이 동일한 부동산에 관하여 동일 순위로 등기된 가압류와 처분금지가처분의 효력은 그 당해 채권자 상호간에 한해서는 처분금지적 효력을 서로 주장할 수 없다고 하여야 할 것이다. 따라서 가압류권자가 승소판결을 받아 이를 채무명의로 하여 강제경매를 신청하더라도 그 전에 가처분권자 명의로 소유권이 경료된 경우 그 소유권이전등기의 효력을 부정할 수는 없으므로 결국 가압류권자가 승소판결을 얻어 진행한 강제경매신청은 타인 소유 부동산에 대한 경매신청이어서 부적법하다.[43]

부동산에 가압류등기가 경료되면 채무자가 당해 부동산에 관한 처분행위를 하더라도 이로써 가압류채권자에게 대항할 수 없게 되는데, 여기서 처분행위란 당해 부동산을 양도하거나 이에 대해 용익물권, 담보물권 등을 설정하는 행위를 말하고 특별한 사정이 없는 한 점유의 이전과 같은 사실행위는 이에 해당하지 않는다. 부동산에 경매개시결정의 기입등기가 경료

---

42) 대법원 2005. 1. 14. 선고 2003다33004 판결 "부동산처분금지가처분이 유효하게 집행된 이후 가처분채권자가 그 본안소송에서 승소판결을 선고받아 확정되면 가처분채권자는 가처분등기 후에 경료된, 그에 위반되는 등기의 말소를 단독으로 신청할 수 있고, 동일한 부동산에 대하여 가압류와 처분금지가처분이 경합하는 경우 처분의 금지라는 점에 있어서는 양자의 효력이 양립할 수 없어 가압류와 가처분의 효력 순위는 그 집행 순서에 따라 정할 수밖에 없으므로, 부동산에 대하여 가압류등기가 된 경우에, 그 가압류채무자(현 소유자)의 전 소유자가 위의 가압류 집행에 앞서 같은 부동산에 대하여 소유권이전등기의 말소청구권을 보전하기 위한 처분금지가처분등기를 경료한 다음, 채무자를 상대로 매매계약의 해제를 주장하면서 소유권이전등기 말소소송을 제기한 결과 승소판결을 받아 확정되기에 이르렀다면, 위와 같은 가압류는 결국 말소될 수밖에 없고, 따라서 이러한 경우 가압류채권자는 민법 제548조 제1항 단서에서 말하는 제3자로 볼 수 없으며, 가처분채권자가 받은 본안판결이 전부 승소판결이 아닌 동시이행판결인 경우도 이와 달리 볼 이유가 없다."

43) 대법원 1998. 10. 30. 자 98마475 결정

되어 압류의 효력이 발생한 후에 채무자가 제3자에게 당해 부동산의 점유를 이전함으로써 그로 하여금 유치권을 취득하게 하는 경우 그와 같은 점유의 이전은 처분행위에 해당하지만, 부동산에 가압류등기가 경료되어 있을 뿐 현실적인 매각절차가 이루어지지 않고 있는 상황 하에서는 채무자의 점유이전으로 인하여 제3자가 유치권을 취득하게 된다고 하더라도 이를 처분행위로 볼 수 없다.[44]

소유권이전등기청구권의 가압류는 등기청구권의 목적물인 부동산 자체의 처분을 금지하는 대물적 효력은 없고 채무자가 제3채무자에게서 현실로 급부를 추심하는 것을 금지하는 것뿐이므로 채무자는 제3채무자를 상대로 이행을 구하는 소송을 제기할 수 있고 법원은 가압류가 되어 있음을 이유로 이를 배척할 수 없으나, 소유권이전등기를 명하는 판결은 의사의 진술을 명하는 판결이어서 이것이 확정되면 채무자는 일방적으로 이전등기를 신청할 수 있고 제3채무자는 이를 저지할 방법이 없으므로, 가압류의 해제를 조건으로 하지 않는 한 법원은 이를 인용하여서는 안 되며, 가처분이 있는 경우에도 이와 마찬가지이다.[45]

압류·가압류 후의 처분행위 등은 그 처분행위에 선행하는 압류·가압류채권자에 대하여만 대항할 수 없고 당해 처분행위의 후에 압류·가압류한 자 및 집행개시 후 배당요구 등의 형태로 집행절차에 참가해 들어온 타 채권자 등에 대하여는 그 처분행위 효력을 대항할 수 있다는 것이 판례의 확립된 태도이다. 이에 따르면 가압류등기가 경료된 후 저당권을 취득한 경우에는 가압류권자와 저당권자는 동순위로 배당을 받고, 가압류등기 후 저당권이 되고, 이후 다시 가압류등기가 경료되거나 일반채권자의 배당요구가 있는 경우에는 먼저 각 채권액에 안분하여 배당액을 산정한 후, 저당권자는 선순위 가압류권자에게 우선변제권을 주장할 수 없으므로 안분비례에 의한 평등배당을 받은 후 후순위 가압류권자나 일반채권자에 대하여는 저당권자로서 우선변제권을 주장하여 후순위 가압류권자나 일반채권자가 받을 배당액으로부터 자기의 채권을 만족시킬 때까지 흡수한다.[46]

---

44) 대법원 2011. 11. 24. 선고 2009다19246 판결
45) 대법원 2011. 8. 18. 선고 2009다60077 판결

채권에 대한 가압류는 제3채무자에 대하여 채무자에게의 지급 금지를 명하는 것이므로 채권을 소멸 또는 감소시키는 등의 행위는 할 수 없고 그와 같은 행위로 채권자에게 대항할 수 없는 것이지만, 채권의 발생원인인 법률관계에 대한 채무자의 처분까지도 구속하는 효력은 없다 할 것이므로 채무자와 제3채무자가 아무런 합리적 이유 없이 채권의 소멸만을 목적으로 계약관계를 합의해제한다는 등의 특별한 경우를 제외하고는, 제3채무자는 채권에 대한 가압류가 있은 후라고 하더라도 채권의 발생원인인 법률관계를 합의해제하고 이로 인하여 가압류채권이 소멸되었다는 사유를 들어 가압류채권자에 대항할 수 있다.[47]

소유권이전등기청구권의 가압류나 압류가 행하여지면 제3채무자로서는 채무자에게 등기이전행위를 하여서는 아니되고, 그와 같은 행위로 채권자에게 대항할 수 없다 할 것이나, 가압류나 압류에 의하여 그 채권의 발생원인인 법률관계에 대한 채무자와 제3채무자의 처분까지도 구속되는 것은 아니므로 기본적 계약관계인 매매계약 자체를 해제할 수 있다. 제3채무자가 소유권이전등기청구권에 대한 압류명령에 위반하여 채무자에게 소유권이전등기를 경료한 후 채무자의 대금지급의무의 불이행을 이유로 매매계약을 해제한 경우, 해제의 소급효로 인하여 채무자의 제3채무자에 대한 소유권이전등기청구권이 소급적으로 소멸함에 따라 이에 터잡은 압류명령의 효력도 실효되는 이상 압류채권자는 처음부터 아무런 권리를 갖지 아니한 것과 마찬가지 상태가 되므로 제3채무자가 압류명령에 위반되는 행위를 한 후에 매매계약이 해제되었다 하여도 불법행위는 성립하지 아니한다.[48]

채권가압류가 된 경우, 제3채무자는 채무자에 대하여 채무의 지급을 하여서는 안 되고, 채무자는 추심, 양도 등의 처분행위를 하여서는 안 되지만, 이는 이와 같은 변제나 처분행위를 하였을 때에 이를 가압류채권자에게 대항할 수 없다는 것이며, 채무자가 제3채무자를 상대로 이행의 소를 제기하여 채무명의를 얻는 것까지 금하는 것은 아니라 할 것이고, 다만 채무자가

---

46) 대법원 1992. 3. 27. 선고 91다44407 판결
47) 대법원 2001. 6. 1. 선고 98다17930 판결
48) 대법원 2000. 4. 11. 선고 99다51685 판결

채무명의를 얻더라도 이에 기하여 제3채무자에 대하여 강제집행을 할 수는 없다.[49]

가압류집행이 먼저 되고 나서 제3자 앞으로 가압류목적물에 대한 소유권이 이전 된 경우 그 제3자의 소유권 취득은 가압류에 의한 처분금지의 효력 때문에 그 집행 보전의 목적을 달성하는데 필요한 범위 안에서 가압류채권자에 대한 관계에서만 상대적으로 무효일 뿐이고, 가압류채무자의 다른 채권자 등에 대한 관계에서는 유효하다 할 것이므로, 위와 같은 경우 채무명의를 얻은 가압류채권자의 신청에 의하여 제3자의 소유권 취득 후 당해 가압류목적물에 대하여 개시된 강제경매절차에서 가압류채무자에 대한 다른 채권자는 당해 가압류목적물의 경락대금의 배당에 참가할 수 없다.[50]

부동산에 대한 가압류집행 후 가압류목적물의 소유권이 제3자에게 이전된 경우 가압류채권자는 집행권원을 얻어 제3취득자가 아닌 가압류채무자를 집행채무자로 하여 그 가압류를 본압류로 이전하는 강제집행을 실행할 수 있으나, 이 경우 그 강제집행은 가압류의 처분금지적 효력이 미치는 객관적 범위인 가압류결정 당시의 청구금액의 한도 안에서만 집행채무자인 가압류채무자의 책임재산에 대한 강제집행절차라 할 것이고, 나머지 부분은 제3취득자의 재산에 대한 매각절차라 할 것이므로, 제3취득자에 대한 채권자는 그 매각절차에서 제3취득자의 재산 매각대금 부분으로부터 배당을 받을 수 있다.[51]

부동산에 대한 가압류집행 후 가압류목적물의 소유권이 제3자에게 이전된 경우 가압류의 처분금지적 효력이 미치는 것은 가압류결정 당시의 청구금액의 한도 안에서 가압류목적물의 교환가치이고, 위와 같은 처분금지적 효력은 가압류채권자와 제3취득자 사이에서만 있는 것이므로 제3취득자의 채권자가 신청한 경매절차에서 매각 및 경락인이 취득하게 되는 대상은 가압류목적물 전체라고 할 것이지만, 가압류의 처분금지적 효력이 미치는 매

49) 대법원 1989. 11. 24. 선고 88다카25038 판결
50) 대법원 1998. 11. 13. 선고 97다57337 판결
51) 대법원 2005. 7. 29. 선고 2003다40637 판결

각대금 부분은 가압류채권자가 우선적인 권리를 행사할 수 있고 제3취득자의 채권자들은 이를 수인하여야 하므로, 가압류채권자는 그 매각절차에서 당해 가압류목적물의 매각대금에서 가압류결정 당시의 청구금액을 한도로 하여 배당을 받을 수 있고, 제3취득자의 채권자는 위 매각대금 중 가압류의 처분금지적 효력이 미치는 범위의 금액에 대하여는 배당을 받을 수 없다.[52]

부동산에 대한 선순위가압류등기 후 가압류목적물의 소유권이 제3자에게 이전되고 그 후 제3취득자의 채권자가 경매를 신청하여 매각된 경우, 가압류채권자는 그 매각절차에서 당해 가압류목적물의 매각대금 중 가압류결정 당시의 청구금액을 한도로 배당을 받을 수 있고, 이 경우 종전 소유자를 채무자로 한 가압류등기는 말소촉탁의 대상이 될 수 있다. 그러나 경우에 따라서는 집행법원이 종전 소유자를 채무자로 하는 가압류등기의 부담을 매수인이 인수하는 것을 전제로 하여 위 가압류채권자를 배당절차에서 배제하고 매각절차를 진행시킬 수도 있으며, 이와 같이 매수인이 위 가압류등기의 부담을 인수하는 것을 전제로 매각절차를 진행시킨 경우에는 위 가압류의 효력이 소멸되지 아니하므로 집행법원의 말소촉탁이 될 수 없다. 따라서 종전 소유자를 채무자로 하는 가압류등기가 이루어진 부동산에 대하여 매각절차가 진행되었다는 사정만으로 위 가압류의 효력이 소멸되었다고 단정할 수 없고, 구체적인 매각절차를 살펴 집행법원이 위 가압류등기의 부담을 매수인이 인수하는 것을 전제로 하여 매각절차를 진행하였는가 여부에 따라 위 가압류 효력의 소멸 여부를 판단하여야 한다.[53]

압류의 처분금지 효력은 절대적인 것이 아니고, 이에 저촉되는 채무자의 처분행위도 그 압류채권자와 처분 전에 집행절차에 참가한 압류채권자나 배당요구채권자에게 대항하지 못한다는 의미에서의 상대적 효력을 가지는데 그치므로 압류의 효력발생 전에 채무자가 처분한 경우에는 그보다 먼저 압류한 채권자가 있어 그 채권자에게는 대항할 수 없는 사정이 있더라도 그 처분 후에 집행에 참가하는 채권자에 대하여는 처분의 효력을 대항할

52) 대법원 2006. 7. 28. 선고 2006다19986 판결

53) 대법원 2007. 4. 13. 선고 2005다8682 판결

수 있는 것이고, 이는 가압류의 경우에도 마찬가지이므로 동일한 채권에 관하여 가압류명령의 송달과 확정일자 있는 양도통지가 동시에 제3채무자에게 도달함으로써 채무자가 가압류의 대상인 채권을 양도하고 채권양수인이 채권양도의 대항요건을 갖추었다면 다른 채권자는 더 이상 그 가압류에 따른 집행절차에 참가할 수는 없다. 확정일자 있는 채권양도 통지와 채권가압류명령이 제3채무자에게 동시에 도달된 경우에도 제3채무자는 송달의 선후가 불명한 경우에 준하여 채권자를 알 수 없다는 이유로 변제공탁을 할 수 있다. 확정일자 있는 채권양도 통지와 채권가압류명령이 동시에 도달됨으로써 제3채무자가 변제공탁을 하고, 그 후에 다른 채권압류 또는 가압류가 이루어졌다 하더라도 채권양수인과 선행가압류채권자 사이에서만 채권액에 안분하여 배당하여야 한다.54)

가압류 집행 후 가압류목적물의 소유권이 제3자에게 이전된 경우 가압류채권자는 채무명의를 얻어 제3취득자가 아닌 가압류채무자를 집행채무자로 하여 그 가압류를 본압류로 전이하는 강제집행을 실행할 수 있으나, 이 경우 그 강제집행은 가압류의 처분금지적 효력이 미치는 객관적 범위인 가압류결정 당시의 청구금액의 한도 안에서만 집행채무자인 가압류채무자의 책임재산에 대한 강제집행절차라 할 것이고, 가압류결정 당시의 청구금액이 채권의 원금만을 기재한 것으로서 가압류채권자가 가압류채무자에 대하여 원금 채권 이외에 이자와 소송비용채권을 가지고 있다 하더라도 가압류결정 당시의 청구금액을 넘어서는 이자와 소송비용채권에 관하여는 가압류의 처분금지적 효력이 미치는 것이 아니므로, 가압류채권자는 가압류목적물의 매각대금에서 가압류결정 당시의 청구금액을 넘어서는 이자와 소송비용채권을 배당받을 수 없다.55)

민사집행법 제53조 제1항은 "강제집행에 필요한 비용은 채무자가 부담하고 그 집행에 의하여 우선적으로 변상을 받는다."라고 규정하고 있는데, 여기의 '강제집행에 필요한 비용'에는 가압류의 집행비용이 당연히 포함된다할 것이고, 가압류의 집행이 있은 후 그 가압류가 본압류로 이행된 때에

54) 대법원 2004. 9. 3. 선고 2003다22561 판결

55) 대법원 1998. 11. 10. 선고 98다43441 판결

는 가압류집행이 본집행에 포섭됨으로써 당초부터 본집행이 있었던 것과 같은 효력이 있다할 것이므로 가압류만 되어 있을 뿐 아직 본압류로 이행되지 아니한 단계에서는 가압류채권자가 그 가압류의 집행비용을 변상받을 수 없고, 따라서 제3취득자가 가압류의 집행비용을 고려함이 없이 그 처분금지의 효력이 미치는 객관적 범위에 속하는 청구금액만을 변제함으로써 가압류의 집행의 배제를 소구할 수 있지만, 가압류에서 본압류로 이행된 이후에는 민사집행법 제53조 제1항의 적용을 받게 되므로 가압류 후 본압류로의 이행 전에 가압류의 목적물의 소유권을 취득한 제3취득자로서는 가압류의 청구금액 외에, 그 가압류의 집행비용 및 본집행의 비용 중 가압류의 본압류로의 이행에 대응하는 부분까지를 아울러 변제하여야만 가압류에서 이행된 본압류의 집행배제를 구할 수 있다고 보아야 한다.[56)]

민법 제100조 제2항의 종물과 주물의 관계에 관한 법리는 물건 상호간의 관계뿐 아니라 권리 상호간에도 적용되고, 위 규정에서의 처분은 처분행위에 의한 권리변동뿐 아니라 주물의 권리관계가 압류와 같은 공법상의 처분 등에 의하여 생긴 경우에도 적용되어야 하는 점, 저당권의 효력이 종물에 대하여도 미친다는 민법 제358조 본문 규정은 같은 법 제100조 제2항과 이론적 기초를 같이하는 점, 집합건물의 소유 및 관리에 관한 법률 제20조 제1항, 제2항에 의하면 구분건물의 대지사용권은 전유부분과 종속적 일체불가분성이 인정되는 점 등에 비추어 볼 때, 구분건물의 전유부분에 대한 소유권보존등기만 경료되고 대지지분에 대한 등기가 경료되기 전에 전유부분만에 대해 내려진 가압류결정의 효력은, 대지사용권의 분리처분이 가능하도록 규약으로 정하였다는 등의 특별한 사정이 없는 한, 종물 내지 종된 권리인 그 대지권에까지 미친다.[57)]

Ⅶ. 본압류로의 이행

가압류채권자가 본안소송에서 승소판결을 얻어 집행권원을 취득한 경우

56) 대법원 2006. 11. 24. 선고 2006다35223 판결
57) 대법원 2006. 10. 26. 선고 2006다29020 판결

가압류는 본압류로 이행한다. 부동산의 경우 경매개시결정을 새로 신청하여야 하고, 채권의 경우에는 가압류에서 본압류로 이전하는 명령을 추심명령 또는 전부명령과 동시에 신청한다. 유체동산의 경우에는 집행관은 본집행의 신청을 받으면 그 물건의 보관장소에 가서 목적물을 점검한 후 채무자에게 본압류를 집행한다는 뜻을 고지하고 가압류의 표시는 그대로 둔 채 덧붙여 본압류의 표시를 붙인다. 가압류의 표시를 그대로 두는 것은 나중에 본압류만이 효력을 상실하게 될 때를 대비하는 것이다.

가압류집행이 있은 후 그 가압류가 강제경매개시결정으로 인하여 본압류로 이행된 경우에 가압류집행이 본집행에 포섭됨으로써 당초부터 본집행이 있었던 것과 같은 효력이 있고, 본집행의 효력이 유효하게 존속하는 한 상대방은 가압류집행의 효력을 다툴 수는 없고 오로지 본집행의 효력에 대하여만 다투어야 하는 것이므로, 본집행이 취소, 실효되지 않는 한 가압류집행이 취소되었다고 하여도 이미 그 효력을 발생한 본집행에는 아무런 영향을 미치지 않는다.[58)]

부동산에 대한 가압류가 집행된 후 그 가압류가 강제경매개시결정 등으로 인하여 본압류로 이행된 경우에는 가압류집행이 본집행에 포섭됨으로써 당초부터 본집행이 행하여진 것과 같은 효력이 있고, 본집행이 유효하게 존속하는 한 그 가압류등기는 집행법원의 말소촉탁이 있는 경우라도 말소할 수 없다. 따라서 부동산에 대한 가압류가 본압류로 이행되어 그 본집행의 효력이 유효하게 존속하는 한 집행법원의 가압류등기 말소촉탁은 그 취지 자체로 보아 법률상 허용될 수 없음이 명백한 경우에 해당된다.[59)]

채권자가 금전채권의 가압류를 본압류로 전이하는 압류 및 추심명령을 받아 본집행절차로 이행한 후 본압류의 신청만을 취하함으로써 본집행절차가 종료한 경우, 특단의 사정이 없는 한 그 가압류집행에 의한 보전 목적이 달성된 것이라거나 그 목적 달성이 불가능하게 된 것이라고는 볼 수 없

58) 대법원 2002. 3. 15. 자 2001마6620 결정(가압류등기 후 제3자 앞으로 소유권이전등기가 마쳐진 부동산에 대하여 가압류권자의 신청에 의한 강제경매절차가 진행 중 가압류해방금액 공탁으로 가압류집행이 취소되어 가압류등기가 말소된 경우, 이를 이유로 강제경매개시결정을 취소한 원심결정을 파기한 사례)

59) 대법원 2012. 5. 10. 자 2012마180 결정

으므로 그 가압류집행의 효력이 본집행과 함께 당연히 소멸되는 것은 아니라고 할 것이니, 채권자는 제3채무자에 대하여 그 가압류집행의 효력을 주장할 수 있다.[60] 그러나 가압류와 강제집행의 효력은 연속일체를 이루게 되는 것이고 가압류는 장차의 본집행을 위한 채권보전의 목적을 가지는 것이므로 본집행인 강제집행절차가 집행목적달성이 불가능하게 되어 종료된 경우에는 그에 선행한 가압류집행도 본집행과 그 운명을 같이 하여 그 효력을 상실한다.[61]

제3절 가처분

Ⅰ. 다툼의 대상에 대한 가처분

1. 다툼의 대상에 대한 가처분의 목적, 방법, 관할

다툼의 대상에 관한 가처분은 현상이 바뀌면 당사자가 권리를 실행하지 못하거나 이를 실행하는 것이 매우 곤란할 염려가 있을 경우에 한다. 법원은 신청목적을 이루는 데 필요한 처분을 직권으로 정한다. 가처분으로 보관인을 정하거나, 상대방에게 어떠한 행위를 하거나 하지 말도록, 또는 급여를 지급하도록 명할 수 있다. 가처분으로 부동산의 양도나 저당을 금지한 때에는 부동산가압류에 관한 규정을 준용하여 등기부에 그 금지한 사실을 기입하게 하여야 한다. 가처분의 재판은 본안의 관할법원 또는 다툼의 대상이 있는 곳을 관할하는 지방법원이 관할한다.

가. 부동산처분금지가처분[62]

목적물의 처분을 가처분으로 금지하여 두면 그 이후 채무자가 제3자에

60) 대법원 2000. 6. 9. 선고 97다34594 판결

61) 대법원 1980. 6. 26. 자 80마146 결정

62) 부동산 처분금지가처분 주문 "채무자는 별지 목록 기재 부동산에 대하여 매매, 증여, 저당권·전세권·임차권 설정 그 밖의 일체의 처분행위를 하여서는 안 된다."

게 소유권을 이전하더라도 그 제3자는 가처분권자에게 대항할 수 없게 된다. 부동산 가압류와 마찬가지로 가처분법원이 집행법원이 되어 등기소에 가처분등기의 촉탁을 하여, 등기부에 처분금지사실을 기입하게 한다. 가처분 신청시에 집행신청도 한 것으로 보기 때문에 채권자는 가처분신청 외에 따로 집행신청을 하지 않는다. 등기부상 1필지 내의 특정된 일부토지에 대한 소유권이전등기청구권을 보전하기 위하여는 바로 분할등기가 될 수 있다는 등 특별한 사정이 없으면 그 1필지 토지 전부에 대하여 가처분을 할 수 밖에 없다.[63)]

토지소유자가 자신의 토지 지상에 존재하는 건축물에 대하여 철거를 구하고자 하는 경우에는 건물명도, 건물철거, 토지인도가 필요하다. 따라서 건물과 토지에 대한 점유이전금지가처분과 동시에 건물에 대한 처분금지가처분도 필요하다. 건물에 대한 점유이전 금지만으로는 건물의 처분을 막을 수 없기 때문이다. 철거소송 및 가처분의 상대방은 등기가 된 건물은 등기부상 소유권자이겠지만, 미등기 건물의 경우에는 건물에 대하여 법률상·사실상 처분을 할 수 있는 지위에 있는 자라 할 것이므로,[64)] 등기명의는 없다하더라도 본건 건물을 매수하여 현재 점유함으로 법률상으로나 사실상으로도 관리와 처분을 할 수 있는 자를 상대로 건물철거를 청구하거나 처분금지가처분을 신청할 수 있다.

---

63) 대법원 1975. 5. 27. 선고 75다190 판결

64) 대법원 2003. 1. 24. 선고 2002다61521 판결 "건물철거 및 토지인건물철거는 그 소유권의 종국적 처분에 해당되는 사실행위이므로 원칙으로는 그 소유자(민법상 원칙적으로는 등기명의자)에게만 그 철거처분권이 있다 할 것이고, 예외적으로 건물을 전소유자로부터 매수하여 점유하고 있는 등 그 권리의 범위 내에서 그 점유 중인 건물에 대하여 법률상 또는 사실상 처분을 할 수 있는 지위에 있는 자에게도 그 철거처분권이 있다 할 것이다. 미등기건물에 대한 양도담보계약상의 채권자의 지위를 승계하여 건물을 관리하고 있는 자는 건물의 소유자가 아님은 물론 건물에 대하여 법률상 또는 사실상 처분권을 가지고 있는 자라고 할 수도 없다 할 것이어서 건물에 대한 철거처분권을 가지고 있는 자라고 할 수 없다"

나. 점유이전금지가처분[65]

우리 민사소송법은 당사자 승계주의를 취하고 있어 변론종결 전의 승계인에게 판결의 효력이 미치지 아니하므로 인도청구의 본안소송 중 목적물의 점유가 이전되면 그대로 본안소송에서 패소할 수밖에 없고, 따라서 새로이 제3자를 상대로 소송을 제기하든지 아니면 민사소송법 제82조 등에 의하여 위 제3자에게 소송을 인수시켜 소송을 유지할 수밖에 없다.[66] 그러나 점유이전금지가처분 후에는 채무자가 제3자에게 점유를 이전하더라도 그 제3자는 가처분권자에게 대항할 수 없다. 가처분권자는 채무자를 상대로 인도청구소송을 통해 얻은 집행권원으로 제3채무자에 대하여 승계집행문을 받아 인도집행을 할 수 있다.

다. 지식재산권에 대한 가처분

지식재산권에 대한 가처분은 산업재산권(특허권, 실용신안권, 디자인권, 상표권) 그밖에 이에 준하는 권리(저작권, 출판권 등)에 대한 이전등록청구권 또는 말소등록청구권을 피보전권리로 한다. 부동산 가처분의 경우와 같이 발령법원이 집행법원이 되어 법원사무관 등의 명의로 지체 없이 산업재산권의 경우에는 특허청장에게, 저작권 등의 경우에는 문화체육관광부장관에게 가처분기입등록의 촉탁을 한다.

---

65) 부동산 점유이전금지가처분 주문 "채무자는 별지 목록 기재 부동산에 대한 점유를 풀고 이를 채권자가 위임하는 집행관에게 인도하여야 한다. 집행관은 현상을 변경하지 아니할 것을 조건으로 하여 채무자에게 이를 사용하게 하여야 한다. 채무자는 그 점유를 타인에게 이전하거나 점유명의를 변경하여서는 안 된다. 집행관은 위 명령의 취지를 적당한 방법으로 공시하여야 한다."; 동산 점유이전금지가처분 주문 "채무자는 별지 목록 기재 물건에 대한 점유를 풀고 이를 채권자가 위임하는 집행관에게 인도하여야 한다. 집행관은 현상을 변경하지 아니할 것을 조건으로 하여 채무자에게 이를 사용하게 하여야 한다. 채무자는 위 물건에 관하여 양도, 질권 설정, 그 밖의 처분을 하거나, 그 점유를 타인에게 이전하거나 점유명의를 변경하여서는 안 된다. 집행관은 위 명령의 취지를 적당한 방법으로 공시하여야 한다."

66) 사법연수원, 보전소송(2012), 120-121면.

라. 채권의 추심 및 처분금지 가처분

채권이 존부에 관한 다툼이 있을 때 채무자는 채권자로부터 그 이행의 청구를 받아도 이를 거절할 수 있기 때문에 채무자가 채권자를 상대로 자기에 대한 채권의 추심을 금지하는 가처분을 할 필요는 없다. 그러나 그 채권이 통정허위표시에 의해 성립되었다고 할 때에는 그 채권이 선의의 제3자에게 양도되면 대항할 수 없는 경우가 생기므로 채권자로 하여금 제3자에게 이를 처분할 수 없도록 금지할 필요가 있다.채권의 양도에 다툼이 있는 경우 양수인이 채권을 양수한 권리를 보전하기 위해서는 원래의 채권자를 채무자로 하여 채권의 추심을 금지함과 동시에 그 채권이 다시 제3자에게 처분되는 것을 금지하는 가처분을 받을 필요가 있다. 또한 채권이 이중으로 양도되어 두 사람의 양수인 사이에서 채권의 귀속에 대한 분쟁이 생긴 경우에 어느 한 쪽이 다른 쪽에 대하여 채권의 추심을 금지할 필요도 있다.[67] 이러한 채권추심 및 처분금지 가처분은 채권가압류와 마찬가지로 가처분발령법원이 집행법원이 되며, 따로 집행신청을 할 필요가 없다.

2. 가압류절차의 준용

가처분절차에는 그에 대한 별도의 규정이 있는 경우를 제외하고는 가압류절차에 관한 규정을 원칙적으로 준용한다.

3. 다툼의 대상에 대한 가처분집행의 효력

가. 처분금지가처분의 효력

처분금지가처분결정만으로는 구속력이 없고, 처분금지가처분 등기가 행하여진 후 제3취득자가 가처분채권자에게 대항할 수 없는 효력이 발생한다.[68] 그러나 처분금지가처분 이전에 가처분채무자로부터 제3자에의 양도

67) 주문 "채무자는 별지목록 기재 채권을 타에 양도하거나 질권설정, 그 밖의 일체의 처분을 하여서는 안 된다" 여기에서 채무자란 가처분채무자, 즉 다툼의 대상인 채권의 채권자를 뜻한다.

68) 대법원 1997. 7. 11. 선고 97다15012 판결 "원고들이 피고를 상대로 하여 이 사건 아파트

나 그 밖의 처분행위가 있었으나 그 등기만이 가처분등기 후에 마쳐진 경우에는 제3취득자가 가처분채권자에게 대항할 수 없으며, 가처분등기 보다 먼저 등기된 가등기에 의하여 본등기가 경료된 경우에는 그 본등기가 설사 가처분등기 후에 경료되었다 하더라도 가처분채권자에게 대항할 수 있다.[69)]

처분금지가처분이 등기되었으나 그 가처분 당시의 가처분채무자 명의의 등기가 원인무효인 관계로 확정판결에 의해 말소되어 전소유자의 소유명의로 복귀된 후 다시 제3자 앞으로 이전 등기가 된 경우는 금지되는 처분행위에 해당한다고 볼 수 없다.[70)]

가처분채권자가 가처분 위반행위의 효력을 부정할 수 있는 시기는 본안소송에서 승소확정판결을 받거나 이와 동일시할 수 있는 사정이 발생한 때이며, 단순히 가처분채권자인 지위만으로. 가처분채권자의 지위만으로는 가처분채무자로부터 목적부동산의 소유권이전등기를 경료받은 제3자에 대하여 말소등기를 청구하는 등 위법한 처분행위의 효력을 부인할 수 없다.[71)] 따라서 가처분채권자의 권리가 본안에서 확정될 때까지는 가처분등기 후의 처분행위라도 등기가 허용됨은 물론이고, 임대된 경우에는 임차인에게 차임의 지급을 청구할 수 있으며, 타인의 강제집행에 대하여 제3자이의의 소를 제기할 수 있으며, 제3취득자의 채권자도 제3취득자를 채무자로 하여 목적부동산에 대하여 강제집행이나 보전처분을 할 수 있다.[72)]

가처분에 의한 처분금지의 효력은 가처분채권자의 권리를 침해하는 한도에서만 생긴다. 저당권 또는 임차권 설정등기청구권을 피보전권리로 한 처분금지가처분 후에 행하여진 소유권이전행위는 저당권, 임차권의 존재를

에 대한 분양금지 가처분결정을 받았다고 하더라도, 위 가처분은 그 집행에 해당하는 등기에 의하여 비로소 가처분채무자 및 제3자에 대하여 구속력을 갖게 되는 것이므로, 그 가처분등기가 경료되기 이전에 피고가 그 가처분의 내용에 위반하여 처분행위를 함으로써 이에 따라 위 소외인들 명의의 소유권이전등기가 마쳐진 것이라면 그 소유권이전등기는 완전히 유효하다."

69) 사법연수원, 보전소송(2012), 141면.

70) 대법원 1996. 8. 20. 선고 94다58988 판결

71) 대법원 1992. 2. 14. 선고 91다123349 판결

72) 사법연수원, 보전소송(2012), 142면.

인정한 채로 제3취득자에게 소유권이 넘어가는 것이므로, 그 소유권이전등기는 위 가처분에 위배되지 않아 유효하다.[73)]

가처분등기 후에 어떤 경로로 그 피보전권리를 실현하는 내용의 등기가 경료된 경우, 그 등기는 완전히 유효하다.[74)] 부동산이 甲 → 乙 → 丙 순으로 순차 양도된 경우, 丙이 乙을 대위하여 乙이 甲에 대하여 가지는 소유권이전등기청구권을 보전하기 위하여 甲을 상대로 부동산에 대한 처분금지가처분결정을 받아 집행한 후에 甲이 乙에게 소유권이전등기를 경료하더라고 가처분에 위배되는 것이 아니므로 유효하며, 乙 명의의 등기에 터잡아 丙이 아닌 丁 명의로 경료된 소유권이전등기도 유효하다.[75)] 위 가처분은 丙의 乙에 대한 소유권이전등기청구권을 보전하기 위하여 甲이 乙 이외의 자에게 소유권의 이전등 처분행위를 하지 못하게 하는 데에 그 목적이 있는 것으로서 그 피보전권리는 乙의 甲에 대한 소유권이전등기청구권이고, 丙의 乙에 대한 소유권이전등기청구권까지 포함하는 것은 아닐 뿐만 아니라, 그 가처분결정에서 제3자에 대한 처분을 금지하였다고 하여도 그 제3자 중에는 乙을 포함되지 않기 때문이다. 반면에 부동산이 甲 → 乙 → 丙 → 丁 순으로 순차 매도된 경우에 丁이 丙, 乙을 순차 대위하여 甲을 상대로 처분금지가처분을 하였는데 甲으로부터 丙 앞으로 중간생략의 소유권이전등기가 경료된 경우 이 등기는 처분금지가처분에 위배되어 丁에게 대항할 수 없다.[76)]

지명채권이 양도되어 제3자에 대하여 대항요건까지 갖춘 후 양도인의 채권자가 양수 인을 상대로 상해행위 취소로 인한 원상회복청구권을 피보전권리로 하여 그 피양수채권에 대한 처분금지가 처분을 발령받은 경우에, 위 가처분채권자가 본안소송으로 제기한 사해행위취소소송에서 승소 확정된 후 그에 기하여 채무자에게 그 채권이 원상회복되는 때뿐만 아니라 양수인이 임의로 양도인에게 그 채권을 반환하거나 양도인의 다른 채권자가 양수

73) 대법원 1984. 4. 16. 자 84마7 결정
74) 사법연수원, 보전소송(2012), 144면.
75) 대법원 1989. 4. 11. 선고 87다카3155 판결; 대법원 1994. 3. 8. 선고 93다42665 판결
76) 대법원 1998. 2. 13. 선고 97다47897 판결

인을 상대로 제기한 사해행위취소소송의 결과에 따라 원상회복의무에 이행으로서 그 채권을 반환하더라도, 이는 위 가처분채권자의 피보전권리인 채권자취소권에 의한 원상회복청구권을 침해하는 것이 아니라 채권자취소권의 목적을 실현시키는 것과 동일한 결과가 되어 오히려 그 피보전권리에 부합하는 것이므로 위 가처분의 처분금지효력에 저촉된다고 할 수 없다.[77]

나. 점유이전금지가처분의 효력

통상의 점유이전금지가처분은 가처분집행 당시의 목적물의 현상을 본집행시까지 그대로 유지함을 목적으로 하여 그 목적물의 점유이전과 현상의 변경을 금지하는 것에 불과하여, 이러한 가처분결정에도 불구하고 점유가 이전되었을 때에는 가처분채무자는 가처분채권자에 대한 관계에서 여전히 그 점유자의 지위에 있는 것으로 취급되는 것일 뿐 가처분집행만으로 소유자의 의한 목적물의 처분을 금지 또는 제한하는 것은 아니다. 따라서 점유이전금지가처분의 대상이 된 목적물의 소유자가 그 의사에 기하여 가처분채무자에게 직접점유를 하게 한 경우에는 그 점유에 관한 현상을 고정시키는 것만으로 소유권이 침해되거나 침해될 우려가 있다고 할 수 없고, 소유자의 간접점유권이 침해되는 것도 아니므로 간접점유자에 불과한 소유자는 직접점유자를 가처분채무자로 하는 점유이전금지가처분의 집행에 대하여 제3자이의의 소를 제기할 수 없다.[78]

4. 특별사정에 의한 가처분의 취소

특별한 사정이 있는 때에는 담보를 제공하게 하고 가처분을 취소할 수

---

77) 대법원 2006. 8. 24. 선고 2004다23127 판결; 대법원 2008. 3. 27. 선고 2007다85157 판결 "채권자가 수익자를 상대로 사해행위취소로 인한 원상회복을 위하여 소유권이전등기 말소등기청구권을 피보전권리로 하여 그 목적부동산에 대한 처분금지가처분을 발령받은 경우, 그 후 수익자가 계약의 해제 또는 해지 등의 사유로 채무자에게 그 부동산을 반환하는 것은 가처분채권자의 피보전권리인 채권자취소권에 의한 원상회복청구권을 침해하는 것이 아니라 오히려 그 피보전권리에 부합하는 것이므로 위 가처분의 처분금지 효력에 저촉된다고 할 수 없다."

78) 대법원 2002. 3. 29. 선고 2000다33010 판결

있다. 이 경우에는 가압류이의신청과 관련한 제284조, 제285조 및 제286조제1항 내지 제4항 · 제6항 · 제7항의 규정을 준용한다.

민사집행법은 담보를 제공하고 취소를 구할 수 있는 가압류의 경우와 같이 특수한 사정이 인정되는 가처분의 경우 채무자로 하여금 담보를 제공하게 하고 가처분 취소를 신청할 수 있도록 하고 있다. 이 취소제도는 계쟁물 가처분과 임시지위를 정하기 위한 가처분에 모두에 적용된다. 특별사정이란 가처분으로 보전되는 피보전권리가 '금전적 보상에 의하여 종국적으로 만족을 얻을 수 있는 것이라는 사정'과 '채무자가 가처분에 의하여 통상 입는 손해보다 훨씬 큰 손해를 입게 될 사정' 두 가지를 의미한다. 둘 중 하나만 충족되면 특별사정에 해당한다는 것이 통설 · 판례이다.[79] 금전보상이 가능한가의 여부는 장래 본안소송에 있어서의 청구의 내용, 당해 가처분의 목적 등 모든 사정을 참작하여 사회통념에 따라 객관적으로 판단하여야 할 것이다. 장래 본안소송에서 피보전권리의 침해로 인하여 입게 되는 가처분채권자의 손해액의 산정이나 입증이 불가능하거나 현저히 곤란한 경우에는 실질적으로 금전보상이 불가능하다고 보아야 한다. 금전채권을 피보전권리로 하는 처분금지가처분은 당연히 금전적 보상에 의해 종국적 만족을 얻는 경우에 해당한다. 공사대금채권을 원인으로 한 유치권을 피보전권리로 하는 출입금지가처분[80], 사해행위취소에 의한 소유권이전등기말소청구권을 피보전권리로 하는 처분금지가처분[81]의 경우 금전적 보상에 의한 종국적 만족이 가능한 경우로 볼 수 있다.[82]

---

79) 김상원 · 정지형, 「가압류 · 가처분」, 한국사법행정학회, 230면; 대법원 1997. 3. 14. 선고 96다21188 판결

80) 대법원 1997. 3. 14. 선고 96다21188 판결

81) 대법원 1998. 5. 15. 선고 97다58316 판결

82) 그러나 대법원 1987. 1. 20. 선고 86다카1547 판결은 "근저당권과 같은 담보권은 금전보상으로 종국의 목적을 달성할 수 있는 권리라 할 것이나 가처분의 피보전권리가 근저당권 일부 이전등기청구권으로서 가처분 채권자로서는 그 일부이전의 부기등기를 경료한 뒤 근저당권이 실행되어 경매절차에서 목적부동산이 근저당권자의 잔여채권액을 상회하는 가격으로 경락될 경우에 이를 우선 변제하고 남은 금액을 배당받을 수 있을 것을 기대할 수 있을 뿐이므로 그와 같은 경매가 실행되지 아니하고는 가처분채권자가 변제받을 수 있는 금액을 산정할 수 없을 것이므로 위 가처분이 취소되어 근저당권자가 경매 이외의 방법으로 위 근저당권을 처분할 경우에는 가처분 채권자가 입게 되는 손해액을 확정할 수 없을 것이어서 결국 금전보상이 불가능하게 된다."고 판시하였다.

채무자가 가처분에 의하여 통상 입는 손해보다 훨씬 큰 손해를 입게 될 사정이 있는지 여부는 가처분의 종류, 내용 등 제반 사정을 종합적으로 고려하여 채무자가 입을 손해가 가처분 당시 예상된 것보다 훨씬 클 염려가 있어 가처분을 유지하는 것이 채무자에게 가혹하고 공평의 이념에 반하는지 여부에 의하여 결정된다.[83]

법원은 특별사정을 심리한 후 그 사정이 인정되면 채무자가 제공할 담보의 종류와 금액을 정하여 미리 담보를 제공하게 하고 가처분을 취소하는 결정을 하거나 담보제공을 조건으로 가처분을 취소하는 결정을 한다. 그 특별사정이 인정되지 않거나 담보를 제공하지 않으면 취소신청은 기각된다. 이 담보는 가처분의 성질상 피보전권리 자체를 담보하는 것이 될 수 없고, 가처분채권자가 본안소송에서 승소하였음에도 가처분의 취소로 말미암아 가처분 목적물이 존재하지 않게 됨으로써 입게 되는 손해를 담보하기 위한 것이므로, 가처분채권자는 가처분취소로 인하여 입은 손해배상 청구소송의 승소판결을 얻은 후에, 그 담보에 대하여 질권자와 동일한 권리를 가지고 우선변제를 받을 수 있다.[84]

5. 원상회복재판

가처분을 명한 재판에 기초하여 채권자가 물건을 인도받거나, 금전을 지급받거나 또는 물건을 사용·보관하고 있는 경우에는, 법원은 가처분을 취

83) 대법원 1992. 4. 14. 91다31210 "공사금지가처분의 취소를 구하는 피신청인이 가처분 이후에 신청인에 대한 피해를 줄이기 위하여 설계를 변경하고 가처분의 대상이 된 지역의 지하굴착시에는 폭약으로 발파하지 아니하고 팽창력에 의하여 바위를 갈라지게 하는 무진동 파쇄제를 사용하여 굴착하기로 계획하고 있고, 신청인 소유의 건물 자체는 지하층이 지하의 암반 위에 기초되어 있는 한편 피신청인이 건축하고자 하는 건물은 지하 6층 지상 18층의 오피스텔로서 50%가 이미 분양되어 있으며, 가처분결정의 대상 지역을 제외한 나머지 부분은 지하굴착공사가 거의 완료되어 있다면 가처분결정이 취소되어 공사가 속행될 경우 신청인 소유의 건물이 입게 될 추가피해가 그다지 크지 않으리라고 보여지나 가처분결정이 유지될 경우 피신청인은 더 이상 공사를 진행할 수 없어 막대한 손해를 입게 될 우려가 있는 점을 인정할 수 있어 위와 같은 제반 사정을 종합하여 보면 피신청인에게 특별사정이 있다. 특별사정의 유무는 채무자가 가처분에 의하여 통상 입는 손해보다 훨씬 큰 손해를 입게 될 사정이 있느냐의 여부에 의할 것이지 그 손해가 반드시 공익적 손해임이 요구되는 것은 아니다."

84) 대법원 1998. 5. 15. 선고 58316 판결

소하는 재판에서 채무자의 신청에 따라 채권자에 대하여 그 물건이나 금전을 반환하도록 명할 수 있다.

원상회복의 범위는 채권자에게 인도되었던 물건이나 금전에 국한되고, 별도로 손해배상의무의 존부에 관하여 판단할 수는 없다. 원상회복 재판은 가처분 취소결정에 부수하여 이루어지므로 가집행선고 없이 즉시 집행력을 가진다.

Ⅱ. 임시지위를 정하기 위한 가처분

1. 임시지위를 정하기 위한 가처분의 목적

가처분은 다툼이 있는 권리관계에 대하여 임시의 지위를 정하기 위하여도 할 수 있다. 이 경우 가처분은 특히 계속하는 권리관계에 끼칠 현저한 손해를 피하거나 급박한 위험을 막기 위하여 또는 그 밖의 필요한 이유가 있을 경우에 하여야 한다.

임시지위를 정하기 위한 가처분은 가압류 또는 다툼의 대상에 관한 가처분과 달리 단순히 현상을 동결하는 것이 아니라 새로운 법률관계를 형성하는 보전처분이며, 따라서 보전하고자 하는 권리 또는 법률관계의 종류를 묻지 않는다.

영업금지가처분, 통행금지가처분, 공사금지가처분[85]과 같이 채무자의 적극적 행위를 금지하는 가처분이나 공사방해금지가처분[86], 점유사용방해금지가처분과 같이 채무자에게 채권자의 행위에 대한 수인의무를 명하는 가처분은 단순히 부작위의무만을 명할 뿐이므로 채무자에게 가처분의 내용을 고지함으로써 족하고 원칙적으로 집행이라는 관념이 존재하지 않는

85) 주문 "채무자는 별지 목록 기재 건물에 관하여 증축, 개축 그 밖의 공사를 하여서는 안 된다."

86) 주문 "채무자는 별지목록 기재 건물에 대한 저유를 풀고 이를 채권자가 위임하는 집행관에게 인도하여야 한다. 채무자는 채권자가 위 건물 중 별지 도면 표시 ①, ②, ③, ④, ①의 각 점을 순차로 연결한 선내 ㉮ 층계부분을 수리하는 것을 방해하여서는 안 된다. 집행관은 채권자가 위 수리공사를 함을 허용하고 채무자에 대하여 위 공사를 방해하지 않는 범위 내에서 위 건물의 사용을 허용하여야 한다. 집행관은 위 취지를 적당한 방법으로 공지하여야 한다."

다. 다만 반복적·계속적 부작위를 명하는 가처분에서 채무자가 의무위반을 할 때에는 대체집행 또는 간접강제의 방법에 의하여 그 의무의 이행을 강제할 수 있다. 가처분은 소급효가 없으므로 이미 발생한 결과를 제거할 수는 없다.

부동산 인도[87], 건물 철거, 수목 수거 등을 명하는 가처분은 직접 가처분 목적물을 인도하게 하거나 이미 존재하는 상태를 제거하는 것이 내용이므로 채무자에게 가처분의 내용을 고지한 후, 채무자가 의무를 이행하지 않으면 대체집행에 의해 의무이행을 강제한다.

금전지급채무의 존부 또는 금전지급채무를 수반하는 법률관계(고용, 부양 등)의 존부에 관한 다툼이 있고, 소송을 통한 법률관계의 확정 전에 금전채무의 일부 또는 전부를 지급받지 못하면 채권자에게 현저한 손해가 발생할 염려가 있는 경우 임시로 금전의 지급을 명하는 가처분이 가능하다. 예컨대 교통사고 등으로 인한 손해배상청구권이 있을 때에 가처분을 통하여 우선 급하게 요구되는 치료비의 지급을 구할 수 있다.[88] 또 해고무효확인소송 과정에서 생계유지에 필요한 생활비의 지급을 가처분으로 구할 수 있는 것이다. 채무자가 이러한 내용의 가처분재판을 송달받고서도 기간 내에 임의지급을 하지 않으면 가처분재판을 집행권원으로 하여 집행기간(2주) 안에 금전채권의 강제집행방법에 의하여 집행할 수 있다. 정기지급형의 경우에 집행기간은 매 지급일부터 2주라고 보아야 하고, 집행기간이 도과된 부분은 집행하지 못한다.

법원사무관등은 법원이 법인의 대표자 그 밖의 임원으로 등기된 사람에 대하여 직무의 집행을 정지하거나 그 직무를 대행할 사람을 선임하는 가처분[89]을 하거나 그 가처분을 변경·취소한 때에는, 법인의 주사무소 및 분사

---

87) 주문 "채무자는 채권자에게 2014. 11. 11.까지 별지 목록 기재 부동산을 임시로 인도하라."

88) 주문 "채무자는 채권자에게 2014. 11. 11.부터 2015. 6. 6.까지 매월 25일에 금500,000원씩을 임시로 지급하라."

89) 주문 "채권자의 전북주식회사에 대한 주주총회결의취소사건의 본안판결 확정시까지 채무자 안재인은 위 회사의 대표이사 및 이사의 직무를, 채무자 문원순은 위 회사의 이사의 직무를 각각 집행하여서는 안 된다. 위 직무집행정지기간 중 다음 사람을 직무대행자로 선임한다. 이사 겸 대표이사 직무대행자 변호사 김용석 이사 직무대행자 변호사 강지만"

무소 또는 본점 및 지점이 있는 곳의 등기소에 그 등기를 촉탁하여야 한다. 다만, 이 사항이 등기하여야 할 사항이 아닌 경우에는 그러하지 아니하다.

단체의 대표·이사장·이사 등이 단체의 업무에 관하여 위법행위 및 정관위배행위 등을 하였다는 이유로 그 해임을 청구하는 소송이 본안소송인 경우 그러한 소송은 형성의 소에 해당하므로, 제기할 법적 근거가 있는 경우[90]에만 직무집행정지 가처분을 신청할 수 있고, 본안소송을 제기할 수 있는 법적 근거가 없는 경우에는 직무집행정지 가처분은 허용되지 않는다.[91]

이사직무집행정지가처분에 있어서 피신청인이 될 수 있는 사람은 당해 이사이고, 회사에게는 피신청인적격이 없다.[92] 단체의 대표자에 대해 직무집행정지 및 직무대행자선임 가처분이 내려지면, 그 대표자는 일체의 직무집행에서 배제되고 직무를 대행하게 되므로, 대표자를 선축한 결의의 무효 또는 부존재 확인을 구하는 소송에서 그 단체를 대표할 자도, 직무집행을 정지당한 대표자가 아니라 대표자 직무대행자로 보아야 한다.[93] 직무가 정지된 대표이사가 정지기간 중에 체결한 계약은 절대적으로 무효이고, 가처분신청을 취하하여도 그 효력은 장래를 향하여 소멸할 뿐이므로 무효인 계약이 다시 효력을 가질 수 없다.[94]

---

90) 상법상 주식회사에 대해서는 그 임원의 의무와 임무위배 임원의 손해배상책임, 임무위배 임원에 대한 해임청구권과 이를 근거로 한 직무집행금지가처분에 관해서 규정되어 있다. 그러나 법인격이 없는 종중, 상가번영회, 조합 등은 임원들의 임무와 임무 위배에 대한 규정이 없는 경우가 많다.

91) 대법원 2001. 1. 16. 선고 2000다45020 판결; 형성의 소를 구할 법적 근거가 없는 경우 직무집행정지가처분 신청권도 인정될 수 없다는 판례의 확고한 법리에 대하여 권성 외 4, 「가처분의 연구」, 박영사(1994), 393면은 "이러한 견해를 관철하게 되면 일단 적법한 절차에 의하여 선임된 대표자나 임원은 그 후 어떠한 직무상의 과오나 부정이 있다 하더라도 단체의 내부절차에 의하여 해임되지 않는 한 그 임기만료시까지 직무를 계속 수행할 수 있게 된다. 더구나 그 대표자 등이 단체의 다수세력에 속하거나 주도권을 쥐고 있는 실력자 그룹에 속하는 경우에는 내부절차에 의한 해임이라는 것이 사실상 불가능하다. 따라서 이러한 단체에 있어 소수의 단체원 또는 소외된 단체원들이 법원에 호소하여 직무집행정지가처분을 받아 낼 수 없다고 한다면 그들은 대표자의 중대한 과오로 인한 손해로부터 자신들의 권익을 보호할 법적 수단이 없게 된다. 이것은 분명히 정의관념에 어긋나고 법원에 대한 국민의 기대를 저버리는 것이다."라고 비판한다.

92) 대법원 1972. 1. 31. 선고 71다235 판결; 대법원 1982. 2. 9. 80다2424 판결

93) 대법원 1995. 12. 12. 선고 95다31348 판결

직무집행정지 등 가처분이 발령되면 통상의 가처분과 같이 가처분채권자와 채무자에게 송달하여야 하고, 직무대행자를 선임한 경우에는 선임된 직무대행자에 대하여도 송달 그 밖의 상당한 방법으로 그 사실을 고지하여야 한다. 법인 등 단체는 당사자가 아니므로 송달할 필요가 없다. 민법상의 이사에 대한 직무집행정지·직무대행자선임가처분은 민법 제52조의 2[95], 제60조의 2에, 주식회사의 이사에 대한 직무집행정지·직무대행자선임가처분은 상법 제407조[96]·제408조에 그 집행방법을 정하고 있다. 이 등기는 가처분법원의 법원사무관 등이 법인의 주사무소 및 분사무소 또는 본점 및 지점이 있는 곳의 등기소에 촉탁하여 집행한다. 직무집행정지 및 직무대행자선임 가처분 집행이 가지는 효력과 제3자에 대한 대항력은 가처분의 등기가 된 경료된 시점에 발생한다. 민법 제54조 제1항은 법인의 이사에 대한 직무집행정지 등 가처분은 등기 후가 아니면 제3자에게 대항하지 못한다고 규정하고 있으므로 가처분 등기를 하지 않으면 선의·악의 구분 없이 제3자에게 대항할 수 없다. 상법 제37조 제1항은 등기할 사항인 회사의 이사·사원·감사·청산인 등에 대한 직무집행정지 등 가처분은 등기하지 아니하면 선의의 제3자에게 대항하지 못하고, 같은 조 제2항은 등기한 후라도 제3자가 정당한 사유로 인하여 이를 알지 못한 때에는 대항하지 못한다고 규정하고 있으므로 이에 따라야 한다.

2. 원칙적 변론기일

임시지위를 정하기 위한 가처분 재판에는 변론기일 또는 채무자가 참석할 수 있는 심문기일을 열어야 한다. 다만, 그 기일을 열어 심리하면 가처

94) 대법원 2008. 5. 29. 선고 2008다4537 판결

95) 민법 제52조의 2 "이사의 직무집행을 정지하거나 직무대행자를 선임하는 가처분을 하거나 그 가처분을 변경·취소하는 경우에는 주사무소와 분사무소가 있는 곳의 등기소에서 이를 등기하여야 한다."

96) 상법 제407조 제1항 "이사선임결의의 무효나 취소 또는 이사해임의 소가 제기된 경우에는 법원은 당사자의 신청에 의하여 가처분으로써 이사의 직무집행을 정지할 수 있고 또는 직무대행자를 선임할 수 있다. 급박한 사정이 있는 때에는 본안 소송의 제기 전에도 그 처분을 할 수 있다."

분의 목적을 달성할 수 없는 사정이 있는 때에는 그러하지 아니하다.

3. 임시지위를 정하기 위한 가처분의 집행과 간접강제

일정한 작위를 명하는 가처분의 경우에 그 작위가 대체적인 경우에는 대체집행[97]에 의하고, 부대체적인 경우에는 간접강제[98]에 의하게 된다. 이 때 대체집행신청이나 간접강제신청에 대한 인용재판이 있을 때부터 2주의 집행기간이 진행되는 것이 아니라, 가처분재판의 고지일로부터 집행기간인 2주 안에 대체집행 또는 간접강제 신청을 하여야 한다는 것을 의미한다. 가처분에서 명하는 부대체적 작위의무가 일정 기간 계속되는 경우라면, 채무자의 태도에 비추어 작위의무의 불이행으로 인하여 간접강제가 필요한 것으로 인정되는 시점부터 2주의 집행기간이 진행한다.[99] 부대체적 작위채무의 이행을 명하는 가처분결정과 함께 그 의무위반에 대한 간접강제결정이 동시에 이루어진 경우에는 간접강제결정 자체가 독립된 집행권원이 되고 간접강제결정에 기초하여 배상금을 현실적으로 집행하는 절차는 간접강제절차와 독립된 별개의 금전채권에 기초한 집행절차이므로, 그 간접강제결정에 기한 강제집행은 반드시 가처분결정이 송달된 날로부터 2주 이내에 할 필요는 없다. 이 경우 간접강제의 집행을 위해서 간접강제결정의 정본에 집행문을 받아야 한다.[100] 집행을 따로 요하지 않는 단순부작위를 명하는 가처분의 경우에는 원칙적으로 집행기간의 문제가 생기지 않으나, 채무자가 명령위반행위를 하면 제거 또는 방지를 구할 수 있는바,[101] 그 명령위반 행위시로부터 그 제거나 방지를 위한 신청의 집행기간이 개시된다. 다만, 채무자가 가처분 재판이 고지되기 전부터 가처분 재판에서 명한 부작위에 위반되는 행위를 계속하고 있는 경우라면, 그 가처분결정이 채권자에게 고지된 날부터 집행기간이 기산된다.[102] 이사직무집행정지가

97) 민사집행법 제260조
98) 민사집행법 제261조
99) 대법원 2001. 1. 29. 선고 99마6107 판결
100) 대법원 2008. 12. 24. 선고 2008마1608 판결
101) 민사집행법 제260조, 민법 제389조 제3항

처분의 경우 민법 제52조의 2 등의 규정에 따라 직무집행정지 내지 직무대행자 선임의 가처분등기를 하여야 하는 때에는 법인의 주사무소 등에 그 등기를 촉탁하여야 하고, 이때의 등기는 제3자에 대한 대항요건인 동시에 가처분의 집행방법으로 해석되며, 그 집행기간은 개별법상의 등기기한에 관계없이 가처분결정의 고지일로부터 진행한다.[103)]

4. 집행정지

소송물인 권리 또는 법률관계가 이행되는 것과 같은 내용의 가처분을 명한 재판에 대하여 이의신청이 있는 경우에, 이의신청으로 주장한 사유가 법률상 정당한 사유가 있다고 인정되고 주장사실에 대한 소명이 있으며, 그 집행에 의하여 회복할 수 없는 손해가 생길 위험이 있다는 사정에 대한 소명이 있는 때에는, 법원은 당사자의 신청에 따라 담보를 제공하게 하거나 담보를 제공하게 하지 아니하고 가처분의 집행을 정지하도록 명할 수 있고, 담보를 제공하게 하고 집행한 처분을 취소하도록 명할 수 있다. 이 때 소명은 보증금을 공탁하거나 주장이 진실함을 선서하는 방법으로 대신할 수 없다. 재판기록이 원심법원에 있는 때에는 원심법원이 위 재판을 한다. 법원은 이의신청에 대한 결정에서 위 가처분 집행정지명령 또는 집행한 처분의 취소명령을 인가·변경 또는 취소하여야 한다. 집행정지와 관련한 위 재판에 대하여는 불복할 수 없다.

부동산철거단행 가처분, 점포인도단행 가처분, 회계장부의 열람·등사 가처분, 임금지급 가처분과 같이 이행소송을 본안으로 하는 이행적 가처분에 대하여 집행정지가 가능하다. 그러나 경업금지 가처분, 통행방해금지 가처분, 이사직무집행정지 가처분 등 형성적 가처분에 대하여도 집행정지가 허용될 것인지는 확실하지 않다.[104)]

102) 대법원 2010. 12. 30. 선고 2010마985 판결
103) 사법연수원, 보전소송(2012), 111면.
104) 사법연수원, 보전소송(2012), 178면.

Ⅲ. 다른 보전절차 및 강제집행절차와의 경합관계

여러 개의 가처분이 경합하는 경우 개별 가처분의 내용이 서로 모순·저촉되지 않는 범위 내에서 경합한다. 수개의 가처분이 서로 모순·저촉되는지 여부는 당사자, 피보전권리, 보전의 필요성, 주문, 신청취지 등을 종합적으로 고려하여 판단하여야 한다. 선행 가처분과 내용이 서로 저촉되는 후행가처분을 받아 사실상 선행가처분을 폐지 또는 변경하거나 그 집행을 배제되는 결과는 허용될 수 없다.

가압류와 가처분은 그 내용이 서로 모순·저촉되지 않는 한 경합이 가능하다. 부동산에 대한 가압류와 가처분은 집행의 선후에 의하여 결정된다.

민법 제548조 제1항 단서에서 말하는 제3자란 일반적으로 그 해제된 계약으로부터 생긴 법률효과를 기초로 하여 해제 전에 새로운 이해관계를 가졌을 뿐 아니라 등기, 인도 등으로 완전한 권리를 취득한 자를 말하는 것인데[105), 해제된 매매계약에 의하여 채무자의 책임재산이 된 부동산을 가압류 집행한 가압류채권자도 원칙상 위 조항 단서에서 말하는 제3자에 포함되는 것이다.[106) 그러나 다른 한편, 부동산처분금지가처분이 유효하게 집행된 이후 가처분채권자가 그 본안소송에서 승소판결을 선고받아 확정되면 가처분채권자는 가처분등기 후에 경료된, 그에 위반되는 등기의 말소를 단독으로 신청할 수 있고[107), 동일한 부동산에 대하여 가압류와 처분금지가처분이 경합하는 경우 처분의 금지라는 점에 있어서는 양자의 효력이 양립할 수 없어 가압류와 가처분의 효력 순위는 그 집행 순서에 따라 정할 수밖에 없으므로, 부동산에 대하여 가압류등기가 된 경우에, 그 가압류채무자(현 소유자)의 전 소유자가 위의 가압류 집행에 앞서 같은 부동산에 대하여 소유권이전등기의 말소청구권을 보전하기 위한 처분금지가처분등기를 경료한 다음, 채무자를 상대로 매매계약의 해제를 주장하면서 소유권이전등기 말소소송을 제기한 결과 승소판결을 받아 확정되기에 이르렀다면, 위

105) 대법원 2002. 10. 11. 선고 2002다33502 판결

106) 대법원 2000. 1. 14. 선고 99다40937 판결

107) 대법원 1992. 2. 14. 선고 91다12349 판결

와 같은 가압류는 결국 말소될 수밖에 없고, 따라서 이러한 경우 가압류채권자는 민법 제548조 제1항 단서에서 말하는 제3자로 볼 수 없으며, 가처분채권자가 받은 본안판결이 전부 승소판결이 아닌 동시이행판결인 경우도 마찬가지다.[108)]

등기관이 동일한 부동산에 관한 가압류등기 촉탁서와 처분금지가처분등기 촉탁서를 동시에 받아 같은 접수번호와 순위번호를 부여한 결과 동일한 부동산에 관하여 동일 순위로 등기된 가압류와 처분금지가처분이 경합하게 된 경우에는 당해 채권자 상호간에는 상호간에 있어서 처분금지적 효력을 주장할 수 없다.[109)]

소유권이전등기청구권에 대한 가압류가 있기 전에 "채무자는 소유권이전등기청구권을 양도하거나 기타 일체의 처분행위를 하여서는 아니 된다. 제3채무자는 채무자에게 소유권이전등기절차를 이행하여서는 아니 된다"는 가처분이 있었다 하여도 가처분이 뒤에 이루어진 가압류에 우선하는 효력은 없으므로, 가압류는 가처분 채권자와의 관계에서도 유효하다.[110)] 따라서 이 경우 가처분채권자는 채무자를 대위하여 제3채무자를 상대로 가압류해제를 조건으로 하여야만 소유권이전등기를 청구할 수 있다.[111)]

소유권이전등기청구권에 대한 원고의 (가)압류가 있기 이전에 제3자의 처분금지가처분결정이 피고에게 송달된 경우, 소유권전등기청구권 처분금지가처분은 소유권이전등기청구권을 임의로 처분하는 것을 금지하는 효력만 있고, 원고의 소유권이전등기청구권에 대한 압류에 우선하는 효력이 있다고 볼 수 없으므로, 소유권이전등기청구권에 대한 처분금가처분의 해제를 조건으로 하지 않지 않아도 원고는 피고(채무자)에 대한 소유권이전등기 청구를 구할 수 있다.[112)]

부동산처분금지가처분등기가 유효하게 기입된 이후에도 가처분채권자

---

108) 대법원 2005. 1. 14. 선고 2003다33004 판결
109) 대법원 1998. 10. 30. 자 98마475 결정
110) 대법원 1998. 4. 14. 선고 96다47104 판결
111) 김홍엽, 전게서, 469면.
112) 대법원 2001. 10. 9. 선고 2000다51216 판결

의 지위만으로는 가처분 이후에 경료된 처분등기의 말소청구권은 없으며, 나중에 가처분채권자가 본안 승소판결에 의한 등기의 기재를 청구할 수 있게 되면서 가처분등기 후에 경료된 가처분 내용에 위반된 위 등기의 말소를 청구 할 수 있는 것이고, 또 등기공무원도 가처분 이후에 이루어진 가처분 위반등기를 직권으로 말소할 수도 없으므로 가처분 위반의 등기가 소유권이전등기시에 말소되지 아니한 채 남아 있다면 이는 말소하여야 할 등기상의 부담이라고 보아야 할 것이다.113)

처분금지가처분이 되어 있는 부동산에 한 다른 채권자의 강제집행은 유효하다. 가처분채권자가 후에 본안소송에서 승소확정판결을 얻는 때에 비로소 그 강제집행의 결과를 부인할 수 있다. 강제경매개시결정 전 처분금지가처분결정이 있는 경우 그 가처분 결정이 저당권 또는 가압류 이후의 것인 때에는 경락에 의하여 소멸되나, 최선순위인 경우에는 경매개시결정 기입등기 후 가처분결정의 본안소송 결과가 나올 때까지 당해 경매절차를 정지한다. 강제집행에 의하여 이미 압류된 부동산에 대하여도 처분금지가처분을 할 수 있으나, 가처분채권자는 매수인에게 대항할 수 없다.

국세징수법 제35조에서 "체납처분은 재판상의 가압류 또는 가처분으로 인하여 그 집행에 영향을 받지 아니한다"고 규정하고 있으나, 이는 선행의 가압류 또는 가처분이 있다고 하더라도 체납처분의 진행에 영향을 미치지 않는다는 취지의 절차진행에 관한 규정일 뿐이고 체납처분의 효력이 가압류, 가처분의 효력에 우선한다는 취지의 규정은 아니므로 부동산에 관하여 처분금지가처분의 등기가 된 후에 가처분권자가 본안소송에서 승소판결을 받아 확정이 되면 피보전권리의 범위 내에서 가처분 위반행위의 효력을 부정할 수 있고 이와 같은 가처분의 우선적 효력은 그 위반행위가 체납처분에 기한 것이라 하여 달리 볼 수 없다.114)

113) 대법원 1992. 2. 14. 선고 91다12349 판결

114) 대법원 1993. 2. 19. 자 92마903 전원합의체 결정

제4절 부당한 보전처분에 대한 손해배상청구

민사집행법에 의한 구제절차 외에 부당한 보전처분이 불법행위에 해당하는 경우 손해배상청구를 통한 채무자의 구제도 가능하다. 보전처분은 그 집행 후에 채권자가 본안소송에서 패소확정되었다면 특별한 반증이 없는 한 채권자에게 고의 또는 과실이 있다고 추정되고, 따라서 부당한 집행으로 인한 손해를 배상할 책임이 있다.115)

가압류신청에서 채권액보다 지나치게 과다한 금액을 주장하여 그 청구금액대로 가압류결정이 된 경우, 본안판결에서 피보전권리가 없는 것으로 확인된 범위 내에서는 가압류채권자의 고의·과실이 추정되며, 부당한 보전처분으로 인하여 그 채권금을 제때에 지급받지 못함으로써 발생하는 통상의 손해액은 그 채권금에 대한 민법 소정의 연5%의 비율에 의한 지연이자 상당액이고, 채무자가 실제로 부당하게 가압류된 금원을 활용하여 얻을 수 있었던 금융상의 이익이나 공탁한 돈을 조달하기 위한 금융상의 이자 상당액은 특별손해로서 채권자가 이를 알았거나 알 수 있었을 경우에 한하여 배상책임이 있다.116)

가압류채무자가 가압류 이후 가압류청구금액을 공탁하고 그 집행취소판결을 받았다면, 가압류채무자는 적어도 가압류집행으로 인하여 공탁금에 대한 민사법정이율인 연5% 상당의 이자와 공탁금이율 상당 이자의 차액 상당의 손해를 입었다고 보아야 한다.117)

부당한 채권가압류의 집행이 있었다 하더라도 그 집행기간 동안 기한의 미도래나 조건의 불성취 등의 사유로 인해 가압류채무자가 제3채무자로부터 채권을 바로 지급받을 수 없는 사정이 있었다면 가압류채무자가 부당한 채권가압류의 집행으로 인하여 어떤 손해를 입었다고 할 수는 없다.118)

부동산의 등기청구권을 보전하기 위한 처분금지가처분이 부당하게 집행

---

115) 대법원 2008. 6. 26. 선고 2006다84874 판결
116) 대법원 1999. 9. 3. 선고 98다3757 판결
117) 대법원 1995. 12. 12. 선고 95다34095, 34101 판결
118) 대법원 2006. 6. 15. 선고 2006다10408 판결

되었다 하더라도 그 가처분의 존재로 인하여 처분기회를 상실하였거나 그 대가를 제때 지급받지 못하는 불이익이 당해 부동산을 보유하면서 얻는 점용이익을 초과하지 않는 한 손해가 발생하였다고 보기 어렵고, 설사 점용이익을 초과하는 불이익을 입어 손해가 발생하였다고 하더라도 그 손해는 특별손해로 보아야 한다.[119)]

분양할 목적으로 신축한 연립주택이 부당한 가처분으로 인하여 처분이 제한된 경우와 같이 채무자가 목적물을 사용·수익하지 않는 경우에는 처분이 지연된 기간 동안 입은 손해 중 적어도 부동산의 처분대금에 대한 법정이율에 따른 이자 상당의 금액은 통상손해에 속한다.[120)]

119) 대법원 2001. 1. 19. 선고 2000다58132 판결
120) 대법원 2001. 11. 13. 선고 2001다26774 판결

제3장 소송요건

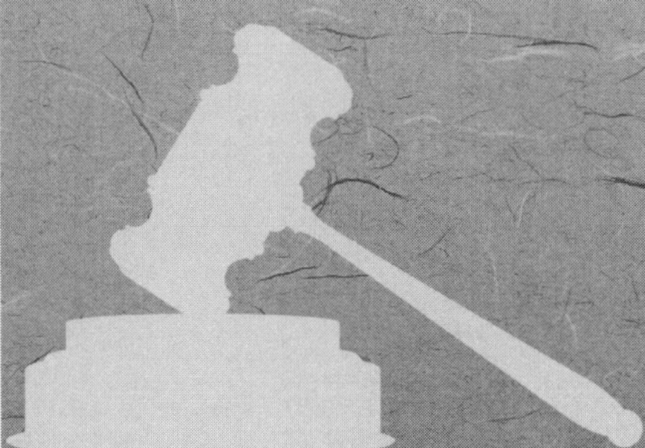

민사실무 **입문**

제3장

소송요건

제1절 서설

Ⅰ. 소송요건의 개념

소가 법원에서 적법한 것으로 취급되어 본안판결을 받기 위한 사항을 소송요건이라 한다. 이는 국가의 재판권행사를 효율적으로 운영하기 위해서 소송요건사항을 먼저 심리한 다음 이 사항에 흠이 없을 때에만 본안심리를 하기 위한 것이다. 소송요건은 당사자를 위한 것이 아니라 법원을 위한 것으로 소송요건에 흠이 생기면 본안에 관한 심리를 거절하여 법원의 노고를 덜 수 있도록 한 것이다.[121] 피고가 원고의 소송에 소송요건상 흠이 있다고 다투는 것을 본안전 항변이라고 한다. 소송요건에 흠이 있는 경우 법원은 보정을 명할 수 있다. 법원의 보정명령에 당사자가 응하지 않으면 법원은 소를 각하할 수 있다. 이를 소송판결이라 한다. 다만 임의관할 위반의 경우에는 소송판결을 하지 않고 관할권이 있는 법원으로 이송하여야 하고, 병합된 소송에서 병합 요건을 갖추지 못한 경우 독립된 소로 취급하여야 한다. 소송요건에 흠이 있는데 이를 간과하고 본안판결이 내려진 경우 이는 상소에 의하여 취소할 수 있다. 소송요건을 갖추고 있는데도 잘못 판단하

121) 강현중, 「민사소송법강의」, 박영사(2013), 24면.

여 각하판결을 한 경우 상소를 제기할 수 있고, 상소가 이유 있으면 원심판결을 취소하고 사건을 원심에 환송하여야 한다.

Ⅱ. 민사소송의 종류

1. 이행의 소

특정인에 대하여 금전지급 의무, 물건인도 의무, 작위 또는 부작위 의무 등의 이행를 구하는 소를 말한다. 이행기가 도래한 경우뿐만 아니라 특별한 경우 미리 이행할 필요가 있는 경우에도 소를 제기할 수 있다(장래이행의 소).[122] 이행판결은 국가의 강제력을 동원하여 강제집행에 나아갈 수 있다.

2. 확인의 소

자기의 권리 또는 법률상의 지위에 현존하는 위험이 있고, 이 위험을 제거하는 데 확인판결을 받는 것이 가장 유효적절한 수단인 경우에 한하여 채무부존재 확인·소유권존재 확인·사실혼관계 존재 확인 등과 같이 어떤 권리나 법률관계의 존부에 대한 확인의 소를 제기할 수 있다. 권리 또는 법률관계가 아닌 사실관계는 확인의 소 대상이 될 수 없다. 다만 증서의 진정성립 여부는 사실관계이지만 예외적으로 증서진부확인의 소를 제기할 수 있다.[123]

3. 형성의 소

법률에서 특정한 권리 또는 법률관계의 변동을 구하는 내용의 소를 제기할 수 있다고 규정한 경우 예컨대 친자관계의 발생을 내용으로 하는 인지청구, 혼인관계의 소멸을 내용으로 하는 이혼청구 등 형성의 소를 제기할 수 있다.

---

122) 민사소송법 제251조
123) 민사소송법 제250조

Ⅲ. 민사소송절차

1. 소장의 제출과 소장심사

분쟁의 해결을 구하는 원고가 '소장'이라는 서면을 작성하여 '법원'에 신청하는 것을 '소의 제기'라고 한다. 소장에는 당사자와 법정대리인, 청구의 취지와 원인을 적어야 한다. '소의 제기'가 있으면 소송요건을 충족하는지 심사가 이루어지고, 소송요건 심사를 통과할 경우 '변론절차'에 돌입하게 된다. 변론 절차에서 당사자들은 서로 주장과 입증을 하게 되고, 더 이상 주장과 입증을 할 필요가 없는 단계에 이르면 법원은 판결을 선고한다.

법원은 직권으로 민사소송을 개시할 수 없으며, 언제나 원고가 소장을 접수하여야 개시된다. 소장이 제출되면 법원은 사건기록을 제조하여 특정 재판부에 배당을 한다. 소장접수를 담당하는 법원공무원은 관할, 인지 등을 형식적으로 조사한다. 소장의 적법 여부는 정식으로 판단하는 것은 재판장이다. 재판장은 소장이 필수적 기재사항을 갖추고 있는지와 소장에 소정의 인지가 첩부되어 있는지 조사한다. 심사 결과 소장에 흠이 있으면 재판장은 상당한 기간을 정하여 보정을 명한다. 원고가 보정기간 내에 보정을 하지 않으면 재판장은 명령으로 소장을 각하한다. 재판장은 소장을 심사하면서 필요하다고 인정하는 경우에는 원고에게 청구하는 이유에 대응하는 증거방법을 구체적으로 적어 내도록 명할 수 있으며, 원고가 소장에 인용한 서증(書證)의 등본 또는 사본을 붙이지 아니한 경우에는 이를 제출하도록 명할 수 있다.

2. 소장부본의 송달과 답변서제출

소장에 흠이 없는 경우 법원은 피고에게 소장부본을 송달한다. 송달은 법원이 직권으로 한다. 송달은 우편 또는 집행관에 의한다. 해당 사건에 출석한 사람에게는 법원사무관등이 직접 송달할 수 있다. 교도소·구치소 또는 국가경찰관서의 유치장에 체포·구속 또는 유치(留置)된 사람에게 할 송달은 교도소·구치소 또는 국가경찰관서의 장에게 한다. 송달은 받을 사람의 주소·거소·영업소·사무소에서 한다. 위와 같은 장소를 알지 못하거나 그 장소에서 송달할 수 없는 때에는 송달받을 사람이 고용·위임 그 밖에 법률상 행위로 취업하고 있는 다른 사람의 주소·거소·영업소·사무소(근무장소)에서 송달할 수 있다. 송달받을 사람의 주소나 근무장소가 국내에 없거나 알 수 없는 때에는 그를 만나는 장소에서 송달할 수 있다. 주소나 근무장소가 있는 사람의 경우에도 송달받기를 거부하지 아니하면 만나는 장소에서 송달할 수 있다. 당사자의 신청이 있는 때에는 공휴일 또는 해뜨기 전이나 해진 뒤에 집행관에 의하여 송달할 수 있다. 외국에서 하여야 하는 송달은 재판장이 그 나라에 주재하는 대한민국의 대사·공사·영사 또는 그 나라의 관할 공공기관에 촉탁한다(민사소송법 제191조). 당사자의 주소·거소·영업소·사무소·근무장소를 알 수 없는 경우 또는 외국에서 하여야 할 송달에 관하여 위 민사소송법 제191조의 규정에 따를 수 없거나 이에 따라도 효력이 없을 것으로 인정되는 경우에는 재판장은 직권으로 또는 당사자의 신청에 따라 공시송달을 명할 수 있다. 공시송달은 법원사무관등이 송달할 서류를 보관하고 그 사유를 법원게시판에 게시하여야 한다. 첫 공시송달은 법원게시판에 게시한 날부터 2주가 지나야 효력이 생긴다. 다만, 같은 당사자에게 하는 그 뒤의 공시송달은 실시한 다음 날부터 효력이 생긴다. 외국에서 할 송달에 대한 공시송달의 경우에는 2주가 아니라 2월이 지나야 효력이 생긴다.

소장부본을 송달 받은 피고는 30일 이내에 답변서를 제출하여야 한다. 공시송달로 받은 경우에는 그렇지 않다. 법원은 소장부본을 송달할 때에 30일 내에 답변서를 제출하여야 한다는 취지를 피고에게 알려야 한다. 피고가 답변서를 제출하면 법원은 답변서의 부본을 원고에게 송달하여야 한다. 답변서에는 준비서면에 관한 규정을 준용한다.

3. 무변론판결과 변론기일의 지정

피고가 30일 이내에 답변서를 제출하지 않거나 답변서를 제출하였더라도 원고의 주장사실을 모두 자백하는 취지이고 따로 항변을 하지 아니한 때에는 법원은 원고가 소장에서 주장한 사실을 피고가 자백한 것으로 보아 변론 없이 선고기일을 지정하여 무변론 판결을 할 수 있다. 피고가 답변서를 제출하면 재판장은 바로 사건을 검토하여 가능한 최단 기간 안의 날로 제1회 변론기일을 지정하여야 한다.

4. 변론준비절차

재판장은 변론기일을 정하기 전에 변론이 효율적이고 집중적으로 실시될 수 있도록 당사자의 주장과 증거를 정리하는 변론준비절차를 열 수 있다. 반소 등으로 사건이 복잡하게 되는 특별한 사정이 있는 때에는 변론기일을 연 뒤에도 사건을 변론준비절차에 부칠 수 있다. 변론준비기일에 제출하지 아니한 공격방어방법은 원칙적으로 변론에서 제출할 수 없다. 그러나 ①그 제출로 인하여 소송을 현저히 지연시키지 아니하는 때, ②중대한 과실 없이 변론준비절차에서 제출하지 못하였다는 것을 소명한 때, ③법원이 직권으로 조사할 사항인 때 중 어느 하나에 해당하는 경우에는 변론에서 제출할 수 있다. 법원은 변론준비절차를 마친 경우에는 첫 변론기일을 거친 뒤 바로 변론을 종결할 수 있도록 하여야 하며, 당사자는 이에 협력하여야 한다. 당사자는 변론준비기일을 마친 뒤의 변론기일에서 변론준비기일의 결과를 진술하여야 하며, 법원은 변론기일에 변론준비절차에서 정리된 결과에 따라서 바로 증거조사를 하여야 한다.

5. 변론

당사자는 소송에 대하여 법원에서 변론하여야 한다. 다만, 결정으로 완결할 사건에 대하여는 법원이 변론을 열 것인지 아닌지를 정한다. 변론은 재판장(합의부의 재판장 또는 단독판사를 말한다)이 지휘한다. 재판장은 발언을 허가하거나 그의 명령에 따르지 아니하는 사람의 발언을 금지할 수 있다. 변론기일은 공개법정에서 재판장이 사건번호(예컨대, 2014가합5698호 양수금 사건)와 당사자의 이름을 부름으로써 시작된다. 변론은 집중되어야 하며, 당사자는 변론을 서면으로 준비하여야 한다. 준비서면은 그것에 적힌 사항에 대하여 상대방이 준비하는 데 필요한 기간을 두고 제출하여야 하며, 법원은 상대방에게 그 부본을 송달하여야 한다. 준비서면에는 ①당사자의 성명·명칭 또는 상호와 주소, ②대리인의 성명과 주소, ③사건의 표시, ④공격 또는 방어의 방법, ⑤상대방의 청구와 공격 또는 방어의 방법에 대한 진술, ⑥덧붙인 서류의 표시, ⑦작성한 날짜, ⑧법원의 표시를 적고, 당사자 또는 대리인이 기명날인 또는 서명한다. 단독사건의 변론은 서면으로 준비하지 아니할 수 있지만 상대방이 준비하지 아니하면 진술할 수 없는 사항은 그러하지 않다. 재판장은 소송관계를 분명하게 하기 위하여 당사자에게 사실상 또는 법률상 사항에 대하여 질문할 수 있고, 증명을 하도록 촉구할 수 있다. 당사자는 필요한 경우 재판장에게 상대방에 대하여 설명을 요구하여 줄 것을 요청할 수 있다. 법원은 당사자가 간과하였음이 분명하다고 인정되는 법률상 사항에 관하여 당사자에게 의견을 진술할 기회를 주어야 한다. 법원은 소송관계를 분명하게 하기 위하여 당사자 본인 또는 그 법정대리인에게 출석하도록 명할 수 있고, 소송서류 또는 소송에 인용한 문서, 그 밖의 물건으로서 당사자가 가지고 있는 것을 제출하게 할 수 있다. 또한 당사자 또는 제3자가 제출한 문서, 그 밖의 물건을 법원에 유치할 수 있고, 검증을 하고 감정을 명하거나 필요한 조사를 촉탁하는 처분을 할 수 있다. 법원은 변론의 제한·분리 또는 병합을 명하거나, 그 명령을 취소할 수 있고, 종결된 변론을 다시 열도록 명할 수 있다. 법원사무관등은 변론기일에 참여하여 기일마다 조서를 작성하여야 한다. 다만, 변론을 녹음하거나 속기하는 경우 그 밖에 이에 준하는 특별한 사정이 있는 경우에는 법원사무관등을 참여시키지 아니하고 변론기일을 열 수 있다. 조서에는 변론의 요지를 적되, 특히 화해, 청구의 포기·인낙, 소의 취하와 자백, 증인·감정인의 선서와 진술, 검증의 결과, 재판장이 적도록 명한 사항과 당사자의 청구에 따라 적는 것을 허락한 사항, 서면으로 작성되지 아니한 재판, 재판의 선고에 관한 사항을 분명히 하여야 한다. 변론방식에 관한 규정이 지켜졌다는 것은 조서로만 증명할 수 있다. 다만, 조서가 없어진 때에는 그러하지 아니하다. 조서에 적힌 사항에 대하여 관계인이 이의를 제기한 때에는 조서에 그 취지를 적어야 한다.

6. 화해권고결정

법원은 소송의 정도와 관계없이 화해를 권고하거나, 수명법관 또는 수탁판사로 하여금 권고하게 할 수 있다. 이 때 법원·수명법관 또는 수탁판사는 당사자 본인이나 그 법정대리인의 출석을 명할 수 있다. 법원·수명법관 또는 수탁판사는 소송에 계속중인 사건에 대하여 직권으로 당사자의 이익, 그 밖의 모든 사정을 참작하여 청구의 취지에 어긋나지 아니하는 범위 안에서 사건의 공평한 해결을 위한 화해권고결정을 할 수 있다. 당사자는 화해권고결정에 대하여 그 조서 또는 결정서의 정본을 송달받은 날부터 2주 이내에 이의를 신청할 수 있다. 다만, 그 정본이 송달되기 전에도 이의를 신청할 수 있다. 2주의 이의신청기간은 불변기간이다. 2주의 기간 이내에 이의신청이 없는 경우, 이의신청에 대한 각하결정이 확정된 경우, 당사자가 이의신청을 취하하거나 이의신청권을 포기한 경우에는 화해권고결정은 재판상 화해와 같은 효력을 가진다.

7. 증거조사

증거를 신청할 때에는 증명할 사실을 표시하여야 하며, 증거의 신청과 조사는 변론기일전에도 할 수 있다. 법원은 당사자가 신청한 증거를 필요하지 아니하다고 인정한 때에는 조사하지 아니할 수 있다. 다만, 그것이 당사자가 주장하는 사실에 대한 유일한 증거인 때에는 그러하지 아니하다. 법원은 증거조사를 할 수 있을지, 언제 할 수 있을지 알 수 없는 경우에는 그 증거를 조사하지 아니할 수 있다. 법원은 당사자가 신청한 증거에 의하여 심증을 얻을 수 없거나, 그 밖에 필요하다고 인정한 때에는 직권으로 증거조사를 할 수 있다. 법원에서 당사자가 자백한 사실과 현저한 사실은 증명을 필요로 하지 아니한다. 다만, 진실에 어긋나는 자백은 그것이 착오로 말미암은 것임을 증명한 때에는 취소할 수 있다.

증인신문과 당사자신문은 당사자의 주장과 증거를 정리한 뒤 집중적으로 하여야 한다. 법원은 특별한 규정이 없으면 누구든지 증인으로 신문할 수 있다. 법원은 증인과 증명할 사항의 내용 등을 고려하여 상당하다고 인정하는 때에는 출석·증언에 갈음하여 증언할 사항을 적은 서면을 제출하게 할 수 있다. 그러나 상대방의 이의가 있거나 필요하다고 인정하는 때에는 법원은 증언에 갈음한 서면을 제출한 증인으로 하여금 출석·증언하게 할 수 있다. 증인이 정당한 사유 없이 출석하지 아니한 때에 법원은 결정으로 증인에게 이로 말미암은 소송비용을 부담하도록 명하고 500만원 이하의 과태료에 처한다. 과태료의 재판을 받고도 정당한 사유 없이 다시 출석하지 아니한 때에는 법원은 결정으로 증인을 7일 이내의 감치에 처한다. 법원은 정당한 사유 없이 출석하지 아니한 증인을 구인(拘引)하도록 명할 수 있다.

법원은 공공기관·학교, 그 밖의 단체·개인 또는 외국의 공공기관에게 그 업무에 속하는 사항에 관하여 필요한 조사 또는 보관중인 문서의 등본·사본의 송부를 촉탁할 수 있다.

감정에는 증인신문규정을 준용한다. 감정인이 성실하게 감정할 수 없는 사정이 있는 때에 당사자는 그를 기피할 수 있다. 다만, 당사자는 감정인이 감정사항에 관한 진술을 하기 전부터 기피할 이유가 있다는 것을 알고 있었던 때에는 감정사항에 관한 진술이 이루어진 뒤에 그를 기피하지 못한다. 재판장은 감정인으로 하여금 서면이나 말로써 의견을 진술하게 할 수 있으며, 여러 감정인에게 감정을 명하는 경우에는 다 함께 또는 따로따로 의견을 진술하게 할 수 있다. 특별한 학식과 경험에 의하여 알게 된 사실에 관한 신문은 증인신문에 관한 규정을 따른다. 법원이 필요하다고 인정하는 경우에는 공공기관·학교, 그 밖에 상당한 설비가 있는 단체 또는 외국의 공공기관에 감정을 촉탁할 수 있다. 이 경우에는 선서에 관한 규정을 적용하지 아니한다. 감정인은 감정을 위하여 필요한 경우에는 법원의 허가를 받아 남의 토지, 주거, 관리중인 가옥, 건조물, 항공기, 선박, 차량, 그 밖의 시설물 안에 들어갈 수 있다.

당사자가 서증(書證)을 신청하고자 하는 때에는 문서를 제출하는 방식을 취하거나 또는 문서를 가진 사람에게 그것을 제출하도록 명할 것을 신청하는 방식을 취하여야 한다. 법원은 당사자의 문서제출신청에 정당한 이유가 있다고 인정한 때에는 결정으로 문서를 가진 사람에게 그 제출을 명할 수 있다. 문서제출의 신청이 문서의 일부에 대하여만 이유 있다고 인정한 때에는 그 부분만의 제출을 명하여야 한다. 제3자에 대하여 문서의 제출을 명하는 경우에는 제3자 또는 그가 지정하는 자를 심문하여야 한다. 법원은 문서가 제출의무가 있는 것인지를 판단하기 위하여 필요하다고 인정하는 때에는 문서를 가지고 있는 사람에게 그 문서를 제시하도록 명할 수 있다. 이 경우 법원은 그 문서를 다른 사람이 보도록 하여서는 안 된다. 문서제출의 신청에 관한 결정에 대하여는 즉시항고를 할 수 있다. 당사자가 소송에서 인용한 문서를 가지고 있는 때, 신청자가 문서를 가지고 있는 사람에게 그것을 넘겨 달라고 하거나 보겠다고 요구할 수 있는 사법상의 권리를 가지고 있는 때, 문서가 신청자의 이익을 위하여 작성되었거나, 신청자와 문서를 가지고 있는 사람 사이의 법률관계에 관하여 작성된 것인 때에는 해당 문서를 가지고 있는 사람은 법원의 문서제출명령을 거부하지 못한다. 당사자가 법원의 문서제출명령에 따르지 아니한 때에는 법원은 문서의 기재에 대한 상대방의 주장을 진실한 것으로 인정할 수 있다. 당사자가 상대방의 사용을 방해할 목적으로 제출의무가 있는 문서를 훼손하여 버리거나 이를 사용할 수 없게 한 때에도 법원은 그 문서의 기재에 대한 상대방의 주장을 진실한 것으로 인정할 수 있다. 서증의 신청은 문서를 가지고 있는 사람에게 그 문서를 보내도록 촉탁할 것을 신청함으로써도 할 수 있다. 다만, 당사자가 법령에 의하여 문서의 정본 또는 등본을 청구할 수 있는 경우에는 그러하지 아니하다. 법원으로부터 문서의 송부를 촉탁받은 사람 또는 증거조사의 대상인 문서를 가지고 있는 사람은 정당한 사유가 없는 한 이에 협력하여야 한다. 문서의 송부를 촉탁받은 사람이 그 문서를 보관하고 있지 아니하거나 그 밖에 송부촉탁에 따를 수 없는 사정이 있는 때에는 법원에 그 사유를 통지하여야 한다.

문서의 작성방식과 취지에 의하여 공무원이 직무상 작성한 것으로 인정한 때에는 이를 진정한 공문서로 추정한다. 사문서는 그것이 진정한 것임을 증명하여야 한다. 본인 또는 대리인의 서명이나 날인 또는 무인(拇印)이 있는 사문서는 진정한 것으로 추정한다. 문서가 진정하게 성립된 것인지 어떤지는 필적 또는 인영(印影)을 대조하여 증명할 수 있다. 대조하는 데에 적당한 필적이 없는 때에는 법원은 상대방에게 그 문자를 손수 쓰도록 명할 수 있다. 상대방이 정당한 이유 없이 위 명령에 따르지 아니한 때에는 법원은 문서의 진정여부에 관한 확인신청자의 주장을 진실한 것으로 인정할 수 있다. 필치(筆致)를 바꾸어 손수 쓴 때에도 또한 같다.

당사자가 검증을 신청하고자 하는 때에는 검증의 목적을 표시하여 신청하여야 한다. 수명법관 또는 수탁판사는 검증에 필요하다고 인정할 때에는 감정을 명하거나 증인을 신문할 수 있다.

8. 당사자에 의한 소송의 종료(소의 취하, 청구의 포기 · 인낙, 소송상 화해)

원고는 소가 제기된 후 판결이 확정되기 전까지 자신이 제기한 소의 일부 또는 전부를 철회하여 소의 제기가 없었던 상태로 할 수 있다. 이미 피고가 응소한 경우에는 피고의 동의가 있어야 취하의 효력이 발생한다. 본안에 관한 법원의 인용판결이나 기가 판결이 있고 난 후에 취하를 한 경우에는 같은 사건을 다시 제소할 수 없다.

청구의 포기는 원고가 소송상 청구했던 자기의 청구가 이유 없음을 법원에 진술하는 것을 말한다. 청구의 인낙은 원고의 청구가 이유 있음을 스스로 인정하는 의사표시를 법원에 하는 것을 말한다. 이러한 의사표시를 조서에 기록하면 확정판결과 같다.

소송 진행 도중 당사자가 서로 양보하고 소송을 종료하기로 합의한 후 그 합의사실을 법원에 알릴 경우 이를 조서에 기록하면 이 조서는 확정판결과 동일하다.

9. 법원에 의한 소송의 종료(판결의 선고)

법원은 증거조사를 하여 이것을 가지고 판결을 내릴 수 있거나 그 이상 증거조사를 하더라도 무의미하다고 여길 때에는 변론을 종결하고 판결을 선고한다. 재판장으로부터 교부받은 판결문을 법원사무관 등은 당사자에게 송달한다. 판결은 상소를 제기할 수 있는 기간 또는 그 기간 이내에 적법한 상소제기가 있을 때에는 확정되지 아니한다. 법원은 사건을 완결하는 재판에서 직권으로 그 심급의 소송비용 전부에 대하여 재판하여야 한다. 다만, 사정에 따라 사건의 일부나 중간의 다툼에 관한 재판에서 그 비용에 대한 재판을 할 수 있다. 상급법원이 본안의 재판을 바꾸는 경우 또는 사건을 환송받거나 이송받은 법원이 그 사건을 완결하는 재판을 하는 경우에는 소송의 총비용에 대하여 재판하여야 한다. 소송을 대리한 변호사에게 당사자가 지급하였거나 지급할 보수는 대법원규칙이 정하는 금액의 범위안에서 소송비용으로 인정한다. 여러 변호사가 소송을 대리하였더라도 한 변호사가 대리한 것으로 본다. 재산권의 청구에 관한 판결은 가집행(假執行)의 선고를 붙이지 아니할 상당한 이유가 없는 한 직권으로 담보를 제공하거나, 제공하지 아니하고 가집행을 할 수 있다는 것을 선고하여야 한다. 다만, 어음금 · 수표금 청구에 관한 판결에는 담보를 제공하게 하지 아니하고 가집행의 선고를 하여야 한다. 가집행 선고는 판결주문에 적어야 한다.

10. 판결의 효력

판결의 선고와 동시에 판결을 한 법원도 이를 철회하거나 그 내용을 변경할 수 없다. 판결은 일반적으로 상소기간인 2주가 지나거나 상소를 취하하거나 상소권을 포기하면 확정된다. 대법원 판결은 더 이상 불복수단이 없기 때문에 선고와 동시에 확정된다. 판결이 확정되면 당사자는 판결의 내용과 상반되는 주장을 하기 위하여 다시 소송을 제기할 수 없고, 법원도 확정판결과 배치되는 내용의 판단을 할 수 없다. 이를 기판력이라 한다. 판결의 기판력은 사실심변론종결시(변론없이 하는 판결은 선고시)의 판단에 한정하여 발생한다. 사실심변론종결시점의 이전이나 이후의 법률관계에 대하여는 기판력이 미치지 않는다. 사실심변론종결시까지 존재했으나 제출하지 않았던 공격방법방법(사실과 증거)은 당사자가 그 존재를 알고 있었는지, 모르고 있었는지 묻지 않고 후소에서 제출할 수 없다. 기판력은 판결주문에 표시된 사항에 한하여 효력이 미치며, 주문이 아닌 이유에서 판단한 사실인정, 항변에 대한 판단 또는 법률이나 항변에 관한 법원의 판단 또는 법률의 해석적용에 관하여는 미치지 않는다. 기판력은 원래 소송의 당사자가 되어 공격방어를 하였던 당사자 사이에서만 미친다.

11. 상소

가. 항소

제1심 판결을 송달받은 날로부터 2주 내에 항소를 제기하여야 한다. 이 기간이 지나면 제1심 판결은 확정된다. 항소의 제기는 제1심 법원에 항소장을 제출함으로써 한다. 항소심의 심판범위는 항소인이 불복한 사항에 한정된다. 그 한도를 넘어서는 항소인에게 유리하게도 불리하게도 재판할 수 없다.

나. 상고

항고심의 종국판결에 대한 볼복절차이다. 대법원이 담당하여 법률적인 관점에서만 원심판결의 잘못을 검토한다. 상고기간은 항소심판결을 송달받은 날로부터 2주간이다.

Ⅳ. 소제기의 효과

1. 소송계속

소가 제기되면 원·피고 사이에 소송이 법원에서 있게 되는 소송계속 상태가 발생한다. 이러한 소송계속은 보전처분절차나 집행절차 또는 증거보전절차나 중재절차에는 발생하지 않으며 오로지 판결절차에서만 고유하게 발생하는 것이다. 다만 제소전화해절차나 독촉절차는 당사자의 소제기신청이나 채무자의 이의신청이 있게 되면, 당사자가 최초로 화해신청을 하거나 지급명령을 신청한 때에 소를 제기한 것으로 간주되므로, 이 두 경우에는 소송계속의 효과가 소급하여 인정된다. 소송계속은 피고에게 소장이 송달된 때부터 인정된다.[124] 소송계속은 소의 취하·취하간주 또는 각하, 판결의 확정, 이행권고결정의 확정, 화해권고결정의 확정, 화해조서의 작성, 청구의 포기·인낙조서의 작성 등으로 소송이 끝날 때에 소멸된다. 당사자가

124) 대법원 1989. 4. 11. 선고 87다카3155 판결

소송계속이 있다고 주장하며 기일지정을 신청한 경우, 소송계속이 없다고 인정되면 소송종료선언을 하고, 소송계속이 있다고 인정되면 변론을 속행하여야 한다.

2. 시효의 중단 등

소제기에 의하여 소멸시효가 중단되며(민법 제168조), 법률상 기간준수의 효과(민법 제204조 제3항, 제205조 제2항, 제206조 제2항 등)가 발생한다. 시효중단이나 법률상 기간준수의 효력은 소의 취하 · 각하로 소급하여 소멸되지만, 6월 이내에 소의 제기, 파산절차참가, 압류 · 가압류 · 가처분을 하면 최초의 소를 제기한 때에 중단된 것으로 본다.[125]

선의 점유자의 악의의 간주(민법 제197조 제2항), 어음법상 상환청구권의 소멸시효 기산점(어음법 제70조 제3항) 등은 피고에게 소장이 송달된 때에 생긴다. 소장에 기재된 계약의 취소 · 해제는 민법 제111조 제1항 도달주의의 원칙에 따라 피고에게 소장이 송달된 때에 효과가 발생한다. 이는 소장을 이용한 계약을 취소 또는 해제하겠다는 의사를 표시한 것이지, 소제기 자체의 효과와는 무관한 것이다. 따라서 제소된 소가 취하 또는 각하되더라도 취소 · 해제에 관한 의사표시가 피고에게 도달하였다는 사실은 그대로 존속한다.

시효를 주장하는 자가 원고가 되어 소를 제기한 경우에 있어서, 피고가 응소행위를 하였다고 하여 바로 시효중단의 효과가 발생하는 것은 아니고, 변론주의 원칙상 시효중단의 효과를 원하는 피고로서는 당해 소송 또는 다른 소송에서의 응소행위로서 시효가 중단되었다고 주장하지 않으면 아니 되고, 피고가 변론에서 시효중단의 주장 또는 이러한 취지가 포함되었다고 볼 만한 주장을 하지 아니하는 한, 피고의 응소행위가 있었다는 사정만으로 당연히 시효중단의 효력이 발생한다고 할 수는 없는 것이나, 응소행위로 인한 시효중단의 주장은 취득시효가 완성된 후라도 사실심 변론종결 전에는 언제든지 할 수 있다.[126]

---

125) 민법 제170조

3. 지연손해금에 관한 법정이율

금전채무의 이행을 명하는 판결을 선고할 경우 소장송달 다음날부터의 지연손해금의 법정이율은 연20%이다. 그러나 채무자가 이행의무의 존부와 범위를 다툴 만한 이유가 있는 때에는 사실심의 판결선고 다음날부터 연20%의 이율을 적용한다.

제2절 법원에 관한 소송요건

Ⅰ. 우리나라 법원의 재판권이 인정될 것

국제사법 제2조는 국제재판관할에 관하여 제1항 "법원은 당사자 또는 분쟁이 된 사안이 대한민국과 실질적 관련이 있는 경우에 국제재판관할권을 가진다. 이 경우 법원은 실질적 관련의 유무를 판단함에 있어 국제재판관할 배분의 이념에 부합하는 합리적인 원칙에 따라야 한다.", 제2항 "법원은 국내법의 관할 규정을 참작하여 국제재판관할권의 유무를 판단하되, 제1항의 규정의 취지에 비추어 국제재판관할의 특수성을 충분히 고려하여야 한다."고 규정한다.

대법원 1998. 12. 17. 선고 97다39216 전원합의체 판결은 "국제관습법에 의하면 국가의 주권적 행위는 다른 국가의 재판권으로부터 면제되는 것이 원칙이라 할 것이나, 국가의 사법적(사법적) 행위까지 다른 국가의 재판권으로부터 면제된다는 것이 오늘날의 국제법이나 국제관례라고 할 수 없다. 따라서 우리나라의 영토 내에서 행하여진 외국의 사법적 행위가 주권적 활동에 속하는 것이거나 이와 밀접한 관련이 있어서 이에 대한 재판권의 행사가 외국의 주권적 활동에 대한 부당한 간섭이 될 우려가 있다는 등의 특별한 사정이 없는 한, 외국의 사법적 행위에 대하여는 당해 국가를 피고로 하여 우리나라의 법원이 재판권을 행사할 수 있다고 할 것이다."라고 판시하였다.

---

126) 대법원 2003. 6. 13. 선고 2003다17927,17934 판결

대법원 2010. 7. 15. 선고 2010다18355 판결은 “법원이 국제재판관할권의 유무를 판단함에 있어서 당사자 간의 공평, 재판의 적정, 신속 및 경제를 기한다는 기본이념에 따라 국제재판관할을 결정하여야 하고, 구체적으로는 소송당사자들의 공평, 편의 그리고 예측가능성과 같은 개인적인 이익뿐만 아니라 재판의 적정, 신속, 효율 및 판결의 실효성 등과 같은 법원 내지 국가의 이익도 함께 고려하여야 하며, 이러한 다양한 이익 중 어떠한 이익을 보호할 필요가 있을지 여부는 개별 사건에서 법정지와 당사자의 실질적 관련성 및 법정지와 분쟁이 된 사안과의 실질적 관련성을 객관적인 기준으로 삼아 합리적으로 판단하여야 한다.”고 판시하면서, 2002년 김해공항 인근에서 발생한 중국 항공기 추락사고로 사망한 중국인 승무원의 유가족이 중국 항공사를 상대로 대한민국 법원에 손해배상청구소송을 제기한 사안에서, 민사소송법상 토지관할권, 소송당사자들의 개인적인 이익, 법원의 이익, 다른 피해유가족들과의 형평성 등에 비추어 위 소송은 대한민국과 실질적 관련이 있다고 보기에 충분하므로, 대한민국 법원의 국제재판관할권을 인정하였다.

Ⅱ. 법원이 관할권을 가질 것

대법원을 비롯하여 고등법원, 지방법원, 가정법원, 지원, 시·군법원 등 여러 종류의 법원들이 모두 민사재판권을 가지고 있기 때문에 구체적 사건에서 어느 법원이 소송을 맡아 재판권을 행사할지를 정하여야 하는데, 이를 관할이라고 한다. 소송과 관련한 인적·물적 관련 지점을 기준으로 같은 종류의 법원 사이에 어느 법원이 재판권을 가지는가를 정하는데, 이를 토지관할이라고 한다. 민사소송법은 토지관할을 재판적이라고 표현한다. 소(訴)는 피고의 보통재판적이 있는 곳의 법원이 관할한다. 사람의 보통재판적은 그의 주소에 따라 정한다. 다만, 대한민국에 주소가 없거나 주소를 알 수 없는 경우에는 거소에 따라 정하고, 거소가 일정하지 아니하거나 거소도 알 수 없으면 마지막 주소에 따라 정한다. 법인, 그 밖의 사단 또는 재단의 보통재판적은 이들의 주된 사무소 또는 영업소가 있는 곳에 따라 정하고, 사무소와 영업소가 없는 경우에는 주된 업무담당자의 주소에 따라 정한다. 국가의 보통재판적은 그 소송에서 국가를 대표하는 관청 또는 대법원이 있는 곳으로 한다.127) 사무소 또는 영업소에 계속하여 근무하는 사람에 대하여 소를 제기하는 경우에는 그 사무소 또는 영업소가 있는 곳을 관할하는 법원에 제기할 수 있다. 사무소 또는 영업소가 있는 사람에 대하여 그 사무소 또는 영업소의 업무와 관련이 있는 소를 제기하는 경우에는 그 사무소 또는 영업소가 있는 곳의 법원에 제기할 수 있다. 회사, 그 밖의 사단이 사원에 대하여 소를 제기하거나 사원이 다른 사원에 대하여 소를 제기하는 경우에는 그 소가 사원의 자격으로 말미암은 것이면 회사, 그 밖의 사단의 보통재판적이 있는 곳의 법원에 소를 제기할 수 있다.

재산권에 관한 소를 제기하는 경우에는 거소지 또는 의무이행지128)의 법원에 제기할 수 있다.129) 어음·수표에 관한 소를 제기하는 경우에는 지급지의 법원에 제기할 수 있다.130) 대한민국에 주소가 없는 사람 또는 주

---

127) 민사소송에서 국가를 대표하는 관청은 법무부장관이다. 법무부가 있는 수원지방법원이 국가의 보통재판적이나 대법원이 있는 곳의 지방법원 본원에서도 소를 제기할 수 있으므로 서울에 있는 지방법원도 국가에 대한 관할권을 가진다.

128) 대법원 2002. 5. 10. 자 2002마1156 결정 "채권자가 사해행위의 취소와 함께 수익자 또는 전득자로부터 책임재산의 회복을 구하는 사해행위취소의 소를 제기한 경우 그 취소의 효과는 채권자와 수익자 또는 전득자 사이의 관계에서만 생기는 것이므로, 수익자 또는 전득자가 사해행위의 취소로 인한 원상회복 또는 이에 갈음하는 가액배상을 하여야 할 의무를 부담한다고 하더라도 이는 채권자에 대한 관계에서 생기는 법률효과에 불과하고 채무자와 사이에서 그 취소로 인한 법률관계가 형성되는 것은 아닐 뿐만 아니라, 이 경우 채권자의 주된 목적은 사해행위의 취소 그 자체보다는 일탈한 책임재산의 회복에 있는 것이므로, 사해행위취소의 소에 있어서의 의무이행지는 '취소의 대상인 법률행위의 의무이행지'가 아니라 '취소로 인하여 형성되는 법률관계에 있어서의 의무이행지'라고 보아야 한다. 부동산등기의 신청에 협조할 의무의 이행지는 성질상 등기지의 특별재판적에 관한 민사소송법 제19조에 규정된 '등기할 공무소 소재지'라고 할 것이므로, 원고가 사해행위취소의 소의 채권자라고 하더라도 사해행위취소에 따른 원상회복으로서의 소유권이전등기 말소등기의무의 이행지는 그 등기관서 소재지라고 볼 것이지, 원고의 주소지를 그 의무이행지로 볼 수는 없다."

129) 계약상 의무, 불법행위·부당이득·사무관리 등 의무의 각 이행을 청구하는 소송은 모두 그 의무이행지에서 소를 제기할 수 있다. 물권적 청구권 역시 그 의무이행지에서 소송을 제기할 수 있다. 특정물 인도청구 이외의 채무는 특약이 없는 한 지참채무(민법 제467조 제2항 상법 제56조)가 원칙이기 때문에, 원고가 되는 채권자의 주소지나 영업소가 있는 곳이 관할법원이 될 수 있다.

130) 이득상환청구(어음법 제79조)의 경우에는 적용이 없다.

소를 알 수 없는 사람에 대하여 재산권에 관한 소를 제기하는 경우에는 청구의 목적 또는 담보의 목적이나 압류할 수 있는 피고의 재산이 있는 곳의 법원에 제기할 수 있다. 불법행위에 관한 소를 제기하는 경우에는 행위지의 법원에 제기할 수 있다.[131] 선박 또는 항공기의 충돌이나 그 밖의 사고로 말미암은 손해배상에 관한 소를 제기하는 경우에는 사고선박 또는 항공기가 맨 처음 도착한 곳의 법원에 제기할 수 있다. 부동산에 관한 소를 제기하는 경우에는 부동산이 있는 곳의 법원에 제기할 수 있다.[132] 등기·등록에 관한 소를 제기하는 경우에는 등기 또는 등록할 공공기관이 있는 곳의 법원에 제기할 수 있다. 상속에 관한 소 또는 유증, 그 밖에 사망으로 효력이 생기는 행위에 관한 소를 제기하는 경우에는 상속이 시작된 당시 피상속인의 보통재판적이 있는 곳의 법원에 제기할 수 있다.

하나의 소로 여러 개의 청구를 하는 경우에는 여러 개 가운데 하나의 청구에 대한 관할권이 있는 법원에 소를 제기할 수 있다. 소송목적이 되는 권리나 의무가 여러 사람에게 공통되거나 사실상 또는 법률상 같은 원인으로 말미암아 그 여러 사람이 공동소송인으로서 당사자가 되는 경우에도 같다.

법원조직법에서 소송목적의 값에 따라 관할을 정하는 경우 그 값은 소로 주장하는 이익을 기준으로 계산하여 정한다. 그 값을 계산할 수 없는 경우 그 값은 민사소송등인지법의 규정에 따른다. 하나의 소로 여러 개의 청구를 하는 경우에는 그 여러 청구의 값을 모두 합하여 소송목적의 값을 정한다. 과실·손해배상·위약금 또는 비용의 청구가 소송의 부대목적이 되는 경우에는 그 값은 소송목적의 값에 넣지 아니한다.

관할법원이 재판권을 법률상 또는 사실상 행사할 수 없는 때, 법원의 관할구역이 분명하지 아니한 때에는 관계된 법원과 공통되는 바로 위의 상급법원이 그 관계된 법원 또는 당사자의 신청에 따라 결정으로 관할법원을

131) 불법행위에는 특수불법행위와 채무불이행도 포함된다. 공법상 손실보상청구는 적법행위로 인한 것이므로 포함되지 않는다.

132) 토지와 건물은 물론 광업권·어업권, 공장재단·광업재단도 포함된다. 그러나 선박·자동차·중기·항공기는 적용되지 않는다. 부동산소유권의 확인·부동산의 인도나 명도소송처럼 직접 부동산과 관련되어야 하는 것이고, 그것이 아니라 부동산매매대금·차임청구등 매매계약이나 임대차계약 관련 소송은 여기에 속하지 않는다.

정한다.

당사자는 합의로 제1심 관할법원을 정할 수 있다. 이러한 관할합의는 일정한 법률관계로 말미암은 소에 관하여 서면으로 하여야 한다. 피고가 제1심 법원에서 관할위반이라고 항변하지 아니하고 본안에 대하여 변론하거나 변론준비기일에서 진술하면 그 법원은 관할권을 가진다.

법원의 관할은 소를 제기한 때를 표준으로 정한다. 법원은 소송의 전부 또는 일부에 대하여 관할권이 없다고 인정하는 경우에는 결정으로 이를 관할법원에 이송한다. 법원은 소송에 대하여 관할권이 있는 경우라도 현저한 손해 또는 지연을 피하기 위하여 필요하면 직권 또는 당사자의 신청에 따른 결정으로 소송의 전부 또는 일부를 다른 관할법원에 이송할 수 있다. 다만, 전속관할이 정하여진 소의 경우에는 그러하지 아니하다. 소송을 이송받은 법원은 이송결정에 따라야 한다. 소송을 이송받은 법원은 사건을 다시 다른 법원에 이송하지 못한다. 이송결정이 확정된 때에는 소송은 처음부터 이송받은 법원에 계속된 것으로 본다.

가사사건, 회사관계사건, 행정사건, 파산·회생사건, 증권관련집단소송, 할부거래·방문판매사건, 소비자단체소송, 공시최고절차, 독촉절차, 재심사건, 민사집행사건 등은 전속관할이다. 전속관할에 관한 법률들은 모두 강행규정이다. 임의관할이든 전속관할이든 소송요건이고 직권조사항이지만, 전속관할은 합의, 변론에 의하여 관할이 생길 수 없다.

사물관할에 관하여는 법원조직법이 정하고 있다. 수표금·어음금 청구사건, 금융기관 등이 원고가 된 대여금·구상금·보증금 청구사건, 자동차나 철도운행·산업재해로 인한 손해배상청구사건 및 이에 관련한 채무부존재확인 사건, 재산권상 소로서 1억원 이하의 사건은 단독판사의 관할이다. 비재사권상의 소송(성명권, 초상권, 비영리법인이 사원권, 회사관계소송, 소비자단체소송 등), 소송목적의 값을 산정할 수 없는 재산권상의 소(주주의 대표소송, 이사에 대한 위법행위유지청구소송, 상호사용금지소송, 소음·일조방해 등 생활방해금지청구), 1억원을 초과하는 사건 등은 판사3인으로 구성된 합의부관할이다.

약관의 규제에 관한 법률은 제6조에서 "신의성실의 원칙에 반하여 공정을 잃은 약관조항은 무효이다."라고 규정하고(제1항), 고객에 대하여 부당하게 불리한 약관조항은 공정을 잃은 것으로 추정된다고 규정한 다음(제2항 제1호), 제14조에서 "고객에 대하여 부당하게 불리한 소제기의 금지조항 또는 재판관할의 합의조항이나 상당한 이유 없이 고객에게 입증책임을 부담시키는 약관조항은 이를 무효로 한다."라고 규정하고 있는바, 그 약관조항에 의하여 고객에게 생길 수 있는 불이익의 내용과 불이익 발생의 개연성, 당사자들 사이의 거래과정에 미치는 영향, 관계 법령의 규정 등 제반 사정을 종합하여 볼 때, 당사자 중 일방이 지정하는 법원을 관할법원으로 한다는 것과 다를 바 없거나, 사업자가 그 거래상의 지위를 남용하여 사업자의 영업소를 관할하는 지방법원을 전속적 관할로 하는 약관조항을 작성하여 고객과 계약을 체결함으로써 건전한 거래질서를 훼손하는 등 고객에게 부당하게 불이익을 주었다고 인정되는 경우라면, 그 약관조항은 위 법조항에 위반되어 무효라고 볼 것이고, 이에 이르지 아니하고 그 약관조항이 고객에게 다소 불이익한 것에 불과하다면 그 약관조항을 무효라고 할 수는 없을 것이나, 이 경우에도 그 약관은 신의성실의 원칙에 따라 공정하게 해석되어야 하며, 약관의 뜻이 명백하지 아니한 경우에는 고객에게 유리하게 해석되어야 한다.[133)]

제3절 당사자에 관한 소송요건

Ⅰ. 당사자가 확정될 것

당사자는 소장에 기재된 표시 및 청구의 내용과 원인 사실을 종합하여 확정하여야 하는 것이며, 당사자표시 변경은 당사자로 표시된 자의 동일성이 인정되는 범위 내에서 그 표시만을 변경하는 경우에 한하여 허용되는 것이다.[134)]

133) 대법원 2009. 11. 13. 자 2009마1482 결정
134) 대법원 1986. 9. 23. 선고 85누953 판결; 대법원 1995. 12. 5. 선고 95누1484 판결

원고가 사망 사실을 모르고 사망자를 피고로 표시하여 소를 제기한 경우에, 청구의 내용과 원인사실, 당해 소송을 통하여 분쟁을 실질적으로 해결하려는 원고의 소제기 목적 내지는 사망 사실을 안 이후의 원고의 피고 표시 정정신청 등 여러 사정을 종합하여 볼 때 사망자의 상속인이 처음부터 실질적인 피고이고 다만 그 표시를 잘못한 것으로 인정된다면, 사망자의 상속인으로 피고의 표시를 정정할 수 있다. 그리고 이 경우에 실질적인 피고로 해석되는 사망자의 상속인은 실제로 상속을 하는 사람을 가리키고, 상속을 포기한 자는 상속 개시시부터 상속인이 아니었던 것과 같은 지위에 놓이게 되므로 제1순위 상속인이라도 상속을 포기한 경우에는 이에 해당하지 아니하며, 후순위 상속인이라도 선순위 상속인의 상속포기 등으로 실제로 상속인이 되는 경우에는 이에 해당한다.[135)]

원고가 피고의 사망 사실을 모르고 사망자를 피고로 표시하여 소를 제기한 경우에, 청구의 내용과 원인사실, 당해 소송을 통하여 분쟁을 실질적으로 해결하려는 원고의 소제기 목적 내지는 사망 사실을 안 이후 원고의 피고표시정정신청 등 여러 사정을 종합하여 볼 때에, 실질적인 피고는 당사자능력이 없어 소송당사자가 될 수 없는 사망자가 아니라 처음부터 사망자의 상속자이고 다만 그 표시에 잘못이 있는 것에 지나지 않는다고 인정되면 사망자의 상속인으로 피고의 표시를 정정할 수 있다 할 것인바, 상속개시 이후 상속의 포기를 통한 상속채무의 순차적 승계 및 그에 따른 상속채무자 확정의 곤란성 등 상속제도의 특성에 비추어 위의 법리는 채권자가 채무자의 사망 이후 그 1순위 상속인의 상속포기 사실을 알지 못하고 1순위 상속인을 상대로 소를 제기한 경우에도 채권자가 의도한 실질적 피고의 동일성에 관한 위 전제요건이 충족되는 한 마찬가지로 적용이 된다.[136)]

소송당사자가 누구인가는 소장에 기재된 표시 및 청구의 내용과 원인사실 등 소장의 전 취지를 합리적으로 해석하여 확정하여야 하고, 비록 소장의 당사자 표시가 착오로 잘못 기재되었음에도 소송 계속 중 당사자표시정정이 이루어지지 않아 잘못 기재된 당사자를 표시한 본안판결이 선고·확

135) 대법원 2006. 7. 4. 자 2005마425 결정

136) 대법원 2009. 10. 15. 선고 2009다49964 판결

정된 경우라 하더라도 그 확정판결을 당연무효라고 볼 수 없을 뿐더러, 그 확정판결의 효력은 잘못 기재된 당사자와 동일성이 인정되는 범위 내에서 위와 같이 적법하게 확정된 당사자에 대하여 미친다고 보아야 한다. 원심 판결 이유에 의하면, 원심은, 이 사건 임야의 소유자이던 원고가 매도증서에 자신의 성명 원고를 소외 1로 잘못 기재하고, 이에 따라 이 사건 임야에 관한 등기부 및 구 토지대장에도 소유명의자가 소외 1로 잘못 기재된 사실, 피고의 피상속인 소외 2는 등기부상 소유명의자인 소외 1을 상대로 이 사건 임야에 관하여 진정명의회복을 원인으로 한 소유권이전등기절차의 이행을 구하는 소송을 제기하고 공시송달에 의한 승소판결을 받은 사실을 각 인정한 다음, 소외 2가 의욕하였던 소송 상대방은 그 기재 여부에 불구하고 이 사건 임야의 소유자로 보이는 외관을 갖춘 자라고 보는 것이 타당하고, 소외 2가 등기부 등의 기재를 신뢰하여 이 사건 임야의 소유명의자를 소외 1로 보고 그를 상대로 소송을 제기하여 승소판결을 받았다고 하여 그 판결을 실재하지 않는 자 또는 허무인을 상대로 한 소송을 통해 받은 판결로 보아 무효라 할 수는 없으며, 그 확정판결의 효력은 동일한 당사자로 인정되는 원고에게 미친다고 판단하였다.[137)]

회사가 외형상으로는 법인의 형식을 갖추고 있으나 법인의 형태를 빌리고 있는 것에 지나지 아니하고 실질적으로는 완전히 그 법인격의 배후에 있는 사람의 개인기업에 불과하거나, 그것이 배후자에 대한 법률적용을 회피하기 위한 수단으로 함부로 이용되는 경우에는, 비록 외견상으로는 회사의 행위라 할지라도 회사와 그 배후자가 별개의 인격체임을 내세워 회사에게만 그로 인한 법적 효과가 귀속됨을 주장하면서 배후자의 책임을 부정하는 것은 신의성실의 원칙에 위배되는 법인격의 남용으로서 심히 정의와 형평에 반하여 허용될 수 없고, 따라서 회사는 물론 그 배후자인 타인에 대하여도 회사의 행위에 관한 책임을 물을 수 있다고 보아야 한다. 여기서 회사가 그 법인격의 배후에 있는 사람의 개인기업에 불과하다고 보려면, 원칙적으로 문제가 되고 있는 법률행위나 사실행위를 한 시점을 기준으로 하

137) 대법원 2011. 1. 27. 선고 2008다27615 판결

여, 회사와 배후자 사이에 재산과 업무가 구분이 어려울 정도로 혼용되었는지 여부, 주주총회나 이사회를 개최하지 않는 등 법률이나 정관에 규정된 의사결정절차를 밟지 않았는지 여부, 회사 자본의 부실 정도, 영업의 규모 및 직원의 수 등에 비추어 볼 때, 회사가 이름뿐이고 실질적으로는 개인 영업에 지나지 않는 상태로 될 정도로 형해화되어야 한다. 또한, 위와 같이 법인격이 형해화될 정도에 이르지 않더라도 회사의 배후에 있는 자가 회사의 법인격을 남용한 경우, 회사는 물론 그 배후자에 대하여도 회사의 행위에 관한 책임을 물을 수 있으나, 이 경우 채무면탈 등의 남용행위를 한 시점을 기준으로 하여, 회사의 배후에 있는 사람이 회사를 자기 마음대로 이용할 수 있는 지배적 지위에 있고, 그와 같은 지위를 이용하여 법인 제도를 남용하는 행위를 할 것이 요구되며, 위와 같이 배후자가 법인 제도를 남용하였는지 여부는 앞서 본 법인격 형해화의 정도 및 거래상대방의 인식이나 신뢰 등 제반 사정을 종합적으로 고려하여 개별적으로 판단하여야 한다.138)

갑 회사와 을 회사가 기업의 형태·내용이 실질적으로 동일하고, 갑 회사는 을 회사의 채무를 면탈할 목적으로 설립된 것으로서 갑 회사가 을 회사의 채권자에 대하여 을 회사와는 별개의 법인격을 가지는 회사라는 주장을 하는 것이 신의성실의 원칙에 반하거나 법인격을 남용하는 것으로 인정되는 경우에도, 권리관계의 공권적인 확정 및 그 신속·확실한 실현을 도모하기 위하여 절차의 명확·안정을 중시하는 소송절차 및 강제집행절차에 있어서는 그 절차의 성격상 을 회사에 대한 판결의 기판력 및 집행력의 범위를 갑 회사에까지 확장하는 것은 허용되지 아니한다.139)

Ⅱ. 당사자능력, 당사자적격, 소송능력을 구비할 것

당사자능력은 원고·피고·참가인이 소송의 주체가 될 수 있는 능력을 뜻한다. 권리의무의 주체는 당사자능력이 있다. 사람은 살아있는 동안 권리

138) 대법원 2008. 9. 11. 선고 2007다90982 판결
139) 대법원 1995. 5. 12. 선고 93다44531 판결

와 의무의 주체가 되고, 당연히 소송법상 당사자능력이 있다. 법인은 법에 의하여 권리능력이 인정되기 때문에 당사자능력이 있다. 국가나 지방자치단체는 권리능력이 있다. 법인이 아닌 사단이나 재단은 대표자 또는 관리인이 있는 경우에는 그 사단이나 재단의 이름으로 당사자가 될 수 있다.[140] 그러나 민법상 조합은 당사자능력이 없다. 따라서 조합의 이름으로 원고나 피고가 될 수 없다. 조합채무는 조합원 각자의 채무이므로 조합채권자는 직접 조합원을 상대로 소를 제기하여 조합원 개인재산에 관하여 집행할 수 있다. 이 때 민법 제711조·제712조가 적용되어 각 조합원의 지분에 비례하거나 균분하여 책임을 물을 수 있을 따름이다. 그러나 조합채무가 조합원전원을 위하여 상행위가 되는 경우에는 상법 제57조 제1항이 적용되어 조합원들은 조합채권자에 대하여 연대책임을 지게 된다.[141]

당사자적격은 당사자가 소송목적이 되는 권리 또는 법률관계에 관하여 소송을 수행하고 본안판결을 받을 수 있는 자격을 뜻하는 것으로, 이러한 자격을 가지는 원고에 한정하여 원고적격이 인정된다.[142] 이행의 소에서는

140) 대법원 2011. 7. 28. 선고 2010다97044 판결 "당사자는 소장에 기재된 표시 및 청구의 내용과 원인사실 등 소장의 전취지를 합리적으로 해석하여 확정하여야 하고, 이와 같이 확정된 당사자와 동일성이 인정되는 범위 내에서라면 올바른 당사자로 그 표시를 정정하는 것은 허용된다. 비법인사단이 당사자인 사건에 있어서 대표자에게 적법한 대표권이 있는지 여부는 소송요건에 관한 것으로서 법원의 직권조사사항이므로, 법원으로서는 그 판단의 기초자료인 사실과 증거를 직권으로 탐지할 의무까지는 없다 하더라도 이미 제출된 자료에 의하여 그 대표권의 적법성에 의심이 갈만한 사정이 엿보인다면 그에 관하여 심리·조사할 의무가 있다. 비법인사단이 총유재산에 관한 소송을 제기함에 있어서는 정관에 다른 정함이 있다는 등의 특별한 사정이 없는 한 사원총회의 결의를 거쳐야 하는 것이므로, 비법인사단이 이러한 사원총회의 결의 없이 그 명의로 제기한 소송은 소송요건이 흠결된 것으로서 부적법하다."

141) 대법원 1992. 11. 27. 선고 92다30405 판결

142) 이행의 소에 있어서 원고적격은 단순히 자신에게 이행청구권이 있음을 주장하는 것만으로 충족되는 것이고, 실제로 이행청구권이 인정되는지 여부는 본안에서 판단받을 사안이라는 것이 통설이다. 그러나 이에 대하여 "이행소송에서 당사자적격이 인정되기 위해서는 소장을 통해 실체법상의 권리 또는 법률관계에 대한 관리처분권자로서 제기한 소송에 해당하거나 그러한 관리처분권자를 상대로 하는 소송이라는 것이 명백하거나 그러한 관리처분권을 가지지 아니한 제3자가 소를 제기한 경우에는 그 제3자에게 소송수행권이 있다는 점이 명백한 경우로 한정하는 것이 타당하다"하는 견해가 있다. 이 견해는 "본안적격이 당사자적격을 흡수하지 못하는 경우"로 말소등기청구 경우 등을 들고 있다(박찬주, "이행의 소에서 당사자적격", 민사소송 14권 2호, 한국민사소송법학회(2010), 357-358면).

이행청구권이 있다고 주장하는 원고가 피고를 특정하여 소를 제기하는 대부분의 경우 원고적격이 인정된다.143) 확인의 소에서는 확인의 이익을 가지는 자만이 원고가 될 수 있다. 형성의 소의 경우 법률에 원고와 피고가 획일적으로 정해져 있다. 고유필수적 공동소송 경우에는 공동소송인이 되어야 할 사람 모두가 당사자가 되어야만 소의 제기가 가능하다. 그 가운데 한 사람이라도 빠지면 당사자적격에 흠이 생긴다.

소송능력이란 당사자가 소송을 수행하는데 필요한 능력을 뜻한다. 민법상 행위능력자는 모두 소송능력자이다. 미성년자와 제한능력자(한정치산자·금치산자)는 법정대리인에 의하여서만 소송행위를 할 수 있다. 다만, 미성년자 또는 제한능력자(한정치산자)가 독립하여 법률행위를 할 수 있는 경우에는 그러하지 아니하다. 법정대리인이 상대방의 소제기 또는 상소에 관하여 소송행위를 하는 경우에는 친족회로부터 특별한 권한을 받을 필요가 없다. 법정대리인이 소의 취하, 화해, 청구의 포기·인낙 또는 독립당사자참가소송에서의 탈퇴를 하기 위하여서는 특별한 권한을 받아야 한다. 외국인은 그의 본국법에 따르면 소송능력이 없는 경우라도 대한민국의 법률에 따라 소송능력이 있는 경우에는 소송능력이 있는 것으로 본다. 법정대리권이 있는 사실 또는 소송행위를 위한 권한을 받은 사실은 서면으로 증명하여야 한다. 선정당사자를 선정하고 바꾸는 경우에도 권한을 받은 사실을 서면으로 증명하여야 한다. 권한을 받은 사실에 관한 서면은 소송기록에 붙여야 한다. 소송능력·법정대리권 또는 소송행위에 필요한 권한의 수여에 흠이 있는 경우에는 법원은 기간을 정하여 이를 보정하도록 명하여야

---

143) 이행의 소에서 원고의 주장만으로 원고적격을 인정하지 않는 경우에 관하여 대법원 1994. 2. 25. 선고 93다39225 판결 "등기의무자, 즉 등기부상의 형식상 그 등기에 의하여 권리를 상실하거나 기타 불이익을 받을 자(등기명의인이거나 그 포괄승계인)가 아닌 자를 상대로 한 등기의 말소절차이행을 구하는 소는 당사자적격이 없는 자를 상대로 한 부적법한 소라고 할 것이며, 한편 부동산의 합유자 중 일부가 사망한 경우 합유자 사이에 특별한 약정이 없는 한 사망한 합유자의 상속인은 합유자로서의 지위를 승계하는 것이 아니므로 해당 부동산은 잔존합유자가 2인 이상일 경우에는 잔존합유자의 합유로 귀속되고 잔존합유자가 1인인 경우에는 잔존합유자의 단독소유로 귀속된다 할 것이다."; 대법원 2000. 4. 11. 선고 99다23888 판결 "채권에 대한 압류 및 추심명령이 있으면 제3채무자에 대한 이행의 소는 추심채권자만이 제기할 수 있고 채무자는 피압류채권에 대한 이행소송을 제기할 당사자적격을 상실한다." 등 판례가 있다.

하며, 만일 보정하는 것이 지연됨으로써 손해가 생길 염려가 있는 경우에는 법원은 보정하기 전의 당사자 또는 법정대리인으로 하여금 일시적으로 소송행위를 하게 할 수 있다. 소송능력, 법정대리권 또는 소송행위에 필요한 권한의 수여에 흠이 있는 사람이 소송행위를 한 뒤에 보정된 당사자나 법정대리인이 이를 추인한 경우에는, 그 소송행위는 이를 한 때에 소급하여 효력이 생긴다.

공동의 이해관계를 가진 여러 사람이 그 가운데에서 모두를 위하여 당사자가 될 한 사람 또는 여러 사람을 선정하거나 이를 바꿀 수 있다. 이를 선정당사자라 한다. 선정당사자가 받은 판결은 선정자에게 그 효력이 미친다. 선정당사자가 이행판결을 받았을 때에는 선정자를 위해 또는 선정자에 대해 강제집행할 수 있는데, 이때 반드시 승계집행문이 필요하다.[144] 소송이 법원에 계속된 뒤 선정당사자를 바꾼 때에는 그 전의 당사자는 당연히 소송에서 탈퇴한 것으로 본다. 선정된 여러 당사자 가운데 죽거나 그 자격을 잃은 사람이 있는 경우에는 다른 당사자가 모두를 위하여 소송행위를 한다. 선정당사자와 소송 도중 선정자가 별소를 제기할 경우 상대방은 중복제소를 주장하여 소각하를 구할 수 있다.

우리나라는 민사소송에 있어 변호사강제주의를 채택하고 있지 않다.[145] 당사자는 언제나 어느 심급에서나 직접 소송을 수행할 수 있다. 그러나 다른 사람에게 소송대리를 위임하고자 하는 경우에는 반드시 변호사에게 하여야 한다.[146]

---

144) 민사집행법 제31조

145) 그러나 헌법재판소 심판청구는 반드시 변호사를 대리인으로 선임하여야만 가능하다(헌법재판소법 제25조 제3항).

146) 단독판사가 심리·재판하는 사건에서 당사자의 배우자 또는 4촌 이내의 친족으로서 당사자와의 생활관계에 비추어 상당하다고 인정되거나 당사자와의 고용 그밖에 이에 준하는 계약관계를 맺고 그 사건에 관한 통상의 사무를 처리·보존하는 사람으로서 그 사람이 담당하는 사무와 사건의 내용 등에 비추어 상당하다고 인정되는 경우에 서면으로 신청하여 법원의 허가를 받으면 변호사가 아니더라도 소송대리인이 될 수 있다. 2,000만원 이하 소액사건의 제1심에서는 당사자의 배우자, 직계혈족, 형제자매는 법원이 허가 없이도 소송대리인이 될 수 있다.

제4절 소송상 청구에 관한 소송요건

Ⅰ. 소의 이익이 있을 것

1. 개념

당사자가 민사소송제도를 이용하려면 소의 이익이 있어야 한다. 소의 이익이 없으면 본안판결을 받을 수 없다. 중복소송금지에 해당하는 경우, 종국판결선고 이후 소를 취하한 경우, 소를 제기하지 않겠다는 특약을 한 경우, 중재합의, 소취하계약 또는 상소권포기계약을 한 경우 등에 제기된 소는 소의 이익이 없다. 소송비용확정절차에 의하지 않고 제기한 소송비용확정의 소, 외국판결이나 중재판정이 있는 경우에 집행판결을 구하지 않고 제기한 이행의 소, 집행비용액확정결정신청신청에 의하지 않고 집행비용지급의 이행을 구하는 소, 원심판결에 불복을 상소로 하지 않고, 별소로 제기한 경우, 이미 승소확정판결을 받은 경우 그에 기하여 강제집행신청을 할 수 있는데, 판결원본이 멸실되거나 시효중단을 구하는 등의 사정이 없음에도 다시 같은 내용의 소송을 제기한 경우 등에는 소의 이익이 없다.

2. 법률상 쟁송

법원조직법 제2조 제1항은 "법원은 헌법에 특별한 규정이 있는 경우를 제외한 일체의 법률상 쟁송을 심판하고, 이 법과 다른 법률에 의하여 법원에 속하는 권한을 가진다"고 규정하고 있다. 이 조문은 법원의 심판권이 법률상 쟁송에 한정됨으로 알려 준다. 법류상 쟁송이란 법령의 해석·적용에 의하여 해결할 수 있는 당사자 사이의 구체적 권리·의무에 관한 분쟁을 뜻한다. 어떤 특정인이나 정당 등 특정단체의 의견이나 사상, 이념 등 법규가 아닌 것은 절대로 사법의 범위에 속하지 아니하게 하여 결국 이 규정은 우리나라의 법체제가 전제주의나 절대주의로 회귀하는 것을 방지하는 구실을 한다.[147)]

147) 강현중, 전게서, 31면.

Ⅱ. 소송상 청구가 특정될 것

1. 개념

소송상의 청구는 원고가 법원에 판결을 구하는 청구로서 법원의 본안판단 대상이 되는 실체법상의 법률관계를 말한다. 소송상의 청구는 본안판결의 주문에서 판단하여야 할 최소기본단위이므로 반드시 특정되어야만 법원의 심판대상이 된다. 소송상의 청구를 특정하는 기준은 소장의 청구취지이다. 그러나 이행을 구하는 소와 가족관계에 관한 형성을 구하는 소는 소장의 청구원인까지 구체적으로 감안하여야만 특정할 수 있다. 소송은 그 시작부터 끝날 때까지 소송상의 청구를 중심을 전개된다. 토지 및 사물관할의 유무, 중복소송금지의 기준, 기판력의 객관적 범위 등은 모두 소송상의 청구를 기준으로 판단한다.

2. 이행을 구하는 소

가. 특정물 인도의 소

원고는 피고를 상대로 특정물을 인도하겠다는 계약상 의무를 원인으로 특정물의 인도를 구할 수 있다. 원고는 자신의 소유권 또는 점유권에 기하여 피고를 상대로 특정물의 인도를 구할 수도 있다. 민법 제208조는 점유권에 기한 소와 본권에 기한 소는 서로 영향을 미치지 않는다고 규정하고 있다. 소장의 청구취지만 보아서는 계약상 의무의 이행을 구하는 것인지, 소유권에 기한 목적물의 반환청구를 구하는 소를 제기한 것인지, 점유권에 기한 점유의 회복을 구하는 소를 제기한 것인지 알 수 없다. 따라서 소장의 청구원인까지 읽어보아야 소송상의 청구를 분명하게 특정할 수 있다.

나. 금전 그 밖에 대체물의 일정수량의 지급을 구하는 소

소장의 청구취지만 볼 경우 피고는 원고에게 금1억 원을 지급하라는 소장의 청구취지만으로는 무엇을 원인으로 한 것인지 알 수 없다. 따라서 소장의 청구원인을 읽어보아 계약상 금전 지급의무의 이행을 구하는 것인지,

채무불이행에 기한 원상회복 또는 손해배상을 구하는 것인지, 불법행위를 원인으로 한 손해배상을 구하는 것인지, 부당이득의 반환을 구하는 것인지, 기타 법률의 규정에 기한 손해배상책임을 구하는 것인지를 파악하여 소송상 청구를 특정할 수밖에 없다.

3. 확인을 구하는 소

원고가 피고를 상대로 채무가 존재하지 않는다는 점에 대한 확인을 구하는 소, 피고는 원고에게 소유권이전등기절차를 이행할 의무가 존재한다는 점에 대한 확인을 구하는 소, 원고와 피고 사이에는 임대차계약을 체결한 사실이 있다는 점에 대한 확인을 구한 소와 같이 권리 또는 법률관계의 확인을 구하는 소의 경우에는 소장의 청구취지만 읽어 보아도 소송상 청구의 내용을 확실하게 알 수 있다. 따라서 확인의 소의 경우에는 소송상의 청구를 특정하기 위하여 소장의 청구원인까지 읽어볼 필요는 없다.

4. 법률관계의 형성을 구하는 소

가. 주주총회결의 취소의 소

주주총회결의취소의 소에 있어서 개별적 결의취소의 사유는 공격방법에 불과하고, 주주총회의 결의의 취소를 구하는 것 자체가 소송상의 청구이다. 소송상의 청구를 특정하기 위하여 결의취소 구체적 사유를 알 필요는 없다.

나. 가족관계에 관한 소

이혼사유마다 이혼소송이 별개로 성립하는 것으로 보아야하기 때문에 어떠한 사유를 근거로 한 이혼청구인지를 파악하기 위해서는 소장의 청구원인까지 읽어보아야 할 것이다.

Ⅲ. 중복제소금지에 반하지 않을 것

민사소송법 제259조는 법원에 계속되어 있는 사건에 대하여 당사자가 다시 소를 제기하지 못하게 하고 있다. 이는 같은 사건에 대하여 법원이 다른 결론을 내리는 것을 방지하기 위한 것이다.

채권자가 제3채무자를 상대로 대위소송을 진행하고 있는 중에 채무자가 같은 내용의 소를 제기한 경우, 채무자가 제3채무자를 상대로 직접 소송을 진행하고 있는 중에 채권자가 같은 내용을 소를 채권자대위권에 기하여 제기한 경우, 대위소송이 진행 중인데, 또 다른 채권자가 같은 내용의 대위소송을 제기한 경우 모두 중복제소금지원칙에 반한다. 그러나 채권자취소소송의 경우에는 각 채권자가 채무자의 권리를 대위하여 행사하는 것이 아니라 자기의 권리인 채권자취소권을 행사하는 것이므로 중복제소금지원칙과는 무관하다.

전 소송에서 불법행위를 원인으로 치료비청구를 하면서 일부만을 특정하여 청구하고 그 이외의 부분은 별도소송으로 청구하겠다는 취지를 명시적으로 유보한 때에는 그 전소송의 소송물은 그 청구한 일부의 치료비에 한정되는 것이고 전 소송에서 한 판결의 기판력은 유보한 나머지 부분의 치료비에까지는 미치지 아니한다 할 것이므로 전 소송의 계속 중에 동일한 불법행위를 원인으로 유보한 나머지 치료비청구를 별도소송으로 제기하였다 하더라도 중복제소에 해당하지 아니한다.[148)]

Ⅳ. 전소(前訴) 기판력에 저촉되지 않을 것

1. 기판력

당사자가 같은 사건에 관한 소송에서 앞의 판결 내용과 다른 주장을 하거나 법원이 다른 판결을 내릴 수 없도록 하기 위하여 확정판결에 대하여 인정되는 것이 기판력이다. 확정판결은 주문에 포함된 것에 한하여 기판력을 가진다. 상계를 주장한 청구가 성립되는지 아닌지의 판단은 상계하자고 대항한 액수에 한하여 기판력을 가진다. 확정판결은 당사자, 변론을 종결한 뒤의 승계인(변론 없이 한 판결의 경우에는 판결을 선고한 뒤의 승계인) 또

148) 대법원 1985. 4. 9. 선고 84다552 판결

는 그를 위하여 청구의 목적물을 소지한 사람에 대하여 효력이 미친다.[149] 당사자가 변론을 종결할 때(변론 없이 한 판결의 경우에는 판결을 선고할 때)까지 승계사실을 진술하지 아니한 때에는 변론을 종결한 뒤(변론 없이 한 판결의 경우에는 판결을 선고한 뒤)에 승계한 것으로 추정한다. 다른 사람을 위하여 원고나 피고가 된 사람에 대한 확정판결은 그 다른 사람에 대하여도 효력이 미친다.

기판력 있는 재판에서 확정된 법률관계에 대하여 모순되는 결과를 초래하는 공격방어방법으로서 표준시 이전에 제출할 수 있었던 것은 후소에서 이를 판단의 자료로 삼을 수 없다. 즉 기판력은 그 소송의 변론종결 전에 있어서 주장할 수 있었던 모든 공격 및 방어방법에 미치는 것이다. 그러나 단순한 공격방어방법이 아닌 상계권(대법원 1966. 6. 28. 선고 66다780 판결)과 지상물매수청구권(대법원 1995. 12. 26. 선고 95다42195 판결)의 행사는 기판력과 상관없다.

판례는 청구원인에 의하여 특정되는 실체법상의 권리 또는 법률관계의 주장을 소송물로 본다.[150] 판례에 따르면 원고가 전소에서 승소판결을 받

149) 전소의 소송물이 대세적 효력이 있는 물권적 청구권인 경우 즉 원인무효를 이유로 소유권이전등기의 말소를 명하는 판결인 경우 변론종결 후에 그 목적물에 관한 소유권이전등기를 마친 자나 근저당권설정등기를 마친 자, 경락취득자(대법원 1975. 12. 9. 선고 75다746 판결) 등은 "변론종결 후 승계인"에 해당하여 기판력이 미친다. 그러나 전소의 소송물이 채권적 청구권인 소유권이전등기청구권인 경우에는 전소의 변론종결 후에 그 목적물에 관한 소유권이전등기를 넘겨받은 사람은 변론종결 후의 승계인에 해당하지 아니한다(대법원 2003. 5. 13. 선고 2002다64148 판결). 이러한 법리는 화해권고결정이 확정된 후 그 목적물에 관하여 소유권등기를 이전받은 사람에 관하여도 다를 바 없다고 할 것이다. 한편 소유권에 기한 물권적 방해배제청구로서 소유권등기의 말소를 구하는 소송이나 진정명의 회복을 원인으로 한 소유권이전등기절차의 이행을 구하는 소송 중에 그 소송물에 대하여 화해권고결정이 확정되면 상대방은 여전히 물권적인 방해배제의무를 지는 것이고, 화해권고결정에 창설적 효력이 있다고 하여 그 청구권의 법적 성질이 채권적 청구권으로 바뀌지 아니한다(대법원 2012. 5. 10. 선고 2010다2558 판결).

150) 이러한 판례의 입장에 대하여 "기판력의 객관적 범위가 지나치게 좁게 인정되어 동일한 사실관계라 하더라도 조금만 법적 견해를 달리하면 기판력이 미치지 않게 되므로 편집적인 패소 당사자로 하여금 승소한 상대방을 끝까지 물고 늘어져 골탕먹일 수 있는 가능성을 열어주고 있어서 법적 안정 내지 기판력제도의 취지에 충분히 부합하지 못하는 단점이 있다"는 비판이 있다(송석언, "기판력의 본질과 객관적 범위에 관한 소고", 법정논총 28권(42집), 중앙대학교 법과대학(1988), 46면). 그러나 고액의 인지 및 소송비용의 부담, 많은 시간과 정력이 요구되는 변론기일 참석의 부담을 고려한다면 편집적인 패소 당사자가 동일한 사실관계에 대하여 조금만 법적 견해를 달리하여 여러 번 소송을 제기

아 확정된 경우, 다시 동일한 소를 제기하면 소의 이익이 없으므로 각하된다. 다만 판결원본이 멸실되었거나 시효중단을 위하여 재차 소송을 할 수밖에 없는 경우에는 각하할 수 없고 본안판결을 하여야 한다. 원고가 전소에서 패소판결을 받았고, 그 판결이 확정되었음에도 같은 내용의 소를 다시 제기한 경우에는 법원은 전소의 승소판결 내용과 다른 내용으로 판단할 수 없으므로 기각판결을 하여야 한다.

확정판결과 같은 효력이 있는 파산채권에 대한 파산 채권자표의 기재, 화해, 청구의 포기·인낙의 조서, 중재판정, 조정에 갈음하는 결정, 이의신청이 없는 화해권고결정은 기판력이 인정된다. 하지만 지급명령의 경우 상대방의 이의가 없어 확정되었다 하더라도 집행력만이 인정되며, 기판력은 인정되지 않는다. 확정된 이행권고결정에도 마찬가지로 기판력까지 인정되는 것은 아니다. 소송판결의 경우에는 소송요건의 흠에 관해서만 기판력이 생긴다. 보전처분에 관한 결정에는 기판력이 발생하지 않는다. 결정과 명령에는 일반적으로 기판력이 발생하지 않지만, 사실관계에 대한 판단을 수반하는 소송비용에 관한 결정과 간접강제의 수단으로서 배상금 지급결정에는 기판력이 발생한다.[151)]

2. 기판력과 관련한 대법원판례

대법원 1976. 12. 14. 선고 76다1488 판결 "원고는 피고를 상대로 이

하는 상황이 실제 발생하기는 어렵다고 생각된다.

151) 대법원 2002. 9. 23. 자 2000마5257 결정 "확정된 종국판결은 소송물로 주장된 법률관계의 존부에 관한 판단의 결론에 관하여 기판력을 가지며 결정·명령재판에도 실체관계를 종국적으로 판단하는 내용의 것인 경우에는 기판력이 있다. 기판력 있는 본안판결에서 소송비용 상환의무의 실체관계 판단이 확정된 후에 그에 근거하여 법원이 상환청구권자인 당사자가 신청한 수액에 따라 소송비용확정결정을 하였다면 그 소송비용에 관한 결정은 본안판결의 소송비용 부담의 실체관계 판단을 계량적으로 구체화한 종국적 판단을 내용으로 하는 것이므로 기판력이 있다. 가분채권의 일부에 대한 이행청구의 소를 제기하면서 나머지를 유보하고 일부만을 청구한다는 취지를 명시하지 아니한 이상 그 재판의 기판력은 청구하고 남은 잔부 청구에까지 미치는 것이므로 그 나머지 부분을 별도로 다시 청구할 수 없게 된다. 소송비용에 포함되는 개별비용항목에 대하여 소송비용확정신청을 하면서 일부 청구임을 밝히지 아니한 경우, 그 소송비용확정결정의 기판력이 당해 개별비용항목의 액수에 미쳐 다시 그 비용항목 액수의 추가결정을 신청하는 것이 허용되지 않는다."

사건 청구원인과 동일한 사실을 청구원인으로 하여 금880,000원의 지급을 구하는 소를 서울남부지방법원에 제기하였으나 1974. 10. 8. 청구기각이 되어 이후 확정되었다. 그런데 이 사건 청구는 금880,000원과 이에 대한 1974. 5. 2.부터 완제일까지 연 5푼의 비율에 의한 금원의 지급을 구하고 있는 바이므로 위 금 880,000원 청구부분은 위 확정판결의 기판력에 저촉됨이 명백하나 기록에 의하면 동 금원에 대한 1974. 5. 2부터 완제일까지 연 5푼의 비율에 의한 금원의 지급을 구하는 부분은 위 금880,000원에 대한 피고의 지급의무를 전제로 하고 그에 대한 이행 지연으로 인한 손해배상청구임이 명백하고, 한편 확정판결의 기판력은 사실심의 최종변론종결당시의 권리관계를 확정하는 것이므로 그 중 위 확정판결의 사실심의 변론종결시 후의 부분은 그 선결문제로서 위 금880,000원에 대한 피고의 지급의무의 존재를 주장하게 되어 논리상 위 확정판결의 기판력의 효과를 받게 되는 것이라고 할 것이나, 그 외의 부분(변론종결당시까지의 분)의 청구는 위 확정판결의 기판력의 효과를 받을 리가 없게 된다고 할 것이므로 막연히 위 지연손해금청구전부를 위 확정판결의 기판력에 저촉된다고 논단할 수 없는 것이라고 할 것이다. 그뿐만 아니라 위 확정판결은 앞서 본바와 같이 원고가 피고를 상대로 위 금 880,000원의 지급을 구하였다가 이유 없다고 하여 청구기각의 원고패소의 판결임이 명백하므로 원고의 이건 청구 중 동 확정판결의 기판력에 저촉되는 부분에 대하여도 위 확정판결과 모순없는 판단을 함으로써 동 청구를 배척(기각)하는 것은 몰라도 그것이 단지 권리보호의 필요가 없어서 부적법하다고 하고(소권의 남용이라고 인정되는 경우는 별문제이다)소를 각하할 것은 아니라고 할 것이다."

대법원 1979. 9. 11. 선고 79다1275 판결 "원고가 이 사건 소에 앞서 피고 및 소외 갑을 상대로 두사람은 연대하여 금 2,325,000원을 지급하라는 이 사건과 같은 내용의 보관금반환청구소송을 제기하여 피고 및 소외 갑은 원고에게 금 2,325,000원을 지급하라는 부분은 인용되고 연대하여 지급을 구하는 부분은 청구기각된 일부승소의 판결을 얻어 동 판결이 확정되었다면 동 확정판결은 피고에 대한 부분에 있어 그 효력이 그와 동일한 이 사건에 미친다 할 것이므로 원고의 이 사건 소 중 그 승소부분에 해당하는 2분의 1부분은 권리보호의 요건을 갖추지 못한 부적법한 것이라 하여 이를 각하하여야 하고 패소부분에 해당하는 나머지 2분의 1부분은 그와 모순되는 판단을 할 수 없는 것이라 하여 형식적으로 이를 기각하여야 한다."

대법원 1987.3.24. 선고 86다카1958 판결 "판결이 형식적으로 확정되면 그 내용에 따른 기판력이 생기므로 소유권이전등기 절차를 명하는 확정판결에 의하여 소유권이전등기가 마쳐진 경우에 다시 원인무효임을 내세워 그 말소등기절차의 이행을 청구함은 확정된 이전등기청구권을 부인하는 것이어서 기판력에 저촉된다. 판결의 기판력은 주문에 포함된 소송물인 법률관계의 존부에 관한 판단의 결론에 대하여서만 생기는 것이므로 소유권이전등기절차의 이행을 명한 확정판결의 기판력은 소송물인 그 이전등기청구권의 존부에만 미치고 소송물이 되어 있지 아니한 소유권의 귀속자체에까지 미치는 것은 아니다."

대법원 1995. 6. 13. 선고 93다43491 판결 "확정판결의 기판력은 소송물로 주장된 법률관계의 존부에 관한 판단 그 자체에만 미치는 것이고 전소와 후소가 그 소송물이 동일한 경우에 작용하는 것이므로, 부동산에 관한 소유권이전등기가 원인무효라는 이유로 그 등기의 말소를 명하는 판결이 확정되었다고 하더라도 그 확정판결의 기판력은 그 소송물이었던 말소등기청구권의 존부에만 미치는 것이므로, 그 소송에서 패소한 당사자도 전소에서 문제된 것과는 전혀 다른 청구원인에 기하여 상대방에 대하여 소유권이전등기청구를 할 수 있다."

대법원 1996. 8. 23. 선고 94다49922 판결 "소유권이전등기청구사건에 있어서 등기원인을 달리하는 경우에는 그것이 단순히 공격·방어방법의 차이에 불과한 것이 아니고 등기원인별로 별개의 소송물로 인정되는 것이다. 그런데 원심이 확정한 사실관계에 의하면 원고 등이 망 정건차에게 원고들이 이 사건 부동산의 처분에 관한 위임을 할 당시 그 위임사무 처리를 위하여 소유권이전등기를 넘겨주기로 약정하였다는 것이므로, 위와 같은 약정은 매매와는 서로 다른 법률관계임이 분명하고 위와 같은 약정을 원인으로 한 소유권이전등기청구권과 매매를 원인으로 하는 소유권이전등기청구권은 별개의 소송물이라고 할 것이어서, 비록 위 준재심소송에서 인낙조서가 취소되고 정건차의 원고들에 대한 매매로 인한 소유권이전등기청구를 기각하는 판결이 선고되어 그 판결이 확정되었다고 하여도, 그 기판력은 위 인정과 같은 약정으로 인한 소유권이전등기청구권의 존부에 미치는 것이라고 볼 수 없다."

대법원 1998. 7. 10. 선고 98다7001 판결 "일반적으로 판결이 확정되면 법원이나 당사자는 확정판결에 반하는 판단이나 주장을 할 수 없는 것이나, 이러한 확정판결의 효력은 그 표준시인 사실심 변론종결시를 기준으로 하여 발생하는 것이므로, 그 이후에 새로운 사유가 발생한 경우까지 전소의 확정판결의 기판력이 미치는 것은 아니며, 이와 같이 변론종결 이후에 발생한 새로운 사유는 원칙적으로 사실자료에 그치는 것으로, 법률의 변경, 판례의 변경 혹은 판결의 기초가 된 행정처분의 변경은 그에 포함되지 아니한다. 종전의 확정판결에서 원고 윤성훈이 유공자예우법 등 다른 법령에서 보상을 받을 수 있다는 이유로 원고들의 청구가 기각되었으나 그 후 실제로 유공자예우법상의 보상을 받기 위한 신체검사에서 등외 판정을 받아 보훈수혜 대상자가 될 수 없음이 판명된 것은, 종전의 확정판결이 있은 후에 비로소 그 판결에서 전제로 삼은 바와는 다르게 원고 윤성훈이 다른 법령에서 보상을 받을 수 없음이 객관적으로 판명되게 된 것이어서, 판결 확정 후에 새로운 사유가 발생하여 사정변경이 있은 경우에 해당한다고 할 수 있고, 이를 들어 법령이나 판례 혹은 판결의 기초가 된 행정처분의 변경이 있은 것과 마찬가지라고는 볼 수 없다."

대법원 1998. 11. 27. 선고 97다22904 판결 "소유권이전등기가 원인무효라는 이유로 그 말소등기청구를 인용한 판결이 확정되었어도 그 확정판결의 기판력은 그 소송물이었던 말소등기청구권의 존부에만 미치는 것이고 그 기본인 부동산의 소유권 자체의 존부에 관하여는 미치지 아니한다. 갑이 을을 상대로 공유지분에 관하여 소유권이전등기의 말소를 구하는 소송을 제기하여 이를 인용한 판결이 확정된 경우, 병이 위 판결의 변론종결일 이후에 을 명의의 공유지분에 관하여 명의신탁의 해지를 원인으로 한 소유권이전등기청구권 보전을 위한 처분금지가처분등기를 경료한 후 그 본안으로서 위 공유지분에 관하여 을을 상대로 소유권이전등기를 구하는 소송을 제기한 경우, 병이 위 말소등기청구를 인용한 판결의 변론종결일 이후에 그 패소자인 을을 상대로 한 위 처분금지가처분등기를 경료하였다고 하더라도, 그 본안소송에서 승소하는 등으로 을 명의의 공유지분에 관하여 병 명의의 소유권이전등기를 마침으로써 그 지분소유권을 승계취득하는 경우 그러한 병의 지분소유권의 존부에 관하여는 위 말소등기청구를 인용한 판결의 기판력이 미치지 아니하는 이상, 병이 당연히 위 말소등기청구를 인용한 판결의 변론종결 후의 승계인에 해당한다고 할 수는 없다 할 것이므로, 병이 말소등기에 관한 법률상의 이해관계인이 아니라거나 갑에 대하여 위 가처분등기의 말소를 승낙할 의무를 부담한다고 할 수는 없다."

대법원 2001. 9. 20. 선고 99다37894 전원합의체 판결 "진정한 등기명의의 회복을 위한 소유권이전등기청구는 이미 자기 앞으로 소유권을 표상하는 등기가 되어 있었거나 법률에 의하여 소유권을 취득한 자가 진정한 등기명의를 회복하기 위한 방법으로 현재의 등기명의인을 상대로 그 등기의 말소를 구하는 것에 갈음하여 허용되는 것인데, 말소등기에 갈음하여 허용되는 진정명의회복을 원인으로 한 소유권이전등기청구권과 무효등기의 말소청구권은 어느 것이나 진정한 소유자의 등기명의를 회복하기 위한 것으로서 실질적으로 그 목적이 동일하고, 두 청구권 모두 소유권에 기한 방해배제청구권으로서 그 법적 근거와 성질이 동일하므로, 비록 전자는 이전등기, 후자는 말소등기의 형식을 취하고 있다고 하더라도 그 소송물은 실질상 동일한 것으로 보아야 하고, 따라서 소유권이전등기말소청구소송에서 패소확정판결을 받았다면 그 기판력은 그 후 제기된 진정명의회복을 원인으로 한 소유권이전등기청구소송에도 미친다."

대법원 2002. 5. 10. 선고 2000다50909 판결 "일반적으로 판결이 확정되면 법원이나 당사자는 확정판결에 반하는 판단이나 주장을 할 수 없는 것이나, 이러한 확정판결의 효력은 그 표준시인 사실심 변론종결시를 기준으로 하여 발생하는 것이므로, 그 이후에 새로운 사유가 발생한 경우까지 전소의 확정판결의 기판력이 미치는 것은 아니므로, 전소에서 정지조건 미성취를 이유로 청구가 기각되었다 하더라도 변론종결 후에 그 조건이 성취되었다면, 이는 변론종결 후의 취소권이나 해제권 행사의 경우와는 달리 동일한 청구에 대하여 다시 소를 제기할 수 있다."

대법원 2008. 11. 27. 선고 2008다59230 판결 "약속어음의 소지인이 어음요건의 일부를 흠결한 이른바 백지어음에 기하여 어음금 청구소송(전소)을 제기하였다가 위 어음요건의 흠결을 이유로 청구기각의 판결을 받고 위 판결이 확정된 후 위 백지 부분을 보충하여 완성된 어음에 기하여 다시 전소의 피고에 대하여 어음금 청구소송(후소)을 제기한 경우에는, 원고가 전소에서 어음요건의 일부를 오해하거나 그 흠결을 알지 못했다고 하더라도, 전소와 후소는 동일한 권리 또는 법률관계의 존부를 목적으로 하는 것이어서 그 소송물은 동일한 것이라고 보아야 할 것이다. 그리고 확정판결의 기판력은 동일한 당사자 사이의 소송에 있어서 변론종결 전에 당사자가 주장하였거나 주장할 수 있었던 모든 공격 및 방어방법에 미치는 것이므로, 약속어음의 소지인이 전소의 사실심 변론종결일까지 백지보충권을 행사하여 어음금의 지급을 청구할 수 있었음에도 위 변론종결일까지 백지 부분을 보충하지 않아 이를 이유로 패소판결을 받고 그 판결이 확정된 후에 백지보충권을 행사하여 어음이 완성된 것을 이유로 전소 피고를 상대로 다시 동일한 어음금을 청구하는 경우에는, 위 백지보충권 행사의 주장은 특별한 사정이 없는 한 전소판결의 기판력에 의하여 차단되어 허용되지 않는다고 할 것이다."

대법원 2009. 11. 12. 선고 2009다56665 판결 "확정판결이 실체적 권리관계와 다르다 하더라도 그 판결이 재심의 소 등으로 취소되지 않는 한 그 판결의 기판력에 저촉되는 주장을 할 수 없어 그 판결의 집행으로 교부받은 금원을 법률상 원인 없는 이득이라 할 수 없는 것이므로, 불법행위로 인한 인신손해에 대한 손해배상청구소송에서 판결이 확정된 후 피해자가 그 판결에서 손해배상액 산정의 기초로 인정된 기대여명보다 일찍 사망한 경우라도 그 판결이 재심의 소 등으로 취소되지 않는 한 그 판결에 기하여 지급받은 손해배상금 중 일부를 법률상 원인 없는 이득이라 하여 반환을 구하는 것은 그 판결의 기판력에 저촉되어 허용될 수 없다."

V. 특별한 형태의 소송이 요구하는 요건

1. 청구의 병합 · 변경과 반소

가. 소의 객관적 병합

소의 객관적 병합이란 원고의 피고에 대한 여러 개의 청구를 하나의 소송절차에서 심판할 수 있도록 합치는 것을 뜻한다. 여러 개 청구를 병합해서 소를 제기하거나, 소송 진행 중에 변합할 수 있다. 병합된 여러 개의 청구는 같은 소송절차에서 심판한다. 기일은 모든 청구에 공통되며 변론과 증거조사도 공통적으로 실시한다. 병합된 청구 중 어느 하나에 대하여 판단이 누락되면 추가판결을 하여야 한다. 단순병합은 변론의 분리 및 일부판결이 가능하지만, 선택적으로 병합된 여러 개의 청구는 하나의 소송절차에서 불가분적으로 결합되었기 때문에 변론을 분리하거나 일부 판결을 할 수 없다. 또한 양립할 수 없는 여러 개의 청구가 병합된 경우에는 오로지 예비적 병합의 방법에 의해서만 심판하여야 하기 때문에 변론을 분리하거나 일부 판결을 하여서는 안 된다. 전부판결의 일부에 대하여 상소하면 상소심의 대상은 상소한 부분뿐이지만 이심과 확정차단의 효력은 청구 전부에 생긴다. 이를 상소불가분의 원칙이라고 한다.

행정소송과 가사소송을 병합하는 것처럼 본안판단의 기준이 전혀 다른 청구들을 무리하게 병합할 이유가 없다. 행정소송법상 취소소송에 민사소송을 병합하는 것은 허용되지 않지만 행정청의 취소처분과 관련한 손해배상청구, 부당이득반환, 원상회복청구는 병합이 허용된다.[152)]

가사소송법 제2조 제1항 소정의 나류 가사소송사건과 마류 가사비송사건은 통상의 민사사건과는 다른 종류의 소송절차에 따르는 것이므로, 원칙

152) 행정소송법 제10조(관련청구소송의 이송 및 병합) ① 취소소송과 다음 각 호의 1에 해당하는 소송(관련청구소송)이 각각 다른 법원에 계속되고 있는 경우에 관련청구소송이 계속된 법원이 상당하다고 인정하는 때에는 당사자의 신청 또는 직권에 의하여 이를 취소소송이 계속된 법원으로 이송할 수 있다. 1. 당해 처분등과 관련되는 손해배상 · 부당이득반환 · 원상회복등 청구소송 2. 당해 처분등과 관련되는 취소소송 ② 취소소송에는 사실심의 변론종결시까지 관련청구소송을 병합하거나 피고외의 자를 상대로 한 관련청구소송을 취소소송이 계속된 법원에 병합하여 제기할 수 있다.

적으로 위와 같은 가사사건에 관한 소송에서 통상의 민사사건에 속하는 청구를 병합할 수는 없다.153)

원고가 피고의 주소를 알면서 허위주소로 제소하여 공시송달의 방법으로 승소확정판결을 받았다는 이유로 피고가 제기한 재심의 소에서는 피고는 확정판결의 취소를 구함과 동시에 본소 청구기각을 구하는 외에 원고에 대한 새로운 청구를 병합하는 것은 부적법하다.154)

청구의 선택적 병합이란 원고가 양립할 수 있는 수개의 경합적 청구권에 기하여 동일 취지의 급부를 구하거나 양립할 수 있는 수개의 형성권에 기하여 동일한 형성적 효과를 구하는 경우에 그 어느 한 청구가 인용될 것을 해제조건으로 하여 수개의 청구에 관한 심판을 구하는 병합 형태이므로 논리적으로 양립할 수 없는 수개의 청구는 성질상 선택적 병합으로 동일 소송절차 내에서 동시에 심판될 수 없는 것이고 이러한 수개의 청구가 동일 소송절차 내에서 모순 없이 심리되기 위하여는 그 청구 간에 주위적, 예비적인 관계가 있을 것을 요한다고 할 것인바, 피고 명의의 각 등기가 원인무

---

153) 대법원 2006. 1. 13. 선고 2004므1378 판결 "기록에 의하면, 원고는 당초 나류 가사소송사건 및 마류 가사비송사건인 이혼청구 및 재산분할청구를 병합한 가사소송을 서울가정법원에 제기하였다가 제1심에서 원고 패소판결이 선고되자 원심에 이르러, 주위적으로 위와 같은 취지의 청구를 유지하는 한편, 부부간의 명의신탁약정의 해지에 관한 법리에 의하거나 민법 제829조 제3항의 부부 공유의 재산분할청구권에 관한 규정이 혼인 전 부부재산약정이 없는 경우에도 유추 적용될 수 있음을 전제로 하여, 제1차 예비적 청구로, 피고 명의의 부동산들 중 1/2 지분에 관하여 명의신탁해지를 원인으로 한 소유권이전등기절차의 이행을 구하고, 제2차 예비적 청구로, 부부 공유재산인 피고 명의의 부동산들을 경매에 붙여 그 대금을 원·피고에게 1/2씩 분할할 것을 구하는 추가적·예비적 청구변경신청을 한 사실을 알 수 있다. 그런데 부부간의 명의신탁해지를 원인으로 한 소유권이전등기청구나 민법 제829조 제2항에 의한 부부재산약정의 목적물이 아닌 부부 공유재산의 분할청구는 모두 통상의 민사사건으로, 그 소송절차를 달리하는 나류 가사소송사건 또는 마류 가사비송사건인 이혼 및 재산분할청구와는 병합할 수 없다. 따라서 원심이 같은 취지에서 원고의 추가적·예비적 청구변경신청은 부적법하다는 이유로 이를 허용하지 않은 것은 위 법리에 따른 것으로서 정당하고, 거기에 상고이유 주장과 같은 청구의 병합 또는 변경에 관한 법리오해 등의 위법이 없다."

154) 대법원 1971. 3. 31. 선고 71다8 판결; 대법원 1997. 5. 28. 선고 96다41649 판결 "피고들은 이 사건 재심대상판결의 취소와 그 본소청구의 기각을 구하는 외에, 원고와 승계인을 상대로 재심대상판결에 의하여 경료된 원고 명의의 소유권이전등기와 그 후 승계인의 명의로 경료된 소유권이전등기의 각 말소를 구하는 청구를 병합하여 제기하고 있으나, 위와 같은 청구들은 별소로 제기하여야 할 것이고 재심의 소에 병합하여 제기할 수 없다."

효임을 이유로 그 말소를 구하는 청구와 그 등기가 유효한 명의신탁등기이나 신탁이 해지되었음을 이유로 소유권이전등기를 구하는 청구는 서로 양립할 수 없는 관계에 있으므로 이들 청구에 대하여는 선택적 병합에 의한 병합심리를 할 수 없다.155)

논리적으로 전혀 관계가 없어 순수하게 단순병합으로 구하여야 할 수개의 청구를 선택적 또는 예비적 청구로 병합하여 청구하는 것은 부적법하여 허용되지 않는다. 따라서 원고가 그와 같은 형태로 소를 제기한 경우 제1심법원이 본안에 관하여 심리·판단하기 위해서는 소송지휘권을 적절히 행사하여 이를 단순병합 청구로 보정하게 하는 등의 조치를 취하여야 하는바, 법원이 이러한 조치를 취함이 없이 본안판결을 하면서 그 중 하나의 청구에 대하여만 심리·판단하여 이를 인용하고 나머지 청구에 대한 심리·판단을 모두 생략하는 내용의 판결을 하였다 하더라도 그로 인하여 청구의 병합 형태가 선택적 또는 예비적 병합 관계로 바뀔 수는 없으므로, 이러한 판결에 대하여 피고만이 항소한 경우 제1심법원이 심리·판단하여 인용한 청구만이 항소심으로 이심될 뿐, 나머지 심리·판단하지 않은 청구는 여전히 제1심에 남아 있게 된다.156) 원심이 이와 같이 제1심에서 이심되지 않은 청구를 그 심판범위에서 제외한 것은 정당하고, 한편 원심이 제1심에서 이심되지도 않은 부분에 관하여 제1심에서 추가판결을 받도록 하는 등의 소송지휘권을 행사하여 청구를 병합시킬 의무가 있다고 할 수는 없다.157)

청구의 예비적 병합이란 병합된 수개의 청구 중 주위적 청구(제1차 청구)가 인용되지 않을 것에 대비하여 그 인용을 해제조건으로 예비적 청구(제2차 청구)에 관하여 심판을 구하는 병합형태로서, 이와 같은 예비적 병합의 경우에는 원고가 붙인 순위에 따라 심판하여야 하며 주위적 청구를 배척할 때에는 예비적 청구에 대하여 심판하여야 하나 주위적 청구를 인용할 때에는 다음 순위인 예비적 청구에 대하여 심판할 필요가 없는 것이므

155) 대법원 1982. 7. 13. 선고 81다카1120 판결
156) 대법원 2008. 12. 11. 선고 2005다51495 판결
157) 대법원 2009. 12. 24. 선고 2009다10898 판결

로, 주위적 청구를 인용하는 판결은 전부판결로서 이러한 판결에 대하여 피고가 항소하면 제1심에서 심판을 받지 않은 다음 순위의 예비적 청구도 모두 이심되고 항소심이 제1심에서 인용되었던 주위적 청구를 배척할 때에는 다음 순위의 예비적 청구에 관하여 심판을 하여야 하는 것이다. 예비적 병합의 경우에는 수개의 청구가 하나의 소송절차에 불가분적으로 결합되어 있기 때문에 주위적 청구를 먼저 판단하지 않고 예비적 청구만을 인용하거나 주위적 청구만을 배척하고 예비적 청구에 대하여 판단하지 않는 등의 일부판결은 예비적 병합의 성질에 반하는 것으로서 법률상 허용되지 아니하며, 그럼에도 불구하고 주위적 청구를 배척하면서 예비적 청구에 대하여 판단하지 아니하는 판결을 한 경우에는 그 판결에 대한 상소가 제기되면 판단이 누락된 예비적 청구 부분도 상소심으로 이심이 되고 그 부분이 재판의 탈루에 해당하여 원심에 계속 중이라고 볼 것은 아니다. 원고의 주위적 청구 중 일부를 인용하고 예비적 청구를 모두 기각한 제1심판결에 대하여 피고가 불복 항소하자 항소심이 피고의 항소를 받아들여 제1심판결을 취소하고 그에 해당하는 원고의 주위적 청구를 기각하는 경우, 항소심은 기각하는 주위적 청구 부분과 관련된 예비적 청구를 심판대상으로 삼아 판단하여야 한다.[158]

나. 청구의 변경

원고는 청구의 기초가 바뀌지 아니하는 한도 안에서 변론을 종결할 때(변론 없이 한 판결의 경우에는 판결을 선고할 때)까지 청구의 취지 또는 원인을 바꿀 수 있다. 이를 청구의 변경이라 한다. 청구취지의 변경은 서면으로 신청하여야 하며, 그 서면은 상대방에게 송달하여야 한다.[159] 소액사건의 경우 서면이 아닌 말로 청구의 변경이 가능하다. 청구원인의 변경은 소액사건이 아니더라도 언제나 말로 변경할 수 있다. 청구를 변경하는 서면이 송달되면 새로운 청구에 관한 소송계속은 청구를 변경하는 서면이 송

158) 대법원 2000. 11. 16. 선고 98다22253 전원합의체 판결

159) 청구취지의 변경은 준비서면의 형식으로 하여도 무방하다(대법원 2009. 5. 28. 선고 2008다86232).

달된 시점부터 생긴다. 시효중단・법률기간의 준수 효과는 청구변경에 관한 서면을 제출할 때에 생긴다. 법원은 청구의 취지 또는 원인의 변경이 옳지 아니하다고 판단되면, 직권 또는 상대방 신청에 따라 원고의 청구변경을 불허하는 결정을 하여야 한다. 소장에서 심판을 구하는 대상이 불분명하여 이를 명확하게 하기 위하여 청구추취를 정정하거나 보충하는 것은 소장의 정정에 해당하고, 청구의 변경이 아니다.[160] 또한 단순히 청구를 이유 있게 하는 사실의 추가나 변경하는 것 역시 공격방법의 추가나 변경에 불과한 것으로 청구의 변경이 아니다.[161] 청구의 감축은 소의 일부 취하에 해당하기 때문에 피고의 동의를 받아야 한다.[162]

다. 반소

피고는 소송절차를 현저히 지연시키지 아니하는 경우에만 변론을 종결할 때까지 본소가 계속된 법원에 반소를 제기할 수 있다. 다만, 소송의 목적이 된 청구가 다른 법원의 관할에 전속되지 아니하고 본소의 청구 또는 방어의 방법과 서로 관련이 있어야 한다. 반소에는 본소청구기각 이상의 적극적 내용이 포함되어야 한다.[163] 반소장에는 본소피고를 반소원고라고 표시하고, 본소원고를 반소피고라 표시한다. 본소가 단독사건인 경우에 피고가 반소로 합의사건에 속하는 청구를 한 때에는 법원은 직권 또는 당사자의 신청에 따른 결정으로 본소와 반소를 합의부에 이송하여야 한다. 반소는 본소에 관한 규정을 따른다. 본소가 취하된 때에는 피고는 원고의 동의 없이 반소를 취하할 수 있다.

---

160) 대법원 2008. 2. 1. 선고 2005다74863 판결
161) 사해행위취소청구에서 채권자가 피보전채권을 추가 또는 교환하는 것은 공격방법의 변경에 해당한다(대법원 2003. 5. 27. 선고 2001다13532 판결).
162) 대법원 2005. 7. 14. 선고 2005다19477 판결
163) 대법원 2007. 4. 13. 선고 2005다40709 판결

2. 다수당사자소송

가. 통상의 공동소송

통상의 공동소송이란 개별적으로 해결되어도 무방한 여러 사건을 하나의 소송으로 해결하는 것을 말한다. 소송목적이 되는 권리나 의무가 여러 사람에게 공통되거나 사실상 또는 법률상 같은 원인으로 말미암아 생긴 경우에는 그 여러 사람이 공동소송인으로서 당사자가 될 수 있다. 소송목적이 되는 권리나 의무가 같은 종류의 것이고, 사실상 또는 법률상 같은 종류의 원인으로 말미암은 것인 경우에도 또한 같다. 이러한 통상의 공동소송에서는 공동소송인은 각자 독립하여 소송물을 처분할 권리가 있기 때문에 개별적으로 소송수행이 가능하다. 따라서 비록 하나의 소송절차에서 동시에 소송이 진행된다 할 지라도 공동소송인 가운데 한 사람의 소송행위 또는 이에 대한 상대방의 소송행위와 공동소송인 가운데 한 사람에 관한 사항은 다른 공동소송인에게 영향을 미치지 않는다(공동소송인 독립의 원칙).

나. 필수적 공동소송

소송목적이 공동소송인 모두에게 합일적으로 확정되어야 할 공동소송의 경우(필수적 공동소송)에 공동소송인 가운데 한 사람의 소송행위는 모두의 이익을 위하여서만 효력을 가진다. 필수적 공동소송에서 공동소송인 가운데 한 사람에 대한 상대방의 소송행위는 공동소송인 모두에게 효력이 미친다. 필수적 공동소송에서 공동소송인 가운데 한 사람에게 소송절차를 중단 또는 중지하여야 할 이유가 있는 경우 그 중단 또는 중지는 모두에게 효력이 미친다. 법원은 필수적 공동소송인 가운데 일부가 누락된 경우에는 제1심의 변론을 종결할 때까지 원고의 신청에 따라 결정으로 원고 또는 피고를 추가하도록 허가할 수 있다. 다만, 원고의 추가는 추가될 사람의 동의를 받은 경우에만 허가할 수 있다.

친자관계 부존재확인의 소는 생존하고 있는 부모 및 자를 공동피고로 하여 그들 간에 합일적으로 확정하여야 할 필요적 공동소송이다.[164] 이해관계있는 제3자가 친생자관계부존재확인을 구하는 심판청구에 있어서는 친

·자 쌍방이 피심판청구인의 적격이 있다 할 것이므로 친·자 쌍방이 다 생존하고 있는 경우에는 필요적 공동소송의 경우에 해당된다.[165]

상속재산의 협의분할은 공동상속인간의 일종의 계약으로서 공동상속인 전원이 참여하여야 하고 일부상속인만으로 한 협의분할은 무효이다.[166] 따라서 상속재산 협의분할을 소송으로 구하는 경우 그 소송은 필수적 공동소송이다. 또한 공동상속인이 다른 공동상속인을 상대로 어떤 재산이 상속재산임의 확인을 구하는 소는 이른바 고유필수적 공동소송이라고 할 것이고, 고유필수적 공동소송에서는 원고들 일부의 소 취하 또는 피고들 일부에 대한 소 취하는 특별한 사정이 없는 한 그 효력이 생기지 않는다.[167] 그러나 공동상속재산의 지분에 관한 지분권존재확인을 구하는 소송은 필수적 공동소송이 아니라 통상의 공동소송이다.[168]

민법 제276조 제1항은 "총유물의 관리 및 처분은 사원총회의 결의에 의한다.", 같은 조 제2항은 "각 사원은 정관 기타의 규약에 좇아 총유물을 사용·수익할 수 있다."라고 규정하고 있을 뿐 공유나 합유의 경우처럼 보존행위는 그 구성원 각자가 할 수 있다는 민법 제265조 단서 또는 제272조 단서와 같은 규정을 두고 있지 아니한바, 이는 법인 아닌 사단의 소유형태인 총유가 공유나 합유에 비하여 단체성이 강하고 구성원 개인들의 총유재산에 대한 지분권이 인정되지 아니하는 데에서 나온 당연한 귀결이라고 할 것이므로 총유재산에 관한 소송은 법인 아닌 사단이 그 명의로 사원총회의 결의를 거쳐 하거나 또는 그 구성원 전원이 당사자가 되어 필수적 공동소송의 형태로 할 수 있을 뿐 그 사단의 구성원은 설령 그가 사단의 대표자라거나 사원총회의 결의를 거쳤다 하더라도 그 소송의 당사자가 될 수 없고, 이러한 법리는 총유재산의 보존행위로서 소를 제기하는 경우에도 마찬가지라 할 것이다.[169]

---

164) 대법원 1970. 3. 10. 선고 70므1 판결
165) 대법원 1983. 9. 15. 자 83즈2 결정
166) 대법원 1995. 4. 7. 선고 93다54736 판결
167) 대법원 2007. 8. 24. 선고 2006다40980 판결
168) 대법원 2010. 2. 25. 선고 2008다96963,96970 판결
169) 대법원 2005. 9. 15. 선고 2004다44971 전원합의체 판결

고유필수적 공동소송에 있어서는 공동소송인 중 1인에게 중단 또는 중지의 원인이 발생한 때에는 다른 공동소송인에 대하여도 중단 또는 중지의 효과가 미치므로 공동소송인 전원에 대하여 소송절차의 진행이 정지되고 이와 같이 소송절차가 정지된 기간중에는 유효한 소송행위를 할 수 없는 것이다. 이 사건 소송은 원고가 피고 등에게 피고 본인 또는 일부 피고들의 피상속인인 7인의 합유로 소유권 이전등기가 마쳐진 부동산에 대하여 명의신탁해지로 인한 소유권이전등기절차의 이행을 청구하는 소송이므로 합유재산에 관한 소송으로서 고유필요적 공동소송이라고 할 것인바, 이 사건 피고들 중 한 사람이었던 김선수는 1심판결 선고전인 1981. 6. 3에 사망하였음이 기록에 편철된 호적등본기재에 비추어 명백하므로 그 사망 당시는 소송대리인이 있어 소송중단의 효과가 발생하지 아니하였다고 하여도 1심판결이 송달됨과 동시에 공동소송인 전원에 대하여 중단의 효과가 발생하였다고 보아야 할 것이다. 그렇다면 적법한 수계절차를 거치지 않은 이상 소송절차를 진행할 수 없는 것이라 할 것이다.

토지의 경계는 토지 소유권의 범위와 한계를 정하는 중요한 사항으로서, 그 경계와 관련되는 인접 토지의 소유자 전원 사이에서 합일적으로 확정될 필요가 있으므로, 인접하는 토지의 한편 또는 양편이 여러 사람의 공유에 속하는 경우에, 그 경계의 확정을 구하는 소송은, 관련된 공유자 전원이 공동하여서만 제소하고 상대방도 관련된 공유자 전원이 공동으로서만 제소될 것을 요건으로 하는 고유필요적 공동소송이라고 해석함이 상당하다.[170]

수인의 채권자가 각기 그 채권을 담보하기 위하여 채무자와 채무자 소유의 부동산에 관하여 수인의 채권자를 공동매수인으로 하는 1개의 매매예약을 체결하고 그에 따라 수인의 채권자 공동명의로 그 부동산에 가등기를 마친 경우, 수인의 채권자가 공동으로 매매예약완결권을 가지는 관계인지 아니면 채권자 각자의 지분별로 별개의 독립적인 매매예약완결권을 가지는 관계인지는 매매예약의 내용에 따라야 하고, 매매예약에서 그러한 내용을 명시적으로 정하지 않은 경우에는 수인의 채권자가 공동으로 매매예약

170) 대법원 2001. 6. 26. 선고 2000다24207 판결

을 체결하게 된 동기 및 경위, 그 매매예약에 의하여 달성하려는 담보의 목적, 담보 관련 권리를 공동 행사하려는 의사의 유무, 채권자별 구체적인 지분권의 표시 여부 및 그 지분권 비율과 피담보채권 비율의 일치 여부, 가등기담보권 설정의 관행 등을 종합적으로 고려하여 판단하여야 한다.

고유필수적 공동소송과 달리 공동소송소인들이 반드시 소송을 공동으로 수행할 필요가 없으나 일단 공동소송으로 수행하는 경우에는 판결의 효력이 공동소송인 모두에게 합일적으로 확정되어야 하는 경우의 공동소송을 유사필수적 공동소송이라 한다. 회사합병무효의 소, 회사설립무효・취소의 소, 주주총회 결의취소의 소, 주주총회결의 무효 및 부존재확인의 소는 그 판결의 효력이 대세적이므로, 이러한 형태의 소는 일단 공동소송으로 진행되면 그 판결의 내용이 같아야 한다.

다. 소송참가

소송결과에 이해관계가 있는 제3자는 한 쪽 당사자를 돕기 위하여 법원에 계속중인 소송에 참가할 수 있다. 다만, 소송절차를 현저하게 지연시키는 경우에는 그러하지 아니하다. 참가신청은 참가의 취지와 이유를 밝혀 참가하고자 하는 소송이 계속된 법원에 제기하여야 한다. 서면으로 참가를 신청한 경우에는 법원은 그 서면을 양쪽 당사자에게 송달하여야 한다. 참가신청은 참가인으로서 할 수 있는 소송행위와 동시에 할 수 있다. 당사자가 참가에 대하여 이의를 신청한 때에는 참가인은 참가의 이유를 소명하여야 하며, 법원은 참가를 허가할 것인지 아닌지를 결정하여야 한다. 법원은 직권으로 참가인에게 참가의 이유를 소명하도록 명할 수 있으며, 참가의 이유가 있다고 인정되지 아니하는 때에는 참가를 허가하지 아니하는 결정을 하여야 한다. 당사자가 참가에 대하여 이의를 신청하지 아니한 채 변론하거나 변론준비기일에서 진술을 한 경우에는 이의를 신청할 권리를 잃는다. 참가인은 그의 참가에 대한 이의신청이 있는 경우라도 참가를 허가하지 아니하는 결정이 확정될 때까지 소송행위를 할 수 있다. 당사자가 참가인의 소송행위를 원용한 경우에는 참가를 허가하지 아니하는 결정이 확정되어도 그 소송행위는 효력을 가진다. 참가인은 소송에 관하여 공격・방어

·이의·상소, 그 밖의 모든 소송행위를 할 수 있다. 다만, 참가할 때의 소송의 진행정도에 따라 할 수 없는 소송행위는 그러하지 아니하다. 참가인의 소송행위가 피참가인의 소송행위에 어긋나는 경우에는 그 참가인의 소송행위는 효력을 가지지 아니한다. 참가인이 참가한 재판이 참가인이 소송행위를 할 수 없거나, 그 소송행위가 효력을 가지지 아니하는 때, 피참가인이 참가인의 소송행위를 방해한 때, 피참가인이 참가인이 할 수 없는 소송행위를 고의나 과실로 하지 아니한 때 중 어느 하나에 해당하지 아니하면 그 재판의 효력은 참가인에게도 미친다.

소송목적의 전부나 일부가 자기의 권리라고 주장하거나, 소송결과에 따라 권리가 침해된다고 주장하는 제3자는 당사자의 양 쪽 또는 한 쪽을 상대방으로 하여 당사자로서 소송에 참가할 수 있다(독립당사자참가). 자기의 권리를 주장하기 위하여 소송에 독립당사자참가를 한 사람이 있는 경우 그가 참가하기 전의 원고나 피고는 상대방의 승낙을 받아 소송에서 탈퇴할 수 있다. 다만, 판결은 탈퇴한 당사자에 대하여도 그 효력이 미친다.

소송이 법원에 계속되어 있는 동안에 제3자가 소송목적인 권리 또는 의무의 전부나 일부를 승계하였다고 주장하며 소송에 참가한 경우 그 참가는 소송이 법원에 처음 계속된 때에 소급하여 시효의 중단 또는 법률상 기간 준수의 효력이 생긴다.

소송이 법원에 계속되어 있는 동안에 제3자가 소송목적인 권리 또는 의무의 전부나 일부를 승계한 때에는 법원은 당사자의 신청에 따라 그 제3자로 하여금 소송을 인수하게 할 수 있다.

소송목적이 한 쪽 당사자와 제3자에게 합일적으로 확정되어야 할 경우 그 제3자는 공동소송인으로 소송에 참가할 수 있다(공동소송참가).

라. 소송고지

소송이 법원에 계속된 때에는 당사자는 참가할 수 있는 제3자에게 소송고지(訴訟告知)를 할 수 있다. 소송고지를 받은 사람은 다시 소송고지를 할 수 있다. 소송고지를 위하여서는 그 이유와 소송의 진행정도를 적은 서면을 법원에 제출하여야 하며, 그 서면은 상대방에게 송달되어야 한다. 소송고지를 받은 사람이 참가하지 아니한 경우라도 제77조의 규정을 적용할 때에는 참가할 수 있었을 때에 참가한 것으로 본다. 피고지자가 참가신청을 한 경우에 상대방은 이의할 수 있으나 고지자는 이의할 수 없다. 소송고지를 하면 실체법상 시효중단의 효력과 재판상 최고의 효과가 있다.

제4장 본안판단의 기준

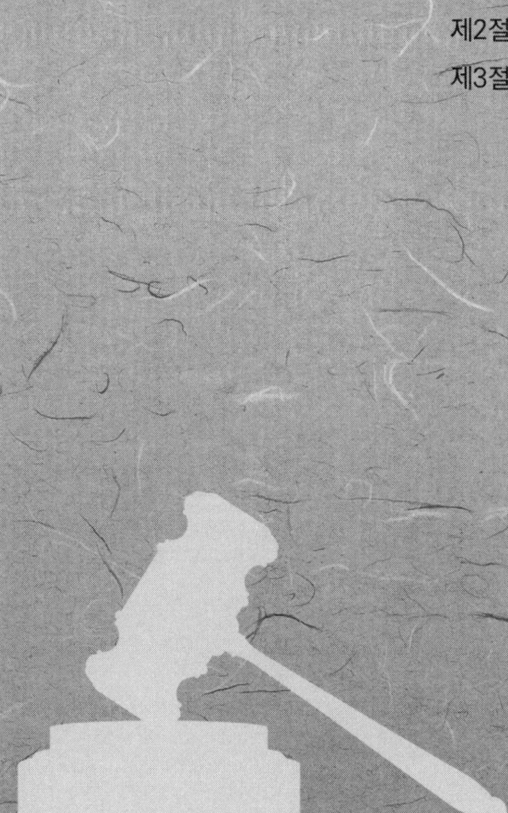

민사실무 입문

제4장

본안판단의 기준

제1절 민법

Ⅰ. 민법총칙

1. 법원(法源)

민사에 관하여 법률에 규정이 없으면 관습법에 의하고 관습법이 없으면 조리(條理)에 의한다.

대법원 2005. 7. 21. 선고 2002다1178 (全) 판결 “관습법이란 사회의 거듭된 관행으로 생성한 사회생활규범이 사회의 법적 확신과 인식에 의하여 법적 규범으로 승인·강행되기에 이른 것을 말하고, 그러한 관습법은 법원으로서 법령에 저촉되지 아니하는 한 법칙으로서의 효력이 있는 것이고, 또 사회의 거듭된 관행으로 생성한 어떤 사회생활규범이 법적 규범으로 승인되기에 이르렀다고 하기 위하여는 헌법을 최상위 규범으로 하는 전체 법질서에 반하지 아니하는 것으로서 정당성과 합리성이 있다고 인정될 수 있는 것이어야 하고, 그렇지 아니한 사회생활규범은 비록 그것이 사회의 거듭된 관행으로 생성된 것이라고 할지라도 이를 법적 규범으로 삼아 관습법으로서의 효력을 인정할 수 없다. 사회의 거듭된 관행으로 생성된 사회생활규범이 관습법으로 승인되었다고 하더라도 사회 구성원들이 그러한 관행의 법적 구속력에 대하여 확신을 갖지 않게 되었다거나, 사회를 지배하는 기본적 이념이나 사회질서의 변화로 인하여 그러한 관습법을 적용하여야 할 시점에 있어서의 전체 법질서에 부합하지 않게 되었다면 그러한 관습법은 법적 규범으로서의 효력이 부정될 수밖에 없다."

2. 신의성실

권리의 행사와 의무의 이행은 신의에 좇아 성실히 하여야 한다. 권리는 남용하지 못한다.

대법원 1992. 3. 31. 선고 91다29804 판결 "변호사의 소송위임사무처리에 대한 보수의 액에 관하여 의뢰인과 사이에 약정이 있는 경우에 위임사무를 완료한 변호사는 특별한 사정이 없는 한 약정된 보수액을 전부 청구할 수 있는 것이 원칙이기는 하지만, 의뢰인과의 평소부터의 관계 · 사건수임의 경위 · 착수금의 액 · 사건 처리의 경과와 난이도 · 노력의 정도 · 소송물가액 · 의뢰인이 승소로 인하여 얻게 된 구체적 이익과 소속 변호사회의 보수규정 등 기타 변론에 나타난 제반 사정에 비추어, 약정된 보수액이 부당하게 과다하여 신의성실의 원칙이나 형평의 원칙에 반한다고 볼 만한 특별한 사정이 있는 경우에는, 예외적으로 위와 같은 제반 사정을 고려하여 상당하다고 인정되는 범위 내의 보수액만을 청구할 수 있다고 보아야 할 것이다. 소송이 특별히 복잡 · 중대하여 장기간 소요되었다거나 변호사가 유난히 많은 정성을 들였다고 볼 만한 사정이 없는 반면, 변호사보수기준에 관한 규칙에 의한 성공보수액은 금 6,790,000원이고, 변호사보수의 소송비용산입에관한규칙에 의하여 소송비용에 산입되는 변호사의 보수는 금 3,460,000원에 불과할 뿐 아니라, 의뢰인은 변호사가 친구의 아버지여서 사건을 위임하게 된 것으로서, 일부 피고에 대하여는 의제자백으로 승소하였으나 그는 소재불명이고 가압류하여 놓은 재산도 없어서 집행가능성이 희박한 데다가 부동산을 가압류하여 놓았던 피고들에 대하여는 모두 패소한 점 등 제반 사정을 참작하여 보면 금 30,000,000원의 약정성공보수금은 부당히 과다하고 그 보수액은 금 11,000,000원이 상당하다고 할 것이므로, 그 금액을 초과하는 보수금의 약정은 신의성실의 원칙에 반하여 무효이다."; 대법원 1995. 12. 22. 선고 94다42129 판결 "신의성실의 원칙에 반하는 것 또는 권리남용은 강행규정에 위배되는 것이므로 당사자의 주장이 없더라도 법원은 직권으로 판단할 수 있다. 계속적 보증계약에서 보증인은 변제기에 있는 주채무 전액에 대하여 책임을 지는 것이 원칙이고, 다만 보증 당시 주채무의 액수를 보증인이 예상하였거나 예상할 수 있었을 경우에는 그 예상 범위로 보증책임을 제한할 수 있다 할 것이나, 그 예상 범위를 상회하는 주채무 과다 발생의 원인이 채권자가 주채무자의 자산 상태가 현저히 악화된 사실을 잘 알면서도(중대한 과실로 알지 못한 경우도 같다) 이를 알지 못하는 보증인에게 아무런 통보나 의사 타진도 없이 고의로 거래 규모를 확대함에 연유하는 등 신의칙에 반하는 사정이 있는 경우에 한하여 보증인의 책임을 합리적인 범위 내로 제한할 수 있다."

대법원 2002. 1. 8. 선고 2001다60019 판결 "권리자가 장기간에 걸쳐 그 권리를 행사하지 아니하여 새삼스럽게 그 권리를 행사하는 것이 신의성실의 원칙에 위반되어 허용되지 아니한다고 하려면, 의무자인 상대방이 더 이상 권리자가 그 권리를 행사하지 아니할 것으로 믿을 만한 정당한 사유가 있어야 한다. 토지소유자가 그 점유자에 대하여 부당이득반환청구권을 장기간 적극적으로 행사하지 아니하였다는 사정만으로는 부당이득반환청구권이 이른바 실효의 원칙에 따라 소멸하였다고 볼 수 없다"

대법원 2005. 10. 28. 선고 2005다45827 판결 "근로자가 사직원의 작성·제출이 자신이 아닌 그의 형에 의하여 이루어졌음을 이유로 의원면직의 무효확인을 구하는 사안에서, 근로자의 형이 사직원을 제출하게 된 경위 및 근로자가 아무런 이의 없이 퇴직금을 수령한 점 등 제반 사정에 비추어 볼 때, 의원면직일로부터 5년여가 경과한 후에 위와 같은 소를 제기하는 것은 신의칙 내지 금반언의 원칙에 반하는 것으로서 부적법하다."

대법원 1991. 12. 10. 선고 91므245 판결 "민법 제826조 제1항이 규정하고 있는 부부간의 동거·부양·협조의무는 정상적이고 원만한 부부관계의 유지를 위한 광범위한 협력의무를 구체적으로 표현한 것으로서 서로 독립된 별개의 의무가 아니라고 할 것이므로, 부부의 일방이 정당한 이유 없이 동거를 거부함으로써 자신의 협력의무를 스스로 저버리고 있다면, 상대방의 동거청구가 권리의 남용에 해당하는 등의 특별한 사정이 없는 한, 상대방에게 부양료의 지급을 청구할 수 없다."

대법원 2010. 2. 25. 선고 2009다58173 판결 "권리 행사가 권리의 남용에 해당한다고 할 수 있으려면, 주관적으로 그 권리 행사의 목적이 오직 상대방에게 고통을 주고 손해를 입히려는 데 있을 뿐 행사하는 사람에게 아무런 이익이 없는 경우이어야 하고, 객관적으로는 그 권리 행사가 사회질서에 위반된다고 볼 수 있어야 한다. 이와 같은 경우에 해당하지 않는 한 비록 그 권리의 행사에 의하여 권리행사자가 얻는 이익보다 상대방이 잃을 손해가 현저히 크다고 하여도 그러한 사정만으로는 이를 권리남용이라 할 수 없다. 경매를 통하여 토지를 취득한 자가 그 지상 건물의 철거와 토지의 인도를 구하는 사안에서, 건물의 철거로 인한 권리행사자의 이익보다 건물 소유자의 손해가 현저히 크고 사회경제적으로도 큰 손실이 될 것으로 보이기는 하나, 건물소유자가 위 건물에 대한 권리를 인수할 당시 그 철거가능성을 알았다고 보이는 점, 토지에 대한 투자가치가 있어 건물 철거 등의 청구가 권리행사자에게 아무런 이익이 없다거나 오직 상대방에게 손해를 입히려는 것이라고 보기 어려운 점 등에 비추어, 권리남용에 해당하지 않는다."

3. 권리능력

사람은 생존한 동안 권리와 의무의 주체가 된다. 사람은 19세로 성년에 이르게 된다. 미성년자가 법률행위를 함에는 법정대리인의 동의를 얻어야 한다. 그러나 권리만을 얻거나 의무만을 면하는 행위는 그러하지 아니하다. 법정대리인의 동의를 얻지 않은 미성년자의 행위는 취소할 수 있다. 법정대리인이 범위를 정하여 처분을 허락한 재산은 미성년자가 임의로 처분할 수 있다. 법정대리인은 미성년자가 아직 법률행위를 하기 전에는 위 동의와 허락을 취소할 수 있다. 미성년자가 법정대리인으로부터 허락을 얻은 특정한 영업에 관하여는 성년자와 동일한 행위능력이 있다. 법정대리인은 위 영업에 관한 허락을 취소 또는 제한할 수 있다. 그러나 선의의 제3자에게 대항하지 못한다.

가정법원은 질병, 장애, 노령, 그 밖의 사유로 인한 정신적 제약으로 사무를 처리할 능력이 지속적으로 결여된 사람에 대하여 본인, 배우자, 4촌 이내의 친족 등의 청구에 의하여 성년후견종료의 심판을 한다.

가정법원은 질병, 장애, 노령, 그 밖의 사유로 인한 정신적 제약으로 사무를 처리할 능력이 부족한 사람에 대하여 본인, 배우자, 4촌 이내의 친족 등의 청구에 의하여 한정후견개시의 심판을 한다. 가정법원은 피한정후견인이 한정후견인의 동의를 받아야 하는 행위의 범위를 정할 수 있다. 한정후견인의 동의를 필요로 하는 행위에 대하여 한정후견인이 피한정후견인의 이익이 침해될 염려가 있음에도 그 동의를 하지 아니하는 때에는 가정법원은 피한정후견인의 청구에 의하여 한정후견인의 동의를 갈음하는 허가를 할 수 있다. 한정후견인의 동의가 필요한 법률행위를 피한정후견인이 한정후견인의 동의 없이 하였을 때에는 그 법률행위를 취소할 수 있다. 다만, 일용품의 구입 등 일상생활에 필요하고 그 대가가 과도하지 아니한 법률행위에 대하여는 그러하지 아니하다. 한정후견개시의 원인이 소멸된 경우에는 가정법원은 본인, 배우자, 4촌 이내의 친족 등의 청구에 의하여 한정후견종료의 심판을 한다.

가정법원은 질병, 장애, 노령, 그 밖의 사유로 인한 정신적 제약으로 일시적 후원 또는 특정한 사무에 관한 후원이 필요한 사람에 대하여 본인, 배우자, 4촌 이내의 친족 등의 청구에 의하여 특정후견의 심판을 한다. 특정후견은 본인의 의사에 반하여 할 수 없다. 특정후견의 심판을 하는 경우에는 특정후견의 기간 또는 사무의 범위를 정하여야 한다. 가정법원이 피한정후견인 또는 피특정후견인에 대하여 성년후견개시의 심판을 할 때에는 종전의 한정후견 또는 특정후견의 종료 심판을 한다. 가정법원이 피성년후견인 또는 피특정후견인에 대하여 한정후견개시의 심판을 할 때에는 종전의 성년후견 또는 특정후견의 종료 심판을 한다.

제한능력자의 상대방은 제한능력자가 능력자가 된 후에 그에게 1개월 이상의 기간을 정하여 그 취소할 수 있는 행위를 추인할 것인지 여부의 확답을 촉구할 수 있다. 능력자로 된 사람이 그 기간 내에 확답을 발송하지 아니하면 그 행위를 추인한 것으로 본다. 제한능력자가 아직 능력자가 되지 못한 경우에는 그의 법정대리인에게 추인 여부를 촉구할 수 있고, 법정대리인이 그 정하여진 기간 내에 확답을 발송하지 아니한 경우에는 그 행위를 추인한 것으로 본다. 특별한 절차가 필요한 행위는 그 정하여진 기간 내에 그 절차를 밟은 확답을 발송하지 아니하면 취소한 것으로 본다. 제한능력자가 맺은 계약은 추인이 있을 때까지 상대방이 그 의사표시를 철회할 수 있다. 다만, 상대방이 계약 당시에 제한능력자임을 알았을 경우에는 그러하지 아니하다. 제한능력자의 단독행위는 추인이 있을 때까지 상대방이 거절할 수 있다. 위 철회나 거절의 의사표시는 제한능력자에게도 할 수 있다. 제한능력자가 속임수로써 자기를 능력자로 믿게 한 경우에는 그 행위를 취소할 수 없다. 미성년자나 피한정후견인이 속임수로써 법정대리인의 동의가 있는 것으로 믿게 한 경우에도 그 행위를 취소할 수 없다.

4. 주소

생활의 근거되는 곳을 주소로 한다. 주소는 동시에 두 곳 이상 있을 수 있다. 주소를 알 수 없으면 거소를 주소로 본다. 국내에 주소 없는 자에 대하여는 국내에 있는 거소를 주소로 본다. 어느 행위에 있어서 가주소를 정한 때에는 그 행위에 관하여는 이를 주소로 본다.

5. 부재와 실종

종래의 주소나 거소를 떠난 자가 재산관리인을 정하지 아니한 때에는 법원은 이해관계인이나 검사의 청구에 의하여 재산관리에 관하여 필요한 처분을 명하여야 한다. 본인의 부재 중 재산관리인의 권한이 소멸한 때에도 같다. 본인이 그 후에 재산관리인을 정한 때에는 법원은 본인, 재산관리인, 이해관계인 또는 검사의 청구에 의하여 위 명령을 취소하여야 한다. 부재자가 재산관리인을 정한 경우에 부재자의 생사가 분명하지 아니한 때에는 법원은 재산관리인, 이해관계인 또는 검사의 청구에 의하여 재산관리인을 개임할 수 있다.

법원이 선임한 재산관리인은 관리할 재산목록을 작성하여야 한다. 법원은 그 선임한 재산관리인에 대하여 부재자의 재산을 보존하기 위하여 필요한 처분을 명할 수 있다. 부재자의 생사가 분명하지 아니한 경우에 이해관계인이나 검사의 청구가 있는 때에는 법원은 부재자가 정한 재산관리인에게 위 재산목록 작성 및 재산보전에 필요한 처분을 명할 수 있다. 재산관리인의 재산목록작성이나 재산보전 비용은 부재자의 재산으로써 지급한다.

법원이 선임한 재산관리인이 민법 제118조[171]에 규정한 권한을 넘는 행위를 함에는 법원의 허가를 얻어야 한다. 부재자의 생사가 분명하지 아니한 경우에 부재자가 정한 재산관리인이 권한을 넘는 행위를 할 때에도 같다. 법원은 그 선임한 재산관리인으로 하여금 재산의 관리 및 반환에 관하여 상당한 담보를 제공하게 할 수 있다. 법원은 그 선임한 재산관리인에 대하여 부재자의 재산으로 상당한 보수를 지급할 수 있다.

법원은 ①부재자의 생사가 5년간 분명하지 아니한 때, ② 전지에 임한 자, 침몰한 선박 중에 있던 자, 추락한 항공기 중에 있던 자 기타 사망의 원인이 될 위난을 당한 자의 생사가 전쟁종지후 또는 선박의 침몰, 항공기의 추락 기타 위난이 종료한 후 1년간 분명하지 아니한 때에는 이해관계인이나 검사의 청구에 의하여 실종선고를 하여야 한다. 실종선고를 받은 자는 위 기간이 만료한 때에 사망한 것으로 본다. 실종자의 생존한 사실 또는 상이한 때에 사망한 사실의 증명이 있으면 법원은 본인, 이해관계인 또는 검사의 청구에 의하여 실종선고를 취소하여야 한다. 그러나 실종선고후 그 취소전에 선의로 한 행위의 효력에 영향을 미치지 아니한다. 실종선고의 취소가 있을 때에 실종의 선고를 직접원인으로 하여 재산을 취득한 자가 선의인 경우에는 그 받은 이익이 현존하는 한도에서 반환할 의무가 있고 악의인 경우에는 그 받은 이익에 이자를 붙여서 반환하고 손해가 있으면 이를 배상하여야 한다.

2인 이상이 동일한 위난으로 사망한 경우에는 동시에 사망한 것으로 추정한다.

---

171) 민법 제118조(대리권의 범위) 권한을 정하지 아니한 대리인은 다음 각호의 행위만을 할 수 있다. 1. 보존행위 2. 대리의 목적인 물건이나 권리의 성질을 변하지 아니하는 범위에서 그 이용 또는 개량하는 행위

6. 법인(法人)

법인은 법률의 규정에 의함이 아니면 성립하지 못한다. 학술, 종교, 자선, 기예, 사교 기타 영리아닌 사업을 목적으로 하는 사단 또는 재단은 주무관청의 허가를 얻어 이를 법인으로 할 수 있다. 법인은 그 주된 사무소의 소재지에서 설립등기를 함으로써 성립한다. 법인은 법률의 규정에 좇아 정관으로 정한 목적의 범위 내에서 권리와 의무의 주체가 된다. 법인은 이사 기타 대표자가 그 직무에 관하여 타인에게 가한 손해를 배상할 책임이 있다. 이사 기타 대표자는 이로 인하여 자기의 손해배상책임을 면하지 못한다. 법인의 목적범위외의 행위로 인하여 타인에게 손해를 가한 때에는 그 사항의 의결에 찬성하거나 그 의결을 집행한 사원, 이사 및 기타 대표자가 연대하여 배상하여야 한다. 법인의 주소는 그 주된 사무소의 소재지에 있는 것으로 한다. 법인의 사무는 주무관청이 검사, 감독한다. 법인이 목적 이외의 사업을 하거나 설립허가의 조건에 위반하거나 기타 공익을 해하는 행위를 한 때에는 주무관청은 그 허가를 취소할 수 있다. 영리를 목적으로 하는 사단은 상사회사설립의 조건에 좇아 이를 법인으로 할 수 있으며, 이 경우의 사단에는 상사회사에 관한 규정을 준용한다.

사단법인의 설립자는 목적, 명칭, 사무소 소재지, 자산에 관한 규정, 이사의 임면에 관한 규정, 사원자격의 득실에 관한 규정, 존립시기나 해산사유를 정하는 때에는 그 시기 또는 사유 등 사항을 기재한 정관을 작성하여 기명날인하여야 한다. 이사의 대표권에 대한 제한은 이를 정관에 기재하지 아니하면 그 효력이 없다. 사단법인의 정관은 총사원 3분의 2 이상의 동의가 있는 때에 한하여 이를 변경할 수 있다. 그러나 정수에 관하여 정관에 다른 규정이 있는 때에는 그 규정에 의한다. 정관의 변경은 주무관청의 허가를 얻지 아니하면 그 효력이 없다.

재단법인의 설립자는 일정한 재산을 출연하고 정관을 작성하여 기명날인하여야 한다. 재단법인의 설립자가 그 명칭, 사무소소재지 또는 이사임면의 방법을 정하지 아니하고 사망한 때에는 이해관계인 또는 검사의 청구에 의하여 법원이 이를 정한다. 재단법인의 정관은 그 변경방법을 정관에 정한 때에 한하여 변경할 수 있다. 재단법인의 목적달성 또는 그 재산의 보전을 위하여 적당한 때에는 전항의 규정에 불구하고 명칭 또는 사무소의 소재지를 변경할 수 있다. 재단법인의 목적을 달성할 수 없는 때에는 설립자나 이사는 주무관청의 허가를 얻어 설립의 취지를 참작하여 그 목적 기타 정관의 규정을 변경할 수 있다. 생전처분으로 재단법인을 설립하는 때에는 증여에 관한 규정을 준용한다. 유언으로 재단법인을 설립하는 때에는 유증에 관한 규정을 준용한다. 생전처분으로 재단법인을 설립하는 때에는 출연재산은 법인이 성립된 때로부터 법인의 재산이 된다. 유언으로 재단법인을 설립하는 때에는 출연재산은 유언의 효력이 발생한 때로부터 법인에 귀속한 것으로 본다.

법인설립의 허가가 있는 때에는 3주간 내에 주된 사무소소재지에서 설립등기를 하여야 한다.

목적, 명칭, 사무소, 설립허가의 연월일, 존립시기나 해산이유를 정한 때에는 그 시기 또는 사유, 자산의 총액, 출자의 방법을 정한 때에는 그 방법, 이사의 성명과 주소, 이사의 대표권을 제한한 때에는 그 제한 등이 등기사항이다. 법인이 분사무소를 설치한 때에는 주사무소소재지에서는 3주간 내에 분사무소를 설치한 것을 등기하고 그 분사무소소재지에서는 동기간내에 위 등기사항을 등기하고 다른 분사무소소재지에서는 동기간내에 그 분사무소를 설치한 것을 등기하여야 한다. 이사의 직무집행을 정지하거나 직무대행자를 선임하는 가처분을 하거나 그 가처분을 변경·취소하는 경우에는 주사무소와 분사무소가 있는 곳의 등기소에서 이를 등기하여야 한다. 설립등기 이외의 등기사항은 그 등기후가 아니면 제삼자에게 대항하지 못한다. 등기한 사항은 법원이 지체없이 공고하여야 한다. 법인은 성립한 때 및 매년 3월내에 재산목록을 작성하여 사무소에 비치하여야 한다. 사업연도를 정한 법인은 성립한 때 및 그 연도말에 이를 작성하여야 한다.

사단법인은 사원명부를 비치하고 사원의 변경이 있는 때에는 이를 기재하여야 한다. 사단법인의 사원의 지위는 양도 또는 상속할 수 없다.

법인은 이사를 두어야 한다. 이사는 법인의 사무를 집행한다. 이사가 수인인 경우에는 정관에 다른 규정이 없으면 법인의 사무집행은 이사의 과반수로써 결정한다. 이사는 법인의 사무에 관하여 각자 법인을 대표한다. 그러나 정관에 규정한 취지에 위반할 수 없고 특히 사단법인은 총회의 의결에 의하여야 한다. 법인의 대표에 관하여는 대리에 관한 규정을 준용한다. 이사의 대표권에 대한 제한은 등기하지 아니하면 제삼자에게 대항하지 못한다. 직무대행자는 가처분명령에 다른 정함이 있는 경우 외에는 법인의 통상사무에 속하지 아니한 행위를 하지 못한다. 다만, 법원의 허가를 얻은 경우에는 그러하지 아니하다. 직무대행자가 이를 위반한 행위를 한 경우에도 법인은 선의의 제3자에 대하여 책임을 진다.

이사는 선량한 관리자의 주의로 그 직무를 행하여야 한다. 이사가 그 임무를 해태한 때에는 그 이사는 법인에 대하여 연대하여 손해배상의 책임이 있다. 이사는 정관 또는 총회의 결의로 금지하지 아니한 사항에 한하여 타인으로 하여금 특정한 행위를 대리하게 할 수 있다. 이사가 없거나 결원이 있는 경우에 이로 인하여 손해가 생길 염려 있는 때에는 법원은 이해관계인이나 검사의 청구에 의하여 임시이사를 선임하여야 한다. 법인과 이사의 이익이 상반하는 사항에 관하여는 이사는 대표권이 없다. 이 경우에는 특별대리인을 선임하여야 한다.

법인은 정관 또는 총회의 결의로 감사를 둘 수 있다. 감사의 직무는 법인의 재산상황을 감사하는 일, 이사의 업무집행의 상황을 감사하는 일, 재산상황 또는 업무집행에 관하여 부정, 불비한 것이 있음을 발견한 때에는 이를 총회 또는 주무관청에 보고하는 일, 보고를 하기 위하여 필요있는 때에는 총회를 소집하는 일 등이다.

사단법인의 사무는 정관으로 이사 또는 기타 임원에게 위임한 사항외에는 총회의 결의에 의하여야 한다. 사단법인의 이사는 매년 1회 이상 통상총회를 소집하여야 한다. 사단법인의 이사는 필요하다고 인정한 때에는 임시총회를 소집할 수 있다. 총사원의 5분의 1 이상으로부터 회의의 목적사항을 제시하여 청구한 때에는 이사는 임시총회를 소집하여야 한다. 이 정수는 정관으로 증감할 수 있다. 총사원의 5분의 1 이상으로부터 회의의 목적사항을 제시하여 총회의 개최를 청구하였음에도 2주간 내에 이사가 총회소집의 절차를 밟지 아니한 때에는 청구한 사원은 법원의 허가를 얻어 이를 소집할 수 있다. 총회의 소집은 1주간 전에 그 회의의 목적사항을 기재한 통지를 발하고 기타 정관에 정한 방법에 의하여야 한다. 총회는 통지한 사항에 관하여서만 결의할 수 있다. 그러나 정관에 다른 규정이 있는 때에는 그 규정에 의한다.

각 사원의 결의권은 평등으로 한다. 사원은 서면이나 대리인으로 결의권을 행사할 수 있다. 그러나 정관에 다른 규정이 있는 때에는 적용하지 아니한다. 사단법인과 어느 사원과의 관계사항을 의결하는 경우에는 그 사원은 결의권이 없다. 총회의 결의는 민법 또는 정관에 다른 규정이 없으면 사원 과반수의 출석과 출석사원의 결의권의 과반수로써 한다. 총회의 의사에 관하여는 의사록을 작성하여야 한다. 의사록에는 의사의 경과, 요령 및 결과를 기재하고 의장 및 출석한 이사가 기명날인하여야 한다. 이사는 의사록을 주된 사무소에 비치하여야 한다.

법인은 존립기간의 만료, 법인의 목적의 달성 또는 달성의 불능 기타 정관에 정한 해산사유의 발생, 파산 또는 설립허가의 취소로 해산한다. 사단법인은 사원이 없게 되거나 총회의 결의로도 해산한다. 사단법인은 총사원 4분의 3 이상의 동의가 없으면 해산을 결의하지 못한다. 그러나 정관에 다른 규정이 있는 때에는 그 규정에 의한다. 법인이 채무를 완제하지 못하게 된 때에는 이사는 지체없이 파산신청을 하여야 한다. 해산한 법인의 재산은 정관으로 지정한 자에게 귀속한다. 정관으로 귀속권리자를 지정하지 아니하거나 이를 지정하는 방법을 정하지 아니한 때에는 이사 또는 청산인은 주무관청의 허가를 얻어 그 법인의 목적에 유사한 목적을 위하여 그 재산을 처분할 수 있다. 그러나 사단법인에 있어서는 총회의 결의가 있어야 한다. 해산한 법인은 청산의 목적범위내에서만 권리가 있고 의무를 부담한다. 법인이 해산한 때에는 파산의 경우를 제하고는 이사가 청산인이 된다. 그러나 정관 또는 총회의 결의로 달리 정한 바가 있으면 그에 의한다. 청산인이 될 자가 없거나 청산인의 결원으로 인하여 손해가 생길 염려가 있는 때에는 법원은 직권 또는 이해관계인이나 검사의 청구에 의하여 청산인을 선임할 수 있다. 중요한 사유가 있는 때에는 법원은 직권 또는 이해관계인이나 검사의 청구에 의하여 청산인을 해임할 수 있다. 청산인은 파산의 경우를 제하고는 그 취임 후 3주간 내에 해산의 사유 및 연월일, 청산인의 성명 및 주소와 청산인의 대표권을 제한한 때에는 그 제한을 주된 사무소 및 분사무소소재지에서 등기하여야 한다. 청산인의 직무는 현존사무의 종결, 채권의 추심 및 채무의 변제, 잔여재산의 인도이며, 이러한 직무를 행하기 위하여 필요한 모든 행위를 할 수 있다. 청산인은 취임한 날로부터 2월내에 3회 이상의 공고로 채권자에 대하여 일정한 기간내에 그 채권을 신고할 것을 최고하여야 한다. 그 기간은 2월 이상이어야 한다. 채권자가 기간내에 신고하지 아니하면 청산으로부터 제외될 것을 위 공고에 표시하여야 한다. 청산인은 알고 있는 채권자에게 대하여는 각각 그 채권신고를 최고하여야 한다. 알고 있는 채권자는 청산으로부터 제외하지 못한다. 청산인은 채권신고기간 내에는 채권자에 대하여 변제하지 못한다. 그러나 법인은 채권자에 대한 지연손해배상의 의무를 면하지 못한다. 청산 중의 법인은 변제기에 이르지 아니한 채권에 대하여도 변제할 수 있다. 조건있는 채권, 존속기간의 불확정한 채권 기타 가액의 불확정한 채권에 관하여는 법원이 선임한 감정인의 평가에 의하여 변제하여야 한다. 청산으로부터 제외된 채권자는 법인의 채무를 완제한 후 귀속권리자에게 인도하지 아니한 재산에 대하여서만 변제를 청구할 수 있다. 청산중 법인의 재산이 그 채무를 완제하기에 부족한 것이 분명하게 된 때에는 청산인은 지체없이 파산선고를 신청하고 이를 공고하여야 한다. 청산인은 파산관재인에게 그 사무를 인계함으로써 그 임무가 종료한다. 청산이 종결한 때에는 청산인은 3주간 내에 이를 등기하고 주무관청에 신고하여야 한다.

대법원 1999. 4. 23. 선고 99다4504 판결 "민법상의 조합과 법인격은 없으나 사단성이 인정되는 비법인사단을 구별함에 있어서는 일반적으로 그 단체성의 강약을 기준으로 판단하여야 하는바, 조합은 2인 이상이 상호간에 금전 기타 재산 또는 노무를 출자하여 공동사업을 경영할 것을 약정하는 계약관계에 의하여 성립하므로 어느 정도 단체성에서 오는 제약을 받게 되는 것이지만 구성원의 개인성이 강하게 드러나는 인적 결합체인 데 비하여 비법인사단은 구성원의 개인성과는 별개로 권리·의무의 주체가 될 수 있는 독자적 존재로서의 단체적 조직을 가지는 특성이 있다 하겠는데, 어떤 단체가 고유의 목적을 가지고 사단적 성격을 가지는 규약을 만들어 이에 근거하여 의사결정기관 및 집행기관인 대표자를 두는 등의 조직을 갖추고 있고, 기관의 의결이나 업무집행방법이 다수결의 원칙에 의하여 행하여지며, 구성원의 가입, 탈퇴 등으로 인한 변경에 관계없이 단체 그 자체가 존속되고, 그 조직에 의하여 대표의 방법, 총회나 이사회 등의 운영, 자본의 구성, 재산의 관리 기타 단체로서의 주요사항이 확정되어 있는 경우에는 비법인사단으로서의 실체를 가진다고 할 것이다. 또한, 민사소송법 제48조가 비법인의 당사자능력을 인정하는 것은 법인이 아닌 사단이나 재단이라도 사단 또는 재단으로서의 실체를 갖추고 대표자 또는 관리인을 통하여 사회적 활동이나 거래를 하는 경우에는, 그로 인하여 발생하는 분쟁은 그 단체의 이름으로 당사자가 되어 소송을 통하여 해결하게 하고자 함에 있다 할 것이므로 여기서 말하는 사단이라 함은 일정한 목적을 위하여 조직된 다수인의 결합체로서 대외적으로 사단을 대표할 기관에 관한 정함이 있는 단체를 말한다고 할 것이고, 종중 또는 문중과 같이 특별한 조직행위 없이도 자연적으로 성립하는 예외적인 사단이 아닌 한, 비법인 사단이 성립하려면 사단으로서의 실체를 갖추는 조직행위가 있어야 하는바, 만일 어떤 단체가 외형상 목적, 명칭, 사무소 및 대표자를 정하고 있다고 할지라도 사단의 실체를 인정할 만한 조직, 그 재정적 기초, 총회의 운영, 재산의 관리 기타 단체로서의 활동에 관한 입증이 없는 이상 이를 법인이 아닌 사단으로 볼 수 없는 것이다. 사단으로서의 실체를 갖추는 조직행위가 사단을 조직하여 그 구성원으로 되는 것을 목적으로 하는 구성원들의 의사의 합치에 기한 것이어야 함은 사단의 특성에 비추어 당연하다고 할 것이다."

대법원 1992. 10. 9. 선고 92다23087 판결 "법인 아닌 사단에 대하여는 사단법인에 관한 민법규정 가운데서 법인격을 전제로 하는 것을 제외하고는 이를 유추적용하여야 할 것인바, 사단법인에 있어서는 사원이 없게 된다고 하더라도 이는 해산사유가 될 뿐 막바로 권리능력이 소멸하는 것이 아니므로 법인 아닌 사단에 있어서도 구성원이 없게 되었다 하여 막바로 그 사단이 소멸하여 소송상의 당사자능력을 상실하였다고 할 수는 없고 청산사무가 완료되어야 비로소 그 당사자능력이 소멸하는 것이다."

대법원 2003. 11. 14. 선고 2001다32687 판결 "비법인사단에 대하여는 사단법인에 관한 민법규정 중 법인격을 전제로 하는 것을 제외한 규정들을 유추적용하여야 할 것이므로 비법인사단인 교회의 교인이 존재하지 않게 된 경우 그 교회는 해산하여 청산절차에 들어가서 청산의 목적범위 내에서 권리·의무의 주체가 되며, 이 경우 해산 당시 그 비법인사단의 총회에서 향후 업무를 수행할 자를 선정하였다면 민법 제82조 제1항을 유추하여 그 선임된 자가 청산인으로서 청산 중의 비법인사단을 대표하여 청산업무를 수행하게 된다. 비법인사단인 교회의 교인들이 예배를 중단하고 다른 교회로 나가기로 결의한 후 교인 중 한 사람인 갑이 교회의 재산을 보관·관리하여 오다가 교회건물에 대하여 보상금이 책정된 경우, 위 교회의 보상금 처리를 위한 청산업무를 수행할 자는 해산 당시 교인들에 의하여 묵시적인 방법으로 청산인으로 선임된 갑이라고 할 것이다."

대법원 2007. 11. 16. 선고 2006다41297 판결 "교회가 건물을 다른 교회에 매도하고 더 이상 종교활동을 하지 않아 해산하였다고 하더라도 교인들이 교회 재산의 귀속관계에 대하여 다투고 있는 이상 교회는 청산목적의 범위 내에서 권리·의무의 주체가 되어 당사자능력이 있고, 위 교인들이 교회의 대표자 지위의 부존재 확인을 구하는 소송에는 청산인 지위의 부존재 확인을 구하는 취지가 포함되어 있다할 것이다. 교회의 헌법 등에 다른 정함이 있는 등의 특별한 사정이 없는 한, 교회의 대표자(담임목사)는 예배 및 종교활동을 주재하는 종교상의 지위와 아울러 비법인사단의 대표자 지위를 겸유하면서 교회 재산의 관리처분과 관련한 대표권을 가지므로, 재산의 관리처분과 관련한 교회 대표자 지위에 관한 분쟁은 구체적인 권리 또는 법률관계를 둘러싼 분쟁에 해당하여 그 대표자 지위의 부존재 확인을 구하는 것은 소의 이익이 있다."

대법원 2003. 7. 22. 선고 2002다64780 판결 "비법인사단의 경우에는 대표자의 대표권 제한에 관하여 등기할 방법이 없어 민법 제60조의 규정을 준용할 수 없고, 비법인사단의 대표자가 정관에서 사원총회의 결의를 거쳐야 하도록 규정한 대외적 거래행위에 관하여 이를 거치지 아니한 경우라도, 이와 같은 사원총회 결의사항은 비법인사단의 내부적 의사결정에 불과하다 할 것이므로, 그 거래 상대방이 그와 같은 대표권 제한 사실을 알았거나 알 수 있었을 경우가 아니라면 그 거래행위는 유효하다고 봄이 상당하고, 이 경우 거래의 상대방이 대표권 제한 사실을 알았거나 알 수 있었음은 이를 주장하는 비법인사단측이 주장·입증하여야 한다."

대법원 2006. 1. 27. 선고 2004다45349 판결 "주택건설촉진법에 의하여 설립된 재건축조합은 민법상의 비법인사단에 해당하고, 총유물의 관리 및 처분에 관하여는 정관이나 규약에 정한 바가 있으면 이에 따라야 하고, 그에 관한 정관이나 규약이 없으면 사원 총회의 결의에 의하여야 하는 것이므로, 정관이나 규약에 정함이 없는 이상, 사원 총회의 결의를 거치지 않은 총유물의 관리 및 처분행위는 무효라고 할 것이고, 여기서 총유물의 관리 및 처분행위라 함은 비록 단순한 채무부담행위는 포함하지 아니하나, 총유물 그 자체에 관한 법률적·사실적 처분행위와 이용·개량행위는 모두 포함한다고 할 것이다."

대법원 2011. 4. 28. 선고 2008다15438 판결 "비법인사단에 대하여는 사단법인에 관한 민법 규정 가운데 법인격을 전제로 하는 것을 제외하고는 이를 유추적용하여야 하는데, 민법 제62조에 비추어 보면 비법인사단의 대표자는 정관 또는 총회의 결의로 금지하지 아니한 사항에 한하여 타인으로 하여금 특정한 행위를 대리하게 할 수 있을 뿐 비법인사단의 제반 업무처리를 포괄적으로 위임할 수는 없으므로 비법인사단 대표자가 행한 타인에 대한 업무의 포괄적 위임과 그에 따른 포괄적 수임인의 대행행위는 민법 제62조를 위반한 것이어서 비법인사단에 대하여 그 효력이 미치지 않는다."

7. 물건

민법에서 물건이라 함은 유체물 및 전기 기타 관리할 수 있는 자연력을 말한다. 토지 및 그 정착물은 부동산이다. 부동산 이외의 물건은 동산이다. 물건의 소유자가 그 물건(주물)의 상용에 공하기 위하여 자기소유인 다른 물건을 이에 부속하게 한 때에는 그 부속물은 종물이다. 종물은 주물의 처분에 따른다. 물건의 용법에 의하여 수취하는 산출물은 천연과실이다. 물건의 사용대가로 받는 금전 기타의 물건은 법정과실로 한다. 천연과실은 그 원물로부터 분리하는 때에 이를 수취할 권리자에게 속한다. 법정과실은 수

취할 권리의 존속기간일수의 비율로 취득한다.

8. 법률행위

가. 법률행위

(1) 선량한 풍속 기타 사회질서에 위반한 사항을 내용으로 하는 법률행위는 무효로 한다. 당사자의 궁박, 경솔 또는 무경험으로 인하여 현저하게 공정을 잃은 법률행위는 무효로 한다.

대법원 1990. 5. 11. 선고 89다카10514 판결 "변호사 아닌 갑과 소송당사자인 을이 갑은 을이 소송당사자로 된 민사소송사건에 관하여 을을 승소시켜주고 을은 소송물의 일부인 임야지분을 그 대가로 갑에게 양도하기로 약정한 경우 위 약정은 강행법규인 변호사법 제78조 제2호에 위반되는 반사회적 법률행위로서 무효이다."

대법원 1992. 3. 31. 선고 92다1148 판결 "부동산의 명의수탁자가 실질소유자 몰래 처분하는 경우, 부동산의 취득자가 명의수탁자의 범죄적인 처분행위에 적극 가담하여 처분이 이루어진 것이라면 그 취득자의 취득행위는 정의관념에 반하는 반사회적 행위로서 무효라할 것이다. 취득자가 수탁자의 범죄행위에 적극 가담하는 행위'란 수탁자가 단순히 등기명의만 수탁받았을 뿐 그 부동산을 처분할 권한이 없는 줄을 잘 알면서 수탁자에게 실질소유자 몰래 수탁재산을 불법처분하도록 적극적으로 요청하거나 유도하는 등의 행위를 의미한다."

대법원 1992. 11. 27. 선고 92다7719 판결 "민법 제103조에 의하여 무효로 되는 반사회질서행위는, 법률행위의 목적인 권리의무의 내용이 선량한 풍속 기타 사회질서에 위반되는 경우 뿐 아니라, 그 내용 자체는 반사회질서적인 것이 아니라고 하여도 법률적으로 이를 강제하거나 그 법률행위에 반사회질서적인 조건 또는 금전적 대가가 결부됨으로써 반사회질서적 성질을 띠게 되는 경우 및 표시되거나 상대방에게 알려진 법률행위의 동기가 반사회질서적인 경우를 포함하는 바, 이상의 각 요건에 해당하지 아니하고 단지 법률행위의 성립과정에서 강박이라는 불법적 방법이 사용된데 불과한 때에는, 그 강박에 의한 의사표시의 하자나 의사의 흠결을 이유로 그 효력을 논의할 수는 있을지언정 반사회질서의 법률행위로서 무효라고 할 수는 없다."

대법원 1995. 7. 14. 선고 94다51994 판결 "당사자의 일방이 상대방에게 공무원의 직무에 관한 사항에 관하여 특별한 청탁을 하게 하고 그에 대한 보수로 돈을 지급할 것을 내용으로 한 약정은 사회질서에 반하는 무효의 계약이고, 따라서 민법 제746조에 의하여 그 대가의 반환을 청구할 수 없으며, 나아가 그 돈을 반환하여 주기로 한 약정도 결국 불법원인급여물의 반환을 구하는 범주에 속하는 것으로서 무효이고, 그 반환약정에 기하여 약속어음을 발행하였다 하더라도 채권자는 그 이행을 청구할 수 없다."

대법원 1997. 6. 24. 선고 97다2221 판결 "도급인의 지위에 있는 행정기관이 당초의 입찰이나 계약체결시에 약정한 공사기간을 그 후 행정상의 이유로 일방적으로, 수급인이 당초 전혀 예상하지 못했을 정도로 상당한 기간의 단축을 요구하여 수급인으로 하여금 이에 부득이 응하게 한 경우, 공사기간을 단축할 당시에 있어서의 기성공정률과 그 공사의 완공에 필요한 총기간 및 남은 공사기간 등을 참작하여 그 단축된 기간 내에 공사를 준공하는 것이 물리적으로 불가능하거나 총체적으로 부실공사를 강요하는 것이 될 수밖에 없다면, 당초의 지체상금에 관한 약정을 그대로 적용하여 그와 같이 준공이 불가능할 정도로 단축된 준공기한을 기준으로 일률적으로 계산한 지체 일수 전부에 대하여 당초의 약정에 의한 지체상금의 배상을 그대로 물게 하는 것은 선량한 풍속 기타 사회질서에 비추어 허용할 수 없으므로, 준공기한을 앞당기기로 하는 그 합의는 준공에 절대적으로 필요한 최소한의 기간에 해당하는 지체상금 부분에 한하여 무효이다."

대법원 1998. 4. 10. 선고 97다56495 판결 "부동산에 관한 취득시효가 완성된 후 취득시효를 주장하거나 이로 인한 소유권이전등기청구를 하기 이전에는 등기명의인인 부동산 소유자로서는 특별한 사정이 없는 한 시효취득 사실을 알 수 없으므로 이를 제3자에게 처분하였다 하더라도 불법행위가 성립할 수 없으나, 부동산의 소유자가 취득시효의 완성 사실을 알 수 있는 경우에 부동산 소유자가 부동산을 제3자에게 처분하여 소유권이전등기를 넘겨줌으로써 취득시효 완성을 원인으로 한 소유권이전등기의무가 이행불능에 빠지게 되어 취득시효 완성을 주장하는 자가 손해를 입었다면 불법행위를 구성한다 할 것이며, 부동산을 취득한 제3자가 부동산 소유자의 이와 같은 불법행위에 적극 가담하였다면 이는 사회질서에 반하는 행위로서 무효이다."

대법원 2000. 2. 11. 선고 99다56833 판결 "행정기관에 진정서를 제출하여 상대방을 궁지에 빠뜨린 다음 이를 취하하는 조건으로 거액의 급부를 제공받기로 약정한 경우, 민법 제103조 소정의 반사회질서의 법률행위에 해당한다."

대법원 2001. 4. 24. 선고 99다30718 판결 "증권회사 등이 고객에 대하여 증권거래와 관련하여 발생한 손실을 보전하여 주기로 하는 약속이나 그 손실보전행위는 위험관리에 의하여 경제활동을 촉진하는 증권시장의 본질을 훼손하고 안이한 투자판단을 초래하여 가격형성의 공정을 왜곡하는 행위로서, 증권투자에 있어서의 자기책임원칙에 반하는 것이라고 할 것이므로, 정당한 사유 없는 손실보전의 약속 또는 그 실행행위는 사회질서에 위반되어 무효라고 할 것이다."

대법원 2004. 5. 28. 선고 2003다70041 판결 "강제집행을 면할 목적으로 부동산에 허위의 근저당권설정등기를 경료하는 행위는 민법 제103조의 선량한 풍속 기타 사회질서에 위반한 사항을 내용으로 하는 법률행위로 볼 수 없다."

대법원 1997. 7. 25. 선고 97다15371 판결 "민법 제104조에 규정된 불공정한 법률행위는 객관적으로 급부와 반대급부 사이에 현저한 불균형이 존재하고 주관적으로 그와 같이 균형을 잃은 거래가 피해 당사자의 궁박, 경솔 또는 무경험을 이용하여 이루어진 경우에 성립하는 것으로서, 약자적 지위에 있는 자의 궁박, 경솔 또는 무경험을 이용한 폭리행위를 규제하려는 데 그 목적이 있고, 여기에서 '궁박'이라 함은 '급박한 곤궁'을 의미하는 것으로서 경제적 원인에 기인할 수도 있고 정신적 또는 심리적 원인에 기인할 수도 있으며, 당사자가 궁박의 상태에 있었는지 여부는 그의 신분과 재산 상태 및 그가 처한 상황의 절박성의 정도 등 제반 상황을 종합하여 구체적으로 판단하여야 하며, 한편 피해 당사자가 궁박, 경솔 또는 무경험의 상태에 있었다고 하더라도 그 상대방 당사자에게 위와 같은 피해 당사자측의 사정을 알면서 이를 이용하려는 의사, 즉 폭리행위의 악의가 없었다면 불공정법률행위는 성립하지 않는다."

(2) 법률행위의 당사자가 법령 중의 선량한 풍속 기타 사회질서에 관계없는 규정과 다른 의사를 표시한 때에는 그 의사에 의한다. 법령 중의 선량한 풍속 기타 사회질서에 관계없는 규정과 다른 관습이 있는 경우에 당사자의 의사가 명확하지 아니한 때에는 그 관습에 의한다.

대법원 1983. 6. 14. 선고 80다3231 판결 "사실인 관습은 사적 자치가 인정되는 분야 즉 그 분야의 제정법이 주로 임의규정일 경우에는 법률행위의 해석기준으로서 또는 의사를 보충하는 기능으로서 이를 재판의 자료로 할 수 있을 것이나 이 이외의 즉 그 분야의 제정법이 주로 강행규정일 경우에는 그 강행규정 자체에 결함이 있거나 강행규정 스스로가 관습에 따르도록 위임한 경우등 이외에는 법적 효력을 부여할 수 없다."

나. 의사표시

(1) 의사표시는 표의자가 진의아님을 알고 한 것(비진의의사표시)이라도 그 효력이 있다. 그러나 상대방이 표의자의 진의아님을 알았거나 이를 알 수 있었을 경우에는 무효로 한다. 비진의의사표시의 무효는 선의의 제3자에게 대항하지 못한다.

대법원 1991. 7. 12. 선고 90다11554 판결 "진의 아닌 의사표시인지의 여부는 효과의사에 대응하는 내심의 의사가 있는지 여부에 따라 결정되는 것인바, 근로자가 사용자의 지시에 좇아 일괄하여 사직서를 작성 제출할 당시 그 사직서에 기하여 의원면직처리될지 모른다는 점을 인식하였다고 하더라도 이것만으로 그의 내심에 사직의 의사가 있는 것이라고 할 수 없다."

대법원 1998. 12. 23. 선고 97다20649 판결 "농수산물 도매시장의 지정도매인인 회사가 그 영업을 위해 지방자치단체와 시설물사용계약을 체결하기 위한 방편으로서 사후에 주주로서의 권리를 원상회복해 주고 주권을 발행할 것을 약속하고 주주와 중매인을 겸할 수 없다는 지방자치단체의 방침에 따라 주주들로부터 주식포기각서를 받은 경우, 주식포기각서를 작성한 주주들은 회사의 주식을 포기할 의사 없이 다만 지방자치단체와 시설물사용계약을 체결하기 위한 방편으로 회사에 주식포기각서를 작성·제출하였을 뿐이고, 회사로서도 이러한 사정을 잘 알고 있었으므로, 이는 비진의 의사표시로서 그 효력이 없으며, 또한 원래 주주들이 회사의 주식을 포기한 것은 농수산물 도매시장에서 중매인으로 계속하여 영업하면서 한편으로는 회사의 주주로 남아 있기 위한 방편으로 지방자치단체에 대하여 마치 그들이 회사의 주식을 포기함으로써 주주와 중매인이 분리된 것처럼 가장하기 위한 행위라고 보아야 할 것이므로, 주식포기각서 작성 당시 그 표시행위에 대응하는 내심의 효과의사가 있었다고는 볼 수 없다. 주식회사를 설립하면서 일시적인 차입금으로 주금납입의 외형을 갖추고 회사 설립절차를 마친 다음 바로 그 납입금을 인출하여 차입금을 변제하는 이른바 가장납입의 경우에도 주금납입의 효력을 부인할 수는 없다. 회사 설립 당시 원래 주주들이 주식인수인으로서 주식을 인수하고 가장납입의 형태로 주금을 납입한 이상 그들은 바로 회사의 주주이고, 그 후 그들이 회사가 청구한 주금 상당액을 납입하지 아니하였다고 하더라도 이는 회사 또는 대표이사에 대한 채무불이행에 불과할 뿐 그러한 사유만으로 주주로서의 지위를 상실하게 된다고는 할 수 없으며, 또한 주식인수인들이 회사가 정한 납입일까지 주금 상당액을 납입하지 아니한 채 그로부터 상당 기간이 지난 후 비로소 회사의 주주임을 주장하였다고 하여 신의성실의 원칙에 반한다고도 할 수 없다."

대법원 1997. 7. 25. 선고 97다8403 판결 "제3자가 채무자로 하여금 제3자를 대리하여 금융기관으로부터 대출을 받도록 하여 그 대출금을 채무자가 부동산의 매수자금으로 사용하는 것을 승낙하였을 뿐이라고 볼 수 있는 경우, 제3자의 의사는 특별한 사정이 없는 한 대출에 따른 경제적인 효과는 채무자에게 귀속시킬지라도 법률상의 효과는 자신에게 귀속시킴으로써 대출금채무에 대한 주채무자로서의 책임을 지겠다는 것으로 보아야 할 것이므로, 제3자가 대출을 받음에 있어서 한 표시행위의 의미가 제3자의 진의와는 다르다고 할 수 없고, 가사 제3자의 내심의 의사가 대출에 따른 법률상의 효과마저도 채무자에게 귀속시키고 자신은 책임을 지지 않을 의사였다고 하여도, 상대방인 금융기관이 제3자의 이와 같은 의사를 알았거나 알 수 있었을 경우라야 비로소 그 의사표시는 무효로 되는 것인데, 채무자의 금융기관에 대한 개인대출한도가 초과되어 채무자 명의로는 대출이 되지 않아 금융기관의 감사의 권유로 제3자의 명의로 대출신청을 하고 그 대출금은 제3자가 아니라 채무자가 사용하기로 하였다고 하여도 금융기관이 제3자의 내심의 의사마저 알았거나 알 수 있었다고 볼 수는 없다."

(2) 상대방과 통정한 허위의 의사표시는 무효로 한다. 통정한 허위의 의사표시의 무효는 선의의 제3자에게 대항하지 못한다.

대법원 2001. 5. 29. 선고 2001다11765 판결 "동일인에 대한 대출액 한도를 제한한 법령이나 금융기관 내부규정의 적용을 회피하기 위하여 실질적인 주채무자가 실제 대출받고자 하는 채무액에 대하여 제3자를 형식상의 주채무자로 내세우고, 금융기관도 이를 양해하여 제3자에 대하여는 채무자로서의 책임을 지우지 않을 의도하에 제3자 명의로 대출관계서류를 작성받은 경우, 제3자는 형식상의 명의만을 빌려 준 자에 불과하고 그 대출계약의 실질적인 당사자는 금융기관과 실질적 주채무자이므로, 제3자 명의로 되어 있는 대출약정은 그 금융기관의 양해하에 그에 따른 채무부담의 의사 없이 형식적으로 이루어진 것에 불과하여 통정허위표시에 해당하는 무효의 법률행위이다."

대법원 2008. 6. 12. 선고 2008다7772,7789 판결 "통정허위표시가 성립하기 위해서는 의사표시의 진의와 표시가 일치하지 아니하고 그 불일치에 관하여 상대방과 사이에 합의가 있어야 하는데, 제3자가 금전소비대차약정서 등 대출관련서류에 주채무자 또는 연대보증인으로서 직접 서명·날인하였다면 제3자는 자신이 그 소비대차계약의 채무자임을 금융기관에 대하여 표시한 셈이고, 제3자가 금융기관이 정한 여신제한 등의 규정을 회피하여 타인으로 하여금 제3자 명의로 대출을 받아 이를 사용하도록 할 의사가 있었다거나 그 원리금을 타인의 부담으로 상환하기로 하였더라도, 특별한 사정이 없는 한 이는 소비대차계약에 따른 경제적 효과를 타인에게 귀속시키려는 의사에 불과할 뿐, 그 법률상의 효과까지도 타인에게 귀속시키려는 의사로 볼 수는 없으므로 제3자의 진의와 표시에 불일치가 있다고 보기는 어렵다 할 것인바, 구체적 사안에 있어서 위와 같은 특별한 사정의 존재를 인정하기 위해서는, 실제 차주와 명의대여자의 이해관계의 일치 여부, 대출금의 실제 지급 여부 및 직접 수령자, 대출서류 작성과정에 있어서 명의대여자의 관여 정도, 대출의 실행이 명의대여자의 신용에 근거하여 이루어진 것인지 혹은 실제 차주의 담보제공이 있었는지 여부, 명의대여자에 대한 신용조사의 실시 여부 및 조사의 정도, 대출원리금의 연체에 따라 명의대여자에게 채무이행의 독촉이 있었는지 여부 및 그 독촉 시점 기타 명의대여의 경위와 명의대여자의 직업, 신분 등의 모든 사정을 종합하여, 금융기관이 명의대여자와 사이에 당해 대출에 따르는 법률상의 효과까지 실제 차주에게 귀속시키고 명의대여자에게는 그 채무부담을 지우지 않기로 약정 내지 양해하였음이 적극적으로 입증되어야 할 것이다."

대법원 2000. 7. 6. 선고 99다51258 판결 "상대방과 통정한 허위의 의사표시는 무효이고 누구든지 그 무효를 주장할 수 있는 것이 원칙이나, 허위표시의 당사자와 포괄승계인 이외의 자로서 허위표시에 의하여 외형상 형성된 법률관계를 토대로 실질적으로 새로운 법률상 이해관계를 맺은 선의의 제3자에 대하여는 허위표시의 당사자뿐만 아니라 그 누구도 허위표시의 무효를 대항하지 못하는 것인바, 허위표시를 선의의 제3자에게 대항하지 못하게 한 취지는 이를 기초로 하여 별개의 법률원인에 의하여 고유한 법률상의 이익을 갖는 법률관계에 들어간 자를 보호하기 위한 것이므로, 제3자의 범위는 권리관계에 기초하여 형식적으로만 파악할 것이 아니라 허위표시행위를 기초로 하여 새로운 법률상 이해관계를 맺었는지 여부에 따라 실질적으로 파악하여야 한다. 보증인이 주채무자의 기망행위에 의하여 주채무가 있는 것으로 믿고 주채무자와 보증계약을 체결한 다음 그에 따라 보증채무자로서 그 채무까지 이행한 경우, 그 보증인은 주채무자에 대한 구상권 취득에 관하여 법률상의 이해관계를 가지게 되었고 그 구상권 취득에는 보증의 부종성으로 인하여 주채무가 유효하게 존재할 것을 필요로 한다는 이유로 결국 그 보증인은 주채무자의 채권자에 대한 채무 부담행위라는 허위표시에 기초하여 구상권 취득에 관한 법률상 이해관계를 가지게 되었다고 보아 민법 제108조 제2항 소정의 '제3자'에 해당한다."

대법원 2003. 6. 24. 선고 2002다48214 판결 "파산자가 파산선고시에 가진 모든 재산은 파산재단을 구성하고, 그 파산재단을 관리 및 처분할 권리는 파산관재인에게 속하므로, 파산관재인은 파산자의 포괄승계인과 같은 지위를 가지게 되지만, 파산이 선고되면 파산채권자는 파산절차에 의하지 아니하고는 파산채권을 행사할 수 없고, 파산관재인이 파산채권자 전체의 공동의 이익을 위하여 선량한 관리자의 주의로써 그 직무를 행하므로, 파산관재인은 파산선고에 따라 파산자와 독립하여 그 재산에 관하여 이해관계를 가지게 된 제3자로서의 지위도 가지게 되며, 따라서 파산자가 상대방과 통정한 허위의 의사표시를 통하여 가장채권을 보유하고 있다가 파산이 선고된 경우 그 가장채권도 일단 파산재단에 속하게 되고, 파산선고에 따라 파산자와는 독립한 지위에서 파산채권자 전체의 공동의 이익을 위하여 직무를 행하게 된 파산관재인은 그 허위표시에 따라 외형상 형성된 법률관계를 토대로 실질적으로 새로운 법률상 이해관계를 가지게 된 민법 제108조 제2항의 제3자에 해당한다."

대법원 2005. 5. 12. 선고 2004다68366 판결 "파산자가 파산선고 전에 상대방과 통정한 허위의 의사표시를 통하여 가장채권을 보유하고 있다가 파산이 선고된 경우, 파산관재인은 민법 제108조 제2항의 제3자에 해당하므로 상대방이 파산관재인에게 통정허위표시임을 들어 그 가장채권의 무효임을 대항할 수 없다 할 것이지만, 위 민법 제108조 제2항과 같은 특별한 제한이 있는 경우를 제외하고는 채무의 소멸 등 파산 전에 파산자와 상대방 사이에 형성된 모든 법률관계에 관하여 파산관재인에게 대항할 수 없는 것은 아니라 할 것이며, 그 경우 파산자와 상대방 사이에 일정한 법률효과가 발생하였는지 여부에 대하여는 파산관재인의 입장에서 형식적으로 판단할 것이 아니라 파산자와 상대방 사이의 실질적 법률관계를 기초로 판단하여야 한다. 대출절차상의 편의를 위하여 대출채무자의 명의를 빌려준 자는 채권자의 파산관재인에 대하여는 통정허위표시로 대항하지 못하므로 대출금채무를 변제할 의무를 직접 부담하고, 그 채무를 변제할 경우 채권자인 파산자가 실채무자에 대하여 가지는 채권 및 이에 관한 담보권을 당연히 대위행사할 수 있는 지위에 있으므로, 채권자가 파산 전에 위 채무에 관한 근저당권을 고의 또는 과실로 소멸시킨 경우, 형식상 주채무자는 근저당권의 소멸로 인하여 상환을 받을 수 없는 범위에서 채무를 면한다. 대출절차상의 편의를 위하여 명의만을 대여한 것으로 인정되어 채무자로 볼 수 없는 경우, 그 형식상 주채무자가 실질적인 주채무자를 위하여 보증인이 될 의사가 있었다는 등의 특별한 사정이 없는 한 그 형식상의 주채무자에게 실질적 주채무자에 대한 보증의 의사가 있는 것으로 볼 수는 없다.

대법원 2006. 11. 10. 선고 2004다10299 판결 "파산관재인이 민법 제108조 제2항의 경우 등에 있어 제3자에 해당하는 것은 파산관재인은 파산채권자 전체의 공동의 이익을 위하여 선량한 관리자의 주의로써 그 직무를 행하여야 하는 지위에 있기 때문이므로, 그 선의·악의도 파산관재인 개인의 선의·악의를 기준으로 할 수는 없고 총파산채권자를 기준으로 하여 파산채권자 모두가 악의로 되지 않는 한 파산관재인은 선의의 제3자라고 할 수밖에 없다. 파산관재인이 파산선고 전에 개인적인 사유로 파산자가 체결한 대출계약이 통정허위표시에 의한 것임을 알게 되었다고 하더라도 그러한 사정만을 가지고 파산선고시 파산관재인이 악의자에 해당한다고 할 수 없다."

(3) 의사표시는 법률행위의 내용의 중요부분에 착오가 있는 때에는 취소할 수 있다. 그러나 그 착오가 표의자의 중대한 과실로 인한 때에는 취소하지 못한다. 착오에 의한 의사표시의 취소는 선의의 제3자에게 대항하지 못한다.

대법원 2010. 5. 27. 선고 2009다94841 판결 "민법 제109조의 의사표시에 착오가 있다고 하려면 법률행위를 할 당시에 실제로 없는 사실을 있는 사실로 잘못 깨닫거나 아니면 실제로 있는 사실을 없는 것으로 잘못 생각하듯이 표의자의 인식과 그 대조사실이 어긋나는 경우라야 할 것이므로, 표의자가 행위를 할 당시에 장래에 있을 어떤 사항의 발생이 미필적임을 알아 그 발생을 예기한 데 지나지 않는 경우는, 표의자의 심리상태에 인식과 대조에 불일치가 있다고 할 수 없어 착오로 다룰 수는 없다 할 것이다. 공장을 설립할 목적으로 매수한 임야가 도시관리계획상 보전관리지역으로 지정됨에 따라 공장설립이 불가능하게 된 사안에서, 매매계약 당시 매수인이 위 임야가 장차 계획관리지역으로 지정되어 공장설립이 가능할 것으로 생각하였다고 하더라도 이는 장래에 대한 단순한 기대에 지나지 않는 것이므로, 그 기대가 이루어지지 아니하였다고 하여 이를 법률행위의 내용의 중요부분에 착오가 있는 것으로는 볼 수 없다."

대법원 1994. 6. 10. 선고 93다24810 판결 "부동산의 양도가 있은 경우에 그에 대하여 부과될 양도소득세 등의 세액에 관한 착오가 미필적인 장래의 불확실한 사실에 관한 것이라도 민법 제109조 소정의 착오에서 제외되는 것은 아니다. 매도인의 대리인이, 매도인이 납부하여야 할 양도소득세 등의 세액이 매수인이 부담하기로 한 금액뿐이므로 매도인의 부담은 없을 것이라는 착오를 일으키지 않았더라면 매수인과 매매계약을 체결하지 않았거나 아니면 적어도 동일한 내용으로 계약을 체결하지는 않았을 것임이 명백하고, 나아가 매도인이 그와 같이 착오를 일으키게 된 계기를 제공한 원인이 매수인측에 있을 뿐만 아니라 매수인도 매도인이 납부하여야 할 세액에 관하여 매도인과 동일한 착오에 빠져 있었다면, 매도인의 위와 같은 착오는 매매계약의 내용의 중요부분에 관한 것에 해당한다. 이 경우 매도인이 부담하여야 할 세금의 액수가 예상액을 초과한다는 사실을 알았더라면 매수인이 초과세액까지도 부담하기로 약정하였으리라는 특별한 사정이 인정될 수 있을 때에는 매도인으로서는 매수인에게 초과세액 상당의 청구를 할 수 있다고 해석함이 당사자의 진정한 의사에 합치할 것이므로 매도인에게 위와 같은 세액에 관한 착오가 있었다는 이유만으로 매매계약을 취소하는 것은 허용되지 않는다."

대법원 2000. 5. 12. 선고 99다64995 판결 "법률행위 내용의 중요부분에 착오가 있는 때에는 그의 의사표시를 취소할 수 있으나 그 착오가 표의자의 중대한 과실로 인한 때에는 취소하지 못하는 것인바, 여기서 '중대한 과실'이라 함은 표의자의 직업, 행위의 종류, 목적 등에 비추어 보통 요구되는 주의를 현저히 결여하는 것을 의미한다. 신용보증기금의 신용보증서를 담보로 금융채권자금을 대출해 준 금융기관이 위 대출자금이 모두 상환되지 않았음에도 착오로 신용보증기금에게 신용보증서 담보설정 해지를 통지한 경우, 그 해지의 의사표시는 민법 제109조 제1항 단서 소정의 중대한 과실에 기한 것이라고 봄이 상당하다."

선고 2000다12259 판결 "동기의 착오가 법률행위의 내용의 중요부분의 착오에 해당함을 이유로 표의자가 법률행위를 취소하려면 그 동기를 당해 의사표시의 내용으로 삼을 것을 상대방에게 표시하고 의사표시의 해석상 법률행위의 내용으로 되어 있다고 인정되면 충분하고 당사자들 사이에 별도로 그 동기를 의사표시의 내용으로 삼기로 하는 합의까지 이루어질 필요는 없지만, 그 법률행위의 내용의 착오는 보통 일반인이 표의자의 입장에 섰더라면 그와 같은 의사표시를 하지 아니하였으리라고 여겨질 정도로 그 착오가 중요한 부분에 관한 것이어야 한다. 매매대상 토지 중 20~30평 가량만 도로에 편입될 것이라는 중개인의 말을 믿고 주택 신축을 위하여 토지를 매수하였고 그와 같은 사정이 계약 체결 과정에서 현출되어 매도인도 이를 알고 있었는데 실제로는 전체 면적의 약 30%에 해당하는 197평이 도로에 편입된 경우, 동기의 착오를 이유로 매매계약의 취소가 인정된다. 착오에 의한 의사표시에서 취소할 수 없는 표의자의 '중대한 과실'이라 함은 표의자의 직업, 행위의 종류, 목적 등에 비추어 보통 요구되는 주의를 현저히 결여하는 것을 의미한다. 매매대상 토지 중 도로편입 부분에 대한 매수인의 착오가 중대한 과실에 기인한 것이라고 볼 수 없다."

대법원 2002. 9. 4. 선고 2002다18435 판결 "민법상의 화해계약을 체결한 경우 당사자는 착오를 이유로 취소하지 못하고, 다만 화해 당사자의 자격 또는 화해의 목적인 분쟁 이외의 사항에 착오가 있는 때에 한하여 이를 취소할 수 있으며, 여기서 '화해의 목적인 분쟁 이외의 사항'이라 함은 분쟁의 대상이 아니라 분쟁의 전제 또는 기초가 된 사항으로서, 쌍방 당사자가 예정한 것이어서 상호 양보의 내용으로 되지 않고 다툼이 없는 사실로 양해된 사항을 말하는 것이다. 하나의 법률행위의 일부분에만 취소사유가 있다고 하더라도 그 법률행위가 가분적이거나 그 목적물의 일부가 특정될 수 있다면, 나머지 부분이라도 이를 유지하려는 당사자의 가정적 의사가 인정되는 경우 그 일부만의 취소도 가능하다고 할 것이고, 그 일부의 취소는 법률행위의 일부에 관하여 효력이 생긴다고 할 것이다."

대법원 1997. 8. 22. 선고 97다13023 판결 "전문건설공제조합이 도급금액이 허위로 기재된 계약보증신청서를 믿고서 조합원이 수급할 공사의 도급금액이 조합원의 도급한도액 내인 것으로 잘못 알고 계약보증서를 발급한 것이 법률행위의 중요 부분의 착오에 해당한다. 전문건설공제조합이 계약보증서를 발급함에 앞서 조합원으로부터 입찰결과통보서 등을 제출받거나 도급인에게 도급금액 등을 조회하여 도급금액이 조합원의 도급한도액 범위 내인지 여부를 확인하는 것을 게을리하여 조합원이 제출한 계약보증신청서만 믿고서 계약보증서를 발급한 것이 중대한 과실에 해당한다고는 할 수 없다. 불법행위로 인한 손해배상책임이 성립하기 위하여는 가해자의 고의 또는 과실 이외에 행위의 위법성이 요구되므로, 전문건설공제조합이 계약보증서를 발급하면서 조합원이 수급할 공사의 실제 도급금액을 확인하지 아니한 과실이 있다고 하더라도 민법 제109조에서 중과실이 없는 착오자의 착오를 이유로 한 의사표시의 취소를 허용하고 있는 이상, 전문건설공제조합이 과실로 인하여 착오에 빠져 계약보증서를 발급한 것이나 그 착오를 이유로 보증계약을 취소한 것이 위법하다고 할 수는 없다."

(4) 사기나 강박에 의한 의사표시는 취소할 수 있다. 상대방있는 의사표시에 관하여 제3자가 사기나 강박을 행한 경우에는 상대방이 그 사실을 알았거나 알 수 있었을 경우에 한하여 그 의사표시를 취소할 수 있다. 사기나 강박에 의한 의사표시의 취소는 선의의 제3자에게 대항하지 못한다.

대법원 2002. 9. 4. 선고 2000다54406,54413 판결 "일반적으로 교환계약을 체결하려는 당사자는 서로 자기가 소유하는 교환 목적물은 고가로 평가하고 상대방이 소유하는 목적물은 염가로 평가하여 보다 유리한 조건으로 교환계약을 체결하기를 희망하는 이해상반의 지위에 있고 각자가 자신의 지식과 경험을 이용하여 최대한으로 자신의 이익을 도모할 것이 예상되기 때문에, 당사자 일방이 알고 있는 정보를 상대방에게 사실대로 고지하여야 할 신의칙상의 주의의무가 인정된다고 볼 만한 특별한 사정이 없는 한, 어느 일방이 교환 목적물의 시가나 그 가액 결정의 기초가 되는 사항에 관하여 상대방에게 설명 내지 고지를 할 주의의무를 부담한다고 할 수 없고, 일방 당사자가 자기가 소유하는 목적물의 시가를 묵비하여 상대방에게 고지하지 아니하거나 혹은 허위로 시가보다 높은 가액을 시가라고 고지하였다 하더라도 이는 상대방의 의사결정에 불법적인 간섭을 한 것이라고 볼 수 없다."

대법원 2010. 2. 25. 선고 2009다86000 판결 "분양자가 수분양자가 전매이익을 노리고 분양을 받으려는 것을 알면서 수분양자로 하여금 전매이익의 발생 여부나 그 액에 관하여 거래관념상 용납될 수 없는 방법으로 잘못 판단하게 함으로써 분양계약에 이르게 하였다는 등의 특별한 사정이 없는 한, 분양자에게 그 대립당사자로서 스스로 이익을 추구하여 행위하는 수분양자에 대하여 최초분양인지, 전매분양인지를 포함하여 수분양자의 전매이익에 영향을 미칠 가능성이 있는 사항들에 관하여 분양자가 가지는 정보를 밝혀야 할 신의칙상의 의무가 있다거나, 나아가 그러한 정보를 밝혀 고지하지 아니하면 그것이 부작위에 의한 기망에 해당하여 민법 제110조 제1항에서 정하는 사기가 된다고 쉽사리 말할 수 없다."

대법원 2002. 12. 10. 선고 2002다56031 판결 "강박에 의한 법률행위가 하자 있는 의사표시로서 취소되는 것에 그치지 않고 나아가 무효로 되기 위하여는, 강박의 정도가 단순한 불법적 해악의 고지로 상대방으로 하여금 공포를 느끼도록 하는 정도가 아니고, 의사표시자로 하여금 의사결정을 스스로 할 수 있는 여지를 완전히 박탈한 상태에서 의사표시가 이루어져 단지 법률행위의 외형만이 만들어진 것에 불과한 정도이어야 한다."

대법원 1999. 2. 23. 선고 98다60828,60835 판결 "상대방 있는 의사표시에 관하여 제3자가 사기나 강박을 한 경우에는 상대방이 그 사실을 알았거나 알 수 있었을 경우에 한하여 그 의사표시를 취소할 수 있으나, 상대방의 대리인 등 상대방과 동일시할 수 있는 자의 사기나 강박은 제3자의 사기·강박에 해당하지 아니한다. 은행의 출장소장이 어음할인을 부탁받자 그 어음이 부도날 경우를 대비하여 담보조로 받아두는 것이라고 속이고 금전소비대차 및 연대보증 약정을 체결한 후 그 대출금을 자신이 인출하여 사용한 사안에서, 위 출장소장의 행위는 은행 또는 은행과 동일시할 수 있는 자의 사기일 뿐 제3자의 사기로 볼 수 없으므로, 은행이 그 사기사실을 알았거나 알 수 있었을 경우에 한하여 위 약정을 취소할 수 있는 것은 아니다."

대법원 1998. 1. 23. 선고 96다41496 판결 "의사표시의 상대방이 아닌 자로서 기망행위를 하였으나 민법 제110조 제2항에서 정한 제3자에 해당되지 아니한다고 볼 수 있는 자란 그 의사표시에 관한 상대방의 대리인 등 상대방과 동일시할 수 있는 자만을 의미하고, 단순히 상대방의 피용자이거나 상대방이 사용자책임을 져야 할 관계에 있는 피용자에 지나지 않는 자는 상대방과 동일시할 수는 없어 이 규정에서 말하는 제3자에 해당한다. 상호신용금고의 기획감사실 과장으로서 대출 업무를 포함한 회사 업무 전반에 관하여 일일감사를 할 권한을 갖고 있었던 자가 대출금을 편취하려는 기망행위에 가담하여 대출금을 담보 제공자에게 지급할 것을 직접 보증한다고 하면서 근저당권설정계약을 체결하도록 권유하면서 그 기망의 목적을 달성하기 위하여 여신 담당 직원에게 그 대출을 부탁한 후 그 대출금을 편취한 경우, 위와 같은 피용자의 기망행위의 태양, 그의 회사에서의 지위나 영향력, 직원의 총수가 50명에 못 미치는 회사의 규모 등에 비추어 보면, 회사로서는 자신의 영역 내에서 일어난 피용자의 위와 같은 기망행위에 관하여 그 감독에 상당한 주의를 다하지 아니한 사용자로서의 책임을 져야 할 지위에 있을 뿐만 아니라 나아가 그러한 사정을 이용한 피용자의 사기 사실을 알지 못한 데에 과실이 있었다고 봄이 상당하므로, 근저당권설정자는 상호신용금고에 대하여 기망을 이유로 근저당권설정계약을 취소할 수 있다."

대법원 1993. 4. 27. 선고 92다56087 판결 "사기 또는 강박행위를 원인으로 의사표시를 취소할 수도 있지만, 불법행위를 이유로 손해배상청구도 할 수 있다. 이 때 취소의 효과로 생기는 부당이득반환청구권과 불법행위로 인한 손해배상청구권은 경합하여 병존한다. 채권자는 둘 중 어느 것이라도 선택하여 행사할 수 있지만 중첩적으로는 행사할 수 없다."

(5) 상대방이 있는 의사표시는 상대방에게 도달한 때에 그 효력이 생긴

다. 의사표시자가 그 통지를 발송한 후 사망하거나 제한능력자가 되어도 의사표시의 효력에 영향을 미치지 아니한다. 의사표시의 상대방이 의사표시를 받은 때에 제한능력자인 경우에는 의사표시자는 그 의사표시로써 대항할 수 없다. 다만, 그 상대방의 법정대리인이 의사표시가 도달한 사실을 안 후에는 그러하지 아니하다. 표의자가 과실없이 상대방을 알지 못하거나 상대방의 소재를 알지 못하는 경우에는 의사표시는 민사소송법 공시송달의 규정에 의하여 송달할 수 있다.

대법원 2008. 6. 12. 선고 2008다19973 판결 "계약의 해제와 같은 상대방 있는 의사표시는 그 통지가 상대방에게 도달한 때 효력이 생기는 것이고, 여기서 도달이라 함은 사회통념상 상대방이 통지의 내용을 알 수 있는 객관적 상태에 놓여 있는 경우를 가리키는 것으로서, 상대방이 통지를 현실적으로 수령하거나 통지의 내용을 알 것까지는 필요로 하지 않는 것이므로, 상대방이 정당한 사유 없이 통지의 수령을 거절한 경우에는 상대방이 그 통지의 내용을 알 수 있는 객관적 상태에 놓여 있는 때에 의사표시의 효력이 생기는 것으로 보아야 한다. 원심판결 이유에 의하면, 원심은 피고가 원고에게 그 판시와 같이 이 사건 매매계약을 이행할 것과 이행하지 아니할 경우에는 이 사건 매매계약을 해제하겠다는 내용이 담긴 내용증명우편을 보내어 원고에게 도착하였으나 원고가 그 우편물의 수취를 거절하고 매매계약을 이행하지 아니한 사실을 인정한 다음, 그 판시와 같은 사정에 비추어 보면 이 사건 매매계약은 원고의 잔금지급 거절을 원인으로 한 피고의 계약해제 의사표시에 의하여 적법하게 해제되었다고 판단하였다. 앞서 본 법리 및 기록에 비추어 살펴보면, 원심의 사실인정 및 판단은 정당하고, 거기에 채증법칙과 관련하여 법령을 위반하는 등의 위법이 없다."

대법원 2006. 3. 24. 선고 2005다66411 판결 "우편물이 수취인 가구의 우편함에 투입되었다고 하더라도 분실 등을 이유로 그 우편물이 수취인의 수중에 들어가지 않을 가능성이 적지 않게 존재하는 현실에 비추어, 우편함의 구조를 비롯하여 수취인이 우편물을 수취하였음을 추인할 만한 특별한 사정에 대하여 심리를 다하지 아니한 채 아파트 경비원이 집배원으로부터 우편물을 수령한 후 이를 우편함에 넣어 둔 사실만으로 수취인이 그 우편물을 실제로 수취하였다고 추단할 수는 없을 것이다."

다. 대리(代理)

대리인이 그 권한 내에서 본인을 위한 것임을 표시한 의사표시는 직접 본인에게 대하여 효력이 생긴다.[172] 대리인에게 대한 제3자의 의사표시의 경우에도 같다. 대리인이 본인을 위한 것임을 표시하지 아니한 때에는 그 의사표시는 자기를 위한 것으로 본다. 그러나 상대방이 대리인으로서 한 것임을 알았거나 알 수 있었을 때에는 직접 본인에게 효력이 생긴다. 타인

172) 대법원 2006. 12. 21. 선고 2006다69141 판결 "타인의 사망을 보험사고로 하는 보험계약에 있어 피보험자인 타인의 동의는 각 보험계약에 대하여 개별적으로 서면에 의하여 이루어져야 하고 포괄적인 동의 또는 묵시적이거나 추정적 동의만으로는 부족하나, 피보험자인 타인의 서면동의가 그 타인이 보험청약서에 자필 서명하는 것만을 의미하지는 않으므로 피보험자인 타인이 참석한 자리에서 보험계약을 체결하면서 보험계약자나 보험모집인이 타인에게 보험계약의 내용을 설명한 후 타인으로부터 명시적으로 권한을 수여받아 보험청약서에 타인의 서명을 대행하는 경우와 같이, 타인으로부터 특정한 보험계약에 관하여 서면동의를 할 권한을 구체적·개별적으로 수여받았음이 분명한 사람이 권한 범위 내에서 타인을 대리 또는 대행하여 서면동의를 한 경우에도 그 타인의 서면동의는 적법한 대리인에 의하여 유효하게 이루어진 것이다."; 대법원 1997. 9. 9. 선고 97다22720 판결 "채권자가 채무의 담보의 목적으로 채무자를 대리하여 부동산에 관한 매매 등의 처분행위를 할 수 있는 권한을 위임받은 경우, 채권자는 채무자에 대한 채권의 회수를 위하여 선량한 관리자로서의 주의를 다하여 채무자가 직접 부동산을 처분하는 것과 같이 널리 원매자를 물색하여 부동산을 매매 등의 방법으로 적정한 시기에 매도한 다음 그 대가로 자신의 채권에 충당하고 나머지가 있으면 채무자에게 이를 정산할 의무가 있는 것이지, 자신의 개인적인 채무를 변제하기 위하여 그 채권자와의 사이에 임의로 부동산의 가치를 협의·평가하여 그 가액 상당의 채무에 대한 대물변제조로 양도할 권한이 있는 것은 아니다."; 대법원 2008. 6. 12. 선고 2008다11276 판결 "당사자표시정정은 원칙적으로 당사자의 동일성이 인정되는 범위에서만 허용되는 것이므로 회사의 대표이사였던 사람이 개인 명의로 제기한 소송에서 그 개인을 회사로 당사자표시정정을 하는 것은 부적법하다. 제1심법원이 제1차 변론준비기일에서 부적법한 당사자표시정정신청을 받아들이고 피고도 이에 명시적으로 동의하여 제1심 제1차 변론기일부터 정정된 원고인 회사와 피고 사이에 본안에 관한 변론이 진행된 다음 제1심 및 원심에서 본안판결이 선고되었다면, 당사자표시정정신청이 부적법하다고 하여 그 후에 진행된 변론과 그에 터잡은 판결을 모두 부적법하거나 무효라고 하는 것은 소송절차의 안정을 해칠 뿐만 아니라 그 후에 새삼스럽게 이를 문제삼는 것은 소송경제나 신의칙 등에 비추어 허용될 수 없다. 어떠한 계약의 체결에 관한 대리권을 수여받은 대리인이 수권된 법률행위를 하게 되면 그것으로 대리권의 원인된 법률관계는 원칙적으로 목적을 달성하여 종료하는 것이고, 법률행위에 의하여 수여된 대리권은 그 원인된 법률관계의 종료에 의하여 소멸하는 것이므로, 그 계약을 대리하여 체결하였던 대리인이 체결된 계약의 해제 등 일체의 처분권과 상대방의 의사를 수령할 권한까지 가지고 있다고 볼 수는 없다."

의 이름을 임의로 사용하여 계약을 체결한 경우에는 누가 그 계약의 당사자인가를 먼저 확정하여야 할 것으로서, 행위자 또는 명의인 가운데 누구를 당사자로 할 것인지에 관하여 행위자와 상대방의 의사가 일치한 경우에는 그 일치하는 의사대로 행위자의 행위 또는 명의자의 행위로서 확정하여야 할 것이지만, 그러한 일치하는 의사를 확정할 수 없을 경우에는 계약의 성질, 내용, 체결 경위 및 계약체결을 전후한 구체적인 제반 사정을 토대로 상대방이 합리적인 인간이라면 행위자와 명의자 중 누구를 계약 당사자로 이해할 것인가에 의하여 당사자를 결정하고, 이에 터잡아 계약의 성립 여부와 효력을 판단함이 상당하다.[173]

의사표시의 효력이 의사의 흠결, 사기, 강박 또는 어느 사정을 알았거나 과실로 알지 못한 것으로 인하여 영향을 받을 경우에 그 사실의 유무는 대리인을 표준하여 결정한다. 특정한 법률행위를 위임한 경우에 대리인이 본인의 지시에 좇아 그 행위를 한 때에는 본인은 자기가 안 사정 또는 과실로 인하여 알지 못한 사정에 관하여 대리인의 부지(不知)를 주장하지 못한다.

대리인은 행위능력자임을 요하지 아니한다. 권한을 정하지 아니한 대리인은 보존행위와 대리의 목적인 물건이나 권리의 성질을 변하지 아니하는 범위에서 그 이용 또는 개량하는 행위만을 할 수 있다. 대리인이 수인인 때에는 각자가 본인을 대리한다. 그러나 법률 또는 수권행위에 다른 정한 바가 있는 때에는 그러하지 아니하다. 대리권이 법률행위에 의하여 부여된

---

173) 대법원 1995. 9. 29. 선고 94다4912 판결; 대법원 1998. 3. 13. 선고 97다22089 판결 "지입차주가 지입회사의 승낙하에 지입회사 명의로 지입차량의 할부구입계약 및 그 할부대금의 지급보증을 위한 할부판매보증보험계약을 체결하면서 그 할부대금을 완전히 자신이 부담하기로 하였다면 그 내심의 의사는 자신이 계약 당사자가 될 의사였을지 모르지만, 상대방인 자동차회사 및 보험회사에 대하여는 지입회사의 승낙하에 그 명의를 사용하였을 뿐만 아니라 그 상대방 회사로서도 지입관계를 알면서 보증보험계약을 체결하였다고 볼 만한 아무런 사정이 없는 이상, 그 보증보험계약의 당사자는 지입회사이다."; 대법원 2003. 12. 12. 선고 2003다44059 판결 "일방 당사자가 대리인을 통하여 계약을 체결하는 경우에 있어서 계약의 상대방이 대리인을 통하여 본인과 사이에 계약을 체결하려는 데 의사가 일치하였다면 대리인의 대리권 존부 문제와는 무관하게 상대방과 본인이 그 계약의 당사자라고 할 것이다."; 대법원 2003. 9. 5. 선고 2001다32120 판결 "어떤 사람이 타인을 통하여 부동산을 매수함에 있어 매수인 명의 및 소유권이전등기 명의를 그 타인 명의로 하기로 하였다면 이와 같은 매수인 및 등기 명의의 신탁관계는 그들 사이의 내부적인 관계에 불과한 것이므로 특별한 사정이 없는 한 대외적으로는 그 타인을 매매 당사자로 보아야 한다."

경우에는 대리인은 본인의 승낙이 있거나 부득이한 사유있는 때가 아니면 복대리인을 선임하지 못한다. 대리인이 복대리인을 선임한 때에는 본인에게 대하여 그 선임감독에 관한 책임이 있다.대리인이 본인의 지명에 의하여 복대리인을 선임한 경우에는 그 부적임 또는 불성실함을 알고 본인에게 대한 통지나 그 해임을 태만한 때가 아니면 책임이 없다. 법정대리인은 그 책임으로 복대리인을 선임할 수 있다. 복대리인은 그 권한 내에서 본인을 대리한다. 복대리인은 본인이나 제3자에 대하여 대리인과 동일한 권리의무가 있다. 대리인은 본인의 허락이 없으면 본인을 위하여 자기와 법률행위를 하거나 동일한 법률행위에 관하여 당사자쌍방을 대리하지 못한다.[174] 그러나 채무의 이행은 할 수 있다.

제3자에 대하여 타인에게 대리권을 수여함을 표시한 자는 그 대리권의 범위 내에서 행한 그 타인과 그 제3자간의 법률행위에 대하여 책임이 있다.[175] 그러나 제3자가 대리권없음을 알았거나 알 수 있었을 때에는 그러

174) 대법원 2004. 2. 13. 자 2003마44 결정 "민법 제124조는 "대리인은 본인의 허락이 없으면 본인을 위하여 자기와 법률행위를 하거나 동일한 법률행위에 관하여 당사자 쌍방을 대리하지 못한다."고 규정하고 있으므로 부동산 입찰절차에서 동일물건에 관하여 이해관계가 다른 2인 이상의 대리인이 된 경우에는 그 대리인이 한 입찰은 무효이다."; 대법원 1997. 7. 8. 선고 97다12273 판결 "사채알선업자가 사채를 얻으려는 사람들로부터 금전 차용을 의뢰받을 때에 담보물이 확실하면 담보관계 서류를 받아 두고, 사채를 놓으려는 사람들이 돈을 놓아 달라고 하면 그들로 하여금 미리 확보해 놓은 담보물 가운데 적당한 것을 담보로 하여 돈을 대여하도록 하였고, 이 경우 사채를 얻은 쪽이나 놓은 쪽 모두 상대방이 누구인지 모른 채, 또한 상대방이 누구인지 상관하지 아니하고 사채알선업자를 신뢰하여 그로 하여금 사채를 얻는 쪽과 놓는 쪽 쌍방을 대리하여 금전 소비대차계약과 담보권설정계약을 체결하도록 하는 방식으로 사채알선업을 하는 경우, 그 사채알선업자는 소비대차계약의 체결에 있어서 대주(대주)에 대하여는 차주(차주)의 대리인 역할을 하고, 반대로 차주에 대하여는 대주의 대리인 역할을 하게 되는 것이고, 대주로부터 소비대차계약을 체결할 대리권을 수여받은 대리인은 특별한 사정이 없는 한 그 소비대차계약에서 정한 바에 따라 차주로부터 변제를 수령할 권한도 있다고 봄이 상당하므로 차주가 그 사채알선업자에게 하는 변제는 유효하다."

175) 대법원 1987. 3. 24. 선고 86다카1348 판결 "갑이 자기의 사위인 을에게 상호를 포함한 영업일체를 양도하여서 동일상호를 사용하여 영업을 계속하게 하는 동안 자기의 당좌거래를 이용하여 대금결제를 하도록 하였고 또 영업을 을에게 양도한 이후에도 자기명의의 당좌수표 및 약속어음 20여장이 을로부터 병에게 물품대금으로 교부되어 그 대부분이 결제되었다면 갑이 병으로 하여금 을이 갑명의의 수표를 사용할 권한이 있다고 믿게 할 만한 외관을 조성하였다 할 것이고 이와같은 외관을 가지고서 을이 갑의 인장을 남용하여 수표를 위조한 행위는 대리권수여표시에 의한 표현대리에 해당한다."; 대법원 1983. 12. 13. 선고 83다카1489 (全) "당사자가 변론에서 주장한 주요사실만이 심판의 대상이 되는

하지 아니하다.[176]

대리인이 그 권한 외의 법률행위를 한 경우에 제3자가 그 권한이 있다고 믿을 만한 정당한 이유가 있는 때에는 본인은 그 행위에 대하여 책임이 있다.

대리권은 본인 또는 대리인이 사망하거나 대리인에 대하여 성년후견이

것으로서 여기서 주요 사실이라 함은 법률효과를 발생시키는 실체법상의 구성요건 해당사실을 말한다. 유권대리에 있어서는 본인이 대리인에게 수여한 대리권의 효력에 의하여 법률효과가 발생하는 반면 표현대리에 있어서는 대리권이 없음에도 불구하고 법률이 특히 거래상대방 보호와 거래안전유지를 위하여 본래 무효인 무권대리행위의 효과를 본인에게 미치게 한 것으로서 표현대리가 성립된다고 하여 무권대리의 성질이 유권대리로 전환되는 것은 아니므로, 양자의 구성요건 해당사실 즉 주요사실은 다르다고 볼 수밖에 없으니 유권대리에 관한 주장 속에 무권대리에 속하는 표현대리의 주장이 포함되어 있다고 볼 수 없다."; 대법원 1984. 7. 24. 선고 83다카1819 판결 "유권대리에 관한 주장 속에는 무권대리에 속하는 표현대리의 주장이 포함되어 있다고 볼 수 없다. 표현대리 제도는 대리권이 있는 것 같은 외관이 생긴데 대해 본인이 민법 제125조, 제126조 및 제129조 소정의 원인을 주고 있는 경우에 그러한 외관을 신뢰한 선의 무과실의 제3자를 보호하기 위하여 그 무권대리 행위에 대하여 본인이 책임을 지게 하려는 것이고 이와 같은 문제는 무권대리인과 본인과의 관계, 무권대리인의 행위 당시의 여러가지 사정 등에 따라 결정되어야 할 것이므로 당사자가 표현대리를 주장함에는 무권대리인과 표현대리에 해당하는 무권대리 행위를 특정하여 주장하여야 한다 할 것이고 따라서 당사자의 표현대리의 항변은 특정된 무권대리인의 행위에만 미치고 그 밖의 무권대리인이나 무권대리 행위에는 미치지 아니한다."

176) 대법원 2000. 5. 30. 선고 2000다2566 판결 "보증인의 보증의사의 존부는 당사자가 거래에 관여하게 된 동기와 경위, 그 관여 형식 및 내용, 당사자가 그 거래행위에 의하여 달성하려는 목적, 거래의 관행 등을 종합적으로 고찰하여 판단하여야 할 당사자의 의사해석 및 사실인정의 문제이지만, 보증은 이를 부담할 특별한 사정이 있을 경우 이루어지는 것이므로 보증의사의 존재는 이를 엄격하게 제한하여 인정하여야 한다. 갑이 주채무액을 알지 못한 상태에서 주채무자의 부탁으로 채권자와 보증계약 체결 여부를 교섭하는 과정에서 채권자에게 보증의사를 표시한 후 주채무가 거액인 사실을 알고서 보증계약 체결을 단념하였으나 갑의 도장과 보증용 과세증명서를 소지하게 된 주채무자가 임의로 갑을 대위하여 채권자와 사이에 보증계약을 체결한 경우, 갑이 채권자에 대하여 주채무자에게 보증계약 체결의 대리권을 수여하는 표시를 한 것이라 단정할 수 없고, 대리권 수여의 표시를 한 것으로 본다 하더라도 채권자에게는 주채무자의 대리권 없음을 알지 못한 데 과실이 있다고 보아야 하므로 민법 제125조 소정의 표현대리의 성립은 인정될 수 없다."; 대법원 1984. 11. 13. 선고 84다카1024 판결 "저당권설정계약 당시 소외(갑)이 원고의 인감증명서와 인감도장만을 소지하였을 뿐 대리인으로서는 의당 제시될 것이 통상적으로 기대되는 원고 명의의 등기권리증을 소지하지 않았고 또 피고는 원고가 같은 시내의 국민학교 교장으로 재직하고 있는 것을 알고 있었으므로 피고로서는 위 소외인의 대리권에 대하여 의심을 가지고 직접 원고 본인에게 상대방의 대리권의 존부를 확인하는 등으로 좀더 적절한 조사를 하였어야 할 것이니 피고가 이 경우에 막연히 위 소외인 등의 말만 믿고 저당권설정계약을 체결하였다면 피고는 대리인을 상대로 저당권을 설정함에 있어 마땅히 하여야 할 주의를 다하지 못한 과실이 있다고 할 것이다."

개시되거나 대리인이 파산한 경우 소멸된다. 법률행위에 의하여 수여된 대리권은 위 사유 외에 그 원인된 법률관계의 종료에 의하여 소멸한다. 법률관계의 종료 전에 본인이 수권행위를 철회한 경우에도 같다.

대리권의 소멸은 선의의 제3자에게 대항하지 못한다. 그러나 제3자가 과실로 인하여 그 사실을 알지 못한 때에는 그러하지 아니하다.

대리권없는 자가 타인의 대리인으로 한 계약은 본인이 이를 추인하지 아니하면 본인에 대하여 효력이 없다.[177] 대리권없는 자가 타인의 대리인으로 계약을 한 경우에 상대방은 상당한 기간을 정하여 본인에게 그 추인여부의 확답을 최고할 수 있다. 본인이 그 기간 내에 확답을 발하지 아니한 때에는 추인을 거절한 것으로 본다. 추인 또는 거절의 의사표시는 상대방에 대하여 하지 아니하면 그 상대방에 대항하지 못한다. 그러나 상대방이 그 사실을 안 때에는 그러하지 아니하다. 추인은 다른 의사표시가 없는 때에는 계약시에 소급하여 그 효력이 생긴다. 그러나 제3자의 권리를 해하지 못한다. 대리권없는 자가 한 계약은 본인의 추인이 있을 때까지 상대방은 본인이나 그 대리인에 대하여 이를 철회할 수 있다. 그러나 계약당시에 상대방이 대리권 없음을 안 때에는 그러하지 아니하다. 다른 자의 대리인으로서 계약을 맺은 자가 그 대리권을 증명하지 못하고 또 본인의 추인을 받지 못한 경우에는 그는 상대방의 선택에 따라 계약을 이행할 책임 또는 손해를 배상할 책임이 있다. 대리인으로서 계약을 맺은 자에게 대리권이 없

177) 대법원 2002. 10. 11. 선고 2001다59217 판결 "무권대리행위는 그 효력이 불확정 상태에 있다가 본인의 추인 유무에 따라 본인에 대한 효력발생 여부가 결정되는 것으로서, 추인은 무권대리행위가 있음을 알고 그 행위의 효과를 자기에게 귀속시키도록 하는 단독행위인바, 증권회사의 고객이 그 직원의 임의매매를 묵시적으로 추인하였다고 하기 위하여는 자신이 처한 법적 지위를 충분히 이해하고 진의에 기하여 당해 매매의 손실이 자기에게 귀속된다는 것을 승인하는 것으로 볼 만한 사정이 있어야 할 것이고, 나아가 임의매매를 사후에 추인한 것으로 보게 되면 그 법률효과는 모두 고객에게 귀속되고 그 임의매매행위가 불법행위를 구성하지 않게 되어 임의매매로 인한 손해배상청구도 할 수 없게 되므로, 임의매매의 추인, 특히 묵시적 추인을 인정하려면, 고객이 임의매매 사실을 알고도 이의를 제기하지 않고 방치하였는지 여부, 임의매수에 대해 항의하면서 곧바로 매도를 요구하였는지 아니면 직원의 설득을 받아들이는 등으로 주가가 상승하기를 기다렸는지, 임의매도로 계좌에 입금된 그 증권의 매도대금(예탁금)을 인출하였는지 또는 신용으로 임의매수한 경우 그에 따른 그 미수금을 이의 없이 변제하거나, 미수금 변제독촉에 이의를 제기하지 않았는지 여부 등의 여러 사정을 종합적으로 검토하여 신중하게 판단하여야 할 것이다."

다는 사실을 상대방이 알았거나 알 수 있었을 때 또는 대리인으로서 계약을 맺은 사람이 제한능력자일 때에는 대리인은 계약을 이행할 책임 또는 손해를 배상할 책임을 지지 않는다.

라. 무효와 취소

법률행위의 일부분이 무효인 때에는 그 전부를 무효로 한다. 그러나 그 무효부분이 없더라도 법률행위를 하였을 것이라고 인정될 때에는 나머지 부분은 무효가 되지 아니한다.[178] 무효인 법률행위가 다른 법률행위의 요건을 구비하고 당사자가 그 무효를 알았더라면 다른 법률행위를 하는 것을 의욕하였으리라고 인정될 때에는 다른 법률행위로서 효력을 가진다.[179] 무

178) 대법원 1996. 2. 27. 선고 95다38875 판결 "복수의 당사자 사이에 중간생략등기의 합의를 한 경우 그 합의는 전체로서 일체성을 가지는 것이므로, 그 중 한 당사자의 의사표시가 무효인 것으로 판명된 경우 나머지 당사자 사이의 합의가 유효한지의 여부는 민법 제137조에 정한 바에 따라 당사자가 그 무효 부분이 없더라도 법률행위를 하였을 것이라고 인정되는지의 여부에 의하여 판정되어야 할 것이고, 그 당사자의 의사는 실재하는 의사가 아니라 법률행위의 일부분이 무효임을 법률행위 당시에 알았다면 당사자 쌍방이 이에 대비하여 의욕하였을 가정적 의사를 말한다."; 대법원 1998. 2. 10. 선고 97다44737 판결 "동기의 착오가 법률행위의 내용의 중요 부분의 착오에 해당함을 이유로 표의자가 법률행위를 취소하려면 그 동기를 당해 의사표시의 내용으로 삼을 것을 상대방에게 표시하고 의사표시의 해석상 법률행위의 내용으로 되어 있다고 인정되면 충분하고 당사자들 사이에 별도로 그 동기를 의사표시의 내용으로 삼기로 하는 합의까지 이루어질 필요는 없지만, 그 법률행위의 내용의 착오는 보통 일반인이 표의자의 입장에 섰더라면 그와 같은 의사표시를 하지 아니하였으리라고 여겨질 정도로 그 착오가 중요한 부분에 관한 것이어야 한다. 동기의 착오가 표의자의 중대한 과실로 인한 때에는 취소하지 못하는데, 여기서 '중대한 과실'이라 함은 표의자의 직업, 행위의 종류, 목적 등에 비추어 보통 요구되는 주의를 현저히 결여하는 것을 의미한다. 하나의 법률행위의 일부분에만 취소사유가 있다고 하더라도 그 법률행위가 가분적이거나 그 목적물의 일부가 특정될 수 있다면, 그 나머지 부분이라도 이를 유지하려는 당사자의 가정적 의사가 인정되는 경우 그 일부만의 취소도 가능하다 할 것이고, 그 일부의 취소는 법률행위의 일부에 관하여 효력이 생긴다."

179) 대법원 2010. 7. 15. 선고 2009다50308 판결 "매매계약이 약정된 매매대금의 과다로 말미암아 민법 제104조에서 정하는 '불공정한 법률행위'에 해당하여 무효인 경우에도 무효행위의 전환에 관한 민법 제138조가 적용될 수 있다. 따라서 당사자 쌍방이 위와 같은 무효를 알았더라면 대금을 다른 액으로 정하여 매매계약에 합의하였을 것이라고 예외적으로 인정되는 경우에는, 그 대금액을 내용으로 하는 매매계약이 유효하게 성립한다. 이때 당사자의 의사는 매매계약이 무효임을 계약 당시에 알았다면 의욕하였을 가정적 효과의사로서, 당사자 본인이 계약 체결시와 같은 구체적 사정 아래 있다고 상정하는 경우에 거래관행을 고려하여 신의성실의 원칙에 비추어 결단하였을 바를 의미한다. 이와 같이 여기서는 어디까지나 당해 사건의 제반 사정 아래서 각각의 당사자가 결단하였을

효인 법률행위는 추인하여도 그 효력이 생기지 아니한다. 그러나 당사자가 그 무효임을 알고 추인한 때에는 새로운 법률행위로 본다.

대법원 1993. 8. 14. 선고 91다41316판결 "국토의계획및이용에관한법률에서 정한 허가구역 내의 토지에 대하여 관할관청의 허가를 받기 전에 체결한 거래계약은 처음부터 허가를 배제하거나 잠탈하는 내용의 계약일 경우에는 확정적으로 무효로 되지만 허가받을 것을 전제로 한 계약일 경우에는 허가를 받을 때까지는 채권행위의 효력은 물론 물권행위의 효력도 발생하지 아니하므로 소유권 등 권리의 이전에 관한 계약의 효력이 전혀 발생하지 않지만, 허가를 받게 되면 그 계약은 소급하여 유효한 것으로 되고 불허가가 된 때에는 무효로 확정되므로 허가를 받기까지는 유동적 무효의 상태에 있다고 보아야 할 것이며, 이러한 유동적 무효인 상태에 있는 계약을 체결한 당사자는 쌍방 그 계약이 효력 있는 것으로 완성될 수 있도록 서로 협력할 의무가 있다고 할 것이므로 위와 같이 허가를 배제하거나 잠탈하는 내용이 아닌 유동적 무효인 상태의 매매계약을 체결하고 매수인이 이에 기하여 임의로 지급한 계약금은 그 계약이 유동적 무효인 상태로 있는 한 이를 부당이득으로 반환을 구할 수는 없고 유동적 무효인 상태가 확정적으로 무효로 되었을 때 비로소 부당이득으로 그 반환을 구할 수 있다."

대법원 1995. 12. 26. 선고 93다59526 판결 "유동적 무효 상태에 있는 계약을 체결한 당사자는 쌍방이 그 계약이 효력이 있는 것으로 완성될 수 있도록 서로 협력할 의무가 있다고 할 것이므로, 이 경우 이러한 매매계약을 체결할 당시 당사자 사이에 당사자 일방이 토지거래허가를 받기 위한 협력 자체를 이행하지 아니하거나 허가 신청에 이르기 전에 매매계약을 철회하는 경우, 상대방에게 일정한 손해액을 배상하기로 하는 약정을 유효하게 할 수 있다. 토지거래허가 지역 내의 토지에 관한 매매계약을 체결함에

바가 탐구되어야 하는 것이므로, 계약 당시의 시가와 같은 객관적 지표는 그러한 가정적 의사의 인정에 있어서 하나의 참고자료로 삼을 수는 있을지언정 그것이 일응의 기준이 된다고도 쉽사리 말할 수 없다. 이와 같이 가정적 의사에 기한 계약의 성립 여부 및 그 내용을 발굴·구성하여 제시하게 되는 법원으로서는 그 '가정적 의사'를 함부로 추단하여 당사자가 의욕하지 아니하는 법률효과를 그에게 또는 그들에게 계약의 이름으로 불합리하게 강요하는 것이 되지 아니하도록 신중을 기하여야 한다."

있어서 토지거래허가를 받을 수 없는 경우 이외에 당사자 일방의 계약 위반으로 계약이 해제된 경우에 대한 손해배상액의 약정은, 당사자 일방이 협력의무를 이행하지 아니하거나 매매계약을 일방적으로 철회하여 그 매매계약이 확정적으로 무효가 된 경우를 포함한다. 토지거래허가 지역 내의 토지에 관한 매매계약은 당사자 일방의 매매계약의 철회로 확정적으로 무효가 되는 것이 아니라, 당사자 쌍방이 허가 신청을 하지 아니하기로 의사표시를 명백히 한 때에 비로소 확정적으로 무효가 된다."

대법원 1999. 6. 17. 선고 98다40459 (全) 판결 "토지거래허가구역으로 지정된 토지에 관하여 건설교통부장관이 허가구역 지정을 해제하거나, 또는 허가구역 지정기간이 만료되었음에도 허가구역 재지정을 하지 아니한 취지는 당해 구역 안에서의 개별적인 토지거래에 관하여 더 이상 허가를 받지 않도록 하더라도 투기적 토지거래의 성행과 이로 인한 지가의 급격한 상승의 방지라는 토지거래허가제도가 달성하려고 하는 공공의 이익에 아무런 지장이 없게 되었고 허가의 필요성도 소멸되었으므로, 허가구역 안의 토지에 대한 거래계약에 대하여 허가를 받은 것과 마찬가지로 취급함으로써 사적자치에 대한 공법적인 규제를 해제하여 거래 당사자들이 당해 토지거래계약으로 달성하고자 한 사적자치를 실현할 수 있도록 함에 있다고 할 것이므로, 허가구역 지정기간 중에 허가구역 안의 토지에 대하여 토지거래허가를 받지 아니하고 토지거래계약을 체결한 후 허가구역 지정해제 등이 된 때에는 그 토지거래계약이 허가구역 지정이 해제되기 전에 확정적으로 무효로 된 경우를 제외하고는, 더 이상 관할 행정청으로부터 토지거래허가를 받을 필요가 없이 확정적으로 유효로 되어 거래 당사자는 그 계약에 기하여 바로 토지의 소유권 등 권리의 이전 또는 설정에 관한 이행청구를 할 수 있고, 상대방도 반대급부의 청구를 할 수 있다고 보아야 할 것이지, 여전히 그 계약이 유동적 무효상태에 있다고 볼 것은 아니다. 유동적 무효의 상태에 있는 거래계약의 당사자는 상대방이 그 거래계약의 효력이 완성되도록 협력할 의무를 이행하지 아니하였음을 들어 일방적으로 유동적 무효의 상태에 있는 거래계약 자체를 해제할 수 없다."

대법원 2000. 10. 27. 선고 98두13492 판결 "국토이용관리법상의 토지

거래계약허가를 받아야 하는 토지에 관하여 관할관청의 허가를 받을 것을 전제로 하여 허가 없이 매매계약이 체결된 경우 그 매매계약은 유동적 무효상태에 있는 것이고, 유동적 무효상태에 있는 매매계약에 관하여 매도인과 매수인 및 제3자 사이에 제3자가 매수인의 지위를 이전받기로 하는 합의를 하였다고 하더라도, 국토이용관리법상 토지거래 계약허가 제도의 입법취지에 비추어 위 합의는 매도인과 매수인 사이의 매매계약에 대한 관할관청의 허가가 있어야 비로소 효력이 발생하는 것이지, 그와 같은 허가 없이 매도인과 매수인 및 제3자 사이의 합의만으로 유동적 무효상태의 매매계약상의 매수인 지위가 매수인으로부터 제3자에게 이전한다고 할 수 없다."

취소할 수 있는 법률행위는 제한능력자, 착오로 인하거나 사기·강박에 의하여 의사표시를 한 자, 그의 대리인 또는 승계인만이 취소할 수 있다. 취소된 법률행위는 처음부터 무효인 것으로 본다. 다만, 제한능력자는 그 행위로 인하여 받은 이익이 현존하는 한도에서 상환(償還)할 책임이 있다. 취소할 수 있는 법률행위의 상대방이 확정한 경우에는 그 취소는 그 상대방에 대한 의사표시로 하여야 한다. 취소할 수 있는 법률행위는 제한능력자, 착오로 인하거나 사기·강박에 의하여 의사표시를 한 자, 그의 대리인 또는 승계인이 추인할 수 있고 추인 후에는 취소하지 못한다. 추인은 취소의 원인이 소멸된 후에 하여야만 효력이 있다. 법정대리인 또는 후견인은 취소의 원인이 소멸하였는지 여부와 상관없이 추인할 수 있다.

취소할 수 있는 법률행위에 관하여 추인할 수 있는 후에 전부나 일부의 이행, 이행의 청구, 경개, 담보의 제공, 취소할 수 있는 행위로 취득한 권리의 전부나 일부의 양도, 강제집행의 사유가 있으면 추인한 것으로 본다. 그러나 이의를 보류한 때에는 그러하지 아니하다. 취소권은 추인할 수 있는 날로부터 3년 내에 법률행위를 한 날로부터 10년 내에 행사하여야 한다.

대법원 1983. 9. 27. 선고 83므22 판결 "무효행위의 추인이라 함은 법률행위로서의 효과가 확정적으로 발생하지 않는 무효행위를 뒤에 유효케 하는 의사표시를 말하는 것으로 무효인 행위를 사후에 유효로 하는 것이 아니라 새로운 의사표시에 의하여 새로운 행위가 있는 것으로 그때부터 유효케 되는 것이므로 원칙적으로 소급효가 인정되지 않는다."

대법원 2001. 11. 9. 선고 2001다44291 판결 "무권리자가 타인의 권리를 자기의 이름으로 또는 자기의 권리로 처분한 경우에, 권리자는 후일 이를 추인함으로써 그 처분행위를 인정할 수 있고, 특별한 사정이 없는 한 이로써 권리자 본인에게 위 처분행위의 효력이 발생함은 사적 자치의 원칙에 비추어 당연하고, 이 경우 추인은 명시적으로뿐만 아니라 묵시적인 방법으로도 가능하며 그 의사표시는 무권대리인이나 그 상대방 어느 쪽에 하여도 무방하다."

마. 조건과 기한

정지조건있는 법률행위는 조건이 성취한 때로부터 그 효력이 생긴다. 해제조건있는 법률행위는 조건이 성취한 때로부터 그 효력을 잃는다. 당사자가 조건성취의 효력을 그 성취전에 소급하게 할 의사를 표시한 때에는 그 의사에 의한다. 조건있는 법률행위의 당사자는 조건의 성부가 미정한 동안에 조건의 성취로 인하여 생길 상대방의 이익을 해하지 못한다. 조건의 성취가 미정한 권리의무는 일반규정에 의하여 처분, 상속, 보존 또는 담보로 할 수 있다. 조건의 성취로 인하여 불이익을 받을 당사자가 신의성실에 반하여 조건의 성취를 방해한 때에는 상대방은 그 조건이 성취한 것으로 주장할 수 있다. 조건의 성취로 인하여 이익을 받을 당사자가 신의성실에 반하여 조건을 성취시킨 때에는 상대방은 그 조건이 성취하지 아니한 것으로 주장할 수 있다. 조건이 선량한 풍속 기타 사회질서에 위반한 것인 때에는 그 법률행위는 무효로 한다. 조건이 법률행위의 당시 이미 성취한 것인 경우에는 그 조건이 정지조건이면 조건없는 법률행위로 하고 해제조건이면 그 법률행위는 무효로 한다. 조건이 법률행위의 당시에 이미 성취할 수 없는 것인 경우에는 그 조건이 해제조건이면 조건없는 법률행위로 하고 정지조건이면 그 법률행위는 무효로 한다.

시기있는 법률행위는 기한이 도래한 때로부터 그 효력이 생긴다. 종기있는 법률행위는 기한이 도래한 때로부터 그 효력을 잃는다. 기한은 채무자의 이익을 위한 것으로 추정한다. 기한의 이익은 이를 포기할 수 있다. 그러나 상대방의 이익을 해하지 못한다.

바. 기간

기간의 계산은 법령, 재판상의 처분 또는 법률행위에 다른 정한 바가 없으면 민법이 정한 다음 내용에 의한다. 기간을 시, 분, 초로 정한 때에는 즉시로부터 기산한다. 기간을 일, 주, 월 또는 연으로 정한 때에는 기간의 초일은 산입하지 아니한다. 그러나 그 기간이 오전 영시로부터 시작하는 때에는 그러하지 아니하다. 연령계산에는 출생일을 산입한다. 기간을 일, 주, 월 또는 연으로 정한 때에는 기간말일의 종료로 기간이 만료한다. 기간을 주, 월 또는 연으로 정한 때에는 역에 의하여 계산한다. 주, 월 또는 연의 처음으로부터 기간을 기산하지 아니하는 때에는 최후의 주, 월 또는 연에서 그 기산일에 해당한 날의 전일로 기간이 만료한다. 월 또는 연으로 정한 경우에 최종의 월에 해당일이 없는 때에는 그 월의 말일로 기간이 만료한다. 기간의 말일이 토요일 또는 공휴일에 해당한 때에는 기간은 그 익일로 만료한다.

9. 소멸시효

채권은 10년간 행사하지 아니하면 소멸시효가 완성한다. 그러나 상행위로 생긴 채권은 5년간 행사하지 않으면 소멸시효가 완성한다. 채권 및 소유권 이외의 재산권은 20년간 행사하지 아니하면 소멸시효가 완성한다.

소유권에 기한 물권적 청구권은 소멸시효의 대상이 아니다.[180)]

매매예약의 예약완결권은 예약이 성립한 때부터 10년의 제척기간에 걸리고[181)], 대물변제예약의 예약완결권은 권리가 발생한 때부터 10년의 제척

---

180) 대법원 1982. 7. 27. 선고 80다2968 판결

181) 대법원 1992. 7. 28. 선고 91다44766,44773(반소) 판결 "민법 제564조가 정하고 있는 매매의 일방예약에서 예약자의 상대방이 매매완결의 의사를 표시하여 매매의 효력을 생기게 하는 권리(이른바 예약완결권)는 일종의 형성권으로서 당사자 사이에 그 행사기간을 약정한 때에는 그 기간 내에, 그러한 약정이 없는 때에는 예약이 성립한 때부터 10년 내에 이를 행사하여야 하고 위 기간을 도과한 때에는 상대방이 예약목적물인 부동산을 인도받은 경우라도 예약완결권은 제척기간의 경과로 인하여 소멸된다고 하여야 할 것이다."

기간에 걸린다.[182)]

징발재산정리에관한특별조치법 제20조 소정의 환매권은 일종의 형성권으로서 그 존속기간은 제척기간으로 보아야 할 것이며, 위 환매권은 재판상이든 재판외이든 위 기간내에 이를 행사하면 이로써 매매의 효력이 생기는 것이고 반드시 위 기간 내에 재판상 행사하여야 하는 것은 아니다. 환매권의 행사로 발생한 소유권이전등기청구권은 위 기간 제한과는 별도로 환매권을 행사한 때로부터 일반채권과 같이 민법 제162조 소정의 10년의 소멸시효 기간이 진행되는 것이지, 위 제척기간 내에 이를 행사하여야 하는 것은 아니다.[183)]

부동산의 소유자 명의를 신탁한 자는 특별한 사정이 없는 한 언제든지 명의신탁을 해지하고 소유권에 기하여 신탁해지를 원인으로 한 소유권이전등기절차의 이행을 청구할 수 있는 것으로서, 이와 같은 등기청구권은 소멸시효의 대상이 되지 않는다.[184)]

부동산 실권리자명의 등기에 관한 법률 시행 전에 명의수탁자가 명의신탁 약정에 따라 부동산에 관한 소유명의를 취득한 경우 위 법률의 시행 후 같은 법 제11조의 유예기간이 경과하기 전까지 명의신탁자는 언제라도 명의신탁 약정을 해지하고 당해 부동산에 관한 소유권을 취득할 수 있었던 것으로, 실명화 등의 조치 없이 위 유예기간이 경과함으로써 같은 법 제12조 제1항, 제4조에 의해 명의신탁 약정은 무효로 되는 한편, 명의수탁자가

182) 대법원 1997. 6. 27. 선고 97다12488 판결 "대물변제예약 완결권은 일종의 형성권으로서 당사자 사이에 그 행사기간을 약정한 때에는 그 기간 내에, 그러한 약정이 없는 때에는 그 권리가 발생한 때로부터 10년 내에 이를 행사하여야 하고, 이 기간을 도과한 때에는 예약완결권은 제척기간의 경과로 인하여 소멸하는 것이다. 그러나 대물변제예약 완결의 의사표시는 특별한 방식을 요하는 것이 아니고 단순히 예약 의무자에 대한 의사표시로써 할 수 있는 것이다. 일련의 재판상 행위의 경위와 내용 및 그 전후의 사정 등에 비추어 볼 때, 명도 청구 사건의 소장이나 처분금지 가처분신청서 또는 명도단행 가처분신청서에는 피고에 대한 대물변제예약 완결의 의사표시가 포함되어 있었고 그 부본들이 피고에게 송달됨으로써 예약완결권은 그 때에 이미 행사되었다고 봄이 상당하고, 이는 10년 이내임이 역수상 명백하므로, 예약완결권 행사는 그 제척기간 내에 적법하게 이루어졌다 할 것이다."

183) 대법원 1991. 2. 22. 선고 90다13420 판결

184) 대법원 1991. 11. 26. 선고 91다34387 판결; 대법원 2010. 2. 11. 선고 2008다16899 판결

당해 부동산에 관한 완전한 소유권을 취득하게 된다 할 것인데, 같은 법 제3조 및 제4조가 명의신탁자에게 소유권이 귀속되는 것을 막는 취지의 규정은 아니므로 명의수탁자는 명의신탁자에게 자신이 취득한 당해 부동산을 부당이득으로 반환할 의무가 있다 할 것인바, 이와 같은 경위로 명의신탁자가 당해 부동산의 회복을 위해 명의수탁자에 대해 가지는 소유권이전등기청구권은 그 성질상 법률의 규정에 의한 부당이득반환청구권으로서 민법 제162조 제1항에 따라 10년의 기간이 경과함으로써 시효로 소멸한다.[185]

채무불이행으로 인한 손해배상청구권의 소멸시효는 채무불이행시로부터 진행한다.[186]

금전채무에 대한 변제기 이후의 지연손해금은 금전채무의 이행을 지체함으로 인한 손해의 배상으로 지급되는 것이므로, 그 소멸시효기간은 원본채권의 그것과 같다. 한편, 상법 제487조 제1항에 "사채의 상환청구권은 10년간 행사하지 아니하면 소멸시효가 완성한다.", 같은 조 제3항에 "사채의 이자와 전조 제2항의 청구권은 5년간 행사하지 아니하면 소멸시효가 완성한다."고 규정하고 있고, 이미 발생한 이자에 관하여 채무자가 이행을 지체한 경우에는 그 이자에 대한 지연손해금을 청구할 수 있으므로, 사채의 상환청구권에 대한 지연손해금은 사채의 상환청구권과 마찬가지로 10년간 행사하지 아니하면 소멸시효가 완성하고, 사채의 이자에 대한 지연손해금은 사채의 이자와 마찬가지로 5년간 행사하지 아니하면 소멸시효가 완성한다.[187]

은행이 그 영업행위로서 한 대출금에 대한 변제기 이후의 지연손해금은 민법 제163조 제1호 소정의 단기소멸시효 대상인 이자채권도 아니고, 불법행위로 인한 손해배상 채권에 관한 민법 제766조 제1항 소정의 단기소멸시효의 대상도 아니고, 상행위로 인한 채권에 관하여 적용될 5년 간의 소멸시효를 규정한 상법 제64조가 적용되어야 한다.[188]

---

185) 대법원 2009. 7. 9. 선고 2009다23313 판결
186) 대법원 1995. 6. 30. 선고 94다54269 판결
187) 대법원 2010. 9. 9. 선고 2010다28031 판결

우수현상광고의 광고자로서 당선자에게 일정한 계약을 체결할 의무가 있는 자가 그 의무를 위반함으로써 계약의 종국적인 체결에 이르지 않게 되어 상대방이 그러한 계약체결의무의 채무불이행을 원인으로 하는 손해배상을 청구한 경우 그 손해배상청구권은 계약이 체결되었을 경우에 취득하게 될 계약상의 이행청구권과 실질적이고 경제적으로 밀접한 관계가 형성되어 있기 때문에, 그 손해배상청구권의 소멸시효기간은 계약이 체결되었을 때 취득하게 될 이행청구권에 적용되는 소멸시효기간에 따른다. 우수현상광고의 당선자가 광고주에 대하여 우수작으로 판정된 계획설계에 기초하여 기본 및 실시설계계약의 체결을 청구할 수 있는 권리를 가지고 있는 경우, 이러한 청구권에 기하여 계약이 체결되었을 경우에 취득하게 될 계약상의 이행청구권은 "설계에 종사하는 자의 공사에 관한 채권"으로서 이에 관하여는 민법 제163조 제3호 소정의 3년의 단기소멸시효가 적용되므로, 위의 기본 및 실시설계계약의 체결의무의 불이행으로 인한 손해배상청구권의 소멸시효 역시 3년의 단기소멸시효가 적용된다.[189]

매매로 인한 부동산소유권이전채무가 이행불능됨으로써 매수인이 매도인에 대하여 갖게 되는 손해배상채권은 그 부동산소유권의 이전채무가 이행불능된 때에 발생하는 것이고 그 계약체결일에 생기는 것은 아니므로 위 손해배상채권의 소멸시효는 계약체결일 아닌 소유권이전채무가 이행불능된 때부터 진행한다.[190]

계속적 물품공급계약에 기하여 발생한 외상대금채권은 특별한 사정이 없는 한 개별 거래로 인한 각 외상대금채권이 발생한 때로부터 개별적으로 소멸시효가 진행하는 것이지 거래종료일부터 외상대금채권 총액에 대하여 한꺼번에 소멸시효가 기산한다고 할 수 없는 것이고, 각 개별 거래시마다 서로 기왕의 미변제 외상대금에 대하여 확인하거나 확인된 대금의 일부를 변제하는 등의 행위가 없었다면, 새로이 동종 물품을 주문하고 공급받았다는 사실만으로는 기왕의 미변제 채무를 승인한 것으로 볼 수 없다.[191]

---

188) 대법원 1979. 11. 13. 선고 79다1453 판결
189) 대법원 2005. 1. 14. 선고 2002다57119 판결
190) 대법원 1990. 11. 9. 선고 90다카22513 판결

보험금청구권은 보험사고가 발생하기 전에는 추상적인 권리에 지나지 아니할 뿐 보험사고의 발생으로 인하여 구체적인 권리로 확정되어 그때부터 그 권리를 행사할 수 있게 되는 것이므로, 특별한 다른 사정이 없는 한 원칙적으로 보험금액청구권의 소멸시효는 보험사고가 발생한 때로부터 진행한다고 해석해야 할 것이고, 다만 보험사고가 발생한 것인지의 여부가 객관적으로 분명하지 아니하여 보험금청구권자가 과실 없이 보험사고의 발생을 알 수 없었던 경우에도 보험사고가 발생한 때로부터 보험금청구권의 소멸시효가 진행한다고 해석하는 것은, 보험금청구권자에게 너무 가혹하여 사회정의와 형평의 이념에 반할 뿐만 아니라 소멸시효제도의 존재이유에 부합된다고 볼 수도 없으므로 이와 같이 객관적으로 보아 보험사고가 발생한 사실을 확인할 수 없는 사정이 있는 경우에는 보험금청구권자가 보험사고의 발생을 알았거나 알 수 있었던 때로부터 보험금액청구권의 소멸시효가 진행한다.[192)]

발행인에 대한 약속어음상의 청구권의 소멸시효는 만기의 날로부터 진행하는 것이 원칙이나, 그 약속어음이 수취인 겸 소지인의 발행인에 대한 장래 발생할 구상채권을 담보하기 위하여 발행된 것이라면, 소지인은 발행인에 대하여 구상채권이 발생하지 않은 기간 중에는 약속어음상의 청구권을 행사할 수 없고, 구상채권이 현실로 발생한 때에 비로소 이를 행사할 수 있게 되는 것이므로, 그 약속어음의 소지인의 발행인에 대한 약속어음상의 청구권의 소멸시효는 위 구상채권이 현실적으로 발생하여 그 약속어음상의 청구권을 행사하는 것이 법률적으로 가능하게 된 때부터 진행된다고 봄이 상당하고 이러한 결과가 민법 제184조 제2항의 규정에 반하여 소멸시효를 가중하는 것이라고 할 수는 없다.[193)]

집합건물의 하자보수에 갈음한 손해배상청구권의 소멸시효기간은 각 하자가 발생한 시점부터 별도로 진행한다.[194)]

191) 대법원 2007. 1. 25. 선고 2006다68940 판결
192) 대법원 2005. 12. 23. 선고 2005다59383,59390 판결
193) 대법원 2004. 12. 10. 선고 2003다33769 판결
194) 대법원 2009. 2. 26. 선고 2007다83908 판결

다음 각호의 채권은 3년간 행사하지 아니하면 소멸시효가 완성한다.
1. 이자, 부양료, 급료, 사용료 기타 1년 이내의 기간으로 정한 금전 또는 물건의 지급을 목적으로 한 채권
2. 의사, 조산사, 간호사 및 약사의 치료, 근로 및 조제에 관한 채권
3. 도급받은 자, 기사 기타 공사의 설계 또는 감독에 종사하는 자의 공사에 관한 채권
4. 변호사, 변리사, 공증인, 공인회계사 및 법무사에 대한 직무상 보관한 서류의 반환을 청구하는 채권
5. 변호사, 변리사, 공증인, 공인회계사 및 법무사의 직무에 관한 채권
6. 생산자 및 상인이 판매한 생산물 및 상품의 대가
7. 수공업자 및 제조자의 업무에 관한 채권

다음 각호의 채권은 1년간 행사하지 아니하면 소멸시효가 완성한다.
1. 여관, 음식점, 대석, 오락장의 숙박료, 음식료, 대석료, 입장료, 소비물의 대가 및 체당금의 채권
2. 의복, 침구, 장구 기타 동산의 사용료의 채권
3. 노역인, 연예인의 임금 및 그에 공급한 물건의 대금채권
4. 학생 및 수업자의 교육, 의식 및 유숙에 관한 교주, 숙주, 교사의 채권

판결에 의하여 확정된 채권은 위 단기의 소멸시효에 해당한 것이라도 그 소멸시효는 10년으로 한다. 파산절차에 의하여 확정된 채권 및 재판상의 화해, 조정 기타 판결과 동일한 효력이 있는 것에 의하여 확정된 채권도 같다.

소멸시효는 권리를 행사할 수 있는 때로부터 진행한다. 부작위를 목적으로 하는 채권의 소멸시효는 위반행위를 한 때로부터 진행한다. 소멸시효는 그 기산일에 소급하여 효력이 생긴다. 주된 권리의 소멸시효가 완성한 때에는 종속된 권리에 그 효력이 미친다.[195] 소멸시효의 이익은 미리 포기하

195) 대법원 2008. 3. 14. 선고 2006다2940 판결 "이자 또는 지연손해금은 주된 채권인 원본의 존재를 전제로 그에 대응하여 일정한 비율로 발생하는 종된 권리인데, 하나의 금전

지 못한다.[196] 소멸시효는 법률행위에 의하여 이를 배제, 연장 또는 가중할

채권의 원금 중 일부가 변제된 후 나머지 원금에 대하여 소멸시효가 완성된 경우, 가분채권인 금전채권의 성질상 변제로 소멸한 원금 부분과 소멸시효 완성으로 소멸한 원금 부분을 구분하는 것이 가능하고, 이 경우 원금에 종속된 권리인 이자 또는 지연손해금 역시 변제로 소멸한 원금 부분에서 발생한 것과 시효완성으로 소멸된 원금 부분에서 발생한 것으로 구분하는 것이 가능하므로, 소멸시효 완성의 효력은 소멸시효가 완성된 원금 부분으로부터 그 완성 전에 발생한 이자 또는 지연손해금에는 미치나, 변제로 소멸한 원금 부분으로부터 그 변제 전에 발생한 이자 또는 지연손해금에는 미치지 않는다. 은행이 영업행위로서 한 대출금에 대한 변제기 이후의 지연손해금은 그 원본채권과 마찬가지로 상행위로 인한 채권으로서 5년의 소멸시효를 규정한 상법 제64조가 적용된다."

196) 대법원 2006. 4. 14. 선고 2004다70253 판결 "특정한 채무의 이행을 청구할 수 있는 기간을 제한하고 그 기간을 도과할 경우 채무가 소멸하도록 하는 약정은 민법 또는 상법에 의한 소멸시효기간을 단축하는 약정으로서 특별한 사정이 없는 한 민법 제184조 제2항에 의하여 유효하다. 채무자가 파산할 경우 채권자의 그 파산자에 대한 채권의 이행청구 등 권리행사는 파산법이 정하는 바에 따라 파산법원에 대한 파산채권신고 등의 방법으로 제한 및 변경되는 것이므로 채권자는 파산법원에 대한 파산채권신고라는 변경된 형태로 그 권리를 행사함으로써 약정에 의한 이행청구기간의 도과 혹은 소멸시효의 완성을 저지할 수 있다(즉, 이 경우 채권자는 파산한 채무자에게 이행청구를 하여야만 자신의 채권을 보전할 수 있는 것은 아니다). 구 파산법 제209조, 제207조 제2항의 규정이 파산채권의 신고기간에 아무런 제한을 두고 있지 아니한 것은 그 신고시점까지 유효하게 채권을 보유하고 있는 자로 하여금 신고를 통하여 채권을 행사할 수 있도록 하는 것이지, 그 신고시점 이전에 이미 소멸시효 완성 등으로 채권을 상실한 자에게까지 뒤늦게 파산채권 신고를 통하여 소멸한 채권을 부활시켜 주고자 하는 것은 아니다."; 대법원 2008. 7. 24. 선고 2008다25299 판결 "소멸시효 이익의 포기사유로서의 채무의 승인은 그 표시의 방법에 아무런 제한이 없어 묵시적인 방법으로도 가능하기는 하지만, 적어도 채무자가 채권자에 대하여 부담하는 채무의 존재에 대한 인식의 의사를 표시함으로써 성립하게 되고, 그러한 취지의 의사표시가 존재하는지 여부의 해석은 그 표시된 행위 내지 의사표시의 내용과 동기 및 경위, 당사자가 그 의사표시 등에 의하여 달성하려고 하는 목적과 진정한 의도 등을 종합적으로 고찰하여 사회정의와 형평의 이념에 맞도록 논리와 경험의 법칙, 그리고 사회일반의 상식에 따라 객관적이고 합리적으로 이루어져야 한다. 채무자가 채권자로부터 소멸시효가 완성된 연대보증채무의 이행청구를 받고 그 채무액의 일부를 지급하고 사건을 종결하자는 내용의 합의안을 제의하였다가 거절당한 사안에서, 합의안 제의의 배경 등 제반 사정에 비추어 채무자가 위 합의안을 제의한 사실만으로 채권자에게 연대보증채무를 부담하고 있다는 채무승인의 뜻을 확정적으로 표시한 것이라고 해석하기 어렵다."; 대법원 2010. 5. 13. 선고 2010다6345 판결 "원인채권의 지급을 확보하기 위하여 어음이 수수된 당사자 사이에서 채권자가 어음채권을 청구채권으로 하여 채무자의 재산을 압류함으로써 그 권리를 행사한 경우에는 그 원인채권의 소멸시효를 중단시키는 효력이 있다. 그러나 이미 어음채권의 소멸시효가 완성된 후에는 그 채권이 소멸되고 시효중단을 인정할 여지가 없으므로, 시효로 소멸된 어음채권을 청구채권으로 하여 채무자의 재산을 압류한다 하더라도 이를 어음채권 내지는 원인채권을 실현하기 위한 적법한 권리행사로 볼 수 없어, 그 압류에 의하여 그 원인채권의 소멸시효가 중단된다고 볼 수 없다. 채무자가 소멸시효 완성 후 채무를 일부변제한 때에는 그 액수에 관하여 다툼이 없는 한 그 채무 전체를 묵시적으로 승인한 것으로 보아야 하고, 이 경우 시효완성의 사실을 알고 그 이익을 포기한 것으로 추정된다. 따라서 이미 소멸시효가 완성된 어음채권을 원인으로 하여 집행력 있는 집행권원을 가진 채권

수 없으나 이를 단축 또는 경감할 수 있다.

소멸시효는 다음 각호의 사유로 인하여 중단된다.
1. 청구
2. 압류 또는 가압류, 가처분
3. 승인[197]

시효의 중단은 당사자 및 그 승계인간에만 효력이 있다. 재판상의 청구는 소송의 각하, 기각 또는 취하의 경우에는 시효중단의 효력이 없다. 그러나 각하, 기각, 취하한 날로부터 6월내에 재판상의 청구, 파산절차참가, 압류 또는 가압류, 가처분을 한 때에는 시효는 최초의 재판상 청구로 인하여 중단된 것으로 본다. 파산절차참가는 채권자가 이를 취소하거나 그 청구가 각하된 때에는 시효중단의 효력이 없다.[198] 지급명령은 채권자가 법정기간

자가 채무자의 유체동산에 대한 강제집행을 신청하고, 그 절차에서 채무자의 유체동산 매각대금이 채권자에게 교부되어 그 채무의 일부변제에 충당될 때까지 채무자가 아무런 이의를 진술하지 아니하였다면, 그 강제집행 절차의 진행을 채무자가 알지 못하였다는 등 다른 특별한 사정이 없는 한 채무자는 어음채권에 대한 소멸시효 이익을 포기한 것으로 볼 수 있고, 그 때부터 그 원인채권의 소멸시효 기간도 다시 진행하지만, 이렇게 소멸시효 이익을 포기한 것으로 보기 위해서는 채무자의 유체동산 매각대금이 채권자에게 교부되어 그 채무의 일부변제가 이루어졌음이 증명되어야 한다."

197) 대법원 1995. 9. 29. 선고 95다30178 판결 "채권 시효 중단사유로서의 승인은 시효이익을 받을 당사자인 채무자가 그 시효의 완성으로 권리를 상실하게 될 자 또는 그 대리인에 대하여 그 권리가 존재함을 인식하고 있다는 뜻을 표시함으로써 성립한다고 할 것이며, 이 때 그 표시의 방법은 아무런 형식을 요구하지 아니하고, 또한 명시적이건 묵시적이건 불문한다 할 것이나, 승인으로 인한 시효중단의 효력은 그 승인의 통지가 상대방에게 도달하는 때에 발생한다."; 대법원 1998. 11. 13. 선고 98다38661 판결 "피고(수급인)가 공사도급계약에 기하여 건물 신축을 위한 지하굴착공사를 시행하다가 인접한 원고 소유의 주택에 복구공사비 상당의 손해를 가한 사안에서, 피고가 원고에게 보낸 통지서의 기재 내용을 피고가 원고에 대한 복구공사비 채무의 존재를 인정함을 전제로 하고 다만 그 지급 방법에 관하여 건축주와 피고 사이의 합의에 따라 원고가 건축주로부터 이를 직접 지급받을 것을 원고에게 요청한 취지라고 해석하여야 하므로 피고는 이에 의하여 원고에 대한 복구공사비 채무를 승인하였다 할 수 있다,"

198) 대법원 2005. 10. 28. 선고 2005다28273 판결 "민법 제171조는 파산절차참가는 채권자가 이를 취소하거나 그 청구가 각하된 때에는 시효중단의 효력이 없다고 규정하고 있는바, 채권조사기일에서 파산관재인이 신고채권에 대하여 이의를 제기하거나 채권자가 법정기간 내에 파산채권 확정의 소를 제기하지 아니하여 배당에서 제척되었다고 하더라도 그것이 위 규정에서 말하는 '그 청구가 각하된 때'에 해당한다고 볼 수는 없다 할 것이

내에 가집행신청을 하지 아니함으로 인하여 그 효력을 잃은 때에는 시효중단의 효력이 없다. 화해를 위한 소환은 상대방이 출석하지 아니 하거나 화해가 성립되지 아니한 때에는 1월내에 소를 제기하지 아니하면 시효중단의 효력이 없다. 임의출석의 경우에 화해가 성립되지 아니한 때에도 그러하다. 최고는 6월내에 재판상의 청구, 파산절차참가, 화해를 위한 소환, 임의출석, 압류 또는 가압류, 가처분을 하지 아니하면 시효중단의 효력이 없다.

민법 제168조 제1호, 제170조 제1항에서 시효중단사유의 하나로 규정하고 있는 재판상의 청구라 함은, 통상적으로는 권리자가 원고로서 시효를 주장하는 자를 피고로 하여 소송물인 권리를 소의 형식으로 주장하는 경우를 가리키지만, 이와 반대로 시효를 주장하는 자가 원고가 되어 소를 제기한 데 대하여 피고로서 응소하여 그 소송에서 적극적으로 권리를 주장하고 그것이 받아들여진 경우도 이에 포함되고, 위와 같은 응소행위로 인한 시효중단의 효력은 피고가 현실적으로 권리를 행사하여 응소한 때에 발생한다. 한편, 권리자인 피고가 응소하여 권리를 주장하였으나 그 소가 각하되거나 취하되는 등의 사유로 본안에서 그 권리주장에 관한 판단 없이 소송이 종료된 경우에도 민법 제170조 제2항을 유추적용하여 그때부터 6월 이내에 재판상의 청구 등 다른 시효중단조치를 취하면 응소시에 소급하여 시효중단의 효력이 있는 것으로 봄이 상당하다. 응소행위에 대하여 소멸시효중단의 효력을 인정하는 것은 그것이 권리 위에 잠자는 것이 아님을 표명한 것에 다름 아닐 뿐만 아니라 계속된 사실상태와 상용할 수 없는 다른 사정이 발생한 때로 보아야 한다는 것에 기인한 것이므로, 채무자가 반드시 소멸시효완성을 원인으로 한 소송을 제기한 경우이거나 당해 소송이 아닌 전 소송 또는 다른 소송에서 그와 같은 권리주장을 한 경우이어야 할 필요는 없고, 나아가 변론주의 원칙상 피고가 응소행위를 하였다고 하여 바로 시효중단의 효과가 발생하는 것은 아니고 시효중단의 주장을 하여야 그 효력이 생기는 것이지만, 시효중단의 주장은 반드시 응소시에 할 필요는 없고 소멸시효기간이 만료된 후라도 사실심 변론종결 전에는 언제든지

고, 따라서 파산절차참가로 인한 시효중단의 효력은 파산절차가 종결될 때까지 계속 존속한다고 할 것이다."

할 수 있다.[199)]

채권자가 동일한 목적을 달성하기 위하여 복수의 채권을 갖고 있는 경우, 채권자로서는 그 선택에 따라 권리를 행사할 수 있되, 그 중 어느 하나의 청구를 한 것만으로는 다른 채권 그 자체를 행사한 것으로 볼 수는 없으므로, 특별한 사정이 없는 한 그 다른 채권에 대한 소멸시효 중단의 효력은 없는 것이고, 채권자가 채무자를 상대로 공동불법행위자에 대한 구상금 청구의 소를 제기하였다고 하여 이로써 채권자의 사무관리로 인한 비용상환청구권의 소멸시효가 중단될 수는 없다.[200)] 원고가 피고를 상대로 상법 제399조에 기한 손해배상청구의 소를 제기하였다고 하여 이로써 원고의 피고에 대한 일반 불법행위로 인한 손해배상청구권의 소멸시효가 중단될 수는 없다고 할 것이다.[201)]

원고가 채권자대위권에 기해 청구를 하다가 당해 피대위채권 자체를 양수하여 양수금청구로 소를 변경한 사안에서, 이는 청구원인의 교환적 변경으로서 채권자대위권에 기한 구 청구는 취하된 것으로 보아야 하나, 그 채권자대위소송의 소송물은 채무자의 제3채무자에 대한 계약금반환청구권인데 위 양수금청구는 원고가 위 계약금반환청구권 자체를 양수하였다는 것이어서 양 청구는 동일한 소송물에 관한 권리의무의 특정승계가 있을 뿐 그 소송물은 동일한 점, 시효중단의 효력은 특정승계인에게도 미치는 점, 계속 중인 소송에 소송목적인 권리 또는 의무의 전부나 일부를 승계한 특정승계인이 소송참가하거나 소송인수한 경우에는 소송이 법원에 처음 계속된 때에 소급하여 시효중단의 효력이 생기는 점, 원고는 위 계약금반환채권을 채권자대위권에 기해 행사하다 다시 이를 양수받아 직접 행사한 것이어서 위 계약금반환채권과 관련하여 원고를 '권리 위에 잠자는 자'로 볼 수 없는 점 등에 비추어 볼 때, 당초의 채권자대위소송으로 인한 시효중단의 효력이 소멸하지 않는다.[202)]

199) 대법원 2010. 8. 26. 선고 2008다42416,42423 판결
200) 대법원 2001. 3. 23. 선고 2001다6145 판결
201) 대법원 2002. 6. 14. 선고 2002다11441 판결
202) 대법원 2010. 6. 24. 선고 2010다17284 판결

압류, 가압류 및 가처분은 권리자의 청구에 의하여 또는 법률의 규정에 따르지 아니함으로 인하여 취소된 때에는 시효중단의 효력이 없다. 압류, 가압류 및 가처분은 시효의 이익을 받은 자에 대하여 하지 아니한 때에는 이를 그에게 통지한 후가 아니면 시효중단의 효력이 없다. 시효중단의 효력있는 승인에는 상대방의 권리에 관한 처분의 능력이나 권한있음을 요하지 아니한다. 시효가 중단된 때에는 중단까지에 경과한 시효기간은 이를 산입하지 아니하고 중단사유가 종료한 때로부터 새로이 진행한다.[203] 재판상의 청구로 인하여 중단한 시효는 재판이 확정된 때로부터 새로이 진행한다.

소멸시효의 기간만료 전 6개월 내에 제한능력자에게 법정대리인이 없는 경우에는 그가 능력자가 되거나 법정대리인이 취임한 때부터 6개월 내에는 시효가 완성되지 아니한다. 재산을 관리하는 아버지, 어머니 또는 후견인에 대한 제한능력자의 권리는 그가 능력자가 되거나 후임 법정대리인이 취임한 때부터 6개월 내에는 소멸시효가 완성되지 아니한다. 부부 중 한쪽이 다른 쪽에 대하여 가지는 권리는 혼인관계가 종료된 때부터 6개월 내에는 소멸시효가 완성되지 아니한다. 상속재산에 속한 권리나 상속재산에 대한 권리는 상속인의 확정, 관리인의 선임 또는 파산선고가 있는 때로부터 6월내에는 소멸시효가 완성하지 아니한다. 천재 기타 사변으로 인하여 소멸시효를 중단할 수 없을 때에는 그 사유가 종료한 때로부터 1월내에는 시효가 완성하지 아니한다.

203) 대법원 2009. 3. 26. 선고 2008다89880 판결 "채권자가 배당요구 또는 채권신고 등의 방법으로 권리를 행사하여 강제경매절차에 참가하고, 그 권리행사로 인하여 소멸시효가 중단된 채권에 대하여 일부만 배당하는 것으로 배당표가 작성되고 다시 그 배당액 중 일부에 대하여만 배당이의가 있어 그 이의의 대상이 된 부분을 제외한 나머지 부분, 즉 배당액 중 이의가 없는 부분과 배당받지 못한 부분의 배당표가 확정이 되었다면, 이로써 그와 같이 배당표가 확정된 부분에 관한 권리행사는 종료되고 그 부분에 대하여 중단된 소멸시효는 위 종료 시점부터 다시 진행된다. 그리고 위 채권 중 배당이의의 대상이 된 부분은 그에 관하여 적법하게 배당이의의 소가 제기되고 그 소송이 완결된 후 그 결과에 따라 종전의 배당표가 그대로 확정 또는 경정되거나 새로 작성된 배당표가 확정되면 그 시점에서 권리행사가 종료되고 그때부터 다시 소멸시효가 진행한다."

Ⅱ. 물권

1. 물권법정주의

물권은 법률 또는 관습법204)에 의하는 외에는 임의로 창설하지 못한다.

2. 부동산물권변동의 효력

부동산에 관한 법률행위로 인한 물권의 득실변경은 등기하여야 그 효력

204) 대법원 1995. 5. 23. 자 94마2218 결정 "헌법 제35조 제1항은 환경권을 기본권의 하나로 승인하고 있으므로, 사법의 해석과 적용에 있어서도 이러한 기본권이 충분히 보장되도록 배려하여야 하나, 헌법상의 기본권으로서의 환경권에 관한 위 규정만으로서는 그 보호대상인 환경의 내용과 범위, 권리의 주체가 되는 권리자의 범위 등이 명확하지 못하여 이 규정이 개개의 국민에게 직접으로 구체적인 사법상의 권리를 부여한 것이라고 보기는 어렵고, 사법적 권리인 환경권을 인정하면 그 상대방의 활동의 자유와 권리를 불가피하게 제약할 수밖에 없으므로, 사법상의 권리로서의 환경권이 인정되려면 그에 관한 명문의 법률규정이 있거나 관계 법령의 규정취지나 조리에 비추어 권리의 주체, 대상, 내용, 행사방법 등이 구체적으로 정립될 수 있어야 한다. 관할행정청으로부터 도시공원법상의 근린공원 내의 개인 소유 토지상에 골프연습장을 설치할 수 있다는 인가처분을 받은 데 하자가 있다는 점만으로 바로 그 근린공원 인근 주민들에게 토지소유자에 대하여 골프연습장 건설의 금지를 구할 사법상의 권리가 생기는 것이라고는 할 수 없다. 도시공원법상 근린공원으로 지정된 공원은 일반 주민들이 다른 사람의 공동 사용을 방해하지 않는 한 자유로이 이용할 수 있지만 그러한 사정만으로 인근 주민들이 누구에게나 주장할 수 있는 공원이용권이라는 배타적인 권리를 취득하였다고는 할 수 없고, 골프연습장 설치인가처분에 하자가 있다는 이유만으로는 근린공원 내의 개인 소유 토지상에 골프연습장을 설치하는 것이 인근 주민들에 대한 불법행위가 된다고 할 수도 없다."; 대법원 1996. 6. 14. 선고 94다53006 판결 "건물에 관한 소유권보존등기가 당해 건물의 객관적, 물리적 현황을 공시하는 등기로서 효력이 있는지의 여부는, 등기부에 표시된 소재, 지번, 종류, 구조와 면적 등이 실제 건물과 간에 사회통념상 동일성이 인정될 정도로 합치되는지의 여부에 따라 결정된다. 건물이 증축된 경우에 증축 부분의 기존 건물에 부합 여부는 증축 부분이 기존 건물에 부착된 물리적 구조뿐만 아니라, 그 용도와 기능면에서 기존 건물과 독립한 경제적 효용을 가지고 거래상 별개의 소유권의 객체가 될 수 있는지의 여부 및 증축하여 이를 소유하는 자의 의사 등을 종합하여 판단하여야 한다. 독립된 부동산으로서의 건물이라고 함은 최소한의 기둥과 지붕 그리고 주벽이 이루어지면 법률상 건물이라고 할 수 있다. 미등기 무허가건물의 양수인이라 할지라도 그 소유권이전등기를 경료받지 않는 한 건물에 대한 소유권을 취득할 수 없고, 그러한 건물의 취득자에게 소유권에 준하는 관습상의 물권이 있다고 볼 수 없다."; 대법원 2002. 2. 26. 선고 2001다64165 판결 "민법 제185조는, "물권은 법률 또는 관습법에 의하는 외에는 임의로 창설하지 못한다."고 규정하여 이른바 물권법정주의를 선언하고 있고, 물권법의 강행법규성은 이를 중핵으로 하고 있으므로, 법률(성문법과 관습법)이 인정하지 않는 새로운 종류의 물권을 창설하는 것은 허용되지 아니한다. 관습상의 사인이 토지에 대한 통행권 인정은 물권법정주의에 위배된다."

이 생긴다.

대법원 1990. 12. 7. 선고 90다카25208 판결 "토지의 개수는 지적법에 의한 지적공부상의 토지의 필수를 표준으로 하여 결정되는 것으로 1필지의 토지를 수필의 토지로 분할하여 등기하려면 먼저 위와 같이 지적법이 정하는 바에 따라 분할의 절차를 밟아 지적공부에 각 필지마다 등록이 되어야 하고 지적법상의 분할절차를 거치지 아니하는 한 1개의 토지로서 등기의 목적이 될 수 없는 것이며 설사 등기부에만 분필의 등기가 실행되었다 하여도 이로써 분필의 효과가 발생할 수는 없는 것이므로 결국 이러한 분필등기는 1부동산1부등기용지의 원칙에 반하는 등기로서 무효라 할 것이다. 1필지의 임야가 2필지로 등기부상으로는 분필등기가 되어 있다 하더라도 그 전제가 되는 임야대장과 임야도상 분할되어 있지 않는 이상 분할의 효력은 발생하지 아니하고 원래 임야 내에서 소송의 목적인 임야부분의 위치 및 면적을 특정할 수 있는 이상 그 부분에 대한 소유권이전등기가 불가능하다고 할 수 없다. 임야를 매수한 자의 상속인(또는 전전상속인)이 이를 점유·관리하여 왔다면 부동산매수인이 그 목적물을 인도받은 경우로서 소유권이전등기청구권은 소멸시효에 걸리지 않는다."

대법원 1999. 3. 18. 선고 98다32175 (全) 판결 "시효제도는 일정 기간 계속된 사회질서를 유지하고 시간의 경과로 인하여 곤란해지는 증거보전으로부터의 구제를 꾀하며 자기 권리를 행사하지 않고 소위 권리 위에 잠자는 자는 법적 보호에서 이를 제외하기 위하여 규정된 제도라 할 것인바, 부동산에 관하여 인도, 등기 등의 어느 한 쪽만에 대하여서라도 권리를 행사하는 자는 전체적으로 보아 그 부동산에 관하여 권리 위에 잠자는 자라고 할 수 없다 할 것이므로, 매수인이 목적 부동산을 인도받아 계속 점유하는 경우에는 그 소유권이전등기청구권의 소멸시효가 진행하지 않는다. 부동산의 매수인이 그 부동산을 인도받은 이상 이를 사용·수익하다가 그 부동산에 대한 보다 적극적인 권리 행사의 일환으로 다른 사람에게 그 부동산을 처분하고 그 점유를 승계하여 준 경우에도 그 이전등기청구권의 행사 여부에 관하여 그가 그 부동산을 스스로 계속 사용·수익만 하고 있는 경우와 특별히 다를 바 없으므로 위 두 어느 경우에나 이전등기청구권의 소멸시효는 진행되지 않는다고 보아야 한다."

대법원 1992. 10. 27. 선고 92다30047 판결 "지분이전등기가 경료된 경우 그 등기는 적법하게 된 것으로서 진실한 권리상태를 공시하는 것이라고 추정되므로, 그 등기가 위법하게 된 것이라고 주장하는 상대방에게 그 추정력을 번복할 만한 반대사실을 입증할 책임이 있다."

대법원 2004. 9. 24. 선고 2004다27273 판결 "소유권이전등기가 경료되어 있는 경우에는 그 등기명의자는 제3자에 대하여서 뿐만 아니라 그 전 소유자에 대하여도 적법한 등기원인에 의하여 소유권을 취득한 것으로 추정된다. 부동산을 다른 사람에게 매도하여 그 인도의무를 지고 있는 매도인의 점유는 특별한 사정이 없는 한 타주점유로 변경된다. 상속에 의하여 점유권을 취득한 경우에는 상속인이 새로운 권원에 의하여 자기 고유의 점유를 시작하지 않는 한 피상속인의 점유를 떠나 자기만의 점유를 주장할 수 없고, 선대의 점유가 타주점유인 경우 선대로부터 상속에 의하여 점유를 승계한 자의 점유도 그 성질 내지 태양을 달리하는 것이 아니어서 특단의 사정이 없는 한 그 점유가 자주점유로 될 수 없고, 그 점유가 자주점유가 되기 위하여는 점유자가 소유자에 대하여 소유의 의사가 있는 것을 표시하거나 새로운 권원에 의하여 다시 소유의 의사로써 점유를 시작하여야 한다."

대법원 2005. 5. 26. 선고 2002다43417 판결 "토지조사령에 의한 토지의 사정명의인은 당해 토지를 원시취득하므로 적어도 구 토지조사령에 따라 토지조사부가 작성되어 누군가에게 사정되었다면 그 사정명의인 또는 그의 상속인이 토지의 소유자가 되고, 따라서 설령 국가가 이를 무주부동산으로 취급하여 국유재산법령의 절차를 거쳐 국유재산으로 등기를 마치더라도 국가에게 소유권이 귀속되지 않는다. 토지에 관한 소유권보존등기의 추정력은 그 토지를 사정받은 사람이 따로 있음이 밝혀진 경우에는 깨어지고 등기명의인이 구체적으로 그 승계취득 사실을 주장·입증하지 못하는 한 그 등기는 원인무효이다. 점유취득시효완성을 원인으로 한 소유권이전등기청구는 시효완성 당시의 소유자를 상대로 하여야 하므로 시효완성 당시의 소유권보존등기 또는 이전등기가 무효라면 원칙적으로 그 등기

명의인은 시효취득을 원인으로 한 소유권이전등기청구의 상대방이 될 수 없고, 이 경우 시효취득자는 소유자를 대위하여 위 무효등기의 말소를 구하고 다시 위 소유자를 상대로 취득시효완성을 이유로 한 소유권이전등기를 구하여야 한다. 토지조사령에 따라 토지조사부가 작성되었으나 그 토지조사부의 소유자란 부분이 훼손되어 사정명의인이 누구인지 확인할 수 없게 되었지만 누구에겐가 사정된 것은 분명하고 시효취득자가 사정명의인 또는 그 상속인을 찾을 수 없어 취득시효완성을 원인으로 하는 소유권이전등기에 의하여 소유권을 취득하는 것이 사실상 불가능하게 된 경우, 시효취득자는 취득시효완성 당시 진정한 소유자는 아니지만 소유권보존등기명의를 가지고 있는 자에 대하여 직접 취득시효완성을 원인으로 하는 소유권이전등기를 청구할 수 있다."

대법원 2006. 9. 8. 선고 2006다17485 판결 "부동산등기법 제130조의 규정과 등기예규 제1026호에 의하면 소유권보존등기 명의인을 상대로 한 소유권보존등기 말소청구 소송을 제기하여 승소판결을 받은 원고가 그 판결에 기하여 기존의 소유권보존등기를 말소한 후 자신의 명의로 마친 소유권보존등기는 일단 적법한 절차에 따라 마쳐진 소유권보존등기라고 추정하여야 하고, 위 판결이 공시송달 절차에 의하여 선고되었다고 하여 달리 볼 것이 아니다."

대법원 1992. 7. 10. 선고 92다9340 판결 "부동산등기부에 소유권이전의 등기가 경료되어 있는 경우 그 등기명의자는 등기원인에 의하여 적법한 소유권을 취득한 것으로 추정받는 것이고, 이러한 법리는 그 소유권이전의 등기가 등기부 멸실 후의 회복등기절차에 의하여 이루어진 경우에도 다를 바 없다. 멸실에 의한 회복등기가 등기부에 기재되어 있다면 별다른 사정이 없는 한 이는 등기공무원에 의하여 적법하게 수리되고 처리된 것이라고 추정함이 타당하고, 전등기의 접수일자 및 접수번호, 원인일자 등이 "불명"으로 기재되어 있다는 것만으로는 위 회복등기절차에 무슨 하자가 있는 것으로 볼 수 없을 것이므로, 위와 같은 사정만으로 회복등기의 추정력이 깨어진다고 할 수 없다."

대법원 1979. 5. 22. 선고 79다239 판결 "소유권이전청구권 보전을 위한 가등기가 있다 하여, 소유권이전등기를 청구할 어떤 법률관계가 있다고 추정되지 아니한다."; 대법원 1994. 10. 21. 선고 93다12176 판결 "수복지구내소유자미복구토지의복구등록과보존등기등에관한특별조치법에 의하여 소유권보존등기가 경료된 토지에 관하여 비록 그 등기명의인 이전에 다른 소유자가 있었다 하더라도 그 등기는 같은 법 소정의 적법한 절차에 따라 마쳐진 것으로서 실체적 권리관계에도 부합하는 등기로 추정되는 것이므로, 이와 같은 추정을 번복하기 위하여는 그 등기의 기초가 된 같은 법 소정의 보증서나 확인서가 위조되었다거나 허위로 작성된 것이라든지 그 밖의 사유로 적법하게 등기된 것이 아니라는 것을 주장·입증하여야 하나, 상대방이 등기의 기초가 된 보증서의 실체적 기재내용이 허위임을 자인하거나 실체적 기재내용이 진실이 아님을 의심할 만큼 증명이 된 때에는 등기의 추정력은 번복된 것으로 보아야 하고, 보증서 등의 허위성의 입증정도가 법관이 확신할 정도가 되어야만 하는 것은 아니다. 취득시효에 있어서 자주점유라 함은 소유자와 동일한 지배를 사실상 행사하려는 의사를 가지고 하는 점유를 의미하는 것이지, 법률상 그러한 지배를 할 수 있는 권한, 즉 소유권을 가지고 있거나 소유권이 있다고 믿고서 하는 점유를 의미하는 것은 아니며, 또 자주점유의 내용인 소유의 의사는 점유권원의 성질에 따라 가려져야 하나 점유권원의 성질이 분명하지 아니한 때에는 민법 제197조 제1항의 규정에 의하여 점유자는 소유의 의사로 평온, 공연하게 점유한 것으로 추정되므로 점유자에게 적극적으로 그 점유권원이 자주점유임을 주장·입증할 책임이 있는 것은 아니고 점유자의 점유가 타주점유임을 주장하는 상대방에게 이를 입증할 책임이 있는 것이다. 민법 제187조 단서가 등기 없이 취득한 부동산물권은 등기를 하지 않으면 이를 처분하지 못한다고 규정하고 있는 취지는, 같은 조 본문에 의하여 부동산물권을 등기 없이 취득하였더라도 그 권리자가 이를 법률행위에 의하여 처분하려면 미리 물권의 취득을 등기하고 그 후에 그 법률행위를 원인으로 하는 등기를 경료하여야 한다는 당연한 원칙을 선언한 것에 불과하고, 따라서 부동산물권을 등기 없이 취득한 자가 자기 명의의 등기 없이 이를 처분한 경우 그 처분의 상대방은 부동산물권을 취득하지 못한다는 것일 뿐, 그 처분행위의 채권적 효력까지 부인할 수는 없다."

대법원 1994. 3. 8. 선고 93다7884 판결 "구 부동산소유권이전등기등에관한특별조치법의 규정 취지에 비추어 볼 때 위법이 요구하는 3인의 보증인들은 위 법에 의하여 등기를 하고자 하는 확인서 발급신청인 이외의 제3자를 의미하는 것이라고 해석하여야 할 것이고 따라서 보증인으로 위촉된 본인이 자신 또는 자신이 대표자로 있는 종중이 사실상 양수한 토지에 관하여 위 특별조치법에 의한 등기를 경료하고자 할 경우는 자신은 당해 토지에 관한 보증인이 될 수 없다고 봄이 상당하므로 확인서 발급신청 종중의 대표 자신이 위 특별조치법상 보증인의 1인으로 된 보증서 및 이에 기한 확인서에 의하여 경료된 위 특별조치법에 의한 등기는 절차상 위법한 등기로서 적법성의 추정을 받을 수 없다."

대법원 1990. 11. 27. 선고 87다카2961,87다453 (全)판결 "동일부동산에 관하여 등기명의인을 달리하여 중복된 소유권보존등기가 경료된 경우에는 먼저 이루어진 소유권보존등기가 원인무효가 되지 아니하는 한 뒤에 된 소유권보존등기는 비록 그 부동산의 매수인에 의하여 이루어진 경우에도 1부동산1용지주의를 채택하고 있는 부동산등기법 아래에서는 무효라고 해석함이 상당하다 할 것인바, 원고가 소외 망인으로부터 그 소유인 토지를 매수하고 이미 망인 명의로 소유권이전등기가 경료되어 있던 위 토지에 관하여 원고 명의의 소유권보존등기를 경료한 경우 망인 명의의 소유권이전등기의 토대가 된 소유권보존등기가 원인무효라고 볼 아무런 주장·입증이 없다면 원고가 위 망인으로부터 위 토지를 매수하였다고 하더라도 위 망인 명의의 소유권이전등기에 기하여 소유권이전등기를 경료하지 아니하고 소유권보존등기를 경료한 이상 뒤에 경료된 원고 명의의 소유권보존등기는 이중등기로서 무효라고 할 것이므로 원고는 위 망인의 상속인인 피고들을 상대로 위 부동산에 관하여 위 매매를 원인으로 한 소유권이전등기를 청구할 이익이 있다."

대법원 1997. 5. 16. 선고 97다485 판결 "부동산이 전전 양도된 경우에 중간생략등기의 합의가 없는 한 그 최종 양수인은 최초 양도인에 대하여 직접 자기 명의로의 소유권이전등기를 청구할 수 없고, 부동산의 양도계약이 순차 이루어져 최종 양수인이 중간생략등기의 합의를 이유로 최초 양도인에게 직접 그 소유권이전등기청구권을 행사하기 위하여는 관계 당사자 전원의 의사 합치, 즉 중간생략등기에 대한 최초 양도인과 중간자의 동의가 있는 외에 최초 양도인과 최종 양수인 사이에도 그 중간등기 생략의 합의가 있었음이 요구되므로, 비록 최종 양수인이 중간자로부터 소유권이전등기청구권을 양도받았다 하더라도 최초 양도인이 그 양도에 대하여 동의하지 않고 있다면 최종 양수인은 최초 양도인에 대하여 채권양도를 원인으로 하여 소유권이전등기절차 이행을 청구할 수 없다."

대법원 2005. 4. 29. 선고 2003다66431 판결 "중간생략등기의 합의란 부동산이 전전 매도된 경우 각 매매계약이 유효하게 성립함을 전제로 그 이행의 편의상 최초의 매도인으로부터 최종의 매수인 앞으로 소유권이전등기를 경료하기로 한다는 당사자 사이의 합의에 불과할 뿐이므로, 이러한 합의가 있다고 하여 최초의 매도인이 자신이 당사자가 된 매매계약상의 매수인인 중간자에 대하여 갖고 있는 매매대금청구권의 행사가 제한되는 것은 아니다. 최초 매도인과 중간 매수인, 중간 매수인과 최종 매수인 사이에 순차로 매매계약이 체결되고 이들 간에 중간생략등기의 합의가 있은 후에 최초 매도인과 중간 매수인 간에 매매대금을 인상하는 약정이 체결된 경우, 최초 매도인은 인상된 매매대금이 지급되지 않았음을 이유로 최종 매수인 명의로의 소유권이전등기의무의 이행을 거절할 수 있다."

대법원 2001. 9. 20. 선고 99다37894 (全)판결 "진정한 등기명의의 회복을 위한 소유권이전등기청구는 이미 자기 앞으로 소유권을 표상하는 등기가 되어 있었거나 법률에 의하여 소유권을 취득한 자가 진정한 등기명의를 회복하기 위한 방법으로 현재의 등기명의인을 상대로 그 등기의 말소를 구하는 것에 갈음하여 허용되는 것인데, 말소등기에 갈음하여 허용되는 진정명의회복을 원인으로 한 소유권이전등기청구권과 무효등기의 말소청구권은 어느 것이나 진정한 소유자의 등기명의를 회복하기 위한 것으로서 실질적으로 그 목적이 동일하고, 두 청구권 모두 소유권에 기한 방해배제청구권으로서 그 법적 근거와 성질이 동일하므로, 비록 전자는 이전등기, 후자는 말소등기의 형식을 취하고 있다고 하더라도 그 소송물은 실질상 동일한 것으로 보아야 하고, 따라서 소유권이전등기말소청구소송에서 패소확정 판결을 받았다면 그 기판력은 그 후 제기된 진정명의회복을 원인으로 한 소유권이전등기청구소송에도 미친다고 보아야 할 것이다."

대법원 1976. 10. 26. 선고 75다2211 판결 "기존건물이 멸실된 후 그곳에 새로이 건축한 건물의 물권변동에 관한 등기를 멸실된 건물의 등기부에 하여도 이는 진실에 부합하지 아니하는 것이고 비록 당사자가 멸실건물의 등기로서 신축된 건물의 등기에 갈음할 의사를 가졌다 하여도 그 등기는 무효이니 이미 멸실된 건물에 대한 근저당권설정등기에 신축된 건물에 대한 근저당권이 설정되었다고는 할 수 없으며 그 등기에 기하여 진행된 경매에서 신축된 건물을 경락받았다 하더라도 그로써 소유권취득을 내세울 수는 없다."

대법원 1977. 5. 24. 선고 75다1394 판결 "민법 548조 1항 본문은 계약이 해제되면 각 당사자는 상대방을 계약이 없었던 것과 같은 상태에 복귀하게 할 의무를 부담한다는 뜻을 규정하고 있는바, 계약에 따른 채무의 이행으로 이미 등기나 인도를 하고 있는 경우에 그 원인행위인 채권계약이 해제됨으로써 원상회복 된다고 할 때 그 이론 구성에 관하여 소위 채권적 효과설과 물권적 효과설이 대립되어 있으나 우리의 법제가 물권행위의 독자성과 무인성을 인정하고 있지 않는 점과 민법 548조 1항 단서가 거래안정을 위한 특별규정이란 점을 생각할 때 계약이 해제되면 그 계약의 이행으로 변동이 생겼던 물권은 당연히 그 계약이 없었던 원상태로 복귀한다 할 것이다."

대법원 1982. 7. 27. 선고 80다2968 판결 "매매계약이 합의해제된 경우에도 매수인에게 이전되었던 소유권은 당연히 매도인에게 복귀하는 것이므로 합의해제에 따른 매도인의 원상회복청구권은 소유권에 기한 물권적 청구권이라고 할 것이고 이는 소멸시효의 대상이 되지 아니한다."

대법원 1995. 5. 12. 선고 94다18881,18898,18904 판결 "매도인이 계약금만 지급받은 단계에서 매수인에게 소유권이전등기를 경료하여 주고 가등기를 경료받았는데 매수인이 대금지급의무를 이행하지 아니하자 판결에 의해 본등기를 경료한 사안에서, 계약이 적법하게 해제되면 그 계약의 이행으로 변동이 되었던 물권은 당연히 그 계약이 없었던 상태로 복귀하는 것이므로, 위 가등기 및 이에 기한 본등기가 미지급된 매매잔대금을 담보하기 위한 등기라고 하더라도 매수인이 계속하여 매매에 의한 채무를 이행하지 아니하여 매매계약이 적법하게 해제된 것이라면, 매도인으로부터 매수인에게 넘어갔던 소유권은 당연히 복귀하여 매도인이 그 소유자라 할 것임에도, 그럼에도 원심이 소외 회사의 계속적인 채무불이행으로 인하여 이 사건 매매계약이 1988. 4.경 이후 적법하게 해제되었는지 여부에 관하여는 심리판단하지 아니한 채 이 사건 가등기 및 본등기가 위 매매잔대금 지급을 담보하기 위한 등기로서 원고가 이 사건 매매계약을 1988.4.경까지 해제한 바 없다는 점을 들어 원고의 청구를 배척한 것은 원고의 주장취지를 잘못 이해하여 심리를 다하지 아니하였거나 계약해제의 효력에 관한 법리를 오해한 위법을 저질렀다 할 것이고 이러한 위법은 판결결과에 영향을 미친 것임이 분명하므로 이 점을 지적하는 논지는 이유 있다."

3. 등기를 요하지 아니하는 부동산물권취득

상속[205], 공용징수[206], 판결[207], 경매[208] 기타 법률의 규정에 의한 부동산에 관한 물권의 취득은 등기를 요하지 아니한다. 그러나 등기를 하지 아니하면 이를 처분하지 못한다.

---

205) 포괄유증도 상속과 같으나, 특정유증의 경우에는 포괄유증과 달리 유증을 받은 자가 유증의 이행을 청구할 수 있는 채권을 취득할 뿐이다(대법원 2003. 5. 27. 선고 2000다73445 판결). 상속과 포괄유증의 경우 상속인과 수증자가 단독으로 등기를 신청한다(부동산등기법 제23조 제3항).

206) 공익사업을 위하여 사인의 토지를 광업법, 도로법, 도시및주거환경정비법 등 법률에 근거하여 강제로 취득하는 것을 의미한다. 수용절차에 관하여는 공익사업을위한토지등의취득및보상에관한법률이 규정하고 있다.

207) 여기서 판결은 공유물분할판결과 상속재산분할판결과 같은 형성판결만을 의미하며, 이행판결과 확인판결은 포함되지 않는다.

208) 민사집행법에 의한 경매와 국세징수법에 의한 공매만을 의미한다.

4. 동산물권양도의 효력, 간이인도 · 점유개정 · 목적물반환 청구권의 양도

동산에 관한 물권의 양도는 그 동산을 인도하여야 효력이 생긴다.[209] 양수인이 이미 그 동산을 점유한 때에는 당사자의 의사표시만으로 그 효력이 생긴다(간이인도). 동산에 관한 물권을 양도하는 경우에 당사자의 계약으로 양도인이 그 동산의 점유를 계속하는 때에는 양수인이 인도받은 것으로 본다(점유개정).[210] 제3자가 점유하고 있는 동산에 관한 물권을 양도하는 경우에는 양도인이 그 제3자에 대한 반환청구권을 양수인에게 양도함으로써 동산을 인도한 것으로 본다(목적물반환청구권의 양도).

5. 혼동으로 인한 물권의 소멸

동일한 물건에 대한 소유권과 다른 물권이 동일한 사람에게 귀속한 때에는 다른 물권은 소멸한다. 그러나 그 물권이 제3자의 권리의 목적이 된 때에는 소멸하지 아니한다. 소유권이외의 물권과 그를 목적으로 하는 다른

---

209) 대법원 2003. 2. 11. 선고 2000다66454 판결 "물건의 인도가 이루어졌는지 여부는 사회관념상 목적물에 대한 양도인의 사실상 지배인 점유가 동일성을 유지하면서 양수인의 지배로 이전되었다고 평가할 수 있는지 여부에 달려있는 것인바, 현실의 인도가 있었다고 하려면 양도인의 물건에 대한 사실상의 지배가 동일성을 유지한 채 양수인에게 완전히 이전되어 양수인은 목적물에 대한 지배를 계속적으로 확고하게 취득하여야 하고, 양도인은 물건에 대한 점유를 완전히 종결하여야 한다. 선박의 경우에는 그 규모, 선체의 구조와 기능 등을 종합하여, 그 선박이 소재하는 장소를 점유함으로써 그 선체 전부를 점유하는 것으로 보아야 할 경우가 있는 반면, 선박이 소재하는 장소 또는 드라이독(dry dock, 건선거) 등의 시설을 점유한다는 것만으로 당연히 그 선박도 함께 점유하는 것으로는 볼 수 없고, 그 선박의 소재와는 무관하게 선박의 점유관계가 성립하는 경우도 있을 수 있으므로, 이러한 경우에는 선박 자체에 대한 사실적 지배 등을 기초로 하여 선체의 전부 또는 일부에 대한 점유 여부를 판단하여야 한다."

210) 대법원 2005. 2. 18. 선고 2004다37430 판결 "금전채무를 담보하기 위하여 채무자가 그 소유의 동산을 채권자에게 양도하되 점유개정의 방법으로 인도하고 채무자가 이를 계속 점유하기로 약정한 경우 특별한 사정이 없는 한 그 동산의 소유권은 신탁적으로 이전되는 것에 불과하여, 채권자와 채무자 사이의 대내적 관계에서는 채무자가 소유권을 보유하나 대외적인 관계에서의 채무자는 동산의 소유권을 이미 채권자에게 양도한 무권리자가 되는 것이어서 다시 다른 채권자와 사이에 양도담보설정계약을 체결하고 점유개정의 방법으로 인도하더라도 선의취득이 인정되지 않는 한 나중에 설정계약을 체결한 채권자로서는 양도담보권을 취득할 수 없는데, 현실의 인도가 아닌 점유개정의 방법으로는 선의취득이 인정되지 아니하므로 결국 뒤의 채권자는 적법하게 양도담보권을 취득할 수 없다."

권리가 동일한 사람에게 귀속한 경우도 같다. 그러나 점유권에 관하여는 이를 적용하지 아니한다.

6. 점유권

(1) 물건을 사실상 지배하는 자는 점유권이 있다. 점유자가 물건에 대한 사실상의 지배를 상실한 때에는 점유권이 소멸한다. 그러나 제204조[211]의 규정에 의하여 점유를 회수한 때에는 그러하지 아니하다. 점유권은 상속인에 이전한다. 지상권, 전세권, 질권, 사용대차, 임대차, 임치 기타의 관계로 타인으로 하여금 물건을 점유하게 한 자는 간접으로 점유권이 있다(간접점유권). 가사상, 영업상 기타 유사한 관계에 의하여 타인의 지시를 받아 물건에 대한 사실상의 지배를 하는 때에는 그 타인만을 점유자로 한다(점유보조자).

대법원 1996. 9. 10. 선고 96다19512 판결 "물건에 대한 점유란 사회관념상 어떤 사람의 사실적 지배에 있다고 보여지는 객관적 관계를 말하는 것으로서 사실상의 지배가 있다고 하기 위하여는 반드시 물건을 물리적, 현실적으로 지배하는 것만을 의미하는 것이 아니고, 물건과 사람과의 시간적, 공간적 관계와 본권관계, 타인 지배의 배제 가능성 등을 고려하여 사회관념에 따라 합목적적으로 판단하여야 한다. 임야에 대한 점유의 이전이나 점유의 계속은 반드시 물리적이고 현실적인 지배를 요한다고 볼 것은 아니고 관리나 이용의 이전이 있으면 인도가 있었다고 보아야 하고, 임야에 대한 소유권을 양도하는 경우라면 그에 대한 지배권도 넘겨지는 것이 거래에 있어서 통상적인 형태라고 할 것이며, 점유의 계속은 추정되는 것이고, 임야를 매수하여 그 전부에 대한 이전등기를 마치고 인도받았다면 특별한 사정이 없는 한 그 임야 전부에 대한 인도와 점유가 있었다고 보는 것이 상당하다."

---

211) 민법 제204조(점유의 회수) ① 점유자가 점유의 침탈을 당한 때에는 그 물건의 반환 및 손해의 배상을 청구할 수 있다. ②전항의 청구권은 침탈자의 특별승계인에 대하여는 행사하지 못한다. 그러나 승계인이 악의인 때에는 그러하지 아니하다. ③제1항의 청구권은 침탈을 당한 날로부터 1년내에 행사하여야 한다.

대법원 2003. 11. 13. 선고 2002다57935 판결 “사회통념상 건물은 그 부지를 떠나서는 존재할 수 없는 것이므로 건물의 부지가 된 토지는 그 건물의 소유자가 점유하는 것으로 볼 것이고, 이 경우 건물의 소유자가 현실적으로 건물이나 그 부지를 점거하고 있지 아니하고 있더라도 그 건물의 소유를 위하여 그 부지를 점유한다고 보아야 한다. 미등기건물을 양수하여 건물에 관한 사실상의 처분권을 보유하게 됨으로써 그 양수인이 건물부지 역시 아울러 점유하고 있다고 볼 수 있는 등의 다른 특별한 사정이 없는 한 건물의 소유명의자가 아닌 자로서는 실제로 그 건물을 점유하고 있다고 하더라도 그 건물의 부지를 점유하는 자로는 볼 수 없다. 건물 공유자 중 일부만이 당해 건물을 점유하고 있는 경우라도 그 건물의 부지는 건물 소유를 위하여 공유명의자 전원이 공동으로 이를 점유하고 있는 것으로 볼 것이며, 건물 공유자들이 건물부지의 공동점유로 인하여 건물부지에 대한 소유권을 시효취득하는 경우라면 그 취득시효 완성을 원인으로 한 소유권이전등기청구권은 당해 건물의 공유지분비율과 같은 비율로 건물 공유자들에게 귀속된다. 물건을 공유자 양인이 각 1/2 지분씩 균분하여 공유하고 있는 경우 1/2 지분권자로서는 다른 1/2 지분권자와의 협의 없이는 이를 배타적으로 독점사용할 수 없고, 나머지 지분권자는 공유물보존행위로서 그 배타적 사용의 배제, 즉 그 지상 건물의 철거와 토지의 인도 등 점유배제를 구할 권리가 있다.”

대법원 2010. 1. 28. 선고 2009다61193 판결 “물건에 대한 점유란 사회관념상 어떤 사람의 사실적 지배에 있다고 보이는 객관적 관계를 말하는 것으로서 사실상의 지배가 있다고 하기 위하여는 반드시 물건을 물리적, 현실적으로 지배하는 것만을 의미하는 것이 아니고, 물건과 사람과의 시간적, 공간적 관계와 본권관계, 타인지배의 배제 가능성 등을 고려하여 사회통념에 따라 합목적적으로 판단하여야 하며, 사회통념상 건물은 그 부지를 떠나서는 존재할 수 없는 것이므로 건물의 부지가 된 토지는 그 건물의 소유자가 점유하는 것으로 볼 것이고, 이 경우 건물의 소유자가 현실적으로 건물이나 그 부지를 점거하고 있지 아니하고 있더라도 그 건물의 소유를 위하여 그 부지를 점유한다고 보아야 하며, 미등기건물을 양수하여 건물에 관한 사실상의 처분권을 보유하게 된 양수인은 건물부지 역시 아울러 점유하고 있다고 볼 수 있다. 원고는 제1심 공동원고 11로부터 부동산의 소유권을 넘겨받으면서 이 사건 대지상의 미등기 주택도 함께 양수한 이래 부동산 및 이 사건 대지와 그 지상 미등기 주택을 점유하여 오다가 위와 같이 부동산의 소유권을 상실하게 된 사실을 알 수 있는바, 앞서 본 법리에 비추어 보면, 원고는 이 사건 대지상의 미등기 주택에 대한 사실상의 처분권을 보유하게 됨으로써 이 사건 대지를 점유하고 있다고 보아야 할 것이고, 원고가 부동산의 소유권을 상실하였다는 사정만으로 이 사건 대지의 점유까지 상실하였다고 단정할 수 없다 할 것이다. 그렇다면, 원심으로서는 마땅히 원고가 부동산의 소유권을 상실한 이후에도 이 사건 대지를 계속 점유하였는지에 관하여 구체적으로 심리하였어야 할 것임에도, 원고가 부동산의 소유권을 상실한 사정 및 현실적으로 이 사건 대지상의 미등기 주택을 점거하지 않은 사정만을 들어 원고가 이 사건 대지의 점유를 상실하였다고 단정하여 원고의 이 사건 청구를 기각하고 말았으니, 이러한 원심의 조치에는 건물부지의 점유에 관한 법리를 오해한 나머지 필요한 심리를 다하지 아니함으로써 판결에 영향을 미친 위법이 있음이 분명하다."

(2) 점유권의 양도는 점유물의 인도로 그 효력이 생긴다. 점유자는 소유의 의사로 선의, 평온 및 공연하게 점유한 것으로 추정한다. 선의의 점유자라도 본권에 관한 소에 패소한 때에는 그 소가 제기된 때로부터 악의의 점유자로 본다.

대법원 2011. 1. 13. 선고 2010다66699 판결 "점유자의 점유가 소유의 의사 있는 자주점유인지 아니면 소유의 의사 없는 타주점유인지의 여부는 점유자의 내심의 의사에 의하여 결정되는 것이 아니라 점유 취득의 원인이 된 권원의 성질이나 점유와 관계가 있는 모든 사정에 의하여 외형적·객관적으로 결정되어야 하는 것이기 때문에 점유자가 성질상 소유의 의사가 없는 것으로 보이는 권원에 바탕을 두고 점유를 취득한 사실이 증명되었거나, 점유자가 타인의 소유권을 배제하여 자기의 소유물처럼 배타적 지배를 행사하는 의사를 가지고 점유하는 것으로 볼 수 없는 객관적 사정, 즉 점유자가 진정한 소유자라면 통상 취하지 아니할 태도를 나타내거나 소유자라면 당연히 취했을 것으로 보이는 행동을 취하지 아니한 경우 등 외형적·객관적으로 보아 점유자가 타인의 소유권을 배척하고 점유할 의사를 갖고 있지 아니하였던 것이라고 볼 만한 사정이 증명된 경우에는 그 추정은 깨어지고, 점유자가 점유 개시 당시에 소유권 취득의 원인이 될 수 있는 법률행위 기타 법률요건이 없이 그와 같은 법률요건이 없다는 사실을 잘 알면서 타인 소유의 부동산을 무단점유한 것임이 입증되었다면, 특별한 사정이 없는 한 점유자는 타인의 소유권을 배척하고 점유할 의사를 갖고 있지 않다고 보아야 하므로 그 경우에도 소유의 의사가 있는 점유라는 추정은 깨어진다. 아파트의 수분양자들과 그 승계인들이 아파트의 구분소유권을 취득한 이래 오랜 기간 동안 아무 장애도 없었음에도 그 대지 지분에 관한 이전등기 요구를 전혀 하지 않은 사실 등에 비추어 점유자가 진정한 소유자라면 통상 취하지 아니할 태도를 나타내거나 소유자라면 당연히 취했을 것으로 보이는 행동을 취하지 아니한 경우 등 외형적·객관적으로 보아 점유자가 타인의 소유권을 배척하고 점유할 의사를 갖고 있지 아니하였던 경우에 해당한다고 볼 만한 사정이 증명되었다고 볼 수 있고, 또한 아파트가 최초 분양된 시점에는 아직 '집합건물의 소유 및 관리에 관한 법률'이 제정되기 전이어서 대지 지분을 포함하는 완벽한 아파트의 취득을 위해서는 건물과 대지에 관하여 각각 별도의 소유권이전등기 절차가 필요하였는데 그 수분양자들은 모두 구분소유의 대상인 건물에 관해서만 소유권이전등기를 마쳤을 뿐 대지의 지분에 관하여는 소유권이전등기를 넘겨받지 않았고, 그 결과 이를 전전 양수한 자들도 모두 대지권 지분이 없는 해당 건물에 관한 소유권이전등기만을 이어받은 사실 등 아파트의 구분소유권을 최초 분양받거나 이를 전전 양수함으로 인해 대지를 점유하게 된 자들이 아파트 분양 당시 건물과 함께 대지까지도 분양이 되었다고 인정할 아무 자료를 제출하지 못하고 있어 아파트의 수분양자들이나 그 승계인들이 점유 개시 당시에 소유권 취득의 원인이 될 수 있는 법률행위 기타 법률요건이 없이 그와 같은 법률요건이 없다는 사실을 잘 알면서 타인 소유의 부동산을 무단점유한 것이라고 볼 여지가 많으므로, 아파트 구분소유권자들의 대지 지분에 관한 자주점유의 추정이 번복되었다고 볼 것이다,"

대법원 1998. 3. 27. 선고 97다53823 판결 "민법 제197조 제1항에 의하면 물건의 점유자는 소유의 의사로 점유한 것으로 추정되지만, 점유자가 점유 개시 당시에 소유권 취득의 원인이 될 수 있는 법률행위 기타 법률요건이 없이 그와 같은 법률요건이 없다는 사실을 잘 알면서 타인 소유의 부동산을 무단점유한 것임이 입증된 경우에는 특별한 사정이 없는 한 점유자는 타인의 소유권을 배척하고 점유할 의사를 갖고 있지 않다고 보아야 할 것이므로 이로써 소유의 의사가 있는 점유라는 추정은 깨어진다. 타주점유의 경우 점유자가 새로운 권원에 기하여 소유의 의사를 가지고 점유를 시작하거나 또는 소유의 의사가 있음을 표시함으로써 일단 시작된 타주점유가 중도에 자주점유로 전환되지 않고서는 그 점유기간 동안 계속하여 타주점유의 상태에 있다고 보아야 한다. 점유자나 그 점유를 승계한 점유자가 점유 토지를 그 지번의 착오로 인하여 원소유자로부터 매입한 토지로 잘못 알고 있었다고 할지라도, 환지처분이 있는 경우에는 그것이 제자리환지라고 할지라도 종전 토지는 환지로 인하여 전체 토지의 지적·모양 및 위치에 변동이 생기는 것이므로 환지예정지 지정이 있기 전의 종전 토지의 점유와 그 후의 점유는 특별한 사정이 없는 한 동일성을 인정할 수 없다."

(3) 전후양시에 점유한 사실이 있는 때에는 그 점유는 계속한 것으로 추정한다. 점유자의 승계인은 자기의 점유만을 주장하거나 자기의 점유와 전점유자의 점유를 아울러 주장할 수 있다. 전점유자의 점유를 아울러 주장하는 경우에는 그 하자도 계승한다. 점유자가 점유물에 대하여 행사하는 권리는 적법하게 보유한 것으로 추정한다.

선의의 점유자는 점유물의 과실을 취득한다. 악의의 점유자 또는 폭력·은비(隱秘)에 의한 점유자는 수취한 과실을 반환하여야 하며 소비하였거나 과실로 인하여 훼손 또는 수취하지 못한 경우에는 그 과실의 대가를 보상하여야 한다. 점유물이 점유자의 책임있는 사유로 인하여 멸실 또는 훼손한 때에는 악의의 점유자는 그 손해의 전부를 배상하여야 하며 선의의 점유자는 이익이 현존하는 한도에서 배상하여야 한다. 소유의 의사가 없는 점유자는 선의인 경우에도 손해의 전부를 배상하여야 한다.

(4) 점유자가 점유물을 반환할 때에는 회복자에 대하여 점유물을 보존하기 위하여 지출한 금액 기타 필요비의 상환을 청구할 수 있다. 그러나 점유자가 과실을 취득한 경우에는 통상의 필요비는 청구하지 못한다. 점유자가 점유물을 개량하기 위하여 지출한 금액 기타 유익비에 관하여는 그 가액의 증가가 현존한 경우에 한하여 회복자의 선택에 좇아 그 지출금액이나 증가액의 상환을 청구할 수 있다. 점유자가 점유의 침탈을 당한 때에는 그 물건의 반환 및 손해의 배상을 청구할 수 있다. 침탈자의 특별승계인에 대하여는 물건의 반환 및 손해의 배상을 청구할 수 없으나, 그 승계인이 악의인 때에는 반환 및 손해의 배상을 청구할 수 있다. 반환청구권 및 손해배상청구권은 침탈을 당한 날로부터 1년 내에 행사하여야 한다. 점유자가 점유의 방해를 받은 때에는 그 방해의 제거 및 손해의 배상을 청구할 수 있다. 이는 방해가 종료한 날로부터 1년 내에 행사하여야 한다. 공사로 인하여 점유의 방해를 받은 경우에는 공사착수후 1년을 경과하거나 그 공사가 완성한 때에는 방해의 제거를 청구하지 못한다. 점유자가 점유의 방해를 받을 염려가 있는 때에는 그 방해의 예방 또는 손해배상의 담보를 청구할 수 있다. 공사로 인하여 점유의 방해를 받을 염려가 있는 경우에는 공사착수후 1년을 경과하거나 그 공사가 완성한 때에는 방해의 예방 또는 손해배상의 담보를 청구하지 못한다. 점유보호청구권은 간접점유자도 행사할 수 있다. 점유자가 점유의 침탈을 당한 경우에 간접점유자는 그 물건을 점유자에게 반환할 것을 청구할 수 있고 점유자가 그 물건의 반환을 받을 수 없거나 이를 원하지 아니하는 때에는 자기에게 반환할 것을 청구할 수 있다. 점유권에 기인한 소와 본권에 기인한 소는 서로 영향을 미치지 아니한다. 점유권에 기인한 소는 본권에 관한 이유로 재판하지 못한다. 점유자는 그 점유를 부정히 침탈 또는 방해하는 행위에 대하여 자력으로써 이를 방위할 수 있다. 점유물이 침탈되었을 경우에 부동산일 때에는 점유자는 침탈후 즉시 가해자를 배제하여 이를 탈환할 수 있고 동산일 때에는 점유자는 현장에서 또는 추적하여 가해자로부터 이를 탈환할 수 있다. 점유권에 관한 민법 규정

은 저당권·채권·특허권 등의 재산권을 사실상 행사하는 경우에 준용한다(준점유).

7. 소유권

가. 소유권의 범위

소유자는 법률의 범위 내에서 그 소유물을 사용, 수익, 처분할 권리가 있다. 토지의 소유권은 정당한 이익이 있는 범위 내에서 토지의 상하에 미친다. 소유자는 그 소유에 속한 물건을 점유한 자에 대하여 반환을 청구할 수 있다. 그러나 점유자가 그 물건을 점유할 권리가 있는 때에는 반환을 거부할 수 있다. 소유자는 소유권을 방해하는 자에 대하여 방해의 제거를 청구할 수 있고 소유권을 방해할 염려있는 행위를 하는 자에 대하여 그 예방이나 손해배상의 담보를 청구할 수 있다.

수인이 한 채의 건물을 구분하여 각각 그 일부분을 소유한 때에는 건물과 그 부속물중 공용하는 부분은 그의 공유로 추정한다. 공용부분의 보존에 관한 비용 기타의 부담은 각자의 소유부분의 가액에 비례하여 분담한다.

나. 상린(相隣)관계

토지소유자는 경계나 그 근방에서 담 또는 건물을 축조하거나 수선하기 위하여 필요한 범위내에서 이웃 토지의 사용을 청구할 수 있다(인지사용청구권). 그러나 이웃 사람의 승낙이 없으면 그 주거에 들어가지 못한다. 인지사용으로 이웃 사람이 손해를 받은 때에는 보상을 청구할 수 있다. 토지소유자는 매연, 열기체, 액체, 음향, 진동 기타 이에 유사한 것으로 이웃 토지의 사용을 방해하거나 이웃 거주자의 생활에 고통을 주지 아니하도록 적당한 조처를 할 의무가 있다. 이웃 거주자는 이웃 토지의 통상의 용도에 적당한 것인 때에는 위 사태에 대하여 인용할 의무가 있다.

토지소유자는 타인의 토지를 통과하지 아니하면 필요한 수도, 소수(疏水)관, 까스관, 전선 등을 시설할 수 없거나 과다한 비용을 요하는 경우에는 타인의 토지를 통과하여 이를 시설할 수 있다. 그러나 이로 인한 손해가 가장 적은 장소와 방법을 선택하여 이를 시설할 것이며 타토지의 소유자의 요청에 의하여 손해를 보상하여야 한다.

어느 토지와 공로사이에 그 토지의 용도에 필요한 통로가 없는 경우에 그 토지소유자는 주위의 토지를 통행 또는 통로로 하지 아니하면 공로에 출입할 수 없거나 과다한 비용을 요하는 때에는 그 주위의 토지를 통행할 수 있고 필요한 경우에는 통로를 개설할 수 있다(주위토지통행권). 그러나 이로 인한 손해가 가장 적은 장소와 방법을 선택하여야 한다. 통행권자는 통행지소유자의 손해를 보상하여야 한다.

토지소유자가 그 토지의 일부를 양도한 경우나 토지의 분할로 인하여 공로에 통하지 못하는 토지가 생긴 경우에는 그 토지소유자는 공로에 출입하기 위하여 다른 분할자의 토지를 통행할 수 있다. 이 경우에는 보상의 의무가 없다.

토지소유자는 이웃 토지로부터 자연히 흘러오는 물을 막지 못한다. 고지소유자는 이웃 저지에 자연히 흘러 내리는 이웃 저지에서 필요한 물을 자기의 정당한 사용범위를 넘어서 이를 막지 못한다. 흐르는 물이 저지에서 폐색된 때에는 고지소유자는 자비로 소통에 필요한 공사를 할 수 있다. 토지소유자가 저수, 배수 또는 인수하기 위하여 공작물을 설치한 경우에 공작물의 파손 또는 폐색으로 타인의 토지에 손해를 가하거나 가할 염려가 있는 때에는 타인은 그 공작물의 보수, 폐색의 소통 또는 예방에 필요한 청구를 할 수 있다. 토지소유자는 처마물이 이웃에 직접 낙하하지 아니하도록 적당한 시설을 하여야 한다. 고지소유자는 침수지를 건조하기 위하여 또는 가용이나 농, 공업용의 여수를 소통하기 위하여 공로, 공류 또는 하수도에 달하기까지 저지에 물을 통과하게 할 수 있다. 이 때 저지의 손해가 가장 적은 장소와 방법을 선택하여야 하며 손해를 보상하여야 한다. 토지소유자는 그 소유지의 물을 소통하기 위하여 이웃 토지소유자의 시설한 공작물을 사용할 수 있다. 이 공작물을 사용하는 자는 그 이익을 받는 비율로 공작물의 설치와 보존의 비용을 분담하여야 한다. 토지소유자는 과다한 비용이나 노력을 요하지 아니하고는 가용이나 토지이용에 필요한 물을 얻기 곤란한 때에는 이웃 토지소유자에게 보상하고 여수의 급여를 청구할 수 있다. 구거 기타 수류지의 소유자는 대안의 토지가 타인의 소유인 때에는 그 수로나 수류의 폭을 변경하지 못한다. 양안의 토지가 수류지소유자의 소유인 때에는 소유자는 수로와 수류의 폭을 변경할 수 있다. 그러나 하류는 자연의 수로와 일치하도록 하여야 한다. 수류지의 소유자가 언을 설치할 필요가 있는 때에는 그 언을 대안에 접촉하게 할 수 있다. 그러나 이로 인한 손해를 보상하여야 한다. 대안의 소유자는 수류지의 일부가 자기소유인 때에는 그 언을 사용할 수 있다. 그러나 그 이익을 받는 비율로 언의 설치, 보존의 비용을 분담하여야 한다. 공유하천의 연안에서 농, 공업을 경영하는 자는 이에 이용하기 위하여 타인의 용수를 방해하지 아니하는 범위내에서 필요한 인수를 할 수 있다. 인수나 공작물로 인하여 하류연안의 용수권을 방해하는 때에는 그 용수권자는 방해의 제거 및 손해의 배상을 청구할 수 있다. 농·공업의 경영에 이용하는 수로 기타 공작물의 소유자나 몽리자의 특별승계인은 그 용수에 관한 전소유자나 몽리자의 권리의무를 승계한다. 상린자는 그 공용에 속하는 원천이나 수도를 각 수요의 정도에 응하여 타인의 용수를 방해하지 아니하는 범위내에서 각각 용수할 권리가 있다. 필요한 용도나 수익이 있는 원천이나 수도가 타인의 건축 기타 공사로 인하여 단수, 감수 기타 용도에 장해가 생긴 때에는 용수권자는 손해배상을 청구할 수 있다. 건축 기타 공사로 인하여 음료수 기타 생활상 필요한 용수에 장해가 있을 때에는 원상회복을 청구할 수 있다.

인접하여 토지를 소유한 자는 공동비용으로 통상의 경계표나 담을 설치할 수 있다. 비용은 쌍방이 절반하여 부담한다. 그러나 측량비용은 토지의 면적에 비례하여 부담한다. 인지소유자는 자기의 비용으로 담의 재료를 통상보다 양호한 것으로 할 수 있으며 그 높이를 통상보다 높게 할 수 있고 또는 방화벽 기타 특수시설을 할 수 있다. 경계에 설치된 경계표, 담, 구거 등은 상린자의 공유로 추정한다. 그러나 경계표, 담, 구거 등이 상린자일방의 단독비용으로 설치되었거나 담이 건물의 일부인 경우에는 그러하지 아니하다. 인접지의 수목가지가 경계를 넘은 때에는 그 소유자에 대하여 가지의 제거를 청구할 수 있다. 가지 제거 청구에 응하지 아니한 때에는 청구자가 그 가지를 제거할 수 있다. 인접지의 수목뿌리가 경계를 넘은 때에는 임의로 제거할 수 있다.

토지소유자는 인접지의 지반이 붕괴할 정도로 자기의 토지를 심굴하지 못한다. 그러나 충분한 방어공사를 한 때에는 그러하지 아니하다. 건물을 축조함에는 특별한 관습이 없으면 경계로부터 반미터 이상의 거리를 두어야 한다. 인접지소유자는 전항의 규정에 위반한 자에 대하여 건물의 변경이나 철거를 청구할 수 있다. 그러나 건축에 착수한 후 1년을 경과하거나 건물이 완성된 후에는 손해배상만을 청구할 수 있다. 경계로부터 2미터 이내의 거리에서 이웃 주택의 내부를 관망할 수 있는 창이나 마루를 설치하는 경우에는 적당한 차면시설을 하여야 한다.

우물을 파거나 용수, 하수 또는 오물 등을 저치할 지하시설을 하는 때에는 경계로부터 2미터 이상의 거리를 두어야 하며 저수지, 구거 또는 지하실공사에는 경계로부터 그 깊이의 반 이상의 거리를 두어야 한다.

다. 시효완성에 의한 소유권 취득

(1) 20년간 소유의 의사로 평온, 공연하게 부동산을 점유하는 자는 등기함으로써 그 소유권을 취득한다. 부동산의 소유자로 등기한 자가 10년간 소유의 의사로 평온, 공연하게 선의이며 과실없이 그 부동산을 점유한 때에는 소유권을 취득한다.

대법원 2001. 7. 13. 선고 2001다17572 판결 "취득시효는 당해 부동산을 오랫동안 계속하여 점유한다는 사실상태를 일정한 경우에 권리관계로 높이려고 하는 데에 그 존재이유가 있는 점에 비추어 보면, 시효취득의 목적물은 타인의 부동산임을 요하지 않고 자기 소유의 부동산이라도 시효취득의 목적물이 될 수 있다고 할 것이고, 취득시효를 규정한 민법 제245조가 '타인의 물건인 점'을 규정에서 빼놓은 것도 같은 취지에서라고 할 것이다."

대법원 1977. 6. 28. 선고 77다47 판결 "부동산에 관한 시효기간만료의 효과는 소유권 취득의 효력이 있는 것이 아니라 이를 원인으로 하여 소유권취득을 위한 등기청구권이 발생함에 그친다고 봄이 민법 제245조 제1항의 법의라 할 것이고, 따라서 그 시효기간 만료후 에 그 부동산의 소유권이 제3자에게 이전된 경우에는 그 제3자에 대하여 시효완성을 주장할 수 없다고 할 것이며, 그렇기 때문에 시효기간만료 후 이해관계있는 제3자가 있는 경우는 시효이익을 주장하는 자는 임의로 그 시효기산점을 선택할 수 없다고 할 것이다. 한편 민법 제199조에 의하면 점유자의 승계인은 자기의 점유만을 주장하거나 자기의 점유와 전점유자의 점유를 아울러 주장할 수 있는 바, 여기에서 말하는 전점유자라는 것은 직전의 전점유자만을 가리키는 것이 아니라 현점유자에 앞서는 모든 전점유자를 말하며 그 전점유자가 수인인 경우에는 임의로 선택한 특정의 전점유자 이하의 점유를 아울러 주장할 수 있는 것으로 해석되므로 본건에 있어서 피고들의 전점유자인 위 김준열의 점유시초를 기산점으로 하여 20년의 시효기간이 만료되었다고 본 원심의 판단은 결론에 있어서 정당하다 할 것이니 견해를 달리하여 점유기간중의 시점을 임의로 선택하여 기산점으로 삼았다는 전제에서 나온 소론은 이유 없다."

대법원 1980. 3. 11. 선고 79다2110 판결 "점유자가 자기의 전 점유자의 점유를 주장할 때 그 직전 점유자의 점유를 주장하거나, 그 전 점유자의 것을 아울러 주장하는 것은 그 주장하는 사람의 임의에 속하나, 이 경우에도 그 점유시초를 전 점유자의 점유기간 중의 임의시점을 택하여 주장할 수 없다."

대법원 1998. 4. 14. 선고 97다44089 판결 "취득시효 기간의 계산에 있어 그 점유 개시의 기산일은 임의로 선택할 수 없으나, 소유자에 변경이 없는 경우에는 취득시효 완성을 주장할 수 있는 시점에서 보아 그 기간이 경과된 사실만 확정되면 된다. 토지에 대한 점유로 인한 취득시효 완성 당시 미등기로 남아 있던 토지에 관하여 소유권을 가지고 있던 자가 취득시효 완성 후에 그 명의로 소유권보존등기를 마쳤다 하더라도 소유자에 변경이 있다고 볼 수 없으며, 그러한 등기 명의자로부터 상속을 원인으로 소유권이전등기를 마친 자가 있다 하여도 취득시효 완성을 주장할 수 있는 시점에서 역산하여 취득시효 기간이 경과되면 그에게 취득시효 완성을 주장할 수 있다. 점유시효취득 대상인 미등기 토지에 대하여 소유자의 상속인 명의로 구 소유권이전등기등에관한특별조치법에 따른 소유권보존등기가 마쳐졌다 하여도 이는 시효취득에 영향을 미치는 소유자 변경에 해당하지 아니한다."

대법원 1993. 2. 9. 선고 92다47892 판결 "부동산에 관한 취득시효가 완성된 후 취득시효를 주장하거나 이로 인한 소유권이전등기청구를 하기 이전에는 등기명의인인 부동산 소유자로서는 특별한 사정이 없는 한 시효취득사실을 알 수 없는 것이므로 이를 제3자에게 처분하였다 하더라도 불법행위가 성립할 수 없다 할 것이나, 시효취득을 주장하는 권리자가 취득시효를 주장하면서 소유권이전등기청구소송을 제기하여 그에 관한 입증까지 마쳤다면 부동산 소유자로서는 시효취득사실을 알 수 있다 할 것이고 이러한 경우에 부동산 소유자가 부동산을 제3자에게 처분하여 소유권이전등기를 넘겨줌으로써 취득시효완성을 원인으로 한 소유권이전등기의무가 이행불능에 빠짐으로써 시효취득을 주장하는 자가 손해를 입었다면 불법행위를 구성한다고 할 것이며, 부동산을 취득한 제3자가 부동산 소유자의 이와 같은 불법행위에 적극 가담하였다면 이는 사회질서에 반하는 행위로서 무효라 할 것이다."

대법원 2009. 12. 10. 선고 2006다55784,55791 판결 "지상건물과 함께 그 대지를 매수·취득하여 점유를 개시함에 있어서 매수인이 인접토지와의 지적상의 경계선을 정확하게 확인하여 보지 아니하여 착오로 인접토지의 일부를 그가 매수·취득한 대지에 속하는 것으로 믿고 점유를 하여 왔다고 하더라도 위 인접토지의 일부를 현실적으로 인도받아 점유하고 있는 이상 인접토지에 대한 점유 역시 소유의 의사에 기한 것이라고 보아야 한다. 한편, 매매대상 대지의 면적이 등기부상의 면적을 상당히 초과하는 경우에 특별한 사정이 없다면 계약 당사자들이 이러한 사실을 알고 있었다고 보는 것이 상당하며, 그러한 경우에는 매도인이 그 초과 부분에 대한 소유권을 취득하여 이전하여 주기로 약정하는 등의 특별한 사정이 없는 한, 그 초과 부분은 단순한 점용권의 매매로 보아야 하고 따라서 그 점유는 권원의 성질상 타주점유에 해당한다. 공유물분할은 공유자 상호간의 지분의 교환 또는 매매라고 할 것이므로, 2인 공유인 1필지 토지의 일부에 대한 점유취득시효가 완성된 이후 그 1필지 토지가 공유물분할에 의하여 시효취득의 대상이 된 토지 부분과 나머지 토지로 분할된 경우, 시효취득의 대상이 된 부분에 관한 공유자 1인의 공유지분은 공유물분할에 의하여 다른 공유자 1인에게 이전되었다 할 것이고, 따라서 점유자는 취득시효가 완성된 부분에 관한 공유자 1인의 공유지분에 대하여는 이를 이전받은 다른 공유자에게 시효완성으로써 대항할 수 없다."

대법원 1989. 12. 26. 선고 87다카2176 (全)판결 "재조선미국육군사령부군정청법령 제2호 제1조, 제33호 제2조의 규정취지는 미군정청이 물권변동에 관한 공시방법을 기준으로 하여 1945.8.9. 현재의 상태에서 일본인 소유재산의 처분을 금지하여 그대로 묶어 두고 그 소유권을 미군정청에 귀속시키고자 함에 있다고 할 것이므로 여기서 말하는 "1945.8.9.이후"란 문언은 "1945.8.9. 00:00부터"라고 해석되고, 따라서 비록 1945.8.9. 00:00 전에 한국인이 일본인으로부터 부동산을 매수하여 1945.8.9. 바로 그날에 그 명의로 소유권이전등기를 마쳤다 하더라도 1945.8.9. 00:00 후에 일본인 명의로 아직 그 소유권을 표상하는 등기가 되어 있는 이상 군정법령 제33호에 의하여 미군정청에 그 소유권이 귀속되는 것이다. 등기부취득시효에 관한 민법 제245조 제2항의 규정에 위하여 소유권을 취득하는 자는 10년간 반드시 그의 명의로 등기되어 있어야 하는 것은 아니고 앞 사람의 등기까지 아울러 그 기간동안 부동산의 소유자로 등기되어 있으면 된다고 할 것이다."

대법원 1996. 10. 17. 선고 96다12511 판결 "전등기의 접수일자, 접수번호 및 원인일자 등이 '불명'으로 기재된 멸실회복등기라도 특별한 사정이 없는 한, 멸실회복등기의 실시요강에 따라 등기공무원이 토지대장등본 등 전등기의 권리를 증명할 공문서가 첨부된 등기신청서에 의하여 적법하게 처리한 것이라고 추정된다. 동일 부동산에 관하여 등기명의인을 달리하여 중복된 소유권보존등기가 경료된 경우에는, 먼저 이루어진 소유권보존등기가 원인무효가 되지 아니하는 한, 뒤에 된 소유권보존등기는 실체권리관계에 부합되는지의 여부를 따질 필요도 없이 무효이다. 민법 제245조 제2항은 부동산의 소유자로 등기한 자가 10년간 소유의 의사로 평온·공연하게 선의이며 과실 없이 그 부동산을 점유한 때에는 소유권을 취득한다고 규정하고 있는바, 위 법 조항의 '등기'는 부동산등기법 제15조가 규정한 1부동산 1용지주의에 위배되지 아니한 등기를 말하므로, 어느 부동산에 관하여 등기명의인을 달리하여 소유권보존등기가 2중으로 경료된 경우 먼저 이루어진 소유권보존등기가 원인무효가 아니어서 뒤에 된 소유권보존등기가 무효로 되는 때에는, 뒤에 된 소유권보존등기나 이에 터잡은 소유권이전등기를 근거로 하여서는 등기부취득시효의 완성을 주장할 수 없다."

대법원 1998. 5. 22. 선고 96다24101 판결 "취득시효기간 만료 후 국가에 대하여 무단점유 사실을 확인하면서 당해 토지에 관하여 어떠한 권리도 주장하지 아니한다는 내용의 각서를 작성·교부하였고, 국가와 사이에 당해 토지를 대부하되 대부기간이 만료되거나 계약이 해지될 경우 지정한 기간 내에 원상으로 회복하여 반환하고 당해 토지에 관한 연고권을 주장할 수 없다는 내용의 국유재산 대부계약을 체결하였으며, 당해 토지를 권원 없이 점용한 데 대한 변상금 및 대부계약에 따른 대부료를 납부한 경우, 점유자는 취득시효완성의 이익을 포기하는 적극적인 의사표시를 하였다고 볼 수 있다. 취득시효완성 후에 그 사실을 모르고 당해 토지에 관하여 어떠한 권리도 주장하지 않기로 하였다 하더라도 이에 반하여 시효주장을 하는 것은 특별한 사정이 없는 한 신의칙상 허용되지 않는다."

대법원 1993. 11. 26. 선고 93다30013 판결 "취득시효를 주장하는 자는 소유자의 변동이 없는 토지에 관하여는 취득시효의 기산점을 임의로 선택할 수 있고, 취득시효를 주장하는 날로부터 역산하여 20년 이상의 점유사실이 인정되고 그 점유가 자주점유가 아닌 것으로 밝혀지지 않는 한 취득시효를 인정할 수 있다. 귀속재산을 매수하여 점유하여 온 경우 그 토지가 귀속재산처리에관한특별조치법 제2조 제1호, 부칙 제5조에 의하여 국유재산으로 된 1965.1.1.부터는 그 토지에 대한 점유는 자주점유로 환원된다. 점유자가 1965.1.1.부터 자주점유를 개시하였고 그 20년 경과 후 국가와의 사이에 점유토지에 관하여 대부계약을 체결하고 소정의 대부료를 지급하였다 하더라도, 점유자가 달리 시효완성에 따른 등기청구권을 포기하겠다는 등의 적극적인 의사표시를 하지 않았다면 위와 같은 사실만으로는 위 토지에 대한 점유자의 점유가 타주점유로 전환되었거나 점유자가 그 시효

이익을 포기하였다고 볼 수 없다.”

(2) 10년간 소유의 의사로 평온, 공연하게 동산을 점유한 자는 그 소유권을 취득한다. 동산의 점유가 선의이며 과실없이 개시된 경우에는 5년을 경과함으로써 그 소유권을 취득한다. 취득시효에 의한 소유권취득의 효력은 점유를 개시한 때에 소급한다. 소멸시효의 중단에 관한 규정은 취득시효에 의한 소유권취득기간에 준용한다. 취득시효완성에 의한 소유권 취득에 과한 민법규정은 소유권 이외의 재산권 취득에도 준용된다.

라. 선의취득

평온, 공연하게 동산을 양수한 자가 선의이며 과실없이 그 동산을 점유한 경우에는 양도인이 정당한 소유자가 아닌 때에도 즉시 그 동산의 소유권을 취득한다. 다만 그 동산이 도품이나 유실물인 때에는 피해자 또는 유실자는 도난 또는 유실한 날로부터 2년 내에 그 물건의 반환을 청구할 수 있다. 그러나 도품이나 유실물이 금전인 때에는 반환을 청구할 수 없다. 양수인이 도품 또는 유실물을 경매나 공개시장에서 또는 동종류의 물건을 판매하는 상인에게서 선의로 매수한 때에는 피해자 또는 유실자는 양수인이 지급한 대가를 변상하고 그 물건의 반환을 청구할 수 있다.

대법원 1998. 6. 12. 선고 98다6800 판결 “채무자 이외의 자의 소유에 속하는 동산을 경매한 경매절차에서 그 동산을 경락받아 경락대금을 납부하고 이를 인도받은 경락인이 동산의 소유권을 선의취득한 경우 그 동산의 매득금은 채무자의 것이 아니어서 채권자가 이를 배당을 받았다고 하더라도 채권은 소멸하지 않고 계속 존속하므로, 배당을 받은 채권자는 이로 인하여 법률상 원인 없는 이득을 얻고 소유자는 경매에 의하여 소유권을 상실하는 손해를 입게 되었다고 할 것이니 그 동산의 소유자는 배당을 받은 채권자에 대하여 부당이득으로서 배당받은 금원의 반환을 청구할 수 있고, 이러한 이치는 제3자 소유의 기계·기구가 그의 동의 없이 공장저당법 제4조, 제5조의 규정에 의한 저당권의 목적이 되어 같은 법 제7조의 목록에 기재되는 바람에 공장에 속하는 토지 또는 건물과 함께 일괄 경매되어 경락되고 채권자가 그 기계·기구의 경락대금을 배당받은 경우에도 경락인이 그 기계·기구의 소유권을 선의취득 하였다면 마찬가지라고 보아야 한다. 민법 제249조의 동산 선의취득제도는 동산을 점유하는 자의 권리외관을 중시하여 이를 신뢰한 자의 소유권 취득을 인정하고 진정한 소유자의 추급을 방지함으로써 거래의 안전을 확보하기 위하여 법이 마련한 제도이므로, 위 법조 소정의 요건이 구비되어 동산을 선의취득한 자는 권리를 취득하는 반면 종전 소유자는 소유권을 상실하게 되는 법률효과가 법률의 규정에 의하여 발생되므로, 선의취득자가 임의로 이와 같은 선의취득 효과를 거부하고 종전 소유자에게 동산을 반환받아 갈 것을 요구할 수 없다. 채무자 이외의 자의 소유에 속하는 동산을 경매하여 그 매득금을 배당받은 채권자가 그 동산을 경락받아 선의취득자의 지위를 겸하고 있는 경우, 배당받은 채권자가 법률상 원인 없이 이득을 한 것은 배당액이지 선의취득한 동산이 아니므로, 동산의 전 소유자가 임의로 그 동산을 반환받아 가지 아니하는 이상 동산 자체를 반환받아 갈 것을 요구할 수는 없고 단지 배당금을 부당이득으로 반환할 수밖에 없다."

대법원 2008. 5. 8. 선고 2007다36933,36940 판결 "부동산에 부합된 물건이 사실상 분리복구가 불가능하여 거래상 독립한 권리의 객체성을 상실하고 그 부동산과 일체를 이루는 부동산의 구성부분이 된 경우에는 타인이 권원에 의하여 이를 부합시켰더라도 그 물건의 소유권은 부동산의 소유자에게 귀속된다. 종물은 물건의 소유자가 그 물건의 상용에 공하기 위하여 자기 소유인 다른 물건을 이에 부속하게 한 것을 말하므로 주물과 다른 사람의 소유에 속하는 물건은 종물이 될 수 없다. 저당권의 실행으로 부동산이 경매된 경우에 그 부동산에 부합된 물건은 그것이 부합될 당시에 누구의 소유이었는지를 가릴 것 없이 그 부동산을 낙찰받은 사람이 소유권을 취득하지만, 그 부동산의 상용에 공하여진 물건일지라도 그 물건이 부동산의 소유자가 아닌 다른 사람의 소유인 때에는 이를 종물이라고 할 수 없으므로 부동산에 대한 저당권의 효력에 미칠 수 없어 부동산의 낙찰자가 당연히 그 소유권을 취득하는 것은 아니며, 나아가 부동산의 낙찰자가 그 물건을 선의취득하였다고 할 수 있으려면 그 물건이 경매의 목적물로 되었고 낙찰자가 선의이며 과실 없이 그 물건을 점유하는 등으로 선의취득의 요건을 구비하여야 한다."

마. 무주물의 귀속

무주의 동산을 소유의 의사로 점유한 자는 그 소유권을 취득한다. 무주의 부동산은 국유로 한다. 야생하는 동물은 무주물로 하고 사양하는 야생동물도 다시 야생상태로 돌아가면 무주물로 한다.

바. 유실물 · 매장물의 소유권취득

유실물은 법률에 정한 바에 의하여 공고한 후 6개월 내에 그 소유자가 권리를 주장하지 아니하면 습득자가 그 소유권을 취득한다.

매장물은 법률에 정한 바에 의하여 공고한 후 1년내에 그 소유자가 권리를 주장하지 아니하면 발견자가 그 소유권을 취득한다. 그러나 타인의 토지 기타 물건으로부터 발견한 매장물은 그 토지 기타 물건의 소유자와 발견자가 절반하여 취득한다.

학술, 기예 또는 고고의 중요한 재료가 되는 물건은 국유로 한다. 이러한 물건의 습득자, 발견자 및 매장물이 발견된 토지 기타 물건의 소유자는 국가에 대하여 적당한 보상을 청구할 수 있다.

사. 부합 · 혼화 · 가공

부동산의 소유자는 그 부동산에 부합한 물건의 소유권을 취득한다. 그러나 타인의 권원에 의하여 부속된 것은 그러하지 아니하다. 동산과 동산이 부합하여 훼손하지 아니하면 분리할 수 없거나 그 분리에 과다한 비용을 요할 경우에는 그 합성물의 소유권은 주된 동산의 소유자에게 속한다. 부합한 동산의 주종을 구별할 수 없는 때에는 동산의 소유자는 부합당시의 가액의 비율로 합성물을 공유한다. 동산과 동산이 혼화하여 식별할 수 없는 경우도 같다. 타인의 동산에 가공한 때에는 그 물건의 소유권은 원재료의 소유자에게 속한다. 그러나 가공으로 인한 가액의 증가가 원재료의 가액보다 현저히 다액인 때에는 가공자의 소유로 한다. 가공자가 재료의 일부를 제공하였을 때에는 그 가액은 전항의 증가액에 가산한다. 부합·혼화·가공에 의하여 동산의 소유권이 소멸한 때에는 그 동산을 목적으로 한 다른 권리도 소멸한다. 동산의 소유자가 합성물, 혼화물 또는 가공물의 단독소유자가 된 때에는 그 동산을 목적으로 한 다른 권리는 합성물, 혼화물 또는 가공물에 존속하고 그 공유자가 된 때에는 그 지분에 존속한다. 부합·혼화·가공으로 인하여 손해를 받은 자는 부당이득에 관한 규정에 의하여 보상을 청구할 수 있다.

아. 공동소유

(1) 공유

물건이 지분에 의하여 수인의 소유로 된 때에는 공유로 한다. 공유자의 지분은 균등한 것으로 추정한다. 공유자는 그 지분을 처분할 수 있고 공유물 전부를 지분의 비율로 사용, 수익할 수 있다. 공유자는 다른 공유자의 동의없이 공유물을 처분하거나 변경하지 못한다. 공유물의 관리에 관한 사항은 공유자의 지분의 과반수로써 결정한다. 그러나 보존행위는 각자가 할 수 있다. 공유자는 그 지분의 비율로 공유물의 관리비용 기타 의무를 부담한다. 공유자가 1년 이상 전항의 의무이행을 지체한 때에는 다른 공유자는 상당한 가액으로 지분을 매수할 수 있다. 공유자가 그 지분을 포기하거나 상속인없이 사망한 때에는 그 지분은 다른 공유자에게 각 지분의 비율로 귀속한다. 공유자는 공유물의 분할을 청구할 수 있다. 그러나 5년 내의 기간으로 분할하지 아니할 것을 약정할 수 있다. 공유분할금지 계약을 갱신한 때에는 그 기간은 갱신한 날로부터 5년을 넘지 못한다. 분할의 방법에 관하여 협의가 성립되지 아니한 때에는 공유자는 법원에 그 분할을 청구할 수 있다. 현물로 분할할 수 없거나 분할로 인하여 현저히 그 가액이 감손될 염려가 있는 때에는 법원은 물건의 경매를 명할 수 있다. 공유자는 다른 공유자가 분할로 인하여 취득한 물건에 대하여 그 지분의 비율로 매도인과 동일한 담보책임이 있다.

(2) 합유

법률의 규정 또는 계약에 의하여 수인이 조합체로서 물건을 소유하는 때에는 합유로 한다. 합유자의 권리는 합유물 전부에 미친다.

합유물을 처분 또는 변경함에는 합유자 전원의 동의가 있어야 한다. 그러나 보존행위는 각자가 할 수 있다. 합유자는 전원의 동의없이 합유물에 대한 지분을 처분하지 못한다. 합유자는 합유물의 분할을 청구하지 못한다. 합유는 조합체의 해산 또는 합유물의 양도로 인하여 종료한다. 이 경우의 합유물 분할에 관하여는 공유물의 분할에 관한 규정을 준용한다.

(3) 총유

법인이 아닌 사단의 사원이 집합체로서 물건을 소유할 때에는 총유로 한다. 총유에 관하여는 사단의 정관 기타 계약에 달리 정한 바가 없는 경우에는 총유물의 관리 및 처분은 사원총회의 결의에 의하며, 각 사원은 정관 기타의 규약에 좇아 총유물을 사용, 수익할 수 있다. 총유물에 관한 사원의 권리의무는 사원의 지위를 취득상실함으로써 취득상실된다.

8. 지상권

지상권자는 타인의 토지에 건물 기타 공작물이나 수목을 소유하기 위하여 그 토지를 사용하는 권리가 있다. 지상권자는 타인에게 그 권리를 양도하거나 그 권리의 존속기간 내에서 그 토지를 임대할 수 있다. 지상권이 소멸한 경우에 건물 기타 공작물이나 수목이 현존한 때에는 지상권자는 계약의 갱신을 청구할 수 있다. 지상권설정자가 계약의 갱신을 원하지 아니하는 때에는 지상권자는 상당한 가액으로 전항의 공작물이나 수목의 매수를 청구할 수 있다. 지상권이 소멸한 때에는 지상권자는 건물 기타 공작물이나 수목을 수거하여 토지를 원상에 회복하여야 한다. 이 경우에 지상권설정자가 상당한 가액을 제공하여 그 공작물이나 수목의 매수를 청구한 때에는 지상권자는 정당한 이유없이 이를 거절하지 못한다. 지료가 토지에 관한 조세 기타 부담의 증감이나 지가의 변동으로 인하여 상당하지 아니하게 된 때에는 당사자는 그 증감을 청구할 수 있다. 지상권자가 2년 이상의 지료를 지급하지 아니한 때에는 지상권설정자는 지상권의 소멸을 청구할 수 있다. 지상권이 저당권의 목적인 때 또는 그 토지에 있는 건물, 수목이 저당권의 목적이 된 때에는 지상권소멸 청구는 저당권자에게 통지한 후 상당한 기간이 경과함으로써 그 효력이 생긴다. 지하 또는 지상의 공간은 상하의 범위를 정하여 건물 기타 공작물을 소유하기 위한 지상권의 목적으로 할 수 있다(구분지상권). 이 경우 설정행위로써 지상권의 행사를 위하여 토지의 사용을 제한할 수 있다. 구분지상권은 제3자가 토지를 사용·수익할 권리를 가진 때에도 그 권리자 및 그 권리를 목적으로 하는 권리를 가진 자 전원의 승낙이 있으면 이를 설정할 수 있다. 이 경우 토지를 사용·수익할 권리를 가진 제3자는 그 지상권의 행사를 방해하여서는 아니된다.

9. 지역권

지역권자는 일정한 목적을 위하여 타인의 토지를 자기토지의 편익에 이용하는 권리가 있다. 지역권은 요역지소유권에 부종하여 이전하며 또는 요역지에 대한 소유권이외의 권리의 목적이 된다. 그러나 다른 약정이 있는 때에는 그 약정에 의한다. 지역권은 요역지와 분리하여 양도하거나 다른 권리의 목적으로 하지 못한다. 토지공유자의 1인은 지분에 관하여 그 토지를 위한 지역권 또는 그 토지가 부담한 지역권을 소멸하게 하지 못한다. 토지의 분할이나 토지의 일부양도의 경우에는 지역권은 요역지의 각 부분을 위하여 또는 그 승역지의 각부분에 존속한다. 그러나 지역권이 토지의 일부분에만 관한 것인 때에는 다른 부분에 대하여는 그러하지 아니하다. 공유자의 1인이 지역권을 취득한 때에는 다른 공유자도 이를 취득한다. 점유로 인한 지역권취득기간의 중단은 지역권을 행사하는 모든 공유자에 대한 사유가 아니면 그 효력이 없다. 요역지가 수인의 공유인 경우에 그 1인에 의한 지역권소멸시효의 중단 또는 정지는 다른 공유자를 위하여 효력이 있다. 용수승역지의 수량이 요역지 및 승역지의 수요에 부족한 때에는 그 수요정도에 의하여 먼저 가용에 공급하고 다른 용도에 공급하여야 한다. 그러나 설정행위에 다른 약정이 있는 때에는 그 약정에 의한다. 승역지에 수개의 용수지역권이 설정된 때에는 후순위의 지역권자는 선순위의 지역권자의 용수를 방해하지 못한다. 계약에 의하여 승역지소유자가 자기의 비용으로 지역권의 행사를 위하여 공작물의 설치 또는 수선의 의무를 부담한 때에는 승역지소유자의 특별승계인도 그 의무를 부담한다. 승역지의 소유자는 지역권에 필요한 부분의 토지소유권을 지역권자에게 위기하여 전조의 부담을 면할 수 있다. 승역지의 소유자는 지역권의 행사를 방해하지 아니하는 범위내에서 지역권자가 지역권의 행사를 위하여 승역지에 설치한 공작물을 사용할 수 있다. 이 경우 승역지의 소유자는 수익정도의 비율로 공작물의 설치, 보존의 비용을 분담하여야 한다. 어느 지역의 주민이 집합체의 관계로 각자가 타인의 토지에서 초목, 야생물 및 토사의 채취, 방목 기타의 수익을 하는 권리가 있는 경우(특수지역권)에는 관습에 의하는 외에 민법의 지역권 규정을 준용한다.

10. 전세권

전세권자는 전세금을 지급하고 타인의 부동산을 점유하여 그 부동산의 용도에 좇아 사용·수익하며, 그 부동산 전부에 대하여 후순위권리자 기타 채권자보다 전세금의 우선변제를 받을 권리가 있다. 농경지는 전세권의 목적으로 하지 못한다. 타인의 토지에 있는 건물에 전세권을 설정한 때에는 전세권의 효력은 그 건물의 소유를 목적으로 한 지상권 또는 임차권에 미친다. 이 경우 전세권설정자는 전세권자의 동의없이 지상권 또는 임차권을 소멸하게 하는 행위를 하지 못한다. 대지와 건물이 동일한 소유자에 속한 경우에 건물에 전세권을 설정한 때에는 그 대지소유권의 특별승계인은 전세권설정자에 대하여 지상권을 설정한 것으로 본다. 그러나 지료는 당사자의 청구에 의하여 법원이 이를 정한다. 이 경우 대지소유자는 타인에게 그 대지를 임대하거나 이를 목적으로 한 지상권 또는 전세권을 설정하지 못한다.

전세권자는 전세권을 타인에게 양도 또는 담보로 제공할 수 있고 그 존속기간내에서 그 목적물을 타인에게 전전세 또는 임대할 수 있다. 그러나 설정행위로 이를 금지한 때에는 그러하지 아니하다. 전세권양수인은 전세권설정자에 대하여 전세권양도인과 동일한 권리의무가 있다. 전세권의 목적물을 전전세 또는 임대한 경우에는 전세권자는 전전세 또는 임대하지 아니하였으면 면할 수 있는 불가항력으로 인한 손해에 대하여 그 책임을 부담한다. 전세권자는 목적물의 현상을 유지하고 그 통상의 관리에 속한 수선을 하여야 한다.

전세권자가 목적물을 개량하기 위하여 지출한 금액 기타 유익비에 관하여는 그 가액의 증가가 현존한 경우에 한하여 소유자의 선택에 좇아 그 지출액이나 증가액의 상환을 청구할 수 있다. 이때에 법원은 소유자의 청구에 의하여 상당한 상환기간을 허여할 수 있다. 전세권자가 전세권설정계약 또는 그 목적물의 성질에 의하여 정하여진 용법으로 이를 사용, 수익하지 아니한 경우에는 전세권설정자는 전세권의 소멸을 청구할 수 있다. 이 때 전세권설정자는 전세권자에 대하여 원상회복 또는 손해배상을 청구할 수 있다.

전세권의 존속기간은 10년을 넘지 못한다. 당사자의 약정기간이 10년을 넘는 때에는 이를 10년으로 단축한다. 건물에 대한 전세권의 존속기간을 1년 미만으로 정한 때에는 이를 1년으로 한다. 전세권의 설정은 이를 갱신할 수 있다. 그 기간은 갱신한 날로부터 10년을 넘지 못한다. 건물의 전세권설정자가 전세권의 존속기간 만료전 6월부터 1월까지 사이에 전세권자에 대하여 갱신거절의 통지 또는 조건을 변경하지 아니하면 갱신하지 아니한다는 뜻의 통지를 하지 아니한 경우에는 그 기간이 만료된 때에 전전세권과 동일한 조건으로 다시 전세권을 설정한 것으로 본다. 이 경우 전세권의 존속기간은 그 정함이 없는 것으로 본다.

전세금이 목적 부동산에 관한 조세·공과금 기타 부담의 증감이나 경제사정의 변동으로 인하여 상당하지 아니하게 된 때에는 당사자는 장래에 대하여 그 증감을 청구할 수 있다. 그러나 증액의 경우에는 대통령령이 정하는 기준에 따른 비율을 초과하지 못한다.

전세권의 존속기간을 약정하지 아니한 때에는 각 당사자는 언제든지 상대방에 대하여 전세권의 소멸을 통고할 수 있고 상대방이 이 통고를 받은 날로부터 6월이 경과하면 전세권은 소멸한다. 전세권이 소멸한 때에는 전세권설정자는 전세권자로부터 그 목적물의 인도 및 전세권설정등기의 말소등기에 필요한 서류의 교부를 받는 동시에 전세금을 반환하여야 한다. 전세권설정자가 전세금의 반환을 지체한 때에는 전세권자는 민사집행법의 정한 바에 의하여 전세권의 목적물의 경매를 청구할 수 있다.

전세권의 목적물의 전부 또는 일부가 불가항력으로 인하여 멸실된 때에는 그 멸실된 부분의 전세권은 소멸한다. 일부멸실의 경우에 전세권자가 그 잔존부분으로 전세권의 목적을 달성할 수 없는 때에는 전세권설정자에 대하여 전세권전부의 소멸을 통고하고 전세금의 반환을 청구할 수 있다.

전세권의 목적물의 전부 또는 일부가 전세권자에 책임있는 사유로 인하여 멸실된 때에는 전세권자는 손해를 배상할 책임이 있다. 이 때 전세권설정자는 전세권이 소멸된 후 전세금으로써 손해의 배상에 충당하고 잉여가 있으면 반환하여야 하며 부족이 있으면 다시 청구할 수 있다. 전세권이 그 존속기간의 만료로 인하여 소멸한 때에는 전세권자는 그 목적물을 원상에 회복하여야 하며 그 목적물에 부속시킨 물건은 수거할 수 있다. 그러나 전세권설정자가 그 부속물건의 매수를 청구한 때에는 전세권자는 정당한 이유없이 거절하지 못한다. 이 때 그 부속물건이 전세권설정자의 동의를 얻어 부속시킨 것인 때에는 전세권자는 전세권설정자에 대하여 그 부속물건의 매수를 청구할 수 있다. 그 부속물건이 전세권설정자로부터 매수한 것인 때에도 같다.

11. 유치권

타인의 물건 또는 유가증권을 점유한 자는 그 물건이나 유가증권에 관하여 생긴 채권이 변제기에 있는 경우에는 변제를 받을 때까지 그 물건 또는 유가증권을 유치할 권리가 있다. 그러나 그 점유가 불법행위로 인한 경우에 이러한 유치권은 인정되지 않는다. 유치권자는 채권전부의 변제를 받을 때까지 유치물전부에 대하여 그 권리를 행사할 수 있다. 유치권자는 채권의 변제를 받기 위하여 유치물을 경매할 수 있다. 정당한 이유있는 때에는 유치권자는 감정인의 평가에 의하여 유치물로 직접 변제에 충당할 것을 법원에 청구할 수 있다. 이 경우에는 유치권자는 미리 채무자에게 통지하여야 한다. 유치권자는 유치물의 과실을 수취하여 다른 채권보다 먼저 그 채권의 변제에 충당할 수 있다. 그러나 과실이 금전이 아닌 때에는 경매하여야 한다. 과실은 먼저 채권의 이자에 충당하고 그 잉여가 있으면 원본에 충당한다. 유치권자는 선량한 관리자의 주의로 유치물을 점유하여야 한다. 유치권자는 유치물의 보존에 필요한 사용을 제외하고 채무자의 승낙없이 유치물의 사용, 대여 또는 담보제공을 하지 못한다. 유치권자가 채무자의 승낙없이 사용, 대여 또는 담보제공을 한 경우 채무자는 유치권의 소멸을 청구할 수 있다. 유치권자가 유치물에 관하여 필요비를 지출한 때에는 소유자에게 그 상환을 청구할 수 있다. 유치권자가 유치물에 관하여 유익비를 지출한 때에는 그 가액의 증가가 현존한 경우에 한하여 소유자의 선택에 좇아 그 지출한 금액이나 증가액의 상환을 청구할 수 있다. 그러나 법원은 소유자의 청구에 의하여 상당한 상환기간을 허여할 수 있다. 유치권의 행사는 채권의 소멸시효의 진행에 영향을 미치지 아니한다. 채무자는 상당한 담보를 제공하고 유치권의 소멸을 청구할 수 있다. 유치권은 점유의 상실로 인하여 소멸한다.

12. 질권

가. 동산질권

동산질권자는 채권의 담보로 채무자 또는 제삼자가 제공한 동산을 점유하고 그 동산에 대하여 다른 채권자보다 자기채권의 우선변제를 받을 권리가 있다. 질권의 설정은 질권자에게 목적물을 인도함으로써 그 효력이 생긴다. 질권은 양도할 수 없는 물건을 목적으로 하지 못한다. 질권자는 설정자로 하여금 질물의 점유를 하게 하지 못한다. 수개의 채권을 담보하기 위하여 동일한 동산에 수개의 질권을 설정한 때에는 그 순위는 설정의 선후에 의한다. 질권은 원본, 이자, 위약금, 질권실행의 비용, 질물보존의 비용 및 채무불이행 또는 질물의 하자로 인한 손해배상의 채권을 담보한다. 그러나 다른 약정이 있는 때에는 그 약정에 의한다. 질권자는 위 채권의 변제를 받을 때까지 질물을 유치할 수 있다. 그러나 자기보다 우선권이 있는 채권자에게 대항하지 못한다. 그 권리의 범위내에서 자기의 책임으로 질물을 전질할 수 있다. 이 경우에는 전질을 하지 아니하였으면 면할 수 있는 불가항력으로 인한 손해에 대하여도 책임을 부담한다. 전질의 경우에 질권자가 채무자에게 전질의 사실을 통지하거나 채무자가 이를 승낙함이 아니면 전질로써 채무자, 보증인, 질권설정자 및 그 승계인에게 대항하지 못한다. 채무자가 전질의 통지의 통지를 받거나 승낙을 한 때에는 전질권자의 동의없이 질권자에게 채무를 변제하여도 이로써 전질권자에게 대항하지 못한다. 질권자는 채권의 변제를 받기 위하여 질물을 경매할 수 있다. 정당한 이유있는 때에는 질권자는 감정인의 평가에 의하여 질물로 직접 변제에 충당할 것을 법원에 청구할 수 있다. 이 경우에는 질권자는 미리 채무자 및 질권설정자에게 통지하여야 한다. 질권설정자는 채무변제기전의 계약으로 질권자에게 변제에 가름하여 질물의 소유권을 취득하게 하거나 법률에 정한 방법에 의하지 아니하고 질물을 처분할 것을 약정하지 못한다. 질권자는 질물에 의하여 변제를 받지 못한 부분의 채권에 한하여 채무자의 다른 재산으로부터 변제를 받을 수 있다. 그러나 질물보다 먼저 다른 재산에 관한 배당을 실시하는 경우에는 그렇지 않다. 다른 채권자는 질권자에게 그 배당금액의 공탁을 청구할 수 있다. 타인의 채무를 담보하기 위한 질권설정자가 그 채무를 변제하거나 질권의 실행으로 인하여 질물의 소유권을 잃은 때에는 보증채무에 관한 규정에 의하여 채무자에 대한 구상권이 있다. 질권은 질물의 멸실, 훼손 또는 공용징수로 인하여 질권설정자가 받을 금전 기타 물건에 대하여도 이를 행사할 수 있다. 이 경우에는 그 지급 또는 인도전에 압류하여야 한다.

나. 권리질권

질권은 재산권을 그 목적으로 할 수 있다. 그러나 부동산의 사용, 수익을 목적으로 하는 권리는 그러하지 아니하다. 권리질권의 설정은 법률에 다른 규정이 없으면 그 권리의 양도에 관한 방법에 의하여야 한다. 채권을 질권의 목적으로 하는 경우에 채권증서가 있는 때에는 질권의 설정은 그 증서를 질권자에게 교부함으로써 그 효력이 생긴다. 저당권으로 담보한 채권을 질권의 목적으로 한 때에는 그 저당권등기에 질권의 부기등기를 하여야 그 효력이 저당권에 미친다. 지명채권을 목적으로 한 질권의 설정은 설정자가 제3채무자에게 질권설정의 사실을 통지하거나 제삼채무자가 이를 승낙함이 아니면 이로써 제삼채무자 기타 제삼자에게 대항하지 못한다. 지시채권을 질권의 목적으로 한 질권의 설정은 증서에 배서하여 질권자에게 교부함으로써 그 효력이 생긴다. 무기명채권을 목적으로 한 질권의 설정은 증서를 질권자에게 교부함으로써 그 효력이 생긴다. 질권설정자는 질권자의 동의없이 질권의 목적된 권리를 소멸하게 하거나 질권자의 이익을 해하는 변경을 할 수 없다. 질권자는 질권의 목적이 된 채권을 직접 청구할 수 있다. 채권의 목적물이 금전인 때에는 질권자는 자기채권의 한도에서 직접 청구할 수 있다. 질권의 목적인 채권의 변제기가 질권자의 채권의 변제기보다 먼저 도래한 때에는 질권자는 제3채무자에 대하여 그 변제금액의 공탁을 청구할 수 있다. 이 경우에 질권은 그 공탁금에 존재한다. 채권의 목적물이 금전 이외의 물건인 때에는 질권자는 그 변제를 받은 물건에 대하여 질권을 행사할 수 있다.

13. 저당권

저당권자는 채무자 또는 제삼자가 점유를 이전하지 아니하고 채무의 담보로 제공한 부동산에 대하여 다른 채권자보다 자기채권의 우선변제를 받을 권리가 있다. 저당권은 그 담보할 채무의 최고액만을 정하고 채무의 확정을 장래에 보류하여 이를 설정할 수 있다(근저당). 근저당의 경우에는 그 확정될 때까지의 채무의 소멸 또는 이전은 저당권에 영향을 미치지 않으며, 채무의 이자는 최고액 중에 산입한 것으로 본다. 저당권으로 담보한 채권이 시효의 완성 기타 사유로 인하여 소멸한 때에는 저당권도 소멸한다.

저당권의 효력은 저당부동산에 부합된 물건과 종물에 미친다. 그러나 법률에 특별한 규정 또는 설정행위에 다른 약정이 있으면 그러하지 아니하다. 저당권의 효력은 저당부동산에 대한 압류가 있은 후에 저당권설정자가 그 부동산으로부터 수취한 과실 또는 수취할 수 있는 과실에 미친다. 그러나 저당권자가 그 부동산에 대한 소유권, 지상권 또는 전세권을 취득한 제3자에 대하여는 압류한 사실을 통지한 후가 아니면 이로써 대항하지 못한다.

저당권은 원본, 이자, 위약금, 채무불이행으로 인한 손해배상 및 저당권의 실행비용을 담보한다. 그러나 지연배상에 대하여는 원본의 이행기일을 경과한 후의 1년분에 한하여 저당권을 행사할 수 있다. 저당권은 그 담보한 채권과 분리하여 타인에게 양도하거나 다른 채권의 담보로 하지 못한다.

저당권설정자의 책임있는 사유로 인하여 저당물의 가액이 현저히 감소된 때에는 저당권자는 저당권설정자에 대하여 그 원상회복 또는 상당한 담보제공을 청구할 수 있다. 저당권자는 그 채권의 변제를 받기 위하여 저당물의 경매를 청구할 수 있다. 저당물의 소유권을 취득한 제3자도 경매인이 될 수 있다. 저당부동산에 대하여 소유권, 지상권 또는 전세권을 취득한 제3자는 저당권자에게 그 부동산으로 담보된 채권을 변제하고 저당권의 소멸을 청구할 수 있다. 토지를 목적으로 저당권을 설정한 후 그 설정자가 그 토지에 건물을 축조한 때에는 저당권자는 토지와 함께 그 건물에 대하여도 경매를 청구할 수 있다. 그러나 그 건물의 경매대가에 대하여는 우선변제를 받을 권리가 없다.

저당물의 경매로 인하여 토지와 그 지상건물이 다른 소유자에 속한 경우에는 토지소유자는 건물소유자에 대하여 지상권을 설정한 것으로 본다. 그러나 지료는 당사자의 청구에 의하여 법원이 이를 정한다. 저당물의 제3취득자가 그 부동산의 보존, 개량을 위하여 필요비 또는 유익비를 지출한 때에는 저당물의 경매대가에서 우선상환을 받을 수 있다. 동일한 채권의 담보로 수개의 부동산에 저당권을 설정한 경우에 그 부동산의 경매대가를 동시에 배당하는 때에는 각부동산의 경매대가에 비례하여 그 채권의 분담을 정한다. 공동저당부동산중 일부의 경매대가를 먼저 배당하는 경우에는 그 대가에서 그 채권전부의 변제를 받을 수 있다. 이 경우에 그 경매한 부동산의 차순위저당권자는 선순위저당권자가 전항의 규정에 의하여 다른 부동산의 경매대가에서 변제를 받을 수 있는 금액의 한도에서 선순위자를 대위하여 저당권을 행사할 수 있다.

Ⅲ. 채권

1. 채권의 목적

금전으로 가액을 산정할 수 없는 것이라도 채권의 목적으로 할 수 있다. 특정물의 인도가 채권의 목적인 때에는 채무자는 그 물건을 인도하기까지 선량한 관리자의 주의로 보존하여야 한다. 채권의 목적을 종류로만 지정한 경우에 법률행위의 성질이나 당사자의 의사에 의하여 품질을 정할 수 없는 때에는 채무자는 중등품질의 물건으로 이행하여야 한다. 채무자가 이행에 필요한 행위를 완료하거나 채권자의 동의를 얻어 이행할 물건을 지정한 때에는 그때로부터 그 물건을 채권의 목적물로 한다. 채권의 목적이 어느 종류의 통화로 지급할 것인 경우에 그 통화가 변제기에 강제통용력을 잃은 때에는 채무자는 다른 통화로 변제하여야 한다. 채권의 목적이 다른 나라 통화로 지급할 것인 경우에는 채무자는 자기가 선택한 그 나라의 각 종류의 통화로 변제할 수 있다. 채권의 목적이 어느 종류의 다른 나라 통화로 지급할 것인 경우에 그 통화가 변제기에 강제통용력을 잃은 때에는 그 나라의 다른 통화로 변제하여야 한다. 채권액이 다른 나라 통화로 지정된 때에는 채무자는 지급할 때에 있어서의 이행지의 환금시가에 의하여 우리나라 통화로 변제할 수 있다. 이자있는 채권의 이율은 다른 법률의 규정이나 당사자의 약정이 없으면 연 5%로 한다(법정이자).[212] 약정이자의 경우에는 이자제한법의 적용을 받아 연 30%가 최고이자율이다. 이자제한법 제5조에 의하면 이자에 대하여 다시 이자를 지급하기로 한 복리약정은 제한이율을 초과하는 부분의 금액에 대하여 무효이다. 대부업자의 경우 대부업법 적용을 받아 연 39%가 최고이자율이다.

채권의 목적이 수개의 행위 중에서 선택에 좇아 확정될 경우에 다른 법

---

212) 민사행위의 경우 연5%인 것이고, 상행위의 경우 연6%이다. 공탁금이자는 연1%이다. 연5%의 법정이율은 이자의 산정은 물론 금전채무불이행으로 인한 지연손해금의 산정에도 적용된다. 대법원 1995. 10. 13. 선고 94다57800 판결 "금전채무의 이행지체로 인하여 발생하는 지연손해금은 그 성질이 손해배상금이지 이자가 아니며, 민법 제163조 제1호의 1년 이내의 기간으로 정한 채권도 아니므로 3년간의 단기소멸시효의 대상이 되지 아니한다."

률의 규정이나 당사자의 약정이 없으면 선택권은 채무자에게 있다.[213] 선택권행사의 기간이 있는 경우에 선택권자가 그 기간내에 선택권을 행사하지 아니하는 때에는 상대방은 상당한 기간을 정하여 그 선택을 최고할 수 있고 선택권자가 그 기간내에 선택하지 아니하면 선택권은 상대방에게 있다. 선택권행사의 기간이 없는 경우에 채권의 기한이 도래한 후 상대방이 상당한 기간을 정하여 그 선택을 최고하여도 선택권자가 그 기간내에 선택하지 아니할 때에도 선택권은 상대방에게 있다. 채권자나 채무자가 선택하는 경우에는 그 선택은 상대방에 대한 의사표시로 한다. 이 의사표시는 상대방의 동의가 없으면 철회하지 못한다. 제3자가 선택하는 경우에는 그 선택은 채무자 및 채권자에 대한 의사표시로 한다. 이 의사표시는 채권자 및 채무자의 동의가 없으면 철회하지 못한다. 선택할 제3자가 선택할 수 없는 경우에는 선택권은 채무자에게 있다. 제3자가 선택하지 아니하는 경우에는 채권자나 채무자는 상당한 기간을 정하여 그 선택을 최고할 수 있고 제3자가 그 기간내에 선택하지 아니하면 선택권은 채무자에게 있다. 채권의 목적으로 선택할 수개의 행위 중에 처음부터 불능한 것이나 또는 후에 이행불능하게 된 것이 있으면 채권의 목적은 잔존한 것에 존재하지만, 선택권 없는 당사자의 과실로 인하여 이행불능이 된 때에는 그렇지 않다. 선택의 효력은 그 채권이 발생한 때에 소급한다. 그러나 제3자의 권리를 해하지 못한다.

2. 채권의 효력

채무이행의 확정한 기한이 있는 경우에는 채무자는 기한이 도래한 때로부터 지체책임이 있다. 채무이행의 불확정한 기한이 있는 경우에는 채무자는 기한이 도래함을 안 때로부터 지체책임이 있다. 채무이행의 기한이 없는 경우에는 채무자는 이행청구를 받은 때로부터 지체책임이 있다. 채무자가 담보를 손상, 감소 또는 멸실한 경우 또는 채무자가 담보제공의 의무를

213) 대법원 1972. 7. 11. 선고 70다877 판결 "선택권자가 선택의 의사표시를 한 뒤라도 상대방의 방해행위 등으로 선택의 목적을 달성할 수 없는 경우와 같이 특별한 사정이 있으면 상대방의 동의없이도 이 의사표시를 철회하고 새로운 선택을 할 수 있다."

이행하지 아니한 경우에는 채무자는 기한의 이익을 주장하지 못한다.

채무이행의 확정기한이 있는 경우에는 그 기한이 도래한 다음날부터 이행지체의 책임을 지고 기한의 정함이 없는 경우에는 그 이행의 청구를 받은 다음날로부터 이행지체의 책임을 진다.[214] 민법 제387조 제2항의 규정에서 채무이행의 기한이 없는 경우에는 채무자는 이행청구를 받은 때로부터 지체 책임이 있다라고 한 취지는 채무자는 이행의 청구를 받은 날안으로 이행을 하면 되고, 그 청구를 받은 날을 도과할 때 비로소 지체의 책임을 진다고 풀이하는 것이 상당하다. 만일 이행청구를 받은 때에 곧 이행지체의 책임을 지게 된다면 채무자는 청구도 없는데 언제든지 이행의 준비를 갖추고 있을 것을 요구하는 것이 되어서 채무자에게 가혹할 뿐더러 오히려 이행을 청구하는 요건을 무의미하게 만든다.[215]

쌍무계약에서 쌍방의 채무가 동시이행관계에 있는 경우 일방의 채무의 이행기가 도래하더라도 상대방 채무의 이행제공이 있을 때까지는 그 채무를 이행하지 않아도 이행지체의 책임을 지지 않는 것이며, 이와 같은 효과는 이행지체의 책임이 없다고 주장하는 자가 반드시 동시이행의 항변권을 행사하여야만 발생하는 것은 아니므로, 동시이행관계에 있는 쌍무계약상 자기채무의 이행을 제공하는 경우 그 채무를 이행함에 있어 상대방의 행위를 필요로 할 때에는 언제든지 현실로 이행을 할 수 있는 준비를 완료하고 그 뜻을 상대방에게 통지하여 그 수령을 최고하여야만 상대방으로 하여금 이행지체에 빠지게 할 수 있는 것이다.[216]

매수인이 매도인으로부터 물품을 공급받은 다음 그들 사이의 물품대금 지급방법에 관한 약정에 따라 그 대금의 지급을 위하여 물품 매도인에게 지급기일이 물품 공급일자 이후로 된 약속어음을 발행·교부한 경우 물품대금 지급채무의 이행기는 그 약속어음의 지급기일이고, 위 약속어음이 발행인의 지급정지의 사유로 그 지급기일 이전에 지급거절되었더라도 물품대금 지급채무가 그 지급거절된 때에 이행기에 도달하는 것은 아니다.[217]

---

214) 대법원 1988. 11. 8. 선고 88다3253 판결

215) 대법원 1972. 8. 22. 선고 72다1066 판결

216) 대법원 2001. 7. 10. 선고 2001다3764 판결

기존채무의 지급과 관련하여 만기를 백지로 하여 약속어음이 발행된 경우에는 어음이 수수된 당사자 사이의 의사해석으로서는 특별한 사정이 없는 한 기존채무의 변제기는 그보다 뒤의 날짜로 보충된 백지어음의 만기로 유예한 것으로 풀이함이 상당하다.[218]

당사자가 불확정한 사실이 발생한 때를 이행기한으로 정한 경우에는 그 사실이 발생한 때는 물론 그 사실의 발생이 불가능하게 된 때에도 이행기한은 도래한 것으로 보아야 한다.[219]

일반적으로 건축중인 상가건물의 특정점포를 임차하면서 계약서에 그 점포의 인도시기(입점시기)를 기재하지 아니하고 건물의 준공예정일에 관한 설명만을 듣고서 그 점포에 관한 임대차계약을 체결한 경우, 그 점포의 인도시기에 관하여 당사자의 합리적인 의사는 확정기한을 이행기로 정한 것이라고 보기는 어렵고 불확정기한을 이행기로 정하는 합의가 이루어진 것으로 보아야 할 것이고, 그 불확정기한의 내용은 그 건설공사의 진척상황 및 사회경제적 상황에 비추어 예상할 수 있는 합리적인 공사지연기간이 경과한 때라고 하는, 매우 폭 넓고 탄력적인 것으로 보아야 한다.[220]

채무이행시기가 확정기한으로 되어 있는 경우에는 기한이 도래한 때로부터 지체책임이 있으나, 불확정기한으로 되어 있는 경우에는 채무자가 기한이 도래함을 안 때로부터 지체책임이 발생한다고 할 것인바, 중도금 지급기일을 '1층 골조공사 완료시'로 정한 것은 중도금 지급의무의 이행기를 장래 도래할 시기가 확정되지 아니한 때, 즉 불확정기한으로 이행기를 정한 경우에 해당한다고 할 것이므로, 중도금 지급의무의 이행지체의 책임을 지우기 위해서는 1층 골조공사가 완료된 것만으로는 부족하고 채무자인 원고가 그 완료 사실을 알아야 한다고 할 것이다.[221]

금전채무의 지연손해금채무는 금전채무의 이행지체로 인한 손해배상채

---

217) 대법원 2000. 9. 5. 선고 2000다26333 판결
218) 대법원 1990. 6. 26. 선고 89다카32606 판결
219) 대법원 2002. 3. 29. 선고 2001다41766 판결
220) 대법원 2000. 11. 28. 선고 2000다7936 판결
221) 대법원 2005. 10. 7. 선고 2005다38546 판결

무로서 이행기의 정함이 없는 채무에 해당하므로, 채무자는 확정된 지연손해금채무에 대하여 채권자로부터 이행청구를 받은 때로부터 지체책임을 부담하게 된다.[222]

불법행위로 인한 손해배상채무는 그 채무의 성립과 동시에 지체책임이 발생한다.[223] 불법행위로 인한 손해배상채무에 대하여는 별도의 이행 최고가 없더라도 채무성립과 동시에 지연손해금이 발생하는 것이 원칙이다. 다만 불법행위시와 변론종결시 사이에 장기간의 세월이 경과함으로써 위자료 산정의 기준되는 변론종결시의 국민소득수준이나 통화가치 등의 사정이 불법행위시에 비하여 상당한 정도로 변동한 결과 그에 따라 이를 반영하는 위자료 액수 또한 현저한 증액이 불가피한 경우에는, 예외적으로 불법행위로 인한 위자료 배상채무의 지연손해금은 위자료 산정의 기준시인 사실심 변론종결 당일부터 발생한다고 보아야 한다. 불법행위로 인한 위자료 배상채무의 지연손해금이 사실심 변론종결일부터 기산된다고 보아야 하는 예외적인 경우에는 그 채무가 성립한 불법행위 당시를 기준으로 즉시 지급함이 적절하다고 보이는 액수의 위자료에 대한 배상이 변론종결시까지 장기간 지연된 사정을 참작하여 변론종결시의 위자료 원금을 적절히 증액 산정할 필요가 있고, 나아가 공무원들에 의하여 조직적이고 의도적으로 중대한 인권침해행위가 자행된 경우 유사한 사건의 재발을 억제·예방할 필요성 등도 위자료를 산정하면서 중요한 참작사유로 고려되어야 한다.[224]

집합건물법 제9조에 의하여 준용되는 민법 제667조가 정하는 수급인의 하자보수에 갈음하는 손해배상채무는 이행의 기한이 없는 채무로서 이행청구를 받은 때부터 지체책임이 있다.[225]

계약당사자 사이에 일정한 사유가 발생하면 채무자는 기한의 이익을 잃고 채권자의 별도의 의사표시가 없더라도 바로 이행기가 도래한 것과 같은 효과를 발생케 하는 이른바 정지조건부 기한이익상실의 특약을 한 경우에

222) 대법원 2004. 7. 9. 선고 2004다11582 판결
223) 대법원 1966. 10. 21. 선고 64다1102 판결
224) 대법원 2012. 3. 29. 선고 2011다38325 판결
225) 대법원 2009. 2. 26. 선고 2007다83908 판결

는 그 특약에 정한 기한이익의 상실사유가 발생함과 동시에 기한의 이익을 상실케 하는 채권자의 의사표시가 없더라도 이행기도래의 효과가 발생하고, 채무자는 특별한 사정이 없는 한 그때부터 이행지체의 상태에 놓이게 된다.[226]

채무자가 임의로 채무를 이행하지 아니한 때에는 채권자는 그 강제이행을 법원에 청구할 수 있다.[227] 그러나 채무의 성질이 강제이행을 하지 못할 것인 때에는 그러하지 아니하다. 채무가 법률행위를 목적으로 한 때에는 채무자의 의사표시에 가름할 재판을 청구할 수 있고 채무자의 일신에 전속하지 아니한 작위를 목적으로 한 때에는 채무자의 비용으로 제3자에게 이를 하게 할 것을 법원에 청구할 수 있다. 그 채무가 부작위를 목적으로 한 경우에 채무자가 이에 위반한 때에는 채무자의 비용으로써 그 위반한 것을 제각하고 장래에 대한 적당한 처분을 법원에 청구할 수 있다.[228] 이러한 직접강제, 대체집행, 간접강제[229]는 채권자가 채무자에 대하여 행

---

226) 대법원 1989. 9. 29. 선고 88다카14663 판결

227) 대법원 2009. 5. 28. 선고 2006다32354 판결 "광고주가 모델이나 유명 연예인, 운동선수 등과 광고모델계약을 체결하면서 출연하는 유명 연예인 등에게 일정한 수준의 명예를 유지할 의무를 부과하는 품위유지약정을 한 경우, 위와 같은 광고모델계약은 유명 연예인 등을 광고에 출연시킴으로써 유명 연예인 등이 일반인들에 대하여 가지는 신뢰성, 가치, 명성 등 긍정적인 이미지를 이용하여 광고되는 제품에 대한 일반인들의 구매 욕구를 불러일으키기 위한 목적으로 체결되는 것이므로, 위 광고에 출연하기로 한 모델은 위와 같이 일정한 수준의 명예를 유지하기로 한 품위유지약정에 따라 계약기간 동안 광고에 적합한 자신의 긍정적인 이미지를 유지함으로써 그것으로부터 발생하는 구매 유인효과 등 경제적 가치를 유지하여야 할 계약상 의무, 이른바 품위유지의무가 있고, 이를 이행하지 않는 경우에는 광고모델계약에 관한 채무불이행으로 인한 손해배상채무를 면하지 못한다. 아파트 건설회사와 광고모델계약을 체결하면서 자신의 사회적, 도덕적 명예를 훼손하지 않기로 하는 품위유지약정을 한 유명 연예인이, 별거중인 남편과의 물리적인 충돌 사실이 언론에 노출되어 그 경위에 관한 관심이 늘어나자 사실과 다른 보도가 이루어지지 않도록 해명할 필요가 있다는 이유로, 기자들에게 그 충돌 경위를 상세히 진술하고 자신의 멍들고 부은 얼굴과 충돌이 일어난 현장을 촬영하도록 허락하여 그 진술 내용과 사진이 언론을 통하여 일반인들에게 널리 공개되도록 한 행위는, 광고모델계약에서 정한 품위유지약정을 위반한 것으로서 광고주인 아파트 건설회사에게 채무불이행으로 인한 손해배상책임을 진다."

228) 대법원 2012. 3. 29. 선고 2009다92883 판결 "당사자 사이에 일정한 행위를 하지 않기로 하는 부작위 약정을 체결하였는데 채무자가 이러한 의무를 위반한 경우, 채권자는 채무자를 상대로 부작위의무의 이행을 소구할 수 있고, 부작위를 명하는 확정판결을 받아 이를 집행권원으로 하여 대체집행 또는 간접강제 결정을 받는 등으로 부작위의무 위반 상태를 중지시키거나 위반 결과를 제거할 수 있다."

사하는 손해배상 청구에 영향을 미치지 아니한다.

채무자가 채무의 내용에 좇은 이행을 하지 아니한 때에는 채권자는 손해배상을 청구할 수 있다. 그러나 채무자의 고의나 과실없이 이행할 수 없게 된 때에는 그러하지 아니하다.

부동산의 매도인이 목적물에 대하여 제3자에게 지상권을 설정해 주고 등기를 마치고 또 저당권을 설정하고 등기를 마친 경우에는 매도인의 채무는 이행불능이 된다[230]. 부동산소유권이전등기 의무자가 그 부동산에 관하여 제3자 앞으로 비록 채무담보를 위하여 소유권이전등기를 경료하였다고 할지라도 그 의무자가 채무를 변제할 자력이 없는 경우에는 특단의 사정이 없는 한 그 소유권이전등기의무는 이행불능이 된다.[231] 그러나 매수인은 매매목적물에 대하여 가압류집행이 되었다고 하여 매매에 따른 소유권이전등기가 불가능한 것도 아니므로, 이러한 경우 매수인으로서는 신의칙 등에 의해 대금지급채무의 이행을 거절할 수 있음은 별론으로 하고, 매매목적물이 가압류되었다는 사유만으로 매도인의 계약 위반을 이유로 매매계약을 해제할 수는 없다.[232]

계약의 일방 당사자가 계약기간 중에 부도가 발생하였다는 사실만으로 당해 계약의 이행이 그의 귀책사유로 불가능하게 되었다고 단정할 수는 없고 그 부도 발생 전후의 계약의 이행정도, 부도에 이르게 된 원인, 부도 발생 후의 영업의 계속 혹은 재개 여부, 당해 계약을 이행할 자금사정 기타 여건 등 제반 사정을 종합하여 계약의 이행불능 여부를 판단하여야 한다.[233]

---

229) 대법원 1996. 4. 12. 선고 93다40614,40621 판결 "부작위채무를 명하는 판결의 실효성 있는 집행을 보장하기 위하여는, 부작위채무에 관한 소송절차의 변론종결 당시에서 보아 채무명의가 성립하더라도 채무자가 이를 단기간 내에 위반할 개연성이 있고, 또한 그 판결절차에서 민사소송법 제693조에 의하여 명할 적정한 배상액을 산정할 수 있는 경우에는, 그 부작위채무에 관한 판결절차에서도 위 법조에 의하여 장차 채무자가 그 채무를 불이행할 경우에 일정한 배상을 할 것을 명할 수 있다."

230) 대법원 1974. 5. 28. 선고 73다1133 판결

231) 대법원 1991. 7. 26. 선고 91다8104 판결

232) 대법원 1999. 6. 11. 선고 99다11045 판결

233) 대법원 2006. 4. 28. 선고 2004다16976 판결

채무자의 법정대리인이 채무자를 위하여 이행하거나 채무자가 타인을 사용하여 이행하는 경우에는 법정대리인 또는 피용자의 고의나 과실은 채무자의 고의나 과실로 본다. 민법 제391조의 이행보조자로서의 피용자라 함은 일반적으로 채무자의 의사관여 아래 그 채무의 이행행위에 속하는 활동을 하는 사람이면 족하고, 반드시 채무자의 지시 또는 감독을 받는 관계에 있어야 하는 것은 아니므로 채무자에 대하여 종속적인가 또는 독립적인 지위에 있는가는 문제되지 않는다. 다만, 이행보조자의 행위가 채무자에 의하여 그에게 맡겨진 이행업무와 객관적, 외형적으로 관련을 가지는 경우에는 채무자는 그 행위에 대하여 책임을 져야 하고, 채무의 이행에 관련된 행위이면 가사 이행보조자의 행위가 채권자에 대한 불법행위가 된다고 하더라도 채무자가 면책될 수는 없다.[234] 민법 제391조는 이행보조자의 고의·과실을 채무자의 고의·과실로 본다고 규정하고 있는데, 이러한 이행보조자는 채무자의 의사 관여 아래 채무이행행위에 속하는 활동을 하는 사람이면 족하고 반드시 채무자의 지시 또는 감독을 받는 관계에 있어야 하는 것은 아니므로, 그가 채무자에 대하여 종속적 또는 독립적인 지위에 있는가는 문제되지 않으며, 이행보조자가 채무의 이행을 위하여 제3자를 복이행보조자로서 사용하는 경우에도 채무자가 이를 승낙하였거나 적어도 묵시적으로 동의한 경우에는 채무자는 복이행보조자의 고의·과실에 관하여 민법 제391조에 의하여 책임을 부담한다.[235]

매도인에게 매매목적토지가 수용됨으로써 그 보상금을 수령하였음을 이유로 그 금원의 지급을 구하는 청구를, 위 토지에 대한 소유권이전등기의무의 이행불능을 발생케 한 원인인 토지수용으로 인하여 위 토지의 대상인 보상금을 취득하였음을 이유로 그 보상금의 지급을 구하는 것으로서 이른바 대상청구권을 행사하는 취지라고 볼 수 있다. 우리 민법에는 이행불능의 효과로서 채권자의 전보배상청구권과 계약해제권 외에 별도로 대상청구권을 규정하고 있지 않으나 해석상 대상청구권을 부정할 이유가 없다.[236]

---

234) 대법원 2008. 2. 15. 선고 2005다69458 판결

235) 대법원 2011. 5. 26. 선고 2011다1330 판결

채무자는 자기에게 과실이 없는 경우에도 그 이행지체 중에 생긴 손해를 배상하여야 한다. 그러나 채무자가 이행기에 이행하여도 손해를 면할 수 없는 경우에는 그러하지 아니하다.

채무불이행으로 인한 손해배상은 통상의 손해를 그 한도로 한다.[237] 특

---

236) 대법원 1992. 5. 12. 선고 92다4581,92다4598 판결

237) 대법원 2004. 6. 24. 선고 2002다6951,6968 판결 "채무불이행으로 인한 손해배상청구소송에 있어, 재산적 손해의 발생사실이 인정되고 그의 최대한도인 수액은 드러났으나 거기에는 당해 채무불이행으로 인한 손해액 아닌 부분이 구분되지 않은 채 포함되었음이 밝혀지는 등으로 구체적인 손해의 액수를 입증하는 것이 사안의 성질상 곤란한 경우, 법원은 증거조사의 결과와 변론의 전취지에 의하여 밝혀진 당사자들 사이의 관계, 채무불이행과 그로 인한 재산적 손해가 발생하게 된 경위, 손해의 성격, 손해가 발생한 이후의 제반 정황 등의 관련된 모든 간접사실들을 종합하여 상당인과관계 있는 손해의 범위인 수액을 판단할 수 있다."; 대법원 2008. 12. 24. 선고 2006다25745 판결 "채무불이행으로 인한 손해배상 청구소송에서, 재산적 손해의 발생사실이 인정되나 구체적인 손해의 액수를 입증하는 것이 사안의 성질상 곤란한 경우, 법원은 증거조사의 결과와 변론 전체의 취지에 의하여 밝혀진 당사자들 사이의 관계, 채무불이행과 그로 인한 재산적 손해가 발생하게 된 경위, 손해의 성격, 손해가 발생한 이후의 제반 정황 등 관련된 모든 간접사실들을 종합하여 상당인과관계 있는 손해의 범위인 수액을 판단할 수 있다고 할 것이므로, 소유권이전등기절차의 이행이 장기간 지연됨으로써 발생한 재산상 손해 역시 그 구체적 손해액을 객관적인 자료를 토대로 하여 계산하는 것이 어려울 경우에는 사실심법원이 제반 경위를 참작하여 이를 정할 수 있다."; 대법원 2004. 7. 22. 선고 2004다3543 판결 "토지의 매매계약이 매수인측의 귀책사유로 해제되는 경우에 매도인측이 입는 통상의 손해액은, 그 계약이 해제되지 아니하고 이행된 경우에 매도인이 얻게 되는 경제적 이익과 계약이 해제된 경우에 매도인에게 남아 있는 경제적 이익의 차액이라고 할 것이고, 이 사건에서와 같이 매매계약이 해제된 후에 매도인이 제3자에게 그 매매목적물을 다시 매도한 경우라면, 제3자에의 매도가격이 시가에 비추어 현저히 저렴하게 책정된 것이라는 등의 특별한 사정이 없는 한, 매도인이 당초의 매매계약에 의하여 취득할 것으로 예상되었던 매매대금과 제3자와 사이의 매매계약에 의하여 취득하게 되는 매매대금과의 차액에 당초의 매매대금의 취득예정시기로부터 후의 매매대금의 취득시기까지의 기간 동안 당초의 매매대금에 대한 법정이율에 의한 이자 상당액을 합한 금액이라고 할 것이다."; 대법원 1984. 11. 13. 선고 84다카722 판결 "법원은 위자료액을 산정함에 있어서 피해자 측과 가해자 측의 제반사정을 참작하여 그 금액을 정하여야 하므로 피해자가 가해자로부터 당해 사고로 입은 재산상 손해에 대하여 배상을 받을수 있는지의 여부 및 그 배상액의 다과 등과 같은 사유도 위자료액 산정의 참작 사유가 되는 것은 물론이며 특히 재산상 손해의 발생이 인정되는데도 입증곤란 등의 이유로 그 손해액의 확정이 불가능하여 그 배상을 받을 수 없는 경우에 이러한 사정을 위자료의 증액사유로 참작할 수 있다고 할 것이나, 이러한 위자료의 보완적 기능은 재산상 손해의 발생이 인정되는데도 손해액의 확정이 불가능하여 그 손해 전보를 받을 수 없게 됨으로써 피해회복이 충분히 이루어지지 않는 경우에 이를 참작하여 위자료액을 증액함으로써 손해전보의 불균형을 어느 정도 보완하고자 하는 것이므로 함부로 그 보완적 기능을 확장하여 그 재산상 손해액의 확정이 가능함에도 불구하고 편의한 방법으로 위자료의 명목 아래 사실상 손해의 전보를 꾀하는 것과 같은 일은 허용되어서는 안될 일이다."

별한 사정으로 인한 손해는 채무자가 그 사정을 알았거나 알 수 있었을 때에 한하여 배상의 책임이 있다. 다른 의사표시가 없으면 손해는 금전으로 배상한다.

법원은 위자료액을 산정함에 있어서 피해자측과 가해자측의 제반 사정을 참작하여 그 금액을 정하여야 하므로, 피해자가 가해자로부터 당해 사고로 입은 재산상 손해에 대하여 배상을 받을 수 있는지의 여부 및 그 배상액의 다과 등과 같은 사유도 위자료액 산정의 참작 사유가 되는 것은 물론이며, 특히 재산상 손해의 발생이 인정되는데도 입증 곤란 등의 이유로 그 손해액의 확정이 불가능하여 그 배상을 받을 수 없는 경우에 이러한 사정을 위자료의 증액사유로 참작할 수 있다.[238)]

소유권이전등기 말소등기의무의 이행불능으로 인한 전보배상청구권의 소멸시효는 말소등기의무가 이행불능 상태에 돌아간 때로부터 진행되고, 소유권이전등기 말소등기의무가 이행불능이 됨으로 말미암아 그 권리자가 입는 손해액은 원칙적으로 그 이행불능이 될 당시의 목적물의 시가 상당액이다.[239)]

매도인의 매매목적물에 관한 소유권이전등기 의무가 이행불능이 됨으로 말미암아 매수인이 입는 손해액은 원칙적으로 그 이행불능이 될 당시의 목적물의 시가 상당액이고, 그 이후 목적물의 가격이 등귀하였다 하여도 그로 인한 손해는 특별한 사정으로 인한 것이어서 매도인이 이행불능 당시 그와 같은 특수한 사정을 알았거나 알 수 있었을 때에 한하여 그 등귀한 가격에 의한 손해배상을 청구할 수 있다 함은 대법원의 확립된 판례이고, 이러한 법리는 이전할 토지가 환지 예정이나 환지확정 후의 특정 토지라고 하여도 다를 바가 없으며, 그 배상금의 지급이 지체되고 있다고 하여도 그 배상금에 대한 법정이자 상당의 지연손해금을 청구하는 외에 사실심 변론종결시의 시가에 의한 손해배상을 청구할 수 있게 되는 것은 아니다.[240)]

이행지체에 의한 전보배상에 있어서의 손해액 산정은 본래의 의무이행

---

238) 대법원 2007. 6. 1. 선고 2005다5812,5829,5836 판결

239) 대법원 2005. 9. 15. 선고 2005다29474 판결

240) 대법원 1996. 6. 14. 선고 94다61359,61366 판결

을 최고한 후 상당한 기간이 경과한 당시의 시가를 표준으로 하고, 이행불능으로 인한 전보배상액은 이행불능 당시의 시가 상당액을 표준으로 할 것인바, 채무자의 이행거절[241]로 인한 채무불이행에서의 손해액 산정은, 채무자가 이행거절의 의사를 명백히 표시하여 최고 없이 계약의 해제나 손해배상을 청구할 수 있는 경우에는 이행거절 당시의 급부목적물의 시가를 표준으로 해야 한다.[242]

채무자가 채무의 이행을 지체한 경우에 채권자가 상당한 기간을 정하여 이행을 최고하여도 그 기간 내에 이행하지 아니하거나 지체후의 이행이 채권자에게 이익이 없는 때에는 채권자는 수령을 거절하고 이행에 가름한 손해배상을 청구할 수 있다. 채무불이행에 관하여 채권자에게 과실이 있는 때에는 법원은 손해배상의 책임 및 그 금액을 정함에 이를 참작하여야 한다(과실상계).[243] 금전채무불이행의 손해배상액은 법정이율에 의한다. 그러나 법령의 제한에 위반하지 아니한 약정이율이 있으면 그 이율에 의한다. 약정이율에 의한 손해배상에 관하여는 채권자는 손해의 증명을 요하지 아니하고 채무자는 과실없음을 항변하지 못한다. 당사자는 채무불이행에 관

---

241) 채무자가 채무를 이행하지 아니할 의사를 명백히 표시한 경우에 채권자는 신의성실의 원칙상 이행기 전이라도 이행의 최고 없이 채무자의 이행거절을 이유로 계약을 해제하거나 채무자를 상대로 손해배상을 청구할 수 있고, 채무자가 채무를 이행하지 아니할 의사를 명백히 표시하였는지 여부는 채무 이행에 관한 당사자의 행동과 계약 전후의 구체적인 사정 등을 종합적으로 살펴서 판단하여야 한다.

242) 대법원 2007. 9. 20. 선고 2005다63337 판결

243) 대법원 1983. 12. 27. 선고 83다카1389 판결 "손해배상청구 사건에서 피해자의 과실을 상계함은 사실심의 전권사항이라 할 것이나 구체적인 사안에 즉응한 제반사항을 참작하여 정의와 형평 그리고 피해자가 통상인으로서의 하여야 할 사회통념상, 신의성실의 원칙상 공동생활상 요구되는 약한 주의의무를 해태한 것인가를 고려하여 과실의 경중에 관하여 합리적인 판단을 요한다."; 대법원 2003. 7. 25. 선고 2003다22912 판결 "신의칙 또는 손해부담의 공평이라는 손해배상제도의 이념에 비추어 볼 때, 불법행위의 피해자에게는 그로 인한 손해의 확대를 방지하거나 감경하기 위하여 노력하여야 할 일반적인 의무가 있으며 피해자가 합리적인 이유 없이 손해경감조치의무를 이행하지 않을 경우에는 법원이 그 손해배상액을 정함에 있어 민법 제763조, 제396조를 유추적용하여 그 손해확대에 기여한 피해자의 의무불이행의 점을 참작할 수 있고, 한편 손해의 확대를 방지하거나 경감하는데 적절한 법적 조치가 존재하는 경우 이는 손해경감조치에 해당될 수 있고, 피해자가 그 법적 조치를 취함에 있어 감당하기 어려운 많은 비용이 소요된다든가, 그 결과가 불확실하다거나, 판단을 받기까지 현저하게 많은 시간이 필요하다는 등의 사정이 없음에도 불구하고 합리적인 이유 없이 그 법적 조치를 취하지 아니한 경우에는 그 손해확대에 기여한 피해자의 의무불이행의 점을 손해배상액을 정함에 있어 참작할 수 있다."

한 손해배상액을 예정할 수 있다.[244] 손해배상의 예정액이 부당히 과다한 경우에는 법원은 적당히 감액할 수 있다.[245] 손해배상액의 예정은 이행의 청구나 계약의 해제에 영향을 미치지 아니한다. 위약금의 약정은 손해배상액의 예정으로 추정한다.[246] 당사자가 금전이 아닌 것으로써 손해의 배상

---

244) 대법원 2007. 12. 27. 선고 2006다9408 판결 "채무불이행으로 인한 손해배상액이 예정되어 있는 경우에는 채권자는 채무불이행 사실만 증명하면 손해의 발생 및 그 액을 증명하지 아니하고 예정배상액을 청구할 수 있고, 채무자는 채권자와 채무불이행에 있어 채무자의 귀책사유를 묻지 아니한다는 약정을 하지 아니한 이상 자신의 귀책사유가 없음을 주장·입증함으로써 예정배상액의 지급책임을 면할 수 있다. 그리고 채무자의 귀책사유를 묻지 아니한다는 약정의 존재 여부는 근본적으로 당사자 사이의 의사해석의 문제로서, 당사자 사이의 약정 내용과 그 약정이 이루어지게 된 동기 및 경위, 당사자가 그 약정에 의하여 달성하려고 하는 목적과 진정한 의사, 거래의 관행 등을 종합적으로 고찰하여 합리적으로 해석하여야 하지만, 당사자의 통상의 의사는 채무자의 귀책사유로 인한 채무불이행에 대해서만 손해배상액을 예정한 것으로 봄이 상당하므로, 채무자의 귀책사유를 묻지 않기로 하는 약정의 존재는 엄격하게 제한하여 인정하여야 한다."

245) 대법원 2002. 12. 24. 선고 2000다54536 판결 "지체상금을 계약 총액에서 지체상금률을 곱하여 산출하기로 정한 경우, 민법 제398조 제2항에 의하면, 손해배상액의 예정액이 부당히 과다한 경우에는 법원은 적당히 감액할 수 있다고 규정되어 있고 여기의 손해배상의 예정액이란 문언상 그 예정한 손해배상액의 총액을 의미한다고 해석되므로, 손해배상의 예정에 해당하는 지체상금의 과다 여부는 지체상금 총액을 기준으로 하여 판단하여야 한다. 손해배상 예정액이 부당하게 과다한 경우에는 법원은 당사자의 주장이 없더라도 직권으로 이를 감액할 수 있으며, 여기서 '부당히 과다한 경우'라고 함은 채권자와 채무자의 각 지위, 계약의 목적 및 내용, 손해배상액을 예정한 동기, 채무액에 대한 예정액의 비율, 예상 손해액의 크기, 그 당시의 거래관행 등 모든 사정을 참작하여 일반 사회관념에 비추어 그 예정액의 지급이 경제적 약자의 지위에 있는 채무자에게 부당한 압박을 가하여 공정성을 잃는 결과를 초래한다고 인정되는 경우를 뜻하는 것으로 보아야 하고, 한편 위 규정의 적용에 따라 손해배상의 예정액이 부당하게 과다한지 및 그에 대한 적당한 감액의 범위를 판단하는 데 있어서는 법원이 구체적으로 그 판단을 하는 때 즉, 사실심의 변론종결 당시를 기준으로 하여 그 사이에 발생한 위와 같은 모든 사정을 종합적으로 고려하여야 할 것이다. 지체상금이 부당하게 과다하다고 인정되지 아니하는 경우에는 이에 대하여 당사자의 주장이 없다면 법원이 직권으로 지체상금이 부당하게 과다하지 않다는 것을 판단할 필요까지는 없다."

246) 대법원 2002. 7. 12. 선고 2000다17810 판결 "채무불이행으로 인한 손해배상책임의 범위를 정함에 있어서의 과실상계 사유의 유무와 정도는 개별 사례에서 문제된 계약의 체결 및 이행 경위와 당사자 쌍방의 잘못을 비교하여 종합적으로 판단하여야 하며, 이때에 과실상계 사유에 관한 사실인정이나 그 비율을 정하는 것은 그것이 형평의 원칙에 비추어 현저히 불합리한 것이 아닌 한 사실심의 전권사항이라고 할 수 있다. 공사도급계약서 또는 그 계약내용에 편입된 약관에 수급인이 하자담보책임 기간 중 도급인으로부터 하자보수요구를 받고 이에 불응한 경우 하자보수보증금은 도급인에게 귀속한다는 조항이 있을 때 이 하자보수보증금은 특별한 사정이 없는 한 손해배상액의 예정으로 볼 것이고, 다만 하자보수보증금의 특성상 실손해가 하자보수보증금을 초과하는 경우에는 그 초과액의 손해배상을 구할 수 있다는 명시 규정이 없다고 하더라도 도급인은 수급인의 하자보수의무 불이행을 이유로 하자보수보증금의 몰취 외에 그 실손해액을 입증하여 수급인

에 충당할 것을 예정한 경우에도 손해배상액의 예정에 관한 민법 규정을 준용한다. 채권자가 그 채권의 목적인 물건 또는 권리의 가액전부를 손해배상으로 받은 때에는 채무자는 그 물건 또는 권리에 관하여 당연히 채권자를 대위한다.[247]

채권자가 이행을 받을 수 없거나 받지 아니한 때에는 이행의 제공있는 때로부터 지체책임이 있다. 채권자지체 중에는 채무자는 고의 또는 중대한 과실이 없으면 불이행으로 인한 모든 책임이 없다.[248] 채권자지체 중에는 이자있는 채권이라도 채무자는 이자를 지급할 의무가 없다. 채권자지체로 인하여 그 목적물의 보관 또는 변제의 비용이 증가된 때에는 그 증가액은 채권자의 부담으로 한다.

손해배상액의 산정에 있어서 손익상계가 허용되기 위하여는 손해배상책임의 원인이 되는 행위로 인하여 피해자가 새로운 이득을 얻었고, 그 이득과 손해배상책임의 원인 행위 사이에 상당인과관계가 있어야 한다.[249] 또한 손익상계가 허용하기 위하여는 손해배상책임의 원인이 되는 행위로 인하여 피해자가 새로운 이득을 얻었을 뿐만 아니라 그 이득은 배상의무자가 배상하여야 할 손해의 범위에 대응하는 것이어야 한다.[250] 공무원이 공무

으로부터 그 초과액 상당의 손해배상을 받을 수도 있는 특수한 손해배상액의 예정으로 봄이 상당하다."; 대법원 2009. 1. 30. 선고 2007다10337 판결 "쌍무계약에서 쌍방의 채무가 동시이행 관계에 있는 경우 일방의 채무의 이행기가 도래하더라도 상대방 채무의 이행제공이 있을 때까지는 그 채무를 이행하지 않아도 이행지체의 책임을 지지 않으므로, 부동산 매매계약에 있어서 매수인이 매도인에게 중도금 또는 잔금을 정해진 기한까지 이행하지 않으면 이미 지급한 중도금 또는 잔금의 전부 내지 일부를 포기한 것으로 본다는 내용의 위약금 약정을 한 경우라도 매수인이 중도금 또는 잔금의 지급을 매도인의 반대의무보다 선이행하기로 약정하는 등의 특별한 사정이 없는 이상 매수인이 중도금 또는 잔금지급의무를 다하지 않는 것 외에 매도인으로서도 소유권이전등기에 필요한 서류 등을 매수인에게 이행제공하여 매수인으로 하여금 이행지체 상태에 이르게 하여야 비로소 그 위약금 약정의 효력이 발생한다고 보아야 할 것이다."

247) 대법원 2007. 10. 12. 선고 2006다42566 판결 "채권의 목적인 물건 또는 권리가 가분적인 것이라는 등의 특별한 사정이 있는 경우는 별론으로 하고 그 밖의 경우에는 성질상 채무자가 채권의 목적인 물건 또는 권리의 가액의 일부를 손해배상한 것만으로는 채권자를 대위할 수 없다."

248) 대법원 1993. 3. 26. 선고 91다14116 판결 "수급인의 기성부분 인도최고에 도급인이 아무런 이유 없이 수령을 거절하던 중 쌍방이 책임질 수 없는 제3자의 행위로 기성부분이 철거된 경우 도급인의 공사대금지급채무는 존속한다."

249) 대법원 2005. 10. 28. 선고 2003다69638 판결

집행 중 다른 공무원의 불법행위로 인하여 사망한 경우, 사망한 공무원의 유족들이 국가배상법에 의하여 국가 또는 지방자치단체로부터 사망한 공무원의 소극적 손해에 대한 손해배상금을 지급받았다면 공무원연금관리공단 등은 그 유족들에게 같은 종류의 급여인 유족보상금에서 그 상당액을 공제한 잔액만을 지급하면 되고, 그 유족들이 공무원연금관리공단 등으로부터 공무원연금법 소정의 유족보상금을 지급받았다면 국가 또는 지방자치단체는 그 유족들에게 사망한 공무원의 소극적 손해액에서 유족들이 지급받은 유족보상금 상당액을 공제한 잔액만을 지급하면 된다.[251] 행정기관의 위법한 행정지도로 일정기간 어업권을 행사하지 못하는 손해를 입은 자가 그 어업권을 타인에게 매도하여 매매대금 상당의 이득을 얻었더라도 그 이득은 손해배상책임의 원인이 되는 행위인 위법한 행정지도와 상당인과관계에 있다고 볼 수 없고, 행정기관이 배상하여야 할 손해는 위법한 행정지도로 피해자가 일정기간 어업권을 행사하지 못한 데 대한 것임에 반해 피해자가 얻은 이득은 어업권 자체의 매각대금이므로 위 이득이 위 손해의 범위에 대응하는 것이라고 볼 수도 없어, 피해자가 얻은 매매대금 상당의 이득을 행정기관이 배상하여야 할 손해액에서 공제할 수 없다.[252]

3. 채권자대위권와 채권자취소권

가. 채권자대위권

채권자는 자기의 채권을 보전하기 위하여 채무자의 권리를 행사할 수 있다. 그러나 일신에 전속한 권리는 그러하지 아니하다. 채권자는 그 채권의 기한이 도래하기 전에는 법원의 허가없이 전항의 권리를 행사하지 못한다. 그러나 보전행위는 그러하지 아니하다. 채권자가 채권자대위권을 행사함에 있어 보전행위 이외의 권리를 행사한 때에는 채무자에게 통지하여야 한다. 채무자가 위 통지를 받은 후에는 그 권리를 처분하여도 이로써 채권자에게

250) 대법원 2007. 11. 16. 선고 2005다3229 판결
251) 대법원 1998. 11. 19. 선고 97다36873 판결
252) 대법원 2008. 9. 25. 선고 2006다18228 판결

대항하지 못한다.

민법 제404조에서 규정하고 있는 채권자대위권은 채권자가 채무자에 대한 자기의 채권을 보전하기 위하여 필요한 경우에 채무자의 제3자에 대한 권리를 대위행사할 수 있는 권리를 말하는 것으로서, 이 때 보전되는 채권은 보전의 필요성이 인정되고 이행기가 도래한 것이면 족하고, 그 채권의 발생원인이 어떠하든 대위권을 행사함에는 아무런 방해가 되지 아니하며, 또한 채무자에 대한 채권이 제3채무자에게까지 대항할 수 있는 것임을 요하는 것도 아니다. 채권자대위권을 재판상 행사하는 경우에 있어서도 채권자인 원고는 그 채권의 존재사실 및 보전의 필요성, 기한의 도래 등을 입증하면 족한 것이지, 채권의 발생원인사실 또는 그 채권이 제3채무자인 피고에게 대항할 수 있는 채권이라는 사실까지 입증할 필요는 없으며, 따라서 채권자가 채무자를 상대로 하여 그 보전되는 청구권에 기한 이행청구의 소를 제기하여 승소판결이 확정되면 제3채무자는 그 청구권의 존재를 다툴 수 없다.[253)]

채권자대위소송에서 피대위자인 채무자의 특정이 필요한 사항이기는 하나, 이는 피보전채권과 대위행사할 채권의 존부를 판단하고, 판결의 효력이 미칠 주관적 범위와 집행력이 미치는 범위를 정하며 채무자 본인이 제기할 소송이 중복소송에 해당하는지 여부를 판단하기 위하여 요구되는 것이므로, 채무자가 제대로 특정되었는지 여부는, 당해 채권자대위소송의 소송물이 갖는 성격과 채무자 특정의 난이도 및 소송 과정에서 드러난 사안의 특성 등에 비추어, 그 특정한 정도가 위에서 든 목적들을 달성하는 데 충분한지 검토한 후 그 결과에 따라 구체적·개별적으로 결정하면 될 일이지 반드시 모든 경우에 일률적으로 채무자 개개인의 인적 사항을 통상의 소송당사자와 같은 정도로 상세히 특정하여야 하는 것은 아니다.[254)]

채권자대위권에 관하여 민법 제404조 제1항에서 「…자기의 채권을 보전하기 위하여…」라 함은 그 채권이 금전 채권이거나 당해의 경우 손해배상채권으로 귀착할 수밖에 없는 것인 때에는 채무자가 무자력하여 그 일반재

---

253) 대법원 2003. 4. 11. 선고 2003다1250 판결

254) 대법원 2004. 11. 26. 선고 2004다40986 판결

산이 감소되는 것을 방지할 필요가 있는 경우를 뜻하는 것이므로, 이 경우에 한하여 보전의 필요성이 인정된다.[255] 즉 채권자대위권은 그 채권이 금전채권일 때에는 채무자가 채무이행의 의사가 없는 것만으로는 행사할 수 없고 채무자가 무자력하여 그 일반재산의 감소를 방지할 필요가 있는 경우에 이를 행사할 수 있는 것이다.[256]

채권자는 채무자에 대한 채권을 보전하기 위하여 채무자를 대위해서 채무자의 권리를 행사할 수 있는바, 채권자가 보전하려는 권리와 대위하여 행사하려는 채무자의 권리가 밀접하게 관련되어 있고 채권자가 채무자의 권리를 대위하여 행사하지 않으면 자기 채권의 완전한 만족을 얻을 수 없게 될 위험이 있어 채무자의 권리를 대위하여 행사하는 것이 자기 채권의 현실적 이행을 유효·적절하게 확보하기 위하여 필요한 경우에는 채권자대위권의 행사가 채무자의 자유로운 재산관리행위에 대한 부당한 간섭이 된다는 등의 특별한 사정이 없는 한 채권자는 채무자의 권리를 대위하여 행사할 수 있어야 하고, 피보전채권이 특정채권이라 하여 반드시 순차매도 또는 임대차에 있어 소유권이전등기청구권이나 명도청구권 등의 보전을 위한 경우에만 한하여 채권자대위권이 인정되는 것은 아니다.[257]

채권자는 채무자에 대한 채권을 보전하기 위하여 채무자를 대위해서 채무자의 권리를 행사할 수 있는바, 채권자가 보전하려는 권리와 대위하여 행사하려는 채무자의 권리가 밀접하게 관련되어 있고 채권자가 채무자의 권리를 대위하여 행사하지 않으면 자기 채권의 완전한 만족을 얻을 수 없게 될 위험이 있어 채무자의 권리를 대위하여 행사하는 것이 자기 채권의 현실적 이행을 유효·적절하게 확보하기 위하여 필요한 경우에는 채권자대위권의 행사가 채무자의 자유로운 재산관리행위에 대한 부당한 간섭이 된다는 등의 특별한 사정이 없는 한 채권자는 채무자의 권리를 대위하여 행사할 수 있어야 하고, 피보전채권이 특정채권이라 하여 반드시 순차매도 또는 임대차에 있어 소유권이전등기청구권이나 인도청구권 등의 보전을

---

255) 대법원 1963. 4. 25. 선고 63다122 판결

256) 대법원 1969. 11. 25. 선고 69다1665 판결

257) 대법원 2001. 5. 8. 선고 99다38699 판결

위한 경우에만 한하여 채권자대위권이 인정되는 것은 아니며, 물권적 청구권에 대하여도 채권자대위권에 관한 민법 제404조의 규정과 위와 같은 법리가 적용될 수 있다. 임대인의 임대차계약 해지권은 오로지 임대인의 의사에 행사의 자유가 맡겨져 있는 행사상의 일신전속권에 해당하는 것으로 볼 수 없다. 채권자대위권을 행사함에 있어 채권자가 채무자를 상대로 그 보전되는 청구권에 기한 이행청구의 소를 제기하여 승소판결을 선고받고 그 판결이 확정되면 제3채무자는 그 청구권의 존재를 다툴 수 없다. 토지소유권에 근거하여 그 토지상 건물의 임차인들을 상대로 건물에서의 퇴거를 청구할 수 있었더라도 퇴거청구와 건물의 임대인을 대위하여 임차인들에게 임대차계약의 해지를 통고하고 건물의 인도를 구하는 청구는 그 요건과 효과를 달리하는 것이므로, 위와 같은 퇴거청구를 할 수 있었다는 사정이 채권자대위권의 행사요건인 채권보전의 필요성을 부정할 사유가 될 수 없다.[258] 취득시효 완성으로 인한 등기를 하기 전에 먼저 소유권이전등기를 경료하여 그 부동산소유권을 취득한 제3자에 대하여는 시효취득을 주장할 수 없지만 이는 어디까지나 그 제3자 명의의 등기가 적법, 유효함을 전제로 하는 것이므로 만일 위 제3자 명의의 등기가 원인무효의 등기라면 취득시효완성으로 인한 소유권이전등기청구권을 가진 자는 취득시효완성 당시의 소유자에 대하여 가지는 소유권이전등기청구권으로써 위 소유자를 대위하여 위 제3자 앞으로 경료된 원인무효인 등기의 말소를 구할 수 있다.[259]

상속인 자신이 한정승인 또는 포기를 할 수 있는 기간내에 상속등기를 한때에는 상속의 단순승인으로 인정된 경우가 있을 것이나 상속등기가 상속재산에 대한 처분행위라고 볼 수 없으니 만큼 채권자가 상속인을 대위하여 상속등기를 하였다 하여 단순승인의 효력을 발생시킬 수 없고 상속인의 한 정승인 또는 포기할 수 있는 권한에는 아무런 영향도 미치는 것이 아니므로 채권자의 대위권행사에 의한 상속등기를 거부할 수 없다.[260]

---

258) 대법원 2007. 5. 10. 선고 2006다82700,82717 판결
259) 대법원 1990. 11. 27. 선고 90다6651 판결
260) 대법원 1964. 4. 3. 선고 63마54 결정

채권자가 민법 제404조에 의한 채권자대위권에 기하여 채무자의 권리를 행사하면서 그 사실을 채무자에게 통지를 하지 아니한 경우라도 채무자가 자기의 채권이 채권자에 의하여 대위행사되고 있는 사실을 알고 있는 경우에는 그 대위행사한 권리의 처분을 가지고 채권자에게 대항할 수 없다.[261)]

채권자가 채무자와 제3자 사이의 근저당권설정계약이 통정허위표시임을 이유로 채무자를 대위하여 그 말소를 구하는 소송을 제기하였는데, 그 후 채무자가 제3자가 신청한 지급명령에 이의를 제기하지 않아 강제경매절차에서 부동산이 매각됨으로써 위 근저당권설정등기가 말소된 경우, 채무자가 지급명령에 이의를 제기하지 않은 것이 대위채권자가 행사하고 있는 권리의 처분이라고 할 수 없어 제3자는 위 근저당권설정등기의 말소로 채권자에게 대항할 수 있다.[262)]

채권자가 채무자를 대위하여 제3채무자를 상대로 제기한 채권자대위소송이 법원에 계속중 채무자와 제3채무자 사이에 채권자대위소송과 소송물을 같이하는 내용의 소송이 제기된 경우, 양 소송은 동일소송이므로 후소는 중복제소금지원칙에 위배되어 제기된 부적법한 소송이라 할 것이나, 이 경우 전소, 후소의 판별기준은 소송계속의 발생시기의 선후에 의할 것이다.[263)]

부동산의 소유자에 대하여 소유권이전등기를 청구할 지위에 있기는 하지만 아직 그 소유권이전등기를 경료하지 않은 상태에서, 제3자가 부동산의 소유자를 상대로 그 부동산에 관한 소유권이전등기절차 이행의 확정판결을 받아 소유권이전등기를 경료한 경우에는, 종전의 소유권이전등기청구권을 가지는 자는 그 확정판결이 당연무효이거나 재심의 소에 의하여 취소되지 않는 한, 부동산의 소유자에 대한 소유권이전등기청구권을 보전하기 위하여 부동산의 소유자를 대위하여 제3자 명의의 소유권이전등기가 원인무효임을 내세워 그 등기의 말소를 구하는 것은 확정판결의 기판력에 저촉

---

261) 대법원 1988. 1. 19. 선고 85다카1792 판결

262) 대법원 2007. 9. 6. 선고 2007다34135 판결

263) 대법원 1992. 5. 22. 선고 91다41187 판결

되고, 나아가 그 제3자 명의의 소유권이전등기 이후에 그 등기를 바탕으로 하여 경료된 또 다른 소유권이전등기의 말소를 구하는 것도 역시 위 확정 판결의 기판력에 저촉된다.[264]

민법 제405조 제2항은 '채무자가 채권자대위권행사의 통지를 받은 후에는 그 권리를 처분하여도 이로써 채권자에게 대항하지 못한다'고 규정하고 있다. 위 조항의 취지는 채권자가 채무자에게 대위권 행사사실을 통지하거나 채무자가 채권자의 대위권 행사사실을 안 후에 채무자에게 대위의 목적인 권리의 양도나 포기 등 처분행위를 허용할 경우 채권자에 의한 대위권 행사를 방해하는 것이 되므로 이를 금지하는 데에 있다. 그런데 채무자의 채무불이행 사실 자체만으로는 권리변동의 효력이 발생하지 않아 이를 채무자가 제3채무자에 대하여 가지는 채권을 소멸시키는 적극적인 행위로 파악할 수 없는 점, 더구나 법정해제는 채무자의 객관적 채무불이행에 대한 제3채무자의 정당한 법적 대응인 점, 채권이 압류·가압류된 경우에도 압류 또는 가압류된 채권의 발생원인이 된 기본계약의 해제가 인정되는 것과 균형을 이룰 필요가 있는 점 등을 고려할 때 채무자가 자신의 채무불이행을 이유로 매매계약이 해제되도록 한 것을 두고 민법 제405조 제2항에서 말하는 '처분'에 해당한다고 할 수 없다. 따라서 채무자가 채권자대위권 행사의 통지를 받은 후에 채무를 불이행함으로써 통지 전에 체결된 약정에 따라 매매계약이 자동적으로 해제되거나, 채권자대위권행사의 통지를 받은 후에 채무자의 채무불이행을 이유로 제3채무자가 매매계약을 해제한 경우 제3채무자는 계약해제로써 대위권을 행사하는 채권자에게 대항할 수 있다. 다만 형식적으로는 채무자의 채무불이행을 이유로 한 계약해제인 것처럼 보이지만 실질적으로는 채무자와 제3채무자 사이의 합의에 따라 계약을 해제한 것으로 볼 수 있거나, 채무자와 제3채무자가 단지 대위채권자에게 대항할 수 있도록 채무자의 채무불이행을 이유로 하는 계약해제인 것처럼 외관을 갖춘 것이라는 등의 특별한 사정이 있는 경우에는 채무자가 피대위채권을 처분한 것으로 보아 제3채무자는 계약해제로써 대위권을 행사하는

---

264) 대법원 1996. 6. 25. 선고 96다8666 판결

채권자에게 대항할 수 없다.[265)]

민법상 조합원은 조합의 존속기간이 정해져 있는 경우 등을 제외하고는 원칙적으로 언제든지 조합에서 탈퇴할 수 있고, 조합원이 탈퇴하면 그 당시의 조합재산상태에 따라 다른 조합원과 사이에 지분의 계산을 하여 지분환급청구권을 가지게 되는바, 조합원이 조합을 탈퇴할 권리는 그 성질상 조합계약의 해지권으로서 그의 일반재산을 구성하는 재산권의 일종이라 할 것이고 채권자대위가 허용되지 않는 일신전속적 권리라고는 할 수 없다. 따라서 채무자의 재산인 조합원 지분을 압류한 채권자는, 당해 채무자가 속한 조합에 존속기간이 정하여져 있다거나 기타 채무자 본인의 조합탈퇴가 허용되지 아니하는 것과 같은 특별한 사유가 있지 않은 한, 채권자대위권에 의하여 채무자의 조합 탈퇴의 의사표시를 대위행사할 수 있다 할 것이고, 일반적으로 조합원이 조합을 탈퇴하면 조합목적의 수행에 지장을 초래할 것이라는 사정만으로는 이를 불허할 사유가 되지 아니한다.[266)]

채권자취소권도 채권자가 채무자를 대위하여 행사하는 것이 가능하다. 민법 제404조 소정의 채권자대위권은 채권자가 자신의 채권을 보전하기 위하여 채무자의 권리를 자신의 이름으로 행사할 수 있는 권리라 할 것이므로, 채권자가 채무자의 채권자취소권을 대위행사하는 경우, 제소기간은 대위의 목적으로 되는 권리의 채권자인 채무자를 기준으로 하여 그 준수여부를 가려야 할 것이고, 따라서 채권자취소권을 대위행사하는 채권자가 취소원인을 안 지 1년이 지났다 하더라도 채무자가 취소원인을 안 날로부터 1년, 법률행위가 있은 날로부터 5년 내라면 채권자취소의 소를 제기할 수 있다.[267)]

부진정연대채무에 대하여는 민법 제418조 제2항이 적용 내지 유추 적용되지 아니하므로, 어느 부진정연대채무자가 채권자에 대하여 상계할 채권을 가지고 있음에도 상계를 하지 않고 있다 하더라도 다른 부진정연대채무자는 그 채권을 가지고 상계를 할 수 없다. 한편, 채무자가 제3자에 대하여

265) 대법원 2012. 5. 17. 선고 2011다87235 (全)판결

266) 대법원 2007. 11. 30. 자 2005마1130 결정

267) 대법원 2001. 12. 27. 선고 2000다73049 판결

갖는 상계권도 채권자대위권의 목적이 될 수 있지만, 채권자대위권을 행사하기 위해서는 원칙적으로 채권의 존재 및 보전의 필요성, 기한의 도래 등의 요건을 충족하여야 함에 비추어, 어느 부진정연대채무자가 현실적으로 자신의 부담부분을 초과하는 출재를 하여 채무를 소멸시킴으로써 다른 부진정연대채무자에 대하여 구상권을 취득한 상태에 이르지 아니한 채 단지 장래에 출재를 할 경우 취득할 수 있는 다른 부진정연대채무자에 대한 구상권을 보전하기 위하여 다른 부진정연대채무자가 채권자에게 갖는 상계권을 대위 행사하는 것은 허용되지 아니한다.[268)]

집행채무자의 채권자가 그 집행채권자를 상대로 부당이득금 반환채권을 대위행사하는 경우 집행채무자에게 그 반환의무를 이행하도록 청구할 수도 있지만, 직접 대위채권자에게 이행하도록 청구할 수도 있다고 보아야 하는데, 이와 같이 채권자대위권을 행사하는 채권자에게 변제수령의 권한을 인정하더라도 그것이 채권자 평등의 원칙에 어긋난다거나 제3채무자를 이중 변제의 위험에 빠뜨리게 하는 것이라고 할 수 없다.[269)]

채권자대위권을 행사함에 있어서 채권자가 제3채무자에 대하여 자기에게 직접 급부를 요구하여도 상관없는 것이고 자기에게 급부를 요구하여도 어차피 그 효과는 채무자에게 귀속되는 것이므로, 채권자대위권을 행사하여 채권자가 제3채무자에게 그 명의의 소유권보존등기나 소유권이전등기의 말소절차를 직접 자기에게 이행할 것을 청구하여 승소하였다고 하여도 그 효과는 원래의 소유자인 채무자에게 귀속되는 것이니, 법원이 채권자대위권을 행사하는 채권자에게 직접 말소등기 절차를 이행할 것을 명하였다고 하여 무슨 위법이 있다고 할 수 없다.[270)]

채권자대위권은 채무자의 제3채무자에 대한 권리를 행사하는 것이므로, 제3채무자는 채무자에 대해 가지는 모든 항변사유로 채권자에게 대항할 수 있으나, 채권자는 채무자 자신이 주장할 수 있는 사유의 범위 내에서 주장할 수 있을 뿐 자기와 제3채무자 사이의 독자적인 사정에 기한 사유를

268) 대법원 2010. 8. 26. 선고 2009다95769 판결
269) 대법원 2005. 4. 15. 선고 2004다70024 판결
270) 대법원 1996. 2. 9. 선고 95다27998 판결

주장할 수는 없다. 부동산의 매매예약에 기하여 소유권이전등기청구권의 보전을 위한 가등기가 마쳐진 경우에 그 매매예약완결권이 소멸하였다면 그 가등기 또한 효력을 상실하여 말소되어야 할 것이나, 그 부동산의 소유자가 제3자와 사이에 새로운 매매예약을 체결하고 그에 기한 소유권이전등기청구권의 보전을 위하여 이미 효력이 상실된 가등기를 유용하기로 합의하고 실제로 그 가등기 이전의 부기등기를 마쳤다면, 그 가등기 이전의 부기등기를 마친 제3자로서는 언제든지 부동산의 소유자에 대하여 위 가등기 유용의 합의를 주장하여 가등기의 말소청구에 대항할 수 있고, 다만 그 가등기 이전의 부기등기 전에 등기부상 이해관계를 가지게 된 자에 대하여는 위 가등기 유용의 합의 사실을 들어 그 가등기의 유효를 주장할 수는 없다. 채권자가 무효인 소유권이전등기청구권의 보전을 위한 가등기의 유용 합의에 따라 부동산 소유자인 채무자로부터 그 가등기 이전의 부기등기를 마친 제3채무자를 상대로 채무자를 대위하여 가등기의 말소를 구한 사안에서, 채권자가 그 부기등기 전에 부동산을 가압류한 사실을 주장하는 것은 채무자가 아닌 채권자 자신이 제3채무자에 대하여 가지는 사유에 관한 것이어서 허용되지 않는다.[271)]

채권자대위권 행사의 효과는 채무자에게 귀속되는 것이므로 채권자대위소송의 제기로 인한 소멸시효 중단의 효과 역시 채무자에게 생긴다. 채권자 갑이 채무자 을을 대위하여 병을 상대로 부동산에 관하여 부당이득반환을 원인으로 한 소유권이전등기절차 이행을 구하는 소를 제기하였다가 피보전권리가 인정되지 않는다는 이유로 소각하판결을 선고받아 확정되었고, 그로부터 3개월 남짓 경과한 후에 다른 채권자 정이 을을 대위하여 병을 상대로 같은 내용의 소를 제기하였다가 병과 사이에 피보전권리가 존재하지 않는다는 취지의 조정이 성립되었는데, 또 다른 채권자인 무가 조정 성립일로부터 10여 일이 경과한 후에 을을 대위하여 병을 상대로 같은 내용의 소를 다시 제기한 사안에서, 채무자 을의 병에 대한 위 부동산에 관한 부당이득반환을 원인으로 한 소유권이전등기청구권의 소멸시효는 갑, 정,

271) 대법원 2009. 5. 28. 선고 2009다4787 판결

무의 순차적인 채권자대위소송에 따라 최초의 재판상 청구인 갑의 채권자 대위소송 제기로 중단되었다고 본 원심판단은 정당하다.[272)]

나. 채권자취소권

채무자가 채권자를 해함을 알고 재산권을 목적으로 한 법률행위를 한 때에는 채권자는 그 취소 및 원상회복을 법원에 청구할 수 있다. 그러나 그 행위로 인하여 이익을 받은 자나 전득한 자가 그 행위 또는 전득당시에 채권자를 해함을 알지 못한 경우에는 그러하지 아니하다. 채권자취소소송은 채권자가 취소원인을 안 날로부터 1년, 법률행위있은 날로부터 5년내에 제기하여야 한다. 채권자취소권행사에 의한 취소와 원상회복은 모든 채권자의 이익을 위하여 그 효력이 있다.

특정물채권(등기청구권)의 보전을 위하여 채권자취소권를 행사할 수 없다. 따라서 부동산의 제1매수인인 채권자는 자신의 소유권이전등기청구권 보전을 위하여, 채무자와 제3자 사이에 이루어진 제2의 소유권이전등기의 말소를 구하는 채권자취소권을 행사할 수 없다. 또한 부동산의 명의신탁자가 명의수탁자로부터 그 등기를 회복하는 중간단계로서 제3자에게 소유권이전등기를 경료해 준 것이 통정허위표시나 사해행위에 해당되지 않는다.[273)]

주채무자 또는 제3자 소유의 부동산에 대하여 채권자 앞으로 근저당권이 설정되어 채권자에게 우선변제권이 확보되어 있다면 그 범위 내에서는 채무자의 재산처분행위는 채권자를 해하지 아니하므로 그 담보물로부터 우선변제받을 액을 공제한 나머지 채권액에 대하여만 채권자취소권이 인정된다. 채권자가 채권자취소권을 행사할 때에는 원칙적으로 자신의 채권액을 초과하여 취소권을 행사할 수 없고, 이 때 채권자의 채권액에는 사해행위 이후 사실심 변론종결시까지 발생한 이자나 지연손해금이 포함된다. 저당권이 설정되어 있는 부동산이 사해행위로 이전된 경우에 그 사해행위

272) 대법원 2011. 10. 13. 선고 2010다80930 판결

273) 대법원 1996. 9. 20. 선고 95다1965 판결

는 부동산의 가액에서 저당권의 피담보채권액을 공제한 잔액의 범위 내에서만 성립한다고 보아야 하므로, 사해행위 후 변제 등에 의하여 저당권설정등기가 말소된 경우 그 부동산의 가액에서 저당권의 피담보채무액을 공제한 잔액의 한도에서 사해행위를 취소하고 그 가액의 배상을 구할 수 있을 뿐이고, 이러한 법리는 그 부동산이 양도담보의 목적으로 이전된 경우에도 마찬가지라고 보아야 한다.[274)]

주채무자 또는 제3자 소유의 부동산에 대하여 채권자 앞으로 근저당권이 설정되어 있고, 그 부동산의 가액 및 채권최고액이 당해 채무액을 초과하여 채무 전액에 대하여 채권자에게 우선변제권이 확보되어 있다면, 그 범위 내에서는 채무자의 재산처분행위는 채권자를 해하지 아니하므로 연대보증인이 비록 유일한 재산을 처분하는 법률행위를 하더라도 채권자에 대하여 사해행위가 성립되지 않는다고 보아야 할 것이고, 당해 채무액이 그 부동산의 가액 및 채권최고액을 초과하는 경우에는 그 담보물로부터 우선변제받을 액을 공제한 나머지 채권액에 대하여만 채권자취소권이 인정된다고 할 것이며, 피보전채권의 존재와 그 범위는 채권자취소권 행사의 한 요건에 해당된다고 할 것이므로 이 경우 채권자취소권을 행사하는 채권자로서는 그 담보권의 존재에도 불구하고 자신이 주장하는 피보전채권이 그 우선변제권 범위 밖에 있다는 점을 주장·입증하여야 한다. 채무자의 재산처분행위가 사해행위가 되는지 여부는 처분행위 당시를 기준으로 판단하여야 하므로 담보로 제공된 부동산이 사해성 여부가 문제되는 재산처분행위가 있은 후에 임의경매 등 절차에서 환가가 진행된 경우에는 그 재산처분행위의 사해성 여부를 판단하기 위한 부동산 가액의 평가는 부동산 가액의 하락이 예상되는 등 특별한 사정이 없는 한 사후에 환가된 가액을 기준으로 할 것이 아니라 사해성 여부가 문제되는 재산처분행위 당시의 시가를 기준으로 하여야 한다. 채권자취소권에 있어서 피보전채권액이 물상담보인 근저당권의 채권최고액을 초과하여 그 초과하는 부분에 관한 채권자취소권의 행사가 가능하다. 채권자의 채권원리금이 그 우선변제권에 의

274) 대법원 2002. 4. 12. 선고 2000다63912 판결

하여 전액 담보되지 아니하는 경우에는 변제충당의 법리를 유추적용하여 사해행위 시점에서는 이자채권이 원금채권에 우선하여 우선변제권에 의하여 담보되고 있다고 볼 것이므로 담보되지 아니하는 부분 가운데에는 원금에 해당하는 금원이 포함되어 남아 있게 될 것이고, 따라서 채권자가 채권자취소권을 행사할 수 있는 범위는 그 이후 담보권의 실행 등으로 소멸한 부분을 제외하고 난 다음 실제로 남은 미회수 원리금 전부가 아니라 사해행위 당시 채권최고액 및 담보부동산의 가액을 초과하는 부분에 해당하는 채무원리금 및 그 중 원금 부분에 대한 사실심 변론종결시점까지 발생한 지연이자 상당의 금원이 이에 해당한다. 저당권이 설정되어 있는 부동산이 사해행위로 이전된 경우에 그 사해행위는 부동산의 가액에서 저당권의 피담보채권액을 공제한 잔액의 범위 내에서만 성립한다고 보아야 하므로, 사해행위 후 변제 등에 의하여 저당권설정등기가 말소된 경우 그 부동산의 가액에서 저당권의 피담보채무액을 공제한 잔액의 한도에서 사해행위를 취소하고 그 가액의 배상을 구할 수 있을 뿐이다. 어느 시점에서 사해행위에 해당하는 법률행위가 있었는가를 따짐에 있어서는 당사자 사이의 이해관계에 미치는 중대한 영향을 고려하여 신중하게 이를 판정하여야 할 것이고, 사해행위에 해당하는 법률행위가 언제 있었는가는 실제로 그러한 사해행위가 이루어진 날을 표준으로 판정할 것이되, 다른 특별한 사정이 없는 한 처분문서에 기초한 것으로 보이는 등기부상 등기원인일자를 중심으로 그러한 사해행위가 실제로 이루어졌는지 여부를 판정할 수밖에 없을 것이다. 저당권이 설정되어 있는 부동산이 사해행위로 이전된 후 그 저당권설정등기가 말소되어 그 부동산의 가액에서 저당권의 피담보채무액을 공제한 잔액의 한도에서 사해행위를 취소하고 그 가액의 배상을 구하는 경우, 그 부동산이 사해행위로 이전된 후 피담보채무 전액이 소멸된 이상 특별한 사정이 없는 한 그 피담보채무의 소멸의 원인이 무엇인지, 소멸의 원인 중에 변제도 포함되어 있는 경우라면 변제에 있어서의 실제 자금의 출연주체가 누구인지 여부는 더 나아가 따질 여지도 없다고 할 것이며, 사해행위인 계약 전부의 취소와 부동산 자체의 반환을 구하는 청구취지 속에는 위와 같이 일부취소를 하여야 할 경우 그 일부취소와 가액배상을 구하는 취지도

포함되어 있다고 볼 수 있으므로 청구취지의 변경이 없더라도 바로 가액반환을 명할 수 있다.[275)]

채무자 회생 및 파산에 관한 법률 제584조, 제347조 제1항, 제406조에 의하면, 개인회생절차 개시결정이 내려진 후에는 채무자가 부인권을 행사하고, 법원은 채권자 또는 회생위원의 신청에 의하거나 직권으로 채무자에게 부인권의 행사를 명할 수 있으며, 개인회생채권자가 제기한 채권자취소소송이 개인회생절차 개시결정 당시에 계속되어 있는 때에는 그 소송절차는 수계 또는 개인회생절차의 종료에 이르기까지 중단된다. 이러한 규정취지와 집단적 채무처리절차인 개인회생절차의 성격, 부인권의 목적 등에 비추어 보면, 개인회생절차 개시결정이 내려진 후에는 채무자가 총채권자에 대한 평등변제를 목적으로 하는 부인권을 행사하여야 하고, 개인회생채권자목록에 기재된 개인회생채권을 변제받거나 변제를 요구하는 일체의 행위를 할 수 없는 개인회생채권자가 개별적 강제집행을 전제로 하여 개개의 채권에 대한 책임재산의 보전을 목적으로 하는 채권자취소소송을 제기할 수는 없다.[276)]

법률행위의 이행으로서 가등기를 경료하는 경우에 그 채무의 원인되는 법률행위가 취소권을 행사하려는 채권자의 채권보다 앞서 발생한 경우에는 특별한 사정이 없는 한 그 가등기는 채권자취소권의 대상이 될 수 없다. 채권자취소권에 의하여 보호될 수 있는 채권은 원칙적으로 사해행위라고 볼 수 있는 행위가 행하여지기 전에 발생된 것임을 요하지만, 그 사해행위 당시에 이미 채권 성립의 기초가 되는 법률관계가 발생되어 있고, 가까운 장래에 그 법률관계에 기하여 채권이 성립되리라는 점에 대한 고도의 개연성이 있으며, 실제로 가까운 장래에 그 개연성이 현실화되어 채권이 성립된 경우에는 그 채권도 채권자취소권의 피보전채권이 될 수 있다. 이미 채무초과의 상태에 빠져 있는 채무자가 그의 유일한 재산인 부동산을 채권자 중의 어느 한 사람에게 채권담보로 제공하는 행위는 다른 특별한 사정이 없는 한 다른 채권자들에 대한 관계에서 채권자취소권의 대상이 되는 사해

275) 대법원 2002. 11. 8. 선고 2002다41589 판결
276) 대법원 2010. 9. 9. 선고 2010다37141 판결

행위가 된다고 봄이 상당하다.[277)]

채권자의 채권이 사해행위 이전에 성립되어 있는 이상 그 채권이 양도된 경우에도 그 양수인이 채권자취소권을 행사할 수 있고, 이 경우 채권양도의 대항요건을 사해행위 이후에 갖추었더라도 채권양수인이 채권자취소권을 행사하는 데 아무런 장애사유가 될 수 없다 할 것이다. 원고들이 양도받은 청솔파이낸스의 청구상사에 대한 대여금채권은 이 사건 사해행위 이전에 성립되어 있었을 뿐만 아니라 원고들에게로의 채권양도 역시 그 이전에 이루어지고, 채권양도의 통지만이 사해행위 이후에 이루어진 사실을 인정할 수 있다. 이러한 사실관계에 위 법리를 덧붙여 보면 원고들의 이 사건 채권자취소권 행사는 정당하다. 같은 취지의 원심판단은 옳고, 거기에 상고이유 주장과 같은 법리오해 등의 위법이 없다. 사해행위취소의 범위는 다른 채권자가 배당요구를 할 것이 명백하거나 목적물이 불가분인 경우와 같이 특별한 사정이 있는 경우에는 취소채권자의 채권액을 넘어서까지도 취소를 구할 수 있다.[278)]

부동산을 양도받아 소유권이전등기청구권을 가지고 있는 자가 양도인이 제3자에게 이를 이중으로 양도하여 소유권이전등기를 경료하여 줌으로써 취득하는 부동산 가액 상당의 손해배상채권은 이중양도행위에 대한 사해행위취소권을 행사할 수 있는 피보전채권에 해당한다고 할 수 없다. 채권자취소권을 특정물에 대한 소유권이전등기청구권을 보전하기 위하여 행사하는 것은 허용되지 않으므로, 부동산의 제1양수인은 자신의 소유권이전등기청구권 보전을 위하여 양도인과 제3자 사이에서 이루어진 이중양도행위에 대하여 채권자취소권을 행사할 수 없다.[279)]

채무자가 보증인의 보증하에 은행으로부터 대출을 받음에 있어 채무자의 보증인에 대한 구상채무에 대하여 연대보증한 자가 연대보증 후 소유부동산을 제3자에게 증여한 경우, 증여계약 당시 채무자가 당해 대출금을 당초 변제기까지 변제하지 못하고 변제기를 연장하였을 뿐만 아니라 그 외

277) 대법원 2002. 4. 12. 선고 2000다43352 판결
278) 대법원 2006. 6. 29. 선고 2004다5822 판결
279) 대법원 1999. 4. 27. 선고 98다56690 판결

에도 원금을 변제하지 못하고 있는 대출금이 많이 있었고, 거래처의 부도로 인하여 막대한 손해를 보고 있었던 점 등 증여계약 당시의 채무자의 재정 상태에 비추어 볼 때 채권자취소권의 피보전채권인 구상채권의 성립의 개연성이 있다할 것이다.[280)]

채권자의 보증채무 이행으로 인한 구상금채권이 채무자의 사해행위 당시 아직 발생하지는 않았으나 그 기초가 되는 신용보증약정은 이미 체결되어 있었고 사해행위 시점이 주채무자의 부도일 불과 한 달 전으로서 이미 주채무자의 재정상태가 악화되어 있었던 경우, 위 구상금채권은 채권자취소권의 피보전채권이 된다.[281)]

사해행위 당시 아직 조세채권이 성립하지는 않았으나, 그 이전에 조세채무자가 실질적 대표자로 있는 회사에서 가공원가를 계상하였고, 과세관청이 위 가공원가를 조세채무자에 대한 인정상여로 소득처분하여 종합소득세 부과처분을 하였다면, 위 조세채권은 가공원가를 계상한 시점에 이미 그 기초적 법률관계가 발생하였고, 가까운 장래에 채권이 성립할 고도의 개연성이 있었으며, 실제 그 개연성이 현실화되어 채권이 성립하였으므로 채권자취소권의 피보전채권이 될 수 있다.[282)]

국세징수법 제30조가 규정하는 사해행위의 취소의 소도 민법 제406조가 정하는 사해행위취소의 소의 일종이고, 그 행사에 있어서 민법의 규정과 달리하도록 하는 특별한 규정이 없으므로 민법 제406조 제2항 의 제소기간 내에 제기되어야 할 것이고, 한편 채권자취소권 행사에 있어서 제척기간의 기산점인 채권자가 "취소원인을 안 날"이라 함은 채권자가 채권자취소권의 요건을 안 날, 즉 채무자가 채권자를 해함을 알면서 사해행위를 하였다는 사실을 알게 된 날을 의미한다고 할 것이므로, 단순히 채무자가 재산의 처분행위를 하였다는 사실을 아는 것만으로는 부족하고, 그 법률행위가 채권자를 해하는 행위라는 것 즉, 그에 의하여 채권의 공동담보에 부족이 생기거나 이미 부족상태에 있는 공동담보가 한층 더 부족하게 되어

280) 대법원 1997. 10. 28. 선고 97다34334 판결
281) 대법원 2000. 2. 25. 선고 99다53704 판결
282) 대법원 2001. 3. 23. 선고 2000다37821 판결

채권을 완전하게 만족시킬 수 없게 되었으며 나아가 채무자에게 사해의 의사가 있었다는 사실까지 알 것을 요한다. 양도소득세 부과처분을 받은 자가 양도된 토지의 실질적인 소유자가 아닌 명의수탁자에 불과하다고 하여도 양도 당시 토지의 등기부상 소유명의가 명의수탁자 앞으로 되어 있었고 또 그 등기에 명의신탁관계가 등재되어 있지 아니한 이상, 제3자인 과세관청으로서는 특별한 사정이 없는 한 위 토지에 관한 소유권이전등기를 믿고 그에 따라 과세처분을 할 수밖에 없는 점 등에 비추어 보면, 그 법률행위 당시에 원고의 양도소득세 조세채권 성립의 기초가 되는 사실과 장래에 이에 기하여 그 채권이 발생하리라는 점에 대한 고도의 개연성이 있었다고 볼 수 있을 것이고, 또 그 후 최흥규가 그 양도소득세 부과처분에 대해 불복하지 아니하여 그대로 확정되었으므로 실제로 그 개연성이 현실화되어 채권이 발생하였다고 할 것이며, 그 부과처분이 그 법률행위가 있은 뒤 3년 가까이 지난 뒤에 있었다는 점만으로 달리 볼 수 없다.[283)]

채권자취소권의 주관적 요건인 채무자가 채권자를 해함을 안다는 이른바 채무자의 악의, 즉 사해의사는 채무자의 재산처분 행위에 의하여 그 재산이 감소되어 채권의 공동담보에 부족이 생기거나 이미 부족 상태에 있는 공동담보가 한층 더 부족하게 됨으로써 채권자의 채권을 완전하게 만족시킬 수 없게 된다는 사실을 인식하는 것을 의미하고, 그러한 인식은 일반채권자에 대한 관계에서 있으면 충분하고 특정의 채권자를 해한다는 인식이 있어야 하는 것은 아니다.[284)]

채무자가 채권자와 신용카드가입계약을 체결하고 신용카드를 발급받았으나 자신의 유일한 부동산을 매도한 후에 비로소 신용카드를 사용하기 시작하여 신용카드대금을 연체하게 된 경우, 그 신용카드대금채권은 사해행위 이후에 발생한 채권에 불과하여 사해행위의 피보전채권이 될 수 없다.[285)]

채무자의 법률행위가 통정허위표시인 경우에도 채권자취소권의 대상이

283) 대법원 2003. 12. 12. 선고 2003다30616 판결
284) 대법원 1998. 5. 12. 선고 97다57320 판결
285) 대법원 2004. 11. 12. 선고 2004다40955 판결

되고, 한편 채권자취소권의 대상으로 된 채무자의 법률행위라도 통정허위표시의 요건을 갖춘 경우에는 무효라고 할 것이다.[286)]

채무자의 재산처분행위가 사해행위가 되기 위해서는 그 행위로 말미암아 채무자의 총재산의 감소가 초래되어 채권의 공동담보에 부족이 생기게 되는 것, 즉 채무자의 소극재산이 적극재산보다 많아져야 하는 것인바, 채무자가 재산처분행위를 할 당시 그의 적극재산 중 부동산과 채권이 있어 그 재산의 합계가 채무액을 초과한다고 하더라도 그 적극재산을 산정함에 있어서는 다른 특별한 사정이 없는 한 실질적으로 재산적 가치가 없어 채권의 공동담보로서의 역할을 할 수 없는 재산은 이를 제외하여야 할 것이고, 그 재산이 채권인 경우에는 그것이 용이하게 변제를 받을 수 있는 확실성이 있는 것인지 여부를 합리적으로 판정하여 그것이 긍정되는 경우에 한하여 적극재산에 포함시켜야 할 것이며, 압류금지재산은 공동담보가 될 수 없으므로 이를 적극재산에 포함시켜서는 아니 된다. 이혼에 있어서 재산분할은 부부가 혼인 중에 가지고 있었던 실질상의 공동재산을 청산하여 분배함과 동시에 이혼 후에 상대방의 생활유지에 이바지하는 데 있지만, 분할자의 유책행위에 의하여 이혼함으로 인하여 입게 되는 정신적 손해(위자료)를 배상하기 위한 급부로서의 성질까지 포함하여 분할할 수도 있다고 할 것인바, 재산분할의 액수와 방법을 정함에 있어서는 당사자 쌍방의 협력으로 이룩한 재산의 액수 기타 사정을 참작하여야 하는 것이 민법 제839조의2 제2항의 규정상 명백하므로 재산분할자가 이미 채무초과의 상태에 있다거나 또는 어떤 재산을 분할한다면 무자력이 되는 경우에도 분할자가 부담하는 채무액 및 그것이 공동재산의 형성에 어느 정도 기여하고 있는지 여부를 포함하여 재산분할의 액수와 방법을 정할 수 있다고 할 것이고, 재산분할자가 당해 재산분할에 의하여 무자력이 되어 일반채권자에 대한 공동담보를 감소시키는 결과가 된다고 하더라도 그러한 재산분할이 민법 제839조의2 제2항의 규정 취지에 반하여 상당하다고 할 수 없을 정도로 과대하고, 재산분할을 구실로 이루어진 재산처분이라고 인정할 만한 특별한

286) 대법원 1998. 2. 27. 선고 97다50985 판결

사정이 없는 한 사해행위로서 채권자취소권의 대상이 되지 아니하고, 위와 같은 특별한 사정이 있어 사해행위로서 채권자취소권의 대상이 되는 경우에도 취소되는 범위는 그 상당한 부분을 초과하는 부분에 한정된다고 할 것이다.[287)]

전세권설정계약이 사해행위에 해당함을 이유로 한 사해행위취소소송에서, 채무자가 일반채권자들을 위한 공동담보가 부족한 상태에서 책임재산의 주요부분을 구성하는 부동산에 관하여 제3자에게 우선변제권이 있는 전세권을 설정하여 주고 전세금을 취득함으로써 그 부동산의 담보가치 일부를 은닉 또는 소비하기 쉽게 현금화하여 그 공동담보 부족상태를 실질적으로 심화시킨 점, 채무자가 당시 이미 부담하고 있었던 채무를 변제할 별다른 상환계획도 세우지 아니한 상태에서 위 임대차 및 전세권설정계약에 수반하여 자신이 운영하던 사업체의 영업까지 사실상 전부 양도하면서도 그에 대해서는 아무런 대가도 받지 아니한 채 장차 위 제3자에게 다시 반환하여야 할 임대차보증금 겸 전세금에 대하여 일정기간 동안의 금융을 얻었을 뿐 전세권설정계약을 통하여 전세금을 취득한 목적이 채권자 일반을 위하여 변제자력을 회복 또는 향상시키고자 한 것도 아니었던 점 등에 비추어 보면, 위 전세권설정계약은 채권자를 해하는 사해행위에 해당한다.[288)]

부동산에 관하여 부동산 실권리자명의 등기에 관한 법률 제4조 제2항 본문이 적용되어 명의수탁자인 채무자 명의의 소유권이전등기가 무효인 경우에는 그 부동산은 채무자의 소유가 아니기 때문에 이를 채무자의 일반채권자들의 공동담보에 제공되는 책임재산이라고 볼 수 없고, 채무자가 위 부동산에 관하여 제3자와 매매계약을 체결하고 그에게 소유권이전등기를 마쳐주었다고 하더라도 그로써 채무자의 책임재산에 감소를 초래한 것이라고 할 수 없으므로 이를 들어 채무자의 일반 채권자들을 해하는 사해행위라고 할 수 없으며, 채무자에게 사해의 의사가 있다고 볼 수도 없다. 그러나 명의신탁자와 명의수탁자가 이른바 계약명의신탁 약정을 맺고 명의

287) 대법원 2005. 1. 28. 선고 2004다58963 판결
288) 대법원 2010. 7. 15. 선고 2007다21245 판결

수탁자가 당사자가 되어 명의신탁 약정이 있다는 사실을 알지 못하는 소유자와 부동산에 관한 매매계약을 체결한 후 그 매매계약에 따라 당해 부동산의 소유권이전등기를 명의수탁자 명의로 마친 경우에는, 명의신탁자와 명의수탁자 사이의 명의신탁 약정의 무효에도 불구하고 부동산 실권리자명의 등기에 관한 법률 제4조 제2항 단서에 의하여 그 명의수탁자는 당해 부동산의 완전한 소유권을 취득하게 되고, 다만 명의신탁자에 대하여 그로부터 제공받은 매수자금 상당액의 부당이득반환의무를 부담하게 되는바, 위와 같은 경우에 명의수탁자가 취득한 부동산은 채무자인 명의수탁자의 일반 채권자들의 공동담보에 제공되는 책임재산이 되고, 명의신탁자는 명의수탁자에 대한 관계에서 금전채권자 중 한 명에 지나지 않으므로, 명의수탁자의 재산이 채무의 전부를 변제하기에 부족한 경우 명의수탁자가 위 부동산을 명의신탁자 또는 그가 지정하는 자에게 양도하는 행위는 특별한 사정이 없는 한 다른 채권자의 이익을 해하는 것으로서 다른 채권자들에 대한 관계에서 사해행위가 된다.[289)]

채권자취소권의 행사에 있어서 제척기간의 기산점인 채권자가 "취소원인을 안 날"이라 함은 채무자가 채권자를 해함을 알면서 사해행위를 하였다는 사실을 알게 된 날을 의미한다. 이는 단순히 채무자가 재산의 처분행위를 한 사실을 아는 것만으로는 부족하고, 구체적인 사해행위의 존재를 알고 나아가 채무자에게 사해의 의사가 있었다는 사실까지 알 것을 요한다. 한편 그 제척기간의 도과에 관한 입증책임은 채권자취소소송의 상대방에게 있다. 특정한 채권에 대한 공동 연대보증인 중 1인이 다른 공동 연대보증인에게 재산을 증여하여 특정채권자가 추급할 수 있는 채무자들의 총 책임재산에는 변동이 없다고 하더라도, 재산을 증여한 연대보증인의 재산이 감소되어 그 특정한 채권자를 포함한 일반채권자들의 공동담보에 부족이 생기거나 그 부족이 심화된 경우에는, 그 증여행위의 사해성을 부정할 수는 없다. 사해성의 요건은 행위 당시는 물론 채권자가 취소권을 행사할 당시(사해행위취소소송의 사실심 변론종결시)에도 갖추고 있어야 하므로, 처

289) 대법원 2008. 9. 25. 선고 2007다74874 판결

분행위 당시에는 채권자를 해하는 것이었더라도 그 후 채무자가 자력을 회복하거나 채무가 감소하여 취소권 행사시에 채권자를 해하지 않게 되었다면, 채권자취소권에 의하여 책임재산을 보전할 필요성이 없으므로 채권자취소권은 소멸한다. 사해의사란 채무자가 법률행위를 함에 있어 그 채권자를 해함을 안다는 것이다. 여기서 '안다'고 함은 의도나 의욕을 의미하는 것이 아니라 단순한 인식으로 충분하다. 결국 사해의사란 공동담보 부족에 의하여 채권자가 채권변제를 받기 어렵게 될 위험이 생긴다는 사실을 인식하는 것이며, 이러한 인식은 일반 채권자에 대한 관계에서 있으면 족하고, 특정의 채권자를 해한다는 인식이 있어야 하는 것은 아니다. 사해행위의 취소에 따른 원상회복은 원칙적으로 그 목적물 자체의 반환에 의하여야 하고, 그것이 불가능하거나 현저히 곤란한 경우에 한하여 예외적으로 가액반환에 의하여야 한다. 원물반환이 불가능하거나 현저히 곤란한 경우라 함은 원물반환이 단순히 절대적·물리적으로 불능인 경우가 아니라 사회생활상의 경험법칙 또는 거래상의 관념에 비추어 채권자가 수익자나 전득자로부터 이행의 실현을 기대할 수 없는 경우를 말한다. 사정변경에 따른 주식가치의 변동은 주식의 통상적인 속성에 포함되는 것이고 주식 자체의 성질이나 내용에는 변화가 없는 것이어서, 이를 가액배상의 사유로 삼을 수는 없다.[290)]

무자력상태의 채무자가 기존채무에 관한 특정의 채권자로 하여금 채무자가 가지는 채권에 대하여 압류 및 추심명령을 받음으로써 강제집행절차를 통하여 사실상 우선변제를 받게 할 목적으로 그 기존채무에 관하여 강제집행을 승낙하는 취지가 기재된 공정증서를 작성하여 주어 채권자가 채무자의 그 채권에 관하여 압류 및 추심명령을 얻은 경우에는 그와 같은 공정증서 작성의 원인이 된 채권자와 채무자의 합의는 기존채무의 이행에 관한 별도의 계약인 이른바 채무변제계약에 해당하는 것으로서 다른 일반채권자의 이익을 해하여 사해행위가 된다고 할 것이다.[291)]

채무자가 양도한 목적물에 저당권이 설정되어 있는 경우라면 그 목적물

290) 대법원 2009. 3. 26. 선고 2007다63102 판결
291) 대법원 2010. 4. 29. 선고 2009다33884 판결

중에서 일반채권자들의 공동담보에 제공되는 책임재산은 피담보채권액을 공제한 나머지 부분만이라 할 것이고 그 피담보채권액이 목적물의 가격을 초과하고 있는 때에는 당해 목적물의 양도는 사해행위에 해당한다고 할 수 없다. 그런데 수 개의 부동산에 공동저당권이 설정되어 있는 경우 위 책임재산을 산정함에 있어 각 부동산이 부담하는 피담보채권액은 특별한 사정이 없는 한 민법 제368조의 규정 취지에 비추어 공동저당권의 목적으로 된 각 부동산의 가액에 비례하여 공동저당권의 피담보채권액을 안분한 금액이라고 보아야 한다. 그러나 그 수 개의 부동산 중 일부는 채무자의 소유이고 일부는 공동저당권이 설정된 상태에서 이를 취득한 제3취득자의 소유로서 그 제3취득자가 민법 제481조, 제482조의 규정에 의한 변제자대위에 의하여 채무자 소유의 부동산에 대하여 저당권을 행사할 수 있는 지위에 있는 경우라면 채무자 소유의 부동산에 관한 피담보채권액은 공동저당권의 피담보채권액 전액으로 봄이 상당하다. 이러한 법리는 한 개의 공유부동산 중 일부 지분이 채무자의 소유이고 일부는 제3취득자의 소유인 경우에도 마찬가지로 적용된다.[292)]

사해행위취소로 인한 원상회복으로서 가액배상을 명하는 경우에는, 취소채권자는 직접 자기에게 가액배상금을 지급할 것을 청구할 수 있고, 위 지급받은 가액배상금을 분배하는 방법이나 절차 등에 관한 아무런 규정이 없는 현행법 아래에서 다른 채권자들이 위 가액배상금에 대하여 배당요구를 할 수도 없으므로, 결국 채권자는 자신의 채권액을 초과하여 가액배상을 구할 수는 없다. 채권자가 어느 수익자(전득자 포함)에 대하여 사해행위취소 및 원상회복청구를 하여 승소판결을 받아 그 판결이 확정되었다 하더라도 그에 기하여 재산이나 가액의 회복을 마치지 아니한 이상 채권자는 자신의 피보전채권에 기하여 다른 수익자에 대하여 별도로 사해행위취소 및 원상회복청구를 할 수 있고, 채권자가 여러 수익자를 상대로 사해행위취소 및 원상회복청구의 소를 제기하여 여러 개의 소송이 계속중인 경우에는 각 소송에서 채권자의 청구에 따라 사해행위의 취소 및 원상회복을 명

---

292) 대법원 2010. 12. 23. 선고 2008다25671 판결

하는 판결을 선고하여야 하며, 수익자가 가액배상을 하여야 할 경우에도 다른 소송의 결과를 참작할 필요 없이 수익자가 반환하여야 할 가액 범위 내에서 채권자의 피보전채권 전액의 반환을 명하여야 한다. 그리고 이러한 법리는 채무자가 동시에 여러 부동산을 수인의 수익자들에게 처분한 결과 채무초과 상태가 됨으로써 그와 같은 각각의 처분행위가 모두 사해행위로 되고, 채권자가 그 수익자들을 공동피고로 하여 사해행위취소 및 원상회복을 구하여 각 수익자들이 부담하는 원상회복의무의 대상이 되는 책임재산의 가액을 합산한 금액이 채권자의 피보전채권액을 초과하는 경우에도 마찬가지이다.[293)]

채권자취소권의 요건을 갖춘 각 채권자는 고유의 권리로서 채무자의 재산처분 행위를 취소하고 그 원상회복을 구할 수 있는 것이므로 여러 명의 채권자가 동시에 또는 시기를 달리하여 사해행위취소 및 원상회복청구의 소를 제기한 경우 이들 소가 중복제소에 해당하지 아니할 뿐만 아니라, 어느 한 채권자가 동일한 사해행위에 관하여 사해행위취소 및 원상회복청구를 하여 승소판결을 받아 그 판결이 확정되었다는 것만으로는 그 후에 제기된 다른 채권자의 동일한 청구가 권리보호의 이익이 없게 되는 것은 아니고, 그에 기하여 재산이나 가액의 회복을 마친 경우에 비로소 다른 채권자의 사해행위취소 및 원상회복청구는 그와 중첩되는 범위 내에서 권리보호의 이익이 없게 된다. 여러 명의 채권자가 사해행위취소 및 원상회복청구의 소를 제기하여 여러 개의 소송이 계속중인 경우에는 각 소송에서 채권자의 청구에 따라 사해행위의 취소 및 원상회복을 명하는 판결을 선고하여야 하고, 수익자(전득자를 포함한다.)가 가액배상을 하여야 할 경우에도 수익자가 반환하여야 할 가액을 채권자의 채권액에 비례하여 채권자별로 안분한 범위 내에서 반환을 명할 것이 아니라, 수익자가 반환하여야 할 가액 범위 내에서 각 채권자의 피보전채권액 전액의 반환을 명하여야 한다.[294)]

사해행위의 취소와 원상회복은 모든 채권자의 이익을 위하여 그 효력이

293) 대법원 2008. 11. 13. 선고 2006다1442 판결
294) 대법원 2005. 11. 25. 선고 2005다51457 판결

있으므로, 채권자취소권의 행사로 채무자에게 회복된 재산에 대하여 취소채권자가 우선변제권을 가지는 것이 아니라 다른 채권자도 총채권액 중 자기의 채권에 해당하는 안분액을 변제받을 수 있는 것이지만, 이는 채권의 공동담보로 회복된 채무자의 책임재산으로부터 민사집행법 등의 법률상 절차를 거쳐 다른 채권자도 안분액을 지급받을 수 있다는 것을 의미하는 것일 뿐, 다른 채권자가 이러한 법률상 절차를 거치지 아니하고 취소채권자를 상대로 하여 안분액의 지급을 직접 구할 수 있는 권리를 취득한다거나, 취소채권자에게 인도받은 재산 또는 가액배상금에 대한 분배의무가 인정된다고 볼 수는 없다. 가액배상금을 수령한 취소채권자가 이러한 분배의무를 부담하지 아니함으로 인하여 사실상 우선변제를 받는 불공평한 결과를 초래하는 경우가 생기더라도, 이러한 불공평은 채무자에 대한 파산절차 등 도산절차를 통하여 시정하거나 가액배상금의 분배절차에 관한 별도의 법률 규정을 마련하여 개선하는 것은 별론으로 하고, 현행 채권자취소 관련 규정의 해석상으로는 불가피하다.[295)]

사해행위의 취소는 취소소송의 당사자 사이에서 상대적으로 취소의 효력이 있는 것으로 당사자 이외의 제3자는 다른 특별한 사정이 없는 이상 취소로 인하여 그 법률관계에 영향을 받지 않는다. 사해행위의 목적부동산 등을 새로운 법률관계에 의하여 취득한 전득자 등은 민법 제406조 제1항 단서에 의하여 보호되므로, 사해행위의 취소에 상대적 효력만을 인정하는 것은 사해행위 취소채권자와 수익자 그리고 제3자의 이익을 조정하기 위한 것으로 그 취소의 효력이 미치지 아니하는 제3자의 범위를 사해행위를 기초로 목적부동산에 관하여 새롭게 법률행위를 한 그 목적부동산의 전득자 등만으로 한정할 것은 아니다. 근저당권이 설정되어 있는 채무자의 부동산을 매수한 수익자의 채권을 담보하기 위하여 수익자의 채권자들이 부동산에 대해 압류 등을 하여 부동산에 관한 근저당권에 의한 경매절차에서 배당받은 후 사해행위 취소채권자가 수익자를 상대로 사해행위취소소송을 제기하여 가액배상의 확정판결을 받은 경우, 수익자의 채권자들이 수익자

295) 대법원 2008. 6. 12. 선고 2007다37837 판결

와 새로운 법률관계를 맺은 것이 아니라 수익자의 채권자로서 이미 가지고 있던 채권확보를 위하여 부동산을 압류 또는 가압류한 자에 불과하더라도 목적부동산의 매각대금에 대하여 사해행위 취소채권자에게 수익자의 채권자들에 우선하여 변제받을 수 있는 권리를 부여하여 사해행위취소판결의 실효성을 확보하여야 할 아무런 근거가 없으므로 수익자의 채권자들에게 사해행위취소판결의 효력이 미친다고는 볼 수 없다.[296]

사해행위취소의 소는 법률행위 있은 날로부터 5년 내에 제기하여야 하고, 이는 제소기간이므로 법원은 그 기간의 준수 여부에 관하여 직권으로 조사하여 그 기간이 도과된 후에 제기된 사해행위취소의 소는 부적법한 것으로 각하하여야 하므로 그 기간 준수 여부에 대하여 의심이 있는 경우에는 법원이 필요한 정도에 따라 직권으로 증거조사를 할 수 있으나, 법원에 현출된 모든 소송자료를 통하여 살펴보았을 때 그 기간이 도과되었다고 의심할 만한 사정이 발견되지 않는 경우까지 법원이 직권으로 추가적인 증거조사를 하여 기간 준수 여부를 확인하여야 할 의무는 없다. 사해행위취소의 소에 있어 제소기간의 기준이 되는 '법률행위 있는 날'이라 함은 사해행위에 해당하는 법률행위가 실제로 이루어진 날을 의미한다. 가등기권자가 가등기에 기한 본등기의 절차에 의하지 아니하고 별도의 소유권이전등기를 경료받은 경우에 있어서는, 특별한 사정이 없는 한 가등기권자가 재차 가등기에 기한 본등기를 청구할 수 있는 것이므로 그 별도의 소유권이전등기를 가등기에 기한 본등기와 동일하게 볼 수는 없다고 할 것이고, 따라서 그 별도의 소유권이전등기의 원인된 법률행위가 사해행위로서 취소되는 이상, 그 원상회복으로서 그 이전등기는 말소되어야 하는 것이고, 장차 그 가등기가 혼동의 법리에 의하여 부활되는지의 여부나 그와 같이 부활되는 가등기에 기하여 그 이전등기의 명의인이 다시 본등기를 경료할 수 있는지의 여부 등에 의하여 달리 볼 것은 아니다.[297]

296) 대법원 2005. 11. 10. 선고 2004다49532 판결
297) 대법원 2002. 7. 26. 선고 2001다73138,73145 판결

4. 수인의 채권자 및 채무자

가. 분할채권관계

채권자나 채무자가 수인인 경우에 특별한 의사표시가 없으면 각 채권자 또는 각 채무자는 균등한 비율로 권리가 있고 의무를 부담한다.

나. 불가분채권과 불가분채무

채권의 목적이 그 성질 또는 당사자의 의사표시에 의하여 불가분인 경우에 채권자가 수인인 때에는 각 채권자는 모든 채권자를 위하여 이행을 청구할 수 있고 채무자는 모든 채권자를 위하여 각 채권자에게 이행할 수 있다. 그러나 이러한 경우를 제외하고는 불가분채권자중 1인의 행위나 1인에 관한 사항은 다른 채권자에게 효력이 없다. 불가분채권자 중의 1인과 채무자간에 경개나 면제있는 경우에 채무전부의 이행을 받은 다른 채권자는 그 1인이 권리를 잃지 아니하였으면 그에게 분급할 이익을 채무자에게 상환하여야 한다. 불가분채권이나 불가분채무가 가분채권 또는 가분채무로 변경된 때에는 각 채권자는 자기부분만의 이행을 청구할 권리가 있고 각 채무자는 자기부담부분만을 이행할 의무가 있다.

다. 연대채무

수인의 채무자가 채무전부를 각자 이행할 의무가 있고 채무자 1인의 이행으로 다른 채무자도 그 의무를 면하게 되는 때에는 그 채무는 연대채무로 한다. 채권자는 어느 연대채무자에 대하여 또는 동시나 순차로 모든 연대채무자에 대하여 채무의 전부나 일부의 이행을 청구할 수 있다. 어느 연대채무자에 대한 법률행위의 무효나 취소의 원인은 다른 연대채무자의 채무에 영향을 미치지 아니한다.

어느 연대채무자에 대한 이행청구는 다른 연대채무자에게도 효력이 있다. 어느 연대채무자와 채권자간에 채무의 경개가 있는 때에는 채권은 모든 연대채무자의 이익을 위하여 소멸한다. 어느 연대채무자가 채권자에 대하여 채권이 있는 경우에 그 채무자가 상계한 때에는 채권은 모든 연대채무자의 이익을 위하여 소멸한다. 상계할 채권이 있는 연대채무자가 상계하지 아니한 때에는 그 채무자의 부담부분에 한하여 다른 연대채무자가 상계할 수 있다. 어느 연대채무자에 대한 채무면제는 그 채무자의 부담부분에 한하여 다른 연대채무자의 이익을 위하여 효력이 있다. 어느 연대채무자와 채권자간에 혼동이 있는 때에는 그 채무자의 부담부분에 한하여 다른 연대채무자도 의무를 면한다. 어느 연대채무자에 대하여 소멸시효가 완성한 때에는 그 부담부분에 한하여 다른 연대채무자도 의무를 면한다. 어느 연대채무자에 대한 채권자의 지체는 다른 연대채무자에게도 효력이 있다. 이행청구, 경개, 상계, 채무면제, 혼동, 소멸시효완성, 채권자지체 외에는 어느 연대채무자에 관한 사항은 다른 연대채무자에게 효력이 없다. 연대채무자의 부담부분은 균등한 것으로 추정한다.

어느 연대채무자가 변제 기타 자기의 출재로 공동면책이 된 때에는 다른 연대채무자의 부담부분에 대하여 구상권을 행사할 수 있다. 이 구상권은 면책된 날 이후의 법정이자 및 피할 수 없는 비용 기타 손해배상을 포함한다. 어느 연대채무자가 다른 연대채무자에게 통지하지 아니하고 변제 기타 자기의 출재로 공동면책이 된 경우에 다른 연대채무자가 채권자에게 대항할 수 있는 사유가 있었을 때에는 그 부담부분에 한하여 이 사유로 면책행위를 한 연대채무자에게 대항할 수 있고 그 대항사유가 상계인 때에는 상계로 소멸할 채권은 그 연대채무자에게 이전된다. 어느 연대채무자가 변제 기타 자기의 출재로 공동면책되었음을 다른 연대채무자에게 통지하지 아니한 경우에 다른 연대채무자가 선의로 채권자에게 변제 기타 유상의 면책행위를 한 때에는 그 연대채무자는 자기의 면책행위의 유효를 주장할 수 있다. 연대채무자 중에 상환할 자력이 없는 자가 있는 때에는 그 채무자의 부담부분은 구상권자 및 다른 자력이 있는 채무자가 그 부담부분에 비례하여 분담한다. 그러나 구상권자에게 과실이 있는 때에는 다른 연대채무자에 대하여 분담을 청구하지 못한다. 상환할 자력이 없는 채무자의 부담부분을 분담할 다른 채무자가 채권자로부터 연대의 면제를 받은 때에는 그 채무자의 분담할 부분은 채권자의 부담으로 한다.

라. 보증채무

보증인은 주채무자가 이행하지 아니하는 채무를 이행할 의무가 있다. 보증은 장래의 채무에 대하여도 할 수 있다. 보증채무는 주채무의 이자, 위약금, 손해배상 기타 주채무에 종속한 채무를 포함한다. 보증인은 그 보증채무에 관한 위약금 기타 손해배상액을 예정할 수 있다. 보증인의 부담이 주채무의 목적이나 형태보다 중한 때에는 주채무의 한도로 감축한다. 채무자가 보증인을 세울 의무가 있는 경우, 채권자가 보증인을 지명한 경우가 아닌 경우에는 그 보증인은 행위능력 및 변제자력이 있는 자로 하여야 하며, 보증인이 변제자력이 없게 된 때에는 채권자는 보증인의 변경을 청구할 수 있다. 채무자는 다른 상당한 담보를 제공함으로써 보증인을 세울 의무를 면할 수 있다. 보증인은 주채무자의 항변으로 채권자에게 대항할 수 있다. 주채무자의 항변포기는 보증인에게 효력이 없다. 보증인은 주채무자의 채권에 의한 상계로 채권자에게 대항할 수 있다. 주채무자가 채권자에 대하여 취소권 또는 해제권이나 해지권이 있는 동안은 보증인은 채권자에 대하여 채무의 이행을 거절할 수 있다. 취소의 원인있는 채무를 보증한 자가 보증계약당시에 그 원인있음을 안 경우에 주채무의 불이행 또는 취소가 있는 때에는 주채무와 동일한 목적의 독립채무를 부담한 것으로 본다. 채권자가 보증인에게 채무의 이행을 청구한 때에는 보증인은 주채무자의 변제자력이 있는 사실 및 그 집행이 용이할 것을 증명하여 먼저 주채무자에게 청구할 것과 그 재산에 대하여 집행할 것을 항변할 수 있다. 그러나 보증인이 주채무자와 연대하여 채무를 부담한 때에는 그러하지 아니하다. 보증인의 최고·검색의 항변에 불구하고 채권자의 해태로 인하여 채무자로부터 전부나 일부의 변제를 받지 못한 경우에는 채권자가 해태하지 아니하였으면 변제받았을 한도에서 보증인은 그 의무를 면한다. 수인의 보증인이 각자의 행위로 보증채무를 부담한 경우, 각 보증인은 균등한 비율로 권리가 있고 의무를 부담한다. 주채무자에 대한 시효의 중단은 보증인에 대하여 그 효력이 있다.

주채무자의 부탁으로 보증인이 된 자가 과실없이 변제 기타의 출재로 주채무를 소멸하게 한 때에는 주채무자에 대하여 구상권이 있다. 이 구상권은 면책된 날 이후의 법정이자 및 피할 수 없는 비용 기타 손해배상을 포함한다. 주채무자의 부탁으로 보증인이 된 자는 다음 각호의 경우에 주채무자에 대하여 미리 구상권을 행사할 수 있다. 1. 보증인이 과실없이 채권자에게 변제할 재판을 받은 때, 2. 주채무자가 파산선고를 받은 경우에 채권자가 파산재단에 가입하지 아니한 때, 3. 채무의 이행기가 확정되지 아니하고 그 최장기도 확정할 수 없는 경우에 보증계약후 5년을 경과한 때, 4. 채무의 이행기가 도래한 때. 이 네 가지 경우에는 보증계약후에 채권자가 주채무자에게 허여한 기한으로 보증인에게 대항하지 못한다. 수탁보증인의 사전구성권에 의하여 주채무자가 보증인에게 배상하는 경우에 주채무자는 자기를 면책하게 하거나 자기에게 담보를 제공할 것을 보증인에게 청구할 수 있고 또는 배상할 금액을 공탁하거나 담보를 제공하거나 보증인을 면책하게 함으로써 그 배상의무를 면할 수 있다.

주채무자의 부탁없이 보증인이 된 자가 변제 기타 자기의 출재로 주채무를 소멸하게 한 때에는 주채무자는 그 당시에 이익을 받은 한도에서 배상하여야 한다. 주채무자의 의사에 반하여 보증인이 된 자가 변제 기타 자기의 출재로 주채무를 소멸하게 한 때에는 주채무자는 현존이익의 한도에서 배상하여야 한다. 이 경우에 주채무자가 구상한 날 이전에 상계원인이 있음을 주장한 때에는 그 상계로 소멸할 채권은 보증인에게 이전된다.

보증인이 주채무자에게 통지하지 아니하고 변제 기타 자기의 출재로 주채무를 소멸하게 한 경우에 주채무자가 채권자에게 대항할 수 있는 사유가 있었을 때에는 이 사유로 보증인에게 대항할 수 있고 그 대항사유가 상계인 때에는 상계로 소멸할 채권은 보증인에게 이전된다. 보증인이 변제 기타 자기의 출재로 면책되었음을 주채무자에게 통지하지 아니한 경우에 주채무자가 선의로 채권자에게 변제 기타 유상의 면책행위를 한 때에는 주채무자는 자기의 면책행위의 유효를 주장할 수 있다. 주채무자가 자기의 행위로 면책하였음을 그 부탁으로 보증인이 된 자에게 통지하지 아니한 경우에 보증인이 선의로 채권자에게 변제 기타 유상의 면책행위를 한 때에는 보증인은 자기의 면책행위의 유효를 주장할 수 있다.

어느 연대채무자나 어느 불가분채무자를 위하여 보증인이 된 자는 다른 연대채무자나 다른 불가분채무자에 대하여 그 부담부분에 한하여 구상권이 있다.

수인의 보증인이 있는 경우에 어느 보증인이 자기의 부담부분을 넘은 변제를 한 때에는 부탁없는 보증인이 구상권에 관한 규정을 준용한다. 주채무가 불가분이거나 각 보증인이 상호연대로 또는 주채무자와 연대로 채무를 부담한 경우에 어느 보증인이 자기의 부담부분을 넘은 변제를 한 때에는 다른 보증인의 부담부분에 대하여 구상권을 행사할 수 있다. 수인의 보증인자 중에 상환할 자력이 없는 자가 있는 때에는 그 보증인의 부담부분은 구상권자 및 다른 자력이 있는 보증인이 그 부담부분에 비례하여 분담한다. 그러나 구상권자에게 과실이 있는 때에는 다른 보증인에 대하여 분담을 청구하지 못한다.

5. 채권의 양도

채권은 양도할 수 있다. 그러나 채권의 성질이 양도를 허용하지 아니하는 때에는 그러하지 아니하다. 채권은 당사자가 반대의 의사를 표시한 경우에는 양도하지 못한다. 그러나 그 의사표시로써 선의의 제3자에게 대항하지 못한다. 지명채권의 양도는 양도인이 채무자에게 통지하거나 채무자가 승낙하지 아니하면 채무자 기타 제3자에게 대항하지 못한다. 이 경우의 통지나 승낙은 확정일자있는 증서에 의하지 아니하면 채무자 이외의 제3자에게 대항하지 못한다.[298]

채무자가 이의를 보류하지 아니하고 전조의 승낙을 한 때에는 양도인에게 대항할 수 있는 사유로써 양수인에게 대항하지 못한다.[299] 그러나 채무

298) 대법원 2011. 7. 14. 선고 2009다49469 판결 "지명채권의 양수인과 양립할 수 없는 지위에 있는 제3자가 존재하는 경우에, 만일 제3자가 그러한 지위를 취득하기 전에 채권양수인이 민법 제450조 제2항 소정의 "확정일자 있는 증서에 의한 통지나 승낙"이라는 대항요건 모두를 먼저 구비하였다면 채권양수인은 그 채권양도를 위 제3자에게 대항할 수 있는바, 여기서 '확정일자 있는 증서에 의한 통지나 승낙'은 통지나 승낙행위 자체를 확정일자 있는 증서로 하여야 한다는 것을 의미한다. 민법이 이처럼 '확정일자 있는 증서에 의한' 통지나 승낙을 갖추도록 하고 있는 취지는 채권의 양도인, 양수인 및 채무자가 통모하여 통지일 또는 승낙일을 소급함으로써 제3자의 권리를 침해하는 것을 방지하기 위한 것이다."

299) 대법원 1994. 4. 29. 선고 93다35551 판결 "민법 제451조 제1항 전단은 "채무자가 이의

자가 채무를 소멸하게 하기 위하여 양도인에게 급여한 것이 있으면 이를 회수할 수 있고 양도인에 대하여 부담한 채무가 있으면 그 성립되지 아니함을 주장할 수 있다. 양도인이 양도통지만을 한 때에는 채무자는 그 통지를 받은 때까지 양도인에 대하여 생긴 사유로써 양수인에게 대항할 수 있다.

채무자는 제3자가 채권자로부터 채권을 양수한 경우 채권양도금지 특약의 존재를 알고 있는 양수인이나 그 특약의 존재를 알지 못함에 중대한 과실이 있는 양수인에게 그 특약으로써 대항할 수 있고, 여기서 말하는 '중과실'이란 통상인에게 요구되는 정도의 상당한 주의를 하지 않더라도 약간의 주의를 한다면 손쉽게 그 특약의 존재를 알 수 있음에도 불구하고 그러한 주의조차 기울이지 아니하여 특약의 존재를 알지 못한 것을 말하며, 제3자의 악의 내지 중과실은 채권양도금지의 특약으로 양수인에게 대항하려는 자가 이를 주장·증명하여야 한다. 종합병원 영안실의 임차인으로부터 임대차보증금 반환채권을 양수한 자가 그 채권을 양수하면서 채권양도금지 특약이 기재된 임대차계약서를 교부받고 이를 채권양도서류에 첨부하여 사서증서 인증까지 받는 등 여러 사정에 비추어 볼 때, 위 양수인은 채권양도금지 특약이 존재한다는 사실을 알았거나 이를 알지 못한 데 중대한 과실이 있다고 볼 것이다. 지명채권의 양도는 이를 채무자에게 통지하거나 채무자의 승낙이 없으면 채무자 기타 제3자에 대항하지 못하고, 이 통지와 승낙은 확정일자 있는 증서에 의하지 아니하면 채무자 이외의 제3자에게 대항할 수 없다. 여기서 '확정일자'란 증서에 대하여 그 작성한 일자에 관한 완전한 증거가 될 수 있는 것으로 법률상 인정되는 일자를 말하며 당사자가 나중에 변경하는 것이 불가능한 확정된 일자를 가리키고, '확정일자

를 보류하지 아니하고 전조의 승낙을 한 때에는 양도인에게 대항할 수 있는 사유로써 양수인에게 대항하지 못한다."고 규정하고 있으므로, 이 사건과 같은 채권의 귀속사실(채권이 이미 타인에게 양도되었다는 사실)이 위 규정의 "양도인에게 대항할 수 있는 사유"에 해당하는지 여부에 달려 있는바, 살피건대, 민법은 채권의 귀속에 관한 우열을 오로지 확정일자 있는 증서에 의한 통지 또는 승낙의 유무와 그 선후로써만 결정하도록 규정하고 있는데다가, 채무자의 "이의를 보류하지 아니한 승낙"은 위 규정 자체로 보더라도 그의 양도인에 대한 항변을 상실시키는 효과밖에 없고, 채권에 관하여 권리를 주장하는 자가 여럿인 경우 그들 사이의 우열은 채무자에게도 효력이 미치므로, 위 "양도인에게 대항할 수 있는 사유"란 채권의 성립, 존속, 행사를 저지·배척하는 사유를 가리킬 뿐이고, 채권의 귀속은 이에 포함되지 아니한다고 해석함이 상당하다."

있는 증서'란 위와 같은 일자가 있는 증서로서 민법 부칙 제3조에 정한 증서를 말하며, 지명채권의 양도통지가 확정일자 없는 증서에 의하여 이루어짐으로써 제3자에 대한 대항력을 갖추지 못하였으나 그 후 그 증서에 확정일자를 얻은 경우에는 그 일자 이후에는 제3자에 대한 대항력을 취득한다. 임대차보증금 반환채권의 지분권자로부터 그 지분을 양수한 자가 지분양도서류에 채무자의 승낙서이기도 한 임차인명의변경 계약서를 첨부하여 공증담당 변호사로부터 사서증서 인증을 받은 사안에서, 그 인증서에 기입한 날자는 첨부서류인 임차인명의변경 계약서에 대한 민법 부칙 제3조 제4항의 확정일자에 해당한다.[300]

양도인이 채무자에게 채권양도를 통지한 때에는 아직 양도하지 아니하였거나 그 양도가 무효인 경우에도 선의인 채무자는 양수인에게 대항할 수 있는 사유로 양도인에게 대항할 수 있다. 양도인이 채무자에게 채권통지한 경우 양수인의 동의가 없으면 철회하지 못한다.

채권이 이중으로 양도된 경우의 양수인 상호간의 우열은 통지 또는 승낙에 붙여진 확정일자의 선후에 의하여 결정할 것이 아니라, 채권양도에 대한 채무자의 인식, 즉 확정일자 있는 양도통지가 채무자에게 도달한 일시 또는 확정일자 있는 승낙의 일시의 선후에 의하여 결정하여야 할 것이고, 이러한 법리는 채권양수인과 동일 채권에 대하여 가압류명령을 집행한 자 사이의 우열을 결정하는 경우에 있어서도 마찬가지이므로, 확정일자 있는 채권양도 통지와 가압류결정 정본의 제3채무자(채권양도의 경우는 채무자)에 대한 도달의 선후에 의하여 그 우열을 결정하여야 한다. 채권양도 통지, 가압류 또는 압류명령 등이 제3채무자에 동시에 송달되어 그들 상호간에 우열이 없는 경우에도 그 채권양수인, 가압류 또는 압류채권자는 모두 제3채무자에 대하여 완전한 대항력을 갖추었다고 할 것이므로, 그 전액에 대하여 채권양수금, 압류전부금 또는 추심금의 이행청구를 하고 적법하게 이를 변제받을 수 있고, 제3채무자로서는 이들 중 누구에게라도 그 채무 전액을 변제하면 다른 채권자에 대한 관계에서도 유효하게 면책되는 것이며,

---

300) 대법원 2010. 5. 13. 선고 2010다8310 판결

만약 양수채권액과 가압류 또는 압류된 채권액의 합계액이 제3채무자에 대한 채권액을 초과할 때에는 그들 상호간에는 법률상의 지위가 대등하므로 공평의 원칙상 각 채권액에 안분하여 이를 내부적으로 다시 정산할 의무가 있다. 채권양도의 통지와 가압류 또는 압류명령이 제3채무자에게 동시에 송달되었다고 인정되어 채무자가 채권양수인 및 추심명령이나 전부명령을 얻은 가압류 또는 압류채권자 중 한 사람이 제기한 급부소송에서 전액 패소한 이후에도 다른 채권자가 그 송달의 선후에 관하여 다시 문제를 제기하는 경우 기판력의 이론상 제3채무자는 이중지급의 위험이 있을 수 있으므로, 동시에 송달된 경우에도 제3채무자는 송달의 선후가 불명한 경우에 준하여 채권자를 알 수 없다는 이유로 변제공탁을 함으로써 법률관계의 불안으로부터 벗어날 수 있다. 채권양도 통지와 채권가압류결정 정본이 같은 날 도달되었는데 그 선후관계에 대하여 달리 입증이 없으면 동시에 도달된 것으로 추정한다.[301)]

6. 채무의 인수

제3자는 채권자와의 계약으로 채무를 인수하여 채무자의 채무를 면하게 할 수 있다. 그러나 채무의 성질이 인수를 허용하지 아니하는 때에는 그러하지 아니하다. 이해관계없는 제3자는 채무자의 의사에 반하여 채무를 인수하지 못한다.

제3자가 채무자와의 계약으로 채무를 인수한 경우에는 채권자의 승낙에 의하여 그 효력이 생긴다.[302)] 채권자의 승낙 또는 거절의 상대방은 채무자

---

301) 대법원 1994. 4. 26. 선고 93다24223 (全)판결

302) 대법원 2012. 5. 24. 선고 2009다88303 판결 "민법 제454조는 제3자가 채무자와 계약으로 채무를 인수하여 채무자의 채무를 면하게 하는 면책적 채무인수의 경우에 채권자 승낙이 있어야 채권자에 대하여 효력이 생긴다고 규정하고 있으므로, 채권자의 승낙이 없는 경우에는 채무자와 인수인 사이에서 면책적 채무인수 약정을 하더라도 이행인수 등으로서 효력밖에 갖지 못하며 채무자는 채무를 면하지 못한다. 그리고 계약당사자로서 지위 승계를 목적으로 하는 계약인수는 계약으로부터 발생하는 채권·채무 이전 외에 계약관계로부터 생기는 해제권 등 포괄적 권리의무의 양도를 포함하는 것으로서, 계약인수가 적법하게 이루어지면 양도인은 계약관계에서 탈퇴하게 되고, 계약인수 후에는 양도인의 면책을 유보하였다는 등 특별한 사정이 없는 한 잔류당사자와 양도인 사이에는 계약관계가 존재하지 않게 되며 그에 따른 채권채무관계도 소멸하지만, 이러한 계약

나 제3자이다. 이 경우 제3자나 채무자는 상당한 기간을 정하여 승낙여부의 확답을 채권자에게 최고할 수 있다. 채권자가 그 기간내에 확답을 발송하지 아니한 때에는 거절한 것으로 본다.

제3자와 채무자간의 계약에 의한 채무인수는 채권자의 승낙이 있을 때까지 당사자는 이를 철회하거나 변경할 수 있다. 채권자의 채무인수에 대한 승낙은 다른 의사표시가 없으면 채무를 인수한 때에 소급하여 그 효력이 생긴다. 그러나 제3자의 권리를 침해하지 못한다. 인수인은 전채무자의 항변할 수 있는 사유로 채권자에게 대항할 수 있다. 전채무자의 채무에 대한 보증이나 제3자가 제공한 담보는 채무인수로 인하여 소멸한다. 그러나 보증인이나 제3자가 채무인수에 동의한 경우에는 그러하지 아니하다.

부동산을 매수하는 사람이 근저당채무 등 그 부동산에 결부된 부담을 인수하고 그 채무액만큼 매매대금을 공제하기로 약정하는 경우에, 매수인의 그러한 채무부담의 약정은 채권자의 승낙이 없는 한 매도인 측을 면책시키는 이른바 면책적 채무인수라고 볼 수는 없으나, 나아가서 그러한 약정이 이행인수에 불과한지 아니면 병존적 채무인수 즉 제3자를 위한 계약인지를 구별함에 있어서 그 판별 기준은, 계약 당사자에게 제3자 또는 채권자가 계약 당사자 일방 또는 채무인수인에 대하여 직접 채권을 취득하게 할

인수는 양도인과 양수인 및 잔류당사자의 합의에 의한 삼면계약으로 이루어지는 것이 통상적이며 관계당사자 3인 중 2인의 합의가 선행된 경우에는 나머지 당사자가 이를 동의 내지 승낙하여야 그 효력이 생긴다. 계약에서 채무자가 변경될 경우에 채권자의 승낙을 얻도록 함으로써 채권자가 불이익을 입지 않도록 하려는 민법 제454조의 규정과 계약인수의 해석론에 비추어 보면, 통상 변제자력이 더 풍부한 지방자치단체가 계약관계에서 발생된 채무에 관하여 채권자의 승낙을 받지 않고 일방적으로 조례 제정을 통하여 지방공사에 면책적으로 인수시킬 수 있다고 보는 것은 부당하고, 지방자치단체에 대하여 민법 제454조의 적용을 배제할 만한 합리적인 이유를 찾을 수 없다. 시영아파트를 건축·분양한 지방자치단체가 조례를 제정하여 지방공사를 설립한 후 분양계약에 관한 사무 내지는 분양계약 당사자의 지위를 포괄하여 인수시켰는데, 수분양자들이 지방자치단체를 상대로 아파트에 관한 하자담보책임을 구한 사안에서, 지방자치단체가 조례 규정에 기초하여 지방공사에 분양계약에 관한 사무 내지는 분양계약 당사자의 지위를 포괄하여 인수시키고 하자담보책임을 비롯한 분양자의 권리의무를 승계시켰더라도 채권자인 수분양자들의 승낙 없이는 하자담보책임을 면할 수 없는데도, 수분양자들의 승낙여부를 따져보지도 않은 채 조례 규정에만 근거하여 지방자치단체가 분양자의 지위에서 벗어났다고 본 원심판결에 면책적 채무인수 내지는 계약인수 및 조례 규정의 해석에 관한 법리오해 등 위법이 있다."

의사가 있는지 여부에 달려 있다 할 것이고, 구체적으로는 계약 체결의 동기, 경위 및 목적, 계약에 있어서의 당사자의 지위, 당사자 사이 및 당사자와 제3자 사이의 이해관계, 거래 관행 등을 종합적으로 고려하여 그 의사를 해석하여야 하는 것인데, 인수의 대상으로 된 채무의 책임을 구성하는 권리관계도 함께 양도된 경우이거나 채무인수인이 그 채무부담에 상응하는 대가를 얻을 때에는 특별한 사정이 없는 한 원칙적으로 이행인수가 아닌 병존적 채무인수로 보아야 할 것이다.[303)]

부동산의 매수인이 매매 목적물에 관한 임대차보증금 반환채무 등을 인수하는 한편, 그 채무액을 매매대금에서 공제하기로 약정한 경우, 그 인수는 특별한 사정이 없는 이상 매도인을 면책시키는 면책적 채무인수가 아니라 이행인수로 보아야 하고, 면책적 채무인수로 보기 위하여는 이에 대한 채권자 즉, 임차인의 승낙이 있어야 한다.[304)]

임대아파트 매수인이 매도인과 체결한 약정에 따라 매도인으로부터 '임대아파트 각 세대에 대한 임대차보증금 반환채무'와 '은행에 대한 대출금 채무'를 인수하는 대신 매매대금에서 그 금액을 공제한 나머지 금원만을 매도인에게 지급한 뒤 임대아파트 각 세대의 소유권을 이전받아 매도인의 임대사업자 지위를 승계한 사안에서, 매수인이 위 대출금 채무를 인수한 것은 이행인수가 아닌 병존적 채무인수에 해당한다.[305)]

계약상의 지위의 양도·양수, 계약인수 또는 계약가입 등은 민법상 명문

---

303) 대법원 2010. 2. 11. 선고 2009다73905 판결

304) 대법원 2001. 4. 27. 선고 2000다69026 판결 "채무자의 재산처분행위가 사해행위가 되기 위해서는 그 행위로 말미암아 채무자의 총재산의 감소가 초래되어 채권의 공동담보에 부족이 생기게 되어야 하는 것, 즉 채무자의 소극재산이 적극재산보다 많아져야 하는 것인바, 채무자가 연속하여 수 개의 재산처분행위를 한 경우에는, 그 행위들을 하나의 행위로 보아야 할 특별한 사정이 없는 한, 일련의 행위를 일괄하여 그 전체의 사해성 여부를 판단할 것이 아니라 각 행위마다 그로 인하여 무자력이 초래되었는지 여부에 따라 사해성 여부를 판단하여야 한다. 채무자의 무자력 여부는 사해행위 당시를 기준으로 판단하여야 하는 것이므로 채무자의 적극재산에 포함되는 부동산이 사해행위가 있은 후에 경매절차에서 경락된 경우에 그 부동산의 평가는 경락된 가액을 기준으로 할 것이 아니라 사해행위 당시의 시가를 기준으로 하여야 할 것이며, 부동산에 대하여 정당한 절차에 따라 산출된 감정평가액은 특별한 사정이 없는 한 그 시가를 반영하는 것으로 보아도 좋을 것이다."

305) 대법원 2010. 5. 13. 선고 2009다105222 판결

의 규정이 없다고 하더라도 그같은 계약이 인정되어야 할 것임은 계약 자유, 사법자치의 원칙에 비추어 당연한 귀결이나, 그 태양에 따라서 요건과 그 효과가 각기 다를 수 있어 이는 구체적 약관의 내용에 따라 해석하여야 할 것이다.[306)]

계약을 체결하는 행위자가 타인의 이름으로 법률행위를 한 경우에 행위자 또는 명의인 가운데 누구를 계약의 당사자로 볼 것인가에 관하여는, 우선 행위자와 상대방의 의사가 일치한 경우에는 그 일치한 의사대로 행위자 또는 명의인을 계약의 당사자로 확정해야 하고, 행위자와 상대방의 의사가 일치하지 않는 경우에는 그 계약의 성질·내용·목적·체결 경위 등 계약 체결 전후의 구체적인 제반 사정을 토대로 상대방이 합리적인 사람이라면 행위자와 명의자 중 누구를 계약 당사자로 이해할 것인가에 의하여 당사자를 결정하여야 한다. 계약 당사자로서의 지위 승계를 목적으로 하는 계약인수는 계약상 지위에 관한 양도인과 양수인 사이의 합의와 나머지 당사자가 이를 동의 내지 승낙하는 방법으로도 할 수 있으며, 나머지 당사자가 동의 내지 승낙을 함에 있어 양도인의 면책을 유보하였다는 등의 특별한 사정이 없는 한 양도인은 계약관계에서 탈퇴하고, 따라서 나머지 당사자와 양도인 사이에는 계약관계가 존재하지 아니하게 되어 그에 따른 채권채무관계도 소멸한다.[307)]

계약 당사자로서의 지위 승계를 목적으로 하는 계약인수는 3면계약으로 이루어지는 것이 통상적이나, 관계 당사자 중 2인의 합의와 나머지 당사자가 이를 동의 내지 승낙하는 방법으로도 가능하다. 회사가 공사 도중 자금난으로 부도가 나자 그 회사의 채권자들이 자신들의 대여금 채권의 확보를 위하여 신설 회사를 설립하여 기존 회사가 분양계약에 따라 피분양자들에 대하여 부담하는 소유권이전등기 채무의 이행뿐만 아니라 잔대금 채권까지도 함께 양수하기로 하는 약정을 하였다면, 이는 분양계약의 분양자로서의 지위의 승계를 목적으로 하는 이른바 계약인수 약정을 한 것으로 보는 것이 경험칙상 상당하고, 신설 회사가 피분양자들에게 공사를 인수하였다

306) 대법원 1982. 10. 26. 선고 82다카508 판결
307) 대법원 2007. 9. 6. 선고 2007다31990 판결

면서 준공검사가 나면 소유권이전등기를 해주겠으니 준공검사 동의서에 날인해 달라고 요청하여 피분양자들이 이에 응한 행위는 바로 신설 회사와 기존 회사 사이의 계약인수에 동의한 것으로 볼 수 있으므로, 기존 회사의 분양계약상의 지위는 신설 회사에 의해 유효하게 인수되었다고 보아야 한다.[308)]

7. 채권의 소멸

가. 변제

변제는 채무내용에 좇은 현실제공으로 이를 하여야 한다. 그러나 채권자가 미리 변제받기를 거절하거나 채무의 이행에 채권자의 행위를 요하는 경우에는 변제준비의 완료를 통지하고 그 수령을 최고하면 된다. 변제의 제공은 그때로부터 채무불이행의 책임을 면하게 한다.[309)] 특정물의 인도가

308) 대법원 1996. 2. 27. 선고 95다21662 판결

309) 대법원 1994. 10. 11. 선고 94다24565 판결 "대지 · 건물 및 임야에 대한 각 매매계약을 별개의 계약으로 따로따로 체결한 경우, 매도인이 매수인에게 대지 · 건물에 대한 잔금 지급을 최고함에 있어 그 대지 · 건물과 임야를 일괄하여 매매한 것을 전제로 한 잔금의 이행을 요구하였다면 이는 당시 대지 · 건물만의 미불잔금이 임야를 포함한 전체 잔금의 4분의 1에도 못미치는 금액이었던 점에 비추어 과다한 액의 최고이고, 또한 매수인이 그 대지 · 건물의 미불잔금만을 이행제공하더라도 매도인이 이를 수령하지 않을 것이 명백하므로 그 최고는 이른바 과다한 액의 최고로서 부적법하고, 따라서 그 대지 · 건물에 관한 매도인의 계약해제 주장은 인정할 수 없다. 동시이행의 관계에 있는 쌍무계약에 있어서 상대방의 채무불이행을 이유로 계약을 해제하려고 하는 자는 동시이행관계에 있는 자기 채무의 이행을 제공하여야 하고, 그 채무를 이행함에 있어 상대방의 행위를 필요로 할 때에는 언제든지 현실로 이행을 할 수 있는 준비를 완료하고, 그 뜻을 상대방에게 통지하여 그 수령을 최고하여야만 상대방으로 하여금 이행지체에 빠지게 할 수 있는 것이며, 단순히 이행의 준비태세를 갖추고 있는 것만으로는 안된다."; 대법원 2001. 12. 11. 선고 2001다36511 판결 "쌍무계약에 있어서 일방 당사자의 자기 채무에 관한 이행의 제공을 엄격하게 요구하면 오히려 불성실한 상대 당사자에게 구실을 주는 것이 될 수도 있으므로 일방 당사자가 하여야 할 제공의 정도는 그 시기와 구체적인 상황에 따라 신의성실의 원칙에 어긋나지 않게 합리적으로 정하여야 하고, 매수인이 계약의 이행에 비협조적인 태도를 취하면서 잔대금의 지급을 미루는 등 소유권이전등기서류를 수령할 준비를 아니한 경우에는 매도인으로서도 그에 상응한 이행의 준비를 하면 족하다 할 것인바, 매도인이 법무사사무소에 소유권이전등기에 필요한 대부분의 서류를 작성하여 주었고 미비된 일부 서류들은 잔금지급시에 교부하기로 하였으며 이들 서류는 매도인이 언제라도 발급받아 교부할 수 있다면 매도인으로서는 비록 일부 미비된 서류가 있다 하더라도 소유권이전등기의무에 대한 충분한 이행의 제공을 마쳤다고 보아야 할 것이고, 잔대금 지급기일에 이를 지급하지 않고 계약의 효력을 다투는 등 계약의 이행에 비협조

채권의 목적인 때에는 채무자는 이행기의 현상대로 그 물건을 인도하여야 한다. 채무의 변제로 타인의 물건을 인도한 채무자는 다시 유효한 변제를 하지 아니하면 그 물건의 반환을 청구하지 못한다. 양도할 능력없는 소유자가 채무의 변제로 물건을 인도한 경우에는 그 변제가 취소된 때에도 다시 유효한 변제를 하지 아니하면 그 물건의 반환을 청구하지 못한다.

이 경우에 채권자가 변제로 받은 물건을 선의로 소비하거나 타인에게 양도한 때에는 그 변제는 효력이 있으며, 채권자가 제3자로부터 배상의 청구를 받은 때에는 채무자에 대하여 구상권을 행사할 수 있다. 채무자가 채권자의 승낙을 얻어 본래의 채무이행에 가름하여 다른 급여를 한 때에는 변제와 같은 효력이 있다.310) 채무의 성질 또는 당사자의 의사표시로 변제장

적이고 매도인의 소유권이전등기서류를 수령할 준비를 하지 않고 있던 매수인은 이 점을 이유로 잔대금지급을 거절할 수 없다."

310) 대법원 2000. 2. 11. 선고 99다56437 판결 "기존 채무의 지급을 위하여 또는 지급확보를 위하여 어음이 교부되어 기존 채권과 어음채권이 병존하는 경우 어음채권이 변제나 상계 등에 의하여 소멸하면 기존 채권 또한 그 목적이 달성되어 소멸하는 것이고, 이러한 법리는 채권자가 어음을 제3자에게 배서·양도한 후 그 어음소지인과 채무자 사이에서 어음채권의 변제나 상계 등이 이루어진 경우에도 마찬가지이다."; 대법원 2003. 5. 30. 선고 2003다13512 판결 "채무자가 채권자에게 기존채무의 이행에 관하여 수표를 교부하는 경우 다른 특별한 사정이 없는 한 이는 '지급을 위하여' 교부된 것으로 추정할 것이고, 따라서 기존의 원인채무는 소멸하지 아니하고 수표상의 채무와 병존한다고 보아야 한다. 기존의 원인채무와 수표상의 채무가 병존하고 있는 한에서는 채무자로서는 그 수표상의 상환의무를 면하기 전까지는 이중으로 채무를 지급하게 될 위험을 피하기 위하여 원인관계상의 채권자에 대하여 수표의 반환 없는 기존채권의 지급청구를 거절할 수 있다고 할 것이고, 한편 후일 수표금이 지급되는 등 채무자가 그 수표상의 상환의무를 면할 경우 비로소 기존 원인관계상 채무도 소멸한다고 볼 것이므로 채무자는 원인관계상의 채권자에 대하여 수표상의 상환의무를 면하였음을 사유로 하여 그 원인관계상 채무의 소멸을 주장할 수 있다. 채무자가 기존채무의 지급을 위하여 채권자에게 수표를 교부하였는데 채권자가 그 수표와 분리하여 기존 원인채권만을 제3자에게 양도한 경우, 채무자는 기존 원인채권의 양도인에 대하여 채권자가 위 수표의 반환 없는 기존 원인채무의 이행을 거절할 수 있는 항변권을 그 채권양도통지를 받기 이전부터 이미 가지고 있었으므로 채권양수인에 대하여도 이와 같은 항변권을 행사할 수 있다. 기존채무의 지급을 위하여 수표를 교부받은 채권자가 그 수표와 분리하여 기존 원인채권만을 제3자에게 양도한 경우, 기존채무의 지급을 위하여 수표를 교부하였다는 것은 채무자와 기존채권의 양도인 사이에서는 그 수표금이 지급되는 등 채무자가 그 수표상의 상환의무를 면하게 되면 원인채무 또한 소멸할 것을 예정하고 있었던 것으로 보아야 할 것인데, 수표금의 지급으로써 기존 원인채무도 소멸할 것을 예정하고 있었던 사정은 그 채권양도통지 이전에 이미 존재하고 있었던 것이므로, 그 채권양도통지 후에 수표금의 지급이 이루어지더라도 이는 양도통지 후에 새로이 발생한 사유로 볼 수는 없다고 할 것이니, 따라서 채무자로서는 기존 원인채권의 양수인에 대하여 기존채무의 지급을 위하여 교부한

소를 정하지 아니한 때에는 특정물의 인도는 채권성립당시에 그 물건이 있던 장소에서 하여야 한다. 특정물인도 이외의 채무변제는 채권자의 현주소에서 하여야 한다. 그러나 영업에 관한 채무의 변제는 채권자의 현영업소에서 하여야 한다. 당사자의 특별한 의사표시가 없으면 변제기전이라도 채무자는 변제할 수 있다. 그러나 상대방의 손해는 배상하여야 한다.

채무의 변제는 제3자도 할 수 있다. 그러나 채무의 성질 또는 당사자의 의사표시로 제3자의 변제를 허용하지 아니하는 때에는 그러하지 아니하다.[311] 이해관계 없는 제3자는 채무자의 의사에 반하여 변제하지 못한다. 채권의 준점유자에 대한 변제는 변제자가 선의이며 과실없는 때에 한하여 효력이 있다. 영수증을 소지한 자에 대한 변제는 그 소지자가 변제를 받을 권한이 없는 경우에도 효력이 있다. 그러나 변제자가 그 권한없음을 알았거나 알 수 있었을 경우에는 그러하지 아니하다. 채권의 준점유자에 대한 변제나 영수증소지자에 대한 변제 외에 변제받을 권한없는 자에 대한 변제는 채권자가 이익을 받은 한도에서 효력이 있다.

변제비용은 다른 의사표시가 없으면 채무자의 부담으로 한다. 그러나 채권자의 주소이전 기타의 행위로 인하여 변제비용이 증가된 때에는 그 증가액은 채권자의 부담으로 한다. 변제자는 변제를 받는 자에게 영수증을 청구할 수 있다. 채권증서가 있는 경우에 변제자가 채무전부를 변제한 때에는 채권증서의 반환을 청구할 수 있다. 채권이 변제 이외의 사유로 전부 소멸한 때에도 같다. 채무자가 동일한 채권자에 대하여 같은 종류를 목적으로 한 수개의 채무를 부담한 경우에 변제의 제공이 그 채무전부를 소멸하게 하지 못하는 때에는 변제자는 그 당시 어느 채무를 지정하여 그 변제에 충당할 수 있다.[312] 변제자가 위 지정을 하지 아니할 때에는 변제받는

수표가 양도통지 이후에 결제되었다는 사유로써 그 기존채무의 소멸을 주장할 수 있다."

311) 대법원 1988. 10. 24. 선고 87다카1644 판결 "이해관계없는 제3자의 대위변제가 채무자의 의사에 반하는지의 여부를 가림에 있어서 채무자의 의사는 제3자가 변제할 당시의 객관적인 제반사정에 비추어 명확하게 인식될 수 있는 것이어야 하며 함부로 채무자의 반대의사를 추정함으로써 제3자의 변제효과를 무효화시키는 일은 피하여야 한다."; 대법원 1995. 3. 24. 선고 94다44620 판결 "부동산의 매수인은 그 권리실현에 장애가 되는 그 부동산에 대한 담보권 등의 권리를 소멸시키기 위하여 매도인의 채무를 대신 변제할 법률상 이해관계 있는 제3자라고 볼 것이다."

자는 그 당시 어느 채무를 지정하여 변제에 충당할 수 있다. 그러나 변제자가 그 충당에 대하여 즉시 이의를 한 때에는 그러하지 아니하다. 이러한 변제충당은 상대방에 대한 의사표시로써 한다.

당사자가 변제에 충당할 채무를 지정하지 아니한 때에는, 채무 중에 이행기가 도래한 것과 도래하지 아니한 것이 있으면 이행기가 도래한 채무의 변제에 충당하며, 채무전부의 이행기가 도래하였거나 도래하지 아니한 때에는 채무자에게 변제이익이 많은 채무의 변제에 충당한다.[313] 채무자에게

---

312) 대법원 1999. 8. 24. 선고 99다22281,22298 판결 "변제충당의 문제는 채무자가 동일한 채권자에 대하여 같은 종류를 목적으로 하는 수개의 채무를 부담한 경우에 발생하는바, 채무가 1개인지 수개인지는 보통 발생 원인에 따라 이를 정하여야 할 것인데, 근저당권에 의하여 담보된 피담보채무가 여러 차례에 걸쳐 대여받은 채무들로 이루어져 있는 경우, 그 피담보채무는 발생 원인을 달리하고 있으므로 수개의 채무라고 보아야 한다. 담보권 실행을 위한 경매에서 배당된 배당금이 담보권자가 가지는 수개의 피담보채권 전부를 소멸시키기에 부족한 경우에는 민법 제477조의 규정에 의한 법정변제충당의 방법에 따라 충당하여야 한다. 법정변제충당을 위한 변제이익은 변제자를 기준으로 판단하여야 할 것이고, 채권자가 공동광업권 근저당권에 기한 경락대금을 그 근저당권이 담보하는 수개의 채무 중 일부변제조로 배당받아 간 경우, 그 배당금은 공동광업권자들이 합유지분 비율에 따라 출재하여 변제한 것으로 보아야 할 것이므로, 위 배당금의 법정변제충당을 위한 변제이익은 위 수개의 채무에 대하여 공동광업권자별로 따로 판단한 후, 정해진 법정변제충당의 순위에 따라 위 배당금 중 공동광업권자 각자의 합유지분 비율에 따른 금원을 각 변제충당하여야 한다. 주채무자 이외의 자가 변제자인 경우에는, 변제자가 발행 또는 배서한 어음에 의하여 담보되는 채무가 다른 채무보다 변제이익이 많다고 보아야 한다. 주채무자가 변제자인 경우에는, 담보로 제3자가 발행 또는 배서한 약속어음이 교부된 채무와 다른 채무 사이에 변제이익의 점에서 차이가 없다고 보아야 할 것이나, 담보로 주채무자 자신이 발행 또는 배서한 어음이 교부된 채무는 다른 채무보다 변제이익이 많은 것으로 보아야 한다. 법정변제충당의 순위를 정함에 있어서 변제의 유예가 있는 채무에 대하여는 유예기까지 변제기가 도래하지 않은 것과 같게 보아야 한다."; 대법원 1994. 2. 22. 선고 93다49338 판결 "채무자가 동일한 채권자에 대하여 같은 종류를 목적으로 한 수개의 채무를 부담한 경우에 변제의 제공에 있어서 당사자가 변제에 충당할 채무를 지정하지 아니한 때에는 민법 제477조의 규정에 따라 법정변제충당되는 것이고 특히 민법 제477조 제4호에 의하면 법정변제충당의 순위가 동일한 경우에는 각 채무액에 안분비례하여 각 채무의 변제에 충당되는 것이므로, 위 안분비례에 의한 법정변제충당과는 달리, 그 법정변제충당에 의하여 부여되는 법률효과 이상으로 자신에게 유리한 변제충당의 지정, 당사자 사이의 변제충당의 합의가 있다거나 또는 당해 채무가 법정변제충당에 있어 우선순위에 있어서 당해 채무에 전액 변제충당되었다고 주장하는 자는 그 사실을 주장입증할 책임을 부담한다."

313) 대법원 1985. 3. 12. 선고 84다카2093 판결 "변제자가 주채무자인 경우에 보증인이 있는 채무와 보증인이 없는 채무사이에 있어서 전자가 후자에 비하여 변제이익이 더 많다고 볼 근거는 전혀 없어 양자는 변제이익의 점에 있어 차이가 없다." 대법원 2007. 8. 23. 선고 2007다21856,21863 판결 "임대차보증금은 임대차계약이 종료된 후 임차인이 목적물을 인도할 때까지 발생하는 차임 및 기타 임차인의 채무를 담보하는 것으로서 그

변제이익이 같으면 이행기가 먼저 도래한 채무나 먼저 도래할 채무의 변제에 충당한다. 사정이 같은 때에는 그 채무액에 비례하여 각 채무의 변제에 충당한다. 1개의 채무에 수개의 급여를 요할 경우에 변제자가 그 채무전부를 소멸하게 하지 못한 급여를 한 때에도 같다. 채무자가 1개 또는 수개의 채무의 비용 및 이자를 지급할 경우에 변제자가 그 전부를 소멸하게 하지 못한 급여를 한 때에는 비용, 이자, 원본의 순서로 변제에 충당하여야 한다.

채무자를 위하여 변제한 자는 변제와 동시에 채권자의 승낙을 얻어 채권자를 대위할 수 있다(변제자의 임의대위). 변제할 정당한 이익이 있는 자는 변제로 당연히 채권자를 대위한다(변제자의 법정대위). 변제에 의하여 채권자를 대위하는 자는 자기의 권리에 의하여 구상할 수 있는 범위에서 채권 및 그 담보에 관한 권리를 행사할 수 있다.[314] 채권의 일부에 대하여 대위변제가 있는 때에는 대위자는 그 변제한 가액에 비례하여 채권자와 함께 그 권리를 행사한다.[315] 이 경우 채무불이행을 원인으로 하는 계약의 해

피담보채무액은 임대차관계의 종료 후 목적물이 반환될 때에 특별한 사정이 없는 한 별도의 의사표시 없이 임대차보증금에서 당연히 공제되는 것이므로, 특별한 사정이 없는 한 임대차계약이 종료되었다 하더라도 목적물이 명도되지 않았다면 임차인은 임대차보증금이 있음을 이유로 연체차임의 지급을 거절할 수 없는 것이고, 또한 임대차보증금액보다도 임차인의 채무액이 많은 경우에는 민법 제477조에서 정하고 있는 법정충당순서에 따라야 하는 것이다."

314) 민법 제482조(변제자대위의 효과, 대위자간의 관계) ① 전2조의 규정에 의하여 채권자를 대위한 자는 자기의 권리에 의하여 구상할 수 있는 범위에서 채권 및 그 담보에 관한 권리를 행사할 수 있다.②전항의 권리행사는 다음 각호의 규정에 의하여야 한다. 1. 보증인은 미리 전세권이나 저당권의 등기에 그 대위를 부기하지 아니하면 전세물이나 저당물에 권리를 취득한 제삼자에 대하여 채권자를 대위하지 못한다. 2. 제삼취득자는 보증인에 대하여 채권자를 대위하지 못한다. 3. 제삼취득자 중의 1인은 각 부동산의 가액에 비례하여 다른 제삼취득자에 대하여 채권자를 대위한다. 4. 자기의 재산을 타인의 채무의 담보로 제공한 자가 수인인 경우에는 전호의 규정을 준용한다. 5. 자기의 재산을 타인의 채무의 담보로 제공한 자와 보증인간에는 그 인원수에 비례하여 채권자를 대위한다. 그러나 자기의 재산을 타인의 채무의 담보로 제공한 자가 수인인 때에는 보증인의 부담부분을 제외하고 그 잔액에 대하여 각 재산의 가액에 비례하여 대위한다. 이 경우에 그 재산이 부동산인 때에는 제1호의 규정을 준용한다.

315) 대법원 2004. 6. 25. 선고 2001다2426 판결 "변제할 정당한 이익이 있는 자가 채무자를 위하여 근저당권의 피담보채무의 일부를 대위변제한 경우에 대위변제자는 피담보채무의 일부대위변제를 원인으로 한 근저당권 일부이전의 부기등기의 경료 여부와 관계없이 변제한 가액의 범위 내에서 종래 채권자가 가지고 있던 채권 및 담보에 관한 권리를 법률상 당연히 취득하게 되는 것이나 이때에도 채권자는 대위변제자에 대하여 우선변제권을 가진다고 할 것인바, 이 경우에 채권자의 우선변제권은 피담보채권액을 한도로 특

지 또는 해제는 채권자만이 할 수 있고 채권자는 대위자에게 그 변제한 가액과 이자를 상환하여야 한다. 채권전부의 대위변제를 받은 채권자는 그 채권에 관한 증서 및 점유한 담보물을 대위자에게 교부하여야 한다. 채권의 일부에 대한 대위변제가 있는 때에는 채권자는 채권증서에 그 대위를 기입하고 자기가 점유한 담보물의 보존에 관하여 대위자의 감독을 받아야 한다.

나. 공탁

채권자가 변제를 받지 아니하거나 받을 수 없는 때에는 변제자는 채권자를 위하여 변제의 목적물을 공탁하여 그 채무를 면할 수 있다. 변제자가 과실없이 채권자를 알 수 없는 경우에도 같다. 공탁은 채무이행지의 공탁소에 하여야 한다. 공탁소에 관하여 법률에 특별한 규정이 없으면 법원은 변제자의 청구에 의하여 공탁소를 지정하고 공탁물보관자를 선임하여야 한다. 공탁자는 지체없이 채권자에게 공탁통지를 하여야 한다. 채권자가 공탁을 승인하거나 공탁소에 대하여 공탁물을 받기를 통고하거나 공탁유효의 판결이 확정되기까지는 변제자는 공탁물을 회수할 수 있다. 이 경우에는 공탁하지 아니한 것으로 본다. 그러나 질권 또는 저당권이 공탁으로 인하여 소멸한 때에는 회수할 수 없다. 변제의 목적물이 공탁에 적당하지 아니하거나 멸실 또는 훼손될 염려가 있거나 공탁에 과다한 비용을 요하는 경우에는 변제자는 법원의 허가를 얻어 그 물건을 경매하거나 시가로 방매하여 대금을 공탁할 수 있다. 채무자가 채권자의 상대의무이행과 동시에

별한 사정이 없는 한 자기가 보유하고 있는 잔존 채권액 전액에 미친다고 할 것이고, 이러한 법리는 채권자와 후순위권리자 사이에서도 마찬가지라 할 것이므로 근저당권의 실행으로 인한 배당절차에서도 채권자는 특별한 사정이 없는 한 자기가 보유하고 있는 잔존 채권액 및 피담보채권액의 한도에서 후순위권리자에 우선해서 배당받을 수 있다."; 대법원 2006. 2. 10. 선고 2004다2762 판결 "변제할 정당한 이익이 있는 자가 채무자를 위하여 근저당권의 피담보채무의 일부를 대위변제한 경우에는 대위변제자는 근저당권의 일부 이전의 부기등기의 경료 여부에 관계없이 변제한 가액의 범위 내에서 종래 채권자가 가지고 있던 채권 및 담보에 관한 권리를 법률상 당연히 취득하게 되는 것이고, 대위할 범위에 관하여 종래 채권자가 이미 배당요구를 하였거나 배당요구 없이도 당연히 배당받을 수 있었던 경우에는 대위변제자는 따로 배당요구를 하지 않아도 배당을 받을 수 있다."

변제할 경우에는 채권자는 그 의무이행을 하지 아니하면 공탁물을 수령하지 못한다.

다. 상계

쌍방이 서로 같은 종류를 목적으로 한 채무를 부담한 경우에 그 쌍방의 채무의 이행기가 도래한 때에는 각 채무자는 대등액에 관하여 상계할 수 있다.[316] 그러나 채무의 성질이 상계를 허용하지 아니할 때에는 그러하지 아니하다. 그러나 당사자가 다른 의사를 표시한 경우에는 적용하지 아니한다. 그러나 그 의사표시로써 선의의 제3자에게 대항하지 못한다. 상계는 상대방에 대한 의사표시로 한다. 이 의사표시에는 조건 또는 기한을 붙이지 못한다. 상계의 의사표시는 각 채무가 상계할 수 있는 때에 대등액에 관하여 소멸한 것으로 본다.[317] 각 채무의 이행지가 다른 경우에도 상계할 수 있다. 그러나 상계하는 당사자는 상대방에게 상계로 인한 손해를 배상하여야 한다. 소멸시효가 완성된 채권이 그 완성전에 상계할 수 있었던 것이면 그 채권자는 상계할 수 있다. 채무가 고의의 불법행위로 인한 것인 때에는 그 채무자는 상계로 채권자에게 대항하지 못한다.[318] 채권이 압류하지 못

---

316) 대법원 2006. 7. 28. 선고 2004다54633 판결 "상계제도는 서로 대립하는 채권·채무를 간이한 방법에 의하여 결제함으로써 양자의 채권·채무 관계를 원활하고 공평하게 처리함을 목적으로 하고 있으므로, 상계의 대상이 될 수 있는 자동채권과 수동채권이 동시이행관계에 있다고 하더라도 서로 현실적으로 이행하여야 할 필요가 없는 경우라면 상계로 인한 불이익이 발생할 우려가 없고 오히려 상계를 허용하는 것이 동시이행관계에 있는 채권·채무 관계를 간명하게 해소할 수 있으므로 특별한 사정이 없는 한 상계가 허용된다."

317) 대법원 2005. 7. 8. 선고 2005다8125 판결 "상계의 의사표시가 있는 경우, 채무는 상계적상시에 소급하여 대등액에 관하여 소멸한 것으로 보게 되므로, 상계에 의한 양 채권의 차액 계산 또는 상계 충당은 상계적상의 시점을 기준으로 하게 되고, 따라서 그 시점 이전에 수동채권의 변제기가 이미 도래하여 지체가 발생한 경우에는 상계적상 시점까지의 수동채권의 약정이자 및 지연손해금을 계산한 다음 자동채권으로써 먼저 수동채권의 약정이자 및 지연손해금을 소각하고 잔액을 가지고 원본을 소각하여야 한다."

318) 대법원 2002. 1. 25. 선고 2001다52506 판결 "민법 제496조의 취지는, 고의의 불법행위에 의한 손해배상채권에 대하여 상계를 허용한다면 고의로 불법행위를 한 자까지도 상계권 행사로 현실적으로 손해배상을 지급할 필요가 없게 되어 보복적 불법행위를 유발하게 될 우려가 있고, 또 고의의 불법행위로 인한 피해자가 가해자의 상계권 행사로 인하여 현실의 변제를 받을 수 없는 결과가 됨은 사회적 정의관념에 맞지 아니하므로 고의에 의한 불법행위의 발생을 방지함과 아울러 고의의 불법행위로 인한 피해자에게 현실의

할 것인 때에는 그 채무자는 상계로 채권자에게 대항하지 못한다. 지급을 금지하는 명령을 받은 제삼채무자는 그 후에 취득한 채권에 의한 상계로 그 명령을 신청한 채권자에게 대항하지 못한다.

라. 경개

당사자가 채무의 중요한 부분을 변경하는 계약을 한 때에는 구채무는 경개로 인하여 소멸한다.[319] 채무자의 변경으로 인한 경개는 채권자와 신채무자간의 계약으로 이를 할 수 있다. 그러나 구채무자의 의사에 반하여 이를 하지 못한다. 채권자의 변경으로 인한 경개는 확정일자있는 증서로 하지 아니하면 이로써 제3자에게 대항하지 못한다. 경개로 인한 신채무가 원인의 불법 또는 당사자가 알지 못한 사유로 인하여 성립되지 아니하거나 취소된 때에는 구채무는 소멸되지 아니한다. 경개의 당사자는 구채무의 담보를 그 목적의 한도에서 신채무의 담보로 할 수 있다. 그러나 제3자가 제공한 담보는 그 승낙을 얻어야 한다.

변제를 받게 하려는 데 있다 할 것인바, 법이 보장하는 상계권은 이처럼 그의 채무가 고의의 불법행위에 기인하는 채무자에게는 적용이 없는 것이고, 나아가 부당이득의 원인이 고의의 불법행위에 기인함으로써 불법행위로 인한 손해배상채권과 부당이득반환채권이 모두 성립하여 양채권이 경합하는 경우 피해자가 부당이득반환채권만을 청구하고 불법행위로 인한 손해배상채권을 청구하지 아니한 때에도, 그 청구의 실질적 이유, 즉 부당이득의 원인이 고의의 불법행위였다는 점은 불법행위로 인한 손해배상채권을 청구하는 경우와 다를 바 없다 할 것이어서, 고의의 불법행위에 의한 손해배상채권은 현실적으로 만족을 받아야 한다는 상계금지의 취지는 이러한 경우에도 타당하므로, 민법 제496조를 유추 적용함이 상당하다."; 대법원 2011. 6. 10. 선고 2011다8980,8997 판결 "고의의 불법행위로 인한 손해배상채권의 채무자는 그 채권을 수동채권으로 한 상계로 채권자에게 대항하지 못하고(민법 제496조), 그 결과 채권이 양도된 경우에 양수인에게도 상계로 대항할 수 없게 되나(민법 제451조 제2항 참조), 채권양도가 사해행위에 해당하는 경우 불법행위로 인한 손해배상채권의 채무자가 채권양도인에 대한 별도의 채권자 지위에서 채권양수인에게 채권자취소권을 행사하여 채권양도의 취소를 구함과 아울러 취소에 따른 원상회복 방법으로 직접 자신 앞으로 가액배상의 지급을 구하는 것 자체는 민법 제496조에 반하지 않으므로 허용된다."

319) 대법원 2007. 11. 15. 선고 2005다31316 판결 "경개계약은 구채무를 소멸시키고 신채무를 성립시키는 처분행위로서 구채무의 소멸은 신채무의 성립에 의존하므로, 경개로 인한 신채무가 원인의 불법 또는 당사자가 알지 못한 사유로 인하여 성립하지 아니하거나 취소된 때에는 구채무는 소멸하지 않는 것이며(민법 제504조), 특히 경개계약에 조건이 붙어 있는 이른바 조건부 경개의 경우에는 구채무의 소멸과 신채무의 성립 자체가 그 조건의 성취 여부에 걸려 있게 된다."

마. 면제

채권자가 채무자에게 채무를 면제하는 의사를 표시한 때에는 채권은 소멸한다. 그러나 면제로써 정당한 이익을 가진 제3자에게 대항하지 못한다.

바. 혼동

채권과 채무가 동일한 주체에 귀속한 때에는 채권은 소멸한다.[320] 그러나 그 채권이 제3자의 권리의 목적인 때에는 그러하지 아니하다.

---

320) 대법원 2007. 2. 22. 선고 2004다59546 판결 "채권은 채권과 채무가 동일한 주체에 귀속한 때에 한하여 혼동으로 소멸하는 것이 원칙이고, 어느 특정의 물건에 관한 채권을 가지는 자가 그 물건의 소유자가 되었다는 사정만으로는 채권과 채무가 동일한 주체에 귀속한 경우에 해당한다고 할 수 없어 그 물건에 관한 채권이 혼동으로 소멸하는 것은 아닌바, 매매계약에 따른 소유권이전등기청구권 보전을 위하여 가등기가 경료된 경우 그 가등기권자가 가등기설정자에게 가지는 가등기에 기한 본등기청구권은 채권으로서 가등기권자가 가등기설정자를 상속하거나 그의 가등기에 기한 본등기절차 이행의 의무를 인수하지 아니하는 이상, 가등기권자가 가등기에 기한 본등기절차에 의하지 아니하고 가등기설정자로부터 별도의 소유권이전등기를 경료받았다고 하여 혼동의 법리에 의하여 가등기권자의 가등기에 기한 본등기청구권이 소멸하지는 않는다 할 것이다. 한편 그와 같이 가등기권자가 별도의 소유권이전등기를 경료받았다 하더라도, 가등기 경료 이후에 가등기된 목적물에 관하여 제3자 앞으로 처분제한의 등기가 되어 있거나 중간처분의 등기가 되어 있지 않고 가등기와 소유권이전등기의 등기원인도 실질상 동일하다면, 가등기의 원인이 된 가등기의무자의 소유권이전등기의무는 그 내용에 좇은 의무이행이 완료되었다 할 것이어서 가등기에 의하여 보전될 소유권이전등기청구권은 소멸되었다고 보아야 하므로, 가등기권자는 가등기의무자에 대하여 더 이상 그 가등기에 기한 본등기절차의 이행을 구할 수 없는 것이다."; 대법원 2005. 1. 14. 선고 2003다38573,38580 판결 "자동차손해배상보장법 제10조 제1항에 의한 피해자의 보험자에 대한 직접청구권이 수반되는 경우에는 그 직접청구권의 전제가 되는 자동차손해배상보장법 제3조에 의한 피해자의 운행자에 대한 손해배상청구권은 비록 위 손해배상청구권과 손해배상의무가 상속에 의하여 동일인에게 귀속되더라도 혼동에 의하여 소멸되지 않고 이러한 법리는 자동차손해배상보장법 제3조에 의한 손해배상의무자가 피해자를 상속한 경우에도 동일하지만, 예외적으로 가해자가 피해자의 상속인이 되는 등 특별한 경우에 한하여 손해배상청구권과 손해배상의무가 혼동으로 소멸하고 그 결과 피해자의 보험자에 대한 직접청구권도 소멸한다. 상속포기는 자기를 위하여 개시된 상속의 효력을 상속개시시로 소급하여 확정적으로 소멸시키는 제도로서 피해자의 사망으로 상속이 개시되어 가해자가 피해자의 자신에 대한 손해배상청구권을 상속함으로써 그 손해배상청구권과 이를 전제로 하는 자동차손해배상보장법 제9조 제1항에 의한 보험자에 대한 직접청구권이 소멸하였다고 할지라도 가해자가 적법하게 상속을 포기하면 그 소급효로 인하여 위 손해배상청구권과 직접청구권은 소급하여 소멸하지 않았던 것으로 되어 다른 상속인에게 귀속되고, 그 결과 '가해자가 피해자의 상속인이 되는 등 특별한 경우'에 해당하지 않게 되므로 위 손해배상청구권과 이를 전제로 하는 직접청구권은 소멸하지 않는다. 상속포기를 하지 아니하였더라면 혼동으로 소멸하였을 개별적인 권리가 상속포기로 인하여 소멸하지 않게 되었더라도 그 상속포기가 신의칙에 반하여 무효라고 할 수 없다."

8. 계약

가. 계약의 성립

계약의 청약은 이를 철회하지 못한다. 승낙의 기간을 정한 계약의 청약은 청약자가 그 기간 내에 승낙의 통지를 받지 못한 때에는 그 효력을 잃는다. 승낙의 통지가 계약에서 정한 승낙 기간 후에 도달한 경우에 보통 그 기간 내에 도달할 수 있는 발송인 때에는 청약자는 지체없이 상대방에게 그 연착의 통지를 하여야 한다. 그러나 그 도달 전에 지연의 통지를 발송한 때에는 그러하지 아니하다. 청약자가 위 지연의 통지를 하지 아니한 때에는 승낙의 통지는 연착되지 아니한 것으로 본다. 승낙의 기간을 정하지 아니한 계약의 청약은 청약자가 상당한 기간 내에 승낙의 통지를 받지 못한 때에는 그 효력을 잃는다. 연착된 승낙은 청약자가 이를 새 청약으로 볼 수 있다. 격지자간의 계약은 승낙의 통지를 발송한 때에 성립한다. 청약자의 의사표시나 관습에 의하여 승낙의 통지가 필요하지 아니한 경우에는 계약은 승낙의 의사표시로 인정되는 사실이 있는 때에 성립한다. 당사자간에 동일한 내용의 청약이 상호교차된 경우에는 양청약이 상대방에게 도달한 때에 계약이 성립한다. 승낙자가 청약에 대하여 조건을 붙이거나 변경을 가하여 승낙한 때에는 그 청약의 거절과 동시에 새로 청약한 것으로 본다.

계약이 성립하기 위하여는 당사자 사이에 의사의 합치가 있을 것이 요구되고 이러한 의사의 합치는 당해 계약의 내용을 이루는 모든 사항에 관하여 있어야 하는 것은 아니나 그 본질적 사항이나 중요 사항에 관하여는 구체적으로 의사의 합치가 있거나 적어도 장래 구체적으로 특정할 수 있는 기준과 방법 등에 관한 합의는 있어야 한다. 당사자가 의사의 합치가 이루어져야 한다고 표시한 사항에 대하여 합의가 이루어지지 아니한 경우에는 특별한 사정이 없는 한 계약은 성립하지 아니한 것으로 보는 것이 상당하다.[321] 계약이 성립하기 위하여는 당사자의 서로 대립하는 수개의 의사표시의 객관적 합치가 필요하고 객관적 합치가 있다고 하기 위하여는 당사자의 의사표시에 나타나 있는 사항에 관하여는 모두 일치하고 있어야 하는

321) 대법원 2001. 3. 23. 선고 2000다51650 판결

한편, 계약 내용의 '중요한 점' 및 계약의 객관적 요소는 아니더라도 특히 당사자가 그것에 중대한 의의를 두고 계약성립의 요건으로 할 의사를 표시한 때에는 이에 관하여 합치가 있어야 계약이 적법·유효하게 성립한다. 계약이 성립하기 위한 법률요건인 청약은 그에 응하는 승낙만 있으면 곧 계약이 성립하는 구체적, 확정적 의사표시여야 하므로, 청약은 계약의 내용을 결정할 수 있을 정도의 사항을 포함시키는 것이 필요하다.[322)]

나. 계약체결상의 과실

목적이 불능한 계약을 체결할 때에 그 불능을 알았거나 알 수 있었을 자는 상대방이 그 계약의 유효를 믿었음으로 인하여 받은 손해를 배상하여야 한다. 이 때 배상액은 계약이 유효함으로 인하여 생길 이익액을 넘지 못한다. 상대방이 계약 목적의 불능을 알았거나 알 수 있었을 경우에는 계약체결상의 과실책임을 적용하지 아니한다.

어느 일방이 교섭단계에서 계약이 확실하게 체결되리라는 정당한 기대 내지 신뢰를 부여하여 상대방이 그 신뢰에 따라 행동하였음에도 상당한 이유 없이 계약의 체결을 거부하여 손해를 입혔다면 이는 신의성실의 원칙에 비추어 볼 때 계약자유원칙의 한계를 넘는 위법한 행위로서 불법행위를 구성한다. 계약교섭의 부당한 중도파기가 불법행위를 구성하는 경우 그러한 불법행위로 인한 손해는 일방이 신의에 반하여 상당한 이유 없이 계약교섭을 파기함으로써 계약체결을 신뢰한 상대방이 입게 된 상당인과관계 있는 손해로서 계약이 유효하게 체결된다고 믿었던 것에 의하여 입었던 손해 즉 신뢰손해에 한정된다고 할 것이고, 이러한 신뢰손해란 예컨대, 그 계약의 성립을 기대하고 지출한 계약준비비용과 같이 그러한 신뢰가 없었더라면 통상 지출하지 아니하였을 비용상당의 손해라고 할 것이며, 아직 계약체결에 관한 확고한 신뢰가 부여되기 이전 상태에서 계약교섭의 당사자가 계약체결이 좌절되더라도 어쩔 수 없다고 생각하고 지출한 비용, 예컨대 경쟁입찰에 참가하기 위하여 지출한 제안서, 견적서 작성비용 등은 여기에 포

---

322) 대법원 2003. 4. 11. 선고 2001다53059 판결

함되지 아니한다. 침해행위와 피해법익의 유형에 따라서는 계약교섭의 파기로 인한 불법행위가 인격적 법익을 침해함으로써 상대방에게 정신적 고통을 초래하였다고 인정되는 경우라면 그러한 정신적 고통에 대한 손해에 대하여는 별도로 배상을 구할 수 있다.[323]

다. 동시이행의 항변권

쌍무계약의 당사자 일방은 상대방이 그 채무이행을 제공할 때 까지 자기의 채무이행을 거절할 수 있다. 그러나 상대방의 채무가 변제기에 있지 아니하는 때에는 그러하지 아니하다.

당사자 일방이 상대방에게 먼저 이행하여야 할 경우에 상대방의 이행이 곤란할 현저한 사유가 있는 때에는 상대방이 그 채무이행을 제공할 때까지 자기의 채무이행을 거절할 수 있다(불안의 항변권).[324]

---

323) 대법원 2003. 4. 11. 선고 2001다53059 판결

324) 대법원 2012. 3. 29. 선고 2011다93025 판결 "민법 제536조 제2항은 쌍무계약의 당사자 일방이 상대방에게 먼저 이행을 하여야 하는 의무를 지고 있는 경우에도 "상대방의 이행이 곤란할 현저한 사유가 있는 때"에는 동시이행의 항변권을 가진다고 하여, 이른바 '불안의 항변권'을 규정한다. 여기서 '상대방의 이행이 곤란할 현저한 사유'란 선이행채무를 지게 된 채무자가 계약 성립 후 채권자의 신용불안이나 재산상태의 악화 등의 사정으로 반대급부를 이행받을 수 없는 사정변경이 생기고 이로 인하여 당초의 계약내용에 따른 선이행의무를 이행하게 하는 것이 공평과 신의칙에 반하게 되는 경우를 말하고, 이와 같은 사유가 있는지 여부는 당사자 쌍방의 사정을 종합하여 판단되어야 한다. 민법 제536조 제2항의 이른바 불안의 항변권을 발생시키는 사유에 관하여 신용불안이나 재산상태 악화와 같이 채권자측에 발생한 객관적·일반적 사정만이 이에 해당한다고 제한적으로 해석할 이유는 없다. 특히 상당한 기간에 걸쳐 공사를 수행하는 도급계약에서 일정 기간마다 이미 행하여진 공사부분에 대하여 기성공사금 등의 이름으로 그 대가를 지급하기로 약정되어 있는 경우에는, 수급인의 일회적인 급부가 통상 선이행되어야 하는 일반적인 도급계약에서와는 달리 위와 같은 공사대금의 축차적인 지급이 수급인의 장래의 원만한 이행을 보장하는 것으로 전제된 측면도 있다고 할 것이어서, 도급인이 계약 체결 후에 위와 같은 약정을 위반하여 정당한 이유 없이 기성공사금을 지급하지 아니하고 이로 인하여 수급인이 공사를 계속해서 진행하더라도 그 공사내용에 따르는 공사금의 상당 부분을 약정대로 지급받을 것을 합리적으로 기대할 수 없게 되어서 수급인으로 하여금 당초의 계약내용에 따른 선이행의무의 이행을 요구하는 것이 공평에 반하게 되었다면, 비록 도급인에게 신용불안 등과 같은 사정이 없다고 하여도 수급인은 민법 제536조 제2항에 의하여 계속공사의무의 이행을 거절할 수 있다고 할 것이다."; 대법원 2002. 9. 4. 선고 2001다1386 판결 "계속적 거래관계에 있어서 재화나 용역을 먼저 공급한 후 일정 기간마다 거래대금을 정산하여 일정 기일 후에 지급받기로 약정한 경우에 공급자가 선이행의 자기 채무를 이행하고 이미 정산이 완료되어 이행기가 지난

원래 동시이행의 항변권은 공평의 관념과 신의칙에 입각하여 각 당사자가 부담하는 채무가 서로 대가적 의미를 가지고 관련되어 있을 때 그 이행에 있어서 견련관계를 인정하여 당사자 일방은 상대방이 채무를 이행하거나 이행의 제공을 하지 아니한 채 당사자 일방의 채무의 이행을 청구할 때에는 자기의 채무이행을 거절할 수 있도록 하는 제도인바, 이러한 제도의 취지에서 볼 때 당사자가 부담하는 각 채무가 쌍무계약에 있어 고유의 대가관계가 있는 채무가 아니라고 하더라도 구체적인 계약관계에서 각 당사자가 부담하는 채무에관한 약정내용에 따라 그것이 대가적 의미가 있어 이행상의 견련관계를 인정하여야 할 사정이 있는 경우에는 동시이행의 항변권을 인정할 수 있을 것이다.

부동산 매매계약이 체결된 경우 매도인의 소유권이전등기의무와 매수인의 잔대금지급의무는 동시이행의 관계에 있는 것이고, 이 경우 매도인은 특별한 사정이 없는 한 제한이나 부담이 없는 소유권이전등기의무를 진다. 부동산처분금지가처분등기가 유효하게 기입된 이후에도 가처분채권자의 지위만으로는 가처분 이후에 경료된 처분등기의 말소청구권은 없으며, 나중에 가처분채권자가 본안 승소판결에 의한 등기의 기재를 청구할 수 있게 되면서 가처분등기 후에 경료된 가처분 내용에 위반된 위 등기의 말소를 청구 할 수 있는 것이고, 또 등기공무원도 가처분 이후에 이루어진 가처분위반등기를 직권으로 말소할 수도 없으므로 가처분 위반의 등기가 소유권이전등기시에 말소되지 아니한 채 남아 있다면 이는 말소하여야 할 등기상의 부담이라고 보아야 할 것이다.[325)]

양도소득세를 매수인이 부담키로 하는 약정이 있었다면 매수인이 양도소득세액을 부담하기 위한 이행제공의 형태, 방법, 시기 등에 관하여 당사자 간에 어떤 약정이 있었는지를 확정한 다음, 그것이 매도인의 소유권이

전기의 대금을 지급받지 못하였거나 후이행의 상대방의 채무가 아직 이행기가 되지 아니하였지만 이행기의 이행이 현저히 불안한 사유가 있는 경우에는 민법 제536조 제2항 및 신의성실의 원칙에 비추어 볼 때 공급자는 이미 이행기가 지난 전기의 대금을 지급받을 때 또는 전기에 대한 상대방의 이행기 미도래채무의 이행불안사유가 해소될 때까지 선이행의무가 있는 다음 기간의 자기 채무의 이행을 거절할 수 있다."

325) 대법원 1992. 2. 14. 선고 91다12349 판결

전등기의무와 견련관계에 있다고 볼 수 있는지 여부를 판단하였어야 함에도 매도인이 매수인에게 양도소득세 상당 금원의 지급을 구하는 것은 별론으로 하고 매수인의 양도소득세 납부의무와 매도인의 소유권이전등기의무가 동시이행의 관계에 있다고는 할 수 없다고 한 원심판결에 동시이행의 항변권에 관한 법리오해 및 심리미진의 위법이 있다.[326)]

주채무자의 보증인에 대한 구상금 지급의무가 실질적으로는 공동투자약정에 따른 투자금의 출연의무라고 볼 수 있으므로 주채무자의 보증인에 대한 구상금 지급의무와 보증인의 주채무자에 대한 지분소유권이전의무는 서로 대가적인 견련관계로서 동시이행의 관계에 있다.[327)]

부동산매매계약과 함께 이행인수계약이 이루어진 경우 매수인이 인수한 채무는 매매대금지급채무에 갈음한 것으로서 매도인이 매수인의 인수채무 불이행으로 말미암아 또는 임의로 인수채무를 대신 변제하였다면 그로 인한 손해배상채무 또는 구상채무는 인수채무의 변형으로서 매매대금지급채무에 갈음한 것의 변형이므로 매수인의 손해배상채무 또는 구상채무와 매도인의 소유권이전등기 의무는 대가적 의미가 있어 이행상 견련관계에 있다고 인정되고, 따라서 양자는 동시이행의 관계에 있다고 해석함이 공평의 관념 및 신의칙에 합당하다.[328)]

부동산 매매계약에 있어 매수인이 부가가치세를 부담하기로 약정한 경우, 부가가치세를 매매대금과 별도로 지급하기로 했다는 등의 특별한 사정이 없는 한 부가가치세를 포함한 매매대금 전부와 부동산의 소유권이전등기의무가 동시이행의 관계에 있다고 봄이 상당하다.[329)]

라. 채무자위험부담주의

쌍무계약의 당사자 일방의 채무가 당사자쌍방의 책임없는 사유로 이행할 수 없게 된 때에는 채무자는 상대방의 이행을 청구하지 못한다.

---

326) 대법원 1992. 8. 18. 선고 91다30927 판결
327) 대법원 2004. 8. 30. 선고 2004다24236,24243 판결
328) 대법원 1993. 2. 12. 선고 92다23193 판결
329) 대법원 2006. 2. 24. 선고 2005다58656,58663 판결

마. 채권자귀책사유로 인한 이행불능

쌍무계약의 당사자 일방의 채무가 채권자의 책임있는 사유로 이행할 수 없게 된 때에는 채무자는 상대방의 이행을 청구할 수 있다.[330] 채권자의 수령지체 중에 당사자쌍방의 책임없는 사유로 이행할 수 없게 된 때에도 같다. 이 경우 채무자는 자기의 채무를 면함으로써 이익을 얻은 때에는 이를 채권자에게 상환하여야 한다.

바. 제3자를 위한 계약

계약에 의하여 당사자 일방이 제3자에게 이행할 것을 약정한 때에는 그 제3자는 채무자에게 직접 그 이행을 청구할 수 있다. 이 때 제3자의 권리는 그 제3자가 채무자에 대하여 계약의 이익을 받을 의사를 표시한 때에 생긴다. 제3자의 권리가 생긴 후에는 당사자는 이를 변경 또는 소멸시키지 못한다. 채무자는 제3자를 위한 계약에 기한 항변으로 그 계약의 이익을 받을 제3자에게 대항할 수 있다. 제3자를 위한 계약에서 채무자는 상당한 기간을 정하여 계약의 이익의 향수여부의 확답을 제3자에게 최고할 수 있다. 채무자가 그 기간 내에 확답을 받지 못한 때에는 제3자가 계약의 이익

---

330) 대법원 2004. 3. 12. 선고 2001다79013 판결 "민법 제538조 제1항 소정의 '채권자의 책임 있는 사유'라고 함은 채권자의 어떤 작위나 부작위가 채무자의 이행의 실현을 방해하고 그 작위나 부작위는 채권자가 이를 피할 수 있었다는 점에서 신의칙상 비난받을 수 있는 경우를 의미한다. 민법 제400조 소정의 채권자지체가 성립하기 위해서는 민법 제460조 소정의 채무자의 변제 제공이 있어야 하고, 변제 제공은 원칙적으로 현실 제공으로 하여야 하며 다만 채권자가 미리 변제받기를 거절하거나 채무의 이행에 채권자의 행위를 요하는 경우에는 구두의 제공으로 하더라도 무방하고, 채권자가 변제를 받지 아니할 의사가 확고한 경우(이른바, 채권자의 영구적 불수령)에는 구두의 제공을 한다는 것조차 무의미하므로 그러한 경우에는 구두의 제공조차 필요 없다고 할 것이지만, 그러한 구두의 제공조차 필요 없는 경우라고 하더라도, 이는 그로써 채무자가 채무불이행책임을 면한다는 것에 불과하고, 민법 제538조 제1항 제2문 소정의 '채권자의 수령지체 중에 당사자 쌍방의 책임 없는 사유로 이행할 수 없게 된 때'에 해당하기 위해서는 현실 제공이나 구두 제공이 필요하다(다만, 그 제공의 정도는 그 시기와 구체적인 상황에 따라 신의성실의 원칙에 어긋나지 않게 합리적으로 정하여야 한다). 법원의 석명권 행사는 당사자의 주장에 모순된 점이 있거나 불완전, 불명료한 점이 있을 때에 이를 지적하여 정정·보충할 수 있는 기회를 주고 계쟁 사실에 대한 증거의 제출을 촉구하는 것을 그 내용으로 하는 것으로서 당사자가 주장하지도 아니한 법률효과에 관한 요건사실이나 독립된 공격방어 방법을 시사하여 그 제출을 권유함과 같은 행위를 하는 것은 변론주의의 원칙에 위배되는 것으로서 석명권 행사의 한계를 일탈하는 것이다."

을 받을 것을 거절한 것으로 본다.

제3자를 위한 계약의 체결 원인이 된 요약자와 제3자(수익자) 사이의 법률관계(대가관계)의 효력은 제3자를 위한 계약 자체는 물론 그에 기한 요약자와 낙약자 사이의 법률관계(기본관계)의 성립이나 효력에 영향을 미치지 아니하므로 낙약자는 요약자와 수익자 사이의 법률관계에 기한 항변으로 수익자에게 대항하지 못하고, 요약자도 대가관계의 부존재나 효력의 상실을 이유로 자신이 기본관계에 기하여 낙약자에게 부담하는 채무의 이행을 거부할 수 없다.[331)]

주택분양보증은 주택건설촉진법 제33조의 사업계획승인을 얻은 자가 분양계약상의 주택공급의무를 이행할 수 없게 되는 경우 주택사업공제조합이 수분양자가 이미 납부한 계약금 및 중도금의 환급 또는 주택의 분양에 대하여 이행책임을 부담하기로 하는 조건부 제3자를 위한 계약인데, 제3자 지위에 있는 수분양자는 수익의 의사표시에 의하여 권리를 취득함과 동시에 의무를 부담할 수 있고, 제3자를 위한 계약의 수익의 의사표시는 명시적으로뿐만 아니라 묵시적으로도 할 수 있다.[332)]

제3자를 위한 계약의 당사자가 아닌 수익자는 계약의 해제권이나 해제를 원인으로 한 원상회복청구권이 있다고 볼 수 없다. 제3자를 위한 계약에 있어서 수익의 의사표시를 한 수익자는 낙약자에게 직접 그 이행을 청구할 수 있을 뿐만 아니라 요약자가 계약을 해제한 경우에는 낙약자에게 자기가 입은 손해의 배상을 청구할 수 있는 것이므로, 수익자가 완성된 목적물의 하자로 인하여 손해를 입었다면 수급인은 그 손해를 배상할 의무가 있다.[333)]

제3자를 위한 계약관계에서 낙약자와 요약자 사이의 법률관계(기본관계)를 이루는 계약이 해제된 경우 그 계약관계의 청산은 계약의 당사자인 낙약자와 요약자 사이에 이루어져야 하므로, 특별한 사정이 없는 한 낙약자가 이미 제3자에게 급부한 것이 있더라도 낙약자는 계약해제에 기한 원

331) 대법원 2003. 12. 11. 선고 2003다49771 판결
332) 대법원 2006. 5. 25. 선고 2003다45267 판결
333) 대법원 1994. 8. 12. 선고 92다41559 판결

상회복 또는 부당이득을 원인으로 제3자를 상대로 그 반환을 구할 수 없다.[334]

제3자를 위한 계약에 있어서 낙약자의 제3자에 대한 급부의 내용에는 제한이 없어 낙약자가 제3자에 대하여 가지는 청구권을 행사하지 않도록 하는 것도 급부에 해당하고, 이 경우 제3자는 낙약자의 청구에 대해 청구권불행사의 합의(부제소특약)가 있었다는 항변권을 행사할 수 있으며, 제3자를 위한 계약에 있어서의 제3자는 계약의 당사자는 아니지만 낙약자가 제3자에 대하여 직접 급부의무를 부담하게 되고, 그 급부의무의 기초에는 요약자와 제3자 사이의 원인관계(대가관계)가 존재한다는 점에서 제3자의 의사나 사정은 요약자를 통해 계약의 내용에 반영되어 있다고 보아야 할 것이므로 제3자를 위한 계약의 내용을 해석할 때에는 제3자의 의사나 사정도 고려하여야 할 것이다.[335]

사. 계약의 해지, 해제

(1) 계약 또는 법률의 규정에 의하여 당사자의 일방이나 쌍방이 해지 또는 해제의 권리가 있는 때에는 그 해지 또는 해제는 상대방에 대한 의사표시로 한다. 해지·해제 의사표시는 철회하지 못한다.

대법원 1992. 6. 23. 선고 92다4130,92다4147 판결 "계약의 합의해제 또는 해제계약이라 함은 해제권의 유무를 불문하고 계약당사자 쌍방이 합의에 의하여 기존의 계약의 효력을 소멸시켜 당초부터 계약이 체결되지 않았던 것과 같은 상태로 복귀시킬 것을 내용으로 하는 새로운 계약으로서, 계약이 합의해제되기 위하여는 일반적으로 계약이 성립하는 경우와 마찬가지로 계약의 청약과 승낙이라는 서로 대립하는 의사표시가 합치될 것(합의)을 그 요건으로 하는바, 이와 같은 합의가 성립하기 위하여는 쌍방당사자의 표시행위에 나타난 의사의 내용이 객관적으로 일치하여야 되는 것이다. 계약을 합의해제할 때에 원상회복에 관하여 반드시 약정을 하여야 하는 것은 아니지만, 임대차계약을 합의해제하는 경우에 이미 지급된 임차보

---

334) 대법원 2005. 7. 22. 선고 2005다7566,7573 판결
335) 대법원 2006. 1. 12. 선고 2004다46922 판결

증금의 반환에 관하여는 아무런 약정도 하지 아니한 채 임대차계약을 해제하기만 하는 것은 우리의 경험칙에 비추어 이례에 속하는 일이다."

대법원 1996. 6. 25. 선고 95다12682,12699 판결 "계약의 합의해제는 명시적으로뿐만 아니라 당사자 쌍방의 묵시적인 합의에 의하여도 할 수 있으나, 묵시적인 합의해제를 한 것으로 인정하려면 매매계약이 체결되어 그 대금의 일부가 지급된 상태에서 당사자 쌍방이 장기간에 걸쳐 잔대금을 지급하지 아니하거나 소유권이전등기절차를 이행하지 아니함으로써 이를 방치한 것만으로는 부족하고, 당사자 쌍방에게 계약을 실현할 의사가 없거나 계약을 포기할 의사가 있다고 볼 수 있을 정도에 이르렀다고 할 수 있어야 하고, 당사자 쌍방이 계약을 실현할 의사가 있었는지 여부는 계약이 체결된 후의 여러 가지 사정을 종합적으로 고려하여 판단하여야 한다."

대법원 2007. 6. 15. 선고 2004다37904,37911 판결 "계약의 합의해제는 명시적으로 이루어진 경우뿐만 아니라 묵시적으로 이루어질 수도 있는 것으로, 계약의 성립 후에 당사자 쌍방의 계약실현 의사의 결여 또는 포기로 인하여 쌍방 모두 이행의 제공이나 최고에 이름이 없이 장기간 이를 방치하였다면, 그 계약은 당사자 쌍방이 계약을 실현하지 아니할 의사가 일치함으로써 묵시적으로 합의해제되었다고 해석함이 상당하다."

(2) 당사자 일방이 그 채무를 이행하지 아니하는 때에는 상대방은 상당한 기간을 정하여 그 이행을 최고하고 그 기간 내에 이행하지 아니한 때에는 계약을 해제할 수 있다. 그러나 채무자가 미리 이행하지 아니할 의사를 표시한 경우에는 최고를 요하지 아니한다. 계약의 성질 또는 당사자의 의사표시에 의하여 일정한 시일 또는 일정한 기간 내에 이행하지 아니하면 계약의 목적을 달성할 수 없을 경우에 당사자 일방이 그 시기에 이행하지 아니한 때에는 상대방은 최고를 하지 아니하고 계약을 해제할 수 있다. 채무자의 책임있는 사유로 이행이 불능하게 된 때에는 채권자는 계약을 해제할 수 있다.

대법원 1984. 12. 26. 선고 84다카1763 판결 "쌍방의 채무가 동시이행관계에 있는 쌍무계약에 있어서도 당사자의 일방이 미리 그 채무를 이행하지 아니할 의사를 표시한 때에는 상대방은 이행의 최고를 하지 아니하고 바로 그 계약을 해제할 수 있는 것인 바, 매도인이 매수인을 상대로 매매잔대금 청구의 소를 제기하자 매수인이 매도인의 소유권이전등기의무의 이행지체로 매매계약이 해제되었다고 주장하면서 오히려 반소로서 이미 지급한 계약금과 중도금의 반환과 위약금의 지급청구를 하였다면, 매수인은 위 반소제기로 잔대금 지급의무를 이행할 의사가 없음을 명백히 한 것이라 할 것이므로 매도인은 매수인에 대해 이행의 최고없이 계약을 해제할 수 있다.

대법원 1996. 7. 30. 선고 96다17738 판결 "쌍무계약에 있어서 당사자의 일방이 미리 자기 채무를 이행하지 아니할 의사를 표명한 때에는 상대방은 이행의 최고나 자기 채무의 이행의 제공이 없이 계약을 해제할 수 있으나, 이러한 의사의 표명 여부는 계약의 이행에 관한 당사자의 행동과 계약 전후의 구체적 사정 등을 종합적으로 살펴서 판단하여야 하므로, 채무자가 채무의 이행기가 도래되지 아니하였다고 믿을 만한 상당한 근거가 있어 이를 이유로 그 이행을 거절하였다면, 후에 법원의 판결에 의하여 채무의 이행기가 도래한 것으로 최종 판명되었다고 하더라도 그것만으로는 채무자가 자기 채무를 이행하지 아니할 의사를 명백히 표시한 경우에 해당한다고 할 수 없다. 부동산 매매계약의 경우에 매도인이 매수인을 이행지체에 빠뜨리기 위하여 소유권이전등기에 필요한 서류 등을 현실적으로 제공할 필요까지는 없으나, 최소한 위 서류 등을 준비하여 두고 그 뜻을 매수인에게 통지하여 잔금지급과 아울러 이를 수령하여 갈 것을 최고함은 요한다."

대법원 1996. 11. 26. 선고 96다35590,35606 판결 "쌍무계약의 일방 당사자가 이행기에 한번 이행제공을 하여서 상대방을 이행지체에 빠지게 한 경우, 신의성실의 원칙상 이행을 최고하는 일방 당사자로서는 그 채무 이행의 제공을 계속할 필요는 없다 하더라도 상대방이 최고기간 내에 이행 또는 이행제공을 하면 계약해제권은 소멸되므로 상대방의 이행을 수령하고 자신의 채무를 이행할 수 있는 정도의 준비가 되어 있으면 된다. 부동산 매수인이 잔대금 지급기일에 잔대금의 이행제공을 하였음에도 매도인이 명도의무를 이행하지 못하여 이행지체에 빠진 경우, 매수인이 매도인에게 상당한 기간 내에 명도의무의 이행이 없을 것을 정지조건으로 하여 미리 해제의 의사표시를 함과 동시에 매도인으로서의 이행을 최고함에 있어서 현실로 이행제공하였던 잔대금으로 양도성예금증서를 구입하여 보관하고 있으면서 자신의 채무를 이행할 수 있는 준비를 하고 있었다면 이는 해제권 발생을 위한 적법한 최고라 할 것이다."

대법원 2003. 1. 24. 선고 2000다22850 판결 "채무의 이행이 불능이라는 것은 단순히 절대적·물리적으로 불능인 경우가 아니라 사회생활에 있어서의 경험법칙 또는 거래상의 관념에 비추어 볼 때 채권자가 채무자의 이행의 실현을 기대할 수 없는 경우를 말한다. 매도인의 매매계약상의 소유권이전등기의무가 이행불능이 되어 이를 이유로 매매계약을 해제함에 있어서는 상대방의 잔대금지급의무가 매도인의 소유권이전등기의무와 동시이행관계에 있다고 하더라도 그 이행의 제공을 필요로 하는 것이 아니다. 민법 제548조 제1항 단서에서 규정하고 있는 제3자란 일반적으로 계약이 해제되는 경우 그 해제된 계약으로부터 생긴 법률효과를 기초로 하여 해제 전에 새로운 이해관계를 가졌을 뿐 아니라 등기·인도 등으로 완전한 권리를 취득한 자를 말하고, 계약상의 채권을 양수한 자는 여기서 말하는 제3자에 해당하지 않는다고 할 것인바, 계약이 해제된 경우 계약해제 이전에 해제로 인하여 소멸되는 채권을 양수한 자는 계약해제의 효과에 반하여 자신의 권리를 주장할 수 없음은 물론이고, 나아가 특단의 사정이 없는 한 채무자로부터 이행받은 급부를 원상회복하여야 할 의무가 있다.

대법원 2010. 12. 9. 선고 2009다75321 판결 "상가 분양자가 분양계약상 입점예정일로부터 상당한 시간이 경과하도록 상가 개점과 소유권이전등기 의무 등을 이행하지 않자 일부 수분양자가 분양자의 분양계약상 의무의 이행불능을 이유로 분양계약을 해제하고 분양대금의 반환을 구한 사안에서, 늦어도 원심 변론종결 당시에는 분양자의 분양계약상 의무가 단순한 이행지체의 단계를 넘어서서 사회통념상 이행불능이라고 볼 여지가 있다."

대법원 2006. 6. 16. 선고 2005다39211 판결 "채무의 이행이 불능이라는 것은 단순히 절대적·물리적으로 불능인 경우가 아니라 사회생활에 있어서의 경험법칙 또는 거래상의 관념에 비추어 볼 때 채권자가 채무자의 이행의 실현을 기대할 수 없는 경우를 말하는 것인바, 매매목적물에 대하여 가압류 또는 처분금지가처분 집행이 되어 있다고 하여 매매에 따른 소유권이전등기가 불가능한 것은 아니며, 이러한 법리는 가압류 또는 가처분 집행의 대상이 매매목적물 자체가 아니라 매도인이 매매목적물의 원소유자에 대하여 가지는 소유권이전등기청구권 또는 분양권인 경우에도 마찬가지이다. 매도인의 소유권이전등기청구권이 가압류되어 있거나 처분금지가처분이 있는 경우에는 그 가압류 또는 가처분의 해제를 조건으로 하여서만 소유권이전등기절차의 이행을 명받을 수 있는 것이어서, 매도인은 그 가압류 또는 가처분을 해제하지 아니하고서는 매도인 명의의 소유권이전등기를 마칠 수 없고, 따라서 매수인 명의의 소유권이전등기도 경료하여 줄 수 없다고 할 것이므로, 매도인이 그 가압류 또는 가처분 집행을 모두 해제할 수 없는 무자력의 상태에 있다고 인정되는 경우에는 매수인이 매도인의 소유권이전등기의무가 이행불능임을 이유로 매매계약을 해제할 수 있다. 매도인이 매매목적물의 원소유자에 대하여 가지는 소유권이전등기청구권 또는 분양권에 대한 가압류 또는 처분금지가처분을 해제하여 다시 매수인에게 소유권이전등기절차를 이행하는 것이 불가능하거나 극히 곤란한 무자력 상태에 있다고 봄이 상당하다."

대법원 2002. 4. 26. 선고 2000다50497 판결 "이행불능을 이유로 계약을 해제하기 위해서는 그 이행불능이 채무자의 귀책사유에 의한 경우여야만 한다 할 것이므로, 매도인의 매매목적물에 관한 소유권이전의무가 이행불능이 되었다고 할지라도, 그 이행불능이 매수인의 귀책사유에 의한 경우에는 매수인은 그 이행불능을 이유로 계약을 해제할 수 없다. 계약해제를 위한 이행최고를 함에 있어서 그 최고되는 채무가 소유권이전등기를 하는 채무와 같이 그 채무의 성질상 채권자에게도 단순한 수령 이상의 행위를 하여야 이행이 완료되는 경우에는 채권자는 이행의 완료를 위하여 필요한 행위를 할 수 있는 일시·장소 등을 채무자에게 알리는 최고를 하여야 할 필요성은 있다 할 것이나, 위와 같은 채무의 이행은 채권자와 채무자의 협력에 의하여 이루어져야 하는 것이므로, 채권자가 위와 같은 내용을 알리는 최고를 하지 아니하고, 단지 언제까지 이행하여야 한다는 최고만 하였다고 하여 곧바로 그 이행최고를 계약해제를 위한 이행최고로서의 효력이 없다고 볼 수는 없는 것이고, 채권자가 위와 같은 최고를 한 경우에는 채무자로서도 채권자에게 문의를 하는 등의 방법으로 확정적인 이행일시 및 장소의 결정에 협력하여야 한다 할 것이며, 채무자가 이와 같이 하지 아니하고 만연히 최고기간을 도과한 때에는, 그에 이르기까지의 채권자와 채무자의 계약 이행을 위한 성의, 채권자가 채무자에게 구두로 연락을 취하여 이행 일시와 장소를 채무자에게 문의한 적이 있는지 등 기타 사정을 고려하여, 위의 최고도 유효하다고 보아야 할 경우가 있을 수 있다."

대법원 2011. 1. 27. 선고 2010다41010,41027 판결 "갑 분양회사가 을 은행과 중도금 대출예정세대를 포괄적인 주채무자로 하는 한정근보증계약을 체결하였고 이후 수분양자들이 대출금 이자를 지급하지 않아 을 은행의 요구로 갑 분양회사가 소유권 미이전세대 분양목적물에 관하여 근저당권을 설정하여 주었는데 수분양자들이 분양잔금을 지급하지 않았고, 결국 을 은행이 위 근저당권에 기하여 신청한 임의경매절차에서 제3자가 수분양자들의 아파트를 매수하여 각 소유권을 취득한 사안에서, 갑 분양회사가 수분양자들에 대한 소유권이전의무를 이행할 수 없게 된 결정적인 원인은 수분양자들이 자신의 분양잔금 지급의무 및 대출금 이자 지급의무를 이행하지 아니한 데 있으므로 계약의 이행불능에 관하여 귀책사유가 있는 수분양자들은 그 이행불능을 이유로 분양계약을 해제할 수 없다."

대법원 1988. 12. 20. 선고 88다카132 판결 "매매계약에 있어 매수인이 중도금을 약정한 일자에 지급하지 아니하면 그 계약을 무효로 한다고 하는 특약이 있는 경우 매수인이 약정한 대로 중도금을 지급하지 아니하면 그 불이행 자체로써 계약은 그 일자에 자동적으로 해제된 것이라고 보아야 한다."

대법원 2003. 1. 24. 선고 2000다5336,5343 판결 "임대차계약을 체결하면서, '임대차계약은 임차인이 임차보증금을 완급한 때부터 효력이 생기고, 그 때부터 한 달 이내에 임차인이 임차부분에 입점하지 아니하면 자동적으로 해지된다.'고 약정하였는데, 그 후 임차인이 위 기한 내에 입점하지 않았다면 해지의 의사표시를 요하지 않고 그 불이행 자체로써 위 임대차계약은 그 일자에 자동적으로 해지된 것으로 보아야 한다. 계약이 합의해지되기 위하여는 일반적으로 계약이 성립하는 경우와 마찬가지로 계약의 청약과 승낙이라는 서로 대립하는 의사표시가 합치될 것을 그 요건으로 하는 것이지만, 계약의 합의해지는 명시적인 경우뿐만 아니라 묵시적으로도 이루어질 수 있는 것이므로 계약 후 당사자 쌍방의 계약 실현 의사의 결여 또는 포기가 쌍방 당사자의 표시행위에 나타난 의사의 내용에 의하여 객관적으로 일치하는 경우에는, 그 계약은 계약을 실현하지 아니할 당사자 쌍방의 의사가 일치됨으로써 묵시적으로 해지되었다고 해석함이 상당하다. 처분문서는 그 진정성립이 인정되면 특별한 사정이 없는 한 그 처분문서에 기재되어 있는 문언의 내용에 따라 당사자의 의사표시가 있었던 것으로 객관적으로 해석하여야 하고, 당사자 사이에 계약의 해석을 둘러싸고 이견이 있어 처분문서에 나타난 당사자의 의사해석이 문제되는 경우에는 문언의 내용, 그와 같은 약정이 이루어진 동기와 경위, 약정에 의하여 달성하려는 목적, 당사자의 진정한 의사 등을 종합적으로 고찰하여 논리와 경험칙에 따라 합리적으로 해석하여야 한다. 당사자 사이에 계약의 해석을 둘러싸고 별다른 이견이 없고 임대차계약서에 기재되어 있는 문언의 내용상으로 임대보증금반환채권에 관한 양도금지 특약규정의 효력을 임대차계약의 종료시나 임대목적물의 명도시까지로 제한하고 있지 아니한 경우, 처분문서의 의사해석 법리에 비추어 그 객관적 문언과 다른 내용의 해석을 할 수는 없는 것이고, 더욱이 임대차계약 체결 당시 임차인은 임대보증금반환채권에 관한 양도금지 특약을 감수하고 이에 동의한 것이므로 양도금지특약이 임대차계약이 종료되고 임대목적물이 명도된 때까지만 유효한 것으로 제한해석을 하지 않는다고 하여 임차인에게 가혹한 것이라고 볼 수 없고, 임대인으로서는 임대차계약이 종료되고 임대목적물이 명도된 이후라도 보증금반환채권만이 양도되어 버림으로써 최초 법률관계의 당사자가 아닌 제3자와의 법률분쟁에 휩싸이거나 복잡한 권리관계가 형성되는 것을 미리 방지하기 위하여 양도금지의 특약을 할 수 있는 것이므로, 임대인에게 양도금지 특약의 실익이 없는 것은 아니라고 할 것이다. 채무자는 제3자가 채권자로부터 채권을 양수한 경우 채권양도금지 특약의 존재를 알고 있는 양수인이나 그 특약의 존재를 알지 못함에 중대한 과실이 있는 양수인에게 그 특약으로써 대항할 수 있고, 여기서 말하는 중과실이란 통상인에게 요구되는 정도의 상당한 주의를 하지 않더라도 약간의 주의를 한다면 손쉽게 그 특약의 존재를 알 수 있음에도 불구하고 그러한 주의조차 기울이지 아니하여 특약의 존재를 알지 못한 것을 말하며, 제3자의 악의 내지 중과실은 채권양도 금지의 특약으로 양수인에게 대항하려는 자가 이를 주장·입증하여야 한다. 합의해지 또는 해지계약이라 함은 해지권의 유무에 불구하고 계약 당사자 쌍방이 합의에 의하여 계속적 계약의 효력을 해지시점 이후부터 장래를 향하여 소멸하게 하는 것을 내용으로 하는 새로운 계약으로서, 그 효력은 그 합의의 내용에 의하여 결정되고 여기에는 해제, 해지에 관한 민법 제548조 제2항의 규정은 적용되지 아니하므로, 당사자 사이에 약정이 없는 이상 합의해지로 인하여 반환할 금전에 그 받은 날로부터의 이자를 가하여야 할 의무가 있는 것은 아니다."

대법원 1993. 12. 28. 선고 93다777 판결 "부동산매매계약에 있어서 매수인이 잔대금지급기일까지 그 대금을 지급하지 못하면 그 계약이 자동적으로 해제된다는 취지의 약정이 있더라도 특별한 사정이 없는 한 매수인의 잔대금지급의무와 매도인의 소유권이전등기의무는 동시이행관계에 있으므로 매도인이 잔대금지급기일에 소유권이전등기에 필요한 서류를 준비하여 매수인에게 알리는 등 이행의 제공을 하여 매수인으로 하여금 이행지체에 빠지게 하였을 때에 비로소 자동적으로 매매계약이 해제된다고 보아야 하고 매수인이 그 약정기한을 도과하더라도 이행지체에 빠진 것이 아니라면 대금미지급으로 매매계약이 자동해제된다고 볼 수 없다. 매도인이 잔금지급시까지 등기서류 일체를 매수인이 원하는 자에게 제공하기로 약정하였다면, 매수인이 잔금지급기일까지 이를 지정하지 아니한 경우라도 매도인으로서는 매수인명의로 소유권이전등기를 경료할 수 있도록 서류를 제공하거나 이에 이르지 못하였더라도 이행장소에 인감을 소지하는 등 매수인이나 그가 지정하는 자에게 즉시 이전등기를 경료할 수 있을 정도로 이행제공을 하여야 한다. 매매계약이 해제 또는 무효로 되었다는 매도인의 항변에 매도인의 소유권이전등기의무와 매수인의 잔대금지급의무가 동시이행관계에 있다는 항변이 포함되어 있다고 볼 수 없다."

대법원 1992. 2. 11. 선고 91다21954 판결 "처분문서의 기재 내용이 부동문자로 인쇄되어 있다면 인쇄된 예문에 지나지 아니하여 그 기재를 합의의 내용이라고 볼 수 없는 경우도 있으므로 처분문서라 하여 곧바로 당사자의 합의의 내용이라고 단정할 수는 없고 구체적 사안에 따라 당사자의 의사를 고려하여 그 계약 내용의 의미를 파악하고 그것이 예문에 불과한 것인지의 여부를 판단하여야 한다. 부동산 매매계약서상 "매도인이 위약시에는 계약금의 배액을 매수인에게 배상하고 매수인이 위약시에는 계약금을 포기하기로 하여 위 계약은 통지 없이 해약하기로 한다."는 내용이 부동문자로 인쇄되어 있으나 계약불이행시 위 계약의 효력을 소멸시켜야 할 특별한 사정이 엿보이지 아니하고, 그 부동산상의 저당권설정등기 말소비용을 매수인이 부담하기로 하였고 보증인이 없음에도 이에 관한 부분을 삭제하지 아니한 점 등에 비추어 위 조항이 당사자 사이에서 진정하게 이루어진 합의의 내용으로서 구속력이 있는 기재라고 볼 수 없고 단순한 예문조항으로서 무효로 보아야 할 것이다."

대법원 1982. 4. 27. 선고 80다851 판결 "매도인이 위약시에는 계약금의 배액을 배상하고 매수인이 위약시에는 지급한 계약금을 매도인이 취득하고 계약은 자동적으로 해제된다는 조항은 위약 당사자가 상대방에 대하여 계약금을 포기하거나 그 배액을 배상하여 계약을 해제할 수 있다는 해제권 유보조항이라 할 것이고 최고나 통지없이 해제할 수 있다는 특약이라고 볼 수 없다."

(3) 당사자의 일방 또는 쌍방이 수인인 경우에는 계약의 해지나 해제는 그 전원으로부터 또는 전원에 대하여 하여야 하며, 해지나 해제의 권리가 당사자 1인에 대하여 소멸한 때에는 다른 당사자에 대하여도 소멸한다. 당사자 일방이 계약을 해제한 때에는 각 당사자는 그 상대방에 대하여 원상회복의 의무가 있다. 그러나 제3자의 권리를 해하지 못한다. 계약해제에 의한 원상회복의 경우에 반환할 금전에는 그 받은 날로부터 이자를 가하여야

한다. 각 당사자의 원상회복의무는 동시이행의 관계에 있다. 당사자 일방이 계약을 해지한 때에는 계약은 장래에 대하여 그 효력을 잃는다. 계약의 해지 또는 해제는 손해배상의 청구에 영향을 미치지 아니한다.

(4) 해제권의 행사의 기간을 정하지 아니한 때에는 상대방은 상당한 기간을 정하여 해제권행사여부의 확답을 해제권자에게 최고할 수 있다. 기간 내에 해제의 통지를 받지 못한 때에는 해제권은 소멸한다. 해제권자의 고의나 과실로 인하여 계약의 목적물이 현저히 훼손되거나 이를 반환할 수 없게 된 때 또는 가공이나 개조로 인하여 다른 종류의 물건으로 변경된 때에는 해제권은 소멸한다.

아. 전형계약

(1) 증여

증여는 당사자 일방이 무상으로 재산을 상대방에 수여하는 의사를 표시하고 상대방이 이를 승낙함으로써 그 효력이 생긴다. 증여의 의사가 서면으로 표시되지 아니한 경우에는 각 당사자는 이를 해제할 수 있다. 수증자가 증여자 또는 그 배우자나 직계혈족에 대하여 범죄행위를 하거나, 증여자에 대하여 부양의무가 있는데, 이를 불이행하는 경우에 증여자는 그 증여를 해제할 수 있다. 위 사유로 인한 해제권은 해제원인있음을 안 날로부터 6월을 경과하거나 증여자가 수증자에 대하여 용서의 의사를 표시한 때에는 소멸한다. 증여계약후에 증여자의 재산상태가 현저히 변경되고 그 이행으로 인하여 생계에 중대한 영향을 미칠 경우에는 증여자는 증여를 해제할 수 있다. 증여계약의 해제는 이미 이행한 부분에 대하여는 영향을 미치지 아니한다. 증여자는 증여의 목적인 물건 또는 권리의 하자나 흠결에 대하여 책임을 지지 아니한다. 그러나 증여자가 그 하자나 흠결을 알고 수증자에게 고지하지 아니한 때에는 그러하지 아니하다. 상대부담있는 증여에 대하여는 증여자는 그 부담의 한도에서 매도인과 같은 담보의 책임이 있다. 정기의 급여를 목적으로 한 증여는 증여자 또는 수증자의 사망으로 인하여 그 효력을 잃는다. 상대부담있는 증여에 대하여는 증여에 관한 규정 외에 쌍무계약에 관한 규정도 적용된다. 증여자의 사망으로 인하여 효력이 생길 증여에는 유증에 관한 규정을 준용한다.

대법원 1996. 4. 12. 선고 94다37714,37721 판결 "민법 제562조는 사인증여에 관하여는 유증에 관한 규정을 준용하도록 규정하고 있지만, 유증의 방식에 관한 민법 제1065조 내지 제1072조는 그것이 단독행위임을 전제로 하는 것이어서 계약인 사인증여에는 적용되지 아니한다. 민법 제562조가 사인증여에 관하여 유증에 관한 규정을 준용하도록 규정하고 있다고 하여, 이를 근거로 포괄적 유증을 받은 자는 상속인과 동일한 권리의무가 있다고 규정하고 있는 민법 제1078조가 포괄적 사인증여에도 준용된다고 해석하면 포괄적 사인증여에도 상속과 같은 효과가 발생하게 된다. 그러나 포괄적 사인증여는 낙성·불요식의 증여계약의 일종이고, 포괄적 유증은 엄격한 방식을 요하는 단독행위이며, 방식을 위배한 포괄적 유증은 대부분 포괄적 사인증여로 보여질 것인바, 포괄적 사인증여에 민법 제1078조가 준용된다면 양자의 효과는 같게 되므로, 결과적으로 포괄적 유증에 엄격한 방식을 요하는 요식행위로 규정한 조항들은 무의미하게 된다. 따라서 민법 제1078조가 포괄적 사인증여에 준용된다고 하는 것은 사인증여의 성질에 반하므로 준용되지 아니한다고 해석함이 상당하다."

대법원 1997. 7. 8. 선고 97다2177 판결 "상대부담 있는 증여에 대하여는 민법 제561조에 의하여 쌍무계약에 관한 규정이 준용되어 부담의무 있는 상대방이 자신의 의무를 이행하지 아니할 때에는 비록 증여계약이 이미 이행되어 있다 하더라도 증여자는 계약을 해제할 수 있고, 그 경우 민법 제555조와 제558조는 적용되지 아니한다."

대법원 1999. 7. 9. 선고 98다9045 판결 "민법 제47조 제1항에 의하여 생전처분으로 재단법인을 설립하는 때에 준용되는 민법 제555조는 "증여의 의사가 서면으로 표시되지 아니한 경우에는 각 당사자는 이를 해제할 수 있다."고 함으로써 서면에 의한 증여(출연)의 해제를 제한하고 있으나, 그 해제는 민법 총칙상의 취소와는 요건과 효과가 다르므로 서면에 의한 출연이더라도 민법 총칙규정에 따라 출연자가 착오에 기한 의사표시라는 이유로 출연의 의사표시를 취소할 수 있고, 상대방 없는 단독행위인 재단법인에 대한 출연행위라고 하여 달리 볼 것은 아니다. 재단법인에 대한 출연자와 법인과의 관계에 있어서 그 출연행위에 터잡아 법인이 성립되면 그로써 출연재산은 민법 제48조에 의하여 법인 성립시에 법인에게 귀속되어 법인의 재산이 되는 것이고, 출연재산이 부동산인 경우에 있어서도 위 양 당사자 간의 관계에 있어서는 법인의 성립 외에 등기를 필요로 하는 것은 아니라 할지라도, 재단법인의 출연자가 착오를 원인으로 취소를 한 경우에는 출연자는 재단법인의 성립 여부나 출연된 재산의 기본재산인 여부와 관계없이 그 의사표시를 취소할 수 있다. 불법점유를 이유로 하여 그 명도 또는 인도를 청구하려면 현실적으로 그 목적물을 점유하고 있는 자를 상대로 하여야 하고 불법점유자라 하여도 그 물건을 다른 사람에게 인도하여 현실적으로 점유를 하고 있지 않은 이상, 그 자를 상대로 한 인도 또는 명도청구는 부당하다."

대법원 2010. 5. 27. 선고 2010다5878 판결 "증여에 상대부담 등의 부관이 붙어 있는지 또는 증여와 관련하여 상대방이 별도의 의무를 부담하는 약정을 하였는지 여부는 당사자 사이에 어떠한 법률효과의 발생을 원하는 대립하는 의사가 있고 그것이 말 또는 행동 등에 의하여 명시적 또는 묵시적으로 외부에 표시되어 합치가 이루어졌는가를 확정하는 것으로서 사실인정의 문제에 해당하므로, 이는 그 존재를 주장하는 자가 증명하여야 하는 것이다. 甲이 乙에게 증여한 A 부동산에 관한 상속세를 乙이 부담하기로 하는 묵시적 의사합치가 있었는지 여부가 문제된 사안에서, 증여계약이 체결될 무렵을 전후하여 甲과 乙 사이에는 위 증여 부동산에 관한 상속세를 누가 부담할 것인지에 관하여 아무런 논의조차 없었던 것으로 보이고, 설령 甲이 내심으로 乙이 상속세를 부담할 것으로 희망 내지 기대하였고 나아가 乙 또한 이를 자신이 부담하리라고 생각하였다고 하더라도, 위와 같은 두 사람의 의사가 명시적 또는 묵시적으로 외부에 표시되었다고 볼 아무런 증거가 없는 이상, 그와 같은 사정만으로 두 사람 사이에 묵시적 의사합치가 이루어져 그것이 위 증여계약의 내용이 되었다거나 또는 별도의 약정이 체결되었다고 볼 수는 없다."

(2) 매매

매매는 당사자 일방이 재산권을 상대방에게 이전할 것을 약정하고 상대방이 그 대금을 지급할 것을 약정함으로써 그 효력이 생긴다. 매매계약에 관한 비용은 당사자 쌍방이 균분하여 부담한다.

대법원 1993. 11. 9. 선고 93다22845 판결 "어떤 토지가 지적공부에 1필지의 토지로 등록되면 그 토지의 소재, 지번, 지적 및 경계는 다른 특별한 사정이 없는 한 이 등록으로써 특정되고 그 소유권의 범위는 현실의 경계와 관계없이 공부상의 경계에 의하여 확정되는 것이고, 이 토지에 대한 매매도 특별한 사정이 없는 한 현실의 경계와 관계없이 지적공부상의 경계와 지적에 의하여 확정된 토지를 매매의 대상으로 하는 것으로 보아야 할 것이며, 다만 지적도를 작성함에 있어서 그 기점을 잘못 선택하는 등 기술적인 착오로 말미암아 지적도상의 경계선이 진실한 경계선과 다르게 작성되었기 때문에 경계와 지적이 실제의 것과 일치하지 않게 되었고, 그 토지들이 전전매도되면서도 당사자들이 사실상의 경계대로의 토지를 매매할 의사를 가지고 거래를 한 경우 등과 같은 특별한 사정이 있는 경우에는 그 토지의 경계는 실제의 경계에 의하여야 할 것이다. 지적법 제38조 제3항 소정의 이해관계인이라 함은 등록사항의 정정으로 인하여 손해를 입게 되는 등 등록사항의 정정에 이해관계를 갖는 모든 자를 가리키는 것으로 위 등록사항의 오류가 발생할 당시의 당해 토지소유자에 한하는 것은 아니고, 후에 그 토지를 전전매수하여 소유권을 취득하게 된 자도 이해관계인에 해당된다. 임야의 분할등록의 경우 분할등록신청의 당사자나 등록사항 정정대상 임야의 매매당사자가 아닌 그 인접 토지의 취득자에 불과한 자는 임야도상의 경계표시의 정정을 승낙할 법률상의 의무를 부담한다고 할 수 없다."

대법원 2000. 4. 25. 선고 2000다348 판결 "도로와 같은 인공적 공공용 재산은 법령에 의하여 지정되거나 행정처분으로 공공용으로 사용하기로 결정한 경우 또는 행정재산으로 실제 사용하는 경우의 어느 하나에 해당하여야 행정재산이 되는 것이며, 도로는 도로로서의 형태를 갖추어야 하고, 도로법에 따른 노선의 지정 또는 인정의 공고 및 도로구역의 결정·고시가 있는 때부터 또는 도시계획법 소정의 절차를 거쳐 도로를 설치하였을 때부터 공공용물로서 공용개시행위가 있는 것이며, 토지에 대하여 도로로서의 도시계획시설결정 및 지적승인만 있었을 뿐 그 도시계획사업이 실시되었거나 그 토지가 자연공로로 이용된 적이 없는 경우에는 도시계획결정 및 지적승인의 고시만으로는 아직 공용개시행위가 있었다고 할 수 없어 그 토지가 행정재산이 되었다고 할 수 없다. 주택의 대지로 점유하는 부분이 도로를 침범하여 그 주택 담장이 이웃의 담장 또는 건물에 비추어 돌출되어 있는 경우, 주택 소유자들의 위 침범 부분에 대한 점유는 적어도 담장이 상대적으로 돌출되었을 때부터 타주점유로 보아야 한다. 통상 부동산을 매수하려는 사람은 매매계약을 체결하기 전에 그 등기부등본이나 지적공부 등에 의하여 소유관계 및 면적 등을 확인한 다음 매매계약을 체결하므로 매매 대상 토지의 면적이 공부상 면적을 상당히 초과하는 경우에는 계약당사자들이 이러한 사실을 알고 있었다고 보는 것이 상당하며, 그러한 경우에는 매도인이 그 초과 부분에 대한 소유권을 취득하여 이전하여 주기로 약정하는 등의 특별한 사정이 없는 한 그 초과 부분은 단순한 점용권의 매매로 보아야 하고, 그 점유는 권원의 성질상 타주점유에 해당한다. 매수한 2필지의 공부상 면적은 합계 162㎡인데 반하여 매도인으로부터 인도받아 점유하는 면적은 제3자 소유의 토지 부분을 포함하여 합계 202㎡인 경우, 인도받은 토지 면적이 공부상 면적을 상당히 초과한다고 보아 위 초과 부분에 대한 매수인의 점유는 타주점유에 해당한다."

매매의 일방예약은 상대방이 매매를 완결할 의사를 표시하는 때에 매매의 효력이 생긴다. 매매의 일방예약에서 의사표시의 기간을 정하지 아니한 때에는 예약자는 상당한 기간을 정하여 매매완결여부의 확답을 상대방에게 최고할 수 있다. 예약자가 최고에서 정한 상당한 기간 내에 확답을 받지 못한 때에는 예약은 그 효력을 잃는다.

대법원 2012. 2. 16. 선고 2010다82530 (全) 판결 "수인의 채권자가 각기 채권을 담보하기 위하여 채무자와 채무자 소유의 부동산에 관하여 수인의 채권자를 공동매수인으로 하는 1개의 매매예약을 체결하고 그에 따라 수인의 채권자 공동명의로 그 부동산에 가등기를 마친 경우, 수인의 채권자가 공동으로 매매예약완결권을 가지는 관계인지 아니면 채권자 각자의 지분별로 별개의 독립적인 매매예약완결권을 가지는 관계인지는 매매예약의 내용에 따라야 하고, 매매예약에서 그러한 내용을 명시적으로 정하지 않은 경우에는 수인의 채권자가 공동으로 매매예약을 체결하게 된 동기 및 경위, 매매예약에 의하여 달성하려는 담보의 목적, 담보 관련 권리를 공동 행사하려는 의사의 유무, 채권자별 구체적인 지분권의 표시 여부 및 지분권 비율과 피담보채권 비율의 일치 여부, 가등기담보권 설정의 관행 등을 종합적으로 고려하여 판단하여야 한다. 이와 달리 1인의 채무자에 대한 수인의 채권자의 채권을 담보하기 위하여 그 수인의 채권자와 채무자가 채무자 소유의 부동산에 관하여 수인의 채권자를 권리자로 하는 1개의 매매예약을 체결하고 그에 따른 가등기를 마친 경우에, 매매예약의 내용이나 매매예약완결권 행사와 관련한 당사자의 의사와 관계없이 언제나 수인의 채권자가 공동으로 매매예약완결권을 가진다고 보고, 매매예약완결의 의사표시도 수인의 채권자 전원이 공동으로 행사하여야 한다는 취지의 대법원 1984. 6. 12. 선고 83다카2282 판결, 대법원 1985. 5. 28. 선고 84다카2188 판결, 대법원 1985. 10. 8. 선고 85다카604 판결, 대법원 1987. 5. 26. 선고 85다카2203 판결 등은 이 판결의 견해와 저촉되는 한도에서 변경하기로 한다. 갑이 을에게 돈을 대여하면서 담보 목적으로 을 소유의 부동산 지분에 관하여 을의 다른 채권자들과 공동명의로 매매예약을 체결하고 각자의 채권액 비율에 따라 지분을 특정하여 가등기를 마친 사안에서, 채권자가 각자의 지분별로 별개의 독립적인 매매예약완결권을 갖는 것으로 보아, 갑이 단독으로 담보목적물 중 자신의 지분에 관하여 매매예약완결권을 행사할 수 있고, 이에 따라 단독으로 자신의 지분에 관하여 가등기에 기한 본등기절차의 이행을 구할 수 있다. 즉 공동명의로 담보가등기를 마친 수인의 채권자가 각자의 지분별로 별개의 독립적인 매매예약완결권을 가지는 경우, 채권자 중 1인은 단독으로 자신의 지분에 관하여 가등기담보 등에 관한 법률이 정한 청산절차를 이행한 후 소유권이전의 본등기절차 이행청구를 할 수 있다."

매매의 당사자 일방이 계약당시에 금전 기타 물건을 계약금, 보증금등의 명목으로 상대방에게 교부한 때에는 당사자간에 다른 약정이 없는 한 당사자의 일방이 이행에 착수할 때까지 교부자는 이를 포기하고 수령자는 그 배액을 상환하여 매매계약을 해제할 수 있다.[336]

대법원 1992. 5. 12. 선고 91다2151 판결 "매매당사자 사이에 수수된 계약금에 대하여 매수인이 위약하였을 때에는 이를 무효로 하고 매도인이 위약하였을 때에는 그 배액을 상환할 뜻의 약정이 있는 경우에는 특별한 사정이 없는 한 그 계약금은 민법 제398조 제1항 소정의 손해배상액의 예정의 성질을 가질 뿐 아니라 민법 제565조 소정의 해약금의 성질도 가진 것으로 볼 것이다. 매매당사자 간에 계약금을 수수하고 계약해제권을 유보한 경우에 매도인이 계약금의 배액을 상환하고 계약을 해제하려면 계약해제 의사표시 이외에 계약금 배액의 이행의 제공이 있으면 족하고 상대방이 이를 수령하지 아니한다 하여 이를 공탁하여야 유효한 것은 아니다."

대법원 1992. 7. 28. 선고 91다33612 판결 "매매계약을 체결할 때에는 토지거래허가를 받지 아니하였지만 위 허가를 전제로 하여 계약이 체결되고 또한 그 후 허가를 받은 이상 유효한 계약이라 할 것이며 허가신청서에 기재된 거래가격이 실거래가격보다 낮다 하더라도 이것만으로 허가 자체를 당연무효라고 볼 수는 없으므로 위 매매계약은 유효하다. 토지거래허가를 전제로 하는 매매계약의 경우 허가가 있기 전에는 매수인에게 그 계약내용에 따른 대금의 지급의무가 없는 것이므로 설사 그전에 매도인이 소유권이전등기 소요서류의 이행제공을 하였다 하더라도 매수인이 이행지체에 빠지는 것이 아니고 허가가 난 다음 그 이행제공을 하면서 대금지급을 최고하고 매수인이 이에 응하지 아니한 경우에 비로소 이행지체에 빠져 매도인이 계약을 해제할 수 있는 것이다. 매수인이 계약의 이행에 착수하기 전에는 매도인이 계약금의 배액을 상환하고 계약을 해제할 수 있으나, 이 해제는 통고로써 즉시 효력을 발생하고 나중에 계약금 배액의 상환의무만 지는 것이 아니라 매도인이 수령한 계약금의 배액을 매수인에게 상환하거나 적어도 그 이행제공을 하지 않으면 계약을 해제할 수 없다."

대법원 1992. 11. 27. 선고 92다23209 판결 "계약 당사자 일방의 행동

336) 계약금계약은 주된 계약과 동시에 성립할 필요가 없으며, 주된 계약이 성립한 후에 계약금를 수수한 것도 유효하다(대법원 1955. 3. 10. 선고 4287민상388 판결).

이 계약관계를 더 이상 유지하지 않겠다는 명백한 의사표시로 볼 수 있고, 그때를 전후하여 계약상 채무의 이행도 지체하였다고 인정되는 경우 채무불이행을 이유로 한 상대방의 계약해제권 행사는 적법하다. 유상계약을 체결함에 있어서 계약금이 수수된 경우 계약금은 해약금의 성질을 가지고 있어서 이를 위약금으로 하기로 하는 특약이 없는 이상 계약이 당사자 일방의 귀책사유로 인하여 해제되었다 하더라도 상대방은 계약불이행으로 입은 실제 손해만을 배상받을 수 있을 뿐 계약금이 위약금으로서 상대방에게 당연히 귀속된다고 할 수 없다."

대법원 1996. 10. 25. 선고 95다33726 판결 "대금불입 불이행시 계약은 자동 무효가 되고 이미 불입된 금액은 일체 반환하지 않는다고 되어 있는 매매계약에 기하여 계약금이 지급되었으나, 매수인이 중도금을 지급기일에 지급하지 아니한 채 이미 지급한 계약금 중 과다한 손해배상의 예정으로 감액되어야 할 부분을 제외한 나머지 금액을 포기하고 해약금으로서의 성질에 기하여 계약을 해제한다는 의사표시를 하면서 감액되어야 할 금액에 해당하는 금원의 반환을 구한 경우, 그 계약금은 해약금으로서의 성질과 손해배상 예정으로서의 성질을 겸하고 있고, 매수인의 주장취지에는 매수인의 채무불이행을 이유로 매도인이 몰취한 계약금은 손해배상 예정액으로서는 부당히 과다하므로 감액되어야 하고 그 감액 부분은 부당이득으로서 반환하여야 한다는 취지도 포함되어 있다고 해석함이 상당하며 계약금이 손해배상 예정액으로서 과다하다면 감액 부분은 반환되어야 한다는 이유로, 계약금이 해약금으로서의 성질과 손해배상 예정으로서의 성질을 겸하고 있더라도 해약금에 기한 해제권 주장시에는 계약불이행에 따른 손해배상이 논의될 여지가 없어 손해배상 예정액의 감액이 불가능하다고 볼 수 없다."

대법원 1999. 10. 26. 선고 99다48160 판결 "매매계약에 있어서 매수인이 계약금을 지급하되 매도인이 계약을 위반하였을 때에는 그 배액을 배상받고, 매수인이 계약을 위반하였을 때에는 계약금을 포기하여 반환을 청구하지 않기로 약정하였으나, 매수인이 당시 계약금을 미처 준비하지 못하였던 관계로 일단 계약금을 지급하였다가 되돌려 받아 보관하고 있는 것으로 처리하기로 하여 계약금 상당액의 현금보관증을 작성하여 매도인에게 교부한 경우, 매도인과 매수인 사이에는 계약금 상당액의 위약금 약정이 있었다고 볼 것이므로, 매수인이 계약을 위반하였다면 실제로 계약금을 지급하지 않았다 하더라도 약정한 위약금을 지급할 의무가 있다."

대법원 2008. 3. 13. 선고 2007다73611 판결 "계약이 일단 성립한 후에는 당사자의 일방이 이를 마음대로 해제할 수 없는 것이 원칙이고, 다만 주된 계약과 더불어 계약금계약을 한 경우에는 민법 제565조 제1항의 규정에 따라 임의 해제를 할 수 있기는 하나, 계약금계약은 금전 기타 유가물의 교부를 요건으로 하므로 단지 계약금을 지급하기로 약정만 한 단계에서는 아직 계약금으로서의 효력, 즉 위 민법 규정에 의해 계약해제를 할 수 있는 권리는 발생하지 않는다고 할 것이다. 따라서 당사자가 계약금의 일부만을 먼저 지급하고 잔액은 나중에 지급하기로 약정하거나 계약금 전부를 나중에 지급하기로 약정한 경우, 교부자가 계약금의 잔금이나 전부를 약정대로 지급하지 않으면 상대방은 계약금 지급의무의 이행을 청구하거나 채무불이행을 이유로 계약금약정을 해제할 수 있고, 나아가 위 약정이 없었더라면 주계약을 체결하지 않았을 것이라는 사정이 인정된다면 주계약도 해제할 수도 있을 것이나, 교부자가 계약금의 잔금 또는 전부를 지급하지 아니하는 한 계약금계약은 성립하지 아니하므로 당사자가 임의로 주계약을 해제할 수는 없다 할 것이다."

매도인은 매수인에 대하여 매매의 목적이 된 권리를 이전하여야 하며 매수인은 매도인에게 그 대금을 지급하여야 한다. 이는 동시이행관계에 있다.

매매의 목적이 된 권리가 타인에게 속한 경우에는 매도인은 그 권리를 취득하여 매수인에게 이전하여야 한다. 이 경우에 매도인이 그 권리를 취득하여 매수인에게 이전할 수 없는 때에는 매수인은 계약을 해제할 수 있다. 그러나 매수인이 계약당시 그 권리가 매도인에게 속하지 아니함을 안 때에는 손해배상을 청구하지 못한다.

매도인이 계약당시에 매매의 목적이 된 권리가 자기에게 속하지 아니함을 알지 못한 경우에 그 권리를 취득하여 매수인에게 이전할 수 없는 때에는 매도인은 손해를 배상하고 계약을 해제할 수 있다. 이 경우에 매수인이 계약당시 그 권리가 매도인에게 속하지 아니함을 안 때에는 매도인은 매수인에 대하여 그 권리를 이전할 수 없음을 통지하고 계약을 해제할 수 있다.

매매의 목적이 된 권리의 일부가 타인에게 속함으로 인하여 매도인이 그 권리를 취득하여 매수인에게 이전할 수 없는 때에는 매수인은 그 부분의 비율로 대금의 감액을 청구할 수 있다. 이 경우에 잔존한 부분만이면 매수인이 이를 매수하지 아니하였을 때에는 선의의 매수인은 계약전부를 해제할 수 있다. 선의의 매수인은 감액청구 또는 계약해제 외에 손해배상을 청구할 수 있다. 이상의 매수인이 가지는 감액청구, 계약해제, 손해배상청구 권리는 매수인이 선의인 경우에는 사실을 안 날로부터, 악의인 경우에는 계약한 날로부터 1년 내에 행사하여야 한다.

위 하자담보책임에 관한 내용은 수량을 지정한 매매의 목적물이 부족되는 경우와 매매목적물의 일부가 계약당시에 이미 멸실된 경우에 매수인이 그 부족 또는 멸실을 알지 못한 때에 준용한다.

매매의 목적물이 지상권, 지역권, 전세권, 질권 또는 유치권의 목적이 된 경우에 매수인이 이를 알지 못한 때에는 이로 인하여 계약의 목적을 달성할 수 없는 경우에 한하여 매수인은 계약을 해제할 수 있다. 기타의 경우에는 손해배상만을 청구할 수 있다. 매매의 목적이 된 부동산을 위하여 존재할 지역권이 없거나 그 부동산에 등기된 임대차계약이 있는 경우도 같다. 매수인이 가지는 계약해제, 손해배상청구의 권리는 매수인이 그 사실을 안 날로부터 1년 내에 행사하여야 한다.

매매의 목적이 된 부동산에 설정된 저당권 또는 전세권의 행사로 인하여 매수인이 그 소유권을 취득할 수 없거나 취득한 소유권을 잃은 때에는 매수인은 계약을 해제할 수 있으며, 또한 매수인이 손해를 받은 때에는 그 배상을 청구할 수 있다. 매수인의 출재로 그 소유권을 보존한 때에는 매도인에 대하여 그 상환을 청구할 수 있다. 저당권의 목적이 된 지상권 또는 전세권이 매매의 목적이 된 경우에도 같다.

경매의 경우에도 경락인은 채무자에게 담보책임을 물어 계약의 해제 또는 대금감액의 청구를 할 수 있다. 채무자가 자력이 없는 때에는 경락인은 대금의 배당을 받은 채권자에 대하여 그 대금전부나 일부의 반환을 청구할 수 있다. 채무자가 물건 또는 권리의 흠결을 알고 고지하지 아니하거나 채권자가 이를 알고 경매를 청구한 때에는 경락인은 그 흠결을 안 채무자나 채권자에 대하여 손해배상을 청구할 수 있다.

채권의 매도인이 채무자의 자력을 담보한 때에는 매매계약당시의 자력을 담보한 것으로 추정한다. 변제기에 도달하지 아니한 채권의 매도인이 채무자의 자력을 담보한 때에는 변제기의 자력을 담보한 것으로 추정한다.

매매의 목적물에 하자가 있는 경우 또는 매매의 목적물을 종류로 지정하였으나 후에 목적물이 특정된 경우 그 목적물에 하자가 있는 경우, 그 하자로 인하여 계약의 목적을 달성할 수 없는 경우에 한하여 매수인은 계약을 해제할 수 있다. 기타의 경우에는 손해배상만을 청구할 수 있다. 그러나 매수인이 하자있는 것을 알았거나 과실로 인하여 이를 알지 못한 때에는 그러하지 아니하다. 이러한 매도인의 목적물 하자에 대한 담보책임은 경매의 경우에는 적용되지 않는다. 매매의 목적물을 종류로 지정하였으나 후에 특정된 목적물에 하자가 있는 경우에는 매수인은 계약의 해제 또는 손해배상의 청구를 하지 아니하고 하자없는 물건을 청구할 수 있다. 하자담보책임에 의한 권리는 매수인이 그 사실을 안 날로부터 6월내에 행사하여야 한다.

매도인은 담보책임을 면하는 특약을 한 경우에도 매도인이 알고 고지하지 아니한 사실 및 제3자에게 권리를 설정 또는 양도한 행위에 대하여는 책임을 면하지 못한다.

매매의 당사자 일방에 대한 의무이행의 기한이 있는 때에는 상대방의 의무이행에 대하여도 동일한 기한이 있는 것으로 추정한다. 매매의 목적물의 인도와 동시에 대금을 지급할 경우에는 그 인도장소에서 이를 지급하여야 한다. 매매계약있은 후에도 인도하지 아니한 목적물로부터 생긴 과실은 매도인에게 속한다. 매수인은 목적물의 인도를 받은 날로부터 대금의 이자를 지급하여야 한다. 그러나 대금의 지급에 대하여 기한이 있는 때에는 그러하지 아니하다.

매매의 목적물에 대하여 권리를 주장하는 자가 있는 경우에 매수인이 매수한 권리의 전부나 일부를 잃을 염려가 있는 때에는 매수인은 그 위험의 한도에서 대금의 전부나 일부의 지급을 거절할 수 있으나 매도인이 상당한 담보를 제공한 때에는 그러하지 아니하다. 이 경우 매도인은 매수인에 대하여 대금의 공탁을 청구할 수 있다.

(3) 환매

매도인이 매매계약과 동시에 환매할 권리를 보류한 때에는 그 영수한 대금 및 매수인이 부담한 매매비용을 반환하고 그 목적물을 환매할 수 있다. 환매대금에 관하여 특별한 약정이 있으면 그 약정에 의한다. 목적물의 과실과 대금의 이자는 특별한 약정이 없으면 이를 상계한 것으로 본다. 환매기간은 부동산은 5년, 동산은 3년을 넘지 못한다. 약정기간이 이를 넘는 때에는 부동산은 5년, 동산은 3년으로 단축한다. 환매기간을 정한 때에는 다시 이를 연장하지 못한다. 환매기간을 정하지 아니한 때에는 그 기간은 부동산은 5년, 동산은 3년으로 한다. 매매의 목적물이 부동산인 경우에 매매등기와 동시에 환매권의 보류를 등기한 때에는 제3자에 대하여 그 효력이 있다. 매도인의 채권자가 매도인을 대위하여 환매하고자 하는 때에는 매수인은 법원이 선정한 감정인의 평가액에서 매도인이 반환할 금액을 공제한 잔액으로 매도인의 채무를 변제하고 잉여액이 있으면 이를 매도인에게 지급하여 환매권을 소멸시킬 수 있다. 매도인은 기간내에 대금과 매매비용을 매수인에게 제공하지 아니하면 환매할 권리를 잃는다. 매수인이나 전득자가 목적물에 대하여 비용을 지출한 때에는 매도인은 이를 상환하여야 한다. 그러나 유익비에 대하여는 법원은 매도인의 청구에 의하여 상당한 상환기간을 허여할 수 있다. 공유자의 1인이 환매할 권리를 보류하고 그 지분을 매도한 후 그 목적물의 분할이나 경매가 있는 때에는 매도인은 매수인이 받은 또는 받을 부분이나 대금에 대하여 환매권을 행사할 수 있다. 그러나 매도인에게 통지하지 아니한 매수인은 그 분할이나 경매로써 매도인에게 대항하지 못한다.

(4) 교환

교환은 당사자 쌍방이 금전 이외의 재산권을 상호이전할 것을 약정함으로써 그 효력이 생긴다. 당사자 일방이 전조의 재산권이전과 금전의 보충지급을 약정한 때에는 그 금전에 대하여는 매매대금에 관한 규정을 준용한다.

(5) 소비대차

소비대차는 당사자 일방이 금전 기타 대체물의 소유권을 상대방에게 이전할 것을 약정하고 상대방은 그와 같은 종류, 품질 및 수량으로 반환할 것을 약정함으로써 그 효력이 생긴다. 대주가 목적물을 차주에게 인도하기 전에 당사자 일방이 파산선고를 받은 때에는 소비대차는 그 효력을 잃는다. 이자있는 소비대차는 차주가 목적물의 인도를 받은 때로부터 이자를 계산하여야 하며 차주가 그 책임있는 사유로 수령을 지체할 때에는 대주가 이행을 제공한 때로부터 이자를 계산하여야 한다. 이자없는 소비대차의 당사자는 목적물의 인도전에는 언제든지 계약을 해제할 수 있다. 그러나 상대방에게 생긴 손해가 있는 때에는 이를 배상하여야 한다. 이자있는 소비대차의 목적물에 하자가 있는 경우에는 매매의 하자담보책임 규정이 적용된다. 이자없는 소비대차의 경우에는 차주는 하자있는 물건의 가액으로 반환할 수 있다. 그러나 대주가 그 하자를 알고 차주에게 고지하지 아니한 때에는 그 하자에 대하여 매매의 하자담보책임 규정이 적용된다. 차주는 약정시기에 차용물과 같은 종류, 품질 및 수량의 물건을 반환하여야 한다. 반환시기의 약정이 없는 때에는 대주는 상당한 기간을 정하여 반환을 최고하여야 한다. 그러나 차주는 언제든지 반환할 수 있다. 차주가 차용물과 같은 종류, 품질 및 수량의 물건을 반환할 수 없는 때에는 그때의 시가로 상환하여야 한다. 당사자 쌍방이 소비대차에 의하지 아니하고 금전 기타의 대체물을 지급할 의무가 있는 경우에 당사자가 그 목적물을 소비대차의 목적으로 할 것을 약정한 때에는 소비대차의 효력이 생긴다(준소비대차). 금전대차의 경우에 차주가 금전에 가름하여 유가증권 기타 물건의 인도를 받은 때에는 그 인도시의 가액으로써 차용액으로 한다(대물대차). 차용물의 반환에 관하여 차주가 차용물에 가름하여 다른 재산권을 이전할 것을 예약한 경우에는 그 재산의 예약당시의 가액이 차용액 및 이에 붙인 이자의 합산액을 넘지 못한다(대물반환의 예약). 당사자의 약정으로서 차주에 불리한 대물대차, 대물반환의 예약은 환매 기타 여하한 명목이라도 그 효력이 없다.

(6) 사용대차

사용대차는 당사자 일방이 상대방에게 무상으로 사용, 수익하게 하기 위하여 목적물을 인도할 것을 약정하고 상대방은 이를 사용, 수익한 후 그 물건을 반환할 것을 약정함으로써 그 효력이 생긴다. 차주는 계약 또는 그 목적물의 성질에 의하여 정하여진 용법으로 이를 사용, 수익하여야 한다. 차주는 대주의 승낙이 없으면 제삼자에게 차용물을 사용, 수익하게 하지 못한다. 차주가 위 의무를 위반한 때에는 대주는 계약을 해지할 수 있다. 차주는 차용물의 통상의 필요비를 부담한다. 차주는 약정시기에 차용물을 반환하여야 한다. 시기의 약정이 없는 경우에는 차주는 계약 또는 목적물의 성질에 의한 사용, 수익이 종료한 때에 반환하여야 한다. 그러나 사용, 수익에 족한 기간이 경과한 때에는 대주는 언제든지 계약을 해지할 수 있다. 차주가 사망하거나 파산선고를 받은 때에는 대주는 계약을 해지할 수 있다. 차주가 차용물을 반환하는 때에는 이를 원상에 회복하여야 한다. 이에 부속시킨 물건은 철거할 수 있다. 수인이 공동하여 물건을 차용한 때에는 연대하여 그 의무를 부담한다. 계약 또는 목적물의 성질에 위반한 사용, 수익으로 인하여 생긴 손해배상의 청구와 차주가 지출한 비용의 상환청구는 대주가 물건의 반환을 받은 날로부터 6월내에 하여야 한다.

(7) 임대차

임대차는 당사자 일방이 상대방에게 목적물을 사용, 수익하게 할 것을 약정하고 상대방이 이에 대하여 차임을 지급할 것을 약정함으로써 그 효력이 생긴다.[337] 부동산임차인은 당사자간에 반대약정이 없으면 임대인에 대

---

337) 민법 제619조(처분능력, 권한없는 자의 할 수 있는 단기임대차) 처분의 능력 또는 권한없는 자가 임대차를 하는 경우에는 그 임대차는 다음 각호의 기간을 넘지 못한다.

1. 식목, 채염 또는 석조, 석회조, 연와조 및 이와 유사한 건축을 목적으로 한 토지의 임대차는 10년 2. 기타 토지의 임대차는 5년
3. 건물 기타 공작물의 임대차는 3년
4. 동산의 임대차는 6월

민법 제620조(단기임대차의 갱신) 전조의 기간은 갱신할 수 있다. 그러나 그 기간만료 전 토지에 대하여는 1년, 건물 기타 공작물에 대하여는 3월, 동산에 대하여는 1월내에 갱신하여야 한다.

하여 그 임대차등기절차에 협력할 것을 청구할 수 있다. 부동산임대차를 등기한 때에는 그때부터 제3자에 대하여 효력이 생긴다. 건물의 소유를 목적으로 한 토지임대차는 이를 등기하지 아니한 경우에도 임차인이 그 지상건물을 등기한 때에는 제3자에 대하여 임대차의 효력이 생긴다. 건물이 임대차기간만료전에 멸실 또는 후폐한 때에는 위 임대차등기의 효력을 잃는다.

임대인은 목적물을 임차인에게 인도하고 계약존속중 그 사용, 수익에 필요한 상태를 유지하게 할 의무를 부담한다. 임대인이 임대물의 보존에 필요한 행위를 하는 때에는 임차인은 이를 거절하지 못한다. 임대인이 임차인의 의사에 반하여 보존행위를 하는 경우에 임차인이 이로 인하여 임차의 목적을 달성할 수 없는 때에는 계약을 해지할 수 있다.

임차인이 임차물의 보존에 관한 필요비를 지출한 때에는 임대인에 대하여 그 상환을 청구할 수 있다. 임차인이 유익비를 지출한 경우에는 임대인은 임대차종료시에 그 가액의 증가가 현존한 때에 한하여 임차인의 지출한 금액이나 그 증가액을 상환하여야 한다. 이 경우에 법원은 임대인의 청구에 의하여 상당한 상환기간을 허여할 수 있다.

임차물의 일부가 임차인의 과실없이 멸실 기타 사유로 인하여 사용, 수익할 수 없는 때에는 임차인은 그 부분의 비율에 의한 차임의 감액을 청구할 수 있다. 이 경우에 그 잔존부분으로 임차의 목적을 달성할 수 없는 때에는 임차인은 계약을 해지할 수 있다.

임대물에 대한 공과부담의 증감 기타 경제사정의 변동으로 인하여 약정한 차임이 상당하지 아니하게 된 때에는 당사자는 장래에 대한 차임의 증감을 청구할 수 있다.

임차인은 임대인의 동의없이 그 권리를 양도하거나 임차물을 전대하지 못한다. 임차인이 임대인의 동의 없이 임차권을 양도하거나 전대한 경우 임대인은 계약을 해지할 수 있다.

임차인이 임대인의 동의를 얻어 임차물을 전대한 때에는 전차인은 직접 임대인에 대하여 의무를 부담한다. 이 경우에 전차인은 전대인에 대한 차임의 지급으로써 임대인에게 대항하지 못한다. 전차인이 전차에 동의를 한 임대인에 대하여 직접 의무를 부담한다하여도, 이것이 임대인의 임차인에 대한 권리행사에 영향을 미치는 것은 없다. 임차인이 임대인의 동의를 얻어 임차물을 전대한 경우에는 임대인과 임차인의 합의로 계약을 종료한 때에도 전차인의 권리는 소멸하지 아니한다.

차임은 동산, 건물이나 대지에 대하여는 매월말에, 기타 토지에 대하여는 매년말에 지급하여야 한다. 그러나 수확기있는 것에 대하여는 그 수확 후 지체없이 지급하여야 한다.

임차물의 수리를 요하거나 임차물에 대하여 권리를 주장하는 자가 있는 때에는 임차인은 지체없이 임대인에게 이를 통지하여야 한다. 그러나 임대인이 이미 이를 안 때에는 그러하지 아니하다.

임대차기간의 약정이 없는 때 또는 임대차기간의 약정이 있는 경우에도 당사자일방 또는 쌍방이 그 기간 내에 해지할 권리를 보류한 때에는 당사자는 언제든지 계약해지의 통고를 할 수 있다. 이 경우 상대방이 계약해지 통고를 받은 날로부터 토지, 건물 기타 공작물에 대하여는 임대인이 해지를 통고한 경우에는 6월, 임차인이 해지를 통고한 경우에는 1월, 동산에 대하여는 5일의 기간이 경과하면 해지의 효력이 생긴다.

임차인이 파산선고를 받은 경우에는 임대차기간의 약정이 있는 때에도 임대인 또는 파산관재인은 계약해지의 통고를 할 수 있다. 이 경우에는 각 당사자는 상대방에 대하여 계약해지로 인하여 생긴 손해의 배상을 청구하지 못한다. 임대차계약이 해지의 통고로 인하여 종료된 경우에 그 임대물이 적법하게 전대되었을 때에는 임대인은 전차인에 대하여 그 사유를 통지하지 아니하면 해지로써 전차인에게 대항하지 못한다.

임대차기간이 만료한 후 임차인이 임차물의 사용, 수익을 계속하는 경우에 임대인이 상당한 기간내에 이의를 하지 아니한 때에는 전임대차와 동일한 조건으로 다시 임대차한 것으로 본다. 그러나 당사자는 기간의 약정없는 임대차에서와 마찬가지로 해지의 통고를 할 수 있다. 묵시의 갱신이 있는 경우에 전임대차에 대하여 제3자가 제공한 담보는 기간의 만료로 인하여 소멸한다.

건물 기타 공작물의 임대차 또는 건물 기타 공작물의 소유 또는 식목, 채염, 목축을 목적으로 한 토지임대차의 경우 임차인의 차임연체액이 2기의 차임액에 달하는 때에는 임대인은 계약을 해지할 수 있다. 건물 기타 공작물의 소유 또는 식목, 채염, 목축을 목적으로 한 토지임대차의 기간이 만료한 경우에 건물, 수목 기타 지상시설이 현존한 때에는 임차인은 계약의 갱신을 청구할 수 있다(갱신청구권). 임대인이 계약의 갱신을 원하지 아니하는 때에는 임차인은 상당한 가액으로 건물 기타 공작물이나 수목의 매수를 청구할 수 있다(매수청구권).

건물 기타 공작물의 소유 또는 식목, 채염, 목축을 목적으로 한 토지임차인이 적법하게 그 토지를 전대한 경우에 임대차 및 전대차의 기간이 동시에 만료되고 건물, 수목 기타 지상시설이 현존한 때에는 전차인은 임대인에 대하여 전전대차와 동일한 조건으로 임대할 것을 청구할 수 있다(전차인의 임대청구권). 이 경우에 임대인이 임대할 것을 원하지 아니하는 때에는 전차인은 상당한 가액으로 건물 기타 공작물이나 수목의 매수를 청구할 수 있다. 지상권자가 그 토지를 임대한 경우에도 같다.

건물 기타 공작물의 임차인이 그 사용의 편익을 위하여 임대인의 동의를 얻어 이에 부속한 물건이 있는 때에는 임대차의 종료시에 임대인에 대하여 그 부속물의 매수를 청구할 수 있다(부속물매수청구권). 임대인으로부터 매수한 부속물에 대하여도 같다.[338)]

---

338) 대법원 1993. 10. 8. 선고 93다25738,93다25745(반소) 판결 "민법 제646조가 규정하는 매수청구의 대상이 되는 부속물이란 건물에 부속된 물건으로서 임차인의 소유에 속하고, 건물의 구성부분으로는 되지 아니한 것으로서 건물의 사용에 객관적인 편익을 가져오게 하는 물건이라고 할 것이므로, 부속된 물건이 오로지 임차인의 특수목적에 사용하기 위하여 부속된 것일 때에는 이에 해당하지 않으며, 당해 건물의 객관적인 사용목적은 그 건물 자체의 구조와 임대차계약 당시 당사자 사이에 합의된 사용목적, 기타 건물의 위치, 주위환경 등 제반 사정을 참작하여 정하여지는 것이다."; 대법원 1995. 6. 30. 선고 95다12927 판결 "점유자의 점유회수청구권은 침탈자의 특별승계인에 대하여는 행사하지 못하고, 다만 승계인이 악의인 때에만 행사할 수 있다. 임차인 갑이 임차보증금의 반환을 요구하며 임차물을 유치하던 중 임차물 관리인 을이 그 점유를 침탈하여 점유·사용하다가 임대인으로부터 이를 다시 임차한 병에게 이전한 경우, 을은 이미 점유를 상실하였고 또 병을 통하여 간접점유하고 있다고도 할 수 없어 갑의 을에 대한 명도청구는 배척될 수밖에 없고, 을이 갑의 점유를 침탈한 당사자라거나 병이 소송을 인수한 후에도 탈퇴하지 않고 있다고 하여 달리 볼 것은 아니다. 임대차계약에서 "임차인은 임대인의 승인하에 개축 또는 변조할 수 있으나 부동산의 반환기일 전에 임차인의 부담으로 원상복구키로 한다"라고 약정한 경우, 이는 임차인이 임차 목적물에 지출한 각종 유익비의 상환청구권을 미리 포기하기로 한 취지의 특약이라고 봄이 상당하다. 점포의 최초 임차인이 임대인 측의 묵시적 동의하에 유리 출입문, 새시등 영업에 필요한 시설을 부속시킨 후, 그 점포의 소유권이

건물 기타 공작물의 임차인이 적법하게 전대한 경우에 전차인이 그 사용의 편익을 위하여 임대인의 동의를 얻어 이에 부속한 물건이 있는 때에는 전대차의 종료시에 임대인에 대하여 그 부속물의 매수를 청구할 수 있다. 임대인으로부터 매수하였거나 그 동의를 얻어 임차인으로부터 매수한 부속물에 대하여도 같다.

토지임대인이 임대차에 관한 채권에 의하여 임차지에 부속 또는 그 사용의 편익에 공용한 임차인의 소유동산 및 그 토지의 과실을 압류한 때에는 질권과 동일한 효력이 있다.

토지임대인이 변제기를 경과한 최후 2년의 차임채권에 의하여 그 지상에 있는 임차인소유의 건물을 압류한 때에는 저당권과 동일한 효력이 있다.

건물 기타 공작물의 임대인이 임대차에 관한 채권에 의하여 그 건물 기타 공작물에 부속한 임차인소유의 동산을 압류한 때에는 질권과 동일한 효력이 있다.

임차인의 감액청구·해지권, 차임증감청구권, 전차인의 권리확정, 기간의 약정이 없는 임대차으 해지통고, 해지통고의 전차인에 대한 통지, 2기 차임연체와 해지, 갱신청구권, 매수청구권, 부속물매수청구권에 관한 민법 규정을 위반하는 약정으로 임차인이나 전차인에게 불리한 것은 그 효력이 없다.

대법원 1998. 7. 10. 선고 98다15545 판결 "주택임대차보호법상의 대항력과 우선변제권이라는 두 가지 권리를 겸유하고 있는 임차인이 먼저 우선변제권을 선택하여 임차주택에 대하여 진행되고 있는 경매절차에서 보증금 전액에 대하여 배당요구를 하였다고 하더라도, 그 순위에 따른 배당이 실시된 경우 보증금 전액을 배당받을 수 없었던 때에는 보증금 중 경매절차에서 배당받을 수 있었던 금액을 공제한 잔액에 관하여 경락인에게 대항

임차보증금 반환채무와 함께 현 임대인에게 이전되고 점포의 임차권도 임대인과의 사이에 시설비 지급 여부 또는 임차인의 원상회복 의무에 관한 아무런 논의 없이 현 임차인에게 전전승계되어 왔다면, 그 시설 대금이 이미 임차인측에 지급되었다거나 임차인의 지위가 승계될 당시 유리 출입문 등의 시설은 양도대상에서 특히 제외하기로 약정하였다는 등의 특별한 사정이 인정되지 않는 한, 종전 임차인의 지위를 승계한 현 임차인으로서는 임차기간의 만료로 임대차가 종료됨에 있어 임대인에 대하여 부속물매수청구권을 행사할 수 있다."

하여 이를 반환받을 때까지 임대차관계의 존속을 주장할 수 있다고 봄이 상당하고, 이 경우 임차인의 배당요구에 의하여 임대차는 해지되어 종료되고, 다만 같은 법 제4조 제2항에 의하여 임차인이 보증금의 잔액을 반환받을 때까지 임대차관계가 존속하는 것으로 의제될 뿐이므로, 경락인은 같은 법 제3조 제2항에 의하여 임대차가 종료된 상태에서의 임대인의 지위를 승계한다. 임대차 종료 후 임차인의 임차목적물 명도의무와 임대인의 연체임료 기타 손해배상금을 공제하고 남은 임차보증금 반환의무와는 동시이행의 관계에 있으므로, 임차인이 동시이행의 항변권에 기하여 임차목적물을 점유하고 사용・수익한 경우 그 점유는 불법점유라 할 수 없어 그로 인한 손해배상책임은 지지 아니하되, 다만 사용・수익으로 인하여 실질적으로 얻은 이익이 있으면 부당이득으로서 반환하여야 한다. 주택임대차보호법상의 대항력과 우선변제권을 겸유하고 있는 임차인이 배당요구를 하였으나 보증금 전액을 배당받지 못하였다면 임차인은 임차보증금 중 배당받지 못한 금액을 반환받을 때까지 그 부분에 관하여는 임대차관계의 존속을 주장할 수 있으나 그 나머지 보증금 부분에 대하여는 이를 주장할 수 없으므로, 임차인이 그의 배당요구로 임대차계약이 해지되어 종료된 다음에도 계쟁 임대 부분 전부를 사용・수익하고 있어 그로 인한 실질적 이익을 얻고 있다면 그 임대 부분의 적정한 임료 상당액 중 임대차관계가 존속되는 것으로 보는 배당받지 못한 금액에 해당하는 부분을 제외한 나머지 보증금에 해당하는 부분에 대하여는 부당이득을 얻고 있다고 할 것이어서 이를 반환하여야 한다."

대법원 2006. 2. 10. 선고 2005다21166 판결 "주택임대차보호법상의 대항력과 우선변제권의 두 가지 권리를 함께 가지고 있는 임차인이 우선변제권을 선택하여 제1경매절차에서 보증금 전액에 대하여 배당요구를 하였으나 보증금 전액을 배당받을 수 없었던 때에는 경락인에게 대항하여 이를 반환받을 때까지 임대차관계의 존속을 주장할 수 있을 뿐이고, 임차인의 우선변제권은 경락으로 인하여 소멸하는 것이므로 제2경매절차에서 우선변제권에 의한 배당을 받을 수 없는바, 이는 근저당권자가 신청한 1차 임의경매절차에서 확정일자 있는 임대차계약서를 첨부하거나 임차권등기명령을 받아 임차권등기를 하였음을 근거로 하여 배당요구를 하는 방법으로 우선변제권을 행사한 것이 아니라, 임대인을 상대로 보증금반환청구 소송을 제기하여 승소판결을 받은 뒤 그 확정판결에 기하여 1차로 강제경매를 신청한 경우에도 마찬가지이다. 보증금이 전액 변제되지 아니한 대항력 있는 임차권은 소멸하지 아니한다는 내용의 주택임대차보호법 제3조의5 단서를 신설한 입법 취지가 같은 법 제4조 제2항의 해석에 관한 종전의 대법원판례를 명문화하는 데에 있는 점 등으로 보아, "임대차가 종료된 경우에도 임차인이 보증금을 반환받을 때까지 임대차관계는 존속하는 것으로 본다."라고 규정한 같은 법 제4조 제2항과 동일한 취지를 경락에 의한 임차권 소멸의 경우와 관련하여 주의적·보완적으로 다시 규정한 것으로 보아야 하므로, 소멸하지 아니하는 임차권의 내용에 대항력뿐만 아니라, 우선변제권도 당연히 포함되는 것으로 볼 수는 없다."

대법원 2003. 4. 11. 선고 2002다59481 판결 "일반적으로 당사자 사이에 상계적상이 있는 채권이 병존하고 있는 경우에는 이를 상계할 수 있는 것이 원칙이고, 이러한 상계의 대상이 되는 채권은 상대방과 사이에서 직접 발생한 채권에 한하는 것이 아니라, 제3자로부터 양수 등을 원인으로 하여 취득한 채권도 포함한다 할 것인바, 이러한 상계권자의 지위가 법률상 보호를 받는 것은 원래 상계제도가 서로 대립하는 채권, 채무를 간이한 방법에 의하여 결제함으로써 양자의 채권채무관계를 원활하고 공평하게 처리함을 목적으로 하고 있고, 상계권을 행사하려고 하는 자에 대하여는 수동채권의 존재가 사실상 자동채권에 대한 담보로서의 기능을 하는 것이어서 그 담보적 기능에 대한 당사자의 합리적 기대가 법적으로 보호받을 만한 가치가 있음에 근거하는 것이므로 당사자가 상계의 대상이 되는 채권이나 채무를 취득하게 된 목적과 경위, 상계권을 행사함에 이른 구체적·개별적 사정에 비추어, 그것이 위와 같은 상계 제도의 목적이나 기능을 일탈하고, 법적으로 보호받을 만한 가치가 없는 경우에는 그 상계권의 행사는 신의칙에 반하거나 상계에 관한 권리를 남용하는 것으로서 허용되지 않는다고 함이 상당하고, 상계권 행사를 제한하는 위와 같은 근거에 비추어 볼 때 일반적인 권리 남용의 경우에 요구되는 주관적 요건을 필요로 하는 것은 아니다. 임차인이 임대차계약 종료 이후에도 동시이행의 항변권을 행사하는 방법으로 목적물의 반환을 거부하기 위하여 임차건물 부분을 계속 점유하기는 하였으나 이를 본래의 임대차계약상의 목적에 따라 사용·수익하지 아니하여 실질적인 이득을 얻은 바 없는 경우에는 그로 인하여 임대인에게 손해가 발생하였다 하더라도 임차인의 부당이득반환의무는 성립되지 아니한다."

대법원 2007. 8. 23. 선고 2007다21856,21863 판결 "임대차보증금은 임대차계약이 종료된 후 임차인이 목적물을 인도할 때까지 발생하는 차임 및 기타 임차인의 채무를 담보하는 것으로서 그 피담보채무액은 임대차관계의 종료 후 목적물이 반환될 때에 특별한 사정이 없는 한 별도의 의사표시 없이 임대차보증금에서 당연히 공제되는 것이므로, 특별한 사정이 없는 한 임대차계약이 종료되었다 하더라도 목적물이 명도되지 않았다면 임차인은 임대차보증금이 있음을 이유로 연체차임의 지급을 거절할 수 없는 것이고, 또한 임대차보증금액보다도 임차인의 채무액이 많은 경우에는 민법 제477조에서 정하고 있는 법정충당순서에 따라야 하는 것이다. 임대차는 당사자 일방이 상대방에게 목적물을 사용·수익하게 할 것을 약정하고 상대방이 이에 대하여 차임을 지급할 것을 약정함으로써 그 효력이 생기는 것이므로, 임차인은 임대차계약이 종료된 경우 특별한 사정이 없는 한 임대인에게 그 목적물을 명도하고 임대차 종료일까지의 연체차임을 지급할 의무가 있음은 물론, 임대차 종료일 이후부터 목적물 명도 완료일까지 그 부동산을 점유·사용함에 따른 차임 상당의 부당이득금을 반환할 의무도 있다고 할 것인데, 이와 같은 법리는 임차인이 임차물을 전대하였다가 임대차 및 전대차가 모두 종료된 경우의 전차인에 대하여도 특별한 사정이 없는 한 그대로 적용된다. 타인 소유의 토지 위에 권한 없이 건물을 소유하고 있는 자는 그 자체로서 특별한 사정이 없는 한 법률상 원인 없이 타인의 재산으로 토지의 차임에 상당하는 이익을 얻고 그로 인하여 타인에게 동액 상당의 손해를 주고 있다고 보아야 하는데, 건물 이외의 공작물의 소유를 목적으로 한 토지 전차인이 당해 토지 위에 권한 없이 공작물을 소유하고 있는 경우에도 이와 마찬가지로 풀이하여야 한다."

대법원 2002. 2. 26. 선고 99다67079 판결 "관련 형사판결에서 인정한 사실은 민사재판에 있어서도 유력한 증거가 되기는 하나 민사재판에 있어서 형사재판의 사실인정에 구속을 받는 것은 아니므로, 민사재판에서 제출된 다른 증거들에 비추어 형사재판의 사실인정을 채용하기 어렵다고 인정되는 합리적인 이유가 있다면 형사재판의 사실인정과는 다른 사실을 인정하였다고 하여 이를 위법하다고 할 수 없다. 등기된 임차권에는 용익권적 권능 외에 임차보증금반환채권에 대한 담보권적 권능이 있고, 임대차기간이 종료되면 용익권적 권능은 임차권등기의 말소등기 없이도 곧바로 소멸하나 담보권적 권능은 곧바로 소멸하지 않는다고 할 것이어서, 임차권자는 임대차기간이 종료한 후에도 임차보증금을 반환받기까지는 임대인이나 그 승계인에 대하여 임차권등기의 말소를 거부할 수 있다고 할 것이고, 따라서 임차권등기가 원인 없이 말소된 때에는 그 방해를 배제하기 위한 청구를 할 수 있다."

(8) 고용

고용은 당사자 일방이 상대방에 대하여 노무를 제공할 것을 약정하고 상대방이 이에 대하여 보수를 지급할 것을 약정함으로써 그 효력이 생긴다. 보수 또는 보수액의 약정이 없는 때에는 관습에 의하여 지급하여야 한다. 보수는 약정한 시기에 지급하여야 하며 시기의 약정이 없으면 관습에 의하고 관습이 없으면 약정한 노무를 종료한 후 지체없이 지급하여야 한다. 사용자는 노무자의 동의없이 그 권리를 제3자에게 양도하지 못한다. 노무자는 사용자의 동의없이 제3자로 하여금 자기에 가름하여 노무를 제공하게 하지 못한다. 당사자 일방이 제3자와 관련한 위 의무를 위반한 때에는 상대방은 계약을 해지할 수 있다. 사용자가 노무자에 대하여 약정하지 아니한 노무의 제공을 요구한 때에는 노무자는 계약을 해지할 수 있다. 약정한 노무가 특수한 기능을 요하는 경우에 노무자가 그 기능이 없는 때에는 사용자는 계약을 해지할 수 있다. 고용의 약정기간이 3년을 넘거나 당사자의 일방 또는 제삼자의 종신까지로 된 때에는 각 당사자는 3년을 경과한 후 언제든지 계약해지의 통고를 할 수 있다. 이 경우에는 상대방이 해지의 통고를 받은 날로부터 3월이 경과하면 해지의 효력이 생긴다. 고용기간의 약정이 없는 때에는 당사자는 언제든지 계약해지의 통고를 할 수 있다. 이 경우에는 상대방이 해지의 통고를 받은 날로부터 1월이 경과하면 해지의 효력이 생긴다. 기간으로 보수를 정한 때에는 상대방이 해지의 통고를 받은 당기후의 일기를 경과함으로써 해지의 효력이 생긴다. 고용기간의 약정이 있는 경우에도 부득이한 사유있는 때에는 각 당사자는 계약을 해지할 수 있다. 그러나 그 사유가 당사자 일방의 과실로 인하여 생긴 때에는 상대방에 대하여 손해를 배상하여야 한다. 고용기간이 만료한 후 노무자가 계속하여 그 노무를 제공하는 경우에 사용자가 상당한 기간내에 이의를 하지 아니한 때에는 전고용과 동일한 조건으로 다시 고용한 것으로 본다. 그러나 당사자는 언제든지 해지의 통고를 할 수 있다. 이 경우 전고용에 대하여 제3자가 제공한 담보는 기간의 만료로 인하여 소멸한다. 사용자가 파산선고를 받은 경우에는 고용기간의 약정이 있는 때에도 노무자 또는 파산관재인은 계약을 해지할 수 있다. 이 경우 각 당사자는 계약해지로 인한 손해의 배상을 청구하지 못한다.

(9) 도급

도급은 당사자 일방이 어느 일을 완성할 것을 약정하고 상대방이 그 일의 결과에 대하여 보수를 지급할 것을 약정함으로써 그 효력이 생긴다. 보수는 그 완성된 목적물의 인도와 동시에 지급하여야 한다. 그러나 목적물의 인도를 요하지 아니하는 경우에는 그 일을 완성한 후 지체없이 지급하여야 한다. 부동산공사의 수급인은 전조의 보수에 관한 채권을 담보하기 위하여 그 부동산을 목적으로 한 저당권의 설정을 청구할 수 있다. 완성된 목적물 또는 완성전의 성취된 부분에 하자가 있는 때에는 도급인은 수급인에 대하여 상당한 기간을 정하여 그 하자의 보수를 청구할 수 있다. 그러나 하자가 중요하지 아니한 경우에 그 보수에 과다한 비용을 요할 때에는 그러하지 아니하다. 도급인은 하자의 보수에 가름하여 또는 보수와 함께 손해배상을 청구할 수 있다. 도급인이 완성된 목적물의 하자로 인하여 계약의 목적을 달성할 수 없는 때에는 계약을 해제할 수 있다. 그러나 건물 기타 토지의 공작물에 대하여는 그러하지 아니하다. 그러나 목적물의 하자가 도급인이 제공한 재료의 성질 또는 도급인의 지시에 기인한 때에는 하자보수청구나 계약해제 및 손해배상을 청구할 수 없다. 적용하지 아니한다. 그러나 수급인이 그 재료 또는 지시의 부적당함을 알고 도급인에게 고지하지 아니한 때에는 그러하지 아니하다. 하자의 보수, 손해배상의 청구 및 계약의 해제는 목적물의 인도를 받은 날로부터 1년내에 하여야 한다. 목적물의 인도를 요하지 아니하는 경우에는 일의 종료한 날로부터 1년을 기산한다. 토지, 건물 기타 공작물의 수급인은 목적물 또는 지반공사의 하자에 대하여 인도 후 5년간 담보의 책임이 있다. 그러나 목적물이 석조, 석회조, 연와조, 금속 기타 이와 유사한 재료로 조성된 것인 때에는 그 기간을 10년으로 한다. 하자로 인하여 목적물이 멸실 또는 훼손된 때에는 도급인은 그 멸실 또는 훼손된 날로부터 1년내에 보수, 해제, 손해배상청구의 권리를 행사하여야 한다. 수급인은 위 담보책임이 없음을 약정한 경우에도 알고 고지하지 아니한 사실에 대하여는 그 책임을 면하지 못한다. 수급인이 일을 완성하기 전에는 도급인은 손해를 배상하고 계약을 해제할 수 있다. 도급인이 파산선고를 받은 때에는 수급인 또는 파산관재인은 계약을 해제할 수 있다. 이 경우에는 수급인은 일의 완성된 부분에 대한 보수 및 보수에 포함되지 아니한 비용에 대하여 파산재단의 배당에 가입할 수 있다. 이 때 각 당사자는 상대방에 대하여 계약해제로 인한 손해의 배상을 청구하지 못한다.

대법원 2006. 10. 13. 선고 2004다21862 판결 "당사자의 일방이 상대방의 주문에 따라 자기 소유의 재료를 사용하여 만든 물건을 공급하기로 하고 상대방이 대가를 지급하기로 약정하는 이른바 제작물공급계약은 그 제작의 측면에서는 도급의 성질이 있고 공급의 측면에서는 매매의 성질이 있어 대체로 매매와 도급의 성질을 함께 가지고 있으므로, 그 적용 법률은 계약에 의하여 제작 공급하여야 할 물건이 대체물인 경우에는 매매에 관한 규정이 적용되지만, 물건이 특정의 주문자의 수요를 만족시키기 위한 부대체물인 경우에는 당해 물건의 공급과 함께 그 제작이 계약의 주목적이 되어 도급의 성질을 띠게 된다. 제작물공급계약에서 보수의 지급시기에 관하여 당사자 사이의 특약이나 관습이 없으면 도급인은 완성된 목적물을 인도

받음과 동시에 수급인에게 보수를 지급하는 것이 원칙이고, 이때 목적물의 인도는 완성된 목적물에 대한 단순한 점유의 이전만을 의미하는 것이 아니라 도급인이 목적물을 검사한 후 그 목적물이 계약내용대로 완성되었음을 명시적 또는 묵시적으로 시인하는 것까지 포함하는 의미이다. 제작물공급계약의 당사자들이 보수의 지급시기에 관하여 "수급인이 공급한 목적물을 도급인이 검사하여 합격하면, 도급인은 수급인에게 그 보수를 지급한다"는 내용으로 한 약정은 도급인의 수급인에 대한 보수지급의무와 동시이행관계에 있는 수급인의 목적물 인도의무를 확인한 것에 불과하므로, 법률행위의 효력 발생을 장래의 불확실한 사실의 성부에 의존하게 하는 법률행위의 부관인 조건에 해당하지 아니할 뿐만 아니라, 조건에 해당한다 하더라도 검사에의 합격 여부는 도급인의 일방적인 의사에만 의존하지 않고 그 목적물이 계약내용대로 제작된 것인지 여부에 따라 객관적으로 결정되므로 순수수의조건에 해당하지 않는다. 도급계약에 있어 일의 완성에 관한 주장·입증책임은 일의 결과에 대한 보수의 지급을 청구하는 수급인에게 있고, 제작물공급계약에서 일이 완성되었다고 하려면 당초 예정된 최후의 공정까지 일단 종료하였다는 점만으로는 부족하고 목적물의 주요구조 부분이 약정된 대로 시공되어 사회통념상 일반적으로 요구되는 성능을 갖추고 있어야 하므로, 제작물공급에 대한 보수의 지급을 청구하는 수급인으로서는 그 목적물 제작에 관하여 계약에서 정해진 최후 공정을 일단 종료하였다는 점뿐만 아니라 그 목적물의 주요구조 부분이 약정된 대로 시공되어 사회통념상 일반적으로 요구되는 성능을 갖추고 있다는 점까지 주장·입증하여야 한다."

대법원 2006. 5. 12. 선고 2005다68783 판결 "자기의 비용과 노력으로 건물을 신축한 자는 그 건축허가가 타인의 명의로 된 여부에 관계없이 그 소유권을 원시취득하게 되는바, 따라서 건축주의 사정으로 건축공사가 중단된 미완성의 건물을 인도받아 나머지 공사를 하게 된 경우에는 그 공사의 중단 시점에 이미 사회통념상 독립한 건물이라고 볼 수 있는 정도의 형태와 구조를 갖춘 경우가 아닌 한 이를 인도받아 자기의 비용과 노력으로 완공한 자가 그 건물의 원시취득자가 된다. 주택분양보증인이 보증채무의 이행으로 분양이행의 방법을 선택하여 사업주체로부터 중단된 공사를 이어 받아 자기의 비용과 노력으로 완공한 경우, 그 주택분양보증인이 완공된 건물의 원시취득자라 할 것이다. 주택분양보증은 그 성질상 조건부 제3자를 위한 계약으로서, 제3자의 지위에 있는 수분양자는 주택분양보증계약의 내용에 따라 수익의 의사표시에 의하여 주택분양보증인에 대한 분양계약상의 권리를 취득함과 동시에 그와 반대급부의 관계에 있는 의무를 부담한다."

대법원 2006. 11. 9. 선고 2004다67691 판결 "건물이 설계도상 처음부터 여러 층으로 건축할 것으로 예정되어 있고 그 내용으로 건축허가를 받아 건축공사를 진행하던 중에 건축주의 사정으로 공사가 중단되었고 그와 같이 중단될 당시까지 이미 일부 층의 기둥과 지붕 그리고 둘레 벽이 완성되어 그 구조물을 토지의 부합물로 볼 수 없는 상태에 이르렀다고 하더라도, 제3자가 이러한 상태의 미완성 건물을 종전 건축주로부터 양수하여 나머지 공사를 계속 진행한 결과 건물의 구조와 형태 등이 건축허가의 내용과 사회통념상 동일하다고 인정되는 정도로 건물을 축조한 경우에는, 그 구조와 형태가 원래의 설계 및 건축허가의 내용과 동일하다고 인정되는 건물 전체를 하나의 소유권의 객체로 보아 그 제3자가 그 건물 전체의 소유권을 원시취득한다고 보는 것이 옳고, 건축허가를 받은 구조와 형태대로 축조된 전체 건물 중에서 건축공사가 중단될 당시까지 기둥과 지붕 그리고 둘레 벽이 완성되어 있던 층만을 분리해 내어 이 부분만의 소유권을 종전 건축주가 원시취득한다고 볼 것이 아니다. 또한, 구분소유가 성립하는 시점은 원칙적으로 건물 전체가 완성되어 당해 건물에 관한 건축물대장에 구분건물로 등록된 시점이라고 할 것이므로, 건축공사가 중단될 당시까지 종전 건축주에 의하여 축조된 미완성 건물의 구조와 형태가 구분소유권의 객체가 될 수 있을 정도가 되었다고 하더라도 마찬가지이다."

대법원 2011. 8. 25. 선고 2009다67443,67450 판결 "수급인이 자기의 노력과 출재로 완성한 건물의 소유권은 도급인과 수급인 사이의 특약에 의하여 달리 정하거나 기타 특별한 사정이 없는 한 수급인에게 귀속된다. 대지 공유지분권자들에게서 아파트 신축공사를 도급받은 甲 주식회사한테서

乙 주식회사가, 甲 회사의 사정으로 신축공사가 중단되었던 미완성의 건물을 양도받은 후 나머지 공사를 진행하여 구조·형태면에서 사회통념상 독립한 건물이라고 볼 수 있는 정도로 건물을 축조한 사안에서, 달리 도급인인 대지 공유지분권자들과 수급인인 乙 회사 사이에 완성된 건물의 소유권을 도급인에게 귀속시키기로 합의한 것으로 볼 만한 사정이 없으므로, 乙 회사가 건물의 소유권을 원시취득하였다고 볼 것이다."

대법원 2007. 4. 26. 선고 2005다19156 판결 "건축주의 사정으로 건축공사가 중단되었던 미완성의 건물을 인도받아 나머지 공사를 마치고 완공한 경우, 그 긴물이 공사가 중단된 시짐에서 이미 사회통념상 독립한 건물이라고 볼 수 있는 형태와 구조를 갖추고 있었다면 원래의 건축주가 그 건물의 소유권을 원시취득하고, 최소한의 기둥과 지붕 그리고 둘레 벽이 이루어지면 독립한 부동산으로서의 건물의 요건을 갖춘 것으로 보아야 한다. 원고는 모든 외관공사를 마무리하고 내부 마무리공사만 남겨둔 상태에서 소외 주식회사 사이에 이 사건 건물에 관한 매매계약을 체결한 사실을 알 수 있는바, 사정이 이러하다면 위 법리에 비추어 볼 때 원고가 이 사건 건물을 원시취득하였다고 판단한 원심의 판단은 정당하다. 민법 제548조 제1항 단서에서 말하는 제3자란 일반적으로 그 해제된 계약으로부터 생긴 법률효과를 기초로 하여 해제 전에 새로운 이해관계를 가졌을 뿐 아니라 등기, 인도 등으로 완전한 권리를 취득한 자를 말한다. 건축허가는 행정관청이 건축행정상 목적을 수행하기 위하여 수허가자에게 일반적으로 행정관청의 허가 없이는 건축행위를 하여서는 안 된다는 상대적 금지를 관계 법규에 적합한 일정한 경우에 해제하여 줌으로써 일정한 건축행위를 하여도 좋다는 자유를 회복시켜 주는 행정처분일 뿐 수허가자에게 어떤 새로운 권리나 능력을 부여하는 것이 아니고, 건축허가서는 허가된 건물에 관한 실체적 권리의 득실변경의 공시방법이 아니며 추정력도 없다. 따라서 건축허가서에 건축주로 기재된 자가 건물의 소유권을 취득하는 것은 아니고, 건축주 허가 명의만을 양수한 자에 불과한 자는 민법 제548조 제1항 단서에서 규정하는 제3자에 해당한다고 볼 수 없다."

대법원 2010. 1. 14. 선고 2009다7212,7229 판결 "공사가 도중에 중단

되어 예정된 최후의 공정을 종료하지 못한 경우에는 공사가 미완성된 것으로 볼 것이지만, 공사가 당초 예정된 최후의 공정까지 일응 종료되고 그 주요 구조 부분이 약정된 대로 시공되어 사회통념상 일이 완성되었고 다만 그것이 불완전하여 보수를 하여야 할 경우에는 공사가 완성되었으나 목적물에 하자가 있는 것에 지나지 아니한다고 해석함이 상당하고, 예정된 최후의 공정을 종료하였는지 여부는 수급인의 주장이나 도급인이 실시하는 준공검사 여부에 구애됨이 없이 당해 공사 도급계약의 구체적 내용과 신의성실의 원칙에 비추어 객관적으로 판단할 수밖에 없고, 이와 같은 기준은 공사 도급계약의 수급인이 공사의 준공이라는 일의 완성을 지체한 데 대한 손해배상액의 예정으로서의 성질을 가지는 지체상금에 관한 약정에 있어서도 그대로 적용된다. 다만 당사자 사이에 건축공사의 완공 후 부실공사와 하자보수를 둘러싼 분쟁이 일어날 소지가 많음이 예상됨에 따라 그러한 분쟁을 사전에 방지할 의도로 통상의 건축공사 도급계약과는 달리 도급인의 준공검사 통과를 대금지급의 요건으로 삼음과 동시에 하자보수 공사 후 다시 합격을 받을 때까지 지체상금까지 부담하게 함으로써 공사의 완전한 이행을 담보하기 위해 지체상금의 종기를 도급인의 준공검사 통과일로 정하였다고 볼 만한 특별한 사정이 있다면 그에 따라야 할 것이다. 원심판결 이유에 의하면, 원심은 이 사건 공사계약 일반조건 제28조 제6항에서 공사완료일은 원고의 준공검사 통과일을 본건공사 완료일로 한다고 규정하고 있는 점에 근거하여 이 사건 공사의 완료일은 원고의 준공검사 통과일이고 원심 변론종결 당시까지 원고의 준공검사가 없었으므로 지체상금의 종기는 아직 도래하지 않았으나, 원고가 구하는 대로 2008. 11. 30.까지로 본다고 판단하였다. 그러나 원심의 위와 같은 판단은 수긍하기 어렵다. 기록에 의하면, 원고와 피고는 피고가 모든 공사비를 투자하여 이 사건 건물을 완성한 후 각 20.6%, 79.4%의 지분비율대로 신축건물의 배분, 비용분담을 하되, 피고는 피고의 지분에 해당하는 호실을 분양하여 그 투자금을 회수하기로 한 협약을 기초로 그 구체적인 내용을 정하면서 이 사건 공사계약을 체결한 것이어서, 공사완공 후 원고가 피고에게 공사대금을 지급할 필요가 없었던 사실, 이 사건 공사계약서에는 '공사도급금액 : 16,714,500,000원,

지체상금률 : 도급금액의 1/1000'로 기재되어 있고, 이 사건 공사계약 일반조건 제27조 제2항은 피고가 공사기간 내에 공사를 완성하지 아니한 때에는 피고는 지체한 일수에 지체상금률을 곱한 금액을 원고에게 지급해야 한다고 규정하고 있는 사실, 한편 이 사건 공사계약 일반조건 제28조 제1항은 이 사건 공사의 준공 전 사용승인의 필요가 있을 때에는 피고가 관계기관으로부터 사용승인을 받은 후 이를 원고에게 통지해야 한다고 규정하고, 제2항 내지 제5항은 피고는 공사를 완료하고 관계기관의 준공승인을 필하는 데 있어서 시공자로서 구비해야 할 서류를 사전준비하고 준공검사원을 제출하여 관계기관으로부터 검사필증을 영수한 뒤 이를 원고에게 제출하면, 원고는 15일 이내에 준공검사를 해야 하고, 원고의 준공검사에서 지적되는 사항에 대하여 피고는 지체없이 재시공 또는 보수하여 재검사를 받아야 함을 규정하면서 이어서 제28조 제6항에서 원고의 준공검사 통과일을 본건공사 완료일로 한다고 규정하고 있으며, 제29조 제2항은 공사완료일을 기준으로 그 이전에 발생한 일반관리비, 전기료, 수도료 등 제비용은 피고가 부담하고, 그 이후의 제비용은 입주여부에 관계 없이 원고와 피고가 협약에서 정한 투입지분비율에 의하여 부담하도록 규정하고 있는 사실을 알 수 있는바, 사정이 이와 같다면 이 사건 공사계약 일반조건 제28조, 제29조는 이 사건 공사의 완공 전의 사용승인의 절차 및 이 사건 공사의 완공 이후 관할관청으로부터 준공인가를 받는 데 있어서의 업무분담 원칙, 이 사건 공사완료일을 기준으로 한 일반관리비, 전기료 등의 비용분담의 원칙 등을 정한 것에 지나지 아니할 뿐, 통상의 건축공사 도급계약과는 달리 원고와 피고 사이에 이 사건 공사에 따른 지체상금의 종기를 원고의 준공검사 통과일로 정하기 위한 특별한 약정이라고 보기는 어렵다고 할 것이다. 그럼에도, 원심이 이 사건 공사계약의 약정준공일 당시 이 사건 공사가 당초 예정된 최후의 공정까지 일응 종료하고 그 주요 구조 부분이 약정된 대로 시공되어 사회통념상 일이 완성되었는지 여부를 기준으로 지체상금의 종기를 판단하지 아니하고 이 사건 공사계약 일반조건 제28조 제6항만을 근거로 원고와 피고 사이에 지체상금의 종기를 원고의 준공검사 통과일로 하는 특별한 약정이 있었다고 판단한 것은 지체상금의 종기에 관한 법리를 오해하거나 이

사건 공사계약의 해석에 관한 법리를 오해한 위법이 있다고 할 것이므로, 이를 지적하는 상고이유의 주장은 이유 있다."

대법원 2007. 10. 11. 선고 2007다31914 판결 "도급계약에 있어서 완성된 목적물에 하자가 있는 때에는 도급인은 수급인에 대하여 하자의 보수를 청구할 수 있고 그 하자의 보수에 갈음하여 또는 보수와 함께 손해배상을 청구할 수 있는바, 이들 청구권은 수급인의 공사대금채권과 동시이행관계에 있으므로 수급인의 하수급인에 대한 하도급 공사대금채무를 인수한 도급인은 수급인이 하수급인과 사이의 하도급계약상 동시이행의 관계에 있는 수급인의 하수급인에 대한 하자보수청구권 내지 하자에 갈음한 손해배상채권 등에 기한 동시이행의 항변으로써 하수급인에게 대항할 수 있다."

대법원 1998. 3. 13. 선고 97다54376 판결 "도급계약에 있어서 완성된 목적물에 하자가 있을 경우에 도급인은 수급인에게 그 하자의 보수나 하자의 보수에 갈음한 손해배상을 청구할 수 있으나, 다만 하자가 중요하지 아니하면서 동시에 보수에 과다한 비용을 요할 때에는 하자의 보수나 하자의 보수에 갈음하는 손해배상을 청구할 수는 없고 하자로 인하여 입은 손해의 배상만을 청구할 수 있다고 할 것이고, 이러한 경우 하자로 인하여 입은 통상의 손해는 특별한 사정이 없는 한 도급인이 하자 없이 시공하였을 경우의 목적물의 교환가치와 하자가 있는 현재의 상태대로의 교환가치와의 차액이 된다 할 것이므로, 교환가치의 차액을 산출하기가 현실적으로 불가능한 경우의 통상의 손해는 하자 없이 시공하였을 경우의 시공비용과 하자 있는 상태대로의 시공비용의 차액이라고 봄이 상당하다. 습식공법으로 시공하기로 한 내부 벽면 석공사를 반건식공법으로 시공한 사안에서, 그 하자가 중요하지 아니하면서 보수에 과다한 비용을 요하는 경우에 해당하나, 그 교환가치나 시공비용의 차이가 없어 하자로 인한 손해배상을 청구할 수 없다."

대법원 2012. 11. 15. 선고 2011다56491 판결 "수급인의 담보책임에 기한 하자보수에 갈음하는 손해배상청구권에 대하여는 민법 제670조 또는 제671조의 제척기간이 적용되고, 이는 법률관계의 조속한 안정을 도모하고자 하는 데에 취지가 있다. 그런데 이러한 도급인의 손해배상청구권에 대하여는 권리의 내용·성질 및 취지에 비추어 민법 제162조 제1항의 채권 소멸시효의 규정 또는 도급계약이 상행위에 해당하는 경우에는 상법 제64조의 상사시효의 규정이 적용되고, 민법 제670조 또는 제671조의 제척기간 규정으로 인하여 위 각 소멸시효 규정의 적용이 배제된다고 볼 수 없다. 원심이 이와 달리, 민법상 수급인의 하자담보책임인 이 사건 아파트의 하자보수에 갈음한 손해배상청구권에 대하여는 소멸시효가 적용되지 아니하고 제척기간만이 적용된다는 이유로, 위 손해배상청구권이 시효로 소멸하였는지 여부에 관하여는 아무런 판단을 하지 아니한 채, 피고가 제척기간이 도과하기 이전에 원고에게 하자보수를 청구하였으므로 위 손해배상청구권은 소멸하지 아니하였다고만 판단한 데에는 수급인의 담보책임의 소멸시효에 관한 법리를 오해한 나머지 판결에 영향을 미친 위법이 있다."

(10) 현상광고

현상광고는 광고자가 어느 행위를 한 자에게 일정한 보수를 지급할 의사를 표시하고 이에 응한 자가 그 광고에 정한 행위를 완료함으로써 그 효력이 생긴다. 광고에 정한 행위를 완료한 자가 수인인 경우에는 먼저 그 행위를 완료한 자가 보수를 받을 권리가 있다. 수인이 동시에 완료한 경우에는 각각 균등한 비율로 보수를 받을 권리가 있다. 그러나 보수가 그 성질상 분할할 수 없거나 광고에 1인만이 보수를 받을 것으로 정한 때에는 추첨에 의하여 결정한다. 광고있음을 알지 못하고 광고에 정한 행위를 완료한 경우도 같다. 광고에 정한 행위를 완료한 자가 수인인 경우에 그 우수한 자에 한하여 보수를 지급할 것을 정하는 때에는 그 광고에 응모기간을 정한 때에 한하여 그 효력이 생긴다. 이 경우에 우수의 판정은 광고 중에 정한 자가 한다. 광고 중에 판정자를 정하지 아니한 때에는 광고자가 판정한다. 우수한 자 없다는 판정은 이를 할 수 없다. 그러나 광고 중에 다른 의사표시가 있거나 광고의 성질상 판정의 표준이 정하여져 있는 때에는 그러하지 아니하다. 응모자는 판정에 대하여 이의를 하지 못한다. 광고에 그 지정한 행위의 완료기간을 정한 때에는 그 기간만료전에 광고를 철회하지 못한다. 광고에 행위의 완료기간을 정하지 아니한 때에는 그 행위를 완료한 자 있기 전에는 그 광고와 동일한 방법으로 광고를 철회할 수 있다. 전광고와 동일한 방법으로 철회할 수 없는 때에는 그와 유사한 방법으로 철회할 수 있다. 이 철회는 철회한 것을 안 자에 대하여만 그 효력이 있다.

(11) 위임

위임은 당사자 일방이 상대방에 대하여 사무의 처리를 위탁하고 상대방이 이를 승낙함으로써 그 효력이 생긴다. 수임인은 위임의 본지에 따라 선량한 관리자의 주의로써 위임사무를 처리하여야 한다. 수임인은 위임인의 승낙이나 부득이한 사유없이 제3자로 하여금 자기에 가름하여 위임사무를 처리하게 하지 못한다. 수임인은 위임인의 청구가 있는 때에는 위임사무의 처리상황을 보고하고 위임이 종료한 때에는 지체없이 그 전말을 보고하여야 한다.

수임인은 위임사무의 처리로 인하여 받은 금전 기타의 물건 및 그 수취한 과실을 위임인에게 인도하여야 한다. 수임인이 위임인을 위하여 자기의 명의로 취득한 권리는 위임인에게 이전하여야 한다. 수임인이 위임인에게 인도할 금전 또는 위임인의 이익을 위하여 사용할 금전을 자기를 위하여 소비한 때에는 소비한 날 이후의 이자를 지급하여야 하며 그 외의 손해가 있으면 배상하여야 한다.

수임인은 특별한 약정이 없으면 위임인에 대하여 보수를 청구하지 못한다. 수임인이 보수를 받을 경우에는 위임사무를 완료한 후가 아니면 이를 청구하지 못한다. 그러나 기간으로 보수를 정한 때에는 그 기간이 경과한 후에 이를 청구할 수 있다. 수임인이 위임사무를 처리하는 중에 수임인의 책임없는 사유로 인하여 위임이 종료된 때에는 수임인은 이미 처리한 사무의 비율에 따른 보수를 청구할 수 있다. 위임사무의 처리에 비용을 요하는 때에는 위임인은 수임인의 청구에 의하여 이를 선급하여야 한다. 수임인이 위임사무의 처리에 관하여 필요비를 지출한 때에는 위임인에 대하여 지출한 날 이후의 이자를 청구할 수 있다. 수임인이 위임사무의 처리에 필요한 채무를 부담한 때에는 위임인에게 자기에 가름하여 이를 변제하게 할 수 있고 그 채무가 변제기에 있지 아니한 때에는 상당한 담보를 제공하게 할 수 있다. 수임인이 위임사무의 처리를 위하여 과실없이 손해를 받은 때에는 위임인에 대하여 그 배상을 청구할 수 있다.

위임계약은 각 당사자가 언제든지 해지할 수 있다. 당사자 일방이 부득이한 사유없이 상대방의 불리한 시기에 계약을 해지한 때에는 그 손해를 배상하여야 한다. 위임은 당사자 한쪽의 사망이나 파산으로 종료된다. 수임인이 성년후견개시의 심판을 받은 경우에도 이와 같다. 위임종료의 경우에 급박한 사정이 있는 때에는 수임인, 그 상속인이나 법정대리인은 위임인, 그 상속인이나 법정대리인이 위임사무를 처리할 수 있을 때까지 그 사무의 처리를 계속하여야 한다. 이 경우에는 위임의 존속과 동일한 효력이 있다. 위임종료의 사유는 이를 상대방에게 통지하거나 상대방이 이를 안 때가 아니면 이로써 상대방에게 대항하지 못한다.

(12) 임치

임치는 당사자 일방이 상대방에 대하여 금전이나 유가증권 기타 물건의 보관을 위탁하고 상대방이 이를 승낙함으로써 효력이 생긴다. 수치인은 임치인의 동의없이 임치물을 사용하지 못한다. 보수없이 임치를 받은 자는 임치물을 자기재산과 동일한 주의로 보관하여야 한다. 임치물에 대한 권리를 주장하는 제3자가 수치인에 대하여 소를 제기하거나 압류한 때에는 수치인은 지체없이 임치인에게 이를 통지하여야 한다. 임치인은 임치물의 성질 또는 하자로 인하여 생긴 손해를 수치인에게 배상하여야 한다. 그러나 수치인이 그 성질 또는 하자를 안 때에는 그러하지 아니하다. 임치기간의 약정이 있는 때에는 수치인은 부득이한 사유없이 그 기간만료전에 계약을 해지하지 못한다. 그러나 임치인은 언제든지 계약을 해지할 수 있다. 임치기간의 약정이 없는 때에는 각 당사자는 언제든지 계약을 해지할 수 있다. 임치물은 그 보관한 장소에서 반환하여야 한다. 그러나 수치인이 정당한 사유로 인하여 그 물건을 전치한 때에는 현존하는 장소에서 반환할 수 있다. 수치인이 계약에 의하여 임치물을 소비할 수 있는 경우에는 소비대차에 관한 규정을 준용한다. 그러나 반환시기의 약정이 없는 때에는 임치인은 언제든지 그 반환을 청구할 수 있다.

(13) 조합

조합은 2인 이상이 상호출자하여 공동사업을 경영할 것을 약정함으로써 그 효력이 생긴다. 출자는 금전 기타 재산 또는 노무로 할 수 있다. 조합원의 출자 기타 조합재산은 조합원의 합유로 한다. 금전을 출자의 목적으로 한 조합원이 출자시기를 지체한 때에는 연체이자를 지급하는 외에 손해를 배상하여야 한다. 조합계약으로 업무집행자를 정하지 아니한 경우에는 조합원의 3분의 2 이상의 찬성으로써 이를 선임한다.

조합의 업무집행은 조합원의 과반수로써 결정한다. 업무집행자 수인인 때에는 그 과반수로써 결정한다. 조합의 통상사무는 전항의 규정에 불구하고 각 조합원 또는 각 업무집행자가 전행할 수 있다. 그러나 그 사무의 완료전에 다른 조합원 또는 다른 업무집행자의 이의가 있는 때에는 즉시 중지하여야 한다. 업무집행자인 조합원은 정당한 사유없이 사임하지 못하며 다른 조합원의 일치가 아니면 해임하지 못한다. 조합의 업무를 집행하는 조합원은 그 업무집행의 대리권있는 것으로 추정한다. 각 조합원은 언제든지 조합의 업무 및 재산상태를 검사할 수 있다. 당사자가 손익분배의 비율을 정하지 아니한 때에는 각 조합원의 출자가액에 비례하여 이를 정한다. 이익 또는 손실에 대하여 분배의 비율을 정한 때에는 그 비율은 이익과 손실에 공통된 것으로 추정한다.

조합채권자는 그 채권발생 당시에 조합원의 손실부담의 비율을 알지 못한 때에는 각 조합원에게 균분하여 그 권리를 행사할 수 있다. 조합원 중에 변제할 자력없는 자가 있는 때에는 그 변제할 수 없는 부분은 다른 조합원이 균분하여 변제할 책임이 있다. 조합원의 지분에 대한 압류는 그 조합원의 장래의 이익배당 및 지분의 반환을 받을 권리에 대하여 효력이 있다. 조합의 채무자는 그 채무와 조합원에 대한 채권으로 상계하지 못한다.

조합계약으로 조합의 존속기간을 정하지 아니하거나 조합원의 종신까지 존속할 것을 정한 때에는 각 조합원은 언제든지 탈퇴할 수 있다. 그러나 부득이한 사유없이 조합의 불리한 시기에 탈퇴하지 못한다. 조합의 존속기간을 정한 때에도 조합원은 부득이한 사유가 있으면 탈퇴할 수 있다. 조합원은 사망, 파산, 성년후견의 개시, 제명(除名)에 해당하는 사유가 있으면 탈퇴된다. 조합원의 제명은 정당한 사유있는 때에 한하여 다른 조합원의 일치로써 이를 결정한다. 이 제명결정은 제명된 조합원에게 통지하지 아니하면 그 조합원에게 대항하지 못한다. 탈퇴한 조합원과 다른 조합원간의 계산은 탈퇴당시의 조합재산상태에 의하여 한다. 탈퇴한 조합원의 지분은 그 출자의 종류여하에 불구하고 금전으로 반환할 수 있다. 탈퇴당시에 완결되지 아니한 사항에 대하여는 완결후에 계산할 수 있다.

부득이한 사유가 있는 때에는 각 조합원은 조합의 해산을 청구할 수 있다. 조합이 해산한 때에는 청산은 총조합원 공동으로 또는 그들이 선임한 자가 그 사무를 집행한다. 청산인의 선임은 조합원의 과반수로써 결정한다. 청산 후 잔여재산은 각 조합원의 출자가액에 비례하여 이를 분배한다.

대법원 2007. 6. 14. 선고 2005다5140 판결 "부동산 실권리자명의 등기에 관한 법률 제11조, 제12조 제1항과 제4조의 규정에 의하면, 같은 법 시행 전에 명의신탁약정에 의하여 부동산에 관한 물권을 명의수탁자의 명의로 등기하도록 한 명의신탁자는 같은 법 제11조에서 정한 유예기간 이내에 실명등기 등을 하여야 하고, 유예기간이 경과한 날 이후부터 명의신탁약정과 그에 따라 행하여진 등기에 의한 부동산에 관한 물권변동이 무효가 되므로, 명의신탁자는 더 이상 명의신탁 해지를 원인으로 하는 소유권이전등기를 청구할 수 없다. 민법상 조합계약은 2인 이상이 상호 출자하여 공동으로 사업을 경영할 것을 약정하는 계약으로서, 특정한 사업을 공동경영하는 약정에 한하여 이를 조합계약이라 할 수 있고, 공동의 목적 달성이라는 정도만으로는 조합의 성립요건을 갖추었다고 할 수 없다. 수인이 부동산을 공동으로 매수한 경우, 매수인들 사이의 법률관계는 공유관계로서 단순한 공동매수인에 불과할 수도 있고, 그 수인을 조합원으로 하는 동업체에서 매수한 것일 수도 있는바, 공동매수의 목적이 전매차익의 획득에 있을 경우 그것이 공동사업을 위해 동업체에서 매수한 것이 되려면, 적어도 공동매수인들 사이에서 그 매수한 토지를 공유가 아닌 동업체의 재산으로 귀속시키고 공동매수인 전원의 의사에 기해 전원의 계산으로 처분한 후 그 이익을 분배하기로 하는 명시적 또는 묵시적 의사의 합치가 있어야만 할 것이고, 이와 달리 공동매수 후 매수인별로 토지에 관하여 공유에 기한 지분권을 가지고 각자 자유롭게 그 지분권을 처분하여 대가를 취득할 수 있도록 한 것이라면 이를 동업체에서 매수한 것으로 볼 수는 없다. 부동산의 공동매수인들이 전매차익을 얻으려는 '공동의 목적 달성'을 위해 상호 협력한 것에 불과하고 이를 넘어 '공동사업을 경영할 목적'이 있었다고 인정되지 않는 경우, 이들 사이의 법률관계는 공유관계에 불과할 뿐 민법상 조합이 아니다."

대법원 1992. 4. 24. 선고 92다2509 판결 "2인으로 구성된 조합의 조합원 중 1인이 불법행위로 인하여 조합에 대하여 손해배상책임을 지게 되고 또한 그로 인하여 조합관계마저 그 목적달성이 불가능하게 되어 종료됨으로써 조합재산의 분배라는 청산절차만이 남게 된 경우에, 다른 조합원이 불법행위를 저지른 조합원을 상대로 그 불법행위에 따른 손해배상을 청구하는 것을 조합관계의 종료로 인한 잔여재산분배청구로 보아 판단할 수 있다."

대법원 1999. 6. 8. 선고 98다60484 판결 "일부 조합원이 동업계약에 따라 동업자금을 출자하였는데 업무집행 조합원이 본연의 임무에 위배되거나 혹은 권한을 넘어선 행위를 자행함으로써 끝내 동업체의 동업 목적을 달성할 수 없게끔 만들고, 조합원이 출자한 동업자금을 모두 허비한 경우에 그로 인하여 손해를 입은 주체는 동업자금을 상실하여 버린 조합, 즉 조합원들로 구성된 동업체라 할 것이고, 이로 인하여 결과적으로 동업자금을 출자한 조합원에게 손해가 발생하였다 하더라도 이는 조합과 무관하게 개인으로서 입은 손해가 아니고, 조합체를 구성하는 조합원의 지위에서 입은 손해에 지나지 아니하는 것이므로, 결국 피해자인 조합원으로서는 조합관계를 벗어난 개인의 지위에서 그 손해의 배상을 구할 수는 없다."

대법원 2009. 1. 30. 선고 2008다79340 판결 "민법 제114조 제1항은 "대리인이 그 권한 내에서 본인을 위한 것임을 표시한 의사표시는 직접 본인에게 대하여 효력이 생긴다"라고 규정하고 있으므로, 원칙적으로 대리행위는 본인을 위한 것임을 표시하여야 직접 본인에 대하여 효력이 생기는 것이고, 한편 민법상 조합의 경우 법인격이 없어 조합 자체가 본인이 될 수 없으므로, 이른바 조합대리에 있어서는 본인에 해당하는 모든 조합원을 위한 것임을 표시하여야 하나, 반드시 조합원 전원의 성명을 제시할 필요는 없고, 상대방이 알 수 있을 정도로 조합을 표시하는 것으로 충분하다. 그리고 상법 제48조는 "상행위의 대리인이 본인을 위한 것임을 표시하지 아니하여도 그 행위는 본인에 대하여 효력이 있다. 그러나 상대방이 본인을 위한 것임을 알지 못한 때에는 대리인에 대하여도 이행의 청구를 할 수 있다"고 규정하고 있으므로, 조합대리에 있어서도 그 법률행위가 조합에게 상행위가 되는 경우에는 조합을 위한 것임을 표시하지 않았다고 하더라도 그 법률행위의 효력은 본인인 조합원 전원에게 미친다. 甲이 금전을 출자하면 乙이 골재 현장에서 골재를 생산하여 그 이익금을 50:50으로 나누어 분배하기로 하는 내용의 동업계약에서, 乙은 민법상 조합의 업무집행조합원에 해당한다고 볼 수 있고, 乙이 위 골재 현장의 터파기 및 부지 평탄작업에 투입될 중장비 등에 사용할 목적으로 유류를 공급받는 행위는 골재생산업을 영위하는 상인인 甲과 乙을 조합원으로 한 조합이 그 영업을 위하여 하는 행위로서 상법 제47조 제1항에 정한 보조적 상행위에 해당한다고 볼 여지가 충분하므로, 乙이 위 골재현장에 필요한 유류를 공급받으면서 그 상대방에게 조합을 위한 것임을 표시하지 아니하였다 하더라도 상법 제48조에 따라 그 유류공급계약의 효력은 본인인 조합원 전원에게 미친다."

대법원 2009. 3. 12. 선고 2006다28454 판결 "건축허가는 시장・군수 등의 행정관청이 건축행정상 목적을 수행하기 위하여 수허가자에게 일반적으로 행정관청의 허가 없이는 건축행위를 하여서는 안 된다는 상대적 금지를 관계 법규에 적합한 일정한 경우에 해제함으로써 일정한 건축행위를 하도록 회복시켜 주는 행정처분일 뿐, 허가받은 자에게 새로운 권리나 능력을 부여하는 것이 아니다. 그리고 건축허가서는 허가된 건물에 관한 실체적 권리의 득실변경의 공시방법이 아니며 그 추정력도 없으므로 건축허가서에 건축주로 기재된 자가 그 소유권을 취득하는 것은 아니며, 건축중인 건물의 소유자와 건축허가의 건축주가 반드시 일치하여야 하는 것도 아니다. 건축중인 건물의 양수인은 건축공사 진행에 필요한 행정관청에의 신고 등을 하고 공사를 계속하기 위해 건축주 명의를 변경할 필요가 있고, 준공검사 후 건축물관리대장에 소유자로 등록하여 양수인 명의로 소유권보존등기를 신청하기 위해서도 건축주 명의를 변경할 필요가 있으므로, 건축중인 건물을 양도한 자가 건축주명의변경에 동의하지 아니한 경우 양수인으로서는 그 의사표시에 갈음하는 판결을 받을 필요가 있다. 건축중인 건물의 양도인이 건축허가의 건축주를 상대로 그 건물의 소유권확인을 구하는 소를 제기하여 계속중에 있다 하더라도, 그 건물의 양수인은 양도인을 대위하여 위 소유권확인청구와는 별도로 향후 건축공사를 계속할 필요에서나 또는 건축물이 완공된 후 건축물관리대장의 정리 등을 위하여, 그 건물의 건축주명의변경에 동의하지 아니하는 건축허가의 건축주를 상대로 그 의사표시에 갈음하는 판결을 받을 필요가 있다. 조합원은 다른 조합원 전원의 동의가 있으면 그 지분을 처분할 수 있으나 조합의 목적과 단체성에 비추어 조합원으로서의 자격과 분리하여 그 지분권만을 처분할 수는 없으므로, 조합원이 지분을 양도하면 그로써 조합원의 지위를 상실하게 되며, 이와 같은 조합원 지위의 변동은 조합지분의 양도양수에 관한 약정으로써 바로 효력이 생긴다. 한편, 당사자 사이에 조합지분의 양도양수에 관한 약정이 있었는지 여부는 법률행위 해석의 일반원칙에 따라야 하고, 당사자 사이에 계약의 해석을 둘러싸고 이견이 있어 처분문서에 나타난 당사자의 의사해석이 문제되는 경우에는 문언의 내용, 그와 같은 약정이 이루어진 동기와 경위, 약정에 의하여 달성하려는 목적, 당사자의 진정한 의사 등을 종합적으로 고찰하여 논리와 경험칙에 따라 합리적으로 해석하여야 한다."

대법원 2012. 5. 17. 선고 2009다105406 (全) 판결 "공동이행방식의 공동수급체는 기본적으로 민법상 조합의 성질을 가지는 것이므로, 공동수급체가 공사를 시행함으로 인하여 도급인에 대하여 가지는 채권은 원칙적으로 공동수급체 구성원에게 합유적으로 귀속하는 것이어서 특별한 사정이 없는 한 구성원 중 1인이 임의로 도급인에 대하여 출자지분 비율에 따른 급부를 청구할 수 없고, 구성원 중 1인에 대한 채권으로써 그 구성원 개인을 집행채무자로 하여 공동수급체의 도급인에 대한 채권에 대하여 강제집행을 할 수 없다. 그러나 공동이행방식의 공동수급체와 도급인이 공사도급계약에서 발생한 채권과 관련하여 공동수급체가 아닌 개별 구성원으로 하여금 지분비율에 따라 직접 도급인에 대하여 권리를 취득하게 하는 약정을 하는 경우와 같이 공사도급계약의 내용에 따라서는 공사도급계약과 관련하여 도급인에 대하여 가지는 채권이 공동수급체 구성원 각자에게 지분비율에 따라 구분하여 귀속될 수도 있고, 위와 같은 약정은 명시적으로는 물론 묵시적으로도 이루어질 수 있다. 공동이행방식의 공동수급체 구성원들이 기성대가 또는 준공대가를 공동수급체 구성원별로 직접 지급받기로 하는 공동수급협정은 특별한 사정이 없는 한 도급인에 대한 관계에서 공사대금채권을 공동수급체 구성원 각자가 출자지분 비율에 따라 구분하여 취득하기로 하는 구성원 상호 간의 합의라고 보는 것이 타당하고, 나아가 공동수급체 대표자가 1996. 1. 8. 개정된 공동도급계약운용요령 제11조에 따라 공동수급체 구성원 각자에게 공사대금채권을 지급할 것을 예정하고 있는 도급인에게 위와 같은 공사대금채권의 구분 귀속에 관한 공동수급체 구성원들의 합의가 담긴 공동수급협정서를 입찰참가 신청서류와 함께 제출하고 도급인이 별다른 이의를 유보하지 않은 채 이를 수령한 다음 공동도급계약을 체결하게 되면 공동수급체와 도급인 사이에서 공동수급체의 개별 구성원으로 하여금 공사대금채권에 관하여 출자지분 비율에 따라 직접 도급인에 대하여 권리를 취득하게 하는 묵시적인 약정이 이루어졌다고 보는 것이 타당하다. 이는 공동도급계약운용요령과 공동수급협정서에서 공동이행방식의 공동수급체 대표자가 부도 등 부득이한 사유로 신청서를 제출할 수 없는 경우 공동수급체의 다른 모든 구성원의 연명으로 이를 제출하게 할 수 있다고 규정하고 있거나, 공동수급체 구성원들의 각 출자비율과 실제 시공비율이 일치하지 않더라도 달리 볼 것이 아니다."

대법원 1998. 3. 13. 선고 95다30345 판결 "업무집행자의 선임에 조합원 전원의 찬성이 있을 것을 요하지 아니하고 업무집행자는 업무집행에 관하여 대리권 있는 것으로 추정하도록 한 민법 제706조, 제709조의 규정 취지에 비추어 볼 때, 업무집행자가 없는 경우에도 조합의 업무집행에 조합원 전원의 동의는 필요하지 않다고 하여야 할 것이고, 한편 조합재산의 처분·변경도 조합의 업무집행의 범위에 포함된다고 할 것이므로, 결국 업무집행자가 없는 경우에는 조합의 통상사무의 범위에 속하지 아니하는 특별사무에 관한 업무집행은 원칙적으로 조합원의 과반수로써 결정하는 것이고, 조합재산의 처분·변경에 관한 행위는 다른 특별한 사정이 없는 한 조합의 특별사무에 해당하는 업무집행이라고 보아야 한다. 다만, 조합의 업무집행 방법에 관한 위와 같은 민법 규정은 임의규정이라고 할 것이므로 당사자 사이의 약정에 의하여 조합의 업무집행에 관하여 조합원 전원의 동의를 요하도록 하는 등 그 내용을 달리 정할 수 있고, 그와 같은 약정이 있는 경우에는 조합의 업무집행은 조합원 전원의 동의가 있는 때에만 유효하다. 하자가 중요하지 아니하면서 동시에 그 보수에 과다한 비용을 요하는 경우에는 도급인은 하자보수나 하자보수에 갈음하는 손해배상을 청구할 수 없고 그 하자로 인하여 입은 손해의 배상만을 청구할 수 있는데, 이러한 경우 그 하자로 인하여 입은 통상의 손해는 특별한 사정이 없는 한 수급인이 하자 없이 시공하였을 경우의 목적물의 교환가치와 하자가 있는 현재 상태대로의 교환가치와의 차액이고, 한편 하자가 중요한 경우에는 그 보수에 갈음하는 즉 실제로 보수에 필요한 비용이 손해배상에 포함된다. 하자가 중요한 경우의 그 손해배상의 액수 즉 하자보수비는 목적물의 완성시가 아니라 하자보수 청구시 또는 손해배상 청구시를 기준으로 산정함이 상당하나, 하자가 중요하지 아니하면서 그 보수에 과다한 비용을 요하는 경우의 그 하자로 인한 손해인 교환가치의 평가는 재조달원가에 감가수정을 하는 복성식평가법에 의하는 것이 합리적이고(감정평가에관한규칙 제4조, 제18조 등 참조), 감가수정을 하는 것이 적당하지 않은 경우에는 건물 완공시의 재조달원가를 산정 비교하는 방법에 의하여 평가하는 것이 합리적이다."

대법원 1998. 3. 13. 선고 97다6919 판결 "조합의 채무는 조합원의 채무로서 특별한 사정이 없는 한 조합채권자는 각 조합원에 대하여 지분의 비율에 따라 또는 균일적으로 변제의 청구를 할 수 있을 뿐이나, 조합채무가 특히 조합원 전원을 위하여 상행위가 되는 행위로 인하여 부담하게 된 것이라면 상법 제57조 제1항을 적용하여 조합원들의 연대책임을 인정함이 상당하다. 조합에 대한 채무자는 그 채무와 조합원에 대한 채권으로 상계할 수는 없는 것이므로, 조합으로부터 부동산을 매수하여 잔대금 채무를 지고 있는 자가 조합원 중의 1인에 대하여 개인 채권을 가지고 있다고 하더라도 그 채권과 조합과의 매매계약으로 인한 잔대금 채무를 서로 대등액에서 상계할 수는 없다."

대법원 2006. 8. 25. 선고 2005다16959 판결 "건설공동수급체는 기본적으로 민법상 조합의 성질을 가지는 것인데, 건설공동수급체의 구성원인 조합원이 그 출자의무를 불이행하였더라도 그 조합원을 조합에서 제명하지 않는 한 건설공동수급체는 조합원에 대한 출자금채권과 그 연체이자채권, 그 밖의 손해배상채권으로 조합원의 이익분배청구권과 직접 상계할 수 있을 뿐이고, 조합계약에서 출자의무의 이행과 이익분배를 직접 연계시키는 특약을 두지 않는 한 출자의무의 불이행을 이유로 이익분배 자체를 거부할 수는 없다."

대법원 2000. 4. 21. 선고 99다35713 판결 "조합의 목적 달성으로 인하여 조합이 해산되었으나 조합의 잔무로서 처리할 일이 없고 다만 잔여재산의 분배만이 남아 있을 때에는 따로 청산절차를 밟을 필요가 없이 각 조합원은 자신의 잔여재산의 분배비율의 범위 내에서 그 분배비율을 초과하여 잔여재산을 보유하고 있는 조합원에 대하여 바로 잔여재산의 분배를 청구할 수 있고, 이 경우의 잔여재산 분배청구권은 조합원 상호간의 내부관계에서 발생하는 것으로서 각 조합원이 분배비율을 초과하여 잔여재산을 보유하고 있는 조합원을 상대로 개별적으로 행사하면 족한 것이지 반드시 조합원들이 공동으로 행사하거나 조합원 전원을 상대로 행사하여야 하는 것은 아니다."

(14) 종신정기금

종신정기금계약은 당사자 일방이 자기, 상대방 또는 제삼자의 종신까지 정기로 금전 기타의 물건을 상대방 또는 제삼자에게 지급할 것을 약정함으로써 그 효력이 생긴다. 종신정기금은 일수로 계산한다. 정기금채무자가 정기금채무의 원본을 받은 경우에 그 정기금채무의 지급을 해태하거나 기타 의무를 이행하지 아니한 때에는 정기금채권자는 원본의 반환을 청구할 수 있다. 그러나 이미 지급을 받은 채무액에서 그 원본의 이자를 공제한 잔액을 정기금채무자에게 반환하여야 한다. 사망이 정기금채무자의 책임있는 사유로 인한 때에는 법원은 정기금채권자 또는 그 상속인의 청구에 의하여 상당한 기간 채권의 존속을 선고할 수 있다.

(15) 화해

화해는 당사자가 상호양보하여 당사자간의 분쟁을 종지할 것을 약정함으로써 그 효력이 생긴다. 화해계약은 당사자 일방이 양보한 권리가 소멸되고 상대방이 화해로 인하여 그 권리를 취득하는 효력이 있다. 화해계약은 착오를 이유로 하여 취소하지 못한다. 그러나 화해당사자의 자격 또는 화해의 목적인 분쟁 이외의 사항에 착오가 있는 때에는 그러하지 아니하다.

대법원 2004. 8. 20. 선고 2002다20353 판결 "화해계약이 성립되면 특별한 사정이 없는 한, 그 창설적 효력에 의하여 종전의 법률관계를 바탕으로 한 권리의무관계는 소멸되고 계약 당사자 간에는 종전의 법률관계가 어떠하였느냐를 묻지 않고 화해계약에 의하여 새로운 법률관계가 생기는 것이므로, 화해계약의 의사표시에 착오가 있더라도 이것이 당사자의 자격이나 목적인 분쟁 이외의 사항에 관한 것이 아니고 분쟁의 대상인 법률관계 자체에 관한 것일 때에는 이를 취소할 수 없고, 화해계약의 의사표시에 있어 중요 부분에 관한 착오의 존재 및 이것이 당사자의 자격이나 목적인 분쟁 이외의 사항에 관한 것이라는 점은 착오를 이유로 화해계약의 취소를 주장하는 자가 입증하여야 한다."

9. 사무관리

의무없이 타인을 위하여 사무를 관리하는 자는 그 사무의 성질에 좇아 가장 본인에게 이익되는 방법으로 이를 관리하여야 한다. 관리자가 본인의 의사를 알거나 알 수 있는 때에는 그 의사에 적합하도록 관리하여야 한다. 관리자가 위 방법에 위반하여 사무를 관리한 경우에는 과실없는 때에도 이로 인한 손해를 배상할 책임이 있다. 그러나 그 관리행위가 공공의 이익에 적합한 때에는 중대한 과실이 없으면 배상할 책임이 없다.

관리자가 타인의 생명, 신체, 명예 또는 재산에 대한 급박한 위해를 면하게 하기 위하여 그 사무를 관리한 때에는 고의나 중대한 과실이 없으면 이로 인한 손해를 배상할 책임이 없다.

관리자가 관리를 개시한 때에는 지체없이 본인에게 통지하여야 한다. 그러나 본인이 이미 이를 안 때에는 그러하지 아니하다. 관리자는 본인, 그 상속인이나 법정대리인이 그 사무를 관리하는 때까지 관리를 계속하여야 한다. 그러나 관리의 계속이 본인의 의사에 반하거나 본인에게 불리함이 명백한 때에는 그러하지 아니하다.

관리자가 본인을 위하여 필요비 또는 유익비를 지출한 때에는 본인에 대하여 그 상환을 청구할 수 있다. 관리자가 본인을 위하여 필요 또는 유익한 채무를 부담한 때에는 민법 제688조 제2항[339]의 규정을 준용한다. 관리자가 본인의 의사에 반하여 관리한 때에는 본인의 현존이익의 한도에서 비용상환을 청구할 수 있다. 관리자가 사무관리를 함에 있어서 과실없이 손해를 받은 때에는 본인의 현존이익의 한도에서 그 손해의 보상을 청구할 수 있다.

대법원 1995. 3. 3. 선고 93다36332 판결 "보험회사가 보험계약의 보험약관상 면책규정에 해당하여 보험금지급의무가 없다는 것을 알지 못하고 보험자로서 피해자에게 보험금을 지급하였다면 피해자에게 그 반환을 구할 수 있고, 따라서 피해자가 그 보험회사에 대하여 부당이득반환의무가 있는 이상 불법행위자에 대한 손해배상채권은 여전히 존속하므로, 보험회사의 그 보험금 지급으로 이득을 본 것이 없다는 이유로 보험회사의 불법행위자에 대한 부당이득반환청구를 배척한 것은 정당하다. 이 경우 보험회사는 자신의 채무를 이행한다는 의사 내지는 피보험자를 위한 사무관리를 한다는 의사로 보험금을 지급하였다고 할 것이고, 따라서 보험회사의보험금 지급으로 불법행위자와의 관계에서 사무관리가 성립할 여지는 없다."

대법원 2010. 1. 14. 선고 2007다55477 판결 "사무관리가 성립하기 위해서는 관리자가 법적인 의무 없이 타인의 사무를 관리해야 하는바, 관리자가 처리한 사무의 내용이 관리자와 제3자 사이에 체결된 계약상의 급부

---

339) 민법 제688조 제2항 "수임인이 위임사무의 처리에 필요한 채무를 부담한 때에는 위임인에게 자기에 가름하여 이를 변제하게 할 수 있고 그 채무가 변제기에 있지 아니한 때에는 상당한 담보를 제공하게 할 수 있다."

와 그 성질이 동일하다고 하더라도, 관리자가 위 계약상 약정된 급부를 모두 이행한 후 본인과의 사이에 별도의 계약이 체결될 것을 기대하고 사무를 처리하였다면 그 사무는 위 약정된 의무의 범위를 벗어나 이루어진 것으로서 법률상 의무 없이 사무를 처리한 것이며, 이 경우 특별한 사정이 없는 한 그 사무처리로 인한 사실상의 이익을 본인에게 귀속시키려는 의사, 즉 타인을 위하여 사무를 처리하는 의사가 있다고 봄이 상당하다. 직업 또는 영업에 의하여 유상으로 타인을 위하여 일하는 사람이 향후 계약이 체결될 것을 예정하여 그 직업 또는 영업의 범위 내에서 타인을 위한 행위를 하였으나 그 후 계약이 체결되지 아니함에 따라 타인을 위한 사무를 관리한 것으로 인정되는 경우에 상법 제61조는 상인이 그 영업범위 내에서 타인을 위하여 행위를 한 때에는 이에 대하여 상당한 보수를 청구할 수 있다고 규정하고 있어 직업 또는 영업의 일환으로 제공한 용역은 그 자체로 유상행위로서 보수 상당의 가치를 가진다고 할 수 있으므로 그 관리자는 통상의 보수를 받을 것을 기대하고 사무관리를 하는 것으로 보는 것이 일반적인 거래 관념에 부합하고, 그 관리자가 사무관리를 위하여 다른 사람을 고용하였을 경우 지급하는 보수는 사무관리 비용으로 취급되어 본인에게 반환을 구할 수 있는 것과 마찬가지로, 다른 사람을 고용하지 않고 자신이 직접 사무를 처리한 것도 통상의 보수 상당의 재산적 가치를 가지는 관리자의 용역이 제공된 것으로서 사무관리 의사에 기한 자율적 재산희생으로서의 비용이 지출된 것이라 할 수 있으므로 그 통상의 보수에 상응하는 금액을 필요비 내지 유익비로 청구할 수 있다고 봄이 타당하고, 이 경우 통상의 보수의 수준이 어느 정도인지는 거래관행과 사회통념에 의하여 결정하되, 관리자의 노력의 정도, 사무관리에 의하여 처리한 업무의 내용, 사무관리 본인이 얻은 이익 등을 종합적으로 고려하여 판단하여야 한다."

대법원 2010. 6. 10. 선고 2009다98669 판결 "A 조합이 B 조합의 해산 후 별도의 절차에 따라 새로 설립되었으나 B 조합과 조합업무 위임계약 및 조합업무대행 수수료 지급약정을 체결한 甲이 실제로 B 조합에 이어 A 조합의 업무를 상당 부분 대행해 왔고, A 조합도 그 법률적 효과와 경제적 이익을 누려왔다면, 甲은 A 조합이 B 조합과 실체가 동일하여 B 조합과

甲 사이에 체결된 위 약정을 승계한 것으로 생각하였거나, 적어도 A 조합과 새로운 조합업무 위임계약이 체결될 것을 기대하고 보수를 지급받을 목적으로 법률상 의무 없이 A 조합을 위하여 A 조합의 사무를 처리해 온 것임을 인정할 수 있으므로, A 조합과 甲 사이에 사무관리에 의한 법정채권관계가 성립하였다고 볼 것이다."

대법원 2013. 8. 22. 선고 2013다30882 판결 "사무관리가 성립하기 위하여는 우선 그 사무가 타인의 사무이고 타인을 위하여 사무를 처리하는 의사, 즉 관리의 사실상의 이익을 타인에게 귀속시키려는 의사가 있어야 하며, 나아가 그 사무의 처리가 본인에게 불리하거나 본인의 의사에 반한다는 것이 명백하지 아니할 것을 요한다. 여기에서 '타인을 위하여 사무를 처리하는 의사'는 관리자 자신의 이익을 위한 의사와 병존할 수 있고, 반드시 외부적으로 표시될 필요가 없으며, 사무를 관리할 당시에 확정되어 있을 필요가 없다. 채무자가 다른 상속인과 공동으로 부동산을 상속받은 경우에는 채무자의 상속지분에 관하여서만 상속등기를 하는 것이 허용되지 아니하고 공동상속인 전원에 대하여 상속으로 인한 소유권이전등기를 신청하여야 한다(부동산등기규칙 제52조 제7호, 대위상속등기에 관한 1994. 11. 5.자 등기선례 제4-274호 참조). 그리고 채권자가 자신의 채권을 보전하기 위하여 채무자가 다른 상속인과 공동으로 상속받은 부동산에 관하여 위와 같이 공동상속등기를 대위신청하여 그 등기가 행하여지는 것과 같이 채권자에 의한 채무자 권리의 대위행사의 직접적인 내용이 제3자의 법적 지위를 보전·유지하는 것이 되는 경우에는, 채권자는 자신의 채무자가 아닌 제3자에 대하여도 다른 특별한 사정이 없는 한 사무관리에 기하여 그 등기에 소요된 비용의 상환을 청구할 수 있다고 할 것이다. 이와 같은 경우에 채권자가 채권자대위권에 관한 민법 제404조 제1항에서 정하는 대로 '자기의 채권을 보전하기 위하여' 채무자의 권리를 행사한다는 점은 그것만으로 그 권리 행사의 결과로 행하여지는 위와 같은 공동상속등기에 의한 이익을 공동상속인들에게 귀속시킨다는 채권자의 통상적·일반적 의사를 부인할 만한 사정이 되지 못하는 것이다."

10. 부당이득

법률상 원인없이 타인의 재산 또는 노무로 인하여 이익을 얻고 이로 인하여 타인에게 손해를 가한 자는 그 이익을 반환하여야 한다. 채무없음을 알고 이를 변제한 때에는 그 반환을 청구하지 못한다. 변제기에 있지 아니한 채무를 변제한 때에는 그 반환을 청구하지 못한다. 그러나 채무자가 착오로 인하여 변제한 때에는 채권자는 이로 인하여 얻은 이익을 반환하여야 한다. 채무없는 자가 착오로 인하여 변제한 경우에 그 변제가 도의관념에 적합한 때에는 그 반환을 청구하지 못한다.

채무자 아닌 자가 착오로 인하여 타인의 채무를 변제한 경우에 채권자가 선의로 증서를 훼멸하거나 담보를 포기하거나 시효로 인하여 그 채권을 잃은 때에는 변제자는 그 반환을 청구하지 못한다. 이 때 변제자는 채무자에 대하여 구상권을 행사할 수 있다.

불법의 원인으로 인하여 재산을 급여하거나 노무를 제공한 때에는 그 이익의 반환을 청구하지 못한다. 그러나 그 불법원인이 수익자에게만 있는 때에는 그러하지 아니하다.

수익자가 그 받은 목적물을 반환할 수 없는 때에는 그 가액을 반환하여야 한다. 수익자가 그 이익을 반환할 수 없는 경우에는 수익자로부터 무상으로 그 이익의 목적물을 양수한 악의의 제3자는 반환할 책임이 있다. 선의의 수익자는 그 받은 이익이 현존한 한도에서 반환책임이 있다. 악의의 수익자는 그 받은 이익에 이자를 붙여 반환하고 손해가 있으면 이를 배상하여야 한다. 수익자가 이익을 받은 후 법률상 원인없음을 안 때에는 그때부터 악의의 수익자로서 이익반환의 책임이 있다. 선의의 수익자가 패소한 때에는 그 소를 제기한 때부터 악의의 수익자로 본다.

대법원 1992. 5. 12. 선고 91다28979 판결 "상계의 원인되는 자동채권이 존재하지 않는 것으로 확정되어 상계의 효력이 없다면 수동채권은 여전히 존재하는 것이어서 단순히 그 채무를 이행하지 않고 있다는 점만으로 법률상 원인 없이 이득을 얻었다 할 수 없는 것이고, 가사 수동채권이 시효로 소멸하게 되었다 하더라도 달리 볼 것은 아니다."

대법원 2006. 5. 12. 선고 2005다31736 판결 "어느 사유지가 종전부터 자연발생적으로 또는 도로예정지로 편입되어 사실상 일반 공중의 교통에 공용되는 도로로 사용되고 있는 경우, 그 토지의 소유자가 스스로 그 토지를 도로로 제공하여 인근 주민이나 일반 공중에게 무상으로 통행할 수 있는 권리를 부여하였거나 그 토지에 대한 독점적이고 배타적인 사용수익권을 포기한 것으로 의사해석을 함에 있어서는, 그가 당해 토지를 소유하게 된 경위나 보유기간, 나머지 토지들을 분할하여 매도한 경위와 그 규모, 도로로 사용되는 당해 토지의 위치나 성상, 인근의 다른 토지들과의 관계, 주위 환경 등 여러 가지 사정과 아울러 분할·매도된 나머지 토지들의 효과적인 사용·수익을 위하여 당해 토지가 기여하고 있는 정도 등을 종합적으로 고찰하여 판단하여야 한다. 새마을 농로 확장공사로 인하여 자신의 소유 토지 중 도로에 편입되는 부분을 도로로 점유함을 허용함에 있어 손실보상금이 지급되지 않았으나 이의를 제기하지 않았고 도로에 편입된 부분을 제외한 나머지 토지만을 처분한 점 등의 제반 사정에 비추어 보면, 토지 소유자가 토지 중 도로로 제공한 부분에 대한 독점적이고 배타적인 사용수익권을 포기한 것으로 봄이 상당하다. 타인의 토지를 권원 없이 점유하고 있는 자가 그 토지의 소유자에게 반환하여야 할 부당이득액을 산정하기 위한 토지의 기초가격은 점유자가 점유를 개시할 당시의 현실적 이용상태를 기준으로 평가되어야 하는 것이다."

대법원 2001. 4. 13. 선고 2001다8493 판결 "종전부터 자연발생적으로 또는 도로예정지로 편입되어 사실상 일반공중의 통행로로 사용되어 온 토지의 소유자가 그 독점적이고 배타적인 사용수익권을 포기한 것으로 볼 경우에도, 일반공중의 통행을 방해하지 않는 범위 내에서는 토지소유자로서 그 토지를 처분하거나 사용수익할 권능을 상실하지 않는다고 할 것이므로, 그 토지를 불법점유하고 있는 제3자에 대하여 물권적 청구권을 행사하여 토지의 반환 내지 방해의 제거, 예방을 청구할 수 있다고 할 것이나, 특별한 사정이 없는 한 토지소유자는 그 이후에도 토지를 독점적, 배타적으로 사용수익할 수는 없고, 따라서 제3자가 그 토지를 불법점유하였다 하더라도 이로 인하여 토지소유자에게 어떠한 손실이 생긴다고 할 수 없어 그 점유로 인한 부당이득의 반환을 청구할 수는 없다. 지역권은 계속되고 표현된 것에 한하여 민법 제245조의 규정을 준용하도록 되어 있으므로, 통행지역권은 요역지의 소유자가 승역지 위에 도로를 설치하여 승역지를 사용하는 객관적 상태가 민법 제245조에 규정된 기간 계속된 경우에 한하여 그 시효취득을 인정할 수 있다."

대법원 1997. 11. 28. 선고 96다21751 판결 "수표를 발행할 권한을 갖고 있지 아니한 은행의 대부계 대리가 예금 담당 대리가 자리를 비운 사이에 백지인 자기앞수표 용지를 임의로 가지고 나와 백지를 보충하여 수표를 발행한 경우, 그 수표 발행행위는 수표의 위조에 해당한다. 표현대리에 관한 민법 제126조의 규정에서 제3자라 함은 당해 표현대리행위의 직접 상대방이 된 자만을 지칭하고, 이는 위 규정을 표현대리에 의한 어음·수표행위의 효력에 적용 또는 유추적용할 경우에 있어서도 마찬가지로 해석함이 상당하다. 제시은행이 자기앞수표를 어음교환소의 어음교환 과정을 통하여 지급은행에 추심한 경우, 지급은행으로서는 그 수표가 결제할 수 없는 것이라면 그 사유를 어음교환소규약에서 정한 미결제어음 통보 시각까지 제시은행에 통보하여야 하고 그 시각까지 통보하지 않으면 이를 부도반환할 수 없게 되고 그 결과 그 수표는 자금화되므로, 제시은행에서 자금화된 그 수표금액을 예금자 명의로 발행한 약속어음 및 당좌수표의 교환결제자금으로 사용한 것은 결과적으로 그 수표를 예입받아 그 추심 의뢰를 받은 제시은행이 어음교환소규약에 따른 그 수표의 추심 및 교환결제 결과에 바탕을 두고 행한 업무 집행으로서 적법성이 보장되고, 그 금원 지급은 순전히 지급은행의 출연에 기한 것일 뿐 제시은행으로서는 아무런 손해를 입은 바가 없으므로 제시은행이 예금자에 대하여 그 수표금 상당의 부당이득반환채권을 갖게 되었다고 할 수는 없으며, 이에 반하여 지급은행으로서는 그 수표가 위조된 수표임에도 불구하고 이를 부도어음으로 반환할 수 없게 되어 그 결제자금 상당의 손해를 입었지만, 제시은행이 위에서 본 바와 같이 이로 인하여 아무런 이득도 얻은 것이 없으므로 제시은행을 상대로 하여 부당이득의 반환을 구할 수는 없으나, 그 수표의 예입자는 그가 제시은행에 예입한 그 수표가 위조되어 현실적으로 추심될 수 없음에도 불구하고 어음교환소규약 때문에 그 부도수표의 지급인인 지급은행이 이를 제시은행에게 반환할 수 없게 되고 그 결제자금을 회수하지 못하게 된 나머지 그 수표가 자금화되어 제시은행으로부터 그 수표금을 지급받게 된 것이므로, 예금자가 지급받은 그 수표금 상당의 이익은 사회통념상 지급은행이 입은 위 결제자금 상당의 손해로 인한 법률상 원인 없는 부당이득이라 할 것이고, 따라서 지급은행은 예금자에 대하여는 그 수표금 상당의 부당이득의 반환을 구할 수 있다. 사고수표 여부의 사전 조회는 위조 또는 변조된 수표를 지급하는 경우에 은행이 입을지도 모를 손해를 사전에 예방하기 위한 조치에 불과한 것이므로, 수표를 입금받은 제시은행이 사고수표 조회를 소홀히 하였다고 하더라도 지급은행에 대하여 불법행위를 구성하지 아니한다."

대법원 2013. 6. 27. 선고 2011다17106 판결 "계약상 급부가 계약 상대방뿐 아니라 제3자에게 이익이 된 경우에 급부를 한 계약당사자는 계약 상대방에 대하여 계약상 반대급부를 청구할 수 있는 이외에 제3자에 대하여 직접 부당이득반환청구를 할 수는 없다고 보아야 하고, 이러한 법리는 급부가 사무관리에 의하여 이루어진 경우에도 마찬가지이다. 따라서 의무 없이 타인을 위하여 사무를 관리한 자는 타인에 대하여 민법상 사무관리 규정에 따라 비용상환 등을 청구할 수 있는 외에 사무관리에 의하여 결과적으로 사실상 이익을 얻은 다른 제3자에 대하여 직접 부당이득반환을 청구할 수는 없다."

대법원 2011. 11. 10. 선고 2011다48568 판결 "계약상 급부가 계약 상대방뿐만 아니라 제3자의 이익으로 된 경우에 급부를 한 계약당사자가 계약 상대방에게 계약상 반대급부를 청구할 수 있는 이외에 제3자에 대하여 직접 부당이득반환청구를 할 수 있다고 보면, 자기 책임하에 체결된 계약에 따른 위험부담을 제3자에게 전가시키는 것이 되어 계약법의 기본원리에 반하는 결과를 초래할 뿐만 아니라, 채권자인 계약 당사자가 채무자인 계약 상대방의 일반채권자에 비하여 우대받는 결과가 되어 일반채권자의 이익을 해치게 되고, 수익자인 제3자가 계약 상대방에게 가지는 항변권 등을 침해하게 되어 부당하므로, 위와 같은 경우 계약상 급부를 한 계약 당사자는 이익의 귀속 주체인 제3자에게 직접 부당이득반환을 청구할 수는 없다고 보아야 한다. 甲 주식회사가 아파트 신축공사를 시행하여 완공한 후

乙 주식회사를 아파트 주택관리업자로 선정하여 관리용역 계약을 체결하였고, 乙 회사는 직원 丙을 아파트 관리소장으로 선임하였는데, 丙이 입주자대표회의가 구성되지 않은 상태에서 아파트에 관한 화재보험 가입을 위한 자금을 甲 회사에게서 차용하면서 아파트 입주율이 50% 이상이 되면 운영하는 관리비에서 이를 상환하기로 하는 내용의 확약서 및 차용증서를 작성하여 준 사안에서, 丙에게 아파트 화재보험료 납입자금 명목으로 돈을 대여한 甲 회사로서는, 비록 그 돈이 丙에 의하여 아파트 화재보험료 납입에 사용됨으로써 아파트 입주자대표회의가 동액 상당의 이득을 얻게 되었다고 하더라도, 실제 위 화재보험료를 대납한 丙이 입주자대표회의를 상대로 부당이득반환 내지 비용상환을 청구할 수 있는지는 별론으로 하고, 단지 자신의 대여금이 화재보험료 납입에 사용되었다는 사정만으로 입주자대표회의에 직접 부당이득반환을 청구할 수는 없다."

대법원 1963. 7. 11. 선고 63다235 판결 "동시이행의 항변권 또는 유익비 상환청구권에 의한 유치권을 행사하여 가옥을 사용 수익한 경우에는 임료상당의 금원을 부당이득한 것으로 본다."

대법원 1993. 5. 25. 선고 92다51280 판결 "부동산에 대한 취득시효가 완성되면 점유자는 소유명의자에 대하여 취득시효완성을 원인으로 한 소유권이전등기절차의 이행을 청구할 수 있고 소유명의자는 이에 응할 의무가 있으므로 점유자가 그 명의로 소유권이전등기를 경료하지 아니하여 아직 소유권을 취득하지 못하였다고 하더라도 소유명의자는 점유자에 대하여 점유로 인한 부당이득반환청구를 할 수 없다."

대법원 2012.5.24. 선고 2010다108210 판결 "1동의 건물의 구분소유자들이 당초 건물을 분양받을 당시의 대지 공유지분 비율대로 건물 대지를 공유하고 있는 경우 구분소유자들은 특별한 사정이 없는 한 대지에 대한 공유지분 비율에 관계없이 건물의 대지 전부를 용도에 따라 사용할 적법한 권원이 있으므로 구분소유자들 상호 간에는 대지 공유지분 비율의 차이를 이유로 부당이득반환을 구할 수 없으나, 건물의 구분소유자 아닌 자가 경매절차 등에서 대지의 공유지분만을 취득하게 되어 대지에 대한 공유지분은 있으나 대지를 전혀 사용·수익하지 못하고 있는 경우에는 다른 특별한 사정이 없는 한 대지 공유지분권에 기한 부당이득반환청구를 할 수 있다. 공유물의 관리에 관한 사항은 공유자의 지분의 과반수로써 결정하고, 공유물의 사용·수익·관리에 관한 공유자 간의 특약은 특정승계인에게도 승계되나, 공유물에 관한 특약이 지분권자로서 사용·수익권을 사실상 포기하는 등으로 공유지분권의 본질적 부분을 침해하는 경우에는 특정승계인이 그러한 사실을 알고도 공유지분권을 취득하였다는 등 특별한 사정이 없는 한 특정승계인에게 당연히 승계된다고 볼 수 없다. 갑이 집합건물을 신축·분양하면서 수분양자인 을 등에게 해당 전유부분과 함께 토지 중 일부 공유지분에 관한 지분소유권이전등기를 해 주고, 나머지 공유지분은 장차 건물 증축 등을 위해 남겨 두었는데, 나머지 공유지분에 관하여 설정된 근저당권에 기한 경매절차에서 병 등이 소유권을 취득한 사안에서, 나머지 공유지분을 경매절차에서 취득하였음에도 대지에 관한 사용·수익을 전혀 하지 못하고 있는 병 등은 토지를 배타적으로 점유·사용하고 있는 을 등을 상대로 부당이득반환청구를 할 수 있고, 갑이 을 등에게 집합건물의 용법에 따라 무상으로 사용할 수 있는 권한을 부여한 것으로 해석될 수 있더라도 그와 같은 약정이 병 등에게 당연히 승계된다고 볼 수 없는데도, 이와 달리 본 원심판결에 법리오해의 위법이 있다."

대법원 1997. 10. 24. 선고 95다49530,49547 판결 "민법 제746조에 의하면 급여가 불법원인급여에 해당하고 급여자에게 불법 원인이 있는 경우에는 수익자에게 불법 원인이 있는지의 여부나 수익자의 불법 원인의 정도 내지 불법성이 급여자의 그것보다 큰지의 여부를 막론하고 급여자는 그 불법원인급여의 반환을 구할 수 없는 것이 원칙이나, 수익자의 불법성이 급여자의 그것보다 현저히 크고 그에 비하면 급여자의 불법성은 미약한 경우에도 급여자의 반환 청구가 허용되지 않는다고 하는 것은 공평에 반하고 신의성실의 원칙에도 어긋나므로 이러한 경우에는 민법 제746조 본문의 적용이 배제되어 급여자의 반환 청구는 허용된다고 해석함이 상당하다. 급여자가 수익자에 대한 도박 채무의 변제를 위하여 급여자의 주택을 수익자에게 양도하기로 한 것이지만 내기바둑에의 계획적인 유인, 내기바둑에서의 사기적 행태, 도박자금 대여 및 회수 과정에서의 폭리성과 갈취성 등에서 드러나는 수익자의 불법성의 정도가 내기바둑에의 수동적인 가담, 도박 채무의 누증으로 인한 도박의 지속, 도박 채무 변제를 위한 유일한 재산인 주택의 양도 등으로 인한 급여자의 불법성보다 훨씬 크다고 보아 급여자로서는 그 주택의 반환을 구할 수 있다."

대법원 2007. 2. 15. 선고 2004다50426 전원합의체 판결 "채무의 면제는 반드시 명시적인 의사표시만에 의하여야 하는 것은 아니고 채권자의 어떠한 행위 내지 의사표시의 해석에 의하여 그것이 채무의 면제라고 볼 수 있는 경우에도 이를 인정하여야 할 것이기는 하나, 이와 같이 인정하기 위하여는 당해 권리관계의 내용에 따라 이에 관한 채권자의 행위 내지 의사표시의 해석을 엄격히 하여 그 적용 여부를 결정하여야 한다. 금전 소비대차계약과 함께 이자의 약정을 하는 경우, 양쪽 당사자 사이의 경제력의 차이로 인하여 그 이율이 당시의 경제적·사회적 여건에 비추어 사회통념상 허용되는 한도를 초과하여 현저하게 고율로 정하여졌다면, 그와 같이 허용할 수 있는 한도를 초과하는 부분의 이자 약정은 대주가 그의 우월한 지위를 이용하여 부당한 이득을 얻고 차주에게는 과도한 반대급부 또는 기타의 부당한 부담을 지우는 것이므로 선량한 풍속 기타 사회질서에 위반한 사항을 내용으로 하는 법률행위로서 무효이다. 선량한 풍속 기타 사회질서에 위반하여 무효인 부분의 이자 약정을 원인으로 차주가 대주에게 임의로 이자를 지급하는 것은 통상 불법의 원인으로 인한 재산 급여라고 볼 수 있을 것이나, 불법원인급여에 있어서도 그 불법원인이 수익자에게만 있는 경우이거나 수익자의 불법성이 급여자의 그것보다 현저히 커서 급여자의 반환청구를 허용하지 않는 것이 오히려 공평과 신의칙에 반하게 되는 경우에는 급여자의 반환청구가 허용되므로, 대주가 사회통념상 허용되는 한도를 초과하는 이율의 이자를 약정하여 지급받은 것은 그의 우월한 지위를 이용하여 부당한 이득을 얻고 차주에게는 과도한 반대급부 또는 기타의 부당한 부담을 지우는 것으로서 그 불법의 원인이 수익자인 대주에게만 있거나 또는 적어도 대주의 불법성이 차주의 불법성에 비하여 현저히 크다고 할 것이어서 차주는 그 이자의 반환을 청구할 수 있다."

대법원 2004. 9. 3. 선고 2004다27488,27495 판결 "영리를 목적으로

윤락행위를 하도록 권유·유인·알선 또는 강요하거나 이에 협력하는 것은 선량한 풍속 기타 사회질서에 위반되므로 그러한 행위를 하는 자가 영업상 관계 있는 윤락행위를 하는 자에 대하여 가지는 채권은 계약의 형식에 관계없이 무효라고 보아야 한다. 부당이득의 반환청구가 금지되는 사유로 민법 제746조가 규정하는 불법원인이라 함은 그 원인되는 행위가 선량한 풍속 기타 사회질서에 위반하는 경우를 말하는 것인바, 윤락행위 및 그것을 유인·강요하는 행위는 선량한 풍속 기타 사회질서에 위반되므로, 윤락행위를 할 자를 고용·모집하거나 그 직업을 소개·알선한 자가 윤락행위를 할 자를 고용·모집함에 있어 성매매의 유인·강요의 수단으로 이용되는 선불금 등 명목으로 제공한 금품이나 그 밖의 재산상 이익 등은 불법원인급여에 해당하여 그 반환을 청구할 수 없다."

대법원 2013. 6. 14. 선고 2011다65174 판결 "성매매알선 등 행위의 처벌에 관한 법률 제10조는 성매매알선 등 행위를 한 사람 또는 성을 파는 행위를 할 사람을 고용한 사람이 그 행위와 관련하여 성을 파는 행위를 하였거나 할 사람에게 가지는 채권은 그 계약의 형식이나 명목에 관계없이 무효로 한다고 규정하고 있고, 부당이득의 반환청구가 금지되는 사유로 민법 제746조가 규정하는 불법원인급여는 그 원인이 되는 행위가 선량한 풍속 기타 사회질서에 반하는 경우를 말하는바, 윤락행위 및 그것을 유인·강요하는 행위는 선량한 풍속 기타 사회질서에 반하므로, 윤락행위를 할 사람을 고용하면서 성매매의 유인·권유·강요의 수단으로 이용되는 선불금 등 명목으로 제공한 금품이나 그 밖의 재산상 이익 등은 불법원인급여에 해당하여 그 반환을 청구할 수 없고, 나아가 성매매의 직접적 대가로서 제공한 경제적 이익뿐만 아니라 성매매를 전제하고 지급하였거나 성매매와 관련성이 있는 경제적 이익이면 모두 불법원인급여에 해당하여 반환을 청구할 수 없다고 보아야 한다. 이른바 '티켓다방'을 운영하는 갑이 을 등을 종업원으로 고용하면서 대여한 선불금이 불법원인급여에 해당하는지가 문제 된 사안에서, 제반 사정에 비추어 을 등으로서는 선불금반환채무와 여러 명목의 경제적 부담이 더해지는 불리한 고용조건 탓에 윤락행위를 선택하지 않을 수 없었고, 갑은 이를 알았을 뿐 아니라 유인, 조장하는 위치에 있었다고 보이므로, 위 선불금은 을 등의 윤락행위를 전제로 한 것이거나 그와 관련성이 있는 경제적 이익으로서 그 대여행위는 민법 제103조에서 정하는 반사회질서의 법률행위에 해당함에도, 이와 달리 본 원심판결에 법리오해의 위법이 있다."

11. 불법행위

고의 또는 과실로 인한 위법행위로 타인에게 손해를 가한 자는 그 손해를 배상할 책임이 있다. 타인의 신체, 자유 또는 명예를 해하거나 기타 정신상 고통을 가한 자는 재산 이외의 손해에 대하여도 배상할 책임이 있으며, 이 경우 법원은 손해배상을 정기금채무로 지급할 것을 명할 수 있고 그 이행을 확보하기 위하여 상당한 담보의 제공을 명할 수 있다. 타인의 생명을 해한 자는 피해자의 직계존속, 직계비속 및 배우자에 대하여는 재산상의 손해없는 경우에도 손해배상의 책임이 있다.

미성년자가 타인에게 손해를 가한 경우에 그 행위의 책임을 변식할 지능이 없는 때에는 배상의 책임이 없다. 심신상실 중에 타인에게 손해를 가한 자는 배상의 책임이 없다. 그러나 고의 또는 과실로 인하여 심신상실을 초래한 때에는 그러하지 아니하다.

다른 자에게 손해를 가한 사람이 미성년자 또는 심신상실자여서 책임이 없는 경우에는 그를 감독할 법정의무가 있는 자가 그 손해를 배상할 책임이 있다. 다만, 감독의무를 게을리하지 아니한 경우에는 그러하지 아니하다. 감독의무자를 갈음하여 미성년자 또는 심신상실자임에 따라 책임이 없는 사람을 감독하는 자도 역시 손해배상책임이 있다.

타인을 사용하여 어느 사무에 종사하게 한 자는 피용자가 그 사무집행에 관하여 제3자에게 가한 손해를 배상할 책임이 있다. 그러나 사용자가 피용자의 선임 및 그 사무감독에 상당한 주의를 한 때 또는 상당한 주의를 하여도 손해가 있을 경우에는 그러하지 아니하다.[340] 사용자에 갈음하여 그 사

340) 대법원 2006. 10. 26. 선고 2004다63019 판결 "민법 제496조는 채무가 고의의 불법행위로 인한 것인 때에는 그 채무자는 상계로 채권자에게 대항하지 못한다고 규정하고 있는바, 위 규정의 취지는, 고의의 불법행위에 의한 손해배상채권에 대하여 상계를 허용한

무를 감독하는 자도 배상책임이 있다. 이 경우 사용자 또는 감독자는 피용자에 대하여 구상권을 행사할 수 있다.

도급인은 수급인이 그 일에 관하여 제3자에게 가한 손해를 배상할 책임이 없다. 그러나 도급 또는 지시에 관하여 도급인에게 중대한 과실이 있는 때에는 그러하지 아니하다.

공작물의 설치 또는 보존의 하자로 인하여 타인에게 손해를 가한 때에는 공작물점유자가 손해를 배상할 책임이 있다. 그러나 점유자가 손해의 방지에 필요한 주의를 해태하지 아니한 때에는 그 소유자가 손해를 배상할 책임이 있다. 수목의 재식 또는 보존에 하자있는 경우도 같다. 점유자 또는 소유자는 그 손해의 원인에 대한 책임있는 자에 대하여 구상권을 행사할 수 있다.

동물의 점유자는 그 동물이 타인에게 가한 손해를 배상할 책임이 있다. 그러나 동물의 종류와 성질에 따라 그 보관에 상당한 주의를 해태하지 아니한 때에는 그러하지 아니하다. 점유자에 가름하여 동물을 보관한 자도 전항의 책임이 있다.

수인이 공동의 불법행위로 타인에게 손해를 가한 때에는 연대하여 그 손해를 배상할 책임이 있다. 공동 아닌 수인의 행위 중 어느 자의 행위가 그 손해를 가한 것인지를 알 수 없는 때에도 연대하여 배상책임이 있다.[341)]

다면 고의로 불법행위를 한 자까지도 상계권 행사로 현실적으로 손해배상을 지급할 필요가 없게 되어 보복적 불법행위를 유발하게 될 우려가 있고, 또 고의의 불법행위로 인한 피해자가 가해자의 상계권 행사로 인하여 현실의 변제를 받을 수 없는 결과가 됨은 사회적 정의관념에 맞지 아니하므로 고의에 의한 불법행위의 발생을 방지함과 아울러 고의의 불법행위로 인한 피해자에게 현실의 변제를 받게 하려는 데 있다 할 것이다. 또한, 민법 제756조에 의한 사용자의 손해배상책임은 피용자의 배상책임에 대한 대체적 책임이라 할 것이고, 민법 제756조 제1항에서 사용자가 피용자의 선임 및 그 사무감독에 상당한 주의를 한 때 또는 상당한 주의를 하여도 손해가 있을 경우에는 책임을 면할 수 있도록 규정함으로써 사용자책임에서의 사용자의 과실은 직접의 가해행위가 아닌 피용자의 선임·감독에 관련된 것으로 해석되는바, 이러한 점에 비추어 볼 때 피용자의 고의의 불법행위로 인하여 사용자책임이 성립하는 경우에도, 불법행위의 피해자에게 현실의 변제에 의하여 손해를 전보케 하려는 취지에서 규정된 민법 제496조의 적용을 배제하여야 할 이유는 없다고 할 것이므로, 사용자책임이 성립하는 경우 사용자는 자신의 고의의 불법행위가 아니라는 이유로 민법 제496조의 적용을 면할 수는 없다고 할 것이다."

341) 대법원 1995. 7. 14. 선고 94다19600 판결 "공동불법행위자로서 타인에게 손해를 연대하여 배상할 책임이 있는 경우 그 불법행위자들의 손해배상 채무액이 동일한 경우에는

교사자나 방조자는 공동행위자로 본다.

타인의 불법행위에 대하여 자기 또는 제3자의 이익을 방위하기 위하여 부득이 타인에게 손해를 가한 자는 배상할 책임이 없다. 그러나 피해자는 불법행위에 대하여 손해의 배상을 청구할 수 있다. 급박한 위난을 피하기 위하여 부득이 타인에게 손해를 가한 경우도 같다.

태아는 손해배상의 청구권에 관하여는 이미 출생한 것으로 본다. 타인의 명예를 훼손한 자에 대하여는 법원은 피해자의 청구에 의하여 손해배상에 가름하거나 손해배상과 함께 명예회복에 적당한 처분을 명할 수 있다.

불법행위에 기한 손해배상의무자는 그 손해가 고의 또는 중대한 과실에 의한 것이 아니고 그 배상으로 인하여 배상자의 생계에 중대한 영향을 미치게 될 경우에는 법원에 그 배상액의 경감을 청구할 수 있다. 법원은 위 경감청구가 있는 때에는 채권자 및 채무자의 경제상태와 손해의 원인 등을 참작하여 배상액을 경감할 수 있다.

불법행위로 인한 손해배상의 청구권은 피해자나 그 법정대리인이 그 손해 및 가해자를 안 날로부터 3년간 이를 행사하지 아니하면 시효로 인하여 소멸한다. 불법행위를 한 날로부터 10년을 경과한 때에도 시효로 인하여

불법행위자 1인이 그 손해액의 일부를 변제하면 절대적 효력으로 인하여 다른 불법행위자의 채무도 변제금 전액에 해당하는 부분이 소멸하는 것이나, 불법행위자의 피해자에 대한 과실비율이 달라 배상할 손해액의 범위가 달라지는 경우에는 누가 그 채무를 변제하였느냐에 따라 소멸되는 채무의 범위가 달라지는 것이다. 즉 적은 손해액을 배상할 의무가 있는 자가 불법행위의 성립이후에 손해액의 일부를 변제한 경우에는 많은 손해액을 배상할 의무 있는 자의 채무가 그 변제금 전액에 해당하는 부분이 소멸하는 것은 물론이나 많은 손해액을 배상할 의무가 있는 자가 손해액의 일부를 변제하였다면 그 중 적은 범위의 손해액을 배상할 의무가 있는 자의 채무는 그 변제금 전액에 해당하는 채무가 소멸하는 것이 아니라 적은 범위의 손해배상 책임만을 부담하는 쪽의 과실비율에 상응하는 부분만큼만 소멸하는 것으로 보아야 할 것이다. 이러한 이치는 사용자의 손해배상 책임에 있어서 피용자 본인이 손해액의 일부를 변제한 경우에도 동일하다고 할 것이므로 피용자 본인의 변제금 중에서 사용자의 배상채무가 소멸하는 효력이 있는 범위는 사용자가 배상책임을 부담하여야 할 그의 과실비율에 상응하는 부분에 해당하는 액수에 한정된다고 할 것이다. 따라서 피용자의 불법행위로 인한 모든 손해액을 밝혀 과실상계를 한 다음 여기서 피용자 본인의 변제금 중 사용자의 과실비율에 상응하는 부분만 채무소멸 효과가 있다고 보아야 할 것이다. 이러한 법리는 피용자 본인이 불법행위의 성립이후에 피해자에 대하여 일부 금원을 지급함에 있어서 명시적으로 손해배상의 일부변제조로 지급한 것은 아니고 그 불법행위를 은폐하거나 아니면 기망의 수단으로 지급한 경우에도 마찬가지로 적용되어 이러한 채무소멸 효과가 있다고 하여야 할 것이다."

소멸한다.

대법원 2009. 5. 28. 선고 2006다42818 판결 “근저당권의 공동 담보물 중 일부를 권한 없이 멸실·훼손하거나 담보가치를 감소시키는 행위로 인하여 근저당권자가 나머지 저당 목적물만으로 채권의 완전한 만족을 얻을 수 없게 되었다면 근저당권자는 불법행위에 기한 손해배상청구권을 취득한다. 이때 이와 같은 불법행위 후 근저당권이 확정된 경우 근저당권자가 입게 되는 손해는 채권최고액 범위 내에서 나머지 저당 목적물의 가액에 의하여 만족을 얻지 못하는 채권액과 멸실·훼손되거나 또는 담보가치가 감소된 저당 목적물 부분(이하 ‘소멸된 저당 목적물 부분’이라 한다)의 가액 중 적은 금액이다. 여기서 나머지 저당 목적물의 가액에 의하여 만족을 얻지 못하는 채권액은 위 근저당권의 실행 또는 제3자의 신청으로 개시된 경매절차에서 근저당권자가 배당받을 금액이 확정되었거나 확정될 수 있는 때에는 그 금액을 기준으로 하여 산정하며, 그렇지 아니한 경우에는 손해배상청구소송의 사실심 변론종결시를 기준으로 산정하여야 하고, 소멸된 저당 목적물 부분의 가액 역시 같은 시점을 기준으로 산정하여야 한다.”

대법원 2007. 7. 13. 선고 2005다21821 판결 “금융기관에 개설된 예금계좌는 단순히 그 계좌를 개설한 자가 금원을 입·출금하는 데 사용됨에 그치는 것이 아니라, 신용거래의 활성화와 온라인 송금 및 자금이체 시스템 등의 발달로 인하여 일상생활이나 영업활동에서 제3자에 대하여 갖게 되거나 지게 된 채권·채무 등을 추심하거나 변제하기 위한 수단 등으로도 활발히 이용되고 있는 것이 현 금융거래의 실정인바, 금융기관이 본인 또는 대리인을 자처하는 자에게 예금계좌를 개설하여 주는 과정에서 본인의 신분증을 확인하거나 위임장과 인감증명서를 제출받고 대리인의 신분증을 확인하는 등의 최소한의 확인절차마저 모두 생략한다면, 피모용자가 수령하여야 할 금원을 피모용자 명의로 임의로 개설한 은행계좌로 송금하게 하는 방법으로 금원을 편취하는 범죄행위 등이 용이하게 이루어질 수 있음은 누구나 쉽게 예견할 수 있고, 금융기관이 위와 같은 최소한도의 조치만 취하더라도 그와 같은 잠재적 위험의 상당 부분을 제거할 수 있으며, 또 예금계좌의 개설에 임하는 금융기관 이외에는 위와 같은 역할을 수행할 주체가 전혀 존재하지 아니하는 점 등에 비추어 볼 때, 금융기관으로서는 금융실명거래 및 비밀보장에 관한 법률에서 정한 실명확인의무와 무관하게 위와 같은 최소한의 조치를 취함으로써 그것이 피모용자를 포함한 불특정 다수의 잠재적 피해자에 대한 범죄행위에 이용될 가능성을 미연에 방지함으로써 타인의 불법행위에 도움을 주지 않아야 할 주의의무가 있다. 금융기관이 본인확인절차 등을 제대로 거치지 아니하여 모용계좌가 개설되었다는 사정만으로 그 모용계좌를 통하여 입·출금된 금원 상당에 대하여 언제나 손해배상책임을 져야 한다고 볼 수는 없고, 그 손해배상책임을 인정하기 위해서는 금융기관의 주의의무 위반과 피모용자 또는 제3자의 손해 발생 사이에 상당인과관계가 있음이 인정되어야 하고, 상당인과관계의 유무를 판단함에 있어서는 일반적인 결과발생의 개연성은 물론 주의의무를 부과하는 법령 기타 행동규범의 목적과 보호법익, 가해행위의 태양 및 피침해이익의 성질 및 피해의 정도 등을 종합적으로 고려하여야 한다. 금융기관이 본인확인절차 등을 제대로 거치지 아니하여 개설된 모용계좌가 사기적 거래관계에서 이미 기망당한 피해자에 의하여 단순히 원인계약상의 채무의 이행을 위하여 입금하는 데 이용되거나 다른 방법이나 경로로 피해자의 재산권을 침해하여 얻은 이득금 등을 입금·보관하는 데 이용된 것에 불과한 경우 등에는 특별한 사정이 없는 한 피해자가 모용계좌의 존재로 인하여 잘못된 신뢰를 형성하여 원인계약을 체결하기에 이르렀다거나 가해자가 그 모용계좌의 존재로 인하여 피해자의 재산권에 대한 접근 및 침해가 가능하게 되었다고 보기 어렵고, 또한 위와 같은 유형의 범죄행위로 인하여 발생한 피해에 대한 책임을 금융기관에 부담시키게 된다면 불특정 다수인이 자신의 책임하에 행하여야 할 거래상대방에 관한 신용조사 등을 잘못하여 이루어진 각양각색의 하자 있는 거래관계나 불특정 다수인을 상대로 행하여진 다양한 형태의 재산권 침해행위 등으로 인하여 발생한 손해에 대해서까지 무차별적으로 금융기관에 책임을 추궁하는 결과가 되어 금융기관의 결과발생에 대한 예측가능성은 물론 금융기관에게 본인확인의무 등을 부과한 행동규범의 목적과 보호법익의 보호범위를 넘어서게 되므로, 본인확인절차 등을 제대로 거치지 아니하여 모용계좌를 개설한 금융기관의 잘못과 위와 같은 태양의 가해행위로 인한 손해 발생 사이에는 상당인과관계를 부정하여야 한다. 피해자 명의의 예금계좌에서 금원을 인출할 수 있는 일체의 수단을 확보한 사람이 타인 명의를 모용하여 개설한 예금계좌로 금원을 이체, 인출한 경우, 모용계좌 개설시 본인 여부를 정확하게 확인하지 않은 은행의 잘못과 피해자의 손해 발생 사이에 상당인과관계가 없다."

대법원 2008. 6. 26. 선고 2007다43436 판결 "채권자가 동일한 채무자에 대하여 수개의 손해배상채권을 가지고 있다고 하더라도 그 손해배상채권들이 발생시기와 발생원인 등을 달리하는 별개의 채권인 이상 이는 별개의 소송물에 해당하고, 그 손해배상채권들은 각각 소멸시효의 기산일이나 채무자가 주장할 수 있는 항변들이 다를 수도 있으므로, 이를 소로써 구하는 채권자로서는 손해배상채권별로 청구금액을 특정하여야 하며, 법원도 이에 따라 손해배상채권별로 인용금액을 특정하여야 하고, 이러한 법리는 채권자가 수개의 손해배상채권들 중 일부만을 청구하고 있는 경우에도 마찬가지이다. 불법행위로 인한 재산상 손해는 위법한 가해행위로 인하여 발생한 재산상 불이익, 즉 그 위법행위가 없었더라면 존재하였을 재산상태와 그 위법행위가 가해진 현재의 재산상태의 차이라고 할 것인바, 재정적 어려움에 처하여 과거에 발행한 구 회사채를 자체 자금으로 상환할 수 없는 기업체가 그 상환자금을 마련하기 위하여 동일한 규모의 신 회사채를 발행하는 때에 구 회사채에 대하여 지급보증하였던 금융기관이 신 회사채에 대하여 다시 지급보증하고, 신 회사채의 발행으로 마련된 자금에 의하여 구 회사채채무가 소멸한 경우에는, 금융기관은 기업체의 구 회사채에 대한 상환능력 결여로 구 회사채에 대한 지급보증채무가 현실화되어 대위변제의무를 실제 이행하여야 할 상황에 놓였다가 신 회사채의 발행으로 마련된 상환자금에 의하여 구 회사채에 대한 지급보증채무가 소멸하고 대신 신 회사채에 대한 지급보증채무를 부담하게 된 것이라고 볼 수 있으므로, 비록 구 회사채에 대한 지급보증채무와 신 회사채에 대한 지급보증채무가 법률적으로 동일하지 않다고 하더라도, 실질적·경제적으로 볼 때 전자는 신 회사채의 발행에 의한 구 회사채의 상환이 없었더라면 대위변제의무를 이행하여야 하였을 금액의 범위 내에서 후자로 대체된 것이라고 볼 수 있어, 특별한 사정이 없는 한 그 범위 내에서는 신 회사채에 대한 지급보증으로 인하여 금융기관에 새로운 손해가 발생하였다고 할 수 없다. 기업체의 재무제표 및 이에 대한 외부감사인의 회계감사 결과를 기재한 감사보고서는 대상 기업체의 정확한 재무상태를 드러내는 가장 객관적인 자료로서 증권거래소 등을 통하여 일반에 공시되고 기업체의 신용도와 상환능력 등의 기초자료로서 그 기업체가 발행하는 회사채나 기업어음의 신용등급평가와 금융기관의 여신제공 여부 결정에 중요한 판단 근거가 된다. 따라서 기업체의 임직원 등이 대규모의 분식회계에 가담하거나 기업체의 감사가 대규모로 분식된 재무제표의 감사와 관련하여 중요한 감사절차를 수행하지 아니하거나 소홀히 한 잘못이 있는 경우에는, 그로 말미암아 금융기관이 기업체에게 여신을 제공하기에 이르렀다고 봄이 상당하고, 위와 같은 재무상태가 제대로 밝혀진 상황에서라면 금융기관이 여신을 제공함에 있어서 고려할 요소로서 '재무제표에 나타난 기업체의 재무상태' 외의 다른 요소들, 즉 상환자원 및 사업계획의 타당성, 채권의 보전방법, 거래실적 및 전망, 기업체의 수익성, 사업성과, 기업분석 및 시장조사 결과 등도 모두 극히 저조한 평가를 받을 수밖에 없으므로, 이러한 '재무제표에 나타난 기업체의 재무상태' 외의 요소들이 함께 고려된다는 사정을 들어 여신 제공 여부의 판단이 달라졌으리라고 볼 수 없다. 기업체의 임직원이 대규모의 분식회계에 가담한 잘못이 있는 경우에는, 그로 말미암아 금융기관이 기업체에게 여신을 제공하기에 이르렀다고 봄이 상당하므로, 비록 기업체의 임직원이 기업체의 여신 제공 행위에 직접 개입하지 아니하였다고 하더라도 임직원의 분식회계 가담행위와 금융기관이 여신 제공으로 인하여 입은 손해와의 사이에는 인과관계를 인정할 수 있는 것이고, 이러한 경우 분식회계 가담행위 자체가 금융기관에 대한 가해행위로서 민법 제750조의 불법행위 책임이 성립하는 것이다. 불법행위로 인한 손해배상청구권의 단기소멸시효의 기산점이 되는 민법 제766조 제1항 소정의 '손해 및 가해자를 안 날'이라 함은 손해의 발생, 위법한 가해행위의 존재, 가해행위와 손해의 발생과의 사이에 상당인과관계가 있다는 사실 등 불법행위의 요건사실에 대하여 현실적이고도 구체적으로 인식하였을 때를 의미한다고 할 것이고, 피해자 등이 언제 불법행위의 요건사실을 현실적이고도 구체적으로 인식한 것으로 볼 것인지는 개별 사건의 여러 객관적 사정을 참작하고 손해배상청구가 사실상 가능하게 된 상황을 고려하여 합리적으로 인정하여야 한다. 회사의 정관이 정하는 바에 따라 감사위원회를 둔 경우를 제외하고 감사는 주식회사의 필요적 상설기관으로서 이사의 직무집행을 감사하고 업무감사를 위하여 언제든지 이사에 대하여 영업에 관한 보고를 요구하거나 회사의 재산상태를 조사할 수 있는 권한이 있을 뿐만 아니라(상법 제412조), 특히 결산 업무와 관련하여서는 이사로부터 매 결산기의 재무제표와 영업보고서를 제출받아 법정기한 내에 이에 대한 감사보고서를 작성할 의무가 있나(상법 제447조의3, 4). 따라서 만약 실질적으로 감사로서의 직무를 수행할 의사가 전혀 없으면서도 자신의 도장을 이사에게 맡기는 등의 방식으로 그 명의만을 빌려줌으로써 회사의 이사로 하여금 어떠한 간섭이나 감독도 받지 않고 재무제표 등에 허위의 사실을 기재한 다음 그와 같이 분식된 재무제표 등을 이용하여 거래 상대방인 제3자에게 손해를 입히도록 묵인하거나 방치한 경우 감사는 악의 또는 중대한 과실로 인하여 임무를 해태한 때에 해당하여 그로 말미암아 제3자가 입은 손해를 배상할 책임이 있다고 할 것이다.

대법원 2012. 8. 17. 선고 2010다28390 판결 "선행차량이 사고 등의 사유로 고속도로에서 안전조치를 취하지 아니한 채 주행차로에 정지해 있는 사이에 뒤따라온 자동차에 의하여 추돌사고가 발생한 경우에, 안전조치를 취하지 아니한 정차 때문에 후행차량이 선행차량을 충돌하고 나아가 주변의 다른 차량이나 사람들을 충돌할 수도 있다는 것을 충분히 예상할 수 있으므로, 선행차량 운전자가 정지 후 안전조치를 취할 수 있었음에도 과실로 이를 게을리 하였거나, 또는 정지 후 시간적 여유 부족이나 부상 등의 사유로 안전조치를 취할 수 없었다고 하더라도 정지가 선행차량 운전자의 과실로 발생된 사고로 인한 경우 등과 같이 그의 과실에 의하여 비롯된 것이라면, 안전조치 미이행 또는 선행사고의 발생 등으로 인한 정지와 후행 추돌사고 및 그로 인하여 연쇄적으로 발생된 사고들 사이에는 특별한 사정이 없는 한 인과관계가 있고, 손해의 공평한 분담이라는 손해배상제도의 이념에 비추어 볼 때에 선행차량 운전자의 과실은 후행사고들로 인한 손해배상책임에 관한 분담범위를 정할 때에 참작되어야 한다. 공동불법행위의 성립에는 공동불법행위자 상호 간 의사의 공통이나 공동의 인식이 필요하지 아니하고 객관적으로 각 행위에 관련공동성이 있으면 되며, 관련공동성 있는 행위에 의하여 손해가 발생하였다면 손해배상책임을 면할 수 없다. 갑이 고속도로에서 차량을 운전하던 중 전방의 시야가 확보되지 않은 탓에 앞에서 서행하던 차량을 추돌하였고, 사고 후 안전조치를 취하지 않은 채 주행차로에 정차해 있는 사이에 뒤따라온 차량들에 의해 추돌사고가 연쇄적으로 발생하였는데, 그 중 을이 운전하던 차량이 다른 사고차량을 추돌하면서 앞선 사고차량에서 흘러나온 휘발유 등에 불이 붙어 화재가 발생한 사안에서, 선행사고 후 필요한 조치를 다하지 않은 갑의 과실과 전방주시의무·안전거리 유지의무 등을 게을리하여 후행사고를 일으킨 을의 과실 등이 경합하여 화재가 발생하였고, 선행사고와 후행사고는 시간적·장소적으로 근접하여 발생한 일련의 연쇄추돌 사고 중 일부로서 객관적으로 행위에 관련공동성이 있으므로 갑과 을은 공동불법행위자로서 화재로 인한 손해에 대하여 연대배상책임을 부담한다고 할 것임에도, 이와 달리 본 원심판결에 상당인과관계와 공동불법행위의 성립에 관한 법리오해의 위법이 있다."

대법원 2007. 11. 15. 선고 2005다16034 판결 "집단따돌림이란 학교 또는 학급 등 집단에서 복수의 학생들이 한 명 또는 소수의 학생들을 대상으로 의도와 적극성을 가지고, 지속적이면서도 반복적으로 관계에서 소외시키거나 괴롭히는 현상을 의미한다. 집단따돌림으로 인하여 피해 학생이 자살한 경우, 자살의 결과에 대하여 학교의 교장이나 교사의 보호감독의무 위반의 책임을 묻기 위하여는 피해 학생이 자살에 이른 상황을 객관적으로 보아 교사 등이 예견하였거나 예견할 수 있었음이 인정되어야 한다. 다만, 사회통념상 허용될 수 없는 악질, 중대한 집단따돌림이 계속되고 그 결과 피해 학생이 육체적 또는 정신적으로 궁지에 몰린 상황에 있었음을 예견하였거나 예견할 수 있었던 경우에는 피해 학생이 자살에 이른 상황에 대한 예견가능성도 있는 것으로 볼 수 있을 것이나, 집단따돌림의 내용이 이와 같은 정도에까지 이르지 않은 경우에는 교사 등이 집단따돌림을 예견하였거나 예견할 수 있었다고 하더라도 이것만으로 피해 학생의 자살에 대한 예견이 가능하였던 것으로 볼 수는 없으므로, 교사 등이 집단따돌림 자체에 대한 보호감독의무 위반의 책임을 부담하는 것은 별론으로 하고 자살의 결과에 대한 보호감독의무 위반의 책임을 부담한다고 할 수는 없다." 중학교 3학년 여학생이 급우들 사이의 집단따돌림으로 인하여 자살한 사안에서, 따돌림의 정도와 행위의 태양, 피해 학생의 평소 행동 등에 비추어 담임교사에게 피해 학생의 자살에 대한 예견가능성이 있었다고 인정하지 아니하여 자살의 결과에 대한 손해배상책임은 부정하면서, 다만 학생들 사이의 갈등에 대한 대처를 소홀히 한 과실을 인정하여 교사의 직무상 불법행위로 발생한 집단따돌림의 피해에 대하여 지방자치단체의 손해배상책임을 긍정한 사례이다.

대법원 1991. 4. 9. 선고 90다18500 판결 "책임능력 있는 미성년자의 불법행위로 인하여 손해가 발생한 경우에 그 발생된 손해가 당해 미성년자의 감독의무자의 의무위반과 상당인과관계가 있을 경우에는 감독의무자는 일반불법행위자로서 손해배상의무가 있다."

대법원 1994. 2. 8. 선고 93다13605 판결 "미성년자가 책임능력이 있어 그 스스로 불법행위책임을 지는 경우에도 그 손해가 당해 미성년자의 감독의무자의 의무위반과 상당인과관계가 있으면 감독의무자는 일반불법행위자로서 손해배상책임이 있고 이 경우에 그러한 감독의무위반사실 및 손해발생과의 상당인과관계의 존재는 이를 주장하는 자가 입증하여야 한다."

대법원 2000. 2. 11. 선고 99다47297 판결 "민법 제756조에 규정된 사용자책임의 요건인 '사무집행에 관하여'라는 뜻은 피용자의 불법행위가 외형상 객관적으로 사용자의 사업활동 내지 사무집행행위 또는 그와 관련된 것이라고 보여질 때에는 행위자의 주관적 사정을 고려함이 없이 이를 사무집행에 관하여 한 행위로 본다는 것으로, 피용자가 고의에 기하여 다른 사람에게 가해행위를 한 경우 그 행위가 피용자의 사무집행 그 자체는 아니라 하더라도 사용자의 사업과 시간적, 장소적으로 근접하고, 피용자의 사무의 전부 또는 일부를 수행하는 과정에서 이루어지거나 가해행위의 동기가 업무처리와 관련된 것일 경우에는 외형적, 객관적으로 사용자의 사무집행행위와 관련된 것이라고 보아 사용자책임이 성립한다고 할 것이고, 이 경우 사용자가 위험발생 및 방지조치를 결여하였는지 여부도 손해의 공평한 부담을 위하여 부가적으로 고려할 수 있다." 호텔 종업원의 손님에 대한 상해행위가 민법 제756조 소정의 사무집행에 관한 것이라고 보아 사용자책임을 인정한 사례이다.

대법원 1994. 11. 8. 선고 93다21514 (全) 판결 "어음이 위조된 경우에 피위조자는 민법상 표현대리에 관한 규정이 유추적용될 수 있다는 등의 특별한 경우를 제외하고는 원칙적으로 어음상의 책임을 지지 아니하나, 피용자가 어음위조로 인한 불법행위에 관여한 경우에 그것이 사용자의 업무집행과 관련한 위법한 행위로 인하여 이루어졌으면 그 사용자는 민법 제756조에 의한 손해배상책임을 지는 경우가 있고, 이 경우에 사용자가 지는 책임은 어음상의 책임이 아니라 민법상의 불법행위책임이므로 그 책임의 요건과 범위가 어음상의 그것과 일치하는 것이 아니다. 따라서 민법 제756조 소정의 사용자 책임을 논함에 있어서는 어음소지인이 어음법상 소구권을 가지고 있느냐는 등 어음법상의 권리 유무를 따질 필요가 없으므로, 어음소지인이 현실적으로 지급제시를 하여 지급거절을 당하였는지의 여부가 어음배서의 위조로 인한 손해배상책임을 묻기 위하여 필요한 요건이라고 할 수 없고, 어음소지인이 적법한 지급제시기간 내에 지급제시를 하지 아니하여 소구권 보전의 절차를 밟지 않았다고 하더라도 이는 어음소지인이 이미 발생한 위조자의 사용자에 대한 불법행위책임을 묻는 것에 장애가 되는 사유라고 할 수 없다. 위조된 약속어음을 취득함으로써 입은 손해는 다른 특별한 사정이 없는 한 이를 취득하기 위하여 현실적으로 출연한 할인금 상당액일 뿐, 그 어음이 진정한 것이었다면 어음소지인이 지급받았을 것이라고 인정되는 그 어음액면 상당액이라고는 할 수 없다. 상호신용금고가 조선무락합자회사 명의의 배서를 조선무약합자회사 명의의 배서로 오인한 과실이 있다고 하더라도 그 배서는 조선무약합자회사의 명칭 가운데 '약'자를 그와 거의 유사한 '락'자로 바꾼 데 지나지 아니하여 주의깊게 살피지 아니하면 그러한 사실을 발견하기가 어려울 뿐만 아니라 그 배서에 기재된 배서인의 주소나 대표의 명칭이 조선무약합자회사의 실제 주소나 대표의 명칭과 일치하는 점, 상호신용금고가 어음들을 할인함에 있어 조선무약합자회사에 확인하는 조치를 취하였던 점 등에 비추어 보면 비록 상호신용금고가 어음할인 등을 전문으로 하는 금융기관인 점을 고려하더라도 상호신용금고의 위와 같은 과실이 그렇게 중하다고 하기는 어려울 것인 반면, 조선무약합자회사측의 과실을 본다면 그 회사의 경리과 직원들이 회사가 실제로 어음에 배서하였는지를 확인하여 보지 아니하고 조선무약합자회사가 배서한 것이라고 답변한 것은 고의 내지 고의에 가까운 중대한 과실이라고 할 것이고 위와 같은 직원들을 제대로 감독하지 못한 조선무약합자회사의 과실 또한 결고 가벼운 과실이라고는 할 수 없을 것인데, 원심이 이러한 조선무약합자회사의 과실과 비교하여서도 상호신용금고의 과실비율이 조선무약합자회사의 과실비율의 두 배가 넘는 70%나 된다고 본 것은 결국 과실상계의 비율판단을 그르쳐 현저히 형평에 반하는 결과를 초래한 것이라고 하지 않을 수 없다. 상호신용금고가 약속어음을 할인함에 있어 조선무락합자회사 명의의 배서를 조선무약합자회사 명의의 배서로 오인한 과실이 있고, 조선무약합자회사의 직원들도 상호신용금고측의 문의에 대하여 어음에 대하여 조선무약합자회사 명의로 배서가 된 것으로 잘못 알고 그 배서가 진정한 것이라고 답변하였다 하더라도, 상호신용금고가 사실과 다른 답변을 믿고 어음을 취득한 이상 그에 따른 상호신용금고의 손해와 조선무약합자회사의 직원들의 위법행위 사이에 법률적인 인과관계를 부정할 수는 없다."

대법원 2010. 3. 11. 선고 2009다4343 판결 "이른바 인터넷 링크(Internet link)는 인터넷에서 링크하고자 하는 웹페이지나, 웹사이트 등의 서버에 저장된 개개의 저작물 등의 웹 위치 정보 내지 경로를 나타낸 것에 불과하여, 비록 인터넷 이용자가 링크 부분을 클릭함으로써 링크된 웹페이지나 개개의 저작물에 직접 연결한다 하더라도, 이는 저작권법 제2조 제14호에 규정된 '유형물에 고정하거나 유형물로 다시 제작하는 것'에 해당하지 아니하고, 또한 저작물의 전송의뢰를 하는 지시 또는 의뢰의 준비행위로 볼 수 있을지언정 같은 조 제9호의2에 규정된 '송신하거나 이용에 제공하는 것'에 해당하지 아니함은 물론, 같은 법 제19조에서 말하는

'유형물을 진열하거나 게시하는 것'에도 해당하지 아니한다. 그러므로 위와 같은 링크를 하는 행위는 구 저작권법이 규정하는 복제, 전송 및 전시에 해당하지 않는다. 저작권법은 제12조 제1항에서 '저작자는 저작물의 원작품이나 그 복제물에 또는 저작물의 공표에 있어서 그의 실명 또는 이명을 표시할 권리를 가진다'고 규정하고, 같은 조 제2항 본문에서 '저작물을 이용하는 자는 그 저작자의 특별한 의사표시가 없는 때에는 저작자가 그의 실명 또는 이명을 표시한 바에 따라 이를 표시하여야 한다'고 규정하고, 제34조 제1항 본문에서 '이 절의 규정에 의하여 저작물을 이용하는 자는 그 출처를 명시하여야 한다'고 규정하고 있는바, 위 각 법률조항의 입법 취지나 관련 법규정 등에 비추어 볼 때 구 저작권법 제12조 제2항, 제34조 제1항 각 본문에서 규정한 '저작물을 이용'한다고 함은 같은 법에서 저작자의 권리로서 보호하는 복제, 전송, 전시 등과 같은 방식으로 저작물을 이용하는 것을 의미한다. 인터넷 포털사이트를 운영하는 온라인서비스제공자가 제공한 인터넷 게시공간에 타인의 저작권을 침해하는 게시물이 게시되었고 그 검색 기능을 통하여 인터넷 이용자들이 위 게시물을 쉽게 찾을 수 있다 하더라도, 위와 같은 사정만으로 곧바로 위 서비스제공자에게 저작권 침해 게시물에 대한 불법행위책임을 지울 수는 없다. 다만 저작권 침해 게시물이 게시된 목적, 내용, 게시기간과 방법, 그로 인한 피해의 정도, 게시자와 피해자의 관계, 삭제 요구의 유무 등 게시에 관련한 쌍방의 대응태도, 관련 인터넷 기술의 발전 수준, 기술적 수단의 도입에 따른 경제적 비용 등에 비추어, 위 서비스제공자가 제공하는 인터넷 게시공간에 게시된 저작권 침해 게시물의 불법성이 명백하고, 위 서비스제공자가 위와 같은 게시물로 인하여 저작권을 침해당한 피해자로부터 구체적·개별적인 게시물의 삭제 및 차단 요구를 받은 경우는 물론, 피해자로부터 직접적인 요구를 받지 않은 경우라 하더라도 그 게시물이 게시된 사정을 구체적으로 인식하고 있었거나 그 게시물의 존재를 인식할 수 있었음이 외관상 명백히 드러나며, 또한 기술적, 경제적으로 그 게시물에 대한 관리·통제가 가능한 경우에는, 위 서비스제공자에게 그 게시물을 삭제하고 향후 같은 인터넷 게시공간에 유사한 내용의 게시물이 게시되지 않도록 차단하는 등의 적절한 조치를 취하여야 할 의무가 있으므로, 이를 위반하여 게시자의 저작권 침해를 용이하게 하는 경우에는 위 게시물을 직접 게시한 자의 행위에 대하여 부작위에 의한 방조자로서 공동불법행위책임이 성립한다."

대법원 2007. 6. 14. 선고 2005다32999 판결 "민법 제760조 제3항은 교사자나 방조자는 공동행위자로 본다고 규정하여 교사자나 방조자에게 공동불법행위자로서 책임을 부담시키고 있는바, 방조라 함은 불법행위를 용이하게 하는 직접, 간접의 모든 행위를 가리키는 것으로서 작위에 의한 경우뿐만 아니라 작위의무 있는 자가 그것을 방지하여야 할 여러 조치를 취하지 아니하는 부작위로 인하여 불법행위자의 실행행위를 용이하게 하는 경우도 포함하고, 이러한 불법행위의 방조는 형법과 달리 손해의 전보를 목적으로 하여 과실을 원칙적으로 고의와 동일시하는 민법의 해석으로서는 과실에 의한 방조도 가능하며, 이 경우의 과실의 내용은 불법행위에 도움을 주지 말아야 할 주의의무가 있음을 전제로 하여 이 의무에 위반하는 것을 말하고, 방조자에게 공동불법행위자로서의 책임을 지우기 위해서는 방조행위와 피방조자의 불법행위 사이에 상당인과관계가 있어야 한다. 공동불법행위로 인한 손해배상책임의 범위는 피해자에 대한 관계에서 가해자들 전원의 행위를 전체적으로 함께 평가하여 정하여야 하고, 그 손해배상액에 대하여는 가해자 각자가 그 금액의 전부에 대한 책임을 부담하는 것이며, 가해자의 1인이 다른 가해자에 비하여 불법행위에 가공한 정도가 경미하다고 하더라도 피해자에 대한 관계에서 그 가해자의 책임 범위를 위와 같이 정하여진 손해배상액의 일부로 제한하여 인정할 수는 없다. 공동불법행위의 경우 법원이 피해자의 과실을 들어 과실상계를 함에 있어서는 피해자의 공동불법행위자 각인에 대한 과실비율이 서로 다르더라도 피해자의 과실을 공동불법행위자 각인에 대한 과실로 개별적으로 평가할 것이 아니고 그들 전원에 대한 과실로 전체적으로 평가하여야 한다. 피해자의 부주의를 이용하여 고의로 불법행위를 저지른 자가 바로 그 피해자의 부주의를 이유로 자신의 책임을 감하여 달라고 주장하는 것은 허용될 수 없으나, 이는 그러한 사유가 있는 자에게 과실상계의 주장을 허용하는 것이 신의칙에 반하기 때문이므로, 불법행위자 중의 일부에게 그러한 사유가 있다고 하여 그러한 사유가 없는 다른 불법행위자까지도 과실상계의 주장을 할 수 없다고 해석할 것은 아니다."

대법원 2001. 2. 9. 선고 2000다60227 판결 "피해자가 공동불법행위자들을 모두 피고로 삼아 한꺼번에 손해배상청구의 소를 제기한 경우와 달리 공동불법행위자별로 별개의 소를 제기하여 소송을 진행하는 경우에는 각 소송에서 제출된 증거가 서로 다르고 이에 따라 교통사고의 경위와 피해자의 손해액산정의 기초가 되는 사실이 달리 인정됨으로 인하여 과실상계비율과 손해액도 서로 달리 인정될 수 있는 것이므로, 피해자가 공동불법행위자들 중 일부를 상대로 한 전소에서 승소한 금액을 전부 지급받았다고 하더라도 그 금액이 나머지 공동불법행위자에 대한 후소에서 산정된 손해액에 미치지 못한다면 후소의 피고는 그 차액을 피해자에게 지급할 의무가 있다."

대법원 2008. 7. 24. 선고 2007다37530 판결 "어느 공동불법행위자를 위하여 보증인이 된 사람이 피보증인을 위하여 손해배상채무를 변제한 경우, 그 보증인은 피보증인이 아닌 다른 공동불법행위자에 대하여 그 부담부분에 한하여 구상권을 행사할 수 있고, 이러한 법리는 어느 공동불법행위자를 위하여 그가 위 손해배상채무를 변제한 보증인에 대하여 부담하는 구상채무를 보증한 구상보증인이 피보증인을 위하여 그 구상채무를 변제한 경우에도 마찬가지여서 그 구상보증인은 피보증인이 아닌 다른 공동불법행위자에 대하여 그 부담 부분에 한하여 구상권을 행사할 수 있다. 피해자에게 손해배상을 한 어느 공동불법행위자의 보증인이 그 공동불법행위자 또는 다른 공동불법행위자에 대하여 가지는 구상권의 소멸시효 기간은 일반채권과 같이 10년이고, 그 기산점은 구상권이 발생한 시점, 즉 보증인이 현실로 피해자에게 손해배상금을 지급한 때이다."

대법원 2000. 8. 22. 선고 2000다29028 판결 "공동불법행위자는 채권자에 대한 관계에서 연대책임(부진정연대채무)을 지되 공동불법행위자들 내부관계에서는 일정한 부담 부분이 있고, 이 부담 부분은 공동불법행위자의 채권자에 대한 가해자로서의 과실 정도에 따라 정하여지는 것으로서 여기에서의 과실은 의무위반이라는 강력한 과실임에 반하여, 불법행위에 있어서 피해자의 과실을 따지는 과실상계에서의 과실은 가해자의 과실과 달리 사회통념이나 신의성실의 원칙에 따라 공동생활에 있어 요구되는 약한 의미의 부주의를 가리키는 것이다. 공동불법행위자 중의 1인이 다른 공동불법행위자와 공동불법행위자로서 제3자에게 손해배상책임을 짐과 동시에 피해자로서 다른 공동불법행위자에게 불법행위로 인한 손해배상을 구하는 경우에 피해자로서의 과실상계의 대상이 되는 과실 내용이나 비율은 공동불법행위자 사이에 제3자에 대한 가해자로서의 부담 부분을 정하기 위한 과실 내용이나 비율과 반드시 일치되어야 하는 것은 아니라고 할 것이다."

대법원 2011. 4. 28. 선고 2009다98652 판결 "토지의 소유자 등이 종전부터 향유하던 일조이익이 객관적인 생활이익으로서 가치가 있다고 인정되면 법적인 보호의 대상이 될 수 있는데, 그 인근에서 건물이나 구조물 등이 신축됨으로 인하여 햇빛이 차단되어 생기는 그늘, 즉 일영(日影)이 증가함으로써 해당 토지에서 종래 향유하던 일조량이 감소하는 일조방해가 발생한 경우, 일조방해의 정도, 피해이익의 법적 성질, 가해 건물의 용도, 지역성, 토지이용의 선후관계, 가해 방지 및 피해 회피의 가능성, 공법적 규제의 위반 여부, 교섭 경과 등 모든 사정을 종합적으로 고려하여 사회통념상 일반적으로 해당 토지 소유자의 수인한도를 넘게 되면 그 건축행위는 정당한 권리행사의 범위를 벗어나 사법상 위법한 가해행위로 평가된다. 일조방해로 인하여 인근 공작물 등 토지상에 정착한 물건을 더 이상 본래의 용법대로 사용할 수 없게 되었다면, 공작물 등 소유자로서는 공작물 등 이전이 불가능하거나, 이전으로 인하여 공작물 등을 종래 용법대로 사용할 수 없게 되거나, 공작물 등 이전비용이 공작물 등의 교환가치를 넘는다는 등 특별한 사정이 없는 한, 이전비용 상당액을 통상의 손해로서 청구할 수 있고, 이전 과정에서 불가피하게 발생한 손해 역시 통상의 손해로서 청구할 수 있으며, 위와 같은 특별한 사정이 있는 경우에는 공작물 등의 교환가치 상당액을 통상의 손해로서 청구할 수 있다. 한편 이와 같이 이전비용 등을 통상의 손해로서 청구하는 경우 장래 공작물 등을 사용·수익하여 얻을 수 있었을 이익은 이전비용 등에 포함되어 있어 이를 따로 청구할 수 없다. 손해배상액 산정에서 손익상계가 허용되기 위해서는 손해배상책임의 원인이 되는 행위로 인하여 피해자가 새로운 이득을 얻었을 뿐만 아니라 그 이득은 배상의무자가 배상하여야 할 손해의 범위에 대응하는 것이어야 한다. 고층 아파트 신축으로 비닐하우스에 일조방해가 발생하여 더 이상 정상적인 난 재배를 하기 어렵게 된 사안에서, 특별한 사정이 없는 한 비닐하우스와 그 안에서 재배되는 난들에 대한 이전비용과 이전 과정에서 불가피하게 발생하는 손해를 통상의 손해로서 청구할 수 있고, 만약 비닐하우스 등을 이전하는 것이 불가능하다는 등 특별한 사정이 있다면 그 교환가치 상당액을 통상의 손해로서 청구할 수 있다."

대법원 2007. 6. 28. 선고 2004다54282 판결 "어느 토지나 건물의 소유자가 종전부터 향유하고 있던 경관이나 조망이 그에게 하나의 생활이익으로서의 가치를 가지고 있다고 객관적으로 인정된다면 법적인 보호의 대상이 될 수 있는 것인바, 이와 같은 조망이익은 원칙적으로 특정의 장소가 그 장소로부터 외부를 조망함에 있어 특별한 가치를 가지고 있고, 그와 같은 조망이익의 향유를 하나의 중요한 목적으로 하여 그 장소에 건물이 건축된 경우와 같이 당해 건물의 소유자나 점유자가 그 건물로부터 향유하는 조망이익이 사회통념상 독자의 이익으로 승인되어야 할 정도로 중요성을 갖는다고 인정되는 경우에 비로소 법적인 보호의 대상이 되는 것이고, 그와 같은 정도에 이르지 못하는 조망이익의 경우에는 특별한 사정이 없는 한 법적인 보호의 대상이 될 수 없다. 조망이익이 법적인 보호의 대상이 되는 경우에 이를 침해하는 행위가 사법상 위법한 가해행위로 평가되기 위해서는 조망이익의 침해 정도가 사회통념상 일반적으로 인용되는 수인한도를 넘어야 하고, 그 수인한도를 넘었는지 여부는 조망의 대상이 되는 경관의 내용과 피해건물이 입지하고 있는 지역에 있어서 건조물의 전체적 상황 등의 사정을 포함한 넓은 의미에서의 지역성, 피해건물의 위치 및 구조와 조망상황, 특히 조망과의 관계에서의 건물의 건축·사용목적 등 피해건물의 상황, 주관적 성격이 강한 것인지 여부와 여관·식당 등의 영업과 같이 경제적 이익과 밀접하게 결부되어 있는지 여부 등 당해 조망이익의 내용, 가해건물의 위치 및 구조와 조망방해의 상황 및 건축·사용목적 등 가해건물의 상황, 가해건물 건축의 경위, 조망방해를 회피할 수 있는 가능성의 유무, 조망방해에 관하여 가해자측이 해의(害意)를 가졌는지의 유무, 조망이익이 피해이익으로서 보호가 필요한 정도 등 모든 사정을 종합적으로 고려하여 판단하여야 한다. 조망의 대상과 그에 대한 조망의 이익을 누리는 건물 사이에 타인 소유의 토지가 있지만 그 토지 위에 건물이 건축되어 있지 않거나 저층의 건물만이 건축되어 있어 그 결과 타인의 토지를 통한 조망의 향수가 가능하였던 경우, 그 타인은 자신의 토지에 대한 소유권을 자유롭게 행사하여 그 토지 위에 건물을 건축할 수 있고, 그 건물 신축이 국토의 계획 및 이용에 관한 법률에 의하여 정해진 지역의 용도에 부합하고 건물의 높이나 이격거리에 관한 건축관계법규에 어긋나지 않으며 조망향수자가 누리던 조망의 이익을 부당하게 침해하려는 해의(害意)에 의한 것으로서 권리의 남용에 이를 정도가 아닌 한 인접한 토지에서 조망의 이익을 누리던 자라도 이를 함부로 막을 수는 없으며, 따라서 조망의 이익은 주변에 있는 객관적 상황의 변화에 의하여 저절로 변용 내지 제약을 받을 수밖에 없고, 그 이익의 향수자가 이러한 변화를 당연히 제약할 수 있는 것도 아니다. 5층짜리 아파트의 뒤에 그보다 높은 10층짜리 건물을 세움으로써 한강 조망을 확보한 경우와 같이 보통의 지역에 인공적으로 특별한 시설을 갖춤으로써 누릴 수 있게 된 조망의 이익은 법적으로 보호받을 수 없다. 건물의 신축으로 인하여 그 이웃 토지상의 거주자가 직사광선이 차단되는 불이익을 받은 경우에 그 신축 행위가 정당한 권리행사로서의 범위를 벗어나 사법상 위법한 가해행위로 평가되기 위해서는 그 일조방해의 정도가 사회통념상 일반적으로 인용하는 수인한도를 넘어야 하고, 일조방해행위가 사회통념상 수인한도를 넘었는지 여부는 피해의 정도, 피해이익의 성질 및 그에 대한 사회적 평가, 가해건물의 용도, 지역성, 토지이용의 선후관계, 가해 방지 및 피해 회피의 가능성, 공법적 규제의 위반 여부, 교섭경과 등 모든 사정을 종합적으로 고려하여 판단하여야 한다. 가해건물의 신축으로 인하여 일조피해를 받게 되는 건물이 이미 다른 기존 건물에 의하여 일조방해를 받고 있는 경우 또는 피해건물이 남향이 아니거나 처마가 돌출되어 있는 등 그 구조 자체가 충분한 일조를 확보하기 어렵게 되어 있는 경우에는, 가해건물 신축 결과 피해건물이 동짓날 08시부터 16시 사이에 합계 4시간 이상 그리고 동짓날 09시부터 15시 사이에 연속하여 2시간 이상의 일조를 확보하지 못하게 되더라도 언제나 수인한도를 초과하는 일조피해가 있다고 단정할 수는 없고(한편, 피해건물이 종전부터 위와 같은 정도의 일조를 확보하지 못하고 있었던 경우라도 그 일조의 이익이 항상 보호의 대상에서 제외되는 것은 아니다), 가해건물이 신축되기 전부터 있었던 일조방해의 정도, 신축 건물에 의하여 발생하는 일조방해의 정도, 가해건물 신축 후 위 두 개의 원인이 결합하여 피해건물에 끼치는 전체 일조방해의 정도, 종전의 원인에 의한 일조방해와 신축 건물에 의한 일조방해가 겹치는 정도, 신축 건물에 의하여 발생하는 일조방해시간이 전체 일조방해시간 중 차지하는 비율, 종전의 원인만으로 발생하는 일조방해시간과 신축 건물만에 의하여 발생하는 일조방해시간 중 어느 것이 더 긴 것인지 등을 종합적으로 고려하여 신축 건물에 의한 일조방해가 수인한도를 넘었는지 여부를 판단하여야 한다. 가해건물 신축 후 피해건물의 일조시간이 감소하였으나 그 피해건물이 서향인데다가 종전부터 다른 기존 건물로 인하여 일조를 방해받고 있던 점, 가해건물 신축으로 인하여 추가된 일조방해시간이 전체 일조방해시간의 1/4에 미달하고, 종전부터 있던 일조방해시간의 1/3에 미달하는 점 등에 비추어, 가해건물의 신축으로 인한 일조침해의 정도가 수인한도를 초과한다고 보기 어렵다. 일조방해, 사생활 침해, 조망 침해, 시야 차단으로 인한 압박감, 소음, 분진, 진동 등과 같은 생활이익에 대한 침해가 사회통념상의 수인한도를 초과하여 위법한지를 판단하고 그에 따른 재산상 손해를 산정함에 있어서는, 생활이익을 구성하는 요소들을 종합적으로 참작하여 수인한도를 판단하여야만 형평을 기할 수 있는 특별한 사정이 없다면, 원칙적으로 개별적인 생활이익별로 침해의 정도를 고려하여 수인한도 초과 여부를 판단한 후 수인한도를 초과하는 생활이익들에 기초하여 손해배상액을 산정하여야 하며, 수인한도를 초과하지 아니하는 생활이익에 대한 침해를 다른 생활이익 침해로 인한 수인한도 초과 여부 판단이나 손해배상액 산정에 있어서 직접적인 근거 사유로 삼을 수는 없다."

대법원 2003. 9. 5. 선고 2002다17333 판결 "일반적으로 제조물을 만들어 판매하는 자는 제조물의 구조, 품질, 성능 등에 있어서 현재의 기술수준과 경제성 등에 비추어 기대가능한 범위 내의 안전성을 갖춘 제품을 제조하여야 하고, 이러한 안전성을 갖추지 못한 결함으로 인하여 그 사용자에게 손해가 발생한 경우에는 불법행위로 인한 배상책임을 부담하게 되는 것인바, 그와 같은 결함 중 주로 제조자가 합리적인 대체설계를 채용하였더라면 피해나 위험을 줄이거나 피할 수 있었음에도 대체설계를 채용하지 아니하여 제조물이 안전하지 못하게 된 경우를 말하는 소위 설계상의 결함이 있는지 여부는 제품의 특성 및 용도, 제조물에 대한 사용자의 기대와 내용, 예상되는 위험의 내용, 위험에 대한 사용자의 인식, 사용자에 의한 위험회피의 가능성, 대체설계의 가능성 및 경제적 비용, 채택된 설계와 대체설계의 상대적 장단점 등의 여러 사정을 종합적으로 고려하여 사회통념에 비추어 판단하여야 한다. 제조물에 대한 제조상 내지 설계상의 결함이 인정되지 아니하는 경우라 할지라도, 제조업자 등이 합리적인 설명, 지시, 경고 기타의 표시를 하였더라면 당해 제조물에 의하여 발생될 수 있는 피해나 위험을 줄이거나 피할 수 있었음에도 이를 하지 아니한 때에는 그와 같은 표시상의 결함(지시·경고상의 결함)에 대하여도 불법행위로 인한 책임이 인정될 수 있고, 그와 같은 결함이 존재하는지 여부에 대한 판단을 함에 있어서는 제조물의 특성, 통상 사용되는 사용형태, 제조물에 대한 사용자의 기대의 내용, 예상되는 위험의 내용, 위험에 대한 사용자의 인식 및 사용자에 의한 위험회피의 가능성 등의 여러 사정을 종합적으로 고려하여 사회통념에 비추어 판단하여야 한다."

대법원 2008. 3. 27. 선고 2007다76290 판결 "의료행위에 의하여 후유장해가 발생한 경우, 그 후유장해가 당시 의료수준에서 최선의 조치를 다하는 때에도 당해 의료행위 과정의 합병증으로 나타날 수 있는 것이거나 또는 그 합병증으로 인하여 2차적으로 발생할 수 있는 것이라면, 의료행위의 내용이나 시술 과정, 합병증의 발생 부위, 정도 및 당시의 의료수준과 담당의료진의 숙련도 등을 종합하여 볼 때 그 증상이 일반적으로 인정되는 합병증의 범위를 벗어났다고 볼 수 있는 사정이 없는 한, 그 후유장해가 발생하였다는 사실만으로 의료행위 과정에 과실이 있었다고 추정할 수 없다. 복강경에 의한 질식 자궁적출술 등을 시행하는 경우 일반적 합병증으로 요관손상이 따를 수 있으므로, 위 수술 시행 과정에서 환자의 요관이 손상되는 결과가 발생한 것에 대하여 바로 수술의사의 과실을 인정할 수 없고, 이를 추정하기 위해서는 위 손상 결과가 일반적인 합병증의 범위를 벗어난 것으로 볼 만한 사정이 인정되어야 한다."

대법원 2005. 1. 17. 자 2003마1477 결정 "명예는 생명, 신체와 함께 매우 중대한 보호법익이고 인격권으로서의 명예권은 물권의 경우와 마찬가지로 배타성을 가지는 권리라고 할 것이므로 사람의 품성, 덕행, 명성, 신용 등의 인격적 가치에 관하여 사회로부터 받는 객관적인 평가인 명예를 위법하게 침해당한 자는 손해배상 또는 명예회복을 위한 처분을 구할 수 있는 이외에 인격권으로서 명예권에 기초하여 가해자에 대하여 현재 이루어지고 있는 침해행위를 배제하거나 장래에 생길 침해를 예방하기 위하여 침해행위의 금지를 구할 수도 있다. 표현행위에 대한 사전억제는 표현의 자유를 보장하고 검열을 금지하는 헌법 제21조 제2항의 취지에 비추어 엄격하고 명확한 요건을 갖춘 경우에만 허용된다고 할 것인바, 출판물에 대한 발행·판매 등의 금지는 위와 같은 표현행위에 대한 사전억제에 해당하고, 그 대상이 종교단체에 관한 평가나 비판 등의 표현행위에 관한 것이라고 하더라도 그 표현행위에 대한 사전금지는 원칙적으로 허용되어서는 안 될 것이지만, 다만 그와 같은 경우에도 그 표현내용이 진실이 아니거나 그것이 공공의 이해에 관한 사항으로서 그 목적이 오로지 공공의 이익을 위한 것이 아니며, 또한 피해자에게 중대하고 현저하게 회복하기 어려운 손해를 입힐 우려가 있는 경우에는 그와 같은 표현행위는 그 가치가 피해자의 명예에 우월하지 아니하는 것이 명백하고, 또 그에 대한 유효적절한 구제수단으로서 금지의 필요성도 인정되므로 이러한 실체적인 요건을 갖춘 때에 한하여 예외적으로 사전금지가 허용된다."

대법원 2004. 3. 18. 선고 2001다82507 (全)판결 "불법행위로 영업용 물건이 멸실된 경우, 이를 대체할 다른 물건을 마련하기 위하여 필요한 합리적인 기간 동안 그 물건을 이용하여 영업을 계속하였더라면 얻을 수 있었던 이익, 즉 휴업손해는 그에 대한 증명이 가능한 한 통상의 손해로서 그 교환가치와는 별도로 배상하여야 하고, 이는 영업용 물건이 일부 손괴된 경우, 수리를 위하여 필요한 합리적인 기간 동안의 휴업손해와 마찬가지라고 보아야 할 것이다.

일반적으로 타인의 불법행위 등에 의하여 재산권이 침해된 경우에는 그 재산적 손해의 배상에 의하여 정신적 고통도 회복된다고 보아야 할 것이므로 재산적 손해의 배상에 의하여 회복할 수 없는 정신적 손해가 발생하였다면, 이는 특별한 사정으로 인한 손해로서 가해자가 그러한 사정을 알았거나 알 수 있었을 경우에 한하여 그 손해에 대한 위자료를 청구할 수 있다."

대법원 1994. 9. 9. 선고 93다50116 판결 "일반적으로 소송을 제기하거나 제기되어진 소송에 응소하는 것 자체는 헌법에 의하여 보장된 국민의 권리실현이나 권리보호를 위한 수단으로서 원칙적으로 적법하나, 그와 같은 소제기나 응소행위가 권리실현이나 권리보호를 빙자하여 상대방의 권리나 이익을 침해하거나 상당한 이유 없이 상대방에게 고통을 주려는 의사로 행하여지는 등 고의 또는 과실이 인정되고, 이것이 공서양속에 반하는 정도에 이른 것인 경우에는 위법성을 띠고 불법행위를 구성한다. 피고 갑이 피고 을의 동의를 얻어 원고로부터 교부받은 백지 약속어음의 수취인란을 제3자인 피고 을로 보충하고 신탁법 제7조에 위반하여 피고 을의 이름으로 원고 소유의 토지에 대하여 가압류결정을 받아 집행을 한 뒤 원고가 제기한 가압류이의소송에 피고 을로 하여금 응소하게 하고, 약속어음의 원인인 대여금채권에 대한 담보조로 원고 소유의 다른 부동산에 관하여 피고 갑 앞으로 마쳐진 가등기에 기하여 제소전화해에 의하여 본등기를 마치고서도 가압류이의소송을 그대로 유지하는 한편, 피고 을 이름으로 다시 가압류의 본안인 대여금청구의 소를 제기한 일련의 행위는 부당소송행위로서 불법행위를 구성한다. 부당소송을 당한 상대방이 입게 되는 정신상의 고통은 통상 당해 소송에서 승소하는 것에 의하여 회복되고 승소하여도 회복할 수 없는 정신적 고통은 특별사정으로 인한 손해라고 볼 것이므로, 부당소송으로 인한 위자료청구가 인용되기 위해서는 승소나 재산적 손해의 배상만으로는 회복될 수 없는 정신적 고통을 입었다고 인정될 만한 특별사정의 존재와 그러한 특별사정에 대한 예견가능성이 전제되어야 한다."

대법원 2004. 3. 18. 선고 2001다82507 (全) 판결 "불법행위로 영업용 물건이 멸실된 경우, 이를 대체할 다른 물건을 마련하기 위하여 필요한 합리적인 기간 동안 그 물건을 이용하여 영업을 계속하였더라면 얻을 수 있었던 이익, 즉 휴업손해는 그에 대한 증명이 가능한 한 통상의 손해로서 그 교환가치와는 별도로 배상하여야 하고, 이는 영업용 물건이 일부 손괴된 경우, 수리를 위하여 필요한 합리적인 기간 동안의 휴업손해와 마찬가지라고 보아야 할 것이다. 일반적으로 타인의 불법행위 등에 의하여 재산권이 침해된 경우에는 그 재산적 손해의 배상에 의하여 정신적 고통도 회복된다고 보아야 할 것이므로 재산적 손해의 배상에 의하여 회복할 수 없는 정신적 손해가 발생하였다면, 이는 특별한 사정으로 인한 손해로서 가해자가 그러한 사정을 알았거나 알 수 있었을 경우에 한하여 그 손해에 대한 위자료를 청구할 수 있다."

대법원 2007. 11. 16. 선고 2005다55312 판결 "사용자책임이 면책되는 피해자의 중대한 과실이라 함은 거래의 상대방이 조금만 주의를 기울였더라면 피용자의 행위가 그 직무권한 내에서 적법하게 행하여진 것이 아니라는 사정을 알 수 있었음에도 만연히 이를 직무권한 내의 행위라고 믿음으로써 일반인에게 요구되는 주의의무에 현저히 위반하는 것으로 거의 고의에 가까운 정도의 주의를 결여하고, 공평의 관점에서 상대방을 구태여 보호할 필요가 없다고 봄이 상당하다고 인정되는 상태를 말한다. 부동산의 매수인이 불법행위자가 타인 소유의 부동산에 관하여 등기관계서류를 위조하여 매각한다는 사정을 알지 못한 채 불법행위자에게 매매대금을 지급하고 자신의 명의로 원인무효의 소유권이전등기를 마친 다음 유효하게 부동산을 취득한 것으로 믿고 다른 사람에게 이를 양도하여 중간 매도인이 되었으나, 후에 진정한 소유자가 중간 매도인을 상대로 말소등기청구소송을 제기하여 승소함에 따라 중간 매도인 명의로 된 소유권이전등기가 말소됨으로써 최종 매수인에 대하여 매도인의 담보책임을 부담하게 되고 그 이행으로 손해배상금을 지급하게 된 경우, 불법행위로 인하여 중간 매도인이 입은 통상의 손해는, 부동산의 시가가 하락하는 등의 특별한 사정이 없는 이상, 담보책임의 이행으로 지급한 손해배상금에서 자신이 전매를 통하여

취한 이득을 공제한 금액 상당이라고 봄이 상당하고, 그 금액은 중간 매도인이 부동산을 유효하게 취득하기 위하여 출연한 매매대금과 매도인의 담보책임의 이행으로 지급한 손해배상금에서 매수인으로부터 지급받은 매매대금을 공제한 나머지 금액을 합한 것과 같다. 가해행위와 그로 인한 현실적인 손해의 발생 사이에 시간적 간격이 있는 불법행위에 기한 손해배상채권의 경우, 소멸시효의 기산점이 되는 '불법행위를 한 날'의 의미는 단지 관념적이고 부동적인 상태에서 잠재적으로만 존재하고 있는 손해가 그 후 현실화되었다고 볼 수 있는 때, 다시 말하자면 손해의 결과 발생이 현실적인 것으로 되었다고 할 수 있는 때로 보아야 한다."

대법원 1994. 1. 25. 선고 93다48526 판결 "불법행위로 입은 상해의 후유장애로 인하여 장래에 계속적으로 치료비나 개호비 등을 지출하여야 할 손해를 입은 피해자가, 그 손해의 배상을 정기금에 의한 지급과 일시금에 의한 지급 중 어느 방식에 의하여 청구할 것인지는 원칙적으로 손해배상청구권자인 그 자신이 임의로 선택할 수 있는 것으로서 다만 식물인간 등의 경우와 같이 그 후유장애의 계속기간이나 잔존여명이 단축된 정도 등을 확정하기 곤란하여 일시금지급방식에 의한 손해의 배상이 사회정의와 형평의 이념에 비추어 현저하게 불합리한 결과를 초래할 우려가 있다고 인정될 때에는, 손해배상청구권자가 일시금에 의한 지급을 청구하였더라도 법원이 재량에 따라 정기금에 의한 지급을 명하는 판결을 할 수 있다. 소송촉진등에관한특례법 제3조 제2항 소정의 "채무자가 그 이행의무의 존부나 범위에 관하여 항쟁함이 상당하다고 인정하는 때"라고 하는 것은 그 이행의무의 존부나 범위에 관하여 항쟁하는 채무자의 주장이 상당한 근거가 있는 것으로 인정되는 때를 가리키는 것으로 해석되므로, 채무자가 위와 같이 항쟁함이 상당한 것인지의 여부는 당해 사건에 관한 법원의 사실인정과 평가에 관한 문제이다."

대법원 2007. 11. 15. 선고 2005다16775 판결 "과당매매의 불법행위로 인한 재산상의 손해는 위법한 가해행위로 인하여 발생한 재산상의 불이익, 즉 과당매매가 없었더라면 존재하였을 재산상태와 과당매매가 종료한 이후의 재산상태의 차이를 말한다. 이때 과당매매가 없었더라면 존재하였을 재산상태는 정상적인 일임거래가 이루어졌을 경우의 투자위험이 반영되어야 하므로, 과당매매가 시작되는 시점의 예탁금 및 주식 등의 평가액으로부터, 주가지수변동률 등을 사용하여 정상적인 일임거래가 이루어졌을 경우 발생하였을 것으로 예상되는 손실과 거래비용을 적절히 평가하여 이를 공제한 금액(정상거래 후 잔고)이고, 그 금액과 과당매매가 종료된 시점의 잔고(과당매매 후 잔고)의 차액을 과당매매로 인한 손해로 보아 이를 산정함이 원칙이다. 과당매매의 주식거래기간 동안 고객이 일부 거래를 적극적으로 주도한 경우에는 그러한 거래는 증권회사 측의 계좌지배를 인정할 수 없어 과당매매에서 제외되어야 하므로, 과당매매의 불법행위로 인한 재산상의 손해액을 산정함에 있어서도 이를 참작하여야 할 것인바, 그와 같은 경우에는 고객이 적극적으로 주도한 거래로 인한 손실과 거래비용의 액수를 적절히 고려하여 과당매매의 불법행위로 인한 재산상의 손해액을 추산하거나, 고객이 적극적으로 주도한 거래의 횟수, 규모, 내용 및 손실과 거래비용의 규모와 정도 등을 적절히 고려하여 그 거래로 인한 손실과 거래비용이 손해발생에 기여하였다고 인정되는 부분을 비율적으로 인정하여 그 나머지 부분을 과당매매의 불법행위로 인한 손해액으로 산정하는 것도 허용될 수 있다. 다만, 실제로는 개별 주식거래의 다양성과 주식시장의 변동성 등으로 인하여, 주가지수변동률 등의 통계자료만으로 정상적인 일임거래가 이루어졌을 경우에 발생하였을 것으로 예상되는 손실이나 거래비용을 정확히 추산하는 것이 쉽지 아니하고, 과당매매의 거래기간 동안 고객이 매수한 주식을 증권회사의 직원이 매도하거나 증권회사의 직원이 매수한 주식을 고객이 매도하는 등과 같은 사정으로 고객이 주도한 개별 주식거래 부분을 분리하여 그로 인한 손실과 거래비용의 액수 내지 그 부분의 손해발생에 대한 기여도를 판단하는 것이 곤란할 뿐 아니라 위와 같은 방법에 의해 손해를 산정함에 있어서도 당해 거래관계에 특수한 상황이 있을 때에는 이를 참작하여 손해배상책임을 조정할 필요가 있으므로, 증권회사가 부담할 최종적인 손해배상액을 정하는 법원으로서는 경험칙이나 논리칙 또는 공평의 원칙에 어긋나지 아니하는 한 '과당매매가 시작되는 시점의 계좌 상태'와 '과당매매 종료 시점의 계좌 잔고'와의 차액에 의해 손해를 산정한 다음, 정상적인 일임거래가 이루어졌을 경우에도 전반적인 주가 하락추세 등의 요소로 인해 과당매매가 없었더라도 어느 정도의 손실을 피할 수 없었거나 그에 상응한 수수료 등 거래비용이 지출되었으리라는 사정과 고객이 주도한 주식거래 부분으로 인하여 어느 정도의 손실이 발생하였거나 그에 상응한 수수료 등 거래비용이 지출되었으리라는 사정 등을 적절히 참작하여 합리적인 범위 내에서 책임을 감경하는 방법으로 손해배상액을 산정할 수도 있다. 과당매매의 거래기간 동안 증권회사측에 의하여 고객의 투자목적·재산상황 및 투자경험 등에 비추어 부당한 거래가 권유된 경우에는 그와 같은 부당권유행위는 과당매매의 성립을 인정하는 데 참작요소로 고려될 수 있고, 나아가 과당매매의 불법행위는 과당매매의 거래기간 동안에 이루어진 거래행위 전체의 위법성이 심리·판단대상이 되는 점에 비추어 보면, 과당매매의 거래기간 동안 일부 거래가 부당한 권유에 의하여 이루어진 사정이 있다 하더라도, 과당매매의 불법행위로 인한 손해배상청구가 인용되는 경우에는 특별한 사정이 없는 한 부당권유에 의한 개개거래 부분에 대하여는 과당매매의 성립이나 손해배상책임의 제한 단계에서 증권회사측의 위법성 및 책임을 가중시키는 참작요소로 고려하면 충분하고, 그 부당권유로 인한 개개의 거래 부분에 대하여 과당매매의 불법행위로 인한 손해배상청구권과 별도로 손해배상청구권을 인정할 수 없다."

대법원 2008. 6. 26. 선고 2006다84874 판결 "가압류나 가처분 등 보전처분은 법원의 재판에 의하여 집행되는 것이기는 하나, 그 실체상 청구권이 있는지 여부는 본안소송에 맡기고 단지 소명에 의하여 채권자의 책임 아래 하는 것이므로, 그 집행 후에 집행채권자가 본안소송에서 패소 확정되었다면 그 보전처분의 집행으로 인하여 채무자가 입은 손해에 대하여는 특별한 반증이 없는 한 집행채권자에게 고의 또는 과실이 있다고 추정되고, 따라서 그 부당한 집행으로 인한 손해에 대하여 이를 배상할 책임이 있다고 할 것이나, 토지에 대한 부당한 가압류의 집행으로 그 지상에 건물을 신축하는 내용의 공사도급계약이 해제됨으로 인한 손해는 특별손해이므로, 가압류채권자가 토지에 대한 가압류집행이 그 지상 건물 공사도급계약의 해제사유가 된다는 특별한 사정을 알았거나 알 수 있었을 때에 한하여 배상의 책임이 있다. 매매목적물인 부동산에 대하여 가압류집행이 되어 있다고 해서 매매에 따른 소유권이전등기가 불가능한 것도 아니고, 다만 가압류채권자가 본안 소송에서 승소하여 매매목적물에 대하여 경매가 개시되는 경우에는 매매목적물의 매각으로 인하여 매수인이 소유권을 상실할 수 있으나 이는 담보책임 등으로 해결할 수 있고, 경우에 따라서는 신의칙 등에 의해 대금지급채무의 이행을 거절할 수 있음에 그치므로, 매매목적물이 가압류되는 것을 매매계약 해제 및 위약금 지급 사유로 삼기로 약정하지 아니한 이상, 매수인으로서는 위 가압류집행을 이유로 매도인이 계약을 위반하였다고 하여 위 매매계약을 해제할 수는 없는 노릇이어서, 매도인이 받은 계약금의 배액을 매수인에게 지급하였다고 하더라도 그것은 매매계약에 의거한 의무에 의한 것이라고는 볼 수 없고 호의적인 지급이거나 지급의무가 없는데도 있는 것으로 착각하고 지급한 것이라고 보일 뿐이어서 위 위약금 지급과 위 가압류집행 사이에는 법률적으로 상당인과관계가 없다."

대법원 2011. 5. 13. 선고 2009다100920 판결 "교통사고로 인한 피해자의 후유증이 사고와 피해자의 기왕증이 경합하여 나타난 것이라면 사고가 후유증이라는 결과 발생에 기여하였다고 인정되는 정도에 따라 상응한 배상액을 부담하게 하는 것이 손해의 공평한 부담이라는 견지에서 타당하고, 법원이 기왕증의 후유증 전체에 대한 기여도를 정할 때에는 반드시 의학적으로 정확히 판정하여야 하는 것이 아니고 변론에 나타난 기왕증의 원인과 정도, 기왕증과 후유증의 상관관계, 피해자 연령과 직업, 건강상태 등 제반 사정을 고려하여 합리적으로 판단할 수 있다. 사실심법원이 일실수입 산정 기초가 되는 가동연한을 인정할 때에는 국민의 평균여명, 경제수준, 고용조건 등 사회적, 경제적 여건 외에 연령별 근로자 인구수, 취업률 또는 근로참가율 및 직종별 근로조건과 정년 제한 등 제반 사정을 조사하여 이로부터 경험칙상 추정되는 가동연한을 도출하든가, 당해 피해자의 연령, 직업, 경력, 건강상태 등 구체적인 사정을 고려하여 가동연한을 인정할 수 있다. 국민연금공단이 제3자의 불법행위로 장애연금이나 유족연금 지급사유가 발생하여 연금을 지급한 경우 급여액의 범위에서 수급권자의 제3자에 대한 손해배상청구권에 관하여 수급권자를 대위하고(국민연금법 제114조), 대위 금액 상당을 수급권자가 제3자한테서 받을 손해배상금에서 공제하도록 한 것은 국민연금 수급권자가 동일한 사유로 이중으로 배상받는 부당성과 배상책임이 있는 제3자가 연금지급으로 손해배상에서 면책되는 부당성을 피하기 위한 것이므로, 제3자의 불법행위와 수급권자의 기왕증이 경합하여 연금지급사유가 발생한 경우 국민연금공단이 대위취득하는 수급권자의 손해배상청구권은 기왕증 기여도를 공제한 후 남은 손해배상청구권 범위 내에서 연금급여액 전액이고, 연금급여액에서 다시 기왕증 기여분을 제외한 금액의 한도로 제한된다고 할 수 없다. 국민연금공단이 제3자의 불법행위로 장애연금이나 유족연금 지급사유가 발생하여 연금을 지급한 경우 대위취득하는 손해배상청구권은 수급권자가 장애연금이나 유족연금 지급사유와 동일한 사유로 제3자에 대하여 청구할 수 있는 손해배상액으로 한정되므로, 대위취득하는 손해배상청구권은 연금지급사유와 같은 성질을 가지고 있을 뿐 아니라 대상이 되는 기간도 일치하여야 하고, 국민연금법상 장애연금은 연금가입자가 입은 장애가 계속되는 동안 장애정도에 따라 지급되는 것으로서(국민연금법 제67조 제1항) 장애로 인한 일실수입손해를 전보하는 기능을 가지고 있으므로, 국민연금공단이 제3자의 불법행위로 장애연금을 지급하고 대위취득하는 손해배상청구권은 연금지급기간에 해당하는 일실수입손해에 한정된다. 국민연금공단이 제3자의 불법행위와 수급권자의 기왕증이 경합하여 장애연금 지급사유가 발생함에 따라 장애연금을 지급하고 수급권자의 손해배상청구권을 대위청구한 데 대하여, 원심이 수급인의 일실수입 산정을 위한 가동연한을 장애연금 지급기간 이전 시점까지라고 하면서도 연금급여액 중 기왕증 기여분을 공제한 나머지 부분에 대하여 대위가 인정된다고 판단하였고, 이에 대하여 국민연금공단만이 상고한 사안에서, 국민연금공단이 대위취득하는 손해배상청구권의 범위가 수급권자에게 지급한 연금급여액 중 제3자의 행위로 연금지급사유가 발생한 부분으로 제한된다고 하면서 위 연금급여액 중 기왕증 기여분을 공제한 나머지 부분에 대해서만 대위가 인정된다고 본 원심판단에는 국민연금공단의 대위 범위에 관한 법리를 위반한 잘못이 있으나, 한편 이는 장애연금

지급기간이 일실수입 산정을 위한 가동연한 이후여서 그 기간에 대한 일실수입 상당의 손해배상청구권이 없음에도 일부나마 대위를 인정한 것이므로, 위 공단만이 상고한 이 청구에서 결과적으로 대위 범위에 관한 법리위반의 잘못이 판결 결과에는 영향을 미치지 않는다."

대법원 1993. 11. 26. 선고 93다31917 판결 "일실수입 산정의 기초가 되는 가동연한은 사실조사의 권능을 가진 사실심이 우리나라 국민의 평균여명과 경제수준, 고용조건 등의 사회적, 경제적 여건 외에 연령별 근로자 인구수, 취업율 또는 근로참가율 및 직종별 근로조건과 정년제한 등 제반 사정을 조사하여 이로부터 경험칙상 추정되는 가동연한을 도출하든가 또는 피해당사자의 연령, 직업, 경력, 건강상태 등 구체적인 사정을 고려하여 그 가동연한을 인정하든가 하여 정할 수 있는 것이다. 원심이 이와 같은 취지에서 이 사건 사고 당시 원고 박재수는 60세 6개월 정도의 나이로서 기대여명이 14.92년이고, 농촌지역에 거주하면서 사고 당시에도 실제 농업노동에 종사하여 왔으며, 한편 1985. 12.경 전국 농가 중 경영주가 60세 이상인 농가가 24%에 이르는 사실을 적법하게 확정한 다음, 한국 농촌의 현실 등에 비추어 볼 때 위 원고의 가동연한은 65세가 될 때까지로 봄이 상당하다고 판단한 것은 정당한 것으로 수긍이 가고, 거기에 소론과 같이 채증법칙 위배, 심리미진, 이유불비 또는 경험칙 위배의 위법이 있다고 할 수 없다. 소론이 지적하는 판례는 일반노동에 종사하는 사람은 경험칙상 만 60세에 이르기까지 가동할 수 있다고 하는 것으로서 이 사건에 적절한 것이라고 할 수 없다. 논지는 이유 없다."

대법원 1986. 3. 11. 선고 85다카2352 판결 "호프만식 계산법에 의하여 중간이자를 공제하는 경우에 단리연금현가율이 240을 넘는 중간이자 공제기간 414월 (년별 호프만식 계산에 있어서는 그 율이 20을 넘는 36년) 이후에 있어서는 그 단리연금현가율을 그대로 적용하여 그 현가를 산정하게 되면 현가로 받게 되는 금액의 이자가 매월 입게 되는 손해액보다 많게 되어 손해액보다 더 많은 금원을 배상하게 되는 불합리한 결과를 가져오게 되므로 그 단리연금현가율이 240을 넘는 공제기간의 현가를 산정함에 있어서는 그 수치 표상의 단리연금현가율이 얼마인지를 불문하고 모두 240

을 적용계산함으로써 피해자가 과잉배상을 받는 일이 없도록 해야 한다."

대법원 2010. 11. 25. 선고 2010다51406 판결 "불법행위 피해자는 그로 인한 손해의 확대를 방지하거나 감경하기 위하여 노력하여야 할 일반적 의무가 있으므로, 피해자는 관례적이고 상당한 결과의 호전을 기대할 수 있는 수술을 용인할 의무가 있다. 따라서 그와 같은 수술을 거부함으로써 손해가 확대된 경우 그 손해 부분은 피해자가 부담하여야 하고, 그러한 수술로 피해자의 후유증이 개선될 수 있는 경우에 신체 손상으로 인한 일실이익 산정의 전제가 되는 가동능력 상실률은 다른 특별한 사정이 없는 한 그 수술을 시행한 후에도 여전히 남을 후유증을 기준으로 하여 정하여져야 한다. 요실금 테이프 수술을 받은 환자에게 수술 후 방광게실과 만성 방광염이 발생한 사안에서, 피해자의 만성 방광염은 방광게실로 인하여 생긴 것으로 보이고 그 방광게실은 치료가 종결된 것이 아니라 방광게실 제거수술을 하면 개선될 가능성이 있다고 볼 여지가 충분하므로, 방광게실 제거수술을 시행하면 피해자의 방광게실 등이 개선될 수 있는지, 수술 후에도 후유증이 남는지 여부 등을 심리·확정한 후 그에 근거하여 피해자의 노동능력상실률을 정하여야 한다. 불법행위 피해자가 일반병실에 입원하지 아니하고 상급병실에 입원하여 치료를 받음으로써 추가로 부담하게 되는 입원료 상당의 손해는, 당해 진료행위의 성질상 상급병실에 입원하여 진료를 받아야 하거나, 일반병실이 없어 부득이 상급병실을 사용할 수밖에 없었다는 등의 특별한 사정이 인정되지 아니한다면, 그 불법행위와 상당인과관계가 있는 손해라고 할 수 없다. 치료비는 불법행위와 상당인과관계가 있는 범위 내에서만 배상청구가 가능한 것이므로, 상당성 여부를 판단함에 있어서는 당해 치료행위의 필요성, 기간과 함께 그 진료행위에 대한 보수액의 상당성이 검토되어야 하며 그러기 위해서는 부상의 정도, 치료내용, 횟수, 의료사회 일반의 보편적인 치료비 수준(특히 건강보험수가) 등 여러 사정을 고려하여 비상식적인 고액 진료비나 저액 진료비의 가능성을 배제하여 합리적으로 그 범위를 정해야 하고, 이는 한방치료의 경우에도 마찬가지이다."

대법원 1979. 2. 13. 선고 78다1491 (全) 판결 "생명이나 신체에 대한 불법행위로 인하여 가동능력의 전부 또는 일부를 상실함으로써 일실하는 이익의 액은 그 피해자가 그로 인하여 상실하게 된 가동능력에 대한 총평가액으로서 소득세등 제세금액을 공제하지 아니한 금액이라고 보아야 한다."

대법원 2001. 8. 21. 선고 2001다32472 판결 "불법행위로 인하여 사망하거나 신체상의 장해를 입은 사람이 장래 얻을 수 있는 수입의 상실액은 원칙적으로 그 불법행위로 인하여 손해가 발생할 당시에 그 피해자가 종사하고 있었던 직업의 소득을 기준으로 하여 산정하여야 하고, 피해자가 사고 당시 일정한 직업상 소득이 없는 사람이라면 그 수입상실액은 보통사람이면 누구나 종사하여 얻을 수 있는 일반노동임금을 기준으로 하되, 특정한 기능이나 자격 또는 경력을 가지고 있어서 장차 그에 대응한 소득을 얻을 수 있는 상당한 개연성이 인정되는 경우에 한하여 그 통계소득을 기준으로 산정할 수 있다." 상고 졸업 후 은행에 입사하여 20년간 근무하다가 명예퇴직한 뒤 1년 넘게 무직상태에 있던 피해자의 일실수입을 노동부 발간 임금구조통계조사보고서상 '계수사무원'의 월평균수입을 기초로 산정한 원심판결을 파기한 사례이다.

Ⅳ. 친족법

1. 약혼, 혼인, 이혼

가. 약혼

약혼은 장차 혼인하기로 하는 남녀 간의 합의를 말한다. 약혼은 당사자 간 합의에 의하여 성립하며, 당사자는 장차 혼인을 할 의무를 서로에게 부담하게 된다. 그러나 혼인의무를 강제할 수는 없다. 약혼의 해제는 상대방에 대한 의사표시로 한다. 약혼을 해제하면 처음부터 약혼이 없었던 것으로 되며, 과실이 있는 상대방에 대하여 이로 인한 손해배상을 청구할 수 있다. 또한 이미 상대방에게 제공한 약혼 예물은 부당이득으로 반환하여야 하나, 과실이 있는 당사자는 자신이 제공한 예물의 반환청구권이 없다.[342]

342) 대법원 1976. 12. 28. 선고 76므41,42 판결

나. 혼인

혼인은 만18세 이상의 남녀가 부부로서 함께 생활할 것으로 합의하고, “가족관계의 등록 등에 관한 법률”에 정한 바에 따른 혼인신고를 하는 것을 혼인이라 한다. 혼인신고는 가족관계 등록사무를 담당하는 공무원이 수리하여야 효과가 발생한다. 배우자가 이미 있는 자는 다시 혼인할 수 없다. 당사자 사이에 혼인의 합의가 없는 때, 당사자 사이가 8촌 이내의 혈족관계일 때, 당사자 사이에 직계인척관계가 있거나 있었던 때, 당사자 사이에 養父母系의 직계혈족관계가 있었던 때에는 혼인은 무효이고, 혼인무효의 소는 당사자 · 법정대리인 또는 4촌이내의 친족이 언제든지 제기할 수 있다. 혼인이 무효로 된 경우 당사자 일방은 과실있는 상대방에 대하여 이로 인한 손해배상을 청구할 수 있다. 혼인적령의 미달, 부모 등의 동의를 결여한 혼인, 근친혼, 중혼, 악질 기타 중대한 사유가 있는 혼인, 사기 또는 강박에 의한 혼인은 취소할 수 있다. 취소원인이 있는 혼인도 법원의 판결에 의하여 취소될 때까지는 유효한 혼인이다. 혼인이 취소되면 혼인관계 및 인척관계는 종료한다. 혼인취소에 과실이 있는 상대방에 대하여 손해배상을 청구할 수 있다.

실질적으로 부부로서 혼인생활을 하고 있으나 혼인신고를 하지 않은 경우 사실혼이라 한다. 사실혼이 인정되려면 당사자 사이에 혼인에 대한 합의가 있고, 객관적으로 부부공동생활을 인정할만한 혼인의 실질이 있어야 한다. 사실혼이 인정되더라도 사실혼의 배우자 및 그 혈족과의 사이에는 친족관계가 생기지 않지만, 사실혼의 경우에도 법률혼과 같은 재산상 효과가 인정된다.

다. 이혼

부부가 합의하여 혼인관계를 해소하는 합의를 하고 이를 신고하는 것을 이혼이라 한다. 이혼의 합의와 신고에 의하여 협의이혼이 성립한다. 재판상 이혼이란 협의이혼이 아니라 부부 중 일방이 가정법원에 이혼판결을 청구하여 얻은 판결로 이혼을 하는 것을 말한다. 배우자의 부정한 행위, 악의 유기, 배우자 또는 그의 직계존속에 의한 심히 부당한 대우, 자기의 직계존속에 대한 배우자의 심히 부당한 대우, 3년 이상의 생사불분명, 기타 혼인을 계속하기 어려운 중대한 사유가 재판상 이혼사유이다. 이혼을 한 당사자의 일방은 상대방에 대하여 재산분할을 청구할 수 있다. 재산분할청구권은 이혼한 날부터 2년 내 제기하여야 한다. 재판상 이혼의 경우 과실이 있는 상대방에 대하여 재산상 손해배상청구권과 위자료청구권이 인정된다.

2. 친생부인의 소와 인지

가. 친생부인의 소

부모 중 일방이 자신의 자식으로 알았는데, 알고 보니 남의 자식이라는 사실을 나중에 알고서 자신을 속인 배우자를 상대로 소송으로 자기와 남의 자식 간에 친생자관계에 있다는 추정을 깨뜨리는 것을 친생부인의 소라 한다. 친생부인의 소는 그 사유가 있음을 안 날부터 2년 내에 제기하여야 한다.

나. 인지

인지란 혼인 외의 출생자의 생부 또는 생모가 그를 자기의 자녀로 인정하여 법률상의 친자관계를 발생시키는 의사표시이다(임의인지). 자녀가 거꾸로 생부 또는 생모를 상대로 인지의 소를 제기하여 인지의 효과를 발생시킬 수도 있다(강제인지). 생전의 인지는 “가족관계의 등록 등에 관한 법률”이 정한 바에 따라 신고함으로써 효력이 생긴다. 인지는 유언으로도 할 수 있고, 이 경우 유언집행자가 신고한다. 혼인 외의 출생자가 그 부무의 혼인에 의하여 법률상 친자관계를 얻는 것을 준정(準正)이라 한다. 특정인 사이에 친생자관계의 존재 여부가 명확하지 않은 경우 제소기간 제한 없이 언제라도 친생자관계 존부 확인의 소를 제기할 수 있다. 당사자 일방이 사망한 때에는 그 사망을 안 날로부터 2년 내에 검사를 상대로 하여 인지의 소 또는 친생자관계 존부 확인의 소를 제기하여야 한다.

V. 상속법

1. 상속회복청구권

상속회복청구권은 자기의 진정한 상속권에 기하여 참칭상속인[343]의 침해를 배제하여 상속인지위회복을 청구하는 권리를 말한다. 상속재산전체의 인도를 청구하든 개별적으로 청구하든 상속회복청구권으로 해석한다.[344] 부당한 유산분할을 한 공동상속인에 대한 인도청구 또 참칭상속인으로부터 특정재산을 양수한 제3자에 대한 인도청구도 상속회복청구권의 행사이다. 상속회복청구권은 재판상 또는 재판 외 방법 모두 행사할 수 있다. 그 시효 상속인 또는 그 법정대리인이 그 침해를 안 날부터 3년, 상속권의 침해행위가 있은 날부터 10년이 경과하면 소멸한다.

2. 한정승인과 상속의 포기

상속인은 상속개시가 있음을 안 날부터 3개월 내에 단순승인, 한정승인 또는 상속의 포기를 할 수 있다. 3개월 기간 내에 한정승인이나 포기를 하

343) 대법원 1991.2.22. 선고 90다카19470 판결 "상속회복청구의 상대방이 되는 참칭상속인이라 함은 재산상속인인 것을 신뢰하게 하는 외관을 갖추고 있는 자나 상속인이라고 참칭하여 상속재산의 전부 또는 일부를 점유하는 자를 가리키는 것으로서, 공동상속인의 한 사람이 다른 상속인의 상속권을 부정하고 자기만이 상속권이 있다고 참칭하는 경우도 여기에 해당한다 할 것이고, 이와 같은 요건을 충족하면서 진정한 상속인의 상속권(또는 상속분)을 침해하기만 하면 참칭상속인은 별다른 요건을 필요로 하지 아니하고 상속회복청구의 상대방이 될 수 있는 것이다."

344) 대법원 1978. 12. 13. 선고 78다1811 판결은 "상속부동산에 관하여 진정한 상속인임을 전제로 그 상속을 원인으로 하는 소유권의 귀속을 주장하고 그 참칭상속인들을 상대로 그 등기의 말소 등을 청구하는 경우에 그 소유권 귀속의 주장이 상속을 원인으로 하는 것인 이상 그 청구원인 여하에 불구하고 이는 민법 제999조 소정의 상속회복청구의 소라고 해석함이 상당하다"고 판시하여 집합권리설의 입장에서 물권적 청구권이 상속회복청구권에 흡수되는 것으로 보았고, 대법원 1981. 1. 27. 선고 79다854 전원합의체 판결은 상속회복청구권과 물권적 청구권과의 경합을 명백하게 부정하였다. 대법원 1991. 12. 24. 선고 90다5740 전원합의체 판결 역시 "재산상속에 관하여 진정한 상속인임을 전제로 그 상속으로 인한 소유권 또는 지분권 등 재산권의 귀속을 주장하고, 참칭상속인 또는 자기들만이 재산상속을 하였다는 일부 공동상속인들을 상대로 상속재산인 부동산에 관한 등기의 말소 등을 청구하는 경우에도 그 소유권 또는 지분권이 귀속되었다는 주장이 상속을 원인으로 하는 것인 이상, 그 청구원인 여하에 불구하고 이는 민법 제999조 소정의 상속회복 청구의 소라고 해석함이 상당하다"고 판시하였다.

지 않으면 단순승인을 한 것으로 의제된다. 한정승인을 하려면 상속인이 상속개시 있음을 안 날부터 3개월 내지 상속채무가 상속재산을 초과한다는 사실을 안 날부터 3개월 내에 상속재산의 목록을 첨부하여 가정법원에 한정승인의 신고를 하여야 한다. 한정승인을 한 상속인은 상속으로 인하여 취득할 적극재산 한도에서 피상속인의 채무와 유증을 변제하면 된다. 한정승인자는 한정승인을 한 날부터 5일 내에 채권을 신고할 것을 공고하고 상속재산의 청산을 하여야 한다. 상속인이 상속의 포기를 하려면 3개월 내에 가정법원에 포기의 신고를 하여야 한다. 상속의 포기는 상속이 개시된 때에 소급하여 효력이 있으므로 포기자는 처음부터 상속인이 아니게 된다. 공동상속인 중 일부가 상속을 포기한 경우 그 포기자의 직계비속은 포기자를 대습상속345)할 수 없고, 다른 공동상속인들에게 그들의 상속분 비율대로 귀속된다.

3. 유류분반환청구권

유류분이란 일정한 범위 내에서 보장받는 상속인의 상속재산을 의미한다. 피상속인의 직계비속과 배우자는 그의 법정상속분의 2분의 1, 피상속인의 직계존속과 형제자매는 그의 법정상속분의 3분의 1이다. 대습상속인의 유류분은 피대습자의 유류분과 같다. 유류분 산정의 기초가 되는 재산은 피상속이 상속개시시에 가지고 있던 재산의 가액에 증여재산의 가액을 더하고 채무의 전액을 공제하여 산정한다. 유류분권자가 피상속인의 증여 또는 유증으로 인하여 그이 유류분의 부족이 생긴 때에는 그는 부족한 한도 내에서 증여 또는 유증된 재산의 반환을 청구할 수 있다. 이러한 유류분반환청구권은 피상속인이 자신의 재산을 상속인이 아닌 자에게 생전 증여나 유증을 하였을 경우 원래 상속을 받아야 할 배우자나 자녀가 상속을 전혀 받지 못하게 되는 경우도 발생할 수 있으므로 이를 방지하기 위하여 일정 범위 내에서 상속재산을 확보할 수 있는 권리를 상속인에게 부여한 것이다. 유류

345) 대습상속이란 상속이 개시되기 전에 상속인이 될 피상속인의 직계비속 또는 형제자매가 사망하거나 결격된 경우에 그의 직계비속과 배우자가 사망 또는 결격된 자의 순위에 갈음하여 상속하는 것을 말한다.

분권은 상속개시가 된 후에는 포기할 수 있으나 자녀들 사이의 균분상속과 배우자 생계를 위한 상속권 보장이라는 취지상 상속 개시 전에는 포기할 수 없다. 대습상속에 관한 규정은 유류분에도 준용된다. 상속결격자와 상속포기자는 상속인이 아니므로 유류분권이 없다. 상속결격자의 경우 대습자가 유류분권을 가지지만, 상속포기의 경우에는 대습도 인정되지 않는다.

유류분반환청구권의 행사는 재판상 또는 재판 외에서 상대방에 대한 의사표시의 방법으로 할 수 있고, 이 경우 그 의사표시는 침해를 받은 유증 또는 증여행위를 지정하여 이에 대한 반환청구의 의사를 표시하면 그것으로 족하고 그로 인하여 생긴 목적물의 이전등기청구권이나 인도청구권 등을 행사하는 것과는 달리 그 목적물을 구체적으로 특정하여야 하는 것은 아니며, 민법 제1117조 소정의 소멸시효의 진행도 위 의사표시로 중단된다. 유류분권리자가 유류분반환청구를 하는 경우에 증여 또는 유증을 받은 다른 공동상속인이 수인일 때에는, 유류분권리자는 그 다른 공동상속인들 중 증여 또는 유증을 받은 재산의 가액이 자기 고유의 유류분액을 초과하는 상속인을 상대로 하여 그 유류분액을 초과한 금액의 비율에 따라 반환청구를 할 수 있다고 보아야 한다. 공동상속인 중에 피상속인으로부터 재산의 증여에 의하여 특별수익을 한 자가 있는 경우에는 민법 제1114조의 규정은 그 적용이 배제되고, 따라서 그 증여는 상속개시 전의 1년 간에 행한 것인지 여부에 관계없이 유류분산정을 위한 기초재산에 산입된다.[346]

공동상속인 중에 피상속인으로부터 재산의 생전 증여에 의하여 특별수익을 한 자가 있는 경우에는 민법 제1114조의 규정은 그 적용이 배제된다고 할 것이고, 따라서 그 증여는 상속개시 1년 이전의 것인지 여부, 당사자 쌍방이 손해를 가할 것을 알고서 하였는지 여부에 관계없이 유류분 산정을 위한 기초재산에 산입된다고 할 것이고, 유류분 산정의 기초가 되는 증여 부동산의 가액 산정 시기는 피상속인이 사망한 상속개시 당시의 가격을 기준으로 할 것이다.[347]

피상속인이 생전에 임야를 타인에게 증여함으로써 피상속인의 배우자

346) 대법원 1995. 6. 30. 선고 93다11715 판결
347) 대법원 1996. 2. 9. 선고 95다17885 판결

또는 직계비속의 유류분에 부족이 생기게 되었으므로 피상속인의 배우자 또는 직계비속의 유류분권을 침해하는 한도 내에서 위 증여의 효력은 상실된 것이라는 취지의 피상속인의 배우자 또는 직계비속의 주장에 대하여, 원심이 위 피상속인의 증여에 의하여 피상속인의 배우자 또는 직계비속의 유류분에 구체적으로 어느 정도의 부족이 생기게 되었는지의 점에 관하여 아무런 주장·입증이 없다는 이유로 피상속인의 배우자 또는 직계비속의 위 주장을 배척한 데에 석명권불행사로 인한 심리미진의 위법이 없다.[348]

유류분반환청구권은 유류분권자가 상속의 개시와 반환해야 할 증여 또는 유증을 한 사실을 안 때부터 1년 내에 행사하지 않으면 시효에 의하여 소멸한다. 상속이 개시된 때부터 10년이 경과하여도 소멸한다.

제2절 부동산등기법

부동산등기법은 부동산등기에 관한 사항을 규정함을 목적으로 한다. 등기부란 전산정보처리조직에 의하여 입력·처리된 등기정보자료를 대법원규칙으로 정하는 바에 따라 편성한 것을 말한다. 등기기록이란 1필의 토지 또는 1개의 건물에 관한 등기정보자료를 말한다. 등기필정보란 등기부에 새로운 권리자가 기록되는 경우에 그 권리자를 확인하기 위하여 등기관이 작성한 정보를 말한다.

등기는 부동산의 표시와 소유권, 지상권, 지역권, 전세권, 저당권, 권리질권, 채권담보권, 임차권 중 하나에 해당하는 권리의 보존, 이전, 설정, 변경, 처분의 제한 또는 소멸에 대하여 한다. 같은 부동산에 관하여 등기한 권리의 순위는 법률에 다른 규정이 없으면 등기한 순서에 따른다.

등기의 순서는 등기기록 중 같은 구(區)에서 한 등기 상호간에는 순위번호에 따르고, 다른 구에서 한 등기 상호간에는 접수번호에 따른다. 부기등기(附記登記)의 순위는 주등기(主登記)의 순위에 따른다. 다만, 같은 주등기에 관한 부기등기 상호간의 순위는 그 등기 순서에 따른다. 등기신청은

348) 대법원 1995. 3. 10. 선고 94다24770 판결

등기신청정보가 전산정보처리조직에 저장된 때 접수된 것으로 본다.

등기관이 등기를 마친 경우 그 등기는 접수한 때부터 효력을 발생한다. 등기사무는 부동산의 소재지를 관할하는 지방법원, 그 지원(支院) 또는 등기소에서 담당한다. 등기관은 등기사무를 전산정보처리조직을 이용하여 등기부에 등기사항을 기록하는 방식으로 처리하여야 한다. 등기관은 접수번호의 순서에 따라 등기사무를 처리하여야 한다. 등기관이 등기사무를 처리한 때에는 등기사무를 처리한 등기관이 누구인지 알 수 있는 조치를 하여야 한다.

등기부는 토지등기부와 건물등기부로 구분한다. 등기부는 영구히 보존하여야 한다. 등기부를 편성할 때에는 1필의 토지 또는 1개의 건물에 대하여 1개의 등기기록을 둔다. 다만, 1동의 건물을 구분한 건물에 있어서는 1동의 건물에 속하는 전부에 대하여 1개의 등기기록을 사용한다. 등기기록에는 부동산의 표시에 관한 사항을 기록하는 표제부와 소유권에 관한 사항을 기록하는 갑구 및 소유권 외의 권리에 관한 사항을 기록하는 을구를 둔다.

누구든지 수수료를 내고 대법원규칙으로 정하는 바에 따라 등기기록에 기록되어 있는 사항의 전부 또는 일부의 열람과 이를 증명하는 등기사항증명서의 발급을 청구할 수 있다. 다만, 등기기록의 부속서류에 대하여는 이해관계 있는 부분만 열람을 청구할 수 있다.

등기관이 등기기록에 등기된 사항을 새로운 등기기록에 옮겨 기록한 때에는 종전 등기기록을 폐쇄하여야 한다. 폐쇄한 등기기록은 영구히 보존하여야 한다. 등기관이 같은 토지에 관하여 중복하여 마쳐진 등기기록을 발견한 경우에는 중복등기기록 중 어느 하나의 등기기록을 폐쇄하여야 한다. 폐쇄된 등기기록의 소유권의 등기명의인 또는 등기상 이해관계인은 그 토지가 폐쇄된 등기기록의 소유권의 등기명의인의 소유임을 증명하여 폐쇄된 등기기록의 부활을 신청할 수 있다.

등기는 당사자의 신청 또는 관공서의 촉탁에 따라 한다. 다만, 법률에 다른 규정이 있는 경우에는 그러하지 아니하다. 촉탁에 따른 등기절차는 법률에 다른 규정이 없는 경우에는 신청에 따른 등기에 관한 규정을 준용한다. 등기는 법률에 다른 규정이 없는 경우에는 등기권리자와 등기의무자가 공동으로 신청한다.

소유권보존등기 또는 소유권보존등기의 말소등기는 등기명의인으로 될 자 또는 등기명의인이 단독으로 신청한다. 상속, 법인의 합병, 포괄승계에 따른 등기는 등기권리자가 단독으로 신청한다. 판결에 의한 등기는 승소한 등기권리자 또는 등기의무자가 단독으로 신청한다. 부동산표시의 변경이나 경정의 등기는 소유권의 등기명의인이 단독으로 신청한다. 등기명의인표시의 변경이나 경정의 등기는 해당 권리의 등기명의인이 단독으로 신청한다. 신탁재산에 속하는 부동산의 신탁등기는 수탁자가 단독으로 신청한다. 수탁자가 타인에게 신탁재산에 대하여 신탁을 설정하는 경우 해당 신탁재산에 속하는 부동산에 관한 권리이전등기에 대하여는 새로운 신탁의 수탁자를 등기권리자로 하고 원래 신탁의 수탁자를 등기의무자로 한다. 이 경우 해당 신탁재산에 속하는 부동산의 신탁등기는 새로운 신탁의 수탁자가 단독으로 신청한다.

등기신청은 신청인 또는 그 대리인이 등기소에 출석하여 신청정보 및 첨부정보를 적은 서면을 제출하는 방법에 의한다. 대리인이 변호사나 법무사인 경우에는 사무원을 등기소에 출석하게 하여 그 서면을 제출할 수 있다. 등기의 신청은 1건당 1개의 부동산에 관한 신청정보를 제공하는 방법으로 하여야 한다. 다만, 등기목적과 등기원인이 동일하거나 그 밖에 대법원규칙으로 정하는 경우에는 같은 등기소의 관할 내에 있는 여러 개의 부동산에 관한 신청정보를 일괄하여 제공하는 방법으로 할 수 있다. 종중, 문중, 그 밖에 대표자나 관리인이 있는 법인 아닌 사단이나 재단에 속하는 부동산의 등기에 관하여는 그 사단이나 재단을 등기권리자 또는 등기의무자로 한다. 이 때 등기는 그 사단이나 재단의 명의로 그 대표자나 관리인이 신청한다.

등기원인이 발생한 후에 등기권리자 또는 등기의무자에 대하여 상속이나 그 밖의 포괄승계가 있는 경우에는 상속인이나 그 밖의 포괄승계인이 그 등기를 신청할 수 있다. 채권자는 채무자를 대위하여 등기를 신청할 수 있다. 등기관이 대위신청에 의하여 등기를 할 때에는 대위자의 성명 또는 명칭, 주소 또는 사무소 소재지 및 대위원인을 기록하여야 한다.

토지의 분할, 합병이 있는 경우와 제34조의 등기사항에 변경이 있는 경우에는 그 토지 소유권의 등기명의인은 그 사실이 있는 때부터 1개월 이내에 그 등기를 신청하여야 한다.

소유권 외의 권리가 등기되어 있는 건물에 대한 멸실등기의 신청이 있는 경우에 등기관은 그 권리의 등기명의인에게 1개월 이내의 기간을 정하여 그 기간까지 이의를 진술하지 아니하면 멸실등기를 한다는 뜻을 알려야 한다. 다만, 건축물대장에 건물멸실의 뜻이 기록되어 있거나 소유권 외의 권리의 등기명의인이 멸실등기에 동의한 경우에는 그러하지 아니하다.

말소된 등기의 회복을 신청하는 경우에 등기상 이해관계 있는 제3자가 있을 때에는 그 제3자의 승낙이 있어야 한다.

대지권을 등기한 후에 한 건물의 권리에 관한 등기는 대지권에 대하여 동일한 등기로서 효력이 있다. 다만, 그 등기에 건물만에 관한 것이라는 뜻의 부기가 되어 있을 때에는 그러하지 아니하다. 대지권이 등기된 구분건물의 등기기록에는 건물만에 관한 소유권이전등기 또는 저당권설정등기, 그 밖에 이와 관련이 있는 등기를 할 수 없다. 토지의 소유권이 대지권인 경우에 대지권이라는 뜻의 등기가 되어 있는 토지의 등기기록에는 소유권이전등기, 저당권설정등기, 그 밖에 이와 관련이 있는 등기를 할 수 없다.

등기관의 결정 또는 처분에 이의가 있는 자는 관할 지방법원에 이의신청을 할 수 있다. 이의의 신청은 등기소에 이의신청서를 제출하는 방법으로 한다. 새로운 사실이나 새로운 증거방법을 근거로 이의신청을 할 수는 없다. 등기관은 이의가 이유 있다고 인정하면 그에 해당하는 처분을 하여야 한다. 등기관은 이의가 이유 없다고 인정하면 이의신청일부터 3일 이내에 의견을 붙여 이의신청서를 관할 지방법원에 보내야 한다. 등기를 마친 후에 이의신청이 있는 경우에는 3일 이내에 의견을 붙여 이의신청서를 관할 지방법원에 보내고 등기상 이해관계 있는 자에게 이의신청 사실을 알려야 한다. 이의에는 집행정지의 효력이 없다. 관할 지방법원은 이의에 대하여 이유를 붙여 결정을 하여야 한다. 이 경우 이의가 이유 있다고 인정하면 등기관에게 그에 해당하는 처분을 명령하고 그 뜻을 이의신청인과 등기상 이해관계 있는 자에게 알려야 한다. 관할 지방법원은 이의신청에 대하여 결정하기 전에 등기관에게 가등기 또는 이의가 있다는 뜻의 부기등기를 명령할 수 있다.

제3절 상법

Ⅰ. 총칙

상사에 관하여 상법에 규정이 없으면 상관습법에 의하고 상관습법이 없으면 민법의 규정에 의한다. 공법인의 상행위에 대하여는 법령에 다른 규정이 없는 경우에 한하여 상법을 적용한다. 당사자중 그 1인의 행위가 상행위인 때에는 전원에 대하여 상법을 적용한다. 자기명의로 상행위를 하는 자를 상인이라 한다.[349] 점포 기타 유사한 설비에 의하여 상인적 방법으로 영업을 하는 자는 상행위를 하지 아니하더라도 상인으로 본다.[350] 회사는

349) 대법원 1999. 1. 29. 선고 98다1584 판결 “영업의 목적인 기본적 상행위를 개시하기 전에 영업을 위한 준비행위를 하는 자는 영업으로 상행위를 할 의사를 실현하는 것이므로 그 준비행위를 한 때 상인자격을 취득함과 아울러 이 개업준비행위는 영업을 위한 행위로서 그의 최초의 보조적 상행위가 되는 것이고, 이와 같은 개업준비행위는 반드시 상호등기·개업광고·간판부착 등에 의하여 영업의사를 일반적·대외적으로 표시할 필요는 없으나 점포구입·영업양수·상업사용인의 고용 등 그 준비행위의 성질로 보아 영업의사를 상대방이 객관적으로 인식할 수 있으면 당해 준비행위는 보조적 상행위로서 여기에 상행위에 관한 상법의 규정이 적용된다. 부동산임대업을 개시할 목적으로 그 준비행위의 일환으로 당시 같은 영업을 하고 있던 자로부터 건물을 매수한 경우, 위 매수행위는 보조적 상행위로서의 개업준비행위에 해당하므로 위 개업준비행위에 착수하였을 때 상인 자격을 취득한다. 상법 제69조는 상거래의 신속한 처리와 매도인의 보호를 위한 규정인 점에 비추어 볼 때, 상인간의 매매에 있어서 매수인은 목적물을 수령한 때부터 지체 없이 이를 검사하여 하자 또는 수량의 부족을 발견한 경우에는 즉시 매도인에게 그 통지를 발송하여야만 그 하자로 인한 계약해제, 대금감액 또는 손해배상을 청구할 수 있고, 설령 매매의 목적물에 상인에게 통상 요구되는 객관적인 주의의무를 다하여도 즉시 발견할 수 없는 하자가 있는 경우에도 매수인은 6월 내에 그 하자를 발견하여 지체 없이 이를 통지하지 아니하면 매수인은 과실의 유무를 불문하고 매도인에게 하자담보책임을 물을 수 없다고 해석함이 상당하다.”

350) 대법원 2007. 7. 26. 자 2006마334 결정 “변호사의 영리추구 활동을 엄격히 제한하고 그 직무에 관하여 고도의 공공성과 윤리성을 강조하는 변호사법의 여러 규정에 비추어 보면, 위임인·위촉인과의 개별적 신뢰관계에 기초하여 개개 사건의 특성에 따라 전문적인 법률지식을 활용하여 소송에 관한 행위 및 행정처분의 청구에 관한 대리행위와 일반 법률사무를 수행하는 변호사의 활동은, 간이·신속하고 외관을 중시하는 정형적인 영업활동을 벌이고, 자유로운 광고·선전활동을 통하여 영업의 활성화를 도모하며, 영업소의 설치 및 지배인 등 상업사용인의 선임, 익명조합, 대리상 등을 통하여 인적·물적 영업기반을 자유로이 확충하여 효율적인 방법으로 최대한의 영리를 추구하는 것이

상행위를 하지 아니하더라도 상인으로 본다. 미성년자 또는 한정치산자가 법정대리인의 허락을 얻어 영업을 하는 때에는 등기를 하여야 한다. 미성년자 또는 한정치산자가 법정대리인의 허락을 얻어 회사의 무한책임사원이 된 때에는 그 사원자격으로 인한 행위에는 능력자로 본다. 법정대리인이 미성년자, 한정치산자 또는 금치산자를 위하여 영업을 하는 때에는 등기를 하여야 한다. 법정대리인의 대리권에 대한 제한은 선의의 제3자에게 대항하지 못한다.

지배인, 상호, 상업장부와 상업등기에 관한 규정은 소상인에게 적용하지 아니한다. 상인은 지배인을 선임하여 본점 또는 지점에서 영업을 하게 할 수 있다. 지배인은 영업주에 갈음하여 그 영업에 관한 재판상 또는 재판외의 모든 행위를 할 수 있다. 지배인은 지배인이 아닌 점원 기타 사용인을 선임 또는 해임할 수 있다. 지배인의 대리권에 대한 제한은 선의의 제3자에게 대항하지 못한다.[351] 상인은 수인의 지배인에게 공동으로 대리권을

허용되는 상인의 영업활동과는 본질적으로 차이가 있다 할 것이고, 변호사의 직무 관련 활동과 그로 인하여 형성된 법률관계에 대하여 상인의 영업활동 및 그로 인한 형성된 법률관계와 동일하게 상법을 적용하지 않으면 아니 될 특별한 사회경제적 필요 내지 요청이 있다고 볼 수 도 없다. 따라서 근래에 전문직업인의 직무 관련 활동이 점차 상업적 성향을 띄게 됨에 따라 사회적 인식도 일부 변화하여 변호사가 유상의 위임계약 등을 통하여 사실상 영리를 목적으로 그 직무를 행하는 것으로 보는 경향이 생겨나고, 소득세법이 변호사의 직무수행으로 인하여 발생한 수익을 같은 법 제19조 제1항 제11호가 규정하는 '사업서비스업에서 발생하는 소득'으로 보아 과세대상으로 삼고 있는 사정 등을 감안한다 하더라도, 위에서 본 변호사법의 여러 규정과 제반 사정을 참작하여 볼 때, 변호사를 상법 제5조 제1항이 규정하는 '상인적 방법에 의하여 영업을 하는 자'라고 볼 수는 없다 할 것이므로, 변호사는 의제상인에 해당하지 아니한다."

351) 대법원 1997. 8. 26. 선고 96다36753 판결 "지배인은 영업주에 갈음하여 그 영업에 관한 재판상 또는 재판 외의 모든 행위를 할 수 있고, 지배인의 대리권에 대한 제한은 선의의 제3자에게 대항하지 못하며, 여기서 지배인의 어떤 행위가 영업주의 영업에 관한 것인가의 여부는 지배인의 행위 당시의 주관적인 의사와는 관계없이 그 행위의 객관적 성질에 따라 추상적으로 판단되어야 한다. 지배인의 어떤 행위가 그 객관적 성질에 비추어 영업주의 영업에 관한 행위로 판단되는 경우에 지배인이 영업주가 정한 대리권에 관한 제한 규정에 위반하여 한 행위에 대하여는 제3자가 위 대리권의 제한 사실을 알고 있었던 경우뿐만 아니라 알지 못한 데에 중대한 과실이 있는 경우에도 영업주는 그러한 사유를 들어 상대방에게 대항할 수 있고, 이러한 제3자의 악의 또는 중대한 과실에 대한 주장·입증책임은 영업주가 부담한다. 지배인이 내부적인 대리권 제한 규정에 위배하여 어음행위를 한 경우, 이러한 대리권의 제한에 대항할 수 있는 제3자의 범위에는 그 지배인으로부터 직접 어음을 취득한 상대방뿐만 아니라 그로부터 어음을 다시 배서양도받은 제3취득자도 포함된다."

행사하게 할 수 있다. 이 경우 수인의 지배인 중 1인에 대한 의사표시는 영업주에 대하여 그 효력이 있다. 상인은 지배인의 선임과 그 대리권의 소멸에 관하여 그 지배인을 둔 본점 또는 지점소재지에서 등기하여야 한다. 본점 또는 지점의 본부장, 지점장, 그 밖에 지배인으로 인정될 만한 명칭을 사용하는 자는 상대방이 악의인 경우나 재판상의 행위가 아닌 한 본점 또는 지점의 지배인과 동일한 권한이 있는 것으로 본다.[352)]

영업의 특정한 종류 또는 특정한 사항에 대한 위임을 받은 사용인은 이에 관한 재판외의 모든 행위를 할 수 있다. 물건을 판매하는 점포의 사용인은 그 판매에 관한 모든 권한이 있는 것으로 본다. 상업사용인은 영업주의 허락없이 자기 또는 제삼자의 계산으로 영업주의 영업부류에 속한 거래를 하거나 회사의 무한책임사원, 이사 또는 다른 상인의 사용인이 되지 못한다. 상업사용인이 위 의무를 위반하여 거래를 한 경우에 그 거래가 자기의 계산으로 한 것인 때에는 영업주는 이를 영업주의 계산으로 한 것으로 볼 수 있고 제3자의 계산으로 한 것인 때에는 영업주는 사용인에 대하여 이로 인한 이득의 양도를 청구할 수 있다.

상인은 그 성명 기타의 명칭으로 상호를 정할 수 있다. 회사의 상호에는 그 종류에 따라 합명회사, 합자회사, 유한책임회사, 주식회사 또는 유한회사의 문자를 사용하여야 한다. 회사가 아니면 상호에 회사임을 표시하는 문자를 사용하지 못한다. 회사의 영업을 양수한 경우에도 같다. 동일한 영업에는 단일상호를 사용하여야 한다. 지점의 상호에는 본점과의 종속관계

---

352) 대법원 1993. 12. 10. 선고 93다36974 판결 "지점 차장이라는 명칭은 그 명칭 자체로서 상위직의 사용인의 존재를 추측할 수 있게 하는 것이므로 상법 제14조 제1항 소정의 영업주임 기타 이에 유사한 명칭을 가진 사용인을 표시하는 것이라고 할 수 없고, 따라서 표현지배인이 아니다."; 대법원 1998. 10. 13. 선고 97다43819 판결 "상법 제14조 제1항 소정의 표현지배인이 성립하려면 당해 사용인의 근무 장소가 상법상의 영업소인 '본점 또는 지점'의 실체를 가지고 어느 정도 독립적으로 영업 활동을 할 수 있는 것임을 요하고, 본·지점의 기본적인 업무를 독립하여 처리할 수 있는 것이 아니라 단순히 본·지점의 지휘·감독 아래 기계적으로 제한된 보조적 사무만을 처리하는 영업소는 상법상의 영업소인 본·지점에 준하는 영업 장소라고 볼 수 없다." 이 판결은 회사의 주주로서 자금조달 업무에 종사함과 아울러 지방 연락사무소장으로서 그 회사로부터 토지를 분양받은 자들과의 연락 업무와 투자중개 업무를 담당해 온 경우, 회사를 위하여 독립적으로 영업 활동을 할 수 있는 지위에 있었다고 단정할 수 없으므로 표현지배인으로 볼 수 없다고 하였다.

를 표시하여야 한다. 타인이 등기한 상호는 동일한 특별시·광역시·시·군에서 동종영업의 상호로 등기하지 못한다. 주식회사 또는 유한회사를 설립하고자 할 때에는 본점의 소재지를 관할하는 등기소에 상호의 가등기를 신청할 수 있다. 회사는 상호나 목적 또는 상호와 목적을 변경하고자 할 때에는 본점의 소재지를 관할하는 등기소에 상호의 가등기를 신청할 수 있다. 회사는 본점을 이전하고자 할 때에는 이전할 곳을 관할하는 등기소에 상호의 가등기를 신청할 수 있다. 상호는 영업을 폐지하거나 영업과 함께 하는 경우에 한하여 이를 양도할 수 있다. 상호의 양도는 등기하지 아니하면 제3자에게 대항하지 못한다. 상호를 등기한 자가 정당한 사유없이 2년간 상호를 사용하지 아니하는 때에는 이를 폐지한 것으로 본다. 상호를 변경 또는 폐지한 경우에 2주간내에 그 상호를 등기한 자가 변경 또는 폐지의 등기를 하지 아니하는 때에는 이해관계인은 그 등기의 말소를 청구할 수 있다. 누구든지 부정한 목적으로 타인의 영업으로 오인할 수 있는 상호를 사용하지 못한다.[353] 이를 위반하여 상호를 사용하는 자가 있는 경우에 이로 인하여 손해를 받을 염려가 있는 자 또는 상호를 등기한 자는 그 폐지를 청구할 수 있다. 동일한 특별시·광역시·시·군에서 동종영업으로 타

---

353) 대법원 2002. 2. 26. 선고 2001다73879 판결 "상법 제23조 제1항은 누구든지 부정한 목적으로 타인의 영업으로 오인할 수 있는 상호를 사용하지 못한다고 규정하고 있는바, 타인의 영업으로 오인할 수 있는 상호는 그 타인의 영업과 동종 영업에 사용되는 상호만을 한정하는 것은 아니라고 할 것이나, 어떤 상호가 일반 수요자들로 하여금 영업주체를 오인·혼동시킬 염려가 있는 것인지를 판단함에 있어서는, 양 상호 전체를 비교 관찰하여 각 영업의 성질이나 내용, 영업방법, 수요자층 등에서 서로 밀접한 관련을 가지고 있는 경우로서 일반 수요자들이 양 업무의 주체가 서로 관련이 있는 것으로 생각하거나 또는 그 타인의 상호가 현저하게 널리 알려져 있어 일반 수요자들로부터 기업의 명성으로 인하여 절대적인 신뢰를 획득한 경우에 해당하는지 여부를 종합적으로 고려하여야 한다. 상호를 먼저 사용한 자(선사용자)의 상호와 동일·유사한 상호를 나중에 사용하는 자(후사용자)의 영업규모가 선사용자보다 크고 그 상호가 주지성을 획득한 경우, 후사용자의 상호사용으로 인하여 마치 선사용자가 후사용자의 명성이나 소비자 신용에 편승하여 선사용자의 상품의 출처가 후사용자인 것처럼 소비자를 기망한다는 오해를 받아 선사용자의 신용이 훼손된 때 등에 있어서는 이를 이른바 역혼동에 의한 피해로 보아 후사용자의 선사용자에 대한 손해배상책임을 인정할 여지가 전혀 없지는 않다고 할 것이나, 상호를 보호하는 상법과 부정경쟁방지및영업비밀보호에관한법률의 입법 취지에 비추어, 선사용자의 영업이 후사용자의 영업과 그 종류가 다른 것이거나 영업의 성질이나 내용, 영업방법, 수요자층 등에서 밀접한 관련이 없는 경우 등에 있어서는 위와 같은 역혼동으로 인한 피해를 인정할 수 없다."

인이 등기한 상호를 사용하는 자는 부정한 목적으로 사용하는 것으로 추정한다.

타인에게 자기의 성명 또는 상호를 사용하여 영업을 할 것을 허락한 자는 자기를 영업주로 오인하여 거래한 제3자에 대하여 그 타인과 연대하여 변제할 책임이 있다(명의대여자의 책임).[354] 타인에게 어떤 사업에 관하여 자기의 명의를 사용할 것을 허용한 경우에 그 사업이 내부관계에 있어서는

---

354) 대법원 1987. 3. 24. 선고 85다카2219 판결 "상법 제24조가 "타인에게 자기의 성명 또는 상호를 사용하여 영업을 할 것을 허락한 자는 자기를 영업주로 오인하여 거래한 제3자에 대하여 그 타인과 연대하여 변제할 책임이 있다고" 규정한 취지는 금반언의 법리 및 외관주의의 법리에 따라 타인에게 명의를 대하여 영업을 하게 한 경우 그 명의대여자가 영업주인 줄로 알고 거래한 선의의 제3자를 보호하기 위하여 그 거래로 인하여 발생한 명의차용자의 채무에 대하여는 그 외관을 만드는데에 원인을 제공한 명의대여자에게도 명의차용자와 같이 변제책임을 지우자는 것으로서 그 명의대여자가 상인이 아니거나, 명의차용자의 영업이 상행위가 아니라 하더라도 위 법리를 적용하는데에 아무런 영향이 없다할 것이므로, 같은 취지에서 원심이 소외 사단법인 한국병원관리연구소에게 피고의 명칭을 부가한 인천직할시립병원이라는 이름을 사용하여 병원업을 경영할 것을 승낙한 피고는 특단의 사정이 없는 한 위 법리에 따라 위 병원을 피고가 경영하는 것으로 믿고 의약품을 납품한 원고에 대하여 그 대금을 변제할 책임이 있다고 판단하고 상법 제24조의 적용범위가 상인 또는 사법인에 한정하여 적용되는 것은 아니라 하여 이 점에 대한 피고의 주장을 배척하였음은 정당하고, 거기에 소론이 지적하는 법리오해나 심리미진 내지 이유불비 또는 판단유탈의 위법을 찾아볼 수 없으므로 논지는 이유 없다."; 대법원 1991. 11. 12. 선고 91다18309 판결 "상법 제24조의 규정에 의한 명의대여자의 책임은 명의자를 영업주로 오인하여 거래한 제3자를 보호하기 위한 것이므로 거래 상대방이 명의대여 사실을 알았거나 모른 데에 대하여 중대한 과실이 있는 때에는 명의대여자는 책임을 지지 않는다." 이 판결은 도로포장공사의 원수급회사가 건설업법에 위반하여 건설업 면허도 없는 개인에게 일괄 하도급을 준 점에 비추어 공사시행에 있어 회사의 명의를 어떤 형태로든 사용함을 용인할 수밖에 없었던 사정이 엿보임에도 불구하고, 회사의 이사 또는 현장소장 등의 명칭 사용을 허락하였거나 그러한 명칭사용을 알고도 묵인 내지 방치하였다고 인정할 증거가 없다고 함으로써 증거가치에 대한 판단을 그르쳐 판결에 영향을 미친 위법을 저질렀다 하여 원심판결을 파기한 사례이다; 대법원 2001. 4. 13. 선고 2000다10512 판결 "갑, 을, 병 3인이 나이트클럽의 공동사업자로 사업자등록이 되어 있고, 그에 따른 부가가치세 세적관리카드에도 갑, 을, 병이 40%, 30% 및 30%의 지분을 가지고 있는 것으로 등록되어 있을 뿐 아니라, 나이트클럽의 신용카드 가맹점에 대한 예금주 명의도 그 중 1인으로 되어 있는 경우, 갑, 을, 병이 나이트클럽을 실제로 경영한 사실을 인정할 수 없다고 하더라도 그들의 명의를 사용하게 하여 영업상의 외관을 나타낸 것은 틀림없다."; 대법원 2008. 1. 24. 선고 2006다21330 판결 "명의자가 타인과 동업계약을 체결하고 공동 명의로 사업자등록을 한 후 타인으로 하여금 사업을 운영하도록 허락하였고, 거래 상대방도 명의자를 위 사업의 공동사업주로 오인하여 거래를 하여온 경우에는, 그 후 명의자가 동업관계에서 탈퇴하고 사업자등록을 타인 단독 명의로 변경하였다 하더라도 이를 거래 상대방에게 알리는 등의 조치를 취하지 아니하여 여전히 공동사업주인 것으로 오인하게 하였다면 명의자는 탈퇴 이후에 타인과 거래 상대방 사이에 이루어진 거래에 대하여도 상법 제24조에 의한 명의대여자로서의 책임을 부담한다."

타인의 사업이고 명의자의 고용인이 아니라 하더라도 외부에 대한 관계에 있어서는 그 사업이 명의자의 사업이고 또 그 타인은 명의자의 종업원임을 표명한 것과 다름이 없으므로, 명의사용을 허가받은 사람이 업무수행을 함에 있어 고의 또는 과실로 다른 사람에게 손해를 끼쳤다면 명의사용을 허가한 사람은 민법 제756조에 의하여 그 손해를 배상할 책임이 있으며, 그 명의대여로 인한 사용관계의 여부는 실제적으로 지휘·감독하였느냐 여부에 관계없이 객관적으로 보아 사용자가 그 불법행위자를 지휘·감독할 지위에 있었느냐 여부를 기준으로 결정하여야 한다.[355] 명의대여자에 대하여 민법 제756조에 의한 사용자책임을 인정할 수 있기 위하여는 명의대여자와 명의를 빌린 자 사이에 사용관계가 존재하여야 하며, 그러한 사용관계는 법적으로 유효한 계약관계가 존재할 필요는 없고 사실상 지휘·감독이 존재함으로써 족하고, 나아가 그 지휘·감독관계는 사실상 지휘·감독하고 있었던 여부에 의하여 결정할 것으로 해석하여야 할 것인바, 공중위생법상 숙박업의 허가는 시설물을 기준으로 하고 있는 것으로 보이고 그에 따라 허가명의를 양도하는 경우 등에도 양수인이 별다른 제한 없이 지위를 승계하는 것으로 규정하고 있으므로 숙박업허가명의대여자에 대하여는 명의사용자에 대한 지휘·감독의무를 시인하기 어렵다.[356]

상인은 영업상의 재산 및 손익의 상황을 명백히 하기 위하여 회계장부 및 대차대조표를 작성하여야 한다. 상업장부의 작성은 일반적으로 공정·타당한 회계관행에 의한다. 회계장부에는 거래와 기타 영업상의 재산에 영향이 있는 사항을 기재하여야 한다. 상인은 영업을 개시한 때와 매년 1회 이상 일정시기에, 회사는 성립한 때와 매 결산기에 회계장부에 의하여 대차대조표를 작성하고, 작성자가 이에 기명날인 또는 서명하여야 한다. 법원은 신청에 의하여 또는 직권으로 소송당사자에게 상업장부 또는 그 일부분의 제출을 명할 수 있다. 상인은 10년간 상업장부와 영업에 관한 중요서류를 보존하여야 한다. 다만, 전표 또는 이와 유사한 서류는 5년간 이를 보존하여야 한다.

355) 대법원 1996. 5. 10. 선고 95다50462 판결
356) 대법원 1993. 3. 26. 선고 92다10081 판결

상법에 등기할 사항은 당사자의 신청에 의하여 영업소의 소재지를 관할하는 법원의 상업등기부에 등기한다. 본점의 소재지에서 등기할 사항은 다른 규정이 없으면 지점의 소재지에서도 등기하여야 한다. 등기할 사항은 이를 등기하지 아니하면 선의의 제3자에게 대항하지 못한다. 등기한 후라도 제3자가 정당한 사유로 인하여 이를 알지 못한 때에 위와 같다. 고의 또는 과실로 인하여 사실과 상위한 사항을 등기한 자는 그 상위를 선의의 제3자에게 대항하지 못한다.[357] 등기한 사항에 변경이 있거나 그 사항이

357) 대법원 2011. 7. 28. 선고 2010다70018 판결 "등기신청권자에게 상법 제39조에 의한 불실등기 책임을 묻기 위해서는, 원칙적으로 등기가 등기신청권자에 의하여 고의·과실로 마쳐진 것임을 요하고, 주식회사의 경우 불실등기에 대한 고의·과실의 유무는 대표이사를 기준으로 판정하여야 하는 것이지만, 등기신청권자가 스스로 등기를 하지 아니하였다 하더라도 그의 책임 있는 사유로 등기가 이루어지는 데에 관여하거나 불실등기의 존재를 알고 있음에도 이를 시정하지 않고 방치하는 등 등기신청권자의 고의·과실로 불실등기를 한 것과 동일시할 수 있는 특별한 사정이 있는 경우에는, 등기신청권자에 대하여 상법 제39조에 의한 불실등기 책임을 물을 수 있다. 등기신청권자 아닌 자가 주주총회 의사록 및 이사회 의사록 등을 허위로 작성하여 주주총회결의 및 이사회결의 등의 외관을 만들고 이에 터잡아 이사 및 대표이사 선임등기를 마친 경우는 물론이고, 그와 같은 허위의 의사록에 선임된 것으로 기재된 이사 및 대표이사가 기존에 적법하게 선임된 이사 및 대표이사를 배제한 채 과반수에 미달하는 일부 주주에 대하여만 소집통지를 보낸 후 주주총회를 개최하여 일부 주주만의 찬성으로 이사 선임결의를 하고, 거기서 선임된 이사들로 구성된 이사회를 개최하여 새로운 대표이사를 선임한 후 대표이사 선임등기를 마친 경우에는, 비록 외형상 주주총회결의 및 이사회결의가 존재한다고 하더라도 그것이 적법하게 선임된 대표이사와 이사들 및 나머지 주주들의 관여가 배제된 채 이루어진 이상 등기신청권자인 회사가 선임등기가 이루어지는 데에 관여한 것으로 볼 수 없고, 달리 회사의 고의·과실로 불실등기를 한 것과 동일시할 수 있는 특별한 사정이 없는 한 회사에 대하여 상법 제39조에 의한 불실등기 책임을 물을 수 없다. 이 경우 위와 같이 허위의 주주총회결의 등의 외관을 만들어 불실등기를 마친 자가 회사의 상당한 지분을 가진 주주라고 하더라도 그러한 사정만으로는 회사의 고의 또는 과실로 불실등기를 한 것과 동일시할 수는 없다. 상법 제395조에 의하여 회사가 표현대표이사의 행위에 대하여 책임을 지기 위하여는 표현대표이사의 행위에 대하여 그를 믿었던 제3자가 선의이어야 하고, 또한 회사가 적극적 또는 묵시적으로 표현대표를 허용한 경우에 한한다. 여기서 회사가 표현대표를 허용하였다고 하기 위하여는 진정한 대표이사가 이를 허용하거나, 이사 전원이 아닐지라도 적어도 이사회결의의 성립을 위하여 회사의 정관에서 정한 이사의 수, 그와 같은 정관의 규정이 없다면 최소한 이사 정원의 과반수 이사가 적극적 또는 묵시적으로 표현대표를 허용한 경우이어야 한다."; 대법원 2004. 2. 27. 선고 2002다19797 판결 "이사 선임의 주주총회결의에 대한 취소판결이 확정되어 그 결의가 소급하여 무효가 된다고 하더라도 그 선임 결의가 취소되는 대표이사와 거래한 상대방은 상법 제39조의 적용 내지 유추적용에 의하여 보호될 수 있으며, 주식회사의 법인등기의 경우 회사는 대표자를 통하여 등기를 신청하지만 등기신청권자는 회사 자체이므로 취소되는 주주총회결의에 의하여 이사로 선임된 대표이사가 마친 이사

소멸한 때에는 당사자는 지체없이 변경 또는 소멸의 등기를 하여야 한다.

영업을 양도한 경우에 다른 약정이 없으면 양도인은 10년간 동일한 특별시·광역시·시·군과 인접 특별시·광역시·시·군에서 동종영업을 하지 못한다. 이 의무는 영업양도계약의 이행을 마친 시점에 발생하며, 이 의무를 부담하는 자는 양도인이 상인인 경우에 한한다.[358] 양도인이 동종영업을 하지 아니할 것을 약정한 때에는 동일한 특별시·광역시·시·군과 인접 특별시·광역시·시·군에 한하여 20년을 초과하지 아니한 범위내에서 그 효력이 있다. 영업양도계약의 약정 또는 상법 제41조에 따라 영업양도인이 부담하는 경업금지의무는 스스로 동종 영업을 하거나 제3자를 내세워 동종 영업을 하는 것을 금하는 것을 내용으로 하는 의무이므로, 영업양도인이 그 부작위의무에 위반하여 영업을 창출한 경우 그 의무위반 상태를 해소하기 위하여는 영업을 폐지할 것이 요구되고 그 영업을 타에 임대한다거나 양도한다고 하더라도 그 영업의 실체가 남아있는 이상 의무위반

선임 등기는 상법 제39조의 부실등기에 해당된다. 원심판결 이유에 의하면 원심은, 이 사건 주주총회에서 선임된 이사들에 의하여 대표이사로 선임된 최일권은 당일 법인등기부에 같은 내용의 등기를 함으로써 법인등기부상으로는 그 이후부터 주주총회 취소판결이 확정될 때까지 원고 회사의 대표이사로 등재된 사실, 거래상대방인 노충량은 당시 법인등기부상 원고 회사의 대표이사로 등재된 최일권과 근저당권설정계약을 체결하고 그에 기하여 근저당권설정등기를 경료한 사실, 노충량을 비롯한 피고들은 이 사건 주주총회결의 취소판결이 확정될 때까지는 최일권이 원고 회사의 적법한 대표이사가 아니라는 사정을 전혀 알지 못하였던 사실을 적법하게 인정한 다음, 원고 회사는 상법 제39조의 법리에 따라 원고 회사와 노충량과 체결된 근저당권설정계약과 근저당권설정등기 및 이에 터잡은 모든 거래행위에 대하여 책임을 져야 할 것이므로 원고의 주장은 이유 없다고 판단하였는바, 앞에서 본 법리에 비추어 볼 때 원심의 사실인정과 판단은 정당한 것으로 수긍되고 거기에 상고이유에서 주장하는 바와 같은 부실등기의 요건에 관한 법리를 오해한 위법이 없다."

358) 대법원 1969. 3. 25. 선고 68다1560 판결 "원고는 주소지에서 신흥 정미소라는 상호로 도정업을 하던중 1966.6.4 위 정미소의 건물과 시설일체를 대금 70만원에 피고에게 매도하였다가 그해 11. 5 이를 동액으로 다시 매수하여 운영중인데, 피고는 1967. 7경 동소에 새로 정미소를 설치하고 도정을 하고 있다는 것인 바, 상법상의 영업양도에 관한 규정은 양도인이 상인이 아닌 경우에는 적용할 수 없고, 또 농업협동조합법 5조 2항에 의하면, 동 조합은 영리나 투기사업을 하지 못하게 되어 있으므로 동 조합을 상인이라 할 수 없고 따라서 동 조합이 도정공장을 양도하였다 하더라도 동 조합은 양수인에 대하여 상법 41조에 의한 경업금지 의무는 없다할 것이므로 설사 소론과 같이 피고가 사실상 영업행위를 하고 있다 하더라도 원고는 피고에 대하여 경업금지 청구권이 없으니 이를 전제로 한 원고의 청구를 배척한 원판결은 정당하다."

상태가 해소되는 것은 아니므로, 그 이행강제의 방법으로 영업양도인 본인의 영업 금지 외에 제3자에 대한 영업의 임대, 양도 기타 처분을 금지하는 것도 가능하다. 이러한 내용의 법원 가처분명령에 의하여 영업양도인의 제3자에 대한 임대, 양도 등 처분행위의 사법상 효력이 부인되는 것은 아니고, 영업양도인이 그 의무위반에 대한 제재를 받는 것에 불과하다.359)

영업양수인이 양도인의 상호를 계속 사용하는 경우에는 양도인의 영업으로 인한 제3자의 채권에 대하여 양수인도 변제할 책임이 있다(상호속용 책임).360) 그러나 양수인이 영업양도를 받은 후 지체없이 양도인의 채무에

---

359) 대법원 1996. 12. 23. 선고 96다37985 판결

360) 대법원 2010. 9. 30. 선고 2010다35138 판결 "영업양도가 있다고 볼 수 있는지의 여부는 양수인이 유기적으로 조직화된 수익의 원천으로서의 기능적 재산을 이전받아 양도인이 하던 것과 같은 영업적 활동을 계속하고 있다고 볼 수 있는지의 여부에 따라 판단되어야 한다. 교육시설의 양도계약이 체결된 시점에 영업양도가 있었던 것이 아니라 양수인이 관할 교육청에 위 교육시설의 설치자 지위를 승계하였음을 이유로 한 설치자 변경신고를 하여 그 변경신고가 수리된 시점에 위 교육시설을 양도받아 양도인이 하던 것과 같은 영업적 활동을 개시하였다고 봄이 상당하다. 상법 제42조 제1항에 의하여 상호를 속용하는 영업양수인이 변제책임을 지는 양도인의 제3자에 대한 채무는 양도인의 영업으로 인한 채무로서 영업양도 전에 발생한 것이면 족하고, 반드시 영업양도 당시의 상호를 사용하는 동안 발생한 채무에 한하는 것은 아니다. 상호를 속용하는 영업양수인의 책임을 정하고 있는 상법 제42조 제1항은, 일반적으로 영업상의 채권자의 채무자에 대한 신용은 채무자의 영업재산에 의하여 실질적으로 담보되어 있는 것이 대부분인데도 실제 영업의 양도가 이루어지면서 채무의 승계가 제외된 경우에는 영업상의 채권자의 채권이 영업재산과 분리되게 되어 채권자를 해치게 되는 일이 일어나므로 영업상의 채권자에게 채권추구의 기회를 상실시키는 것과 같은 영업양도의 방법, 즉 채무를 승계하지 않았음에도 불구하고 상호를 속용함으로써 영업양도의 사실이 대외적으로 판명되기 어려운 방법 또는 영업양도에도 불구하고 채무의 승계가 이루어지지 않은 사실이 대외적으로 판명되기 어려운 방법 등이 채용된 경우에 양수인에게도 변제의 책임을 지우기 위하여 마련된 규정이라고 해석된다. 따라서 양수인에 의하여 속용되는 명칭이 상호 자체가 아닌 옥호(옥호) 또는 영업표지인 때에도 그것이 영업주체를 나타내는 것으로 사용되는 경우에는 영업상의 채권자가 영업주체의 교체나 채무승계 여부 등을 용이하게 알 수 없다는 점에서 일반적인 상호속용의 경우와 다를 바 없으므로, 양수인은 특별한 사정이 없는 한 상법 제42조 제1항의 유추적용에 의하여 그 채무를 부담한다고 봄이 상당하다. 원심이 같은 취지에서 소외 회사로부터 이 사건 교육시설의 영업을 양도받아 그 명칭인 '서울종합예술원'이라는 명칭을 사용하여 같은 영업을 계속한 피고에 대하여 상법 제42조 제1항의 유추적용에 의한 책임을 인정한 것은 정당하고, 거기에 상고이유에서 주장하는 바와 같은 상호속용 영업양수인의 책임에 관한 법리오해 등의 위법이 있다고 할 수 없다."; 대법원 2009. 1. 15. 선고 2007다17123,17130 판결 "상법상의 영업양도는 일정한 영업목적에 의하여 조직화된 업체, 즉 인적·물적 조직을 그 동일성은 유지하면서 일체로서 이전하는 것을 의미하고, 영업양도가 이루어졌는가의 여부는 단지 어떠한 영업재산이 어느 정도로 이전되어 있는가에 의하여 결정되어야 하는 것이 아니

대한 책임이 없음을 등기한 때에는 적용하지 아니한다. 양도인과 양수인이 지체없이 제3자에 대하여 그 뜻을 통지한 경우에 그 통지를 받은 제3자에 대하여도 같다. 양도인의 영업으로 인한 채권에 대하여 채무자가 선의이며 중대한 과실없이 양수인에게 변제한 때에는 그 효력이 있다. 영업양수인이 양도인의 상호를 계속사용하지 아니하는 경우에 양도인의 영업으로 인한 채무를 인수할 것을 광고한 때에는 양수인도 변제할 책임이 있다.[361] 영업

고 거기에 종래의 영업조직이 유지되어 그 조직이 전부 또는 중요한 일부로서 기능할 수 있는가에 의하여 결정되어야 하므로, 영업재산의 일부를 유보한 채 영업시설을 양도했어도 그 양도한 부분만으로도 종래의 조직이 유지되어 있다고 사회관념상 인정되면 그것을 영업의 양도라 볼 수 있고, 이러한 영업양도는 반드시 영업양도 당사자 사이의 명시적 계약에 의하여야 하는 것은 아니며 묵시적 계약에 의하여도 가능하다. 상호를 속용하는 영업양수인의 책임을 정하고 있는 상법 제42조 제1항의 취지에 비추어 보면, 상호를 속용하는 영업양수인에게 책임을 묻기 위해서는 상호속용의 원인관계가 무엇인지에 관하여 제한을 둘 필요는 없고 상호속용이라는 사실관계가 있으면 충분하다. 따라서 상호의 양도 또는 사용허락이 있는 경우는 물론 그에 관한 합의가 무효 또는 취소된 경우라거나 상호를 무단 사용하는 경우도 상법 제42조 제1항의 상호속용에 포함된다. 나아가 영업양도인이 자기의 상호를 동시에 영업 자체의 명칭 내지 영업 표지로서도 사용하여 왔는데, 영업양수인이 자신의 상호를 그대로 보유·사용하면서 영업양도인의 상호를 자신의 영업 명칭 내지 영업 표지로서 속용하고 있는 경우에는 영업상의 채권자가 영업주체의 교체나 채무승계 여부 등을 용이하게 알 수 없다는 점에서 일반적인 상호속용의 경우와 다를 바 없으므로, 이러한 경우도 상법 제42조 제1항의 상호속용에 포함된다. 상호를 속용하는 영업양수인의 책임은 위와 같이 채무승계가 없는 영업양도에 의하여 자기의 채권추구의 기회를 빼앗긴 채권자의 외관신뢰를 보호하기 위한 것이므로, 영업양도에도 불구하고 채무승계의 사실 등이 없다는 것을 알고 있는 악의의 채권자가 아닌 한, 당해 채권자가 비록 영업의 양도가 이루어진 것을 알고 있었다고 하더라도 그러한 사정만으로 보호의 적격이 없다고는 할 수 없고, 이 경우 당해 채권자가 악의라는 점에 대한 주장·증명책임은 상법 제42조 제1항에 의한 책임을 면하려는 영업양수인에게 있다."

361) 대법원 2008. 4. 11. 선고 2007다89722 판결 "상법 제42조 제1항의 영업이란 일정한 영업 목적에 의하여 조직화된 유기적 일체로서의 기능적 재산을 말하고, 여기서 말하는 유기적 일체로서의 기능적 재산이란 영업을 구성하는 유형·무형의 재산과 경제적 가치를 갖는 사실관계가 서로 유기적으로 결합하여 수익의 원천으로 기능한다는 것과, 이와 같이 유기적으로 결합한 수익의 원천으로서의 기능적 재산이 마치 하나의 재화와 같이 거래의 객체가 된다는 것을 뜻하는 것이므로, 영업양도를 하였다고 볼 수 있는지의 여부는 양수인이 유기적으로 조직화된 수익의 원천으로서의 기능적 재산을 이전받아 양도인이 하던 것과 같은 영업적 활동을 계속하고 있다고 볼 수 있는지 여부에 따라 판단하여야 한다. 양도인의 상호를 계속 사용하지 아니하는 영업양수인에 대해서도 양도인의 영업으로 인한 채무를 인수할 것을 광고한 때에는 그 변제책임을 인정하는 상법 제44조의 법리는, 영업양수인이 양도인의 채무를 받아들이는 취지를 광고에 의하여 표시한 경우에 한하지 않고, 양도인의 채권자에 대하여 개별적으로 통지를 하는 방식으로 그 취지를 표시한 경우에도 적용되어, 그 채권자와의 관계에서는 위 채무변제의 책임이 발생한다."; 대법원 2009. 7. 9. 선고 2009다23696 판결 "영업양수인이 양도인의 상호를 계

양수인이 변제의 책임이 있는 경우에는 양도인의 제3자에 대한 채무는 영업양도 또는 광고 후 2년이 경과하면 소멸한다.[362)]

Ⅱ. 상행위

영업으로 하는 상법 제46조가 정한 행위[363)]를 기본적 상행위라 한다.[364)] 그러나 오로지 임금을 받을 목적으로 물건을 제조하거나 노무에 종

속사용하지 아니하는 경우에 양도인의 영업으로 인한 채무를 인수할 것을 광고한 때에는 양수인도 변제할 책임이 있는바, 이 경우 영업양도인의 영업으로 인한 채무와 영업양수인의 상법 제44조에 따른 채무는 같은 경제적 목적을 가진 채무로서 서로 중첩되는 부분에 관하여는 일방의 채무가 변제 등으로 소멸하면 다른 일방의 채무도 소멸하는 이른바 부진정연대의 관계에 있지만, 채권자의 영업양도인에 대한 채권과 영업양수인에 대한 채권은 어디까지나 법률적으로 발생원인을 달리하는 별개의 채권으로서 그 성질상 영업양수인에 대한 채권이 영업양도인에 대한 채권의 처분에 당연히 종속된다고 볼 수 없다. 따라서 채권자가 영업양도인에 대한 채권을 타인에게 양도하였다는 사정만으로 영업양수인에 대한 채권까지 당연히 함께 양도된 것이라고 단정할 수 없고, 함께 양도된 경우라도 채권양도의 대항요건은 채무자별로 갖추어야 한다."

362) 대법원 2009. 9. 10. 선고 2009다38827 판결 "상법 제42조 제1항은 영업양수인이 양도인의 상호를 계속 사용하는 경우에는 양도인의 영업으로 인한 제3자의 채권에 대하여 양수인도 변제할 책임이 있다고 규정하고, 상법 제45조는 영업양수인이 상법 제42조 제1항의 규정에 의하여 변제의 책임이 있는 경우에는 양도인의 제3자에 대한 채무는 영업양도 후 2년이 경과하면 소멸한다고 규정하고 있는바, 영업을 출자하여 주식회사를 설립하고 그 상호를 계속 사용함으로써 상법 제42조 제1항의 규정이 유추적용되는 경우(대법원 1995. 8. 22. 선고 95다12231 판결, 대법원 1996. 7. 9. 선고 96다13767 판결 등 참조) 에는 상법 제45조의 규정도 당연히 유추적용된다고 할 것이다."

363) 1. 동산, 부동산, 유가증권 기타의 재산의 매매 2. 동산, 부동산, 유가증권 기타의 재산의 임대차 3. 제조, 가공 또는 수선에 관한 행위 4. 전기, 전파, 가스 또는 물의 공급에 관한 행위 5. 작업 또는 노무의 도급의 인수 6. 출판, 인쇄 또는 촬영에 관한 행위 7. 광고, 통신 또는 정보에 관한 행위 8. 수신·여신·환 기타의 금융거래 9. 공중이 이용하는 시설에 의한 거래 10. 상행위의 대리의 인수 11. 중개에 관한 행위 12. 위탁매매 기타의 주선에 관한 행위 13. 운송의 인수 14. 임치의 인수 15. 신탁의 인수 16. 상호부금 기타 이와 유사한 행위 17. 보험 18. 광물 또는 토석의 채취에 관한 행위 19. 기계, 시설, 그 밖의 재산의 금융리스에 관한 행위 20. 상호·상표 등의 사용허락에 의한 영업에 관한 행위 21. 영업상 채권의 매입·회수 등에 관한 행위 22. 신용카드, 전자화폐 등을 이용한 지급결제 업무의 인수

364) 대법원 1994. 4. 29. 선고 93다54842 판결 "어느 행위가 상법 제46조 소정의 기본적 상행위에 해당하기 위하여는 영업으로 같은 조 각호 소정의 행위를 하는 경우이어야 하고, 여기서 영업으로 한다고 함은 영리를 목적으로 동종의 행위를 계속 반복적으로 하는 것을 의미하는바, 구 대한광업진흥공사법(1986.5.12. 법률 제3834호로 전문 개정되기 전의 것)의 제반 규정에 비추어 볼 때 대한광업진흥공사가 광업자금을 광산업자에게 융자하여 주고 소정의 금리에 따른 이자 및 연체이자를 지급받는다고 하더라도, 이와 같은 대금행위는 같은 법 제1조 소정의 목적인 민영광산의 육성 및 합리적인 개발을 지원하

사하는 자의 행위는 그러하지 아니하다. 상인이 영업을 위하여 하는 행위는 상행위로 본다. 상인의 행위는 영업을 위하여 하는 것으로 추정한다. 상행위의 대리인이 본인을 위한 것임을 표시하지 아니하여도 그 행위는 본인에 대하여 효력이 있다. 그러나 상대방이 본인을 위한 것임을 알지 못한 때에는 대리인에 대하여도 이행의 청구를 할 수 있다. 상행위의 위임을 받은 자는 위임의 본지에 반하지 아니한 범위 내에서 위임을 받지 아니한 행위를 할 수 있다. 상인이 그 영업에 관하여 수여한 대리권은 본인의 사망으로 인하여 소멸하지 아니한다. 대화자간의 계약의 청약은 상대방이 즉시 승낙하지 아니한 때에는 그 효력을 잃는다. 상인이 상시 거래관계에 있는 자로부터 그 영업부류에 속한 계약의 청약을 받은 때에는 지체없이 낙부의 통지를 발송하여야 한다. 이를 해태한 때에는 승낙한 것으로 본다. 상행위로 인한 채무의 법정이율은 연6%로 한다.[365] 상인이 그 영업에 관하여 금전을 대여한 경우에는 법정이자를 청구할 수 있다. 상인이 그 영업범위 내에서 타인을 위하여 금전을 체당(替當)하였을 때에는 체당한 날 이후의 법정이자를 청구할 수 있다. 채권자의 지점에서의 거래로 인한 채무이행의 장소가 그 행위의 성질 또는 당사자의 의사표시에 의하여 특정되지 아니한 경우 특정물 인도 외의 채무이행은 그 지점을 이행장소로 본다. 수인이 그 1인 또는 전원에게 상행위가 되는 행위로 인하여 채무를 부담한 때에는 연대하여 변제할 책임이 있다.[366] 보증인이 있는 경우에 그 보증이 상행위이

기 위하여 하는 사업이지 이를 '영리를 목적'으로 하는 행위라고 보기는 어렵다."

365) 대법원 2004. 3. 26. 선고 2003다34045 판결 "상법 제54조의 상사법정이율은 상행위로 인한 채무나 이와 동일성을 가진 채무에 관하여 적용되는 것이고, 상행위가 아닌 불법행위로 인한 손해배상채무에는 적용되지 아니한다."

366) 대법원 2009. 11. 12. 선고 2009다54034,54041 판결 "공유자가 공유물의 관리에 관하여 제3자와의 사이에 계약을 체결한 경우에 그 계약에 기하여 제3자가 지출한 관리비용의 상환의무를 누가 어떠한 내용으로 부담하는가는 일차적으로 당해 계약의 해석으로 정하여진다. 공유자들이 공유물의 관리비용을 각 지분의 비율로 부담한다는 내용의 민법 제266조 제1항은 공유자들 사이의 내부적인 부담관계에 관한 규정일 뿐인 것이다. 한편 상법 제57조는 "수인이 그 1인 또는 전원에게 상행위가 되는 행위로 인하여 채무를 부담한 때에는 연대하여 변제할 책임이 있다"고 정하고, 숙박업은 공중접객업으로서 거기에 정하는 상행위에 해당한다(상법 제151조, 제46조 제9호 참조). 원고 등은 다른 특별한 사정이 없는 한 공동으로 피고와의 사이에 위 숙박사업장의 관리에 관한 계약을 체결하였다고 할 것이고, 또 그 계약은 원고 등에 있어서 상행위임이 명백하다. 따라서

거나 주채무가 상행위로 인한 것인 때에는 주채무자와 보증인은 연대하여 변제할 책임이 있다. 상인간의 상행위로 인한 채권이 변제기에 있는 때에는 채권자는 변제를 받을 때까지 그 채무자에 대한 상행위로 인하여 자기가 점유하고 있는 채무자소유의 물건 또는 유가증권을 유치할 수 있다. 그러나 당사자간에 다른 약정이 있으면 그러하지 아니하다. 상행위로 인하여 생긴 채권을 담보하기 위하여 설정한 질권의 경우 유질계약이 허용된다. 상인이 그 영업부류에 속한 계약의 청약을 받은 경우에 견품 기타의 물건을 받은 때에는 그 청약을 거절한 때에도 청약자의 비용으로 그 물건을 보관하여야 한다. 그러나 그 물건의 가액이 보관의 비용을 상환하기에 부족하거나 보관으로 인하여 손해를 받을 염려가 있는 때에는 그러하지 아니하다. 상인이 그 영업범위 내에서 타인을 위하여 행위를 한 때에는 이에 대하여 상당한 보수를 청구할 수 있다. 상인이 그 영업범위 내에서 물건의 임치를 받은 경우에는 보수를 받지 아니하는 때에도 선량한 관리자의 주의를 하여야 한다.[367] 이는 민법에서 무상수취인에게 자기의 재산과 동일한 주의로 보관하여야 한다고 규정한 것과 다르다. 따라서 임치물의 보관에 대하여 원고의 청구가 상법상의 주의의무와 민법상 주의의무 중 어느 것에

원고는 소외 1, 소외 2와 연대하여 위 관리비 등 전액에 관하여 피고에게 그 지급의무를 부담한다." 원심은 '집합건물의 소유 및 관리에 관한 법률'을 들어 원고는 자신의 지분비율에 따라 위 관리비 등을 분할하여 납부할 의무가 있다는 취지로 판단하였다. 그러나 위 법률 제10조, 제12조, 제17조는 집합건물의 공용부분을 구분소유자의 전유부분 면적 비율에 의한 공유로 하고, 공용부분의 관리비용은 규약에 달리 정함이 없는 한 그 지분비율에 따라 부담한다는 내용으로서, 앞서 본 민법 제266조 제1항과 같이 공용부분의 관리비용 부담에 관한 구분소유자들의 내부관계에 관한 규정일 뿐이고, 공유인 전유부분에 대한 관리비용의 부담에 관하여 제3자에 대한 대외적인 책임이 문제된 이 사건에 적용될 수 있는 규정이 아니다. 결국 원심판결에는 공유물관리비용의 부담에 관한 법리를 오해하여 판결결과에 영향을 미친 위법이 있다."

367) 대법원 1994. 4. 26. 선고 93다62539,62546 판결 "갑이 을과의 임치계약에 의하여 건고추를 창고업자인 병 소유의 냉동창고중 을이 임차한 부분에 운반, 적치하고 그 입고시에 병이 갑이 제시한 서류만을 근거로 하여 그 서류에 기재된 입고량에 따른 인수증을 갑에게 발행하였다면 갑과 을 간의 위 임치계약은 위 창고부분의 소유자이자 임대인인 병이 가동하는 냉동시설의 가동에 의하여 그 계약목적을 달성하려는 것이 당연 전제되어 있다고 보이는데다 창고업자인 병이 그 영업범위 내에서 위 건고추의 입고와 보관에 관여한 점 등에 비추어, 병은 위 물품인수증을 갑에게 발행함으로써 갑에 대한 관계에서는 적어도 위 건고추에 대한 무상수치인의 지위에서 선량한 관리자로서의 주의의무를 진다."

기한 것인지에 대하여 우선 규명하고 나서 주의의무위반여부를 판단하여야 한다.[368] 법령 또는 관습에 의하여 영업시간이 정하여져 있는 때에는 채무의 이행 또는 이행의 청구는 그 시간 내에 하여야 한다. 상행위로 인한 채권은 본법에 다른 규정이 없는 때에는 5년간 행사하지 아니하면 소멸시효가 완성한다. 그러나 다른 법령에 이보다 단기의 시효의 규정이 있는 때에는 그 규정에 의한다.

상인간의 매매에 있어서 매수인이 목적물의 수령을 거부하거나 이를 수령할 수 없는 때에는 매도인은 그 물건을 공탁하거나 상당한 기간을 정하여 최고한 후 경매할 수 있다. 이 경우에는 지체없이 매수인에 대하여 그 통지를 발송하여야 한다. 이 경우에 매수인에 대하여 최고를 할 수 없거나 목적물이 멸실 또는 훼손될 염려가 있는 때에는 최고없이 경매할 수 있다. 상인간의 매매에 있어서 매매의 성질 또는 당사자의 의사표시에 의하여 일정한 일시 또는 일정한 기간 내에 이행하지 아니하면 계약의 목적을 달성할 수 없는 경우에 당사자의 일방이 이행시기를 경과한 때에는 상대방은 즉시 그 이행을 청구하지 아니하면 계약을 해제한 것으로 본다. 상인간의 매매에 있어서 매수인이 목적물을 수령한 때에는 지체없이 이를 검사하여야 하며 하자 또는 수량의 부족을 발견한 경우에는 즉시 매도인에게 그 통지를 발송하지 아니하면 이로 인한 계약해제, 대금감액 또는 손해배상을 청구하지 못한다.[369] 매매의 목적물에 즉시 발견할 수 없는 하자가 있는 경우에 매수인이 6월내에 이를 발견한 때에도 같다. 그러나 매도인이 악의인 경우에는 이를 적용하지 아니한다. 이 경우 매수인이 계약을 해제한 때에도 매도인의 비용으로 매매의 목적물을 보관 또는 공탁하여야 한다. 그러나 그 목적물이 멸실 또는 훼손될 염려가 있는 때에는 법원의 허가를 얻

---

368) 대법원 1964. 7. 14. 선고 64다470 판결

369) 대법원 1993. 6. 11. 선고 93다7174,7181(반소) 판결 "사과의 과심이 썩은 하자는 상법 제69조 제1항 소정의 "즉시 발견할 수 없는 하자"에 해당한다. 약 5,000평의 사과나무 과수원을 경영하면서 그중 약 2,000평 부분의 사과나무에서 사과를 수확하여 이를 대부분 대도시의 사과판매상에 위탁판매한다면 이는 영업으로 사과를 판매하는 것으로 볼 수 없으니 상인이 아니다. 매수인에게 즉시 목적물의 검사와 하자통지를 할 의무를 지우고 있는 상법 제69조의 규정은 상인간의 매매에 적용되는 것이며 매수인이 상인인 한 매도인이 상인인지 여부를 불문하고 위 규정이 적용되어야 하는 것은 아니다."

어 경매하여 그 대가를 보관 또는 공탁하여야 한다.

상호계산은 상인간 또는 상인과 비상인간에 상시 거래관계가 있는 경우에 일정한 기간의 거래로 인한 채권채무의 총액에 관하여 상계하고 그 잔액을 지급할 것을 약정함으로써 그 효력이 생긴다. 어음 기타의 상업증권으로 인한 채권채무를 상호계산에 계입한 경우에 그 증권채무자가 변제하지 아니한 때에는 당사자는 그 채무의 항목을 상호계산에서 제거할 수 있다. 당사자가 상계할 기간을 정하지 아니한 때에는 그 기간은 6월로 한다. 당사자가 채권채무의 각 항목을 기재한 계산서를 승인한 때에는 그 각 항목에 대하여 이의를 하지 못한다. 그러나 착오나 탈루가 있는 때에는 그러하지 아니하다. 상계로 인한 잔액에 대하여는 채권자는 계산폐쇄일 이후의 법정이자를 청구할 수 있다. 당사자는 각 항목을 상호계산에 계입한 날로부터 이자를 붙일 것을 약정할 수 있다. 각 당사자는 언제든지 상호계산을 해지할 수 있다. 이 경우에는 즉시 계산을 폐쇄하고 잔액의 지급을 청구할 수 있다.

익명조합은 당사자의 일방이 상대방의 영업을 위하여 출자하고 상대방은 그 영업으로 인한 이익을 분배할 것을 약정함으로써 그 효력이 생긴다. 익명조합원이 출자한 금전 기타의 재산은 영업자의 재산으로 본다. 익명조합원은 영업자의 행위에 관하여서는 제3자에 대하여 권리나 의무가 없다. 익명조합원이 자기의 성명을 영업자의 상호 중에 사용하게 하거나 자기의 상호를 영업자의 상호로 사용할 것을 허락한 때에는 그 사용 이후의 채무에 대하여 영업자와 연대하여 변제할 책임이 있다. 익명조합원의 출자가 손실로 인하여 감소된 때에는 그 손실을 전보한 후가 아니면 이익배당을 청구하지 못한다. 손실이 출자액을 초과한 경우에도 익명조합원은 이미 받은 이익의 반환 또는 증자할 의무가 없다. 이는 당사자간에 다른 약정이 있으면 적용하지 아니한다. 조합계약으로 조합의 존속기간을 정하지 아니하거나 어느 당사자의 종신까지 존속할 것을 약정한 때에는 각 당사자는 영업연도말에 계약을 해지할 수 있다. 그러나 이 해지는 6월전에 상대방에게 예고하여야 한다. 조합의 존속기간의 약정의 유무에 불구하고 부득이한 사정이 있는 때에는 각 당사자는 언제든지 계약을 해지할 수 있다. 조합계약은 영업의 폐지 또는 양도, 영업자의 사망 또는 금치산, 영업자 또는 익명조합원의 파산이 있으면 종료한다. 조합계약이 종료한 때에는 영업자는 익명조합원에게 그 출자의 가액을 반환하여야 한다. 그러나 출자가 손실로 인하여 감소된 때에는 그 잔액을 반환하면 된다.

합자조합은 조합의 업무집행자로서 조합의 채무에 대하여 무한책임을 지는 조합원과 출자가액을 한도로 하여 유한책임을 지는 조합원이 상호출자하여 공동사업을 경영할 것을 약정함으로써 그 효력이 생긴다. 합자조합의 설립을 위한 조합계약에는 상법 제86조의 3이 정한 사항[370]을 적고 총조합원이 기명날인하거나 서명하여야 한다. 업무십행조합원은 합자조합 설립 후 2주 내에 조합의 주된 영업소의 소재지에서 합자조합의 목적, 명칭, 업무집행조합원과 업를 집행하는 유한책임조합원의 성명 또는 상호 및 주민등록번호, 조합원의 출자의 목적, 재산출자의 경우에는 그 가액과 이행한 부분 등을 등기하여야 한다. 업무집행조합원은 조합계약에 다른 규정이 없으면 각자가 선량한 관리자의 주의로써 합자조합의 업무를 집행하고 대리할 권리와 의무가 있다. 둘 이상의 업무집행조합원이 있는 경우에 조합계약에 다른 정함이 없으면 그 각 업무집행조합원의 업무집행에 관한 행위에 대하여 다른 업무집행조합원의 이의가 있는 경우에는 그 행위를 중지하고 업무집행조합원 과반수의 결의에 따라야 한다. 유한책임조합원은 조합계약에서 정한 출자가액에서 이미 이행한 부분을 뺀 가액을 한도로 하여 조합채무를 변제할 책임이 있다. 이 때 합자조합에 이익이 없음에도 불구하고 배당을 받은 금액은 변제책임을 정할 때에 변제책임의 한도액에 더한다. 업무집행조합원은 다른 조합원 전원의 동의를 받지 아니하면 그 지분의 전부 또는 일부를 타인에게 양도하지 못한다. 유한책임조합원의 지분은 조합

370) 1. 목적 2. 명칭 3. 업무집행조합원의 성명 또는 상호, 주소 및 주민등록번호 4. 유한책임조합원의 성명 또는 상호, 주소 및 주민등록번호 5. 주된 영업소의 소재지 6. 조합원의 출자(出資)에 관한 사항 7. 조합원에 대한 손익분배에 관한 사항 8. 유한책임조합원의 지분(持分)의 양도에 관한 사항 9. 둘 이상의 업무집행조합원이 공동으로 합자조합의 업무를 집행하거나 대리할 것을 정한 경우에는 그 규정 10. 업무집행조합원 중 일부 업무집행조합원만 합자조합의 업무를 집행하거나 대리할 것을 정한 경우에는 그 규정 11. 조합의 해산 시 잔여재산 분배에 관한 사항 12. 조합의 존속기간이나 그 밖의 해산사유에 관한 사항 13. 조합계약의 효력 발생일

계약에서 정하는 바에 따라 양도할 수 있다. 유한책임조합원의 지분을 양수한 자는 양도인의 조합에 대한 권리·의무를 승계한다.

일정한 상인을 위하여 상업사용인이 아니면서 상시 그 영업부류에 속하는 거래의 대리 또는 중개를 영업으로 하는 자를 대리상이라 한다. 대리상이 거래의 대리 또는 중개를 한 때에는 지체없이 본인에게 그 통지를 발송하여야 한다. 대리상은 본인의 허락없이 자기나 제3자의 계산으로 본인의 영업부류에 속한 거래를 하거나 동종영업을 목적으로 하는 회사의 무한책임사원 또는 이사가 되지 못한다. 물건의 판매나 그 중개의 위탁을 받은 대리상은 매매의 목적물의 하자 또는 수량부족 기타 매매의 이행에 관한 통지를 받을 권한이 있다. 대리상은 거래의 대리 또는 중개로 인한 채권이 변제기에 있는 때에는 그 변제를 받을 때까지 본인을 위하여 점유하는 물건 또는 유가증권을 유치할 수 있다. 그러나 당사자간에 다른 약정이 있으면 그러하지 아니하다. 당사자가 계약의 존속기간을 약정하지 아니한 때에는 각 당사자는 2월전에 예고하고 계약을 해지할 수 있다. 대리상의 활동으로 본인이 새로운 고객을 획득하거나 영업상의 거래가 현저하게 증가하고 이로 인하여 계약의 종료후에도 본인이 이익을 얻고 있는 경우에는 대리상은 본인에 대하여 상당한 보상을 청구할 수 있다. 다만, 계약의 종료가 대리상의 책임있는 사유로 인한 경우에는 그러하지 아니하다. 이 때 보상금액은 계약의 종료전 5년간의 평균년보수액을 초과할 수 없다. 계약의 존속기간이 5년 미만인 경우에는 그 기간의 평균년보수액을 기준으로 한다. 보상청구권은 계약이 종료한 날부터 6월을 경과하면 소멸한다. 대리상은 계약의 종료후에도 계약과 관련하여 알게 된 본인의 영업상의 비밀을 준수하여야 한다.

타인간의 상행위의 중개를 영업으로 하는 자를 중개인이라 한다. 중개인은 그 중개한 행위에 관하여 당사자를 위하여 지급 기타의 이행을 받지 못한다. 그러나 다른 약정이나 관습이 있으면 그러하지 아니하다. 중개인이 그 중개한 행위에 관하여 견품을 받은 때에는 그 행위가 완료될 때까지 이를 보관하여야 한다. 당사자간에 계약이 성립된 때에는 중개인은 지체없이 각 당사자의 성명 또는 상호, 계약년월일과 그 요령을 기재한 서면을 작성하여 기명날인 또는 서명한 후 각 당사자에게 교부하여야 한다. 당사자가 즉시 이행을 하여야 하는 경우를 제외하고 중개인은 각 당사자로 하여금 위 서면에 기명날인 또는 서명하게 한 후 그 상대방에게 교부하여야 한다. 당사자의 일방이 위 서면의 수령을 거부하거나 기명날인 또는 서명하지 아니한 때에는 중개인은 지체없이 상대방에게 그 통지를 발송하여야 한다.

자기명의로써 타인의 계산으로 물건 또는 유가증권의 매매를 영업으로 하는 자를 위탁매매인이라 한다. 위탁매매인은 위탁자를 위한 매매로 인하여 상대방에 대하여 직접 권리를 취득하고 의무를 부담한다. 위탁매매인이 위탁자로부터 받은 물건 또는 유가증권이나 위탁매매로 인하여 취득한 물건, 유가증권 또는 채권은 위탁자와 위탁매매인 또는 위탁매매인의 채권자간의 관계에서는 이를 위탁자의 소유 또는 채권으로 본다. 위탁매매인이 위탁받은 매매를 한 때에는 지체없이 위탁자에 대하여 그 계약의 요령과 상대방의 주소, 성명의 통지를 발송하여야 하며 계산서를 제출하여야 한다. 위탁매매인은 위탁자를 위한 매매에 관하여 상대방이 채무를 이행하지 아니하는 경우에는 위탁자에 대하여 이를 이행할 책임이 있다. 그러나 다른 약정이나 관습이 있으면 그러하지 아니하다. 위탁자가 지정한 가액보다 염가로 매도하거나 고가로 매수한 경우에도 위탁매매인이 그 차액을 부담한 때에는 그 매매는 위탁자에 대하여 효력이 있다. 위탁자가 지정한 가액보다 고가로 매도하거나 염가로 매수한 경우에는 그 차액은 다른 약정이 없으면 위탁자의 이익으로 한다. 위탁매매인이 거래소의 시세가 있는 물건 또는 유가증권의 매매를 위탁받은 경우에는 직접 그 매도인이나 매수인이 될 수 있다. 이 경우의 매매대가는 위탁매매인이 매매의 통지를 발송할 때의 거래소의 시세에 따른다. 위탁매매인이 위탁매매의 목적물을 인도받은 후에 그 물건의 훼손 또는 하자를 발견하거나 그 물건이 부패할 염려가 있는 때 또는 가격저락의 상황을 안 때에는 지체없이 위탁자에게 그 통지를 발송하여야 한다. 이 경우에 위탁자의 지시를 받을 수 없거나 그 지시가 지연되는 때에는 위탁매매인은 위탁자의 이익을 위하여 적당한 처분을 할 수 있다.

자기의 명의로 물건운송의 주선을 영업으로 하는 자를 운송주선인이라 한다. 운송주선인은 자기나 그 사용인이 운송물의 수령, 인도, 보관, 운송인이나 다른 운송주선인의 선택 기타 운송에 관하여 주의를 해태하지 아니하였음을 증명하지 아니하면 운송물의 멸실, 훼손 또는 연착으로 인한 손해를 배상할 책임을 면하지 못한다. 운송주선인은 다른 약정이 없으면 직접 운송할 수 있다. 이 경우에는 운송주선인은 운송인과 동일한 권리의무가 있다. 운송주선인이 위탁자의 청구에 의하여 화물상환증을 작성한 때에는 직접운송하는 것으로 본다. 수인이 순차로 운송주선을 하는 경우에는 후자는 전자에 갈음하여 그 권리를 행사할 의무를 부담한다. 운송주선인은 운송물을 운송인에게 인도한 때에는 즉시 보수를 청구할 수 있다. 운송주선계약으로 운임의 액을 정한 경우에는 다른 약정이 없으면 따로 보수를 청구하지 못한다. 운송주선인은 운송물에 관하여 받을 보수, 운임, 기타 위탁자를 위한 체당금이나 선대금에 관하여서만 그 운송물을 유치할 수 있다. ① 운송주선인의 책임은 수하인이 운송물을 수령한 날로부터 1년을 경과하면 소멸시효가 완성한다. 위 1년의 기간은 운송물이 전부멸실한 경우에는 그 운송물을 인도할 날로부터 기산한다. 위 1년의 소멸시효는 운송주선인이나 그 사용인이 악의인 경우에는 적용하지 아니한다. 운송주선인의 위탁자 또는 수하인에 대한 채권은 1년간 행사하지 아니하면 소멸시효가 완성한다.

육상 또는 호천, 항만에서 물건 또는 여객의 운송을 영업으로 하는 자를 운송인이라 한다. 송하인은 운송인의 청구에 의하여 화물명세서를 교부하여야 한다. 화물명세서에는 운송물의 종류, 중량 또는 용적, 포장의 종별, 개수와 기호, 도착지, 수하인과 운송인의 성명 또는 상호, 영업소 또는 주소, 운임과 그 선급 또는 착급의 구별, 화물명세서의 작성지와 작성년월일을 기재하고 송하인이 기명날인 또는 서명하여야 한다. 송하인이 화물명세서에 허위 또는 부정확한 기재를 한 때에는 운송인에 대하여 이로 인한 손해를 배상할 책임이 있다. 운송인은 송하인의 청구에 의하여 화물상환증을 교부하여야 한다. 화물상환증을 작성한 경우에는 이와 상환하지 아니하면 운송물의 인도를 청구할 수 없다. 화물상환증이 발행된 경우에는 운송인과 송하인 사이에 화물상환증에 적힌 대로 운송계약이 체결되고 운송물을 수령한 것으로 추정한다. 화물상환증을 선의로 취득한 소지인에 대하여 운송인은 화물상환증에 적힌 대로 운송물을 수령한 것으로 보고 화물상환증에 적힌 바에 따라 운송인으로서 책임을 진다. 화물상환증을 작성한 경우에는 운송물에 관한 처분은 화물상환증으로써 하여야 한다. 화물상환증에 의하여 운송물을 받을 수 있는 자에게 화물상환증을 교부한 때에는 운송물 위에 행사하는 권리의 취득에 관하여 운송물을 인도한 것과 동일한 효력이 있다. 운송물의 전부 또는 일부가 송하인의 책임없는 사유로 인하여 멸실한 때에는 운송인은 그 운임을 청구하지 못한다. 운송인이 이미 그 운임의 전부 또는 일부를 받은 때에는 이를 반환하여야 한다. 운송물의 전부 또는 일부가 그 성질이나 하자 또는 송하인의 과실로 인하여 멸실한 때에는 운송인은 운임의 전액을 청구할 수 있다. 운송인은 자기 또는 운송주선인이나 사용인, 그 밖에 운송을 위하여 사용한 자가 운송물의 수령, 인도, 보관 및 운송에 관하여 주의를 게을리하지 아니하였음을 증명하지 아니하면 운송물의 멸실, 훼손 또는 연착으로 인한 손해를 배상할 책임이 있다. 화폐, 유가증권 기타의 고가물에 대하여는 송하인이 운송을 위탁할 때에 그 종류와 가액을 명시한 경우에 한하여 운송인이 손해를 배상할 책임이 있다. 운송물이 전부멸실 또는 연착된 경우의 손해배상액은 인도할 날의 도착지의 가격에 따른다. 운송물이 일부 멸실 또는 훼손된 경우의 손해배상액은 인도한 날의 도착지의 가격에 의한다. 운송물의 멸실, 훼손 또는 연착이 운송인의 고의나 중대한 과실로 인한 때에는 운송인은 모든 손해를 배상하여야 한다. 운송물의 멸실 또는 훼손으로 인하여 지급을 요하지 아니하는 운임 기타 비용은 전3항의 배상액에서 공제하여야 한다. 수인이 순차로 운송할 경우에는 각 운송인은 운송물의 멸실, 훼손 또는 연착으로 인한 손해를 연대하여 배상할 책임이 있다. 송하인 또는 화물상환증이 발행된 때에는 그 소지인이 운송인에 대하여 운송의 중지, 운송물의 반환 기타의 처분을 청구할 수 있다. 이 경우에 운송인은 이미 운송한 비율에 따른 운임, 체당금과 처분으로 인한 비용의 지급을 청구할 수 있다. 운송물이 도착지에 도착한 때에는 수하인은 송하인과 동일한 권리를 취득한다. 운송물이 도착지에 도착한 후 수하인이 그 인도를 청구한 때에는 수하인의 권리가 송하인의 권리에 우선한다. 수하인이 운송물을 수령한 때에는 운송인에 대하여 운임 기타 운송에 관한 비용과 체당금을 지급할 의무를 부담한다. 수하인을 알 수 없는 때에는 운송인은 운송물을 공탁할 수 있다. 송하인, 화물상환증소지인과 수하인을 알 수 없는 때에는 운송인은 권리자에 대하여 6월 이상의 기간을 정하여 그 기간 내에 권리를 주장할 것을 공고하여야 한다. 운송인의 책임은 수하인 또는 화물상환증소지인이 유보없이 운송물을 수령하고 운임 기타의 비용을 지급한 때에는 소멸한다. 그러나 운송물에 즉시 발견할 수 없는 훼손 또는 일부 멸실이 있는 경우에 운송물을 수령한 날로부터 2주간 내에 운송인에게 그 통지를 발송한 때에는 그러하지 아니하다. 운송인은 자기 또는 사용인이 운송에 관한 주의를 해태하지 아니하였음을 증명하지 아니하면 여객이 운송으로 인하여 받은 손해를 배상할 책임을 면하지 못한다. 손해배상의 액을 정함에는 법원은 피해자와 그 가족의 정상을 참작하여야 한다. 운송인은 여객으로부터 인도를 받은 수하물에 관하여는 운임을 받지 아니한 경우에도 물건운송인과 동일한 책임이 있다. 운송인은 여객으로부터 인도를 받지 아니한 수하물의 멸실 또는 훼손에 대하여는 자기 또는 사용인의 과실이 없으면 손해를 배상할 책임이 없다.

극장, 여관, 음식점, 그 밖의 공중이 이용하는 시설에 의한 거래를 영업으로 하는 자를 공중접객업자라 한다. 공중접객업자는 자기 또는 그 사용인이 고객으로부터 임치받은 물건의 보관에 관하여 주의를 게을리하지 아니하였음을 증명하지 아니하면 그 물건의 멸실 또는 훼손으로 인한 손해를 배상할 책임이 있다. 공중접객업자는 고객으로부터 임치받지 아니한 경우에도 그 시설 내에 휴대한 물건이 자기 또는 그 사용인의 과실로 인하여 멸실 또는 훼손되었을 때에는 그 손해를 배상할 책임이 있다. 고객의 휴대물에 대하여 책임이 없음을 알린 경우에도 공중접객업자는 위 배상 책임을 면하지 못한다. 화폐, 유가증권, 그 밖의 고가물에 대하여는 고객이 그 종류와 가액을 명시하여 임치하지 아니하면 공중접객업자는 그 물건의 멸실 또는 훼손으로 인한 손해를 배상할 책임이 없다. 위 배상책임은 공중접객업자가 임치물을 반환하거나 고객이 휴대물을 가져간 후 6개월이 지나면 소멸시효가 완성된다. 물건이 전부 멸실된 경우에는 위 6개월의 기간은 고객이 그 시설에서 퇴거한 날부터 기산한다. 6개월의 소멸시효는 공중접객업자나 그 사용인이 악의인 경우에는 적용하지 아니한다.

타인을 위하여 창고에 물건을 보관함을 영업으로 하는 자를 창고업자라 한다. 창고업자는 임치인의 청구에 의하여 창고증권을 교부하여야 한다. 창고증권소지인은 창고업자에 대하여 그 증권을 반환하고 임치물을 분할하여 각부분에 대한 창고증권의 교부를 청구할 수 있다. 창고증권으로 임치물을 입질한 경우에도 질권자의 승낙이 있으면 임치인은 채권의 변제기전이라도 임치물의 일부반환을 청구할 수 있다. 이 경우에는 창고업자는 반환한 임치물의 종류, 품질과 수량을 창고증권에 기재하여야 한다. 창고업자는 자기 또는 사용인이 임치물의 보관에 관하여 주의를 해태하지 아니하였음을 증명하지 아니하면 임치물의 멸실 또는 훼손에 대하여 손해를 배상할 책임을 면하지 못한다. 임치인 또는 창고증권소지인은 영업시간 내에 언제든지 창고업자에 대하여 임치물의 검사 또는 견품의 적취를 요구하거나 그 보존에 필요한 처분을 할 수 있다. 창고업자는 임치물을 출고할 때가 아니면 보관료 기타의 비용과 체당금의 지급을 청구하지 못한다. 그러나 보관기간 경과후에는 출고전이라도 이를 청구할 수 있다. 임치물의 일부출고의 경우에는 창고업자는 그 비율에 따른 보관료 기타의 비용과 체당금의 지급을 청구할 수 있다. 당사자가 임치기간을 정하지 아니한 때에는 창고업자는 임치물을 받은 날로부터 6월을 경과한 후에는 언제든지 이를 반환할 수 있다. 임치물의 멸실 또는 훼손으로 인하여 생긴 창고업자의 책임은 그 물건을 출고한 날로부터 1년이 경과하면 소멸시효가 완성한다.

금융리스이용자가 선정한 기계, 시설, 그 밖의 재산(금융리스물건)을 제3자(공급자)로부터 취득하거나 대여받아 금융리스이용자에게 이용하게 하는 것을 영업으로 하는 자를 금융리스업자라 한다. 금융리스업자는 금융리스이용자가 금융리스계약에서 정한 시기에 금융리스계약에 적합한 금융리스물건을 수령할 수 있도록 하여야 한다. 금융리스이용자는 금융리스물건을 수령함과 동시에 금융리스료를 지급하여야 한다. 금융리스물건수령증을 발급한 경우에는 금융리스계약 당사자 사이에 적합한 금융리스물건이 수령된 것으로 추정한다. 금융리스이용자는 금융리스물건을 수령한 이후에는 선량한 관리자의 주의로 금융리스물건을 유지 및 관리하여야 한다. 금융리스물건의 공급자는 공급계약에서 정한 시기에 그 물건을 금융리스이용자에게 인도하여야 한다. 금융리스물건이 공급계약에서 정한 시기와 내용에 따라 공급되지 아니한 경우 금융리스이용자는 공급자에게 직접 손해배상을 청구하거나 공급계약의 내용에 적합한 금융리스물건의 인도를 청구할 수 있다. 금융리스이용자의 책임 있는 사유로 금융리스계약을 해지하는 경우에는 금융리스업자는 잔존 금융리스료 상당액의 일시 지급 또는 금융리스물건의 반환을 청구할 수 있다. 금융리스이용자는 중대한 사정변경으로 인하여 금융리스물건을 계속 사용할 수 없는 경우에는 3개월 전에 예고하고 금융리스계약을 해지할 수 있다. 이 경우 금융리스이용자는 계약의 해지로 인하여 금융리스업자에게 발생한 손해를 배상하여야 한다. 자신의 상호·상표 등을 제공하는 것을 영업으로 하는 자(가맹업자)로부터 그의 상호 등을 사용할 것을 허락받아 가맹업자가 지정하는 품질기준이나 영업방식에 따라 영업을 하는 자를 가맹상이라 한다. 가맹업자는 가맹상의 영업을 위하여 필요한 지원을 하여야 한다. 가맹업자는 다른 약정이 없으면 가맹상의 영업지역 내에서 동일 또는 유사한 업종의 영업을 하거나, 동일 또는 유사한 업종의 가맹계약을 체결할 수 없다. 가맹상은 가맹업자의 영업에 관한 권리가 침해되지 아니하도록 하여야 한다. 가맹상은 계약이 종료한 후에도 가맹계약과 관련하여 알게 된 가맹업자의 영업상의 비밀을 준수하여야 한다. 가맹상은 가맹업자의 동의를 받아 그 영업을 양도할 수 있다. 가맹업자는 특별한 사유가 없으면 위 영업양도에 동의하여야 한다. 가맹계약상 존속기간에 대한 약정의 유무와 관계없이 부득이한 사정이 있으면 각 당사자는 상당한 기간을 정하여 예고한 후 가맹계약을 해지할 수 있다.

타인이 물건·유가증권의 판매, 용역의 제공 등에 의하여 취득하였거나 취득할 영업상의 채권을 매입하여 회수하는 것을 영업으로 하는 자를 채권매입업자라 한다. 영업채권의 채무자가 그 채무를 이행하지 아니하는 경우 채권매입업자는 채권매입계약의 채무자에게 그 영업채권액의 상환을 청구할 수 있다. 다만, 채권매입계약에서 다르게 정한 경우에는 그러하지 아니하다.

Ⅲ. 회사

1. 통칙

상법에서 회사란 상행위나 그 밖의 영리를 목적으로 하여 설립한 법인을 말한다. 회사는 합명회사, 합자회사, 유한책임회사, 주식회사와 유한회사의 5종으로 한다. 회사의 주소는 본점소재지에 있는 것으로 한다. 회사는 본점소재지에서 설립등기를 함으로써 성립한다. 회사는 다른 회사의 무한책임사원이 되지 못한다. 회사는 합병을 할 수 있다. 합병을 하는 회사의 일방 또는 쌍방이 주식회사, 유한회사 또는 유한책임회사인 경우에는 합병 후 존속하는 회사나 합병으로 설립되는 회사는 주식회사, 유한회사 또는 유한책임회사이어야 한다. 해산후의 회사는 존립 중의 회사를 존속하는 회사로 하는 경우에 한하여 합병을 할 수 있다. 회사의 합병으로 인하여 신회사를 설립하는 경우에는 정관의 작성 기타 설립에 관한 행위는 각 회사에서 선임한 설립위원이 공동으로 하여야 한다. 법원은 회사의 설립목적이 불법한 것인 때, 회사가 정당한 사유없이 설립후 1년내에 영업을 개시하지 아니하거나 1년 이상 영업을 휴지하는 때, 이사 또는 회사의 업무를 집행하는 사원이 법령 또는 정관에 위반하여 회사의 존속을 허용할 수 없는 행위를 한 때에는 이해관계인이나 검사의 청구에 의하여 또는 직권으로 회사의 해산을 명할 수 있다.

2. 합명회사

합명회사의 설립에는 2인 이상의 사원이 공동으로 정관을 작성하여야 한다. 합명회사의 설립등기에 있어서는 사원의 출자의 목적, 재산출자에는 그 가격과 이행한 부분, 존립기간 기타 해산사유를 정한 때에는 그 기간 또는 사유, 회사를 대표할 사원을 정한 경우에는 그 성명·주소 및 주민등록번호, 수인의 사원이 공동으로 회사를 대표할 것을 정한 때에는 그 규정 등 사항을 등기하여야 한다. 사원의 업무집행을 정지하거나 직무대행자를 선임하는 가처분을 하거나 그 가처분을 변경·취소하는 경우에는 본점 및 지점이 있는 곳의 등기소에서 이를 등기하여야 한다. 회사의 설립의 무효는 그 사원에 한하여, 설립의 취소는 그 취소권있는 자에 한하여 회사성립의 날로부터 2년내에 소만으로 이를 주장할 수 있다. 사원이 그 채권자를 해할 것을 알고 회사를 설립한 때에는 채권자는 그 사원과 회사에 대한 소로 회사의 설립취소를 청구할 수 있다. 설립무효의 판결 또는 설립취소의 판결은 제3자에 대하여도 그 효력이 있다. 그러나 판결확정전에 생긴 회사와 사원 및 제3자간의 권리의무에 영향을 미치지 아니한다. 설립무효의 소 또는 설립취소의 소를 제기한 자가 패소한 경우에 악의 또는 중대한 과실이 있는 때에는 회사에 대하여 연대하여 손해를 배상할 책임이 있다. 설립무효의 판결 또는 설립취소의 판결이 확정된 때에는 본점과 지점의 소재지에서 등기하여야 한다. 설립무효의 판결 또는 설립취소의 판결이 확정된 때에는 해산의 경우에 준하여 청산하여야 한다. 설립무효의 판결 또는 설립취소의 판결이 확정된 경우에 그 무효나 취소의 원인이 특정한 사원에 한한 것인 때에는 다른 사원전원의 동의로써 회사를 계속할 수 있다. 이 경우 그 무효 또는 취소의 원인이 있는 사원은 퇴사한 것으로 본다. 합명회사의 내부관계에 관하여는 정관 또는 상법에 다른 규정이 없으면 조합에 관한 민법의 규정을 준용한다. 채권을 출자의 목적으로 한 사원은 그 채권이 변제기에 변제되지 아니한 때에는 그 채권액을 변제할 책임을 진다. 이 경우에는 이자를 지급하는 외에 이로 인하여 생긴 손해를 배상하여야 한다. 사원은 다른 사원의 동의를 얻지 아니하면 그 지분의 전부 또는 일부를 타인에게 양도하지 못한다. 사원은 다른 사원의 동의가 없으면 자기 또는 제3자의 계산으로 회사의 영업부류에 속하는 거래를 하지 못하며 동종영업을 목적으로 하는 다른 회사의 무한책임사원 또는 이사가 되지 못한다. 사원이 위 의무에 위반하여 거래를 한 경우에 그 거래가 자기의 계산으로 한 것인 때에는 회사는 이를 회사의 계산으로 한 것으로 볼 수 있고 제3자의 계산으로 한것인 때에는 그 사원에 대하여 회사는 이로 인한 이득의 양도를 청구할 수 있다. 정관으로 사원의 1인 또는 수인을 업무집행사원으로 정한 때에는 그 사원이 회사의 업무를 집행할 권리와 의무가 있다. 수인의 업무집행사원이 있는 경우에 그 각 사원의 업무집행에 관한 행위에 대하여 다른 업무집행사원의 이의가 있는 때에는 곧 그 행위를 중지하고 업무집행사원 과반수의 결의에 의하여야 한다. 정관으로 수인의 사원을 공동업무집행사원으로 정한 때에 그 전원의 동의가 없으면 업무집행에 관한 행위를 하지 못한다. 그러나 지체할 염려가 있는 때에는 그러하지 아니하다. 지배인의 선임과 해임은 정관에 다른 정함이 없으면 업무집행사원이 있는 경우에도 총사원 과반수의 결의에 의하여야 한다. 정관을 변경함에는 총사원의 동의가 있어야 한다. 사원이 업무를 집행함에 현저하게 부적임하거나 중대한 의무에 위반한 행위가 있는 때에는 법원은 사원의 청구에 의하여 업무집행권한의 상실을 선고할 수 있다. 정관으로 업무집행사원을 정하지 아니한 때에는 각 사원은 회사를 대표한다. 수인의 업무집행사원을 정한 경우에 각 업무집행사원은 회사를 대표한다. 그러나 정관 또는 총사원의 동의로 업무집행사원중 특히 회사를 대표할 자를 정할 수 있다. 회사는 정관 또는 총사원의 동의로 수인의 사원이 공동으로 회사를 대표할 것을 정할 수 있다. 회사를 대표하는 사원은 회사의 영업에 관하여 재판상 또는 재판외의 모든 행위를 할 권한이 있다. 회사가 사원에 대하여 또는 사원이 회사에 대하여 소를 제기하는 경우에 회사를 대표할 사원이 없을 때에는 다른 사원 과반수의 결의로 선정하여야 한다. 회사의 재산으로 회사의 채무를 완제할 수 없는 때에는 각 사원은 연대하여 변제할 책임이 있다. 회사성립후에 가입한 사원은 그 가입전에 생긴 회사채무에 대하여 다른 사원과 동일한 책임을 진다. 사원이 회사채무에 관하여 변제의 청구를 받은 때에는 회사가 주장할 수 있는 항변으로 그 채권자에게 대항할 수 있다. 회사가 그 채권자에 대하여 상계, 취소 또는 해제할 권리가 있는 경우에는 사원은 전항의 청구에 대하여 변제를 거부할 수 있다. 사원이 아닌 자가 타인에게 자기를 사원이라고 오인시키는 행위를 하였을 때에는 오인으로 인하여 회사와 거래한 자에 대하여 사원과 동일한 책임을 진다. 정관으로 회사의 존립기간을 정하지 아니하거나 어느 사원의 종신까지 존속할 것을 정한 때에는 사원은 영업년도말에 한하여 퇴사할 수 있다. 그러나 6월전에 이를 예고하여야 한다. 사원이 부득이한 사유가 있을 때에는 언제든지 퇴사할 수 있다. 정관으로 사원이 사망한 경우에 그 상속인이 회사에 대한 피상속인의 권리의무를 승계하여 사원이 될 수 있음을 정한 때에는 상속인은 상속의 개시를 안 날로부터 3월내에 회사에 대하여 승계 또는 포기의 통지를 발송하여야 한다. 상속인이 위 통지 없이 3월을 경과한 때에는 사원이 될 권리를 포기한 것으로 본다. 사원이 출자의 의무를 이행하지 아니한 때, 경업금지의무를 위반한 때, 회사의 업무집행 또는 대표에 관하여 부정한 행위가 있는 때, 권한없이 업무를 집행하거나 회사를 대표한 때, 기타 중요한 사유가 있는 때에는 회사는 다른 사원 과반수의 결의에 의하여 그 사원의 제명의 선고를 법원에 청구할 수 있다. 제명된 사원과 회사와의 계산은 제명의 소를 제기한 때의 회사재산의 상태에 따라서 하며 그 때부터 법정이자를 붙여야 한다. 퇴사한 사원은 노무 또는 신용으로 출자의 목적으로 한 경우에도 그 지분의 환급을 받을 수 있다. 그러나 정관에 다른 규정이 있는 때에는 그러하지 아니하다. 사원의 지분의 압류는 사원이 장래이익의 배당과 지분의 환급을 청구하는 권리에 대하여도 그 효력이 있다. 사원의 지분을 압류한 채권자는 영업년도말에 그 사원을 퇴사시킬 수 있다. 그러나 회사와 그 사원에 대하여 6월전에 그 예고를 하여야 한다. 퇴사한 사원은 본점소재지에서 퇴사등기를 하기 전에 생긴 회사채무에 대하여는 등기 후 2년 내에는 다른 사원과 동일한 책임이 있다. 지분을 양도한 사원도 이와 같은 책임을 진다. 퇴사한 사원의 성명이 회사의 상호 중에 사용된 경우에는 그 사원은 회사에 대하여 그 사용의 폐지를 청구할 수 있다. 회사가 합병을 함에는 총사원의 동의가 있어야 한다. 회사는 합병의 결의가 있은 날부터 2주내에 회사채권자에 대하여 합병에 이의가 있으면 일정한 기간내에 이를 제출할 것을 공고하고 알고 있는 채권자에 대하여는 따로따로 이를 최고하여야 한다. 이 경우 그 기간은 1월 이상이어야 한다. 회사의 합병의 무효는 각 회사의 사원, 청산인, 파산관재인 또는 합병을 승인하지 아니한 회사채권자에 한하여 소만으로 이를 주장할 수 있다. 합병을 무효로 한 판결이 확정된 때에는 합병을 한 회사는 합병 후 존속한 회사 또는 합병으로 인하여 설립된 회사의 합병 후 부담한 채무에 대하여 연대하여 변제할 책임이 있다. 합병 후 존속한 회사 또는 합병으로 인하여 설립한 회사의 합병 후 취득한 재산은 합병을 한 회사의 공유로 한다.

3. 주식회사

가. 설립

주식회사를 설립함에는 발기인이 정관을 작성하여야 한다. 발기인은 정관을 작성하여 목적, 상호, 회사가 발행할 주식의 총수, 액면주식을 발행하는 경우 1주의 금액, 회사의 설립 시에 발행하는 주식의 총수, 본점의 소재지, 회사가 공고를 하는 방법, 발기인의 성명·주민등록번호 및 주소를 적고 각 발기인이 기명날인 또는 서명하여야 한다. 변태설립사항[371]은 정관에 기재함으로써 그 효력이 있다. 정관은 공증인의 인증을 받음으로써 효력이 생긴다. 다만, 자본금 총액이 10억원 미만인 회사를 발기설립하는 경우에는 각 발기인이 정관에 기명날인 또는 서명함으로써 효력이 생긴다. 각 발기인은 서면에 의하여 주식을 인수하여야 한다. 발기인이 회사의 설립 시에 발행하는 주식의 총수를 인수한 때에는 지체없이 각 주식에 대하여 그 인수가액의 전액을 납입하여야 한다. 이 경우 발기인은 납입을 맡을 은행 기타 금융기관과 납입장소를 지정하여야 한다. 현물출자를 하는 발기인은 납입기일에 지체없이 출자의 목적인 재산을 인도하고 등기, 등록 기타 권리의 설정 또는 이전을 요할 경우에는 이에 관한 서류를 완비하여 교부하여야 한다. 납입과 현물출자의 이행이 완료된 때에는 발기인은 지체없이 의결권의 과반수로 이사와 감사를 선임하여야 한다. 발기인의 의결권은 그 인수주식의 1주에 대하여 1개로 한다. 발기인은 의사록을 작성하여 의사의 경과와 그 결과를 기재하고 기명날인 또는 서명하여야 한다. 이사와 감사는 취임후 지체없이 회사의 설립에 관한 모든 사항이 법령 또는 정관의 규정에 위반되지 아니하는지의 여부를 조사하여 발기인에게 보고하여야 한다. 발기인이 회사의 설립시에 발행하는 주식의 총수를 인수하지 아니하는 때에는 주주를 모집하여야 한다. 주식인수의 청약을 하고자 하는 자는 주식청약서 2통에 인수할 주식의 종류 및 수와 주소를 기재하고 기명

371) 1. 발기인이 받을 특별이익과 이를 받을 자의 성명 2. 현물출자를 하는 자의 성명과 그 목적인 재산의 종류, 수량, 가격과 이에 대하여 부여할 주식의 종류와 수 3. 회사성립후에 양수할 것을 약정한 재산의 종류, 수량, 가격과 그 양도인의 성명 4. 회사가 부담할 설립비용과 발기인이 받을 보수액

날인 또는 서명하여야 한다. 주식인수를 청약한 자는 발기인이 배정한 주식의 수에 따라서 인수가액을 납입할 의무를 부담한다. 주식인수인 또는 주식청약인에 대한 통지나 최고는 주식인수증 또는 주식청약서에 기재한 주소 또는 그 자로부터 회사에 통지한 주소로 하면 된다. 회사설립시에 발행하는 주식의 총수가 인수된 때에는 발기인은 지체없이 주식인수인에 대하여 각 주식에 대한 인수가액의 전액을 납입시켜야 한다. 주식인수인이 납입을 하지 아니한 때에는 발기인은 일정한 기일을 정하여 그 기일내에 납입을 하지 아니하면 그 권리를 잃는다는 뜻을 기일의 2주간 전에 그 주식인수인에게 통지하여야 한다. 이 통지를 받은 주식인수인이 그 기일내에 납입의 이행을 하지 아니한 때에는 그 권리를 잃는다. 이 경우에는 발기인은 다시 그 주식에 대한 주주를 모집할 수 있다. 납입과 현물출자의 이행을 완료한 때에는 발기인은 지체없이 창립총회를 소집하여야 한다. 창립총회의 결의는 출석한 주식인수인의 의결권의 3분의 2 이상이며 인수된 주식의 총수의 과반수에 해당하는 다수로 하여야 한다. 창립총회에서는 정관의 변경 또는 설립의 폐지를 결의할 수 있다. 주식회사는 설립등기를 할여야 한다. 납입금을 보관한 은행이나 그 밖의 금융기관은 발기인 또는 이사의 청구를 받으면 그 보관금액에 관하여 증명서를 발급하여야 한다. 회사성립후에는 주식을 인수한 자는 주식청약서의 요건의 흠결을 이유로 하여 그 인수의 무효를 주장하거나 사기, 강박 또는 착오를 이유로 하여 그 인수를 취소하지 못한다. 창립총회에 출석하여 그 권리를 행사한 자는 회사의 성립전에도 인수의 무효나 취소를 주장하지 못한다. 회사설립시에 발행한 주식으로서 회사성립 후에 아직 인수되지 아니한 주식이 있거나 주식인수의 청약이 취소된 때에는 발기인이 이를 공동으로 인수한 것으로 본다. 회사성립 후 납입을 완료하지 아니한 주식이 있는 때에는 발기인은 연대하여 그 납입을 하여야 한다. 발기인이 회사의 설립에 관하여 그 임무를 해태한 때에는 그 발기인은 회사에 대하여 연대하여 손해를 배상할 책임이 있다. 발기인이 악의 또는 중대한 과실로 인하여 그 임무를 해태한 때에는 그 발기인은 제3자에 대하여도 연대하여 손해를 배상할 책임이 있다. 회사가 성립하지 못한 경우에는 발기인은 그 설립에 관한 행위에 대하여 연대하여 책임을 진다.

나. 주식

회사는 정관으로 정한 경우에는 주식의 전부를 무액면주식으로 발행할 수 있다. 다만, 무액면주식을 발행하는 경우에는 액면주식을 발행할 수 없다. 액면주식의 금액은 균일하여야 한다. 액면주식 1주의 금액은 100원 이상으로 하여야 한다. 회사는 정관으로 정하는 바에 따라 발행된 액면주식을 무액면주식으로 전환하거나 무액면주식을 액면주식으로 전환할 수 있다. 회사는 주주총회의 결의로 주식을 분할할 수 있다. 주식은 액면미달의 가액으로 발행하지 못한다. 주주의 책임은 그가 가진 주식의 인수가액을 한도로 한다.가설인의 명의로 주식을 인수하거나 타인의 승락없이 그 명의로 주식을 인수한 자는 주식인수인으로서의 책임이 있다. 타인의 승락을 얻어 그 명의로 주식을 인수한 자는 그 타인과 연대하여 납입할 책임이 있다. 수인이 공동으로 주식을 인수한 자는 연대하여 납입할 책임이 있다. 주식이 수인의 공유에 속하는 때에는 공유자는 주주의 권리를 행사할 자 1인을 정하여야 한다. 주주의 권리를 행사할 자가 없는 때에는 공유자에 대한 통지나 최고는 그 1인에 대하여 하면 된다. 주식은 타인에게 양도할 수 있다. 다만, 회사는 정관으로 정하는 바에 따라 그 발행하는 주식의 양도에 관하여 이사회의 승인을 받도록 할 수 있다. 주권발행전에 한 주식의 양도는 회사에 대하여 효력이 없다. 그러나 회사성립 후 또는 신주의 납입기일 후 6월이 경과한 때에는 그러하지 아니하다. 주식의 양도에 관하여 이사회의 승인을 얻어야 하는 경우에는 주식을 양도하고자 하는 주주는 회사에 대하여 양도의 상대방 및 양도하고자 하는 주식의 종류와 수를 기재한 서면으로 양도의 승인을 청구할 수 있다. 양도승인거부의 통지를 받은 주주는 통지를 받은 날부터 20일내에 회사에 대하여 양도의 상대방의 지정 또는 그 주식의 매수를 청구할 수 있다. 주주가 양도의 상대방을 지정하여 줄 것을 청구한 경우에는 이사회는 이를 지정하고, 그 청구가 있은 날부터 2주간내에 주주 및 지정된 상대방에게 서면으로 이를 통지하여야 한다. 주식의 양도에 관하여 이사회의 승인을 얻어야 하는 경우에 주식을 취득한 자는 회사에 대하여 그 주식의 종류와 수를 기재한 서면으로 그 취득의 승인을 청구할 수 있다. 주식의 양도에 있어서는 주권을 교부하여야 한다. 주권의 점유자는 이를 적법한 소지인으로 추정한다. 주식의 이전은 취득자의 성명과 주소를 주주명부에 기재하지 아니하면 회사에 대항하지 못한다. 회사는 정관이 정하는 바에 의하여 명의개서대리인을 둘 수 있다. 이 경우 명의개서대리인이 취득자의 성명과 주소를 주주명부의 복본에 기재한 때에는 명의개서가 있는 것으로 본다. 주식을 질권의 목적으로 하는 때에는 주권을 질권자에게 교부하여야 한다. 질권자는 계속하여 주권을 점유하지 아니하면 그 질권으로써 제3자에게 대항하지 못한다. 주식의 소각, 병합, 분할 또는 전환이 있는 때에는 이로 인하여 종전의 주주가 받을 금전이나 주식에 대하여도 종전의 주식을 목적으로한 질권을 행사할 수 있다. 주식을 질권의 목적으로 한 경우에 회사가 질권설정자의 청구에 따라 그 성명과 주소를 주주명부에 덧붙여 쓰고 그 성명을 주권에 적은 경우에는 질권자는 회사로부터 이익배당, 잔여재산의 분배 또는 질권의 물상대위에 따라 금전의 지급을 받아 다른 채권자에 우선하여 자기채권의 변제에 충당할 수 있다. 회사는 정관으로 정하는 바에 따라 제434조의 주주총회의 결의로 회사의 설립·경영 및 기술혁신 등에 기여하거나 기여할 수 있는 회사의 이사, 집행임원, 감사 또는 피용자에게 미리 정한 가액(주식매수선택권의 행사가액)으로 신주를 인수하거나 자기의 주식을 매수할 수 있는 권리주식매수선택권)를 부여할 수 있다. 다만, 주식매수선택권의 행사가액이 주식의 실질가액보다 낮은 경우에 회사는 그 차액을 금전으로 지급하거나 그 차액에 상당하는 자기의 주식을 양도할 수 있다. 이 경우 주식의 실질가액은 주식매수선택권의 행사일을 기준으로 평가한다. 회사는 이익의 배당, 잔여재산의 분배, 주주총회에서의 의결권의 행사, 상환 및 전환 등에 관하여 내용이 다른 종류의 주식(종류주식)을 발행할 수 있다. 회사가 이익의 배당에 관하여 내용이 다른 종류주식을 발행하는 경우에는 정관에 그 종류주식의 주주에게 교부하는 배당재산의 종류, 배당재산의 가액의 결정방법, 이익을 배당하는 조건 등 이익배당에 관한 내용을 정하여야 한다. 회사가 잔여재산의 분배에 관하여 내용이 다른 종류주식을 발행하는 경우에는 정관에 잔여재산의 종류, 잔여재산의 가액의 결정방법, 그 밖에 잔여재산분배에 관한 내용을 정하여야 한다. 회사가 의결권이 없는 종류주식이나 의결권이 제한되는 종류주식을 발행하는 경우에는 정관에 의결권을 행사할 수 없는 사항과, 의결권행사 또는 부활의 조건을 정한 경우에는 그 조건 등을 정하여야 한다. 회사가 종류주식을 발행하는 경우에는 정관으로 정하는 바에 따라 주주는 인수한 주식을 다른 종류주식으로 전환할 것을 청구할 수 있다. 이 경우 전환의 조건, 전환의 청구기간, 전환으로 인하여 발행할 주식의 수와 내용을 정하여야 한다. 회사가 종류주식을 발행하는 경우에는 정관에 일정한 사유가 발생할 때 회사가 주주의 인수 주식을 다른 종류주식으로 전환할 수 있음을 정할 수 있다. 이 경우 회사는 전환의 사유, 전환의 조건, 전환의 기간, 전환으로 인하여 발행할 주식의 수와 내용을 정하여야 한다. 주권은 공시최고의 절차에 의하여 이를 무효로 할 수 있다. 주권을 상실한 자는 제권판결을 얻지 아니하면 회사에 대하여 주권의 재발행을 청구하지 못하다.

다. 회사의 기관

주주총회는 본법 또는 정관에 정하는 사항에 한하여 결의할 수 있다. 총회의 소집은 상법에 다른 규정이 있는 경우 외에는 이사회가 이를 결정한다. 주주총회를 소집할 때에는 주주총회일의 2주 전에 각 주주에게 서면으로 통지를 발송하거나 각 주주의 동의를 받아 전자문서로 통지를 발송하여야 한다. 다만, 그 통지가 주주명부상 주주의 주소에 계속 3년간 도달하지 아니한 경우에는 회사는 해당 주주에게 총회의 소집을 통지하지 아니할 수 있다. 통지서에는 회의의 목적사항을 적어야 한다. 자본금 총액이 10억원 미만인 회사가 주주총회를 소집하는 경우에는 주주총회일의 10일 전에 각 주주에게 서면으로 통지를 발송하거나 각 주주의 동의를 받아 전자문서로 통지를 발송할 수 있다. 자본금 총액이 10억원 미만인 회사는 주주 전원의 동의가 있을 경우에는 소집절차 없이 주주총회를 개최할 수 있고, 서면에 의한 결의로써 주주총회의 결의를 갈음할 수 있다. 결의의 목적사항에 대하여 주주 전원이 서면으로 동의를 한 때에는 서면에 의한 결의가 있는 것으로 본다. 이러한 서면에 의한 결의는 주주총회의 결의와 같은 효력이 있다. 서면에 의한 결의에 관한 사항은 의결권 없는 주주에게는 적용하지 아니한다. 의결권없는 주식을 제외한 발행주식총수의 100분의 3 이상에 해당하는 주식을 가진 주주는 이사에게 주주총회일(정기주주총회의 경우 직전 연도의 정기주주총회일에 해당하는 그 해의 해당일)의 6주 전에 서면 또는 전자문서로 일정한 사항을 주주총회의 목적사항으로 할 것을 제안(주주제안)할 수 있다. 총회는 정관에 다른 정함이 없으면 본점소재지 또는 이에 인접한 지에 소집하여야 한다. 정기총회는 매년 1회 일정한 시기에 이를 소집하여야 한다. 연 2회 이상의 결산기를 정한 회사는 매기에 총회를 소집하여야 한다. 임시총회는 필요있는 경우에 수시 이를 소집한다. 발행주식총수의 100분의 3 이상에 해당하는 주식을 가진 주주는 회의의 목적사항과 소집의 이유를 적은 서면 또는 전자문서를 이사회에 제출하여 임시총회의 소집을 청구할 수 있다. 위 소집청구가 있은 후 지체 없이 총회소집의 절차를 밟지 아니한 때에는 청구한 주주는 법원의 허가를 받아 총회를 소집할 수 있다. 이 경우 주주총회의 의장은 법원이 이해관계인의 청구나 직권으로 선임할 수 있다. 총회의 의장은 정관에서 정함이 없는 때에는 총회에서 선임한다. 총회의 의장은 총회의 질서를 유지하고 의사를 정리한다. 총회의 의장은 고의로 의사진행을 방해하기 위한 발언·행동을 하는 등 현저히 질서를 문란하게 하는 자에 대하여 그 발언의 정지 또는 퇴장을 명할 수 있다. 총회는 이사가 제출한 서류와 감사의 보고서를 조사하게 하기 위하여 검사인을 선임할 수 있다. 회사 또는 발행주식총수의 100분의 1 이상에 해당하는 주식을 가진 주주는 총회의 소집절차나 결의방법의 적법성을 조사하기 위하여 총회 전에 법원에 검사인의 선임을 청구할 수 있다. 총회의 결의는 상법 또는 정관에 다른 정함이 있는 경우를 제외하고는 출석한 주주의 의결권의 과반수와 발행주식총수의 4분의 1 이상의 수로써 하여야 한다. 주주는 대리인으로 하여금 그 의결권을 행사하게 할 수 있다. 이 경우에는 그 대리인은 대리권을 증명하는 서면을 총회에 제출하여야 한다. 총회의 결의에 관하여 특별한 이해관계가 있는 자는 의결권을 행사하지 못한다. 주주가 2 이상의 의결권을 가지고 있는 때에는 이를 통일하지 아니하고 행사할 수 있다. 이 경우 주주총회일의 3일전에 회사에 대하여 서면 또는 전자문서로 그 뜻과 이유를 통지하여야 한다. 주주가 주식의 신탁을 인수하였거나 기타 타인을 위하여 주식을 가지고 있는 경우외에는 회사는 주주의 의결권의 불통일행사를 거부할 수 있다. 주주는 정관이 정한 바에 따라 총회에 출석하지 아니하고 서면에 의하여 의결권을 행사할 수 있다. 회사는 이사회의 결의로 주주가 총회에 출석하지 아니하고 전자적 방법으로 의결권을 행사할 수 있음을 정할 수 있다. 의결권은 1주마다 1개로 한다. 회사가 가진 자기주식은 의결권이 없다. 회사, 모회사 및 자회사 또는 자회사가 다른 회사의 발행주식의 총수의 10분의 1을 초과하는 주식을 가지고 있는 경우 그 다른 회사가 가지고 있는 회사 또는 모회사의 주식은 의결권이 없다. 총회의 결의에 관하여는 의결권 없는 주식의 수는 발행주식총수에 산입하지 아니한다. 총회에서는 회의의 속행 또는 연기의 결의를 할 수 있다. 총회의 의사에는 의사록을 작성하여야 한다. 의사록에는 의사의 경과요령과 그 결과를 기재하고 의장과 출석한 이사가 기명날인 또는 서명하여야 한다. 회사가 영업의 전부 또는 중요한 일부의 양도, 영업 전부의 임대 또는 경영위임, 타인과 영업의 손익 전부를 같이 하는 계약, 그 밖에 이에 준하는 계약의 체결·변경 또는 해약, 회사의 영업에 중대한 영향을 미치는 다른 회사의 영업 전부 또는 일부의 양수에 해당하는 행위를 할 때에는 출석한 주주의 의결권의 3분의 2 이상의 수와 발행주식총수의 3분의 1 이상의 수로써 결의를 하여야 한다. 이러한 결의사항에 반대하는 주주는 주주총회전에 회사에 대하여 서면으로 그 결의에 반대하는 의사를 통지한 경우에는 그 총회의 결의일부터 20일내에 주식의 종류와 수를 기재한 서면으로 회사에 대하여 자기가 소유하고 있는 주식의 매수를 청구할 수 있다. 회사는 주식매수청구를 받은 날부터 2월 이내에 그 주식을 매수하여야 한다. 총회의 소집절차 또는 결의방법이 법령 또는 정관에 위반하거나 현저하게 불공정한 때 또는 그 결의의 내용이 정관에 위반한 때에는 주주·이사 또는 감사는 결의의 날로부터 2월내에 결의취소의 소를 제기할 수 있다. 주주가 결의취소의 소를 제기한 때에는 법원은 회사의 청구에 의하여 상당한 담보를 제공할 것을 명할 수 있다. 그러나 그 주주가 이사 또는 감사인 때에는 그러하지 아니하다. 결의한 사항이 등기된 경우에 결의취소의 판결이 확정된 때에는 본점과 지점의 소재지에서 등기하여야 한다. 결의취소의 소가 제기된 경우에 결의의 내용, 회사의 현황과 제반사정을 참작하여 그 취소가 부적당하다고 인정한 때에는 법원은 그 청구를 기각할 수 있다. 주주는 총회의 결의의 내용이 법령에 위반한 것을 이유로 하여 결의무효의 확인을 청구하는 소와 총회의 소집절차 또는 결의방법에 총회결의가 존재한다고 볼 수 없을 정도의 중대한 하자가 있는 것을 이유로 하여 결의부존재의 확인을 청구하는 소를 제기할 수 있다. 결의무효의 판결 또는 결의부존재확인의 판결은 제3자에 대하여도 그 효력이 있다. 그러나 판결확정 전에 생긴 회사와 사원 및 제3자간의 권리의무에 영향을 미치지 아니한다. 결의한 사항이 등기된 경우에 결의무효 또는 결의부존재확인의 판결이 확정된 때에는 본점과 지점의 소재지에서 등기하여야 한다.

이사는 주주총회에서 선임한다. 회사와 이사의 관계는 민법의 위임에 관한 규정을 준용한다. 이사는 법령과 정관의 규정에 따라 회사를 위하여 그 직무를 충실하게 수행하여야 한다. 이사는 재임중 뿐만 아니라 퇴임후에도 직무상 알게 된 회사의 영업상 비밀을 누설하여서는 아니된다. 이사는 3명 이상이어야 한다. 다만, 자본금 총액이 10억원 미만인 회사는 1명 또는 2명으로 할 수 있다. 이사의 임기는 3년을 초과하지 못한다. 이사의 3년 임기는 정관으로 그 임기 중의 최종의 결산기에 관한 정기주주총회의 종결에 이르기까지 연장할 수 있다. 이사는 언제든지 주주총회의 결의로 이를 해임할 수 있다. 그러나 이사의 임기를 정한 경우에 정당한 이유없이 그 임기 만료전에 이를 해임한 때에는 그 이사는 회사에 대하여 해임으로 인한 손해의 배상을 청구할 수 있다. 이사가 그 직무에 관하여 부정행위 또는 법령이나 정관에 위반한 중대한 사실이 있음에도 불구하고 주주총회에서 그 해임을 부결한 때에는 발행주식의 총수의 100분의 3 이상에 해당하는 주식을 가진 주주는 총회의 결의가 있은 날부터 1월내에 그 이사의 해임을 법원에 청구할 수 있다. 법률 또는 정관에 정한 이사의 원수를 결한 경우에는 임기의 만료 또는 사임으로 인하여 퇴임한 이사는 새로 선임된 이사가 취임할 때까지 이사의 권리의무가 있다. 이 경우 필요하다고 인정할 때에는 법원은 이사, 감사 기타의 이해관계인의 청구에 의하여 일시 이사의 직무를 행할 자를 선임할 수 있다. 이 경우에는 본점의 소재지에서 그 등기를 하여야 한다. 정관으로 이사가 가질 주식의 수를 정한 경우에 다른 규정이 없는 때에는 이사는 그 수의 주권을 감사에게 공탁하여야 한다. 이사의 보수는 정관에 그 액을 정하지 아니한 때에는 주주총회의 결의로 이를 정한다. 회사는 이사회의 결의로 회사를 대표할 이사를 선정하여야 한다. 그러나 정관으로 주주총회에서 이를 선정할 것을 정할 수 있다. 수인의 대표이사가 공동으로 회사를 대표할 것을 정할 수 있다. 이사회는 각 이사가 소집한다. 그러나 이사회의 결의로 소집할 이사를 정한 때에는 그러하지 아니하다. 이사회의 결의는 이사과반수의 출석과 출석이사의 과반수로 하여야 한다. 그러나 정관으로 그 비율을 높게 정할 수 있다. 정관에서 달리 정하는 경우를 제외하고 이사회는 이사의 전부 또는 일부가 직접 회의에 출석하지 아니하고 모든 이사가 음성을 동시에 송수신하는 원격통신수단에 의하여 결의에 참가하는 것을 허용할 수 있다. 이 경우 당해 이사는 이사회에 직접 출석한 것으로 본다. 감사는 이사회에 출석하여 의견을 진술할 수 있다. 감사는 이사가 법령 또는 정관에 위반한 행위를 하거나 그 행위를 할 염려가 있다고 인정한 때에는 이사회에 이를 보고하여야 한다. 이사회의 의사에 관하여는 의사록을 작성하여야 한다. 의사록에는 의사의 안건, 경과요령, 그 결과, 반대하는 자와 그 반대이유를 기재하고 출석한 이사 및 감사가 기명날인 또는 서명하여야 한다. 주주는 영업시간내에 이사회의사록의 열람 또는 등사를 청구할 수 있다. 회사는 이 열람 또는 등사 청구에 대하여 이유를 붙여 이를 거절할 수 있다. 이 경우 주주는 법원의 허가를 얻어 이사회의사록을 열람 또는 등사할 수 있다. 중요한 자산의 처분 및 양도, 대규모 재산의 차입, 지배인의 선임 또는 해임과 지점의 설치·이전 또는 폐지 등 회사의 업무집행은 이사회의 결의로 한다. 이사회는 이사의 직무의 집행을 감독한다. 이사는 대표이사로 하여금 다른 이사 또는 피용자의 업무에 관하여 이사회에 보고할 것을 요구할 수 있다. 이사는 3월에 1회 이상 업무의 집행상황을 이사회에 보고하여야 한다. 회사가 이사에 대하여 또는 이사가 회사에 대하여 소를 제기하는 경우에 감사는 그 소에 관하여 회사를 대표한다. 사장, 부사장, 전무, 상무 기타 회사를 대표할 권한이 있는 것으로 인정될 만한 명칭을 사용한 이사의 행위에 대하여는 그 이사가 회사를 대표할 권한이 없는 경우에도 회사는 선의의 제삼자에 대하여 그 책임을 진다. 이사는 회사의 정관, 주주총회의 의사록을 본점과 지점에, 주주명부, 사채원부를 본점에 비치하여야 한다. 이 경우 명의개서대리인을 둔 때에는 주주명부나 사채원부 또는 그 복본을 명의개서대리인의 영업소에 비치할 수 있다. 주주와 회사채권자는 영업시간 내에 언제든지 위 서류의 열람 또는 등사를 청구할 수 있다. 이사는 이사회의 승인이 없으면 자기 또는 제삼자의 계산으로 회사의 영업부류에 속한 거래를 하거나 동종영업을 목적으로 하는 다른 회사의 무한책임사원이나 이사가 되지 못한다. 이사가 위 경업금지의무에 위반하여 거래를 한 경우에 회사는 이사회의 결의로 그 이사의 거래가 자기의 계산으로 한 것인 때에는 이를 회사의 계산으로 한 것으로 볼 수 있고 제삼자의 계산으로 한 것인 때에는 그 이사에 대하여 이로 인한 이득의 양도를 청구할 수 있다. 이사는 이사회의 승인 없이 현재 또는 장래에 회사의 이익이 될 수 있는 직무를 수행하는 과정에서 알게 되거나 회사의 정보를 이용한 사업기회 또는 회사가 수행하고 있거나 수행할 사업과 밀접한 관계가 있는 사업기회를 자기 또는 제3자의 이익을 위하여 이용하여서는 아니 된다. 이 경우 이사회의 승인은 이사 3분의 2 이상의 수로써 하여야 한다. 이에 위반하여 회사에 손해를 발생시킨 이사 및 승인한 이사는 연대하여 손해를 배상할 책임이 있으며 이로 인하여 이사 또는 제3자가 얻은 이익은 손해로 추정한다. 이사가 고의 또는 과실로 법령 또는 정관에 위반한 행위를 하거나 그 임무를 게을리 한 경우에는 그 이사는 회사에 대하여 연대하여 손해를 배상할 책임이 있다. 이러한 행위가 이사회의 결의에 의한 것인 때에는 그 결의에 찬성한 이사도 손해를 배상할 책임이 있다. 이 때 결의에 참가한 이사로서 이의를 한 기재가 의사록에 없는 자는 그 결의에 찬성한 것으로 추정한다. 이사가 고의 또는 중대한 과실로 그 임무를 게을리한 때에는 그 이사는 제3자에 대하여 연대하여 손해를 배상할 책임이 있다. 회사에 대한 자신의 영향력을 이용하여 이사에게 업무집행을 지시한 자, 이사의 이름으로 직접 업무를 집행한 자, 이사가 아니면서 명예회장·회장·사장·부사장·전무·상무·이사 기타 회사의 업무를 집행할 권한이 있는 것으로 인정될 만한 명칭을 사용하여 회사의 업무를 집행한 자에 해당하는 자는 그 지시하거나 집행한 업무에 관하여 회사에 대한 손해배상책임·제3자에 대한 손해배상책임 및 주주의 대표소송에 있어서 이사로 본다. 이사가 법령 또는 정관에 위반한 행위를 하여 이로 인하여 회사에 회복할 수 없는 손해가 생길 염려가 있는 경우에는 감사 또는 발행주식의 총수의 100분의 1 이상에 해당하는 주식을 가진 주주는 회사를 위하여 이사에 대하여 그 행위를 유지할 것을 청구할 수 있다. 발행주식의 총수의 100분의 1 이상에 해당하는 주식을 가진 주주는 회사에 대하여 이사의 책임을 추궁할 소의 제기를 청구할 수 있다. 회사가 이 청구를 받은 날로부터 30일내에 소를 제기하지 아니한 때에는 위 주주는 즉시 회사를 위하여 소를 제기할 수 있다. 이 30일 기간의 경과로 인하여 회사에 회복할 수 없는 손해가 생길 염려가 있는 경우에는 위 주주는 즉시 소를 제기할 수 있다. 소를 제기한 주주의 보유주식이 제소후 발행주식총수의 100분의 1 미만으로 감소한 경우(발행주식을 보유하지 아니하게 된 경우를 제외한다)에도 제소의 효력에는 영향이 없다. 회사가 주주의 대표소송 청구에 따라 소를 제기하거나 주주가 소를 제기한 경우 당사자는 법원의 허가를 얻지 아니하고는 소의 취하, 청구의 포기·인락·화해를 할 수 없다. 이사선임결의의 무효나 취소 또는 이사해임의 소가 제기된 경우에는 법원은 당사자의 신청에 의하여 가처분으로써 이사의 직무집행을 정지할 수 있고 또는 직무대행자를 선임할 수 있다. 급박한 사정이 있는 때에는 본안소송의 제기전에도 그 처분을 할 수 있다. 법원은 당사자의 신청에 의하여 가처분을 변경 또는 취소할 수 있다. 직무대행자는 가처분명령에 다른 정함이 있는 경우외에는 회사의 상무에 속하지 아니한 행위를 하지 못한다. 그러나 법원의 허가를 얻은 경우에는 그러하지 아니하다. 직무대행자가 법원의 허가 없이 회사의 상무에 속하지 않는 행위를 한 경우에도 회사는 선의의 제3자에 대하여 책임을 진다.

감사는 주주총회에서 선임한다. 의결권없는 주식을 제외한 발행주식의 총수의 100분의 3을 초과하는 수의 주식을 가진 주주는 그 초과하는 주식에 관하여 감사의 선임에 있어서는 의결권을 행사하지 못한다. 감사의 임기는 취임후 3년내의 최종의 결산기에 관한 정기총회의 종결시까지로 한다. 감사는 회사 및 자회사의 이사 또는 지배인 기타의 사용인의 직무를 겸하지 못한다. 감사는 이사의 직무의 집행을 감사한다. 감사는 언제든지 이사에 대하여 영업에 관한 보고를 요구하거나 회사의 업무와 재산상태를 조사할 수 있다. 감사는 회사의 비용으로 전문가의 도움을 구할 수 있다. 이사는 회사에 현저하게 손해를 미칠 염려가 있는 사실을 발견한 때에는 즉시 감사에게 이를 보고하여야 한다. 감사는 회의의 목적사항과 소집의 이유를 기재한 서면을 이사회에 제출하여 임시총회의 소집을 청구할 수 있다. 감사는 필요하면 회의의 목적사항과 소집이유를 서면에 적어 이사에게 제출하여 이사회 소집을 청구할 수 있다. 감사가 이사회 소집청구를 하였는데도 이사가 지체 없이 이사회를 소집하지 아니하면 그 청구한 감사가 이사회를 소집할 수 있다. 모회사의 감사는 그 직무를 수행하기 위하여 필요한 때에는 자회사에 대하여 영업의 보고를 요구할 수 있다. 감사는 이사가 주주총회에 제출할 의안 및 서류를 조사하여 법령 또는 정관에 위반하거나 현저하게 부당한 사항이 있는지의 여부에 관하여 주주총회에 그 의견을 진술하여야 한다. 감사가 그 임무를 해태한 때에는 그 감사는 회사에 대하여 연대하여 손해를 배상할 책임이 있다. 감사가 악의 또는 중대한 과실로 인하여 그 임무를 해태한 때에는 그 감사는 제3자에 대하여 연대하여 손해를 배상할 책임이 있다. 감사가 회사 또는 제3자에 대하여 손해를 배상할 책임이 있는 경우에 이사도 그 책임이 있는 때에는 그 감사와 이사는 연대하여 배상할 책임이 있다.

대법원 1976. 4. 13. 선고 74다1755 판결 “주식회사에 있어서 회사가 설립된 이후 총주식을 한 사람이 소유하게 된 이른바 1인회사의 경우에는 그 주주가 유일한 주주로서 주주총회에 출석하면 전원 총회로서 성립하고 그 주주의 의사대로 결의가 될 것임이 명백하므로 따로이 총회소집절차가 필요없고 실제로 총회를 개최한 사실이 없었다 하더라도 그 1인 주주에 의하여 의결이 있었던 것으로 주주총회 의사록이 작성되었다면 특별한 사정이 없는 한 그 내용의 결의가 있었던 것으로 볼 수 있다.”

대법원 1993. 2. 26. 선고 92다48727 판결 "임시주주총회가 법령 및 정관상 요구되는 이사회의 결의 없이 또한 그 소집절차를 생략하고 이루어졌다고 하더라도, 주주의 의결권을 적법하게 위임받은 수임인과 다른 주주 전원이 참석하여 총회를 개최하는 데 동의하고 아무런 이의 없이 만장일치로 결의가 이루어졌다면 이는 다른 특별한 사정이 없는 한 유효한 것이다."

대법원 2009. 1. 30. 선고 2006다31269 판결 "상법 제369조 제3항은 "회사, 모회사 및 자회사 또는 자회사가 다른 회사의 발행주식의 총수의 10분의 1을 초과하는 주식을 가지고 있는 경우 그 다른 회사가 가지고 있는 회사 또는 모회사의 주식은 의결권이 없다"고 규정하고 있다. 이와 같이 모자회사 관계가 없는 회사 사이의 주식의 상호소유를 규제하는 주된 목적은 상호주를 통해 출자 없는 자가 의결권 행사를 함으로써 주주총회결의와 회사의 지배구조가 왜곡되는 것을 방지하기 위한 것이다. 한편, 상법 제354조가 규정하는 기준일 제도는 일정한 날을 정하여 그 날에 주주명부에 기재되어 있는 주주를 계쟁 회사의 주주로서의 권리를 행사할 자로 확정하기 위한 것일 뿐, 다른 회사의 주주를 확정하는 기준으로 삼을 수는 없으므로, 기준일에는 상법 제369조 제3항이 정한 요건에 해당하지 않더라도, 실제로 의결권이 행사되는 주주총회일에 위 요건을 충족하는 경우에는 상법 제369조 제3항이 정하는 상호소유 주식에 해당하여 의결권이 없다. 이때 회사, 모회사 및 자회사 또는 자회사가 다른 회사 발행주식 총수의 10분의 1을 초과하는 주식을 가지고 있는지 여부는 앞서 본 '주식 상호소유 제한의 목적'을 고려할 때, 실제로 소유하고 있는 주식수를 기준으로 판단하여야 하며 그에 관하여 주주명부상의 명의개서를 하였는지 여부와는 관계가 없다."

대법원 2004. 4. 27. 선고 2003다29616 판결 "법원이 감자무효의 소를 재량 기각하기 위해서는 원칙적으로 그 소제기 전이나 그 심리중에 원인이 된 하자가 보완되어야 한다고 할 수 있을 것이지만, 하자가 추후 보완될 수 없는 성질의 것으로서 자본감소 결의의 효력에는 아무런 영향을 미치지 않는 것인 경우 등에는 그 하자가 보완되지 아니하였다 하더라도 회사의 현황 등 제반 사정을 참작하여 자본감소를 무효로 하는 것이 부적당하다고 인정한 때에는 법원은 그 청구를 기각할 수 있다. 주주총회의 감자

결의에 결의방법상의 하자가 있으나 그 하자가 감자결의의 결과에 아무런 영향을 미치지 아니하였고, 감자결의를 통한 자본감소 후에 이를 기초로 채권은행 등에 대하여 부채의 출자전환 형식으로 신주발행을 하고 수차례에 걸쳐 제3자에게 영업을 양도하는 등의 사정이 발생하였다면, 자본감소를 무효로 할 경우 부채의 출자전환 형식으로 발행된 신주를 인수한 채권은행 등의 이익이나 거래의 안전을 해할 염려가 있으므로 자본감소를 무효로 하는 것이 부적당하다고 볼 사정이 있다. 상법 제368조 제3항의 규정은 대리권의 존부에 관한 법률관계를 명확히 하여 주주총회 결의의 성립을 원활하게 하기 위한 데 그 목적이 있다고 할 것이므로 대리권을 증명하는 서면은 위조나 변조 여부를 쉽게 식별할 수 있는 원본이어야 하고, 특별한 사정이 없는 한 사본은 그 서면에 해당하지 아니하고, 팩스를 통하여 출력된 팩스본 위임장 역시 성질상 원본으로 볼 수 없다."

대법원 2001. 9. 7. 선고 2001도2917 판결 "주주의 자유로운 의결권 행사를 보장하기 위하여 주주가 의결권의 행사를 대리인에게 위임하는 것이 보장되어야 한다고 하더라도 주주의 의결권 행사를 위한 대리인 선임이 무제한적으로 허용되는 것은 아니고, 그 의결권의 대리행사로 말미암아 주주총회의 개최가 부당하게 저해되거나 혹은 회사의 이익이 부당하게 침해될 염려가 있는 등의 특별한 사정이 있는 경우에는 회사는 이를 거절할 수 있다고 보아야 할 것이며, 주주가 자신이 가진 복수의 의결권을 불통일행사하기 위하여는 회일의 3일 전에 회사에 대하여 서면으로 그 뜻과 이유를 통지하여야 할 뿐만 아니라, 회사는 주주가 주식의 신탁을 인수하였거나 기타 타인을 위하여 주식을 가지고 있는 경우 외에는 주주의 의결권 불통일행사를 거부할 수 있는 것이므로, 주주가 위와 같은 요건을 갖추지 못한 채 의결권 불통일행사를 위하여 수인의 대리인을 선임하고자 하는 경우에는 회사는 역시 이를 거절할 수 있다. 주주가 주주총회에 참석하면서 소유주식 중 일부에 관한 의결권의 대리행사를 타인들에게 나누어 위임하여 주주총회에 참석한 그 의결권 대리인들이 대표이사의 주주총회장에서의 퇴장 요구를 거절하면서 고성과 욕설 등을 사용하여 대표이사의 주주총회의 개최, 진행을 포기하게 만든 경우, 그와 같은 의결권 대리행사의 위임은 위세를 과시하여 정상적인 주주총회의 진행을 저해할 의도이고 주주총회에서 그 의결권 대리인들이 요구한 사항은 의결권 대리행사를 위한 권한 범위에 속하지 않으므로, 대표이사는 그 대리인들이 주주총회에 참석하는 것을 적법하게 거절할 수 있었다는 이유로, 업무방해죄가 성립한다. 회사의 정기주주총회에 적법하게 참석한 주주라고 할지라도 주주총회장에서의 질문, 의사진행 발언, 의결권의 행사 등의 주주총회에서의 통상적인 권리행사 범위를 넘어서서 회사의 구체적인 회계장부나 서류철 등을 열람하기 위하여는 별도로 상법 제466조 등에 정해진 바에 따라 회사에 대하여 그 열람을 청구하여야 하고, 만일 회사에서 정당한 이유 없이 이를 거부하는 경우에는 법원에 그 이행을 청구하여 그 결과에 따라 회계장부 등을 열람할 수 있을 뿐 주주총회 장소라고 하여 회사측의 의사에 반하여 회사의 회계장부를 강제로 찾아 열람할 수는 없다고 할 것이며, 설사 회사측이 회사 운영을 부실하게 하여 소수주주들에게 손해를 입게 하였다고 하더라도 위와 같은 사정만으로 주주총회에 참석한 주주가 강제로 사무실을 뒤져 회계장부를 찾아내는 것이 사회통념상 용인되는 형법 제20조 소정의 정당행위라고 볼 수 없고, 방실수색죄가 성립한다."

대법원 2002. 4. 12. 선고 2001다38807 판결 "상법 제374조 제1항 제1호에 의하여 주주총회의 특별결의를 요하도록 정하여진 영업의 양도라 함은 주식회사가 상대방과의 사법상의 채권계약에 의하여 일정한 영업목적을 위하여 조직되고 유기적 일체로서 기능하는 재산의 전부 또는 그 일부를 그 동일성을 유지하면서 일체로서 이전하는 것을 가리킨다."

대법원 1999. 4. 23. 선고 98다45546 판결 "통상 회사를 양수한다는 것에는, 영업 주체인 회사로부터 영업 일체를 양수하여 회사와는 별도의 주체인 양수인이 양수한 영업을 영위하는 경우와 회사의 주식이나 지분권을 그 소유자로부터 양수받아 양수인이 회사의 새로운 지배자로서 회사를 경영하는 경우가 있는바, 전자의 경우는 영업의 주체인 회사가 양도인이 되어 양수인과 계약을 체결하고 양도·양수 후에도 양수인은 그 회사와는 별도의 주체로서 양수한 영업을 영위하는 것이나, 후자의 경우는 영업 자체를 양도·양수하는 것이 아니라 영업의 주체인 회사의 주식이나 지분권을 양도·양수하는 것이므로, 이 경우는 회사의 주식 또는 지분권을 소유하고 있는 주주 또는 지분권자 개인이 양도인이 되는 것이고 회사가 양도인이 될 수는 없다. 주식회사가 양도·양수에 관련되어 있는 경우에 그 양도·양수가 영업 주체인 회사로부터 영업 일체를 양수하여 회사와는 별도의 주체인 양수인이 양수한 영업을 영위하는 경우에 해당한다면 상법 제374조 제1항 제1호에 따라 회사의 양도·양수에 반드시 주주총회의 특별결의를 거쳐야 하는 것이지만, 회사의 주식을 그 소유자로부터 양수받아 양수인이 회사의 새로운 지배자로서 회사를 경영하는 경우에는 회사의 영업이나 재산은 아무런 변동이 없고 주식만이 양도될 뿐이므로 주주총회의 특별결의는 이를 거칠 필요가 없으며, 설사 당사자가 그 경우에도 회사 재산의 이전이 따르는 것으로 잘못 이해하여 양도계약 후 즉시 주주총회의 특별결의서를 제출하기로 약정하고 있다 하더라도, 당사자가 그러한 약정에 이르게 된 것은 계약의 법적 성격을 오해한 데서 비롯된 것이므로, 그 약정은 당사자를 구속하는 효력이 없다."

대법원 1971. 4. 30. 선고 71다392 판결 "주식회사의 중요한 재산이라도 그 위에 근저당권설정계약을 함에 있어서 주주총회의 특별결의를 요하는 것은 아니다."

대법원 2003. 7. 11. 선고 2001다45584 판결 "주주총회결의 취소의 소는 상법 제376조에 따라 결의의 날로부터 2월 내에 제기하여야 할 것이나, 동일한 결의에 관하여 부존재확인의 소가 상법 제376조 소정의 제소기간 내에 제기되어 있다면, 동일한 하자를 원인으로 하여 결의의 날로부터 2월이 경과한 후 취소소송으로 소를 변경하거나 추가한 경우에도 부존재확인의 소 제기시에 제기된 것과 동일하게 취급하여 제소기간을 준수한 것으로 보아야 한다. 주주총회의 개회시각이 부득이한 사정으로 당초 소집통지된 시각보다 지연되는 경우에도 사회통념에 비추어 볼 때 정각에 출석한 주주들의 입장에서 변경된 개회시각까지 기다려 참석하는 것이 곤란하지 않을 정도라면 절차상의 하자가 되지 아니할 것이나, 그 정도를 넘어 개회시각을 사실상 부정확하게 만들고 소집통지된 시각에 출석한 주주들의 참석을 기대하기 어려워 그들의 참석권을 침해하기에 이르렀다면 주주총회의 소집절차가 현저히 불공정하다고 하지 않을 수 없고, 또한 소집통지 및 공고가 적법하게 이루어진 이후에 당초의 소집장소에서 개회를 하여 소집장소를 변경하기로 하는 결의조차 할 수 없는 부득이한 사정이 발생한 경우, 소집권자가 대체 장소를 정한 다음 당초의 소집장소에 출석한 주주들로 하여금 변경된 장소에 모일 수 있도록 상당한 방법으로 알리고 이동에 필요한 조치를 다한 때에 한하여 적법하게 소집장소가 변경되었다고 볼 수 있다. 주주는 다른 주주에 대한 소집절차의 하자를 이유로 주주총회결의 취소의 소를 제기할 수도 있다. 주주총회결의 취소의 소에 있어 법원의 재량에 의하여 청구를 기각할 수 있음을 밝힌 상법 제379조는, 결의의 절차에 하자가 있는 경우에 결의를 취소하여도 회사 또는 주주에게 이익이 되지 않든가 이미 결의가 집행되었기 때문에 이를 취소하여도 아무런 효과가 없든가 하는 때에 결의를 취소함으로써, 회사에 손해를 끼치거나 일반거래의 안전을 해치는 것을 막고 결의취소의 소의 남용을 방지하려는 취지이며, 또한 위와 같은 사정이 인정되는 경우에는 당사자의 주장이 없더라도 법원이 직권으로 재량에 의하여 취소청구를 기각할 수도 있다."

대법원 1996. 12. 20. 선고 96다39998 판결 "사실상 주주 2인으로 구성된 주식회사의 일방 주주측이 다른 주주의 회의장 입장을 부당하게 방해하였고, 그 의사진행방식 및 결의방식이 개최시각보다 지연 입장하게 된 다른 주주의 의결권 행사를 최대한 보장하는 방법으로 이루어지지 아니하여 신의칙에 반한다는 이유로, 주주총회 결의방법이 현저하게 불공정한 때에 해당한다."

대법원 1969.2.4. 선고 68다2284 제3부판결 "청산종결의 등기가 종료된 법인이라 할지라도 아직 소송이 계속중이면 그 법인격이 소멸되었다고 할 수 없다. 청산인을 해임하는 것이 청산종료를 위한 하나의 방법으로서 긴박을 요한다 할지라도 주주총회에서는 소집통지서에 기재된 바 없는 청산인 해임 및 선임에 관한 결의를 할 수는 없는 것이므로 이에 위배되는 임시주주총회결의는 취소를 면할 수 없다."

대법원 2010. 3. 11. 선고 2007다51505 판결 "주주총회결의 취소의 소는 상법 제376조 제1항에 따라 그 결의의 날로부터 2개월 내에 제기하여야 하고, 이 기간이 지난 후에 제기된 소는 부적법하다. 그리고 주주총회에서 여러 개의 안건이 상정되어 각기 결의가 행하여진 경우 위 제소기간의 준수 여부는 각 안건에 대한 결의마다 별도로 판단되어야 한다. 임시주주총회에서 이루어진 여러 안건에 대한 결의 중 이사선임결의에 대하여 그 결의의 날로부터 2개월 내에 주주총회결의 무효확인의 소를 제기한 뒤, 위 임시주주총회에서 이루어진 정관변경결의 및 감사선임결의에 대하여 그 결의의 날로부터 2개월이 지난 후 주주총회결의 무효확인의 소를 각각 추가적으로 병합한 후, 위 각 결의에 대한 주주총회결의 무효확인의 소를 주주총회결의 취소의 소로 변경한 경우, 위 정관변경결의 및 감사선임결의 취소에 관한 부분은 위 각 주주총회결의 무효확인의 소가 추가적으로 병합될 때에 주주총회결의 취소의 소가 제기된 것으로 볼 수 있으나, 위 추가적 병합 당시 이미 2개월의 제소기간이 도과되었으므로 부적법하다. 주주명부에 주주로 등재되어 있는 이는 그 회사의 주주로 추정되며 이를 번복하기 위하여는 그 주주권을 부인하는 측에 입증책임이 있다. 주주명부에 주주로 등재되어 있는 이는 주주로서 주주총회에서 의결권을 행사할 자격이 있다고 추정되므로, 특별한 사정이 없는 한 주주명부상의 주주는 회사에 대한 관계에서 그 주식에 관한 의결권을 적법하게 행사할 수 있다. 따라서 한편 주주명부상의 주주임에도 불구하고 회사에 대한 관계에서 그 주식에 관한 의결권을 적법하게 행사할 수 없다고 인정하기 위하여는, 주주명부상의 주주가 아닌 제3자가 주식인수대금을 납입하였다는 사정만으로는 부족하고, 그 제3자와 주주명부상의 주주 사이의 내부관계, 주식 인수와 주주명부 등재에 관한 경위 및 목적, 주주명부 등재 후 주주로서의 권리행사 내용 등에 비추어, 주주명부상의 주주는 순전히 당해 주식의 인수과정에서 명의만을 대여해 준 것일 뿐 회사에 대한 관계에서 주주명부상의 주주로서 의결권 등 주주로서의 권리를 행사할 권한이 주어지지 아니한 형식상의 주주에 지나지 않는다는 점이 증명되어야 한다.

대법원 2003. 7. 11. 선고 2001다45584 판결 "주주총회결의 취소의 소는 상법 제376조에 따라 결의의 날로부터 2월 내에 제기하여야 할 것이나, 동일한 결의에 관하여 부존재확인의 소가 상법 제376조 소정의 제소기간

내에 제기되어 있다면, 동일한 하자를 원인으로 하여 결의의 날로부터 2월이 경과한 후 취소소송으로 소를 변경하거나 추가한 경우에도 부존재확인의 소 제기시에 제기된 것과 동일하게 취급하여 제소기간을 준수한 것으로 보아야 한다. 주주총회의 개회시각이 부득이한 사정으로 당초 소집통지된 시각보다 지연되는 경우에도 사회통념에 비추어 볼 때 정각에 출석한 주주들의 입장에서 변경된 개회시각까지 기다려 참석하는 것이 곤란하지 않을 정도라면 절차상의 하자가 되지 아니할 것이나, 그 정도를 넘어 개회시각을 사실상 부정확하게 만들고 소집통지된 시각에 출석한 주주들의 참석을 기대하기 어려워 그들의 참석권을 침해하기에 이르렀다면 주주총회의 소집절차가 현저히 불공정하다고 하지 않을 수 없고, 또한 소집통지 및 공고가 적법하게 이루어진 이후에 당초의 소집장소에서 개회를 하여 소집장소를 변경하기로 하는 결의조차 할 수 없는 부득이한 사정이 발생한 경우, 소집권자가 대체 장소를 정한 다음 당초의 소집장소에 출석한 주주들로 하여금 변경된 장소에 모일 수 있도록 상당한 방법으로 알리고 이동에 필요한 조치를 다한 때에 한하여 적법하게 소집장소가 변경되었다고 볼 수 있다. 주주는 다른 주주에 대한 소집절차의 하자를 이유로 주주총회결의 취소의 소를 제기할 수도 있다. 주주총회결의 취소의 소에 있어 법원의 재량에 의하여 청구를 기각할 수 있음을 밝힌 상법 제379조는, 결의의 절차에 하자가 있는 경우에 결의를 취소하여도 회사 또는 주주에게 이익이 되지 않든가 이미 결의가 집행되었기 때문에 이를 취소하여도 아무런 효과가 없든가 하는 때에 결의를 취소함으로써, 회사에 손해를 끼치거나 일반거래의 안전을 해치는 것을 막고 결의취소의 소의 남용을 방지하려는 취지이며, 또한 위와 같은 사정이 인정되는 경우에는 당사자의 주장이 없더라도 법원이 직권으로 재량에 의하여 취소청구를 기각할 수도 있다."

대법원 2004. 2. 27. 선고 2002다19797 판결 "이사 선임의 주주총회결의에 대한 취소판결이 확정된 경우 그 결의에 의하여 이사로 선임된 이사들에 의하여 구성된 이사회에서 선정된 대표이사는 소급하여 그 자격을 상실하고, 그 대표이사가 이사 선임의 주주총회결의에 대한 취소판결이 확정되기 전에 한 행위는 대표권이 없는 자가 한 행위로서 무효가 된다. 이사 선임의 주주총회결의에 대한 취소판결이 확정되어 그 결의가 소급하여 무효가 된다고 하더라도 그 선임 결의가 취소되는 대표이사와 거래한 상대방은 상법 제39조의 적용 내지 유추적용에 의하여 보호될 수 있으며, 주식회사의 법인등기의 경우 회사는 대표자를 통하여 등기를 신청하지만 등기신청권자는 회사 자체이므로 취소되는 주주총회결의에 의하여 이사로 선임된 대표이사가 마친 이사 선임 등기는 상법 제39조의 부실등기에 해당된다."

대법원 2004. 9. 24. 선고 2004다28047 판결 "주주총회결의의 부존재·무효를 확인하거나 결의를 취소하는 판결이 확정되면 당사자 이외의 제3자에게도 그 효력이 미쳐 제3자도 이를 다툴 수 없게 되므로, 주주총회결의의 하자를 다투는 소에 있어서 청구의 인낙이나 그 결의의 부존재·무효를 확인하는 내용의 화해·조정은 할 수 없고, 가사 이러한 내용의 청구인낙 또는 화해·조정이 이루어졌다 하여도 그 인낙조서나 화해·조정조서는 효력이 없다."

대법원 1992. 8. 14. 선고 91다45141 판결 "사임 등으로 퇴임한 이사는 그 퇴임 이후에 이루어진 주주총회나 이사회의 결의에 하자가 있다 하더라도 이를 다툴 법률상의 이익이 있다고 할 수 없으나, 상법 제386조 제1항의 규정에 의하면, 법률 또는 정관에 정한 이사의 원수를 결한 경우에는 임기의 만료 또는 사임으로 인하여 퇴임한 이사는 새로 선임된 이사가 취임할 때까지 이사의 권리의무가 있다고 규정하고 있고, 이 규정은 상법 제389조에 의하여 대표이사의 경우에도 준용되므로, 이사나 대표이사가 사임하여 퇴임하였다 하더라도 그 퇴임에 의하여 법률 또는 정관 소정의 이사의 원수를 결하게 됨으로써 적법하게 선임된 이사가 취임할 때까지 여전히 이사로서의 권리의무를 보유하는 경우에는 이사로서 그 후임이사를 선임한 주주총회결의나 이사회결의의 하자를 주장하여 부존재확인을 구할 법률상의 이익이 있다. 갑이 을에게 사실상 1인회사인 주식회사의 주식 전부를 양도한 다음, 그 대표이사직을 사임함과 동시에 을이 위 회사를 인수함에 있어 어떠한 형태로 처리하더라도 이의를 제기하지 않기로 하였다면 갑으로서는 그 이후에 위 회사의 주주총회결의나 이사회결의에 대하여 상법 제389조, 제386조 제1항에 의하여 그 대표이사로서의 권리의무를 계속

보유하고 있다는 이유로 부존재확인을 구하는 것은 신의성실의 원칙에 반한다. 주식회사의 채권자는 그 주주총회의 결의가 그 채권자의 권리 또는 법적 지위를 구체적으로 침해하고 또 직접적으로 이에 영향을 미치는 경우에 한하여 주주총회결의의 부존재확인을 구할 이익이 있다."

대법원 1991. 5. 28. 선고 90다6774 판결 "주주로부터 기명주식을 양도받은 자라 하더라도 주주명부에 명의개서를 하지 아니하여 그 양도를 회사에 대항할 수 없는 이상 그 주주에 대한 채권자에 불과하고, 또 제권판결 이전에 주식을 선의취득한 자는 위 제권판결에 하자가 있다 하더라도 제권판결에 대한 불복의 소에 의하여 그 제권판결이 취소되지 않는 한 회사에 대하여 적법한 주주로서의 권한을 행사할 수 없으므로 회사의 주주로서 주주총회 및 이사회결의무효확인을 소구할 이익이 없다."

대법원 1995. 7. 28. 선고 93다61338 판결 "이사가 임원 개임의 주주총회결의에 의하여 임기 만료 전에 이사직에서 해임당하고 그 후임 이사의 선임이 있었다 하더라도 그 후에 적법한 절차에 의하여 후임 이사가 선임되었을 경우에는, 당초의 이사개임결의가 무효라 할지라도 이에 대한 무효확인을 구하는 것은 과거의 법률관계 내지 권리관계의 확인을 구하는 것에 귀착되어 확인의 소로서의 권리보호요건을 결여한 것이라 할 것이나, 후임 이사를 선임한 주주총회의 결의가 무권리자에 의하여 소집된 총회라는 하자 이외의 다른 절차상, 내용상의 하자로 인하여 부존재임이 인정되는 경우에는 그 임원을 선임한 당초 결의의 무효 여부는 현재의 임원을 확정함에 있어서 직접적인 이해관계가 있는 것이므로 이 경우 당초의 선임결의의 무효확인을 구할 법률상의 이익이 있고, 여기서 말하는 "후임 이사를 선임한 결의"를 당초에 이사직에서 해임된 바로 그 자를 후임 이사로 선임한 경우는 제외되고 그 이외의 자가 후임 이사로 선임된 결의에 한정된다고 해석할 근거나 이유가 없는 것이며, 여기에는 특별한 사정이 없는 한 당초에 이사직에서 해임된 바로 그 자를 후임 이사로 선임한 결의도 포함된다고 보아야 한다. 갑을 이사에서 해임한 당초 주주총회결의 이후 두 차례에 걸쳐 소집된 임시주주총회는 당시 회사의 발행주식 전부를 나누어 소유하고 있던 주주들인 갑 등은 전혀 참석하지 않은 가운데 정당한 주주도 아닌 자들만이 참석하여 임원 선임의 결의를 한 경우라면, 이는 주주총회의 소집 절차와 결의방법에 총회결의가 존재한다고 볼 수 없을 정도의 중대한 하자가 있는 경우에 해당하여 주주총회의 결의가 부존재한다고 할 것이고, 따라서 당초에 을을 이사로 선임한 1차 임시주주총회결의의 무효 또는 부존재 여부는 여전히 회사의 현재 임원을 확정함에 있어서 직접적인 관계가 있는 것이므로, 회사 주주인 갑 등으로서는 그 선임결의의 무효확인을 구할 법률상의 이익이 있다. 채권담보의 목적으로 이루어진 주식양도 약정 당시에 회사의 성립 후 이미 6개월이 경과하였음에도 불구하고 주권이 발행되지 않은 상태에 있었다면, 그 약정은 바로 주식의 양도담보로서의 효력을 갖는다. 주식 양도담보의 경우 양도담보권자가 대외적으로 주식의 소유권자라 할 것이므로, 양도담보 설정자로서는 그 후 양도담보권자로부터 담보 주식을 매수한 자에 대하여는 특별한 사정이 없는 한 그 소유권을 주장할 수 없는 법리라 할 것이고, 설사 그 양도담보가 정산형으로서 정산문제가 남아 있다 하더라도 이는 담보 주식을 매수한 자에게 대항할 수 있는 성질의 것이 아니다."

대법원 1995. 2. 24. 선고 94다50427 판결 "주주총회의 임원선임결의의 부존재나 무효확인 또는 그 결의의 취소를 구하는 소에 있어서 그 결의에 의하여 선임된 임원들이 모두 그 직에 취임하지 아니하거나 사임하고 그 후 새로운 주주총회 결의에 의하여 후임임원이 선출되어 그 선임등기까지 마쳐진 경우라면 그 새로운 주주총회의 결의가 무권리자에 의하여 소집된 총회라는 하자 이외의 다른 절차상, 내용상의 하자로 인하여 부존재 또는 무효임이 인정되거나 그 결의가 취소되는 등의 특별한 사정이없는 한 설사 당초의 임원선임결의에 어떠한 하자가 있었다고 할지라도 그 결의의 부존재나 무효확인 또는 그 결의의 취소를 구할 소의 이익은 없는 것이라고 보아야 한다."

대법원 1992. 9. 22. 선고 91다5365 판결 "주주총회결의의 효력이 그 회사 아닌 제3자 사이의 소송에 있어 선결문제로 된 경우에는 당사자는 언제든지 당해 소송에서 주주총회결의가 처음부터 무효 또는 불존재하다고 다투어 주장할 수 있는 것이고, 반드시 먼저 회사를 상대로 제소하여야만 하는 것은 아니며, 이와 같이 제3자간의 법률관계에 있어서는 상법 제380조, 제190조는 적용되지 아니한다. 상법 제380조가 규정하는 주주총회결의부존재확인판결은 '주주총회결의'라는 주식회사 내부의 의사결정이 일단 존재하기는 하지만 그와 같은 주주총회의 소집절차 또는 결의방법에 중대한 하자가 있기 때문에 그 결의를 법률상 유효한 주주총회의 결의라고 볼 수 없음을 확인하는 판결을 의미하는 것으로 해석함이 상당하고, 실제의 소집절차와 실제의 회의절차를 거치지 아니한 채 주주총회의사록을 허위로 작성하여 도저히 그 결의가 존재한다고 볼 수 없을 정도로 중대한 하자가 있는 경우에는 상법 제380조 소정의 주주총회결의부존재확인판결에 해당한다고 보아 상법 제190조를 준용할 것도 아니다. 상법 제395조에 의하여 회사가 표현대표이사의 행위에 대하여 책임을 지기 위하여는 표현대표이사의 행위에 대하여 그를 믿었던 제3자가 선의이었어야 하고 또한 회사가 적극적 또는 묵시적으로 표현대표를 허용한 경우에 한한다고 할 것이며, 이 경우 회사가 표현대표를 허용하였다고 하기 위하여는 진정한 대표이사가 이를 허용하거나, 이사 전원이 아닐지라도 적어도 이사회의 결의의 성립을 위하여 회사의 정관에서 정한 이사의 수, 그와 같은 정관의 규정이 없다면 최소한 이사 정원의 과반수의 이사가 적극적 또는 묵시적으로 표현대표를 허용한 경우이어야 할 것이므로, 대표이사로 선임등기된 자가 부적법한 대표이사로서 사실상의 대표이사에 불과한 경우에 있어서는 먼저 위 대표이사의 선임에 있어 회사에 귀책사유가 있는지를 살피고 이에 따라 회사에게 표현대표이사로 인한 책임이 있는지 여부를 가려야 할 것이다. 실제의 소집절차와 회의절차를 거치지 아니한 채 주주총회 의결서가 작성된 것이라면, 그 주주총회 의결서가 비록 절대다수의 주식을 소유하는 대주주로부터 주주권의 위임을 받은 자에 의하여 작성된 것이라고 할지라도 위 주주총회의 결의는 부존재하다고 볼 수밖에 없고 그것이 그 일부 주주에게 소집통지를 하지 아니한 정도의 하자로서 주주총회결의의 취소사유에 불과하다고 할 수는 없다."

대법원 1993. 10. 12. 선고 92다28235,28242 판결 "대표이사가 1987.2.26. 10:00 회사 사무실에서 임시주주총회를 개최한다는 통지를 하였으나 주주총회 당일 16:00경 소란으로 인하여 사회자가 주주총회의 산회선언을 하였는데 그 후 주주 3인이 별도의 장소에 모여 결의를 한 것이라면, 위 주주 3인이 과반수를 훨씬 넘는 주식을 가진 주주라고 하더라도 나머지 일부 소수주주들에게는 그 회의의 참석과 토의, 의결권행사의 기회를 전혀 배제하고 나아가 법률상 규정된 주주총회소집절차를 무시한 채 의견을 같이 하는 일부주주들만 모여서 한 결의를 법률상 유효한 주주총회의 결의라고 볼 수는 없다. 제1주주총회결의가 부존재로 된 이상 이에 기하여 대표이사로 선임된 자들은 적법한 주주총회의 소집권자가 될 수 없어 그들에 의하여 소집된 주주총회에서 이루어진 제2 주주총회결의 역시 법률상 결의부존재라고 볼 것이다."

대법원 2007. 2. 22. 선고 2005다73020 판결 "주식회사에 있어서 총 주식을 한 사람이 소유한 이른바 1인 회사의 경우 그 주주가 유일한 주주로서 주주총회에 출석하면 전원 총회로서 성립하고 그 주주의 의사대로 결의가 될 것임이 명백하므로 따로 총회소집절차가 필요 없으며, 실제로 총회를 개최한 사실이 없었다 하더라도 그 1인 주주에 의하여 의결이 있었던 것으로 주주총회 의사록이 작성되었다면 특별한 사정이 없는 한 그 내용의 결의가 있었던 것으로 볼 수 있고, 이 점은 한 사람이 다른 사람의 명의를 빌려 주주로 등재하였으나 총 주식을 실질적으로 그 한 사람이 모두 소유한 경우에도 마찬가지라고 할 수 있으나, 이와 달리 주식의 소유가 실질적으로 분산되어 있는 경우에는 상법상의 원칙으로 돌아가 실제의 소집절차와 결의절차를 거치지 아니한 채 주주총회의 결의가 있었던 것처럼 주주총회 의사록을 허위로 작성한 것이라면 설사 1인이 총 주식의 대다수를 가지고 있고 그 지배주주에 의하여 의결이 있었던 것으로 주주총회 의사록이 작성되어 있다 하더라도 도저히 그 결의가 존재한다고 볼 수 없을 정도로 중대한 하자가 있는 때에 해당하여 그 주주총회의 결의는 부존재하다고 보아야 한다. 주식회사가 타인으로부터 돈을 빌리는 소비대차계약을 체결하면서 "채권자는 만기까지 대여금액의 일부 또는 전부를 회사 주식으로 액면가에 따라 언제든지 전환할 수 있는 권한을 갖는다"는 내용의 계약조항을 둔 경우, 달리 특별한 사정이 없는 한 이는 전환의 청구를 한 때에 그 효력이 생기는 형성권으로서의 전환권을 부여하는 조항이라고 보아야 하는바, 신주의 발행과 관련하여 특별법에서 달리 정한 경우를 제외하고 신주의 발행은 상법이 정하는 방법 및 절차에 의하여만 가능하다는 점에 비추어 볼 때, 위와 같은 전환권 부여조항은 상법이 정한 방법과 절차에 의하지 아니한 신주발행 내지는 주식으로의 전환을 예정하는 것이어서 효력이 없다."

대법원 2011. 6. 24. 선고 2009다35033 판결 "주식회사 대표이사가 이사회결의를 거쳐 주주들에게 임시주주총회 소집통지서를 발송하였다가 다시 이를 철회하기로 하는 이사회결의를 거친 후 총회 개최장소 출입문에 총회 소집이 철회되었다는 취지의 공고문을 부착하고, 이사회에 참석하지 않은 주주들에게는 퀵서비스를 이용하여 총회 소집이 철회되었다는 내용의 소집철회통지서를 보내는 한편, 전보와 휴대전화(직접 통화 또는 메시지 녹음)로도 같은 취지의 통지를 한 사안에서, 임시주주총회 소집을 철회하기로 하는 이사회결의를 거친 후 주주들에게 소집통지와 같은 방법인 서면에 의한 소집철회통지를 한 이상 임시주주총회 소집이 적법하게 철회되었다고 본 원심판단은 정당하다. 소유와 경영의 분리를 원칙으로 하는 주식회사에서 주주는 주주총회 결의를 통하여 회사 경영을 담당할 이사의 선임과 해임 및 회사의 합병, 분할, 영업양도 등 법률과 정관이 정한 회사의 기초 내지는 영업조직에 중대한 변화를 초래하는 사항에 관한 의사결정을 하기 때문에, 이사가 주주의 의결권행사를 불가능하게 하거나 현저히 곤란하게 하는 것은 주식회사 제도의 본질적 기능을 해하는 것으로서 허용되지 아니하고, 그러한 것을 내용으로 하는 이사회결의는 무효로 보아야 한다. 주식회사 대표이사 갑이 자신이 을에게 교부하였던 주식에 대하여 갑 측과 경영권 분쟁 중인 을 측의 의결권행사를 허용하는 가처분결정이 내려진 것을 알지 못한 채 이사회결의를 거쳐 임시주주총회를 소집하였다가 나중에 이를 알고 가처분결정에 대하여 이의절차로 불복할 시간을 벌기 위해 일단 임시주주총회 소집을 철회하기로 계획한 후 이사회를 소집하여 결국 임시주주총회 소집을 철회하기로 하는 내용의 이사회결의가 이루어진 사안에서, 을 측은 발행주식총수의 100분의 3 이상에 해당하는 주식을 가진 주주로서 상법 제366조에 따라 임시주주총회 소집을 청구할 수 있고 소집절차를 밟지 않는 경우 법원의 허가를 얻어 임시주주총회를 소집할 수 있었던 점 등에 비추어 볼 때, 임시주주총회 소집을 철회하기로 하는 이사회결의로 을 측의 의결권행사가 불가능하거나 현저히 곤란하게 된다고 볼 수 없으므로 위 이사회결의가 주식회사 제도의 본질적 기능을 해하는 것으로서 무효가 되기에 이르렀다고 보기 어렵다. 이사회 소집통지를 할 때에는, 회사의 정관에 이사들에게 회의의 목적사항을 함께 통지하도록 정하고 있거나 회의의 목적사항을 함께 통지하지 아니하면 이사회에서의 심의·의결에 현저한 지장을 초래하는 등의 특별한 사정이 없는 한, 주주총회 소집통지의 경우와 달리 회의의 목적사항을 함께 통지할 필요는 없다. 주주총회결의 효력이 회사 아닌 제3자 사이의 소송에서 선결문제로 된 경우에 당사자는 언제든지 당해 소송에서 주주총회결의가 처음부터 무효 또는 부존재한다고 주장하면서 다툴 수 있고, 반드시 먼저 회사를 상대로 주주총회의 효력을 직접 다투는 소송을 제기하여야 하는 것은 아니다. 무효행위를 추인한 때에는 달리 소급효를 인정하는 법률규정이 없는 한 새로운 법률행위를 한 것으로 보아야 하고, 이는 무효인 결의를 사후에 적법하게 추인하는 경우에도 마찬가지이다. 회사와 노동조합이 '업무복귀 후 추가적인 불법행위를 하지 않을 경우, 합의 전에 발생한 파업 관련 불법행위에 대하여 본 합의까지 제소된 것 이외에는 추가적인 민사소송을 제기하지 않는다'는 내용의 부제소합의를 한 후, 노동조합과 그 조합원들이 회사에 어떠한 불법행위도 하지 않았음에도, 회사가 합의 전 제기한 소의 청구취지를 확장하여 노동조합 등에게 손해배상을 구한 사안에서, 청구취지를 확장하는 것은 특별한 사정이 없는 한 새로운 소를 제기하는 것과 같은 성질을 가지므로, 회사는 합의 후 노동조합 등을 상대로 파업과 관련하여 청구취지를 확장할 수 없고, 따라서 회사가 노동조합 등을 상대로 제기한 소 중 위 합의 전인 소제기 당시 이미 배상을 구한 손해액을 초과하여 배상을 구하는 부분은 부제소합의에 반하여 소의 이익이 없다.

대법원 1993. 4. 9. 선고 92다53583 판결 "이사의 경업금지의무를 규정한 상법 제397조 제1항의 규정취지는 이사가 그 지위를 이용하여 자신의 개인적 이익을 추구함으로써 회사의 이익을 침해할 우려가 큰 경업을 금지하여 이사로 하여금 선량한 관리자의 주의로써 회사를 유효적절하게 운영하여 그 직무를 충실하게 수행하여야 할 의무를 다하도록 하려는 데 있으므로, 경업의 대상이 되는 회사가 영업을 개시하지 못한 채 공장의 부지를 매수하는 등 영업의 준비작업을 추진하고 있는 단계에 있다 하여 위 규정에서 말하는 "동종영업을 목적으로 하는 다른 회사"가 아니라고 볼 수는 없다. 회사의 이사가 회사와 동종영업을 목적으로 하는 다른 회사를 설립하고 다른 회사의 이사 겸 대표이사가 되어 영업준비작업을 하여 오다가 영업활동을 개시하기 전에 다른 회사의 이사 및 대표이사직을 사임하였다고 하더라도 이는 상법 제397조 제1항 소정의 경업금지의무를 위반한 행위로서 특별한 다른 사정이 없는 한 이사의 해임에 관한 상법 제385조 제2항 소정의 "법령에 위반한 중대한 사실"이 있는 경우에 해당한다."

대법원 2004. 10. 15. 선고 2004다25611 판결 "상법 제385조 제1항에 규정된 '정당한 이유'란 주주와 이사 사이에 불화 등 단순히 주관적인 신뢰관계가 상실된 것만으로는 부족하고, 이사가 법령이나 정관에 위배된 행위를 하였거나 정신적·육체적으로 경영자로서의 직무를 감당하기 현저하게 곤란한 경우, 회사의 중요한 사업계획 수립이나 그 추진에 실패함으로써 경영능력에 대한 근본적인 신뢰관계가 상실된 경우 등과 같이 당해 이사가 경영자로서 업무를 집행하는 데 장해가 될 객관적 상황이 발생한 경우에 비로소 임기 전에 해임할 수 있는 정당한 이유가 있다고 할 것이다."

대법원 1983. 3. 22. 선고 81다343 판결 "정관 및 관계법규상 이사보수에 관하여는 사원총회의 결의가 있어야 한다고 규정되어 있는 경우 그 같은 절차가 이행되었다고 인정할 증거가 없는 한 이사보수청구는 이유없다. 사원총회의 계산서류승인에 의한 배당금의 확정과 배당에 관한 결의가 없는 경우에는 이익배당금 청구는 이유없다."

대법원 2004. 12. 10. 선고 2004다25123 판결 "상법 제388조에 의하면, 주식회사 이사의 보수는 정관에 그 액을 정하지 아니한 때에는 주주총회의 결의로 이를 정한다고 규정되어 있는바, 이사에 대한 퇴직위로금은 그 직에서 퇴임한 자에 대하여 그 재직 중 직무집행의 대가로 지급되는 보수의 일종으로서 상법 제388조에 규정된 보수에 포함되고, 정관 등에서 이사의 보수 또는 퇴직금에 관하여 주주총회의 결의로 정한다고 규정되어 있는 경우 그 금액·지급방법·지급시기 등에 관한 주주총회의 결의가 있었음을 인정할 증거가 없는 한 이사의 보수나 퇴직금청구권을 행사할 수 없다. 주식회사에 있어서 회사가 설립된 이후 총 주식을 한 사람이 소유하게 된 이른바 1인회사의 경우에는 그 주주가 유일한 주주로서 주주총회에 출석하면 전원 총회로서 성립하고 그 주주의 의사대로 결의가 될 것임이 명백하므로 따로 총회소집절차가 필요 없고, 실제로 총회를 개최한 사실이 없었다 하더라도 그 1인 주주에 의하여 의결이 있었던 것으로 주주총회의사록이 작성되었다면 특별한 사정이 없는 한 그 내용의 결의가 있었던 것으로 볼 수 있고, 이는 실질적으로 1인회사인 주식회사의 주주총회의 경우도 마찬가지이며, 그 주주총회의사록이 작성되지 아니한 경우라도 증거에 의하여 주주총회 결의가 있었던 것으로 볼 수 있다. 임원퇴직금지급규정에 관하여 주주총회 결의가 있거나 주주총회의사록이 작성된 적은 없으나 위 규정에 따른 퇴직금이 사실상 1인회사의 실질적 1인 주주의 결재·승인을 거쳐 관행적으로 지급되었다면 위 규정에 대하여 주주총회의 결의가 있었던 것으로 볼 수 있다. 상법 제385조 제1항은 주주총회의 특별결의에 의하여 언제든지 이사를 해임할 수 있게 하는 한편, 임기가 정하여진 이사가 그 임기 전에 정당한 이유 없이 해임당한 경우에는 회사에 대하여 손해배상을 청구할 수 있게 함으로써 주주의 회사에 대한 지배권 확보와 경영자 지위의 안정이라는 주주와 이사의 이익을 조화시키려는 규정이고, 이사의 보수청구권을 보장하는 것을 주된 목적으로 하는 규정이라 할 수 없으므로, 이를 이사회가 대표이사를 해임한 경우에도 유추 적용할 것은 아니고, 대표이사가 그 지위의 해임으로 무보수, 비상근의 이사로 되었다고 하여 달리 볼 것도 아니다."

대법원 1978.1. 10. 선고 77다1788 판결 "증여세는 무상의 재산 수여 관계를 전제로 하는 것이므로 증여자와 수증자 사이에 대가적 출연이 있는 경우에는 이를 증여로 볼 수 없으므로, 비출자임원에게 주식을 양도한 자가 그 임원으로부터 경영상태를 호전시킨 공로라는 대가적 출연을 받은 회사라면 이에 대하여 증여세를 부과할 수 없음은 당연하다. 주식의 양도가 비출자임원의 직무집행의 대가로서 공로주 명목의 특별한 보수인 이상 주식회사 이사의 보수에 관한 상법 제388조의 규정이 적용되어 주주총회의 결의가 있어야 그 지급결정이 효력이 있다고 할 것인데, 대표이사가 회사의 95%를 주식을 소유하고 있어서 그가 비출자임원에게 주식을 양도하겠다고 할 경우, 주주총회에서 같은 내용의 결의가 이루어질 것은 당연하므로 회사의 비출자임원에 대한 주식의 양도는 유효하다."

대법원 2010. 12. 9. 선고 2009다59237 판결 "정관 규정에 따라 공동대표이사 갑과 을이 해외 유명상표 사용에 관한 라이센스 계약의 체결·유지 및 창업에 대한 공로의 대가로 지급받기로 한 실적급은, 갑과 을이 대표이사로 재직하면서 그 직무집행의 대가로 받는 보수의 성격을 가진 것이어서 대표이사의 지위를 전제로 지급되는 것이라고 봄이 상당하다고 한 원심판단이 정당하다. 금전채무의 지연손해금채무는 금전채무의 이행지체로 인한 손해배상채무로서 이행기의 정함이 없는 채무에 해당하므로, 채무자는 확정된 지연손해금채무에 대하여 채권자로부터 이행청구를 받은 때부터 지체책임을 부담하게 된다. 회사의 종전 대표이사가 정관 규정에 따른 실적급에 대하여 결산기 다음날부터 소제기 일 이후인 특정일까지 민법에 정한 연 5%의 비율에 의한 지연손해금을 계산한 다음, 이에 대하여 소장부본 송달 다음날부터 완제일까지 소송촉진 등에 관한 특례법에 정한 연 20%의 비율에 의한 지연손해금의 지급을 구한 사안에서, 연 5%의 비율로 계산한 위 지연손해금은 확정된 지연손해금에 해당하므로 회사는 그 지연손해금의 이행청구를 받은 때부터 지체책임을 부담한다."

대법원 1988. 4. 25. 선고 87누399 판결 "주주총회결의무효확인소송에 있어서 원고승소판결의 효력은 구 상법 제380조, 제190조의 규정에 의하여 판결확정전에 생긴 회사와 제3자간의 권리의무에 영향을 미치지 아니하는 것이고, 가사 그 소송이 주주총회결의부존재확인을 구하는 소송이었다고 하더라도 역시 위 구 상법 제380조, 제190조의 규정이 준용된다. 이사회의 결의에 하자가 있는 경우에 관하여 상법은 아무런 규정을 두고 있지 아니하나 그 결의에 무효사유가 있는 경우에는 이해관계인은 언제든지 또 어떤 방법에 의하든지 그 무효를 주장할 수 있다고 할 것이지만 이와 같은 무효주장의 방법으로서 이사회결의무효확인소송이 제기되어 승소확정판결을 받은 경우, 그 판결의 효력에 관하여는 주주총회결의무효확인소송 등과는 달리 상법 제190조가 준용될 근거가 없으므로 대세적 효력은 없다."

대법원 2000. 1. 28. 선고 98다26187 판결 "재단법인의 이사 전부 또는 일부가 임기만료되었음에도 후임 이사의 선임이 없거나 또는 후임 이사의 선임이 있었다고 하더라도 그 선임결의가 무효이어서 임기가 만료되지 아니한 다른 이사들 인원수만으로는 정상적인 법인의 활동을 할 수 없는 경우, 임기가 만료된 전임(전임) 이사로 하여금 법인의 업무를 수행하게 함이 부적당하다고 인정할 만한 특별한 사정이 없는 한, 전임 이사는 후임 이사가 선임될 때까지 종전의 직무를 수행할 수 있고, 이와 같이 종전의 직무를 수행할 수 있는 전임 이사는 그 직무수행의 일환으로 이사회 결의의 하자를 주장하여 이사를 개임한 결의의 무효확인을 구할 법률상의 이익도 있다. 민법상 법인의 이사회의 결의에 하자가 있는 경우에 관하여 법률에 별도의 규정이 없으므로 그 결의에 무효사유가 있는 경우에는 이해관계인은 언제든지 또 어떤 방법에 의하든지 그 무효를 주장할 수 있다고 할 것이지만, 이와 같은 무효주장의 방법으로서 이사회 결의무효확인소송이 제기되어 승소확정판결이 난 경우, 그 판결의 효력은 위 소송의 당사자 사이에서만 발생하는 것이지 대세적 효력이 있다고 볼 수는 없다. 민법 제54조 제1항에 의하면 설립등기 이외의 법인등기는 대항요건으로 규정되어 있으므로 이사 변경의 법인등기가 경료되었다고 하여 등기된 대로의 실체적 효력을 갖는 것은 아니다."

대법원 1990. 5. 11. 선고 89다카15199 판결 "피고 회사의 이사인 원고가 피고 회사에 대하여 소를 제기함에 있어서 상법 제394조에 의하여 그 소에 관하여 회사를 대표할 권한이 있는 감사를 대표자로 표시하지 아니하고 대표이사를 피고 회사의 대표자로 표시한 소장을 법원에 제출하고, 법원도 이 점을 간과하여 피고 회사의 대표이사에게 소장의 부본을 송달한 채, 피고 회사의 대표이사로부터 소송대리권을 위임받은 변호사들에 의하여 소송이 수행되었다면, 이 사건 소에 관하여는 피고 회사를 대표할 권한이 대표이사에게 없기 때문에 소장이 피고에게 적법유효하게 송달되었다고 볼 수 없음은 물론 피고 회사의 대표이사가 피고를 대표하여 한 소송행위나 피고 회사의 대표이사에 대하여 원고가 한 소송행위는 모두 무효이다. 전항과 같은 경우에도 원고가 스스로, 또는 법원의 보정명령에 따라, 소장에 표시된 피고 회사의 대표자를 이 사건 소에 관하여 피고 회사를 대표할 권한이 있는 감사로 표시하여 소장을 정정함으로써 그 흠결을 보정할 수 있고 이 경우 법원은 원고의 보정에 따라 피고 회사의 감사에게 다시 소장의 부본을 송달하여야 되고, 소장의 송달에 의하여 소송계속의 효과가 발생하게 됨에 따라, 피고 회사의 감사가 위와 같이 무효인 종전의 소송행위를 추인하는지의 여부와는 관계없이 법원과 원고·피고의 3자간에 소송법률관계가 유효하게 성립한다고 보아야 할 것이다."

대법원 2002. 3. 15. 선고 2000다9086 판결 "주주의 대표소송에 있어서 원고 주주가 원고로서 제대로 소송수행을 하지 못하거나 혹은 상대방이 된 이사와 결탁함으로써 회사의 권리보호에 미흡하여 회사의 이익이 침해될 염려가 있는 경우 그 판결의 효력을 받는 권리귀속주체인 회사가 이를 막거나 자신의 권리를 보호하기 위하여 소송수행권한을 가진 정당한 당사자로서 그 소송에 참가할 필요가 있으며, 회사가 대표소송에 당사자로서 참가하는 경우 소송경제가 도모될 뿐만 아니라 판결의 모순·저촉을 유발할 가능성도 없다는 사정과, 상법 제404조 제1항에서 특별히 참가에 관한 규정을 두어 주주의 대표소송의 특성을 살려 회사의 권익을 보호하려한 입법 취지를 함께 고려할 때, 상법 제404조 제1항에서 규정하고 있는 회사의 참가는 공동소송참가를 의미하는 것으로 해석함이 타당하고, 나아가 이러한 해석이 중복제소를 금지하고 있는 민사소송법 제234조에 반하는 것도 아니다. 상법 제394조 제1항에서는 이사와 회사 사이의 소에 있어서 양자간에 이해의 충돌이 있기 쉬우므로 그 충돌을 방지하고 공정한 소송수행을 확보하기 위하여 비교적 객관적 지위에 있는 감사로 하여금 그 소에 관하여 회사를 대표하도록 규정하고 있는바, 소송의 목적이 되는 권리관계가 이사의 재직중에 일어난 사유로 인한 것이라 할지라도 회사가 그 사람을 이사의 자격으로 제소하는 것이 아니고 이사가 이미 이사의 자리를 떠난 경우에 회사가 그 사람을 상대로 제소하는 경우에는 특별한 사정이 없는 한 위 상법 제394조 제1항은 적용되지 않는다. 전 이사들을 상대로 하는 주주대표소송에 회사가 참가하는 경우, 상법 제394조 제1항의 적용이 배제되어 회사를 대표하는 자는 감사가 아닌 대표이사라 할 것이다. 비록 원고 주주들이 주주대표소송의 사실심 변론종결시까지 대표소송상의 원고 주주요건을 유지하지 못하여 종국적으로 소가 각하되는 운명에 있다고 할지라도 회사인 원고 공동소송참가인의 참가시점에서는 원고 주주들이 적법한 원고적격을 가지고 있었다고 할 것이어서 회사인 원고 공동소송참가인의 참가는 적법하다고 할 것이고, 뿐만 아니라 원고 주주들의 주주대표소송이 확정적으로 각하되기 전에는 여전히 그 소송계속 상태가 유지되고 있는 것이어서, 그 각하판결 선고 이전에 회사가 원고 공동소송참가를 신청하였다면 그 참가 당시 피참가소송의 계속이 없다거나 그로 인하여 참가가 부적법하게 된다고 볼 수는 없다. 공동소송참가는 항소심에서도 할 수 있는 것이고, 항소심절차에서 공동소송참가가 이루어진 이후에 피참가소가 소송요건의 흠결로 각하된다고 할지라도 소송의 목적이 당사자 일방과 제3자에 대하여 합일적으로 확정될 경우에 한하여 인정되는 공동소송참가의 특성에 비추어 볼 때, 심급이익 박탈의 문제는 발생하지 않는다. 금융기관인 은행은 주식회사로 운영되기는 하지만, 이윤추구만을 목표로 하는 영리법인인 일반의 주식회사와는 달리 예금자의 재산을 보호하고 신용질서 유지와 자금중개 기능의 효율성 유지를 통하여 금융시장의 안정 및 국민경제의 발전에 이바지해야 하는 공공적 역할을 담당하는 위치에 있는 것이기에, 은행의 그러한 업무의 집행에 임하는 이사는 일반의 주식회사 이사의 선관의무에서 더 나아가 은행의 그 공공적 성격에 걸맞는 내용의 선관의무까지 다할 것이 요구된다 할 것이고, 따라서 금융기관의 이사가 위와 같은 선량한 관리자의 주의의무에 위반하여 자신의 임무를 해태하였는지의 여부는 그 대출결정에 통상의 대출담당임원으로서 간과해서는 안될 잘못이 있는지의 여부를 금융기관으로서의 공공적 역할의 관점에서 대출의 조건과 내용, 규모, 변제계획, 담보의 유무와 내용, 채무자의 재산 및 경영상황,

성장가능성 등 여러 가지 사항에 비추어 종합적으로 판정해야 한다."

대법원 1978. 6. 27. 선고 78다389 판결 "주식회사의 대표이사가 이사회의 결의를 거쳐야 할 대외적 거래행위에 관하여 이를 거치지 아니하고 한 경우라도 위와 같은 이사회 결의사항은 회사의 내부적 의사결정에 불과하다 할 것이므로 그 거래상대방이 그와 같은 이사회결의가 없었음을 알거나 알 수 있었을 경우가 아니라면 그 거래행 위는 유효하다고 해석함이 상당하고 위와 같은 상대방의 악의는 이를 주장하는 회사측에서 주장입증하지 아니하는 한 유효하다 해석함이 상당하다."

대법원 2005. 7. 28. 선고 2005다3649 판결 "상법 제393조 제1항은 주식회사의 중요한 자산의 처분 및 양도는 이사회의 결의로 한다고 규정하고 있는바, 여기서 말하는 중요한 자산의 처분에 해당하는가 아닌가는 당해 재산의 가액, 총자산에서 차지하는 비율, 회사의 규모, 회사의 영업 또는 재산의 상황, 경영상태, 자산의 보유목적, 회사의 일상적 업무와 관련성, 당해 회사에서의 종래의 취급 등에 비추어 대표이사의 결정에 맡기는 것이 상당한지 여부에 따라 판단하여야 할 것이고, 중요한 자산의 처분에 해당하는 경우에는 이사회가 그에 관하여 직접 결의하지 아니한 채 대표이사에게 그 처분에 관한 사항을 일임할 수 없는 것이므로 이사회규정상 이사회 부의사항으로 정해져 있지 아니하더라도 반드시 이사회의 결의를 거쳐야 한다. 주식회사의 대표이사가 이사회의 결의를 거쳐야 할 대외적 거래행위에 관하여 이를 거치지 아니한 경우라도, 이와 같은 이사회 결의사항은 회사의 내부적 의사결정에 불과하다 할 것이므로, 그 거래상대방이 그와 같은 이사회결의가 없었음을 알았거나 알 수 있었을 경우가 아니라면 그 거래행위는 유효하다 할 것이고, 이 경우 거래의 상대방이 이사회의 결의가 없었음을 알았거나 알 수 있었음은 이를 주장하는 회사측이 주장・입증하여야 한다. 주식회사의 대표이사가 그 대표권의 범위 내에서 한 행위는 설사 대표이사가 회사의 영리목적과 관계없이 자기 또는 제3자의 이익을 도모할 목적으로 그 권한을 남용한 것이라 할지라도 일단 회사의 행위로서 유효하고, 다만 그 행위의 상대방이 대표이사의 진의를 알았거나 알 수 있었을 때에는 회사에 대하여 무효가 되는 것이다."

대법원 1992. 7. 28. 선고 91다35816 판결 "상법 제395조가 회사를 대표할 권한이 있는 것으로 인정될 만한 명칭을 사용한 이사의 행위에 대한 회사의 책임을 규정한 것이어서, 표현대표이사가 이사의 자격을 갖출 것을 그 요건으로 하고 있으나, 이 규정은 표시에 의한 금반언의 법리나 외관이론에 따라 대표이사로서의 외관을 신뢰한 제3자를 보호하기 위하여 그와 같은 외관의 존재에 관하여 귀책사유가 있는 회사로 하여금 선의의 제3자에 대하여 그들의 행위에 관한 책임을 지도록 하려는 것이므로, 회사가 이사의 자격이 없는 자에게 표현대표이사의 명칭을 사용하게 허용한 경우는 물론, 이사의 자격도 없는 사람이 임의로 표현대표이사의 명칭을 사용하고 있는 것을 회사가 알면서도 아무런 조치를 취하지 아니한 채 그대로 방치하여 소극적으로 묵인한 경우에도, 위 규정이 유추적용되는 것으로 해석함이 상당하다. 공증인법에 규정된 사서증서에 대한 인증제도는 당사자로 하여금 공증인의 면전에서 사서증서에 서명 또는 날인하게 하거나 사서증서의 서명 또는 날인을 본인이나 그 대리인으로 하여금 확인하게 한 후 그 사실을 공증인이 증서에 기재하는 것으로서, 공증인이 사서증서의 인증을 함에 있어서는 공증인법에 따라 반드시 촉탁인의 확인이나 대리촉탁인의 확인 및 그 대리권의 증명 등의 절차를 미리 거치도록 규정되어 있으므로, 공증인이 사서증서를 인증함에 있어서 그와 같은 절차를 제대로 거치지 않았다는 등의 사실이 주장·입증되는 등 특별한 사정이 없는 한, 공증인이 인증한 사서증서의 진정성립은 추정된다. 채권자와 주채무자 사이의 계속적인 거래관계에서 발생하는 불확정한 채무를 보증하는 이른바 '계속적 보증'의 경우에도, 보증인은 주채무자가 이행하지 아니하는 채무를 전부 이행할 의무가 있는 것이 원칙이고, 다만 보증인이 보증을 할 당시 주채무의 범위를 예상하였거나 예상할 수 있었는데 주채무가 그 예상범위를 훨씬 초과하여 객관적인 상당성을 잃을 정도로 과다하게 발생하였고, 또 그와 같이 주채무가 과다하게 발생한 원인이, 채권자가 주채무자의 자산상태가 현저히 악화된 사정을 잘 알고 있으면서도(중대한 과실로 알지 못한 경우도 마찬가지다) 그와 같은 사정을 알 수 없었던 보증인에게 아무런 통지나 의사타진도 하지 아니한 채 고의로 거래의 규모를 확대하였기 때문인 것으로 인정되는 등, 채권자가 보증인에게 주채무의 전부이행을 청구하는 것이 신의칙에 반하는 것으로 판단될 만한 특별한 사정이 있는 경우에 한하여 보증인의 책임을 합리적인 범위 내로 제한할 수 있다."

대법원 1991. 11. 12. 선고 91다19111 판결 "회사가 공동으로만 회사를 대표할 수 있는 공동대표이사에게 대표이사라는 명칭의 사용을 용인 내지 방임한 경우에는 회사가 이사자격이 없는 자에게 표현대표이사의 명칭을 사용하게 한 경우이거나 이사자격 없이 그 명칭을 사용하는 것을 알고서도 용인상태에 둔 경우와 마찬가지로, 회사는 상법 제395조에 의한 표현책임을 면할 수 없다."

대법원 2007. 5. 10. 선고 2005다4284 판결 "상법 제398조 전문이 이사와 회사 사이의 거래에 관하여 이사회의 승인을 얻도록 규정하고 있는 취지는, 이사가 그 지위를 이용하여 회사와 거래를 함으로써 자기 또는 제3자의 이익을 도모하고 회사 나아가 주주에게 불측의 손해를 입히는 것을 방지하고자 함에 있는바, 이사회의 승인을 얻은 경우 민법 제124조의 적용을 배제하도록 규정한 상법 제398조 후문의 반대해석상 이사회의 승인을 얻지 아니하고 회사와 거래를 한 이사의 행위는 일종의 무권대리인의 행위로 볼 수 있고 무권대리인의 행위에 대하여 추인이 가능한 점에 비추어 보면, 상법 제398조 전문이 이사와 회사 사이의 이익상반거래에 대하여 이사회의 사전 승인만을 규정하고 사후 승인을 배제하고 있다고 볼 수는 없다. 이사와 회사 사이의 이익상반거래가 비밀리에 행해지는 것을 방지하고 그 거래의 공정성을 확보함과 아울러 이사회에 의한 적정한 직무감독권의 행사를 보장하기 위해서는 그 거래와 관련된 이사는 이사회의 승인을 받기에 앞서 이사회에 그 거래에 관한 자기의 이해관계 및 그 거래에 관한 중요한 사실들을 개시하여야 할 의무가 있고, 만일 이러한 사항들이 이사회에 개시되지 아니한 채 그 거래가 이익상반거래로서 공정한 것인지 여부가 심의된 것이 아니라 단순히 통상의 거래로서 이를 허용하는 이사회의 결의가 이루어진 것에 불과한 경우 등에는 이를 가리켜 상법 제398조 전문이 규정하는 이사회의 승인이 있다고 할 수는 없다. 이사와 회사 사이의 이익상반거래에 대한 승인은 주주 전원의 동의가 있다거나 그 승인이 정관에 주주총회의 권한사항으로 정해져 있다는 등의 특별한 사정이 없는 한 이사회의 전결사항이라 할 것이므로, 이사회의 승인을 받지 못한 이익상반거래에 대하여 아무런 승인 권한이 없는 주주총회에서 사후적으로 추인 결의를 하였다 하여 그 거래가 유효하게 될 수는 없다. 회사가 이익상반거래를 묵시적으로 추인하였다고 보기 위해서는 그 거래에 대하여 승인 권한을 갖고 있는 이사회가 그 거래와 관련된 이사의 이해관계 및 그와 관련된 중요한 사실들을 지득한 상태에서 그 거래를 추인할 경우 원래 무효인 거래가 유효로 전환됨으로써 회사에 손해가 발생할 수 있고 그에 대하여 이사들이 연대책임을 부담할 수 있다는 점을 용인하면서까지 추인에 나아갔다고 볼 만한 사유가 인정되어야 한다."

대법원 1989. 1. 31. 선고 87누760 판결 "주식회사의 대표이사가 그의 개인적인 용도에 사용할 목적으로 회사명의의 수표를 발행하거나 타인이 발행한 약속어음에 회사명의의 배서를 해주어 회사가 그 지급책임을 부담 이행하여 손해를 입은 경우에는 당해 주식회사는 대표이사의 위와 같은 행위가 상법 제398조 소정의 이사와 회사간의 이해상반하는 거래행위에 해당한다 하여 이사회의 승인여부에 불구하고 같은 법 제399조 소정의 손해배상청구권을 행사할 수 있음은 물론이고 대표권의 남용에 따른 불법행위를 이유로 한 손해배상청구권도 행사할 수 있다. 총주주의 동의를 얻어 대표이사의 행위로 손해를 입게 된 금액을 특별손실로 처리하기로 결의하였다면 그것은 바로 상법 제400조 소정의 이사의 책임소멸의 원인이 되는 면제에 해당되는 것이나 이로써 법적으로 소멸되는 손해배상청구권은 상법 제399조 소정의 권리에 국한되는 것이지 불법행위로 인한 손해배상청구권까지 소멸되는 것으로는 볼 수 없다. 임시주주총회에서 대표이사에 대한 채권을 부도채권으로 일시 특별손실로 처리하는 결의를 하고 회사의 장부상 일시 특별손실비용으로 계상하여 결산을 확정하고 일간지에 대차대조표를 공고하였다가 특별손실비용으로 처리한 것을 철회하고 회사의 자산계정에 유보시켜 둔 경우라면 대차대조표의 신문지상 공고로 채권포기의 의사표시가 채무자에게 요지될 수 있는 상태에 있었다고 볼 수 없으므로 이 경우 대표이사에 대한 채권을 포기하였다고 볼 수 없다."

대법원 2007. 12. 13. 선고 2007다60080 판결 "주식회사의 이사는 이사회의 일원으로서 이사회에 상정된 의안에 대하여 찬부의 의사표시를 하는 데 그치지 않고, 담당업무는 물론 다른 업무담당이사의 업무집행을 전반적으로 감시할 의무가 있으므로, 주식회사의 이사가 다른 업무담당이사의 업무집행이 위법하다고 의심할 만한 사유가 있음에도 불구하고 이를 방치한 때에는 그로 말미암아 회사가 입은 손해에 대하여 배상책임을 면할 수 없다. 상법 제450조에 따른 이사, 감사의 책임 해제는 재무제표 등에 그 책임사유가 기재되어 정기총회에서 승인을 얻은 경우에 한정된다. 상법이 감사를 상임 감사와 비상임 감사로 구별하여 비상임 감사는 상임 감사에 비해 그 직무와 책임이 감경되는 것으로 규정하고 있지도 않을 뿐 아니라, 우리나라의 회사들이 비상임 감사를 두어 비상임 감사는 상임 감사의 유고시에만 감사의 직무를 수행하도록 하고 있다는 상관습의 존재도 인정할 수 없으므로, 비상임 감사는 감사로서의 선관주의의무 위반에 따른 책임을 지지 않는다는 주장은 허용될 수 없다. 감사가 회사 또는 자회사의 이사 또는 지배인 기타의 사용인에 선임되거나 반대로 회사 또는 자회사의 이사 또는 지배인 기타의 사용인이 회사의 감사에 선임된 경우에는 그 선임행위는 각각의 선임 당시에 있어 현직을 사임하는 것을 조건으로 하여 효력을 가지고, 피선임자가 새로이 선임된 지위에 취임할 것을 승낙한 때에는 종전의 직을 사임하는 의사를 표시한 것으로 해석하여야 한다."

대법원 2008. 1. 18. 선고 2005다65579 판결 "기업체의 재무제표 및 이에 대한 외부감사인의 회계감사 결과를 기재한 감사보고서는 대상 기업체의 정확한 재무상태를 드러내는 가장 객관적인 자료로서 증권거래소 등을 통하여 일반에 공시되고 기업체의 신용도와 상환능력 등의 기초자료로서 그 기업체가 발행하는 회사채나 기업어음의 신용등급평가와 금융기관의 여신제공 여부 결정에 중요한 판단 근거가 된다. 따라서 기업체의 임직원 등이 대규모의 분식회계에 가담하거나 기업체의 감사가 대규모로 분식된 재무제표의 감사와 관련하여 중요한 감사절차를 수행하지 아니하거나 소홀히 한 잘못이 있는 경우에는, 그로 말미암아 금융기관이 기업체에게 여신을 제공하기에 이르렀다고 봄이 상당하고, 위와 같은 재무상태가 제대로 밝혀진 상황에서라면 금융기관이 여신을 제공함에 있어서 고려할 요소로서 '재무제표에 나타난 기업체의 재무상태' 외의 다른 요소들, 즉 상환자원 및 사업계획의 타당성, 채권의 보전방법, 거래실적 및 전망, 기업체의 수익성, 사업성과, 기업분석 및 시장조사 결과 등도 모두 극히 저조한 평가를 받을 수밖에 없으므로, 이러한 '재무제표에 나타난 기업체의 재무상태' 외의 요소들이 함께 고려된다는 사정을 들어 여신 제공 여부의 판단이 달라졌으리라고 볼 수 없다. 금융기관이 회사 임직원의 대규모 분식회계로 인하여 회사의 재무구조를 잘못 파악하고 회사에 대출을 해 준 경우, 회사의 금융기관에 대한 대출금채무와 회사 임직원의 분식회계 행위로 인한 금융기관에 대한 손해배상채무는 서로 동일한 경제적 목적을 가진 채무로서 서로 중첩되는 부분에 관하여는 일방의 채무가 변제 등으로 소멸하면 타방의 채무도 소멸하는 이른바 부진정연대의 관계에 있다. 그러나 금융기관의 회사에 대한 대출금채권과 회사 임직원에 대한 손해배상채권은 어디까지나 법률적으로 발생원인을 달리하는 별개의 채권으로서 그 성질상 회사 임직원에 대한 손해배상채권이 회사에 대한 대출금채권의 처분에 당연히 종속된다고 볼 수 없을 뿐만 아니라, 특히 금융기관이 부실채권을 신속하게 정리하기 위하여 타인에게 대출금채권을 양도하고 받은 대금이 대출금채권액에 미달하는 경우에는 미회수된 채권 상당액을 회사 임직원에 대한 손해배상청구를 통하여 회수할 실익이 있는 점 등에 비추어 볼 때, 금융기관이 회사에 대한 대출금채권을 타인에게 양도하였다는 사정만으로 회사 임직원에 대한 손해배상채권까지 당연히 함께 수반되어 양도된 것이라고 단정할 수는 없다. 금융기관이 회사 임직원의 대규모 분식회계로 인하여 회사의 재무구조를 잘못 파악하고 회사에 대출을 해 준 후 구 금융기관 부실자산 등의 효율적 처리 및 한국자산관리공사의 설립에 관한 법률 제4조에서 정한 바에 따라 부실채권을 신속하게 정리하기 위하여 회사에 대한 대출금채권을 한국자산관리공사에게 양도하고 그 대출금채권의 실질적 가액에 관한 정산을 거쳐 대가를 지급받은 경우, 부실대출로 인한 금융기관의 손해는 그 양도대가에 의하여 회수되지 아니하는 대출금채권액으로 확정되고, 그 후 한국자산관리공사가 그 대출금채권을 행사하거나 그에 관한 담보권을 실행하여 어떠한 만족을 얻었다 하더라도 이미 대출금채권을 양도한 금융기관의 회사 임직원에 대한 손해배상채권이 그 대등액 상당만큼 실질적인 만족을 얻어 당연히 소멸하게 된다고 볼 수 없으므로 그 대등액 상당을 회사 임직원이 배상할 손해액을 산정함에 있어서 당연히 공제할 수는 없고, 다만 대출금채권을 양수한 한국자산관리공사가 대출금채권을 행사하거나 담보권을 실행하여 회수한 금액이 대출금채권의 양도대금을 상당히 초과하여 그 대가 산정의 적정성이 문제될 수 있는 등의 특별한 사정이 인정되는 경우에 한하여 회사 임직원의 손해배상책임을 제한하는 참작사유가 될 수 있을 뿐이다. 상법 제401조에 의한 이사의 제3자에 내한 손해배상책임이 제3자를 보호하기 위하여 상법이 인정하는 특수한 책임이라는 점을 감안할 때, 일반 불법행위책임의 단기소멸시효를 규정한 민법 제766조 제1항은 적용될 여지가 없고, 달리 별도로 시효를 정한 규정이 없는 이상 일반 채권으로서 민법 제162조 제1항에 따라 그 소멸시효기간은 10년이라고 봄이 상당하다."

대법원 2003. 10. 24. 선고 2003다29661 판결 "상법 제335조 제3항 소정의 주권발행 전에 한 주식의 양도는 회사성립 후 6월이 경과한 때에는 회사에 대하여 효력이 있는 것으로서, 이 경우 주식의 양도는 지명채권의 양도에 관한 일반원칙에 따라 당사자의 의사표시만으로 효력이 발생하는 것이고, 상법 제337조 제1항에 규정된 주주명부상의 명의개서는 주식의 양수인이 회사에 대한 관계에서 주주의 권리를 행사하기 위한 대항요건에 지나지 아니한다. 주식회사의 주주가 이사의 악의 또는 중대한 과실로 인한 임무해태행위로 직접 손해를 입은 경우에는 이사에 대하여 상법 제401조에 의하여 손해배상을 청구할 수 있으나, 이사가 회사재산을 횡령하여 회사재산이 감소함으로써 회사가 손해를 입고 결과적으로 주주의 경제적 이익이 침해되는 손해와 같은 간접적인 손해는 상법 제401조 제1항에서 말하는 손해의 개념에 포함되지 아니하므로 이에 대하여는 위 법조항에 의한 손해배상을 청구할 수 없다."

Ⅳ. 보험

보험계약은 당사자 일방이 약정한 보험료를 지급하고 재산 또는 생명이나 신체에 불확정한 사고가 발생할 경우에 상대방이 일정한 보험금이나 그 밖의 급여를 지급할 것을 약정함으로써 효력이 생긴다. 보험자가 보험계약자로부터 보험계약의 청약과 함께 보험료 상당액의 전부 또는 일부의 지급을 받은 때에는 다른 약정이 없으면 30일내에 그 상대방에 대하여 낙부의 통지를 발송하여야 한다. 그러나 인보험계약의 피보험자가 신체검사를 받아야 하는 경우에는 그 기간은 신체검사를 받은 날부터 기산한다. 보험자가 30일 기간 내에 낙부의 통지를 해태한 때에는 승낙한 것으로 본다. 보험자가 보험계약자로부터 보험계약의 청약과 함께 보험료 상당액의 전부 또는 일부를 받은 경우에 그 청약을 승낙하기 전에 보험계약에서 정한 보험사고가 생긴 때에는 그 청약을 거절할 사유가 없는 한 보험자는 보험계약상의 책임을 진다. 그러나 인보험계약의 피보험자가 신체검사를 받아야 하는 경우에 그 검사를 받지 아니한 때에는 그러하지 아니하다. 보험자는 보험계약을 체결할 때에 보험계약자에게 보험약관을 교부하고 그 약관의 중요한 내용을 알려주어야 한다. 보험자가 위 의무를 위반한 때에는 보험계약자는 보험계약이 성립한 날부터 1월내에 그 계약을 취소할 수 있다. 보험자는 보험계약을 체결할 때에 보험계약자에게 보험약관을 교부하고 그 약관의 중요한 내용을 설명하여야 한다. 보험자가 위 의무를 위반한 경우 보험계약자는 보험계약이 성립한 날부터 3개월 이내에 그 계약을 취소할 수 있다. 보험계약자는 위임을 받거나 위임을 받지 아니하고 특정 또는 불특정의 타인을 위하여 보험계약을 체결할 수 있다. 그러나 손해보험계약의 경우에 그 타인의 위임이 없는 때에는 보험계약자는 이를 보험자에게 고지하여야 하고, 그 고지가 없는 때에는 타인이 그 보험계약이 체결된 사실을 알지 못하였다는 사유로 보험자에게 대항하지 못한다. 그러나 이 경우 그 타인은 당연히 그 계약의 이익을 받는다. 손해보험계약의 경우에 보험계약자가 그 타인에게 보험사고의 발생으로 생긴 손해의 배상을 한 때에는 보험계약자는 그 타인의 권리를 해하지 아니하는 범위안에서 보험자에게 보험금액의 지급을 청구할 수 있다. 위 경우에 보험계약자는 보험자에 대하여 보험료를 지급할 의무가 있다. 그러나 보험계약자가 파산선고를 받거나 보험료의 지급을 지체한 때에는 그 타인이 그 권리를 포기하지 아니하는 한 그 타인도 보험료를 지급할 의무가 있다. 보험자는 보험계약이 성립한 때에는 지체없이 보험증권을 작성하여 보험계약자에게 교부하여야 한다. 그러나 보험계약자가 보험료의 전부 또는 최초의 보험료를 지급하지 아니한 때에는 그러하지 아니하다. 기존의 보험계약을 연장하거나 변경한 경우에는 보험자는 그 보험증권에 그 사실을 기재함으로써 보험증권의 교부에 갈음할 수 있다. 보험계약의 당사자는 보험증권의 교부가 있은 날로부터 일정한 기간내에 한하여 그 증권내용의 정부에 관한 이의를 할 수 있음을 약정할 수 있다. 이 기간은 1월을 내리지 못한다. 보험증권을 멸실 또는 현저하게 훼손한 때에는 보험계약자는 보험자에 대하여 증권의 재교부를 청구할 수 있다. 그 증권작성의 비용은 보험계약자의 부담으로 한다. 보험계약은 그 계약전의 어느 시기를 보험기간의 시기로 할 수 있다. 보험계약당시에 보험사고가 이미 발생하였거나 또는 발생할 수 없는 것인 때에는 그 계약은 무효로 한다. 그러나 당사자 쌍방과 피보험자가 이를 알지 못한 때에는 그러하지 아니하다. 대리인에 의하여 보험계약을 체결한 경우에 대리인이 안 사유는 그 본인이 안 것과 동일한 것으로 한다. 보험대리상은 보험계약자로부터 보험료를 수령할 수 있는 권한, 보험자가 작성한 보험증권을 보험계약자에게 교부할 수 있는 권한, 보험계약자로부터 청약, 고지, 통지, 해지, 취소 등 보험계약에 관한 의사표시를 수령할 수 있는 권한, 보험계약자에게 보험계약의 체결, 변경, 해지 등 보험계약에 관한 의사표시를 할 수 있는 권한이 있다. 보험계약의 당사자가 특별한 위험을 예기하여 보험료의 액을 정한 경우에 보험기간 중 그 예기한 위험이 소멸한 때에는 보험계약자는 그 후의 보험료의 감액을 청구할 수 있다. 보험계약의 전부 또는 일부가 무효인 경우에 보험계약자와 피보험자가 선의이며 중대한 과실이 없는 때에는 보험자에 대하여 보험료의 전부 또는 일부의 반환을 청구할 수 있다. 보험계약자와 보험수익자가 선의이며 중대한 과실이 없는 때에도 같다. 보험사고가 발생하기 전에는 보험계약자는 언제든지 계약의 전부 또는 일부를 해지할 수 있다. 그러나 타인을 위한 보험계약의 경우에는 보험계약자는 그 타인의 동의를 얻지 아니하거나 보험증권을 소지하지 아니하면 그 계약을 해지하지 못한다. 보험사고의 발생으로 보험자가 보험금액을 지급한 때에도 보험금액이 감액되지 아니하는 보험의 경우에는 보험계약자는 그 사고발생후에도 보험계약을 해지할 수 있다. 이 때 보험계약자는 당사자간에 다른 약정이 없으면 미경과보험료의 반환을 청구할 수 있다. 보험계약자는 계약체결후 지체없이 보험료의 전부 또는 제1회 보험료를 지급하여야 하며, 보험계약자가 이를 지급하지 아니하는 경우에는 다른 약정이 없는 한 계약성립후 2월이 경과하면 그 계약은 해제된 것으로 본다. 계속보험료가 약정한 시기에 지급되지 아니한 때에는 보험자는 상당한 기간을 정하여 보험계약자에게 최고하고 그 기간내에 지급되지 아니한 때에는 그 계약을 해지할 수 있다. 특정한 타인을 위한 보험의 경우에 보험계약자가 보험료의 지급을 지체한 때에는 보험자는 그 타인에게도 상당한 기간을 정하여 보험료의 지급을 최고한 후가 아니면 그 계약을 해제 또는 해지하지 못한다. 보험계약이 해지되고 해지환급금이 지급되지 아니한 경우에 보험계약자는 일정한 기간내에 연체보험료에 약정이자를 붙여 보험자에게 지급하고 그 계약의 부활을 청구할 수 있다. 보험계약당시에 보험계약자 또는 피보험자가 고의 또는 중대한 과실로 인하여 중요한 사항을 고지하지 아니하거나 부실의 고지를 한 때에는 보험자는 그 사실을 안 날로부터 1월내에, 계약을 체결한 날로부터 3년내에 한하여 계약을 해지할 수 있다. 그러나 보험자가 계약당시에 그 사실을 알았거나 중대한 과실로 인하여 알지 못한 때에는 그러하지 아니하다. 보험자가 서면으로 질문한 사항은 중요한 사항으로 추정한다. 보험기간 중에 보험계약자 또는 피보험자가 사고발생의 위험이 현저하게 변경 또는 증가된 사실을 안 때에는 지체없이 보험자에게 통지하여야 한다. 이를 해태한 때에는 보험자는 그 사실을 안 날로부터 1월내에 한하여 계약을 해지할 수 있다. 보험자가 위 위험변경증가의 통지를 받은 때에는 1월내에 보험료의 증액을 청구하거나 계약을 해지할 수 있다. 보험기간 중에 보험계약자, 피보험자 또는 보험수익자의 고의 또는 중대한 과실로 인하여 사고발생의 위험이 현저하게 변경 또는 증가된 때에는 보험자는 그 사실을 안 날부터 1월내에 보험료의 증액을 청구하거나 계약을 해지할 수 있다. 보험자가 파산의 선고를 받은 때에는 보험계약자는 계약을 해지할 수 있다. 보험자의 파산에도 해지하지 아니한 보험계약은 파산선고 후 3월을 경과한 때에는 그 효력을 잃는다. 보험사고가 발생한 후에도 보험자가 보험료지급의 지체, 고지의무위반, 위험변경증가, 고의나 중과실에 의한 위험증가에 의하여 계약을 해지한 때에는 보험금액을 지급할 책임이 없고 이미 지급한 보험금액의 반환을 청구할 수 있다. 그러나 고지의무에 위반한 사실 또는 위험의 현저한 변경이나 증가된 사실이 보험사고의 발생에 영향을 미치지 아니하였음이 증명된 때에는 그러하지 아니하다. 보험사고가 발생한 후라도 보험자가 보험료지급의 지체, 고지의무위반, 위험변경증가, 고의나 중과실에 의한 위험증가에 따라 계약을 해지하였을 때에는 보험금을 지급할 책임이 없고 이미 지급한 보험금의 반환을 청구할 수 있다. 다만, 고지의무를 위반한 사실 또는 위험이 현저하게 변경되거나 증가된 사실이 보험사고 발생에 영향을 미치지 아니하였음이 증명된 경우에는 보험금을 지급할 책임이 있다. 보험자의 책임은 당사자간에 다른 약정이 없으면 최초의 보험료의 지급을 받은 때로부터 개시한다. 보험계약자 또는 피보험자나 보험수익자는 보험사고의 발생을 안 때에는 지체없이 보험자에게 그 통지를 발송하여야 한다. 보험계약자 또는 피보험자나 보험수익자가 위 통지의무를 해태함으로 인하여 손해가 증가된 때에는 보험자는 그 증가된 손해를 보상할 책임이 없다. 보험자는 보험금액의 지급에 관하여 약정기간이 있는 경우에는 그 기간내에 약정기간이 없는 경우에는 보험사고 통지를 받은 후 지체없이 지급할 보험금액을 정하고 그 정하여진 날부터 10일내에 피보험자 또는 보험수익자에게 보험금액을 지급하여야 한다. 보험사고가 보험계약자 또는 피보험자나 보험수익자의 고의 또는 중대한 과실로 인하여 생긴 때에는 보험자는 보험금액을 지급할 책임이 없다. 보험사고가 전쟁 기타의 변란으로 인하여 생긴 때에는 당사자간에 다른 약정이 없으면 보험자는 보험금액을 지급할 책임이 없다. 보험자는 보험사고로 인하여 부담할 책임에 대하여 다른 보험자와 재보험계약을 체결할 수 있다. 이 재보험계약은 원보험계약의 효력에 영향을 미치지 아니한다. 보험금청구권은 3년간, 보험료 또는 적립금의 반환청구권은 3년간, 보험료청구권은 2년간 행사하지 아니하면 시효의 완성으로 소멸한다. 손해보험계약의 보험자는 보험사고로 인하여 생길 피보험자의 재산상의 손해를 보상할 책임이 있다. 보험사고로 인하여 상실된 피보험자가 얻을 이익이나 보수는 당사자간에 다른 약정이 없으면 보험자가 보상할 손해액에 산입하지 아니한다. 보험계약은 금전으로 산정할 수 있는 이익에 한하여 보험계약의 목적으로 할 수 있다. 보험금액이 보험계약의 목적의 가액을 현저하게 초과한 때에는 보험자 또는 보험계약자는 보험료와 보험금액의 감액을 청구할 수 있다. 그러나 보험료의 감액은 장래에 대하여서만 그 효력이 있다. 보험계약자의 사기로 인하여 체결된 때에는 그 계약은 무효로 한다. 그러나 보험자는 그 사실을 안 때까지의 보험료를 청구할 수 있다. 당사자간에 보험가액을 정한 때에는 그 가액은 사고발생시의 가액으로 정한 것으로 추정한다. 그러나 그 가액이 사고발생시의 가액을 현저하게 초과할 때에는 사고발생시의 가액을 보험가액으로 한다. 당사자간에 보험가액을 정하지 아니한 때에는 사고발생시의 가액을 보험가액으로 한다. 동일한 보험계약의 목적과 동일한 사고에 관하여 수개의 보험계약이 동시에 또는 순차로 체결된 경우에 그 보험금액의 총액이 보험가액을 초과한 때에는 보험자는 각자의 보험금액의 한도에서 연대책임을 진다. 이 경우에는 각 보험자의 보상책임은 각자의 보험금액의 비율에 따른다. 동일한 보험계약의 목적과 동일한 사고에 관하여 수개의 보험계약을 체결하는 경우에는 보험계약자는 각 보험자에 대하여 각 보험계약의 내용을 통지하여야 한다. 보험가액의 일부를 보험에 붙인 경우에는 보험자는 보험금액의 보험가액에 대한 비율에 따라 보상할 책임을 진다. 그러나 당사자간에 다른 약정이 있는 때에는 보험자는 보험금액의 한도내에서 그 손해를 보상할 책임을 진다. 보험의 목적에 관하여 보험자가 부담할 손해가 생긴 경우에는 그 후 그 목적이 보험자가 부담하지 아니하는 보험사고의 발생으로 인하여 멸실된 때에도 보험자는 이미 생긴 손해를 보상할 책임을 면하지 못한다. 보험자가 보상할 손해액은 그 손해가 발생한 때와 곳의 가액에 의하여 산정한다. 그러나 당사자간에 다른 약정이 있는 때에는 그 신품가액에 의하여 손해액을 산정할 수 있다. 보험자가 손해를 보상할 경우에 보험료의 지급을 받지 아니한 잔액이 있으면 그 지급기일이 도래하지 아니한 때라도 보상할 금액에서 이를 공제할 수 있다. 보험의 목적의 성질, 하자 또는 자연소모로 인한 손해는 보험자가 이를 보상할 책임이 없다. 피보험자가 보험의 목적을 양도한 때에는 양수인은 보험계약상의 권리와 의무를 승계한 것으로 추정한다. 보험계약자와 피보험자는 손해의 방지와 경감을 위하여 노력하여야 한다. 그러나 이를 위하여 필요 또는 유익하였던 비용과 보상액이 보험금액을 초과한 경우라도 보험자가 이를 부담한다. 보험의 목적의 전부가 멸실한 경우에 보험금액의 전부를 지급한 보험자는 그 목적에 대한 피보험자의 권리를 취득한다. 그러나 보험가액의 일부를 보험에 붙인 경우에는 보험자가 취득할 권리는 보험금액의 보험가액에 대한 비율에 따라 이를 정한다. 손해가 제3자의 행위로 인하여 생긴 경우에 보험금액을 지급한 보험자는 그 지급한 금액의 한도에서 그 제삼자에 대한 보험계약자 또는 피보험자의 권리를 취득한다. 그러나 보험자가 보상할 보험금액의 일부를 지급한 때에는 피보험자의 권리를 해하지 아니하는 범위내에서 그 권리를 행사할 수 있다. 손해가 제3자의 행위로 인하여 발생한 경우에 보험금을 지급한 보험자는 그 지급한 금액의 한도에서 그 제3자에 대한 보험계약자 또는 피보험자의 권리를 취득한다. 다만, 보험자가 보상할 보험금의 일부를 지급한 경우에는 피보험자의 권리를 침해하지 아니하는 범위에서 그 권리를 행사할 수 있다.

화재보험계약의 보험자는 화재로 인하여 생긴 손해를 보상할 책임이 있다. 보험자는 화재의 소방 또는 손해의 감소에 필요한 조치로 인하여 생긴 손해를 보상할 책임이 있다. 집합된 물건을 일괄하여 보험의 목적으로 한 때에는 피보험자의 가족과 사용인의 물건도 보험의 목적에 포함된 것으로 한다. 이 경우에는 그 보험은 그 가족 또는 사용인을 위하여서도 체결한 것으로 본다. 집합된 물건을 일괄하여 보험의 목적으로 한 때에는 그 목적에 속한 물건이 보험기간중에 수시로 교체된 경우에도 보험사고의 발생 시에 현존한 물건은 보험의 목적에 포함된 것으로 한다.

자동차보험계약의 보험자는 피보험자가 자동차를 소유, 사용 또는 관리하는 동안에 발생한 사고로 인하여 생긴 손해를 보상할 책임이 있다. 피보험자가 보험기간 중에 자동차를 양도한 때에는 양수인은 보험자의 승낙을 얻은 경우에 한하여 보험계약으로 인하여 생긴 권리와 의무를 승계한다. 보험자가 양수인으로부터 양수사실을 통지받은 때에는 지체없이 낙부를 통지하여야 하고 통지받은 날부터 10일내에 낙부의 통지가 없을 때에는 승낙한 것으로 본다. 보증보험계약의 보험자는 보험계약자가 피보험자에게 계약상의 채무불이행 또는 법령상의 의무불이행으로 입힌 손해를 보상할 책임이 있다.

인보험계약의 보험자는 생명 또는 신체에 관하여 보험사고가 생길 경우에 보험계약의 정하는 바에 따라 보험금액 기타의 급여를 할 책임이 있다. 인보험계약의 보험자는 피보험자의 생명이나 신체에 관하여 보험사고가 발생할 경우에 보험계약으로 정하는 바에 따라 보험금이나 그 밖의 급여를 지급할 책임이 있다. 보험자는 보험사고로 인하여 생긴 보험계약자 또는 보험수익자의 제3자에 대한 권리를 대위하여 행사하지 못한다. 그러나 상해보험계약의 경우에 당사자간에 다른 약정이 있는 때에는 보험자는 피보험자의 권리를 해하지 아니하는 범위안에서 그 권리를 대위하여 행사할 수 있다. 생명보험계약의 보험자는 피보험자의 생명에 관한 보험사고가 생길 경우에 약정한 보험금액을 지급할 책임이 있다. 생명보험계약의 보험자는 피보험자의 사망, 생존, 사망과 생존에 관한 보험사고가 발생할 경우에 약정한 보험금을 지급할 책임이 있다. 타인의 사망을 보험사고로 하는 보험계약에는 보험계약 체결시에 그 타인의 서면에 의한 동의를 얻어야 한다. 보험계약으로 인하여 생긴 권리를 피보험자가 아닌 자에게 양도하는 경우에도 위와 같다. 15세미만자, 심신상실자 또는 심신박약자의 사망을 보험사고로 한 보험계약은 무효로 한다. 15세미만자, 심신상실자 또는 심신박약자의 사망을 보험사고로 한 보험계약은 무효로 한다. 다만, 심신박약자가 보험계약을 체결하거나 단체보험의 피보험자가 될 때에 의사능력이 있는 경우에는 그러하지 아니하다. 사망을 보험사고로 한 보험계약에는 사고가 보험계약자 또는 피보험자나 보험수익자의 중대한 과실로 인하여 생긴 경우에도 보험자는 보험금액을 지급할 책임을 면하지 못한다. 사망을 보험사고로 한 보험계약에서는 사고가 보험계약자 또는 피보험자나 보험수익자의 중대한 과실로 인하여 발생한 경우에도 보험자는 보험금을 지급할 책임을 면하지 못한다. 둘 이상의 보험수익자 중 일부가 고의로 피보험자를 사망하게 한 경우 보험자는 다른 보험수익자에 대한 보험금 지급 책임을 면하지 못한다. 보험계약자는 보험수익자를 지정 또는 변경할 권리가 있다. 보험계약자가 위 지정권을 행사하지 아니하고 사망한 때에는 피보험자를 보험수익자로 하고 보험계약자가 변경권을 행사하지 아니하고 사망한 때에는 보험수익자의 권리가 확정된다. 그러나 보험계약자가 사망한 경우에는 그 승계인이 지정 또는 변경할 권리를 행사할 수 있다는 약정이 있는 때에는 그러하지 아니하다. 보험수익자가 보험존속 중에 사망한 때에는 보험계약자는 다시 보험수익자를 지정할 수 있다. 이 경우에 보험계약자가 지성권을 행사하지 아니하고 사망한 때에는 보험수익자의 상속인을 보험수익자로 한다. 보험계약자가 지정권을 행사하기 전에 보험사고가 생긴 경우에는 피보험자 또는 보험수익자의 상속인을 보험수익자로 한다. 보험계약자가 계약체결후에 보험수익자를 지정 또는 변경할 때에는 보험자에 대하여 그 통지를 하지 아니하면 이로써 보험자에게 대항하지 못한다. 생명보험계약의 보험자는 피보험자의 생명에 관한 보험사고가 생긴 때에 약정에 따라 보험금액을 연금으로 분할하여 지급할 수 있다.

상해보험계약의 보험자는 신체의 상해에 관한 보험사고가 생길 경우에 보험금액 기타의 급여를 할 책임이 있다. 질병보험계약의 보험자는 피보험자의 질병에 관한 보험사고가 발생할 경우 보험금이나 그 밖의 급여를 지급할 책임이 있다.

제5장 민사집행

민사실무 입문

제5장

민사집행

제1절 민사집행과 집행기관

Ⅰ. 민사집행의 의미 등

민사집행은 강제집행, 담보권 실행을 위한 경매, 민법·상법, 그 밖의 법률의 규정에 의한 경매를 의미한다. 강제집행은 국가의 공권력을 행사하여 집행권원이 된 사법상의 청구권을 강제적으로 실현시키기 위한 절차이다.[372] 강제집행절차는 권리의 실현을 목적으로 하는 정차이고, 판결절차는 권리의 확정을 목적으로 절차로서, 양자는 별개의 독립된 기관이 하는 독립된 절차이다. 집행증서에 기초한 강제집행의 경우 그에 앞서는 재판절차가 없으며, 확인판결이나 형성판결 또는 이행판결 중 강제집행에 적합하지 아니한 것 등은 강제집행을 수반하지 않는다. 가집행성고가 있는 판결에 터 잡아 판결의 확정 전에 강제집행이 행하여지는 경우 강제집행절차와 판결절차가 병행하여 진행될 수 있다. 청구이의의 소나 제3자이이의 소와 같이 강제집행을 계기로 다시 판결절차가 개시될 수도 있다.[373]

강제집행은 일반적으로 채무자의 재산압류, 현금화, 배당의 절차를 거친

372) 이시윤, 「민사집행법 6판」, 박영사(2013), 4면.
373) 「민사집행법」, 사법연수원(2011), 6면.

다. 담보권 실행을 위한 경매는 임의경매라고 하며, 저당권·가등기담보권·질권·전세권 등 담보권에 내재된 환가권(경매권)을 실행하여 피담보채권의 만족을 얻는 절차이다.[374) 민법·상법, 그 밖의 법률이 규정하는 바에 따른 경매와 유치권에 의한 경매를 형식적 경매라고 한다. 형식적 경매는 경매 대상물의 압류와 현금화까지만 진행되고, 여러 채권자들에 대한 배당절차는 없다. "동산·채권 등의 담보에 관한 법률"에 의한 담보권실행도 형식적 경매에 속한다.

강제집행을 개시한 뒤에 채무자가 죽은 때에는 상속재산에 대하여 강제집행을 계속하여 진행한다. 재무자에게 알려야 할 집행행위를 실시할 경우에 상속인이 없거나 상속인이 있는 곳이 분명하지 아니하면 집행법원은 채권자의 신청에 따라 상속재산 또는 상속인을 위하여 특별대리인을 선임하여야 한다.

강제집행에 필요한 비용은 채무자가 부담하고 그 집행에 의하여 우선적으로 변상을 받는다. 강제집행의 기초가 된 판결이 파기된 때에는 채권자는 제1항의 비용을 채무자에게 변상하여야 한다.

민사집행법에 특별한 규정이 있는 경우를 제외하고는 민사집행 및 보전처분의 절차에 관하여는 민사소송법의 규정을 준용한다

Ⅱ. 집행기관

민사집행법에 의하여 강제집행권의 행사를 담당하는 국가기관을 집행기관이라 한다. 집행기관에는 집행관, 집행법원, 제1심 법원, 그 밖의 집행기관이 있다. 국세체납처분절차에 따른 압류재산의 공매는 자산관리공사가 대행한다. 민사집행은 민사집행법에 특별한 규정이 없으면 집행관이 실시한다.

실력행사를 수반하는 사실적 행동을 요하고, 비교적 간이한 절차를 취하는 집행은 집행관의 직무관할에, 관념적인 재판으로써 족한 채권에 대한 집행 또는 신중한 절차를 요하는 부동산에 대한 집행은 집행법원의 직무관

---

374) 이시윤, 전게서, 15면.

할에, 집행할 청구권과 집행방법 사이에 상당한 재량판단을 요하는 행위는 수소법원의 직무관할에 속한다.[375)]

집행관의 직무관할에는 유체동산에 대한 금전집행, 동산의 인도집행, 부동산과 선박의 인도집행, 유체동산에 대한 가압류의 집행, 인도단행가처분 등 일정한 내용의 가처분의 집행, 담보권의 실행 등을 위한 유체동산의 경매, 지시증권상의 채권의 압류를 위한 증권의 점유, 채권 압류를 위한 채권증서의 취득, 유체동산에 관한 청구권에 대한 집행을 위한 목적물의 수령과 현금화, 채권 그 밖의 재산권에 대한 매각명령의 집행, 부동산의 강제경매·강제관리·임의경매를 위한 목적물의 현황조사, 부동산·선박의 강제경매·임의경매를 위한 경매 또는 입찰의 실시, 부동산 강제관리를 위한 관리인의 부동산 점유시의 참여, 매각부동산 인도명령의 집행 등이 속하며, 이러한 직무관할에 위반한 집행관의 집행행위는 무효이다.[376)]

집행관은 집행을 하기 위하여 필요한 경우에는 채무자의 주거·창고 그 밖의 장소를 수색하고, 잠근 문과 기구를 여는 등 적절한 조치를 할 수 있다. 이 때 저항을 받으면 집행관은 경찰 또는 국군의 원조를 요청할 수 있다. 국군의 원조는 법원에 신청하여야 한다. 집행관은 집행하는 데 저항을 받거나 채무자의 주거에서 집행을 실시하려는데 채무자나 사리를 분별할 지능이 있는 그 친족·고용인을 만나지 못한 때에는 성년 두 사람이나 특별시·광역시의 구 또는 동 직원, 시·읍·면 직원(도농복합형태의 시의 경우 동지역에서는 시 직원, 읍·면지역에서는 읍·면 직원) 또는 경찰공무원 중 한 사람을 증인으로 참여하게 하여야 한다. 집행관 외의 사람으로서 법원의 명령에 의하여 민사집행에 관한 직무를 행하는 사람은 그 신분 또는 자격을 증명하는 문서를 지니고 있다가 관계인이 신청할 때에는 이를 내보여야 한다. 공휴일과 야간에는 법원의 허가가 있어야 집행행위를 할 수 있다. 위 허가명령은 민사집행을 실시할 때에 내보여야 한다. 집행관은 집행조서를 작성하여야 한다. 집행관은 이해관계 있는 사람이 신청하면 집행기록을 볼 수 있도록 허가하고, 기록에 있는 서류의 등본을 교부하여야

375) 「민사집행법」, 사법연수원(2011), 10-11면.
376) 「민사집행법」, 사법연수원(2011), 12-13면.

한다. 집행조서는 변론조서와 달리 집행에 관한 유일한 증거방법으로서의 법정 증거력을 갖는 것은 아니다. 집행조서에는 집행한 날짜와 장소, 집행의 목적물과 그 중요한 사정의 개요, 집행참여자의 표시, 집행참여자의 서명날인, 집행참여자에게 조서를 읽어 주거나 보여 주고, 그가 이를 승인하고 서명날인한 사실, 집행관의 기명날인 또는 서명이 있어야 한다. 집행조서에 서명날인할 수 없는 경우에는 그 이유를 적어야 한다. 집행행위에 속한 최고 그 밖의 통지는 집행관이 말로 하고 이를 조서에 적어야 한다. 말로 최고나 통지를 할 수 없는 경우에는 그 조서의 등본을 송달한다. 이 경우 송달증서를 작성하지 아니한 때에는 조서에 송달한 사유를 적어야 한다.

강제집행에 있어서 직접적인 실력행위를 요하지 않고 법률적 판단을 필요로 하는 경우에는 집행법원이 집행기관이 되는데, 민사집행법에서 규정한 집행행위에 관한 법원의 처분이나 그 행위에 관한 법원의 협력사항을 관할하는 집행법원은 법률에 특별히 지정되어 있지 아니하면 집행절차를 실시할 곳이나 실시한 곳을 관할하는 지방법원이 된다. 다만, 부동산·채권에 대한 가압류·가처분의 집행의 경우 가압류·가처분명령을 한 법원이 집행법원이다. 집행법원의 재판은 변론 없이 할 수 있다. 집행법원의 직무관할 역시 집행과 마찬가지로 전속관할인데, 여기에는 부동산·선박·자동차·건설기계·소형선박·항공기에 대한 금전집행, 채권과 그 밖의 재산권에 대한 금전집행, 동산에 대한 집행에서의 배당절차, 물건의 인도를 목적으로 하는 집행에 있어 제3자가 목적물을 점유하고 있는 경우의 집행, 채권과 그 밖의 재산권·부동산·선박·자동차·건설기계·소형선박·항공기에 대한 가압류·가처분의 집행, 공휴일·야간집행의 허가, 집행에 관한 이의신청에 대한 재판, 급박한 경우 집행의 정지 또는 속행에 관한 잠정처분, 집행에 관한 특별대리인의 선임 등 업무가 속한다.

집행법원이 집행에 관한 행위는 모두 판결이 아닌 결정으로 하며, 변론 없이 재판할 수 있다. 집행절차에 관한 집행법원의 재판에 대하여는 특별한 규정이 있어야만 즉시항고를 할 수 있다. 즉시항고는 집행정지의 효력을 가지지 아니한다. 다만, 항고법원(재판기록이 원심법원에 남아 있는 때에는 원심법원)은 즉시항고에 대한 결정이 있을 때까지 담보를 제공하게 하거나 담보를 제공하게 하지 아니하고 원심재판의 집행을 정지하거나 집행절차의 전부 또는 일부를 정지하도록 명할 수 있고, 담보를 제공하게 하고 그 집행을 계속하도록 명할 수 있다. 항고인은 재판을 고지받은 날부터 1주의 불변기간 이내에 항고장을 원심법원에 제출하여야 한다. 항고장에 항고이유를 적지 아니한 때에는 항고인은 항고장을 제출한 날부터 10일 이내에 항고이유서를 원심법원에 제출하여야 한다. 항고법원은 항고장 또는 항고이유서에 적힌 이유에 대하여서만 조사한다. 다만, 원심재판에 영향을 미칠 수 있는 법령위반 또는 사실오인이 있는지에 대하여 직권으로 조사할 수 있다.

집행법원의 집행절차에 관한 재판으로서 즉시항고를 할 수 없는 것과, 집행관의 집행처분, 그 밖에 집행관이 지킬 집행절차에 대하여서는 법원에 이의를 신청할 수 있다. 법원은 위 이의신청에 대한 재판에 앞서, 채무자에게 담보를 제공하게 하거나 제공하게 하지 아니하고 집행을 일시정지하도록 명하거나, 채권자에게 담보를 제공하게 하고 그 집행을 계속하도록 명하는 등 잠정처분을 할 수 있다. 집행관이 집행을 위임받기를 거부하거나 집행행위를 지체하는 경우 또는 집행관이 계산한 수수료에 대하여 다툼이 있는 경우에는 법원에 이의를 신청할 수 있다. 집행절차를 취소하는 결정, 집행절차를 취소한 집행관의 처분에 대한 이의신청을 기각·각하하는 결정 또는 집행관에게 집행절차의 취소를 명하는 결정에 대하여는 즉시항고를 할 수 있다. 위 결정은 확정되어야 효력을 가진다.

수소법원은 집행에 따라 실현될 청구권의 존부를 확정하고 집행권원을 형성하는 소송절차를 관할하는 법원을 뜻하는데, 제1심 수소법원이 집행기관으로 행하는 것은 대체집행과 간접강제이며, 집행공조기관으로 행하는 것은 외국에서의 강제집행 촉탁이다.

제2절 강제집행의 요건

Ⅰ. 집행당사자

집행당사자를 집행채권자와 집행채무자라 부른다. 집행당사자는 집행문이 누구에게 부여되느냐에 따라 정해진다. 그러나 보전처분명령은 별도로 집행문이 필요하지 않기 때문에 보전처분명령에 표시되어 있는 채권자(신청인)와 채무자(피신청인)가 그대로 집행당사자이다.

강제집행은 확정된 종국판결이나 가집행의 선고가 있는 종국판결에 기초하여 한다. 판결의 경우 집행력이 미치는 범위는 기판력의 주관적 범위와 같다. 따라서 판결이 그 판결에 표시된 당사자 외의 사람에게 효력이 미치는 때에는 그 사람에 대하여 집행하거나 그 사람을 위하여 집행할 수 있다. 그러나 보조참가인에 대하여는 집행력이 미치지 않는다. 인낙조서, 화해조서, 조정조서, 확정된 지급명령, 확정된 이행권고결정도 판결의 경우가 마찬가지로 집행력이 미친다. 집행증서의 경우에는 집행증서상의 채권자와 채무자 그리고 집행증서 작성 후 포괄승계 또는 특정승계인에게 집행력이 미친다.

집행권원상의 청구권이 양도되어 대항요건을 갖춘 경우 집행당사자적격이 양수인으로 변경되고, 양수인이 승계집행문을 부여받음에 따라 집행채권자는 양수인으로 확정되는 것이므로, 승계집행문의 부여로 인하여 양도인에 대한 기존 집행권원의 집행력은 소멸한다. 따라서 그 후 양도인을 상대로 제기한 청구이의의 소는 피고적격이 없는 자를 상대로 한 소이거나 이미 집행력이 소멸한 집행권원의 집행력 배제를 구하는 것으로 권리보호의 이익이 없어 부적법하고, 이러한 법리는 소액사건심판법상의 확정된 이행권고결정과 같이 위 법 제5조의8 제1항에 의하여 집행문을 별도로 부여받을 필요 없이 이행권고결정서의 정본에 의하여 강제집행이 가능한 경우에도 마찬가지이다. 집행권원상의 청구권을 양도한 채권자가 집행력이 소멸한 이행권고결정서의 정본에 기하여 강제집행절차에 나아간 경우에 채무자는 민사집행법 제16조의 집행이의의 방법으로 이를 다툴 수 있다.[377]

강제집행절차에 있어서는 권리관계의 공권적인 확정 및 그 신속·확실한 실현을 도모하기 위하여 절차의 명확·안정을 중시하여야 하므로, 집행권원을 가진 채권자의 지위를 승계한 자라고 하더라도 기존 집행권원에 기하여 강제집행을 신청하려면 승계집행문을 부여받아야 하고, 집행권원에 의한 강제집행이 개시된 후 신청채권자의 지위를 승계한 경우라도 승계인이 자기를 위하여 강제집행 속행을 신청하기 위하여는 승계집행문이 붙은 집행권원의 정본을 제출하여야 하며 그 경우 법원사무관등 또는 집행관은 그 취지를 채무자에게 통지하도록 하고 있다. 따라서 채권자가 집행권원에 기하여 압류 및 추심명령을 받은 후 그 집행권원상의 채권을 양도하였다고 하더라도 그 채권의 양수인이 기존 집행권원에 대하여 승계집행문을 부여받지 않았다면, 집행채권자의 지위에서 압류채권을 추심할 수 있는 권능이 있다고 볼 수 없다.[378)]

Ⅱ. 집행권원

집행권원은 강제집행의 근거가 되는 문서로서, 실체법상의 청구권의 존재와 범위를 표시하고 법률상 집행력을 인정한 공문서를 의미한다. 집행권원만 있으면 실체법상 청구권이 실제 존재하지 않더라도 그 집행권원에 기한 강제집행은 적법한 것이 되는 것이나, 집행권원만으로 집행에 착수하는 것을 불가능하고, 반드시 집행문이 있어야 한다.[379)] 집행권원의 내용이 되는 급부의무는 그 이행이 가능한 것이고, 당연히 특정되어 있어야 하며, 강제이행이 가능하여야 한다. 강제집행에 있어서 채권자가 채무자에 대하여 가지는 집행채권의 범위는 집행권원에 표시된 바에 의하여 정하여지므로, 집행권원인 집행력 있는 공정증서정본상 차용원금채권 및 이에 대한 그 변제기까지의 이자 이외에 변제기 이후 다 갚을 때까지의 지연손해금채권에 대하여는 아무런 표시가 되어 있지 않는 한 그 지연손해금채권에 대하여는 강제집행을 청구할 수 없다.[380)]

---

377) 대법원 2008. 2. 1. 선고 2005다23889 판결

378) 대법원 2008.8.11. 선고 2008다32310 판결

379) 이시윤, 전게서, 108-109면. "집행권원이 집행청구권의 요건이라며, 집행문은 집행청구권 행사의 요건에 해당한다."

집행문의 종류에는 확정된 종국판결, 가집행선고가 있는 종국판결, 외국법원의 판결에 대한 집행판결[381], 화해조서, 인낙조서, 조정조서, 확정된 지급명령과 이행권고결정, 보전처분명령, 회생·파산사건에서의 채권자표, 제3자의 소송비용 상환결정(민사소송법 제107조), 소송비용의 액수와 부담을 정하는 결정(민사소송법 제114조), 대체집행에서 채무자에게 비용의 지급을 명하는 결정(민사집행법 제260조), 간접강제에서 금전배상을 명하는 결정(민사집행법 제261조) 등이 있다.

Ⅲ. 집행문

강제집행은 집행문이 있는 판결정본(집행력 있는 정본, 집행정본)이 있어야 할 수 있다.[382] 즉 모든 집행권원에는 원칙적으로 집행문이 필요한 것이다. 가집행선고가 있는 종국판결, 집행판결, 집행증서와 같이 집행권원 자체에 집행할 수 있다는 취지가 적혀 있는 경우라도 집행문이 필요하다.[383] 그러나 보전처분(가압류·가처분)명령, 집행법원이 집행절차의 일환으로 하는 재판의 집행(채권압류명령에 따른 채권증서의 인도집행과 강

380) 대법원 1994. 5. 13. 자 94마542,543 결정

381) 외국법원의 확정판결 또는 이와 동일한 효력이 인정되는 재판에 기초한 강제집행은 대한민국 법원에서 집행판결로 그 강제집행을 허가하여야 할 수 있다. 이러한 집행판결을 청구하는 소는 채무자의 보통재판적이 있는 곳의 지방법원이 관할하며, 보통재판적이 없는 때에는 민사소송법 제11조의 규정에 따라 채무자에 대한 소를 관할하는 법원이 관할한다. 집행판결은 재판의 옳고 그름을 조사하지 아니하고 하여야한다. 집행판결을 청구하는 소는 외국법원의 확정재판 등이 확정된 것을 증명하지 아니한 때나 외국법원의 확정재판 등이 민사소송법 제217조의 조건을 갖추지 아니한 때는 각하하여야 한다.

382) 대법원 1978. 6. 27. 선고 78다446 판결 "원심은 그 판시 증거들에 의하여 피고가 경락을 받아 소유권이전등기를 경료한 본건 토지에 관한 강제 경매절차에 있어서는 원심판시약속어음금 지급에 관하여 그 어음금 지급이 지체될 경우에는 즉시 강제집행할 것을 수락한다는 공정증서가 붙은 채무명의에 집행문이 첨부되지 아니한 채 경매절차가 진행된 결과 이루어진 것이라는 사실을 확정한 다음 이와 같이 집행문이 없는 채무명의에 기하여 이루어진 강제경매는 절대적으로 무효이고 따라서 그 결과 경락허가결정을 원인으로 한 피고명의의 소유권이전등기는 원인무효의 등기로서 말소를 면치 못한다고 판단하고 있다. 원심이 채택한 증거들을 기록에 의하여 대조 검토하면 본건 부동산에 관한 강제집행절차에 있어서 집행문이 없이 약속어음금의 지급에 관한 채무명의만에 의하여 이루어진 것이라는 원심의 위 인정사실이 충분히 긍인되는 바로서 원심의 사실인정과정에 소론과 같은 채증법칙의 위배나 사실오인 등의 위법이 있다고 할 수 없다."

383) 「민사집행법」, 사법연수원(2011), 41면.

제관리 개시결정에 따른 부동산의 점유집행), 벌금 등의 형사재판과 과태료에 대한 검사의 집행명령, 소유권이전등기절차를 이행하라는 판결처럼 의사의 진술을 명하는 주문의 판결, 확정된 지급명령과 이행권고결정, 확정된 배상명령 또는 가집행선고가 있는 배상명령이 적힌 유죄판결의 경우에는 집행문이 원칙적으로 필요치 않다.[384)]

집행문은 신청에 따라 제1심 법원의 법원서기관·법원사무관·법원주사 또는 법원주사보(이하 "법원사무관등"이라 한다)가 내어 주며, 소송기록이 상급심에 있는 때에는 그 법원의 법원사무관등이 내어 준다. 집행문을 내어 달라는 신청은 말로 할 수 있다. 집행문은 판결정본의 끝에 덧붙여 적는다. 집행문에는 "이 정본은 피고 아무개 또는 원고 아무개에 대한 강제집행을 실시하기 위하여 원고 아무개 또는 피고 아무개에게 준다."라고 적고 법원사무관등이 기명날인하여야 한다. 집행문을 내어 주는 경우에는 판결원본 또는 상소심 판결정본에 원고 또는 피고에게 이를 내어 준다는 취지와 그 날짜를 적어야 한다. 집행력 있는 정본의 효력은 전국 법원의 관할구역에 미친다.

집행문은 판결이 확정되거나 가집행의 선고가 있는 때에만 내어 준다. 판결을 집행하는 데에 조건(정지조건, 불확정기한, 선이행의무[385)])이 붙어 있어 그 조건이 성취되었음을 채권자가 증명하여야 하는 때에는 이를 증명하는 서류를 제출하여야만 집행문을 내어 준다. 다만, 판결의 집행이 담보의 제공을 조건으로 하는 때에는 그러하지 아니하다.

---

384) 이 경우에도 집행에 조건이 붙어 있는 경우, 당사자의 승계가 이루어진 경우에는 집행문이 필요하다. 이와 관련하여 대법원 1993. 7. 13. 선고 92다33251 판결 "수인의 보증인이 있는 경우에 어느 보증인이 자기의 부담부분을 넘은 변제를 한 때에는 다른 보증인에 대하여 구상권을 행사할 수 있고(민법 제448조 제2항, 제425조), 그 구상권의 범위내에서 종래 채권자가 가지고 있던 채권 및 그 담보에 관한 권리는 법률상 당연히 그 변제자에게 이전되는 것이므로(민법 제482조 제1항), 채권자가 어느 공동보증인의 재산에 대하여 가압류결정을 받은 경우에, 그 피보전권리에 관하여 채권자를 대위하는 변제자는 채권자의 승계인으로서, 가압류의 집행이 되기 전이라면 민사소송법 제708조 제1항에 따라 승계집행문을 부여받아 가압류의 집행을 할 수 있고, 가압류의 집행이 된 후에는 위와 같은 승계집행문을 부여받지 않더라도 가압류에 의한 보전의 이익을 자신을 위하여 주장할 수 있다고 보아야 할 것이다."

385) 동시이행의무가 있는 급부의 이행 또는 이행의 제공은 집행개시 요건이고, 집행문 부여요건인 조건에 해당하지 않는다.

집행문은 판결에 표시된 채권자의 승계인을 위하여 내어 주거나 판결에 표시된 채무자의 승계인에 대한 집행을 위하여 내어 줄 수 있다.[386] 다만, 그 승계가 법원에 명백한 사실이거나, 증명서로 승계를 증명한 때에 한한다. 위 승계가 법원에 명백한 사실인 때에는 이를 집행문에 적어야 한다.

① 재판을 집행하는 데에 조건을 붙인 경우, ② 승계집행문을 내어주는 경우, ③ 채권자가 여러 통의 집행문을 신청하거나 전에 내어 준 집행문을 돌려주지 아니하고 다시 집행문을 신청한 경우[387]에는 집행문은 재판장(합의부의 재판장 또는 단독판사) 또는 사법보좌관의 명령이 있어야 내어 준다. 재판장은 그 명령에 앞서 서면이나 말로 채무자를 심문할 수 있다. 위 재판장의 명령은 집행문에 적어야 한다.

판결을 집행하는 데에 조건이 붙어 있어 그 조건이 성취되었음을 채권자가 증명하여야 하는 때에는 이를 증명하는 서류를 제출하여야만 집행문을 내어 주는데, 이 때 필요한 증명을 할 수 없는 때에는 채권자는 집행문을 내어 달라는 소를 제1심 법원에 제기할 수 있다(집행문부여의 소).[388] 집행문을 내어 달라는 신청에 관한 법원사무관등의 처분에 대하여 이의신청이 있는 경우에는 그 법원사무관등이 속한 법원이 결정으로 재판한다.[389]

---

386) 대법원 2010. 1. 14. 자 2009그196 결정 “민사집행법 제31조 제1항에서 ‘집행문은 판결에 표시된 채권자의 승계인을 위하여 내어 주거나 판결에 표시된 채무자의 승계인에 대한 집행을 위하여 내어 줄 수 있다’고 규정하고 있는바, 채무자의 채무를 소멸시켜 당사자인 채무자의 지위를 승계하는 이른바 면책적 채무인수는 위 조항에서 말하는 승계인에 해당한다고 볼 수 있지만, 중첩적 채무인수는 당사자의 채무는 그대로 존속하며 이와 별개의 채무를 부담하는 것에 불과하므로 소극적으로 해석하여야 한다.”

387) 재판장이 채무자를 심문하지 아니하고 여러 통의 집행문을 내어 주거나 다시 집행문을 내어 준 때에는 채무자에게 그 사유를 통지하여야 한다. 여러 통의 집행문을 내어 주거나 다시 집행문을 내어 주는 때에는 그 사유를 원본과 집행문에 적어야 한다. 채권자가 한 지역에서 또는 한 가지 방법으로 강제집행을 하여도 모두 변제를 받을 수 없는 때에는 여러 통의 집행력 있는 정본에 의하여 여러 지역에서 또는 여러 가지 방법으로 동시에 강제집행을 할 수 있다.

388) 집행문부여의 소는 집행문을 내어 줄 것을 신청하여 거절된 때는 물론 집행문을 부여해달라는 신청을 따로 하지 않고 곧바로 제기할 수도 있다. 그러나 집행문 수통 부여 또는 재도 부여 신청을 하여 거절된 경우에는 거절처분에 대한 이의신청으로만 다투어야 한다. 집행문부여의 소의 피고는 채무자이며, 집행문 부여기관이 아니다. 집행문부여의 소는 일반 판결절차와 마찬가지로 변론을 거쳐 심리하며 모든 증거방법원을 제출할 수 있다.

389) 집행문 부여기관이 집행문 부여신청에 대하여 거절처분을 내린 것에 대하여 채권자는 거절처분에 대한 이의신청을 할 수 있다. 사법보좌관 등이 집행문 부여 명령을 내리지

제3절 강제집행 개시요건[390)]

I. 집행권원의 송달

강제집행은 이를 신청한 사람과 집행을 받을 사람의 성명이 판결이나 이에 덧붙여 적은 집행문에 표시되어 있고 판결을 이미 송달하였거나 동시에 송달한 때에만 개시할 수 있다. 송달하여야 하는 것은 집행권원 자체이지, 집행권원에 집행문이 첨부된 집행정본이 아니다. 집행증서의 정본 또는 등본을 교부하였다는 기재가 있는 집행증서, 보전처분명령의 집행, 비송사건절차법상의 비용의 재판에 따른 집행, 과태료와 벌금에 대한 검사명령의 집행의 경우에는 송달이 불필요하다.

강제집행의 채무명의가 된 지급명령의 정본 등을 채무자에게 송달함에 있어, 허위주소로 송달하게 하였다면 그 채무명의의 효력은 집행채무자에게 미치지 아니하고 이에 기인하여 이루어진 강제 경매는 집행채무자에게 대한 관계에서는 효력이 없다.[391)]

채권압류 및 전부명령의 기초가 된 채무명의인 가집행선고부 판결정본이 상대방의 허위주소로 송달되었다면 그 송달은 부적법하여 무효이고 상대방은 아직도 판결정본의 송달을 받지 않은 상태에 있다 할 것이므로 그 판결정본에 기하여 행하여진 채권압류 및 전부명령은 집행개시의 요건으로서의 채무명의의 송달없이 이루어진 것으로서 무효라 할 것이다.[392)]

않은 것에 대하여 불복하는 것이 아니다(대법원 1967. 10. 1. 자 67마530 결정). 집행문 부여 요건의 흠을 이유로 하여 채무자는 집행문의 취소를 구하는 이의신청을 할 수 있다. 채무자의 집행문 부여에 대한 이의신청은 집행문을 내어 준 뒤면 언제든지 할 수 있으나, 집행권원의 내용이 완전히 실현된 뒤에는 할 수 없다(대법원 1992. 3. 6. 자 92마46결정). 판결에 표시된 채무자의 승계인에 대한 집행을 위하여 집행문이 부여된 경우에는 승계인만이 이의할 수 있을 뿐, 판결에 표시된 원래 채무자는 이의할 수 없다(대법원 2002. 8. 21. 자 2002카기124 결정).

390) 집행의 개시가 된 후에 채무자에 대하여 회생절차 또는 개인회생절차가 개시되거나 파산이 선고된 경우에는 회생절차의 회생계획, 개인회생절차의 변제계획, 파산절차에 따라야 한다.

391) 대법원 1973. 6. 12. 선고 71다1252 판결

392) 대법원 1987. 5. 12. 선고 86다카2070 판결

Ⅱ. 집행문 및 증명서 등본의 송달

판결의 집행이 그 취지에 따라 채권자가 증명할 사실에 매인 때 또는 판결에 표시된 채권자의 승계인을 위하여 하는 것이거나 판결에 표시된 채무자의 승계인에 대하여 하는 것일 때에는 집행할 판결 외에, 이에 덧붙여 적은 집행문을 강제집행을 개시하기 전에 채무자의 승계인에게 송달하여야 한다. 증명서에 의하여 집행문을 내어 준 때에는 그 증명서의 등본을 강제집행을 개시하기 전에 채무자에게 송달하거나 강제집행과 동시에 송달하여야 한다.

집행을 받을 사람이 일정한 시일에 이르러야 그 채무를 이행하게 되어 있는 때에는 그 시일이 지난 뒤에 강제집행을 개시할 수 있다.[393] 집행이 채권자의 담보제공에 매인 때에는 채권자는 담보를 제공한 증명서류를 제출하여야 한다. 이 경우의 집행은 그 증명서류의 등본을 채무자에게 이미 송달하였거나 동시에 송달하는 때에만 개시할 수 있다.

반대의무의 이행과 동시에 집행할 수 있다는 것을 내용으로 하는 집행권원의 집행은 채권자가 반대의무의 이행 또는 이행의 제공을 하였다는 것을 증명하여야만 개시할 수 있다. 다른 의무의 집행이 불가능한 때에 그에 갈음하여 집행할 수 있다는 것을 내용으로 하는 집행권원의 집행은 채권자가 그 집행이 불가능하다는 것을 증명하여야만 개시할 수 있다. 반대의무의 이행과 상환으로 일정 의무의 이행을 명한 집행권원의 집행에 관하여 집행문 부여 전에 채권자가 반대의무를 이행한 것을 증명하도록 하면 채권자로부터 동시이행의 이익을 박탈하여 선이행을 하도록 하는 결과가 되므로, 반대의무의 이행을 제공하였음을 집행기관에 증명하면 족하도록 한 것이

---

393) 대법원 2002. 1. 25. 선고 2000다26388 판결 "담보권자가 피담보채권의 이행기의 도래전에 담보권을 실행하여 경매절차가 개시되었다 하더라도 그 경매신청이나 경매개시결정이 무효로 되는 것은 아니고, 이러한 경우 채무자나 소유자는 경매개시결정에 대한 이의신청 등으로 경매절차의 진행을 저지하여야 하며, 이러한 조치를 취하지 아니하여 경매절차가 진행되고 경락허가결정에 따라 경락대금이 납입되었다면, 이로써 경락인은 유효하게 경락부동산의 소유권을 취득하고 신청채권자의 담보권은 소멸한다." 즉 확정기한이 경우 이행기 전에 집행이 이루어지더라도 기한이 도래하면 그 흠이 치유된다. 그러나 불확정기한의 경우 지행개시 요건이 아니고 집행문의 부여에 필요한 조건에 해당한다.

다. 다만, 반대의무의 이행과 상환으로 권리관계의 인낙이나 이사진술을 할 의무에 대하여는 그 판결이 확정된 뒤에 채권자가 그 반대의무를 이행한 사실을 증명하고 재판장 또는 사법보좌관의 명령에 따라 집행문을 받았을 대 의사표시의 효력이 생기므로(민사집행법 제263조 제2항), 이 경우에는 반대의무의 이행 또는 이행의 제공은 집행문 부여의 요건이 된다.[394)]

제4절 집행관에 의한 영수증의 작성·교부

채권자가 집행관에게 집행력 있는 정본을 교부하고 강제집행을 위임한 때에는 집행관은 특별한 권한을 받지 못하였더라도 지급이나 그 밖의 이행을 받고 그에 대한 영수증서를 작성하고 교부할 수 있다. 집행관은 채무자가 그 의무를 완전히 이행한 때에는 집행력 있는 정본을 채무자에게 교부하여야 한다. 채무자가 그 의무의 일부를 이행한 때에는 집행관은 집행력 있는 정본에 그 사유를 덧붙여 적고 영수증서를 채무자에게 교부하여야 한다. 채무자의 채권자에 대한 영수증 청구는 위 집행관에 의한 영수증의 작성·교부에 의하여 영향을 받지 아니한다.

---

394) 「민사집행법」, 사법연수원(2011), 50-51면 "임차인이 임차주택에 대하여 보증금반환청구소송의 확정판결 기타 이에 준하는 집행권원에 기한 경매를 신청하는 경우에는 반대의무의 이행 도는 이행의 제공조차 필요하지 않다(주택임대차보호법 제3조의 2 제1항; 상가건물 임대차보호법 제5조 제1항도 같다). 따라서 판결주문에 건물의 인도와 동시이행으로 보증금지급을 명하였다 하여도 이행제공 여부를 따질 것 없이 경매개시결정을 할 수 있다. 다만, 이 경우에도 임차인이 배당금을 수령할 때는 인도확인서를 제출하여야 한다. 한편, 전세권자가 전세권에 기하여 경매신청을 하는 경우 전세권자의 전세목적물 인도의무 및 전세권설정등기말소의무와 전세권설정자의 전세금반환의무가 동시이행관계에 있으므로, 전세권자인 채권자가 전세목적물에 대한 경매를 신청하려면 우선 전세권설정자에 대하여 전세목적물의 인도의무 및 전세권설정등기말소의무의 이행제공을 하여 전세권설정자를 이행지체에 빠뜨려야 한다(대법원 1977. 4. 13. 자 77마90결정). 따라서 경매를 신청하는 전세권자는 전세권설정자에게 이행의 제공을 한 사실을 소명하여야 하며, 그 방법으로는 전세권자가 "전세목적물을 인도하고 전세권설정등기말소에 필요한 서류를 교부할 테니, 그때까지 전세금을 지급하여 주기 바란다."라는 정도의 내용을 상대방에게 내용증명우편으로 보낸 서류를 법원에 제출하면 된다. 전세권의 말소에는 전세권설정등기필증만 있으면 족하므로 전세권자가 말소용 인감증명서를 발급받아 소지하고 있을 필요는 없다(부동산등기규칙 제53조)."

제5절 청구에 관한 이의의 소

채무자가 판결에 따라 확정된 청구[395]에 관하여 이의하려면 제1심 판결법원에 청구에 관한 이의의 소를 제기하여야 한다. 청구이의의 소는 그 이유가 변론이 종결된 뒤(변론 없이 한 판결의 경우에는 판결이 선고된 뒤)[396]에 생긴 것이어야 한다. 이의이유가 여러 가지인 때에는 동시에 주장하여야 한다. 청구이의의 소는 집행권원의 성립절차와 집행절차를 분리하고 있는 제도에서 실체적 권리상태를 제대로 반영하지 않는 집행권원의 집행력을 배제하여 집행을 막는 구제방법이다.[397] 청구 이의이유에는 변제, 대물변제, 경개, 소멸시효 완성[398], 면제, 포기, 상계, 공탁[399], 화해, 채

---

395) 대법원 1995. 11. 10. 선고 95다37568 판결 "대지에 대한 수분양자 명의변경 절차의 이행을 소구함은 채무자의 의사의 진술을 구하는 소송으로서 그 청구를 인용하는 판결이 선고되고 그 소송이 확정되었다면, 그와 동시에 채무자가 수분양자 명의변경 절차의 이행의 <u>의사를 진술한 것과 동일한 효력이 발생하는 것이므로 위 확정판결의 강제집행은 이로써 완료되는 것이고</u> 집행기관에 의한 별도의 집행절차가 필요한 것이 아니므로, 특별한 사정이 없는 한 위 확정판결 이후에 집행절차가 계속됨을 전제로 하여 그 채무명의가 가지는 집행력의 배제를 구하는 <u>청구이의의 소는 허용될 수 없다.</u>"

396) 대법원 1995. 6. 30. 선고 95다15827 판결 "원고는 제1심 판결이 인용한 금액에 상당하는 채무가 있음을 스스로 인정하고 이에 대한 확정적 변제행위로 위 공사금채권에 대하여 추심권을 취득한 대한민국에게 위 금원을 지급한 것이 아니라, 제1심 판결이 인용한 지연손해금의 확대를 방지하고 위 판결에 붙은 가집행선고에 기한 강제집행을 면하기 위하여 위와 같이 추심권을 취득한 대한민국에게 위 금원을 지급한 것으로 봄이 상당하고, 이와 같이 제1심 판결에 붙은 가집행선고에 의하여 지급된 금원은 확정적으로 변제의 효과가 발생하는 것이 아니어서 원고가 위와 같은 금원의 지급사실을 항소심에서 주장하더라도 항소심은 그러한 사유를 참작하지 아니하므로, 위와 같은 금원 지급에 의한 위 공사대금채권의 소멸의 효과는 위 판결이 확정된 때에 비로소 발생한다고 할 것이며, 따라서 원고가 위와 같이 금원을 지급하였다는 사유는 위 공사대금 청구 소송의 확정판결의 집행력을 배제하는 적법한 청구이의 사유가 된다고 할 것이다." 즉 항소심 계속중에 가집행 선고 있는 판결에 의하여 지급한 것은 변론종결 후 변제에 해다하므로, 청구이의의 이유가 된다는 것이다.

397) 「민사집행법」, 사법연수원(2011), 91면.

398) 그러나 변론종결 전에 이미 소멸시효가 완성되어 있었기 때문에 이를 주장할 수 있었음에도 이를 주장하지 않고 있다가 변론종결 후에 이를 이유로 청구이의의 소를 제기할 수 있는지에 대하여는 부정적으로 보는 견해가 다수이다.

399) 대법원 2008. 7. 10. 선고 2008다10051 판결 "채무자가 공탁원인이 있어서 공탁에 의하여 그 채무를 면하려면 채무액 전부를 공탁하여야 할 것이고, 일부의 공탁은 그 채무를 변제함에 있어서 일부의 제공이 유효한 제공이라고 시인될 수 있는 특별한 사정이 있는 경우를 제외하고는 채권자가 이를 수락하지 아니하는 한 그에 상응하는 효력을 발생할 수 없다고 할 것이다. 소송비용액확정결정에 따른 소송비용액상환의무는 소송비용액확

무자의 책임 없는 사유로 발생한 이행불능, 청구권의 양도, 청구권에 대한 전부명령의 확정, 면책적 채무인수, 부집행의 합의, 한정승인400), 권리남용401) 등이 대표적이다. 확정판결과 달리 기판력이 없는 집행증서, 확정된 지급명령, 확정된 이행권고결정의 경우에는 사회질서 위반, 대리권의 흠, 불공정 법률행위 등 사유도 이의이유가 된다.402)

정결정이 확정됨으로써 비로소 이행기가 도래하고, 채무자가 그 이행기가 도래하였음을 안 때로부터 지체책임을 진다고 할 것이다. 채무자가 1개 또는 수개의 채무의 비용 및 이자를 지급할 경우에 변제자가 그 전부를 소멸하게 하지 못한 급여를 한 때에는 비용, 이자, 원본의 순서로 변제에 충당하여야 하고, 강제집행에 필요한 비용은 채무자가 부담하고 그 집행에 의하여 우선적으로 변상을 받는 것이므로 금전의 지급을 명한 집행권원에 대하여는 그 집행비용을 변상하지 아니하는 한 그 집행력 전부의 배제를 구할 수 없다고 할 것이다."

400) 대법원 2006. 10. 13. 선고 2006다23138 판결 "한정승인에 의한 책임의 제한은 상속채무의 존재 및 범위의 확정과는 관계가 없고 다만 판결의 집행대상을 상속재산의 한도로 한정함으로써 판결의 집행력을 제한할 뿐이다. 특히 채권자가 피상속인의 금전채무를 상속한 상속인을 상대로 그 상속채무의 이행을 구하여 제기한 소송에서 채무자가 한정승인 사실을 주장하지 않으면, 책임의 범위는 현실적인 심판대상으로 등장하지 아니하여 주문에서는 물론 이유에서도 판단되지 않는 것이므로 그에 관하여는 기판력이 미치지 않는다. 그러므로 채무자가 한정승인을 하고도 채권자가 제기한 소송의 사실심 변론종결시까지 그 사실을 주장하지 아니하는 바람에 책임의 범위에 관하여 아무런 유보가 없는 판결이 선고되어 확정되었다고 하더라도, 채무자는 그 후 위 한정승인 사실을 내세워 청구에 관한 이의의 소를 제기하는 것이 허용된다고 봄이 옳다."

401) 대법원 2006. 7. 6. 선고 2004다17436 판결 "확정판결에 의한 권리라고 하더라도 신의에 좇아 성실히 행사되어야 하고 그 판결에 기한 집행이 권리남용이 되는 경우에는 허용되지 않는 것이므로 집행채무자는 청구이의의 소에 의하여 그 집행의 배제를 구할 수 있다고 할 것인바, 확정판결의 내용이 실체적 권리관계에 배치되는 경우 그 판결에 의하여 집행할 수 있는 것으로 확정된 권리의 성질과 그 내용, 판결의 성립 경위 및 판결 성립 후 집행에 이르기까지의 사정, 그 집행이 당사자에게 미치는 영향 등 제반 사정을 종합하여 볼 때, 그 확정판결에 기한 집행이 현저히 부당하고 상대방으로 하여금 그 집행을 수인하도록 하는 것이 정의에 반함이 명백하여 사회생활상 용인할 수 없다고 인정되는 경우에는 그 집행은 권리남용으로서 허용되지 않는다고 할 것이며, 민사집행법 제44조에서 청구에 관한 이의의 소를 규정한 것은 부당한 강제집행이 행하여지지 않도록 하려는 데 있다 할 것이므로, 판결에 의하여 확정된 청구가 그 판결의 변론종결 후에 변경·소멸된 경우뿐만 아니라 판결을 집행하는 자체가 불법한 경우에는 그 불법은 당해 판결에 의하여 강제집행에 착수함으로써 외부에 나타나 비로소 이의의 원인이 된다고 보아야 하기 때문에 이 경우에도 이의의 소를 허용함이 상당하다 할 것이다."

402) 「민사집행법」, 사법연수원(2011), 92면.

第6절 집행문부여에 대한 이의의 소

채권자의 집행문 부여의 소에 대응하여 채무자가 집행문 부여시에 증명된 조건의 성취 또는 당사자의 승계라는 사유를 다투어 집행문의 부여에 관한 위법을 주장하여 제기하는 소를 채무자의 집행문부여에 대한 이의의 소라 한다. 이 소는 조건의 불성취와 당사자 승계의 부존재만이 사유가 될 수 있다. 그 외 사유는 집행문부여에 대한 이의신청만이 가능하다. 집행문에 표시된 채무자가 집행문부여에 대한 이의의 소에서 원고가 되며, 집행문에 표시된 채권자가 피고가 된다. 조건의 성취와 승계사실의 입증책임은 채권자인 피고에게 있다.

대법원 2003. 2. 14. 선고 2002다64810 판결 "집행채권자가 집행채무자의 상속인들에 대하여 승계집행문을 부여받았으나 상속인들이 적법한 기간 내에 상속을 포기함으로써 그 승계적격이 없는 경우에 상속인들은 그 집행정본의 효력 배제를 구하는 방법으로서 집행문 부여에 대한 이의신청을 할 수 있는 외에 집행문 부여에 대한 이의의 소를 제기할 수도 있다. 채무명의에 표시된 채무가 여러 사람에게 공동상속된 경우에 그 채무가 가분채무인 경우에는 그 채무는 공동상속인 사이에서 상속분에 따라 분할되는 것이고, 따라서 이 경우 부여되는 승계집행문에는 상속분의 비율 또는 그에 기한 구체적 수액을 기재하여야 하며, 비록 그와 같은 기재를 누락하였다고 하더라도 그 승계집행문은 각 공동상속인에 대하여 각 상속분에 따라 분할된 채무 금액에 한하여 효력이 있는 것으로 보아야 할 것이고, 또한 이 경우 승계집행문 부여의 적법 여부 및 그 효력의 유무를 심사함에 있어서도 각 공동상속인 별로 개별적으로 판단하여야 한다. 집행문 부여에 대한 이의의 소는 집행문이 부여된 후 강제집행이 종료될 때까지 제기할 수 있는 것으로서 강제집행이 종료된 이후에는 이를 제기할 이익이 없는 것인바, 집행력 있는 채무명의에 터잡아 집행채권의 일부에 관하여 채권의 압류 및 전부명령이 발하여진 경우에 전부명령에 포함된 집행채권과 관련하여서는 그 전부명령의 확정으로 집행절차가 종료하게 되므로 그 부분에 관한 한 집행문 부여에 대한 이의의 소를 제기할 이익이 없다 할 것이나, 전부명령에 포함되지 아니하여 만족을 얻지 못한 잔여 집행채권 부분에 관하여는 아직 압류사건이 존속하게 되므로 강제집행절차는 종료되었다고 볼 수 없고, 한편 추심명령의 경우에는 그 명령이 발령되었다고 하더라도 그 이후 배당절차가 남아 있는 한 아직 강제집행이 종료되었다고 할 수 없다.

제7절 제3자이의의 소

제3자가 강제집행의 목적물에 대하여 소유권이 있다고 주장하거나 목적물의 양도나 인도를 막을 수 있는 권리가 있다고 주장하는 때에는 채권자를 상대로 그 강제집행에 대한 이의의 소를 제기할 수 있다. 다만, 채무자가 그 이의를 다투는 때에는 채무자를 공동피고로 할 수 있다. 제3자이의의 소는 집행법원이 관할한다. 다만, 소송물이 단독판사의 관할에 속하지 아니할 때에는 집행법원이 있는 곳을 관할하는 지방법원의 합의부가 이를 관할한다.

제3자가 소유권을 주장하여 제3자이의의 소를 제기한 경우에 있어서 선고하는 판결은 제3자의 집행이의권의 존부를 확정하는 것이고 제3자의 소유권의 존부를 확정하는 것은 아니므로 피고의 원고에 대한 목적물에 대한 제3자이의의 소에서 피고가 패소확정되었다 하더라도 그것 때문에 목적물에 대한 피고의 소유권이 없다는 기판력이 생기는 것은 아니다.[403)]

공유권자 중 1인에 대한 집행권원으로써 공유물 전부에 대하여 집행이 행하여진 때는 다른 공유자는 제3자이의의 소를 제기할 수 있다. 그러나 부부 공유 유체동산에 대하여 압류가 행하여 진 경우에는 한쪽 배우자가 제3자이이의 소를 제기할 수는 없다.

지상권, 전세권, 유치권 등은 인도를 막을 수 있는 권리로서 이러한 권리를 침해하는 집행에 대하여 제3자이의의 소를 제기할 수 있다. 그러나 부

403) 대법원 1977. 10. 11. 선고 77다1041 판결

동산강제경매에서는 점유사용이 방해받는 경우가 될 수 없기 때문에 제3자이의의 소를 제기할 수 없다.

강제집행에 대한 제3자 이의의 소는 이미 개시된 집행목적물에 대하여 소유권 기타 목적물의 양도나 인도를 저지하는 권리를 주장함으로써 그에 대한 집행의 배제를 구하는 것이니만큼 그 소의 원인이 되는 권리는 집행채권자에 대항할 수 있는 것이어야 할 것인 바, 집행목적물인 이 사건 토지에 관하여 매매로 인한 소유권이전등기절차를 이행할 의무가 있다는 이유만으로 제3자 이의의 소에 의한 청구를 인용할 수 없다.[404] 채무자 소유의 집행목적물에 대하여 제3자가 계약에 기한 채권적 청구권만을 근거로 제3자이의의 소를 제기할 수 없다. 그러나 양도담보권자는 제3자에 대하여 소유권을 주장할 수 있는 지위를 가지므로 제3자이의의 소를 제기할 수 있다.[405]

대법원 1997. 8. 26. 선고 97다4401 판결 "제3자이의의 소는 모든 재산권을 대상으로 하는 집행에 대하여 적용되는 것이므로, 금전채권에 대하여 압류 및 추심명령이 있은 경우에 집행채무자 아닌 제3자가 자신이 진정한 채권자로서 자신의 채권의 행사에 있어 압류 등으로 인하여 사실상 장애를 받았다면 그 채권이 자기에게 귀속한다고 주장하여 집행채권자에 대하여 제3자이의의 소를 제기할 수 있다. 조합의 채권은 조합원 전원에게 합유적으로 귀속하는 것이어서, 특별한 사정이 없는 한 조합원 중 1인이 임의로 조합의 채무자에 대하여 출자지분의 비율에 따른 급부를 청구할 수 없는 것이므로, 조합원 중 1인의 채권자가 그 조합원 개인을 집행채무자로 하여 조합의 채권에 대하여 강제집행하는 경우, 다른 조합원으로서는 보존행위로서 제3자이의의 소를 제기하여 그 강제집행의 불허를 구할 수 있다."

대법원 1999. 6. 11. 선고 98다52995 판결 "제3자이의의 소는 등기청구권을 포함하여 모든 재산권을 대상으로 하는 집행에 대하여 적용되는 것이므로, 등기청구권에 대하여 압류명령이 있은 경우에 집행채무자 아닌 제

---

404) 대법원 1980. 1. 29. 선고 79다1223 판결

405) 대법원 1994. 8. 26. 선고 93다44739 판결

3자가 자신이 진정한 등기청구권의 귀속자로서 자신의 등기청구권의 행사에 있어 위 압류로 인하여 장애를 받는 경우에는 그 등기청구권이 자기에게 귀속함을 주장하여 집행채권자에 대하여 제3자이의의 소를 제기할 수 있다."

대법원 1992. 10. 27. 선고 92다10883 판결 "대지 소유권에 기한 방해배제청구로서 그 지상건물의 철거를 구하여 승소확정판결을 얻은 경우 그 지상건물에 관하여 위 확정판결의 변론종결 전에 경료된 소유권이전청구권가등기에 기하여 위 확정판결의 변론종결 후에 소유권이전등기를 경료한 자가 있다면 그는 민사소송법 제204조 제1항의 변론종결 후의 승계인이라 할 것이어서 위 확정판결의 기판력이 미친다. 제3자이의의 소의 원고적격은 집행의 목적물에 대하여 양도 또는 인도를 저지할 권리가 있음을 주장하는 제3자에게 있고, 제3자란 채무명의 또는 집행문에 채권자, 채무자 또는 그 승계인으로 표시된 자 이외의 자를 말하며, 승계집행문으로 인하여 피고의 승계인으로 표시된 자가 그 채무명의의 집행력의 배제를 구하는 소는 제3자이의의 소라 할 수 없다."

제8절 강제집행의 필수적 정지 · 제한

강제집행은 다음 각호 가운데 어느 하나에 해당하는 서류를 제출한 경우에 정지하거나 제한하여야 한다.

제1호 집행할 판결 또는 그 가집행을 취소하는 취지나, 강제집행을 허가하지 아니하거나 그 정지를 명하는 취지 또는 집행처분의 취소를 명한 취지를 적은 집행력 있는 재판의 정본

제2호 강제집행의 일시정지를 명한 취지를 적은 재판의 정본

제3호 집행을 면하기 위하여 담보를 제공한 증명서류

제4호 집행할 판결이 있은 뒤에 채권자가 변제를 받았거나, 의무이행을 미루도록 승낙한 취지를 적은 증서

제5호 집행할 판결, 그 밖의 재판이 소의 취하 등의 사유로 효력을 잃었

다는 것을 증명하는 조서등본 또는 법원사무관등이 작성한 증서

제6호 강제집행을 하지 아니한다거나 강제집행의 신청이나 위임을 취하한다는 취지를 적은 화해조서의 정본 또는 공정증서의 정본

제1호·제3호·제5호 및 제6호의 경우에는 이미 실시한 집행처분을 취소하여야 하며, 제2호 및 제4호의 경우에는 이미 실시한 집행처분을 일시적으로 유지하게 하여야 한다. 제4호의 증서 가운데 변제를 받았다는 취지를 적은 증서를 제출하여 강제집행이 정지되는 경우 그 정지기간은 2월로 한다. 제4호의 증서 가운데 의무이행을 미루도록 승낙하였다는 취지를 적은 증서를 제출하여 강제집행이 정지되는 경우 그 정지는 2회에 한하며 통산하여 6월을 넘길 수 없다.

제9절 금전채권에 기초한 강제집행

Ⅰ. 재산명시절차 등

금전의 지급을 목적으로 하는 집행권원에 기초하여 강제집행을 개시할 수 있는 채권자는 채무자의 보통재판적이 있는 곳의 법원에 채무자의 재산명시를 요구하는 신청을 할 수 있다. 재산명시신청에는 집행력 있는 정본과 강제집행을 개시하는데 필요한 문서를 붙여야 한다. 재산명시신청에 정당한 이유가 있는 때에는 법원은 채무자에게 재산상태를 명시한 재산목록을 제출하도록 명할 수 있다. 재산명시신청에 정당한 이유가 없거나, 채무자의 재산을 쉽게 찾을 수 있다고 인정한 때에는 법원은 결정으로 이를 기각하여야 한다. 위 재판은 채무자를 심문하지 아니하고 한다. 채무자는 재산명시명령을 송달받은 날부터 1주 이내에 이의신청을 할 수 있다. 재산명시명령에 대하여 채무자의 이의신청이 없거나 이를 기각한 때에는 법원은 재산명시를 위한 기일을 정하여 채무자에게 출석하도록 요구하여야 한다. 이 기일은 채권자에게도 통지하여야 한다. 채무자는 위 기일에 강제집행의 대상이 되는 재산과 재산명시명령이 송달되기 전 1년 이내에 채무자가 한 부동산의 유상양도, 재산명시명령이 송달되기 전 1년 이내에 채무자가 배

우자, 직계혈족 및 4촌 이내의 방계혈족과 그 배우자, 배우자의 직계혈족과 형제자매에게 한 부동산 외의 재산의 유상양도, 재산명시명령이 송달되기 전 2년 이내에 채무자가 한 재산상 무상처분에 관한 내용을 명시한 재산목록을 제출하여야 한다. 기일에 출석한 채무자가 3월 이내에 변제할 수 있음을 소명한 때에는 법원은 그 기일을 3월의 범위내에서 연기할 수 있으며, 채무자가 새 기일에 채무액의 3분의 2 이상을 변제하였음을 증명하는 서류를 제출한 때에는 다시 1월의 범위내에서 연기할 수 있다. 채무자는 재산명시기일에 재산목록이 진실하다는 것을 선서하여야한다. 채무자는 명시기일에 제출한 재산목록에 형식적인 흠이 있거나 불명확한 점이 있는 때에는 위 선서를 한 뒤라도 법원의 허가를 얻어 이미 제출한 재산목록을 정정할 수 있다. 채무자가 정당한 사유 없이 명시기일 불출석, 재산목록 제출 거부, 선서 거부에 해당하는 행위를 한 경우에는 법원은 결정으로 20일 이내의 감치에 처한다. 채무자가 법인 또는 민사소송법이 인정하는 비법인 사단이나 재단인 때에는 그 대표자 또는 관리인을 감치에 처한다. 채무자가 거짓의 재산목록을 낸 때에는 3년 이하의 징역 또는 500만원 이하의 벌금에 처한다. 재산명시신청이 기각·각하된 경우에는 그 명시신청을 한 채권자는 기각·각하사유를 보완하지 아니하고서는 같은 집행권원으로 다시 재산명시신청을 할 수 없다.

채무자가 금전의 지급을 명한 집행권원이 확정된 후 또는 집행권원을 작성한 후 6월 이내에 채무를 이행하지 아니하는 때에는 채권자는 그 채무자를 채무불이행자명부에 올리도록 신청할 수 있다. 채무불이행자명부는 등재결정을 한 법원에 비치한다. 법원은 채무불이행자명부의 부본을 채무자의 주소지(채무자가 법인인 경우에는 주된 사무소가 있는 곳) 시(구가 설치되지 아니한 시를 말한다. 이하 같다)·구·읍·면의 장(도농복합형태의 시의 경우 동지역은 시·구의 장, 읍·면지역은 읍·면의 장으로 한다. 이하 같다)에게 보내야 한다. 법원은 채무불이행자명부의 부본을 대법원규칙이 정하는 바에 따라 일정한 금융기관의 장이나 금융기관 관련단체의 장에게 보내어 채무자에 대한 신용정보로 활용하게 할 수 있다. 채무불이행자명부나 그 부본은 누구든지 보거나 복사할 것을 신청할 수 있다. 채무불이행자명부는 인쇄물 등으로 공표되어서는 아니된다. 변제, 그 밖의 사유로 채무가 소멸되었다는 것이 증명된 때에는 법원은 채무자의 신청에 따라 채무불이행자명부에서 그 이름을 말소하는 결정을 하여야 한다. 채무불이행자명부에 오른 다음 해부터 10년이 지난 때에는 법원은 직권으로 그 명부에 오른 이름을 말소하는 결정을 하여야 한다.

재산명시절차의 관할 법원은 그 재산명시를 신청한 채권자의 신청에 따라 채권자가 부득이하게 채무자의 주소를 알 수 없는 일정한 경우이거나 재산명시절차에서 채무자가 제출한 재산목록의 재산만으로는 집행채권의 만족을 얻기에 부족한 경우 등에는 개인의 재산 및 신용에 관한 전산망을 관리하는 공공기관·금융기관·단체 등에 채무자명의의 재산에 관하여 조회할 수 있다.

Ⅱ. 부동산에 대한 강제집행

부동산에 대한 강제집행은 채권자의 신청에 따라 법원이 하며, 그 방법에는 강제경매 또는 강제관리가 있다. 강제관리는 가압류를 집행할 때에도 할 수 있다. 부동산에 대한 강제집행은 그 부동산이 있는 곳의 지방법원이 관할한다. 부동산이 여러 지방법원의 관할구역에 있는 때에는 각 지방법원에 관할권이 있다. 이 경우 법원이 필요하다고 인정한 때에는 사건을 다른 관할 지방법원으로 이송할 수 있다.

강제경매는 채무자 소유 부동산을 압류 후 현금화하여 그 매각대금으로 채권자의 금전채권을 만족시키는 강제집행절차를 말한다. 강제집행 절차는 먼저 부동산 강제경매 신청서를 작성하여 법원에 신청하는 것으로 시작된다. 강제경매신청서에는 채권자·채무자와 법원의 표시, 부동산의 표시, 경매의 이유가 된 일정한 채권과 집행할 수 있는 일정한 집행권원에 대한 사항을 적어야 한다.[406] 강제경매신청서에는 집행력 있는 정본 외에 채무자

---

406) 대법원 1983. 10. 15. 자 83마393 결정 "강제경매에 있어서 채권의 일부청구를 한 경우에 그 경매절차 개시를 한 후에는 청구금액의 확장은 허용되지 않고 그 후에 청구금액을 확장하여 잔액의 청구를 하였다 하여도 배당요구의 효력밖에는 없는 것이므로 강제경매 개시결정에 의하여 압류의 효력이 발생한 후에 채무자가 경매부동산을 처분하여

그 등기를 경료하였고, 그 후에 청구금액 확장신청이 있고 먼저 한 강제경매 사건이 강제경매 절차에 의하지 않고 종료하였다면 청구금액 확장신청 이전에 소유권이전등기를 경료한 제3취득자는 그 소유권 취득을 확장신청인에게 대항할 수 있다."; 대법원 1997. 1. 21. 선고 96다457 판결 "담보권 실행을 위한 경매절차에서 신청채권자가 그 경매신청서에 피담보채권 중 일부만을 청구금액으로 기재하여 경매를 신청하였을 경우에는 다른 특별한 사정이 없는 한 신청채권자가 당해 경매절차에서 배당을 받을 금액은 처음 기재된 채권액을 한도로 확정되고, 그 후 신청채권자가 채권계산서를 제출하는 방법에 의하여 그 청구금액을 확장할 수 없다. 근저당권의 실행을 위한 경매절차에 있어서는 경매신청서에 피담보채권으로 기재한 채권이 변제 등에 의하여 소멸하였으나 당해 근저당권의 피담보채권으로서 다른 채권이 있는 경우, 신청채권자는 그 청구채권을 소멸된 당초의 채권으로부터 그 다른 채권으로 교환적으로 변경하여 그 다른 채권에 대하여 배당을 구하는 내용의 채권계산서 등을 제출하는 방법으로 그 다른 채권에 대하여 배당을 받을 수 있고, 다만 변경 후의 피담보채권액이 경매신청서에 기재되어 있는 청구채권액을 초과하는 때에는 그 초과하는 부분에 대하여는 배당을 받을 수 없다."; 대법원 1995. 6. 9. 선고 95다15261 판결 "담보권실행경매에서 경매채권자가 피담보채권의 일부에 대하여만 담보권을 실행하겠다는 취지로 경매신청서에 피담보채권의 원금 중 일부만을 청구금액으로 하여 경매를 신청하였을 경우에는 경매채권자의 청구금액은 그 기재된 채권액을 한도로 확정되고 경매채권자는 채권계산서에 청구금액을 확장하여 제출하는 방법에 의하여 청구금액을 확장할 수 없는 것이고, 이는 피담보채권 중 일부 채권의 변제기가 도래하지 아니한 경우에도 마찬가지라 할 것이다."; 대법원 1999. 1. 26. 선고 98다21946 판결 "담보권의 실행을 위한 경매절차에서 경매신청채권자에 우선하는 근저당권자는 배당요구를 하지 아니하더라도 당연히 등기부상 기재된 채권최고액의 범위 내에서 그 순위에 따른 배당을 받을 수 있으므로, 그러한 근저당권자가 채권계산서를 제출하지 않았다고 하더라도 배당에서 제외할 수 없고, 또한 위 근저당권자는 경락기일 전에 일응 피담보채권액을 기재한 채권계산서를 제출하였다고 하더라도 그 후 배당표가 작성될 때까지 피담보채권액을 보정하는 채권계산서를 다시 제출할 수 있다고 할 것이며, 이 경우 배당법원으로서는 특단의 사정이 없는 한 배당표 작성 당시까지 제출한 채권계산서와 증빙 등에 의하여 위 근저당권자가 등기부상 기재된 채권최고액의 범위 내에서 배당받을 채권액을 산정하여야 한다." 대법원 2001. 3. 23. 선고 99다11526 판결 "신청채권자가 경매신청서에 피담보채권의 일부만을 청구금액으로 하여 경매를 신청하였을 경우에는 다른 특별한 사정이 없는 한 신청채권자의 청구금액은 그 기재된 채권액을 한도로 확정되고 그 후 신청채권자가 채권계산서에 청구금액을 확장하여 제출하는 등 방법에 의하여 청구금액을 확장할 수 없으나, 이러한 법리는 신청채권자가 경매신청서에 경매청구채권으로 이자 등 부대채권을 표시한 경우에 나중에 채권계산서에 의하여 부대채권을 증액하는 방법으로 청구금액을 확장하는 것까지 금지하는 취지는 아니라고 할 것이다. 신청채권자를 포함한 각 채권자는 경락기일까지 채권계산서를 제출하여야 하고, 경락기일까지 채권계산서를 제출하지 아니하면 경매신청서 등 집행기록에 있는 서류와 증빙에 의하여 채권을 계산하여 배당하고, 거기서 인정되지 아니한 채권은 보충을 불허하는 것으로 하고 있는 민사소송법 규정의 취지를 종합하여 보면, 담보권 실행을 위한 경매절차에 있어 신청채권자가 이자 등 부대채권을 표시하였다가 나중에 채권계산서에 의하여 그 부대채권을 증액하는 방법으로 청구금액을 확장하는 경우 그 확장은 늦어도 채권계산서의 제출시한인 경락기일까지는 이루어져야 하고, 그 이후에는 허용되지 않는다고 보아야 한다."; 대법원 1997. 2. 28. 선고 96다495 판결 "담보권의 실행을 위한 경매에서 신청채권자가 경매를 신청함에 있어서 경매신청서에 피담보채권 중 일부만을 청구금액으로 기재하였을 경우에는 다른 특별한 사정이 없의 소유로 등기된 부동산에 대하여는 등기사항증명서, 채무자의 소유로 등기되지 아니한 부동산에 대하여는 즉시 채무자명의로 등기할 수 있다는 것을 증명할 서류(그 부동산이 등기되지 아니한 건물인 경우에는 그 건물이 채무자의 소유임을 증명할 서류, 그 건물의 지번·구조·면적을 증명할 서류 및 그 건물에 관한 건축허가 또는 건축신고를 증명할 서류)를 붙여야 한다.

강제경매를 신청하면 집행법원은 신청서와 첨부서류를 검토하여 강제경매개시 결정여부를 결정하고 집행법원이 경매개시결정을 한 때에 법원사무관등은 즉시 그 사유를 등기부에 기입하도록 등기관에게 촉탁하여야 한다. 법원이 경매개시결정을 하면 등기관은 위 촉탁에 따라 경매개시결정사유를 기입하여야 한다. 등기관은 경매개시결정사유를 등기부에 기입한 뒤 그 등기사항증명서를 법원에 보내야 한다. 경매절차를 개시하는 결정에는 동시에 그 부동산의 압류를 명하여야 한다. 압류는 부동산에 대한 채무자의 관리·이용에 영향을 미치지 아니한다. 경매절차를 개시하는 결정을 한 뒤에는 법원은 직권으로 또는 이해관계인의 신청에 따라 부동산에 대한 침해행위를 방지하기 위하여 필요한 조치를 할 수 있다. 압류는 채무자에게 그 결정이 송달된 때 또는 등기가 된 때에 효력이 생긴다. 경매개시결정의 고지 없이는 유효하게 매각절차를 속행할 수 없고, 채무자가 아닌 이해관계인도 채무자에 대한 경매개시결정 송달의 흠을 매각허가결정에 대한 항고사유로 삼을 수 있다.[407] 채무자 소유의 건물 등 부동산에 강제경매개시

는 한 신청채권자가 당해 경매절차에서 배당을 받을 금액이 그 기재된 채권액을 한도로 확정되고, 신청채권자가 채권계산서를 제출하는 방법에 의하여 청구금액을 확장할 수 없다고 할 것이므로, 설사 신청채권자가 경매신청서에 기재하지 아니한 다른 피담보채권을 가지고 있었다고 하더라도 청구금액을 확장한 채권계산서를 제출하는 방법으로는 피담보채권액 중 경매신청 당시의 청구금액을 초과하는 금액에 관하여는 배당에 참가할 수 없으며, 배당법원으로서는 경매신청 당시의 청구금액만을 신청채권자에게 배당하면 족하다. 따라서 근저당권자가 경매신청서에 피담보채권 중 일부만을 청구금액으로 기재하여 담보권의 실행을 위한 경매를 신청한 후 청구금액을 확장한 채권계산서를 제출하였을 뿐 달리 경락기일까지 이중경매를 신청하는 등 필요한 조치를 취하지 아니한 채 그대로 경매절차를 진행시켜 경매신청서에 기재된 청구금액을 기초로 배당표가 작성·확정되고 그에 따라 배당이 실시되었다면, 신청채권자가 청구하지 아니한 부분의 해당 금원이 후순위채권자들에게 배당되었다 하여 이를 법률상 원인이 없는 것이라고 볼 수는 없다."

결정의 기입등기가 경료되어 압류의 효력이 발생한 이후에 채무자가 위 부동산에 관한 공사대금 채권자에게 그 점유를 이전함으로써 그로 하여금 유치권을 취득하게 한 경우, 그와 같은 점유의 이전은 목적물의 교환가치를 감소시킬 우려가 있는 처분행위에 해당하여 민사집행법 제92조 제1항, 제83조 제4항에 따른 압류의 처분금지효에 저촉되므로 점유자로서는 위 유치권을 내세워 그 부동산에 관한 경매절차의 매수인에게 대항할 수 없다.[408)]

이해관계인은 매각대금이 모두 지급될 때까지 강제경매개시결정에 대한 이의로써 불복할 수 있다. 경매신청 요건의 흠이나 경매개시 요건의 흠 등 절차상 흠을 이유로만 이의할 수 있다. 이의신청에는 집행정지 효력이 없다. 이와 달리 임의경매개시결정에 대한 이의는 강제경매개시결정에 대한 이의와 달리 절차상 흠뿐만 아니라 저당권의 부존재나 무효· 피담보채권의 불성립, 변제, 피담보채권의 이행기 미도래 등과 같은 실체상 흠도 주장할 수 있다. 강제경매신청을 기각하거나 각하하는 재판에 대하여는 신청인은 즉시항고를 할 수 있다. 이해관계인은 매각대금이 모두 지급될 때까지 법원에 경매개시결정에 대한 이의신청을 할 수 있다. 이의신청에 관한 재판에 대하여 이해관계인은 즉시항고를 할 수 있다. 경매절차의 이해관계인은 압류채권자(경매신청을 한 채권자, 제2경매신청채권자)와 집행력 있는 정본에 의하여 배당을 요구한 채권자, 채무자(집행채무자) 및 소유자, 등기부에 기입된 부동산 위의 권리자[409)], 부동산 위의 권리자로서 그 권리를 증명한 사람[410)]으로 한다. 채무자 아닌 이해관계인에게는 경매개시결정을

407) 대법원 1997. 6. 10. 자 97마814 결정

408) 대법원 2005. 8. 19. 선고 2005다22688 판결

409) 경매개시결정 기입등기 당시에 이미 등기가 되어 등기부에 나타난 지상권자·전세권자·임대차등기를 한 임차인, 저당채권의 질권자, 저당권자, 가등기권리자를 뜻한다. 경매개시결정기입등기 전에 가압류권한 자는 배당요구하지 않았다하더라도 당연히 배당요구한 것과 동일하게 취급되지만 이해관계인은 아니다(대법원 1999. 4. 9. 선고 98다53240 판결). 가처분권자도 여기에 포함되지 않는다(대법원 1994. 9. 30. 자 94마1534 결정).

410) 점유권자, 유치권자, 특수지역권자, 건물긍디 있는 토지임차인, 인도 및 주민등록 또는 사업자등록을 마친 주택 또는 상가건물 임차인, 경매개시결정기입등기 후에 소유권을 취득한 제3취득자·용익권 또는 담보권을 취득한 자 등이 포함된다.

송달할 필요가 없다.[411] 경매개시결정 뒤에 이해관계인이 사망하여 경매절차에 관여할 수 없게 되더라도 그 때문에 경매절차가 중단되지는 않는다.[412]

법원은 경매개시결정을 한 뒤에 바로 집행관에게 부동산의 현상, 점유관계, 차임 또는 보증금의 액수, 그 밖의 현황에 관하여 조사하도록 명하여야 한다. 집행관은 현황을 조사한 후 현황조사보고서를 작성하여 매각물건명세서 사본과 함께 일반에 공시한다. 법원은 등기관으로부터 기입등기의 통지를 받은 후 3일 내에 평가명령을 하여 감정인에게 부동산을 평가하게 하고 그 평가액을 참작하여 최저매각가격을 정하여야 한다. 최저매각가격은 매각을 허가하는 최저의 가격이므로 이에 미치지 못하는 매수신청에 대하여는 매각을 허가할 수 없다. 법원은 부동산의 표시, 부동산의 점유자와 점유의 권원, 점유할 수 있는 기간, 차임 또는 보증금에 관한 관계인의 진술, 등기된 부동산에 대한 권리 또는 가처분으로서 매각으로 효력을 잃지 아니하는 것, 매각에 따라 설정된 것으로 보게 되는 지상권의 개요 등을 적은 매각물건명세서를 작성한다. 매각물건명세서, 현황조사보고서, 감정평가서의 사본을 매각기일의 1주일 전까지 법원에 비치하여 누구든지 볼 수 있도록 하여야 한다. 3-4회의 매각기일 및 매각결정기일을 일괄하여 정한 경우에도 매각물건명세서는 매번 기일마다 1주일 전까지 작성, 비치하여야 한다. 매각물건명세서의 작성에 중대한 흠이 있는 때에는 매각허가에 대한 이의 및 매각허가결정에 대한 즉시항고 사유가 된다.

경매개시결정에 따른 압류의 효력이 생긴 때(그 경매개시결정전에 다른 경매개시결정이 있은 경우를 제외한다)에는 집행법원은 절차에 필요한 기간을 감안하여 배당요구를 할 수 있는 종기를 첫 매각기일 이전으로 정한다. 배당요구의 종기가 정하여진 때에는 법원은 경매개시결정을 한 취지 및 배당요구의 종기를 공고한다. 법원사무관등은 채권자 및 조세, 그 밖의 공과금을 주관하는 공공기관에 대하여 채권의 유무, 그 원인 및 액수(원금·이자·비용, 그 밖의 부대채권을 포함한다)를 배당요구의 종기까지 법원에 신고하

411) 대법원 1986. 3. 28. 자 86마70 결정
412) 대법원 1964. 3. 24. 자 63마55 결정

도록 최고하여야 한다. 채권자가 위 최고에 대한 신고를 하지 아니한 때에는 그 채권자의 채권액은 등기사항증명서 등 집행기록에 있는 서류와 증빙에 따라 계산한다. 이 경우 다시 채권액을 추가하지 못한다. 법원은 특별히 필요하다고 인정하는 경우에는 배당요구의 종기를 연기할 수 있다.

강제경매절차 또는 담보권 실행을 위한 경매절차를 개시하는 결정을 한 부동산에 대하여 다른 강제경매의 신청이 있는 때에는 법원은 다시 경매개시결정을 하고, 먼저 경매개시결정을 한 집행절차에 따라 경매한다. 먼저 경매개시결정을 한 경매신청이 취하되거나 그 절차가 취소된 때에는 뒤의 경매개시결정에 따라 절차를 계속 진행하여야 한다. 뒤의 경매개시결정이 배당요구의 종기 이후의 신청에 의한 것인 때에는 집행법원은 새로이 배당요구를 할 수 있는 종기를 정하여야 한다. 집행력 있는 정본을 가진 채권자, 경매개시결정이 등기된 뒤에 가압류를 한 채권자, 민법·상법, 그 밖의 법률에 의하여 우선변제청구권이 있는 채권자는 배당요구를 할 수 있다. 배당요구에 따라 매수인이 인수하여야 할 부담이 바뀌는 경우 배당요구를 한 채권자는 배당요구의 종기가 지난 뒤에 이를 철회하지 못한다. 압류채권자의 채권에 우선하는 채권에 관한 부동산의 부담을 매수인에게 인수하게 하거나, 매각대금으로 그 부담을 변제하는 데 부족하지 아니하다는 것이 인정된 경우가 아니면 그 부동산을 매각하지 못한다.

매각부동산 위의 모든 저당권은 매각으로 소멸된다. 지상권·지역권·전세권 및 등기된 임차권은 저당권·압류채권·가압류채권에 대항할 수 없는 경우에는 매각으로 소멸된다.[413] 이 경우 외의 지상권·지역권·전세

413) 「민사집행법」, 사법연수원(2011), 169면 "1순위로 근저당권, 2순위로 가처분등기, 3순위로 전세권, 4순위로 근저당권이 설정되어 있는 부동산에 관하여 매각이 이루어진 경우에는 최선순위가 근저당권(언제나 매각으로 소멸)이므로, 최선순위의 근저당권 및 이에 뒤지는 가처분, 전세권 등 부담은 모두 소멸한다. 1순위로 가처분, 2순위로 근저당권, 3순위로 전세권이 설정되어 있는 경우에는 근저당권이 최선순위가 아니므로 이에 앞서는 가처분은 매수인이 인수하여야 할 부담으로 되고, 2순위 근저당권 및 이에 뒤지는 전세권 등 부담은 매각으로 소멸한다. 1순위로 가등기(단, 담보가등기로 신고된 경우), 2순위로 가처분, 3순위로 근저당권, 4순위로 전세권이 설정되어 있는 경우에는 최선순위인 가등기가 담보가등기이므로 저당권과 마찬가지로 소멸하고, 따라서 이에 뒤지는 가처분, 근저당권, 전세권 등 부담은 매각으로 소멸하나, 만일 위 경우에 가등기가 소유권이전을 위한 가등기인 경우에는 그 가등기와 근저당권에 앞서는 가처분은 매수인이 인수하여야

권 및 등기된 임차권은 매수인이 인수한다. 다만, 그중 전세권의 경우에는 전세권자가 배당요구를 하면 매각으로 소멸된다. 매수인은 유치권자에게 그 유치권으로 담보하는 채권을 변제할 책임이 있다.

부동산에 대한 가압류집행 후 가압류목적물의 소유권이 제3자에게 이전된 경우 가압류의 처분금지적 효력이 미치는 것은 가압류결정 당시의 청구금액의 한도 안에서 가압류목적물의 교환가치이고, 위와 같은 처분금지적 효력은 가압류채권자와 제3취득자 사이에서만 있는 것이므로 제3취득자의 채권자가 신청한 경매절차에서 매각 및 경락인이 취득하게 되는 대상은 가압류목적물 전체라고 할 것이지만, 가압류의 처분금지적 효력이 미치는 매각대금 부분은 가압류채권자가 우선적인 권리를 행사할 수 있고 제3취득자의 채권자들은 이를 수인하여야 하므로, 가압류채권자는 그 매각절차에서 당해 가압류목적물의 매각대금에서 가압류결정 당시의 청구금액을 한도로 하여 배당을 받을 수 있고, 제3취득자의 채권자는 위 매각대금 중 가압류의 처분금지적 효력이 미치는 범위의 금액에 대하여는 배당을 받을 수 없다.[414] 부동산에 대한 선순위가압류등기 후 가압류목적물의 소유권이 제3자에게 이전되고 그 후 제3취득자의 채권자가 경매를 신청하여 매각된 경우, 가압류채권자는 그 매각절차에서 당해 가압류목적물의 매각대금 중 가압류결정 당시의 청구금액을 한도로 배당을 받을 수 있고, 이 경우 종전 소유자를 채무자로 한 가압류등기는 말소촉탁의 대상이 될 수 있다. 그러나 경우에 따라서는 집행법원이 종전 소유자를 채무자로 하는 가압류등기의 부담을 매수인이 인수하는 것을 전제로 하여 위 가압류채권자를 배당절차에서 배제하고 매각절차를 진행시킬 수도 있으며, 이와 같이 매수인이 위 가압류등기의 부담을 인수하는 것을 전제로 매각절차를 진행시킨 경우에는 위 가압류의 효력이 소멸하지 아니하므로 집행법원의 말소촉탁이 될 수 없다. 따라서 종전 소유자를 채무자로 하는 가압류등기가 이루어진 부동산에 대하여 매각절차가 진행되었다는 사정만으로 위 가압류의 효력이 소멸하였다고 단정할 수 없고, 구체적인 매각절차를 살펴 집행법원이 위

할 부담이 되고, 근저당권과 전세권만이 소멸한다."

414) 대법원 2006. 7. 28. 선고 2006다19986 판결

가압류등기의 부담을 매수인이 인수하는 것을 전제로 하여 매각절차를 진행하였는가 여부에 따라 위 가압류 효력의 소멸 여부를 판단하여야 한다.[415)]

제3자는 권리를 취득할 때에 경매신청 또는 압류가 있다는 것을 알았을 경우에는 압류에 대항하지 못한다. 부동산이 압류채권을 위하여 의무를 진 경우에는 압류한 뒤 소유권을 취득한 제3자가 소유권을 취득할 때에 경매신청 또는 압류가 있다는 것을 알지 못하였더라도 경매절차를 계속하여 진행하여야 한다.

경매신청이 취하되면 압류의 효력은 소멸된다. 매수신고가 있은 뒤 경매신청을 취하하는 경우에는 최고가매수신고인 또는 매수인과 차순위매수신고인의 동의를 받아야 그 효력이 생긴다. 부동산이 없어지거나 매각 등으로 말미암아 권리를 이전할 수 없는 사정이 명백하게 된 때에는 법원은 강제경매의 절차를 취소하여야 한다. 이 취소결정에 대하여는 즉시항고를 할 수 있다.

법원은 여러 개의 부동산의 위치·형태·이용관계 등을 고려하여 이를 일괄매수하게 하는 것이 알맞다고 인정하는 경우에는 직권으로 또는 이해관계인의 신청에 따라 일괄매각하도록 결정할 수 있다. 법원은 부동산을 매각할 경우에 그 위치·형태·이용관계 등을 고려하여 다른 종류의 재산(금전채권을 제외한다)을 그 부동산과 함께 일괄매수하게 하는 것이 알맞다고 인정하는 때에는 직권으로 또는 이해관계인의 신청에 따라 일괄매각하도록 결정할 수 있다. 법원은 각각 경매신청된 여러 개의 재산 또는 다른 법원이나 집행관에 계속된 경매사건의 목적물에 대하여 일괄매각 결정을 할 수 있다. 다른 법원이나 집행관에 계속된 경매사건의 목적물의 경우에 그 다른 법원 또는 집행관은 그 목적물에 대한 경매사건을 일괄매각 결정을 한 법원에 이송한다. 이 경우 법원은 그 경매사건들을 병합한다. 여러 개의 재산을 일괄매각하는 경우에 그 가운데 일부의 매각대금으로 모든 채권자의 채권액과 강제집행비용을 변제하기에 충분하면 다른 재산의 매각

---

415) 대법원 2007. 4. 13. 선고 2005다8682 판결

을 허가하지 아니한다. 다만, 토지와 그 위의 건물을 일괄매각하는 경우나 재산을 분리하여 매각하면 그 경제적 효용이 현저하게 떨어지는 경우 또는 채무자의 동의가 있는 경우에는 그러하지 아니하다.

법원은 최저매각가격으로 압류채권자의 채권에 우선하는 부동산의 모든 부담과 절차비용을 변제하면 남을 것이 없겠다고 인정한 때에는 압류채권자에게 이를 통지하여야 한다. 압류채권자가 위 통지를 받은 날부터 1주 이내에 제1항의 부담과 비용을 변제하고 남을 만한 가격을 정하여 그 가격에 맞는 매수신고가 없을 때에는 자기가 그 가격으로 매수하겠다고 신청하면서 충분한 보증을 제공하지 아니하면, 법원은 경매절차를 취소하여야 한다.

부동산의 매각은 집행법원이 정한 매각방법에 따른다. 부동산의 매각은 매각기일에 하는 호가경매, 매각기일에 입찰 및 개찰하게 하는 기일입찰 또는 입찰기간 이내에 입찰하게 하여 매각기일에 개찰하는 기간입찰의 세 가지 방법으로 한다. 매각기일은 법원안에서 진행하여야 한다. 다만, 집행관은 법원의 허가를 얻어 다른 장소에서 매각기일을 진행할 수 있다. 매각결정기일은 매각기일부터 1주 이내로 정하여야 한다. 매각결정절차는 법원안에서 진행하여야 한다. 최저매각가격 외의 매각조건은 법원이 이해관계인의 합의에 따라 바꿀 수 있다. 이해관계인은 배당요구의 종기까지 제1항의 합의를 할 수 있다. 거래의 실상을 반영하거나 경매절차를 효율적으로 진행하기 위하여 필요한 경우에 법원은 배당요구의 종기까지 매각조건을 바꾸거나 새로운 매각조건을 설정할 수 있다. 집행관은 기일입찰 또는 호가경매의 방법에 의한 매각기일에는 매각물건명세서·현황조사보고서 및 평가서의 사본을 볼 수 있게 하고, 특별한 매각조건이 있는 때에는 이를 고지하며, 법원이 정한 매각방법에 따라 매수가격을 신고하도록 최고하여야 한다. 매수신청인은 대법원규칙이 정하는 바에 따라 집행법원이 정하는 금액과 방법에 맞는 보증을 집행관에게 제공하여야 한다.

최고가매수신고인 외의 매수신고인은 매각기일을 마칠 때까지 집행관에게 최고가매수신고인이 대금지급기한까지 그 의무를 이행하지 아니하면 자기의 매수신고에 대하여 매각을 허가하여 달라는 취지의 신고(이하 "차순위매수신고"라 한다)를 할 수 있다. 차순위매수신고는 그 신고액이 최고가매수신고액에서 그 보증액을 뺀 금액을 넘는 때에만 할 수 있다. 집행관은 최고가매수신고인의 성명과 그 가격을 부르고 차순위매수신고를 최고한 뒤, 적법한 차순위매수신고가 있으면 차순위매수신고인을 정하여 그 성명과 가격을 부른 다음 매각기일을 종결한다고 고지하여야 한다. 차순위매수신고를 한 사람이 둘 이상인 때에는 신고한 매수가격이 높은 사람을 차순위매수신고인으로 정한다. 신고한 매수가격이 같은 때에는 추첨으로 차순위매수신고인을 정한다. 최고가매수신고인과 차순위매수신고인을 제외한 다른 매수신고인은 매수의 책임을 벗게 되고, 즉시 매수신청의 보증을 돌려 줄 것을 신청할 수 있다. 기일입찰 또는 호가경매의 방법에 의한 매각기일에서 매각기일을 마감할 때까지 허가할 매수가격의 신고가 없는 때에는 집행관은 즉시 매각기일의 마감을 취소하고 같은 방법으로 매수가격을 신고하도록 최고할 수 있다. 제4항의 최고에 대하여 매수가격의 신고가 없어 매각기일을 마감하는 때에는 매각기일의 마감을 다시 취소하지 못한다.

법원은 매수인이 대금을 낸 뒤 6월 이내에 신청하면 채무자·소유자 또는 부동산 점유자에 대하여 부동산을 매수인에게 인도하도록 명할 수 있다. 다만, 점유자가 매수인에게 대항할 수 있는 권원에 의하여 점유하고 있는 것으로 인정되는 경우에는 그러하지 아니하다. 법원은 매수인 또는 채권자가 신청하면 매각허가가 결정된 뒤 인도할 때까지 관리인에게 부동산을 관리하게 할 것을 명할 수 있다.

공유물지분을 경매하는 경우에는 채권자의 채권을 위하여 채무자의 지분에 대한 경매개시결정이 있음을 등기부에 기입하고 다른 공유자에게 그 경매개시결정이 있다는 것을 통지하여야 한다. 다만, 상당한 이유가 있는 때에는 통지하지 아니할 수 있다. 최저매각가격은 공유물 전부의 평가액을 기본으로 채무자의 지분에 관하여 정하여야 한다. 다만, 그와 같은 방법으로 정확한 가치를 평가하기 어렵거나 그 평가에 부당하게 많은 비용이 드는 등 특별한 사정이 있는 경우에는 그러하지 아니하다. 공유자는 최고매수신고가격과 같은 가격으로 채무자의 지분을 우선매수하겠다는 신고를 할 수 있다. 이 경우에 법원은 최고가매수신고가 있더라도 그 공유자에게 매각을 허가하여야 한다.

매각허가결정이 확정되면 법원은 대금의 지급기한을 정하고, 이를 매수인과 차순위매수신고인에게 통지하여야 한다. 매수인은 대금지급기한까지 매각대금을 지급하여야 한다. 매수신청의 보증으로 금전이 제공된 경우에 그 금전은 매각대금에 넣는다. 매수신청의 보증으로 금전 외의 것이 제공된 경우로서 매수인이 매각대금중 보증액을 뺀 나머지 금액만을 낸 때에는, 법원은 보증을 현금화하여 그 비용을 뺀 금액을 보증액에 해당하는 매각대금 및 이에 대한 지연이자에 충당하고, 모자라는 금액이 있으면 다시 대금지급기한을 정하여 매수인으로 하여금 내게 한다.

매수인은 매각조건에 따라 부동산의 부담을 인수하는 외에 배당표의 실시에 관하여 매각대금의 한도에서 관계채권자의 승낙이 있으면 대금의 지급에 갈음하여 채무를 인수할 수 있다. 채권자가 매수인인 경우에는 매각결정기일이 끝날 때까지 법원에 신고하고 배당받아야 할 금액을 제외한 대금을 배당기일에 낼 수 있다.

매각대금이 지급되면 법원사무관등은 매각허가결정의 등본을 붙여 매수인 앞으로 소유권을 이전하는 등기, 매수인이 인수하지 아니한 부동산의 부담에 관한 기입을 말소하는 등기, 경매개시결정등기를 말소하는 등기를 촉탁하여야 한다. 이 때 등기에 드는 비용은 매수인이 부담한다.

매각대금이 지급되면 법원은 배당절차를 밟아야 한다. 매각대금으로 배당에 참가한 모든 채권자를 만족하게 할 수 없는 때에는 법원은 민법·상법, 그 밖의 법률에 의한 우선순위에 따라 배당하여야 한다. 매수인이 매각대금을 지급하면 법원은 배당에 관한 진술 및 배당을 실시할 기일을 정하고 이해관계인과 배당을 요구한 채권자에게 이를 통지하여야 한다. 다만, 채무자가 외국에 있거나 있는 곳이 분명하지 아니한 때에는 통지하지 아니한다.

배당받을 채권자는 배당요구의 종기까지 경매신청을 한 압류채권자, 배당요구의 종기까지 배당요구를 한 채권자[416], 첫 경매개시결정등기전에 등

416) 집행력 있는 정본을 가진 채무자(지급명령, 이행권고결정 포함), 경매개시결정이 등기된 뒤에 가압류한 채권자, 주택임대차보호법 또는 상가건물임대차보호법에 의해 우선변제권이 인정되는 임차보증금반환채권, 근로기준법 제38조에서 정한 임금채권, 경매개시결

기된 가압류채권자, 저당권·전세권, 그 밖의 우선변제청구권으로서 첫 경매개시결정등기전에 등기되었고 매각으로 소멸하는 것을 가진 채권자로 한다. 임차권등기명령의 집행에 의한 임차권등기가 첫 경매개시결정등기 전에 등기된 경우의 임차인은 별도의 배당요구를 하지 않아도 배당받을 채권자에 속한다.[417] 가등기담보권자는 담보권자이지만 등기의 기재만으로는 순수한 순위 보전의 가등기인지 담보가등기인지를 알 수 없으므로 채권신고를 하여야 배당을 받을 수 있고, 최선순위 전세권자는 배당요구에 의하여 소멸하므로, 배당요구해야 배당에 참가할 수 있다.[418] 임금채권, 주택임대차보증금(소액보증금포함)반환채권 등 우선변제권이 있는 채권자라 하더라도 집행법원이 정한 배당요구의 종기까지 배당요구를 하여야만 배당을 받을 수 있을 뿐이며, 위 시기에 배당요구를 하지 않고 있다가 나중에 배당을 받은 후순위자를 상대로 자신이 배당받을 금액에 대한 부당이득반환청구를 하는 것은 허용되지 않는다.[419] 배당요구는 채권의 원인과 액수를 적은 서면으로 한다. 여기에 배당요구의 자격을 소명하는 서면(집행력 있는 정본 또는 사본, 가압류등기가 되어 있는 등기부등본, 임금대장사본, 임대차계약서사본 등)을 붙여야 한다.

법원은 채권자와 채무자에게 보여 주기 위하여 배당기일의 3일전에 배당표원안을 작성하여 법원에 비치하여야 한다. 법원은 출석한 이해관계인과 배당을 요구한 채권자를 심문하여 배당표를 확정하여야 한다. 배당표에는 매각대금, 채권자의 채권의 원금, 이자, 비용, 배당의 순위와 배당의 비율을 적어야 한다.

압류재산에 조세채권의 법정기일 전에 설정된 저당권·전세권으로 담보되어 채권이 있는 경우의 배당순위는 ①소액임차보증금, 최종3개월분 임금, 최종3년간의 퇴직금, 재해보상금채권(이들 상호간에는 같은 순위로 채

정이 등기 된 뒤 한 저당권과 등기된 임차권, 경매개시결정 등기 전에 체납처분절차에 의한 압류등기를 하지 못한 조세 기타 공과금채권, 최선수원 전세권 등이 배당요구(조세 기타 공과금채권은 교부청구)를 하여야 배당에 참가할 수 있다.

417) 대법원 2005. 9. 15. 선고 2005다33039 판결

418) 「민사집행법」, 사법연수원(2011), 208면

419) 대법원 1996. 12. 20. 선고 95다28304 판결.

권액에 비례하여 배당한다), ②당해세, 즉 집행 목적물에 대하여 부관된 국세(상속세, 증여세, 종합부동산세), 지방세(재산세, 자동차 소유에 부과된 자동차세, 재산세와 자동세에 부가되는 지방교육세)와 가산금, ③국세 및 지방세의 법정기일 전에 설정등기된 저당권·전세권으로 담보되는 채권, 확정일자 있는 임차보증금채권, ④근로기준법 제38조 제2항의 임금 등을 제외한 임금, 근로자퇴직급여 보장법 제11조 제2항의 퇴직금을 제외한 퇴직금, 그 밖의 근로관계로 말미암은 채권, ⑤국세, 지방세 등 지방자치단체의 징수금, ⑥국세 및 지방세의 다음 순위로 징수하는 공과금 중 국민건강보험료, 국민연금보험료, 고용보험료 및 산업재해보상보험료, ⑦일반채권자의 채권 순이다.[420]

출석한 이해관계인과 배당을 요구한 채권자가 합의한 때에는 이에 따라 배당표를 작성하여야 한다. 기일에 출석한 채무자는 채권자의 채권 또는 그 채권의 순위에 대하여 이의할 수 있다. 채무자는 법원에 배당표원안이 비치된 이후 배당기일이 끝날 때까지 채권자의 채권 또는 그 채권의 순위에 대하여 서면으로 이의할 수 있다. 기일에 출석한 채권자는 자기의 이해에 관계되는 범위 안에서는 다른 채권자를 상대로 그의 채권 또는 그 채권의 순위에 대하여 이의할 수 있다. 이의에 관계된 채권자는 이에 대하여 진술하여야 한다. 관계인이 이의를 정당하다고 인정하거나 다른 방법으로 합의한 때에는 이에 따라 배당표를 경정하여 배당을 실시하여야 한다. 이의가 완결되지 아니한 때에는 이의가 없는 부분에 한하여 배당을 실시하여야 한다. 기일에 출석하지 아니한 채권자는 배당표와 같이 배당을 실시하는 데에 동의한 것으로 본다. 기일에 출석하지 아니한 채권자가 다른 채권자가 제기한 이의에 관계된 때에는 그 채권자는 이의를 정당하다고 인정하지 아니한 것으로 본다.

집행력 있는 집행권원의 정본을 가지지 아니한 채권자(가압류채권자를 제외한다)에 대하여 이의한 채무자와 다른 채권자에 대하여 이의한 채권자는 배당이의의 소를 제기하여야 한다. 집행력 있는 집행권원의 정본을 가

420) 「민사집행법」, 사법연수원(2011), 228면

진 채권자에 대하여 이의한 채무자는 청구이의의 소를 제기하여야 한다. 이의한 채권자나 채무자가 배당기일부터 1주 이내에 집행법원에 대하여 위 배당이의의 소를 제기한 사실을 증명하는 서류를 제출하지 아니한 때 또는 위 청구이의의 소를 제기한 사실을 증명하는 서류와 그 소에 관한 집행정지재판의 정본을 제출하지 아니한 때에는 이의가 취하된 것으로 본다. 이의한 채권자가 위 1주의 기간을 지키지 아니한 경우에도 배당표에 따른 배당을 받은 채권자에 대하여 소로 우선권 및 그 밖의 권리를 행사하는 데 영향을 미치지 아니한다.[421] 배당이의의 소는 배당을 실시한 집행법원이 속한 지방법원의 관할로 한다. 다만, 소송물이 단독판사의 관할에 속하지 아니할 경우에는 지방법원의 합의부가 이를 관할한다. 여러 개의 배당이의의 소가 제기된 경우에 한 개의 소를 합의부가 관할하는 때에는 그 밖의 소도 함께 관할한다. 배당이의의 소에 대한 판결에서는 배당액에 대한 다툼이 있는 부분에 관하여 배당을 받을 채권자와 그 액수를 정하여야 한다. 이를 정하는 것이 적당하지 아니하다고 인정한 때에는 판결에서 배당표를

421) 대법원 2006. 9. 28. 선고 2004다68427 판결 "경매신청기입등기 전에 등기된 근저당권자는 경락으로 인하여 그 권리가 소멸하는 대신 별도로 배당요구를 하지 않더라도 그 순위에 따라 경락대금에서 우선변제를 받을 수 있어 당연히 배당요구를 한 것과 같은 효력이 있으므로, 그러한 근저당권자가 배당요구를 하지 아니하였다 하여도 배당에서 제외하여서는 아니 되고, 다만 그러한 근저당권자가 경락기일까지 채권계산서를 제출하지 않았다면 특별한 사정이 없는 한 경매법원은 등기부등본에 기재된 채권최고액을 현실의 채권액으로 보아 배당함이 상당하다고 할 것이다. 위 법리를 기초로 원심판결 이유를 기록과 대조하여 보면, 원심이 원고가 선순위근저당권에 기하여 경매신청을 하면서 그 경매신청서에 청구금액을 '22억 원'이라고 기재한 이상 그 선순위근저당권의 채권최고액이 80억 원이고, 경매절차 진행중 채권액을 확장하는 내용의 채권계산서를 제출하였다고 하여 청구금액이 확장되는 것은 아니어서 경매법원으로서는 선순위근저당권자(경매신청채권자)의 지위에 있는 원고에게 청구금액 22억 원만을 배당하는 경우에도, 원고는 다른 한편으로 이 사건 경매개시결정등기 전에 등기된 후순위근저당권자이기도 하므로, 원고가 그 근저당권에 기해서는 배당요구를 하지 않았다고 하여도 그 근저당권자로서의 원고를 배당에서 제외하여서는 아니 되고, 따라서 경매법원으로서는 선순위근저당권자로서의 원고에게 22억 원을 배당하고 남은 잔액 237,196,633원을 피고들의 조세채권에 그 배당순위가 앞서는 후순위근저당권자로서의 원고에게 배당하였어야 할 것이라고 판단한 것은 정당하고, 거기에 민사집행에 관한 어떠한 법리오해의 위법도 없다. 이를 다투는 피고 천안시의 상고논지는 받아들일 수 없다. 확정된 배당표에 의하여 배당을 실시하는 것은 실체법상의 권리를 확정하는 것이 아니므로 배당을 받아야 할 자가 배당을 받지 못하고 배당을 받지 못할 자가 배당을 받은 경우에는 배당에 관하여 이의를 한 여부 또는 형식상 배당절차가 확정되었는가의 여부에 관계없이 배당을 받지 못한 우선채권자에게 부당이득반환청구권이 있다."

다시 만들고 다른 배당절차를 밟도록 명하여야 한다. 이의한 사람이 배당이의의 소의 첫 변론기일에 출석하지 아니한 때에는 소를 취하한 것으로 본다. 배당이의의 소 판결의 효력은 채권자가 소를 제기한 경우에는 원고와 피고 당사자 사이에서만 미친다. 그러나 채권자가 제기한 배당이의의 소의 본안판결이 확정된 때에는 이의가 있었던 배당액에 관한 실체적 배당수령권의 존부의 판단에 기판력이 생긴다.[422)]

법원은 배당표에 따라 배당을 실시하여야 한다. 채권 전부의 배당을 받을 채권자에게는 배당액지급증을 교부하는 동시에 그가 가진 집행력 있는 정본 또는 채권증서를 받아 채무자에게 교부하여야 한다. 채권 일부의 배당을 받을 채권자에게는 집행력 있는 정본 또는 채권증서를 제출하게 한 뒤 배당액을 적어서 돌려주고 배당액지급증을 교부하는 동시에 영수증을 받아 채무자에게 교부하여야 한다. 배당실시절차는 조서에 명확히 적어야 한다.

배당을 받아야 할 채권자의 채권에 대하여 채권에 정지조건 또는 불확정기한이 붙어 있는 때, 가압류채권자의 채권인 때, 저당권설정의 가등기가 마쳐져 있는 때, 배당이의의 소가 제기된 때 등의 경우에는 그에 대한 배당액을 공탁하여야 한다. 채권자가 배당기일에 출석하지 아니한 때에는 그에 대한 배당액을 공탁하여야 한다. 배당액을 공탁한 뒤 공탁의 사유가 소멸한 때에는 법원은 공탁금을 지급하거나 공탁금에 대한 배당을 실시하여야 한다.

---

422) 대법원 2000. 1. 21. 선고 99다3501 판결 "채권자가 제기한 배당이의의 소의 본안판결이 확정된 때에는 이의가 있었던 배당액에 관한 실체적 배당수령권의 존부의 판단에 기판력이 생긴다고 할 것이고, 위 배당이의의 소에서 패소의 본안판결을 받은 당사자가 그 판결이 확정된 후 상대방에 대하여 위 본안판결에 의하여 확정된 배당액이 부당이득이라는 이유로 그 반환을 구하는 소송을 제기한 경우에는, 전소인 배당이의의 소의 본안판결에서 판단된 배당수령권의 존부가 부당이득반환청구권의 성립 여부를 판단하는 데에 있어서 선결문제가 된다고 할 것이므로, 당사자는 그 배당수령권의 존부에 관하여 위 배당이의의 소의 본안판결의 판단과 다른 주장을 할 수 없고, 법원도 이와 다른 판단을 할 수 없다 할 것이다."

Ⅲ. 동산에 대한 강제집행

동산[423]에 대한 강제집행은 압류에 의하여 개시한다. 압류는 집행력 있는 정본에 적은 청구금액의 변제와 집행비용의 변상에 필요한 한도안에서 하여야 한다. 압류물을 현금화하여도 집행비용 외에 남을 것이 없는 경우에는 집행하지 못한다.

1. 유체동산에 대한 강제집행

채무자가 점유하고 있는 유체동산의 압류는 집행관이 그 물건을 점유함으로써 한다. 다만, 채권자의 승낙이 있거나 운반이 곤란한 때에는 봉인, 그 밖의 방법으로 압류물임을 명확히 하여 채무자에게 보관시킬 수 있다. 등기할 수 없는 토지의 정착물로서 독립하여 거래의 객체가 될 수 있는 것, 토지에서 분리하기 전의 과실로서 1월 이내에 수확할 수 있는 것, 유가증권으로서 배서가 금지되지 아니한 것은 유체동산으로 본다. 집행관은 채무자에게 압류의 사유를 통지하여야 한다. 채무자와 그 배우자의 공유로서 채무자가 점유하거나 그 배우자와 공동으로 점유하고 있는 유체동산은 압류할 수 있다. 배우자는 매각기일에 출석하여 우선매수할 것을 신고할 수 있다. 채권자 또는 물건의 제출을 거부하지 아니하는 제3자가 점유하고 있는 물건은 압류할 수 있다. 국가에 대한 강제집행은 국고금을 압류함으로써 한다.

압류물을 제3자가 점유하게 된 경우에는 법원은 채권자의 신청에 따라 그 제3자에 대하여 그 물건을 집행관에게 인도하도록 명할 수 있다. 채권자는 압류물을 제3자가 점유하고 있는 것을 안 날부터 1주 이내에 집행관에게 인도할 것을 법원에 신청하여야 한다. 법원의 재판이 신청인에게 고지된 날부터 2주가 지난 때에는 집행할 수 없다.

압류의 효력은 압류물에서 생기는 천연물에도 미친다. 집행관은 여러 개의 유체동산의 형태, 이용관계 등을 고려하여 일괄매수하게 하는 것이 알맞다고 인정하는 때에는 직권으로 또는 이해관계인의 신청에 따라 일괄하

423) 민사집행법상 동산에는 유체동산은 물론 채권과 그 밖의 재산권이 포함된다.

여 매각할 수 있다.

압류물을 즉시 매각하지 아니하면 값이 크게 내릴 염려가 있거나, 보관에 지나치게 많은 비용이 드는 때에는 집행관은 그 물건을 매각할 수 있다. 집행관은 압류를 실시한 뒤 입찰 또는 호가경매의 방법으로 압류물을 매각하여야 한다. 매각할 물건 가운데 값이 비싼 물건이 있는 때에는 집행관은 적당한 감정인에게 이를 평가하게 하여야 한다. 압류한 금전은 채권자에게 인도하여야 한다. 집행관이 금전을 추심한 때에는 채무자가 지급한 것으로 본다. 다만, 담보를 제공하거나 공탁을 하여 집행에서 벗어날 수 있도록 채무자에게 허가한 때에는 그러하지 아니하다.

압류일과 매각일 사이에는 1주 이상 기간을 두어야 한다. 다만, 압류물을 보관하는 데 지나치게 많은 비용이 들거나, 시일이 지나면 그 물건의 값이 크게 내릴 염려가 있는 때에는 그러하지 아니하다. 매각은 압류한 유체동산이 있는 시・구・읍・면(도농복합형태의 시의 경우 동지역은 시・구, 읍・면지역은 읍・면)에서 진행한다. 다만, 압류채권자와 채무자가 합의하면 합의된 장소에서 진행한다. 집행관은 최고가매수신고인의 성명과 가격을 말한 뒤 매각을 허가한다. 매각물은 대금과 서로 맞바꾸어 인도하여야 한다. 매수인이 매각조건에 정한 지급기일에 대금의 지급과 물건의 인도청구를 게을리 한 때에는 재매각을 하여야 한다. 지급기일을 정하지 아니한 경우로서 매각기일의 마감에 앞서 대금의 지급과 물건의 인도청구를 게을리 한 때에도 또한 같다. 매각은 매각대금으로 채권자에게 변제하고 강제집행비용을 지급하기에 충분하게 되면 즉시 중지하여야 한다. 일괄매각의 경우에는 그러하지 아니하다. 집행관이 매각대금을 영수한 때에는 채무자가 지급한 것으로 본다. 다만, 담보를 제공하거나 공탁을 하여 집행에서 벗어날 수 있도록 채무자에게 허가한 때에는 그러하지 아니하다.

금・은붙이는 그 금・은의 시장가격 이상의 금액으로 일반 현금화의 규정에 따라 매각하여야 한다. 시장가격 이상의 금액으로 매수하는 사람이 없는 때에는 집행관은 그 시장가격에 따라 적당한 방법으로 매각할 수 있다. 집행관이 유가증권을 압류한 때에는 시장가격이 있는 것은 매각하는 날의 시장가격에 따라 적당한 방법으로 매각하고 그 시장가격이 형성되지 아니한 것은 일반 현금화의 규정에 따라 매각하여야 한다. 유가증권이 기명식인 때에는 집행관은 매수인을 위하여 채무자에 갈음하여 배서 또는 명의개서에 필요한 행위를 할 수 있다. 집행관은 어음·수표 그 밖의 금전의 지급을 목적으로 하는 유가증권으로서 일정한 기간 안에 인수 또는 지급을 위한 제시 또는 지급의 청구를 필요로 하는 것을 압류하였을 경우에 그 기간이 개시되면 채무자에 갈음하여 필요한 행위를 하여야 한다. 집행관은 미완성 어음등을 압류한 경우에 채무자에게 기한을 정하여 어음등에 적을 사항을 보충하도록 최고하여야 한다. 토지에서 분리되기 전에 압류한 과실은 충분히 익은 다음에 매각하여야 한다. 집행관은 매각하기 위하여 수확을 하게 할 수 있다. 법원은 필요하다고 인정하면 직권으로 또는 압류채권자, 배당을 요구한 채권자 또는 채무자의 신청에 따라 일반 현금화의 규정에 의하지 아니하고 다른 방법이나 다른 장소에서 압류물을 매각하게 할 수 있다. 또한 집행관에게 위임하지 아니하고 다른 사람으로 하여금 매각하게 하도록 명할 수 있다.

유체동산을 압류하거나 가압류한 뒤 매각기일에 이르기 전에 다른 강제집행이 신청된 때에는 집행관은 집행신청서를 먼저 압류한 집행관에게 교부하여야 한다. 이 경우 더 압류할 물건이 있으면 이를 압류한 뒤에 추가압류조서를 교부하여야 한다. 상당한 기간이 지나도 집행관이 매각하지 아니하는 때에는 압류채권자는 집행관에게 일정한 기간 이내에 매각하도록 최고할 수 있다.

민법·상법, 그 밖의 법률에 따라 우선변제청구권이 있는 채권자는 매각대금의 배당을 요구할 수 있다. 위 배당요구는 이유를 밝혀 집행관에게 하여야 한다. 배당요구는 집행관이 금전을 압류한 때 또는 매각대금을 영수한 때, 집행관이 어음·수표 그 밖의 금전의 지급을 목적으로 한 유가증권에 대하여 그 금전을 지급받은 때까지 할 수 있다. 매각대금으로 배당에 참가한 모든 채권자를 만족하게 할 수 없고 매각허가된 날부터 2주 이내에 채권자 사이에 배당협의가 이루어지지 아니한 때에는 매각대금을 공탁하여야 한다.

2. 채권과 그 밖의 재산권에 대한 강제집행

민사집행법은 채권 그 밖의 재산권을 동산으로 취급한다. 채권에는 금전채권과 부동산·유체동산·자동차·건설기계 등 유체물의 인도나 권리이전의 청구권이 포함되며, 그 밖의 재산권에는 유체동산의 공유지분, 부동산의 환매권, 특허권, 실용신안권, 디자인권, 상표권, 저작권, 합명회사·합자회사·유한회사의 사원지분, 조합의 조합원지분, 주권발행 전의 주주권 등이 포함된다.

제3자에 대한 채무자의 금전채권 또는 유가증권, 그 밖의 유체물의 권리이전이나 인도를 목적으로 한 채권에 대한 강제집행은 집행법원의 압류명령에 의하여 개시한다. 이 때 집행법원은 채무자의 보통재판적이 있는 곳의 지방법원으로 한다. 채무자의 보통재판적이 있는 곳의 지방법원이 없는 경우 집행법원은 압류한 채권의 채무자(제3채무자)의 보통재판적이 있는 곳의 지방법원으로 한다. 다만, 이 경우에 물건의 인도를 목적으로 하는 채권과 물적 담보권 있는 채권에 대한 집행법원은 그 물건이 있는 곳의 지방법원으로 한다. 가압류에서 이전되는 채권압류의 경우 집행법원은 가압류를 명한 법원이 있는 곳을 관할하는 지방법원으로 한다. 채권자는 압류명령신청에 압류할 채권의 종류와 액수를 밝혀야 한다.

압류명령은 제3채무자와 채무자를 심문하지 아니하고 한다. 금전채권을 압류할 때에는 법원은 제3채무자에게 채무자에 대한 지급을 금지하고 채무자에게 채권의 처분과 영수를 금지하여야 한다. 처분은 채권의 양도, 소멸, 상계, 지급유예 등을 의미하며, 영수는 변제의 수령을 뜻한다. 그러나 채무자는 압류가 있은 뒤에도 추심명령이나 전부명령이 있을 때까지 채권자를 해하지 않는 한도 내에서 채권을 행사할 수 있으므로 채무자가 제3채무자를 상대로 이행의 소를 제기하여 채무명의를 얻더라도 이에 기하여 제3채무자에 대하여 강제집행을 할 수는 없다고 볼 수 있을 뿐이고 그 채무명의를 얻는 것까지 금하는 것은 아니라고 할 것이다.[424] 채권에 대한 압

424) 대법원 2002. 4. 26. 선고 2001다59033 판결 "일반적으로 채권에 대한 가압류가 있더라도 이는 채무자가 제3채무자로부터 현실로 급부를 추심하는 것만을 금지하는 것일 뿐 채무자는 제3채무자를 상대로 그 이행을 구하는 소송을 제기할 수 있고 법원은 가압류

류는 제3채무자에 대하여 채무자에게의 지급 금지를 명하는 것이므로 채권을 소멸 또는 감소시키는 등의 행위는 할 수 없고 그와 같은 행위로 채권자에게 대항할 수 없는 것이지만, 채권의 발생원인인 법률관계에 대한 채무자의 처분까지도 구속하는 효력은 없다 할 것이므로 채무자와 제3채무자가 아무런 합리적 이유 없이 채권의 소멸만을 목적으로 계약관계를 합의해제한다는 등의 특별한 경우를 제외하고는, 제3채무자는 채권에 대한 압류가 있은 후라고 하더라도 채권의 발생원인인 법률관계를 합의해제하고 이로 인하여 가압류채권이 소멸되었다는 사유를 들어 가압류채권자에 대항할 수 있다.[425] 압류의 처분금지 효력은 절대적인 것이 아니고, 채무자의 처분행위 또는 제3채무자의 변제로써 처분 또는 변제 전에 집행절차에 참가한 압류채권자나 배당요구채권자에게 대항하지 못한다는 의미에서의 상대적 효력만을 가지는 것이어서, 압류의 효력발생 전에 채무자가 처분하였거나 제3채무자가 변제한 경우에는, 그 보다 먼저 압류한 채권자가 있어 그 채권자에게는 대항할 수 없는 사정이 있더라도, 그 처분이나 변제 후에 압류명령을 얻은 채권자에 대하여는 유효한 처분 또는 변제가 된다.[426]

압류명령은 제3채무자와 채무자에게 송달하여야 한다. 압류명령이 제3채무자에게 송달되면 압류의 효력이 생긴다.[427] 제3채무자는 압류명령으로 인하여 채무자에 대하여 자신의 채무를 이행하는 것이 금지된다. 즉 제3채무자의 채무자에 대한 지급은 압류채권자를 해치는 한도에서 무효인 것이다. 또한 제3채무자는 압류 뒤에 생긴 채권과 채무자에 대한 채무와의 상계, 경개, 면제 등의 행위를 하였어도 이를 가지고 채권자에게 대항할 수

가 되어 있음을 이유로 이를 배척할 수는 없는 것이 원칙이다. 왜냐하면 채무자로서는 제3채무자에 대한 그의 채권이 가압류되어 있다 하더라도 채무명의를 취득할 필요가 있고 또는 시효를 중단할 필요도 있는 경우도 있을 것이며 또한 소송 계속 중에 가압류가 행하여진 경우에 이를 이유로 청구가 배척된다면 장차 가압류가 취소된 후 다시 소를 제기하여야 하는 불편함이 있는데 반하여 제3채무자로서는 이행을 명하는 판결이 있더라도 집행단계에서 이를 저지하면 될 것이기 때문이다."

425) 대법원 2001. 6. 1. 선고 98다17930 판결

426) 대법원 2003. 5. 30. 선고 2001다10748 판결

427) 압류의 효력은 종된 권리에 미치기 때문에 피압류채권을 위한 저당권, 질권 등의 담보권에도 그 효력이 당연히 미친다. 압류 전에 생긴 이자채권에는 압류의 효력이 미치지 않지만, 압류 뒤에 생긴 이자채권에는 압류의 효력이 미친다.

없다. 그러나 제3채무자가 채무자와의 채권관계의 발생원인이 기본적 법률관계를 변경 또는 소멸시키는 행위를 하는 것은 가능하며[428], 압류 당시 채무자에게 대항할 수 있었던 사유로 압류채권자에게 대항할 수 있다. 제3채무자는 압류에 관련된 금전채권의 전액을 공탁할 수 있다. 금전채권에 관하여 배당요구서를 송달받은 제3채무자는 배당에 참가한 채권자의 청구가 있으면 압류된 부분에 해당하는 금액을 공탁하여야 한다. 금전채권 중 압류되지 아니한 부분을 초과하여 거듭 압류명령 또는 가압류명령이 내려진 경우에 그 명령을 송달받은 제3채무자는 압류 또는 가압류채권자의 청구가 있으면 그 채권의 전액에 해당하는 금액을 공탁하여야 한다. 제3채무자가 채무액을 공탁한 때에는 그 사유를 법원에 신고하여야 한다. 다만, 상당한 기간 이내에 신고가 없는 때에는 압류채권자, 가압류채권자, 배당에 참가한 채권자, 채무자, 그 밖의 이해관계인이 그 사유를 법원에 신고할 수 있다. 제3채무자가 추심절차에 대하여 의무를 이행하지 아니하는 때에는 압류채권자는 소로써 그 이행을 청구할 수 있다. 집행력 있는 정본을 가진 모든 채권자는 공동소송인으로 원고 쪽에 참가할 권리가 있다. 소를 제기당한 제3채무자는 위 집행력 있는 정본을 가진 모든 채권자를 공동소송인

428) 대법원 1997. 4. 25. 선고 96다10867 판결 "채권이 가압류되면 그 효력으로 채무자가 가압류채권을 처분하더라도 채권자에게 대항할 수 없고, 또 채무자는 가압류채권에 관하여 제3채무자로부터 변제를 받을 수 없으므로, 제3채무자인 임차인이 가압류채무자인 임대인에게 임차보증금 잔금을 지급한 것은 가압류결정의 효력에 의하여 가압류채권자에게 대항할 수 없으나, 임차인으로서는 임차보증금 잔금채권이 압류되어 있다고 하더라도 그 채권을 발생시킨 기본적 계약관계인 임대차계약 자체를 해지할 수 있고, 따라서 임차인과 임대인 사이의 임대차계약이 해지된 이상 그 임대차계약에 의하여 발생한 임차보증금 잔금채권은 소멸하게 되고, 이를 대상으로 한 압류 및 추심명령 또한 실효될 수밖에 없다."; 대법원 2006. 1. 26. 선고 2003다29456 판결 "수급인의 보수채권에 대한 압류가 행하여지면 그 효력으로 채무자가 압류된 채권을 처분하더라도 채권자에게 대항할 수 없고, 제3채무자도 채권을 소멸 또는 감소시키는 등의 행위는 할 수 없으며, 그와 같은 행위로 채권자에게 대항할 수 없는 것이지만, 그 압류로써 위 압류채권의 발생원인인 도급계약관계에 대한 채무자나 제3채무자의 처분까지도 구속하는 효력은 없으므로 채무자나 제3채무자는 기본적 계약관계인 도급계약 자체를 해지할 수 있고, 채무자와 제3채무자 사이의 기본적 계약관계인 도급계약이 해지된 이상 그 계약에 의하여 발생한 보수채권은 소멸하게 되므로 이를 대상으로 한 압류명령 또한 실효될 수밖에 없다. 도급계약이 해지되기 전에 피압류채권인 수급인의 보수채권에 대한 전부명령이 내려지고 그 전부명령이 확정되었더라도 전부명령의 효력은 피압류채권의 기초가 된 도급계약이 해지되기 전에 발생한 보수채권에 미칠 뿐 그 계약이 해지된 후 제3채무자와 제3자 사이에 새로 체결된 공사계약에서 발생한 공사대금채권에는 미칠 수 없다."

으로 원고 쪽에 참가하도록 명할 것을 첫 변론기일까지 신청할 수 있다.

압류명령의 신청에 관한 재판에 대하여는 즉시항고를 할 수 있다. 저당권이 있는 채권을 압류할 경우 채권자는 채권압류사실을 등기부에 기입하여 줄 것을 법원사무관등에게 신청할 수 있다. 이 신청은 채무자의 승낙 없이 법원에 대한 압류명령의 신청과 함께 할 수 있다. 법원사무관등은 의무를 지는 부동산 소유자에게 압류명령이 송달된 뒤에 등기를 촉탁하여야 한다.

어음·수표 그 밖에 배서로 이전할 수 있는 증권으로서 배서가 금지된 증권채권의 압류는 법원의 압류명령으로 집행관이 그 증권을 점유하여 한다. 채무자는 채권에 관한 증서가 있으면 압류채권자에게 인도하여야 한다. 채권자는 압류명령에 의하여 강제집행의 방법으로 그 증서를 인도받을 수 있다. 채권 일부가 압류된 뒤에 그 나머지 부분을 초과하여 다시 압류명령이 내려진 때에는 각 압류의 효력은 그 채권 전부에 미친다. 채권 전부가 압류된 뒤에 그 채권 일부에 대하여 다시 압류명령이 내려진 때 그 압류의 효력도 그 채권의 전부에 미친다.

압류채권자는 제3채무자로 하여금 압류명령을 송달받은 날부터 1주 이내에 서면으로 채권을 인정하는지의 여부 및 인정한다면 그 한도, 채권에 대하여 지급할 의사가 있는지의 여부 및 의사가 있다면 그 한도, 채권에 대하여 다른 사람으로부터 청구가 있는지의 여부 및 청구가 있다면 그 종류, 다른 채권자에게 채권을 압류당한 사실이 있는지의 여부 및 그 사실이 있다면 그 청구의 종류에 대하여 진술하게 하도록 법원에 신청할 수 있다.

압류된 채권이 조건 또는 기한이 있거나, 반대의무의 이행과 관련되어 있거나 그 밖의 이유로 추심하기 곤란할 때에는 법원은 채권자의 신청에 따라 채권을 법원이 정한 값으로 지급함에 갈음하여 압류채권자에게 양도하는 양도명령, 추심에 갈음하여 법원이 정한 방법으로 그 채권을 매각하도록 집행관에게 명하는 매각명령, 관리인을 선임하여 그 채권의 관리를 명하는 관리명령, 그 밖에 적당한 방법으로 현금화하도록 하는 명령을 할 수 있다. 법원은 위 신청을 허가하는 결정을 하기 전에 채무자를 심문하여야 한다. 다만, 채무자가 외국에 있거나 있는 곳이 분명하지 아니한 때에는 심문할 필요가 없다. 이 결정에 대하여는 즉시항고를 할 수 있다. 또한 이 결정은 확정되어야 효력을 가진다. 압류된 채권을 매각한 경우에는 집행관은 채무자를 대신하여 제3채무자에게 서면으로 양도의 통지를 하여야 한다.

유체동산에 관한 청구권을 압류하는 경우에는 법원이 제3채무자에 대하여 그 동산을 채권자의 위임을 받은 집행관에게 인도하도록 명한다. 부동산에 관한 인도청구권의 압류에 대하여는 그 부동산소재지의 지방법원은 채권자 또는 제3채무자의 신청에 의하여 보관인을 정하고 제3채무자에 대하여 그 부동산을 보관인에게 인도할 것을 명하여야 한다. 부동산에 관한 권리이전청구권의 압류에 대하여는 그 부동산소재지의 지방법원은 채권자 또는 제3채무자의 신청에 의하여 보관인을 정하고 제3채무자에 대하여 그 부동산에 관한 채무자명의의 권리이전등기절차를 보관인에게 이행할 것을 명하여야 한다.

압류채권자가 압류명령을 얻은 것만 가지고 채권을 직접 추심할 수는 없고, 나아가 추심명령이나 전부명령을 얻어야 추심권능을 얻는다. 즉 압류한 금전채권에 대하여 압류채권자는 현금화절차로서 집행법원에 추심명령(推尋命令)이나 전부명령(轉付命令)을 신청할 수 있고, 추심명령이나 전부명령이 있는 때 압류채권자는 채무자를 대위하는 절차를 거치지 않고 채무자에 갈음하여 제3채무자를 상대로 피압류채권의 이행을 청구하고 이를 수령하여 자기 채권의 변제에 충당할 수 있다. 추심명령은 전부명령과는 달리 이중압류된 경우에도 할 수 있고, 각각 다른 채권자를 위하여 이중으로 내려도 유효하다.[429] 실무에서는 압류와 추심명령 또는 압류와 전부명령을 동시에 신청하는 것이 일반적이다. 집행법원은 직권으로 추심명령을 제3채무자와 채무자에게 송달하여야 한다. 추심명령은 제3채무자에게 송달한 때에 효력이 생긴다. 그러나 채무자에 대한 송달은 추심명령의 효력발생요건이 아니다. 추심명령은 그 채권전액에 미친다. 다만, 법원은 채무자의 신청에 따라 압류채권자를 심문하여 압류액수를 그 채권자의 요구액수로 제한하고 채무자에게 그 초과된 액수의 처분과 영수를 허가할 수 있다.

429) 「민사집행법」, 사법연수원(2011), 305면

추심명령을 받은 채권자는 채권의 추심에 필요한 채무자의 일체의 권리를 채무자에 갈음하여 자기 명의로 재판상 또는 재판 외에서 행사할 수 있는데, 채권자는 제3채무자를 상대로 채무의 이행을 최고하거나 변제를 수령하고, 선택권을 행사하여 정기예금에 대한 추심명령으로 그 만기 전에 해약하는 경우와 같이 해제권, 해지권, 취소권을 행사할 수 있다. 또한 보증인에 대한 청구를 할 수도 있고, 추심할 채권에 질권, 저당권 등 담보권이 있는 경우에는 직접 담보권을 실행할 권능을 취득하게 되므로 자기 이름으로 경매의 신청을 할 수 있다. 추심할 채권이 반대의무에 걸려 있는 경우에는 채권자는 채무자에 갈음하여 그 반대의무를 이행하고 추심할 수 있다. 그러나 추심의 목적을 넘는 행위인 면제, 포기, 기한의 유예, 채권양도 등은 할 수 없다.[430]

대법원 2001. 3. 27. 선고 2000다43819 판결 "같은 채권에 관하여 추심명령이 여러 번 발부되더라도 그 사이에는 순위의 우열이 없고, 추심명령을 받아 채권을 추심하는 채권자는 자기채권의 만족을 위하여서 뿐만 아니라 압류가 경합되거나 배당요구가 있는 경우에는 집행법원의 수권에 따라 일종의 추심기관으로서 압류나 배당에 참가한 모든 채권자를 위하여 제3채무자로부터 추심을 하는 것이므로 그 추심권능은 압류된 채권 전액에 미치며, 제3채무자로서도 정당한 추심권자에게 변제하면 그 효력은 위 모든 채권자에게 미치므로 압류된 채권을 경합된 압류채권자 및 또 다른 추심권자의 집행채권액에 안분하여 변제하여야 하는 것도 아니다. 금전채권에 대한 가압류로부터 본압류로 전이하는 압류 및 추심명령이 있는 때에는 제3채무자는 채권이 가압류되기 전에 압류채무자에게 대항할 수 있는 사유로써 압류채권자에게 대항할 수 있으므로, 제3채무자의 압류채무자에 대한 자동채권이 수동채권인 피압류채권과 동시이행의 관계에 있는 경우에는, 그 가압류명령이 제3채무자에게 송달되어 가압류의 효력이 생긴 후에 자동채권이 발생하였다고 하더라도 제3채무자는 동시이행의 항변권을 주장할 수 있고, 따라서 그 상계로써 압류채권자에게 대항할 수 있다. 이 경우에 자동채권 발생의 기초가 되는 원인은 수동채권이 가압류되기 전에 이

430) 「민사집행법」, 사법연수원(2011), 310면

미 성립하여 존재하고 있었으므로, 그 자동채권은 민법 제498조 소정의 "지급을 금지하는 명령을 받은 제3채무자가 그 후에 취득한 채권"에 해당하지 아니한다. 동시이행의 항변권은 당사자 쌍방이 부담하는 각 채무가 고유의 대가관계에 있는 쌍무계약상의 채무가 아니더라도 구체적 계약관계에서 당사자 쌍방이 부담하는 채무 사이에 대가적인 의미가 있어 이행상 견련관계를 인정하여야 할 사정이 있는 경우에는 이를 인정하여야 한다. 부동산 매수인의 매매잔대금 지급의무와 매도인의 가압류기입등기말소의무가 동시이행관계에 있었는데 위 가압류에 기한 강제경매절차가 진행되자 매수인이 강제경매의 집행채권액과 집행비용을 변제공탁한 경우 매도인은 매수인에 대해 대위변제로 인한 구상채무를 부담하게 되고, 그 구상채무는 가압류기입등기말소의무의 변형으로서 매수인의 매매잔대금 지급의무와 여전히 대가적인 의미가 있어 서로 동시이행관계에 있으므로, 매수인은 매도인의 매매잔대금채권에 대해 가압류로부터 본압류로 전이하는 압류 및 추심명령을 받은 채권자에게 가압류 이후에 발생한 위 구상금채권에 의한 상계로 대항할 수 있다."

대법원 2009.6.23. 선고 2007다26165 판결 "보험계약에 관한 해약환급금채권은 보험계약자가 해지권을 행사할 것을 조건으로서 효력이 발생하는 조건부 권리이기는 하지만 금전 지급을 목적으로 하는 재산적 권리로서 민사집행법 등 법령에서 정한 압류금지재산이 아니어서 압류 및 추심명령의 대상이 되며, 그 채권을 청구하기 위해서는 보험계약의 해지가 필수적이어서 추심명령을 얻은 채권자가 해지권을 행사하는 것은 그 채권을 추심하기 위한 목적 범위 내의 행위로서 허용된다고 봄이 상당하므로, 당해 보험계약자인 채무자의 해지권 행사가 금지되거나 제한되어 있는 경우 등과 같은 특별한 사정이 없는 한, 그 채권에 관하여 추심명령을 얻은 채권자는 채무자의 보험계약 해지권을 자기의 이름으로 행사하여 그 채권의 지급을 청구할 수 있다고 할 것이다. 해약환급금청구권에 관한 추심명령을 얻은 채권자가 위 추심명령에 기하여 제3채무자를 상대로 추심금의 지급을 구하는 소를 제기한 경우에 그 소장에는 추심권에 기초한 보험계약 해지의 의사가 담겨 있다고 할 것이므로, 그 소장 부본이 상대방인 보험자에게 송달됨에 따라 보험계약 해지의 효과는 발생하는 것으로 해석함이 상당하다."

채권자가 추심명령의 취지에 따라 제3채무자를 상대로 이행의 소를 제기하거나 지급명령 신청을 할 수 있다. 이 때 소제기 사실을 채무자에게 고지하여야 한다. 다만, 채무자가 외국에 있거나 있는 곳이 분명하지 아니한 때에는 고지할 필요가 없다. 그러나 채무자에 대한 소제기 사실 고지는 추심의 소제기 자체에 대한 필요적 요건이 아니며, 법원의 직권조사사항도 아니다.[431] 집행채권의 부존재나 소멸은 집행채무자가 청구이의의 소에서 주장할 사유이지 추심의 소에서 제3채무자가 이를 항변으로 주장하여 집행채무의 변제를 거절할 수 있는 것이 아니다.[432]

채권자가 추심할 채권의 행사를 게을리 한 때에는 이로써 생긴 채무자의 손해를 부담한다. 압류채권자가 추심절차를 게을리 한 때에는 집행력 있는 정본으로 배당을 요구한 채권자는 일정한 기간 내에 추심하도록 최고하고, 최고에 따르지 아니한 때에는 법원의 허가를 얻어 직접 추심할 수 있다. 채권자는 추심명령에 따라 얻은 권리를 포기할 수 있다.[433] 다만, 기본채권에는 영향이 없다. 추심명령에 따라 얻은 권리의 포기는 법원에 서면으로 신고하여야 한다. 법원사무관등은 그 등본을 제3채무자와 채무자에게 송달하여야 한다.

추심명령을 얻은 채권자가 제3채무자로부터 피압류채권을 추심하면 그 범위 내에서 피압류채권은 소멸한다. 제3채무자는 채무자에 대하여도 채권자에 대한 변제로 대항할수 있고, 추심명령이 경합된 경우 한 채권자에 대한 변제로 모든 채권자에 대하여 대항할 수 있다.

채권자는 추심한 채권액을 법원에 신고하여야 한다. 채권자의 집행채권

---

431) 대법원 1976. 9. 28. 선고 76다1145,1146 판결

432) 대법원 1994. 11. 11. 선고 94다34012 판결

433) 대법원 2009. 11. 12. 선고 2009다48879 판결 "채권에 대한 압류 및 추심명령이 있으면 제3채무자에 대한 이행의 소는 추심채권자만이 제기할 수 있고 채무자는 피압류채권에 대한 이행소송을 제기할 당사자적격을 상실한다. 그러나 채권자는 현금화절차가 끝나기 전까지 압류명령의 신청을 취하할 수 있고, 이 경우 채권자의 추심권도 당연히 소멸하게 되며, 추심금청구소송을 제기하여 확정판결을 받은 경우라도 그 집행에 의한 변제를 받기 전에 압류명령의 신청을 취하하여 추심권이 소멸하면 추심권능과 소송수행권이 모두 채무자에게 복귀하며, 이는 국가가 국세징수법에 의한 체납처분으로 채무자의 제3채무자에 대한 채권을 압류하였다가 압류를 해제한 경우에도 마찬가지이다."

의 경우 다른 채권자의 배당참가가 없는 경우에는 추심으로 소멸하게 되며, 채권자는 자기 채권의 충당 후 남은 금원을 채무자에게 돌려주어야 한다.[434] 추심 신고 전에 다른 압류·가압류[435] 또는 배당요구가 있었을 때에는 채권자는 추심한 금액을 바로 공탁하고 그 사유를 신고하여야 한다. 민법·상법, 그 밖의 법률에 의하여 우선변제청구권이 있는 채권자와 집행력 있는 정본을 가진 채권자는 제3채무자가 공탁의 신고를 한 때, 채권자가 추심의 신고를 한 때, 집행관이 현금화한 금전을 법원에 제출한 때까지 법원에 배당요구를 할 수 있다. 전부명령이 제3채무자에게 송달된 뒤에는 배당요구를 하지 못한다.

전부명령이 있는 때에는 압류된 채권은 지급에 갈음하여 압류채권자에게 이전된다. 제3채무자의 자력이 충분한 경우에는 다른 채권자를 배제하고 우선변제를 받을 수 있으므로 평등주의에 대한 예외라 할 수 있지만, 대신 제3채무자에게 변제자력이 없는 경우의 불이익은 전부채권자가 감수하여야 한다.[436]

---

434) 대법원 2004. 12. 10 선고 2004다54725 판결

435) 대법원 2008. 11. 27. 선고 2008다59391 판결 "민사집행법 제236조 제2항은 추심명령을 얻어 추심을 한 채권자가 추심신고 전에 압류·가압류 또는 배당요구가 있었을 때에 추심채권자는 추심한 금액을 바로 공탁하고 그 사유를 신고하여야 한다고 규정하고 있고, 같은 법 제247조 제1항 제2호는 추심채권자가 추심의 신고를 할 때까지 배당요구를 할 수 있다고 규정하고 있으며, 또 같은 법 제252조 제2호는 추심채권자가 추심금을 공탁한 때에는 배당절차를 개시하도록 규정하고 있는바, 이러한 제 규정을 종합하여 보면, 추심채권자는 추심한 금원으로부터 배당을 받을 채권자가 경합하는 때, 즉 추심한 채권에 대하여 압류·가압류를 한 다른 채권자가 있거나 추심신고를 하기 전까지 배당요구를 한 다른 채권자가 있는 때에는 추심금을 공탁하여야 한다. 그런데 추심명령을 얻어 채권을 추심하는 채권자는 집행법원의 수권에 따라 일종의 추심기관으로서 제3채무자로부터 추심을 하는 것이므로 제3채무자로서도 정당한 추심권자에게 지급하면 피압류채권은 소멸하는 것이고, 한편 채권에 대한 압류·가압류명령은 그 명령이 제3채무자에게 송달됨으로써 효력이 생기는 것이므로, 제3채무자의 지급으로 인하여 피압류채권이 소멸한 이상 설령 다른 채권자가 그 변제 전에 동일한 피압류채권에 대하여 압류·가압류명령을 신청하고 나아가 압류·가압류명령을 얻었다고 하더라도 제3채무자가 추심권자에게 지급한 후에 그 압류·가압류명령이 제3채무자에게 송달된 경우에는 추심권자가 추심한 금원에 그 압류·가압류의 효력이 미친다고 볼 수 없으며, 추심채권자가 추심의 신고를 하기 전에 다른 채권자가 동일한 피압류채권에 대하여 압류·가압류명령을 신청하였다고 하더라도 이를 당해 채권추심사건에 관한 적법한 배당요구로 볼 수도 없다."

436) 「민사집행법」, 사법연수원(2011), 316면

채권가압류 뒤에 가압류채권자가 집행권을 취득하더라도 직접 전부명령을 신청할 수는 없고 가압류에서 본압류로 이전하는 압류명령을 신청하면서 전부명령을 함께 신청하여야 한다.

장래 발생될 채권에 대한 압류 및 전부명령이 유효하기 위하여 채권압류 및 전부명령이 제3채무자에게 송달될 당시 반드시 피압류 및 전부채권이 현실적으로 존재하고 있어야 하는 것은 아니고, 장래의 채권이라도 채권 발생의 기초가 확정되어 있어 특정이 가능할 뿐 아니라 권면액[437]이 있고, 가까운 장래에 채권이 발생할 것이 상당한 정도로 기대되는 경우에는 채권압류 및 전부명령의 대상이 될 수 있다.[438] 그러나 이러한 설명은 장식에 불과한 것이고, 현재 우리나라 법원의 실무는 권면액과 상관없이 확정되어 있지 않았거나 채권으로 성립조차 되지 않은 것들에 대해서도 무제한적으로 압류 및 전부명령을 내리고 있다. 판례는 공탁금회수청구권에 대해서 공탁자의 공탁금회수권 행사가 있지 않더라도 압류 및 전부명령이 인정된다는 입장이다.[439]

전부명령이 제3채무자에게 송달될 때까지 그 금전채권에 관하여 다른

---

437) 권면액이 존재할 수 없는 비금전채권은 전부명령의 대상이 될 수 없다. 그러나 판례가 말하는 권면액은 단지 금전채권으로 표시될 수 있는 명목, 타이틀일 뿐이고, 실제의 가치를 나타내는 것은 아니다. 따라서 대부분 판례는 권면액에 대한 언급이 없이 장래의 채권(공무원에게 지급될 장래 지급될 봉급, 사용자가 근로자에게 지급하는 퇴직금, 합자회사 유한책임사원의 지분환급청구권 등), 조건부 채권(경매 취하 조건의 보증금반환채권, 매매계약 해제되면 발생하는 대금반환채권, 타회시 발생하는 골프회원권 예치금반환채권, 임대차계약이 종료되어야 발생하는 임차보증금반환채권 등), 반대의무 있는 채권(도급계약에 의한 공사 완성 전 공사대금채권) 등에 대해서 전부명령이 가능한 것으로 본다. 이와 달리 학설은 일치하여 장래의 채권, 조건부채권, 반대의무에 걸린 채권의 경우에는 권면액이 없다고 본다. 일본의 판례와 통설 역시 일치하여 장래채권이 확정된 경우에 권면액을 인정하고 있어 그렇지 않은 채권에 대해서는 전부명령을 불허하거나 일정한 한도로 제한하고 있다.

438) 대법원 2002. 11. 8. 선고 2002다7527 판결 "건설업자가 지방자치단체가 지방재정법과 그 시행령 및 그에 의하여 준용되는 국가를당사자로하는계약에관한법률과 그 시행령에 의하여 시행하는 공사의 경쟁입찰에 참가하여 낙찰자로 결정된 후 낙찰자의 채권자가 낙찰자를 채무자로 하고, 지방자치단체를 제3채무자로 하여 낙찰자가 지방자치단체와 장차 공사도급계약을 체결하고 공사를 시공함에 따라 지방자치단체로부터 지급받게 될 공사대금채권에 대하여 채권압류 및 전부명령을 받은 경우, 피압류 및 전부채권인 공사대금채권은 그 발생의 기초가 확정되어 있어 채권의 특정이 가능할 뿐 아니라, 공사대금이 확정되어 있어 권면액도 있으며, 가까운 장래에 채권이 발생할 것이 상당한 정도로 확실시되므로 그 공사대금채권에 대한 채권압류 및 전부명령은 유효하다."

439) 대법원 1981. 2. 10. 선고 80다77 판결

채권자가 압류·가압류 또는 배당요구를 한 경우에는 전부명령은 효력을 가지지 아니한다. 전부명령이 무효라 하여도 압류명령은 유효한 것이므로 이에 터 잡아 추심명령을 신청하거나 경합상태가 해소된 후 다시 전부명령을 신청하는 것은 가능하다.[440] 전부명령은 확정되어야 효력을 가진다. 전부명령이 확정되면 피압류채권은 전부명령이 제3채무자에게 송달된 때에 소급하여 집행채권의 범위 안에서 당연히 전부채권자에게 이전하고 동시에 집행채권 소멸의 효력이 발생하는 것이며, 이 점은 피압류채권이 그 존부 및 범위를 불확실하게 하는 요소를 내포하고 있는 장래의 채권인 경우에도 마찬가지다. 장래의 채권에 관하여 압류 및 전부명령이 확정되면 그 부분 피압류채권은 이미 전부채권자에게 이전된 것이므로 그 이후 동일한 장래의 채권에 관하여 다시 압류 및 전부명령이 발하여졌다고 하더라도 압류의 경합은 생기지 않고, 다만 장래의 채권 중 선행 전부채권자에게 이전된 부분을 제외한 나머지 중 해당 부분 피압류채권이 후행 전부채권자에게 이전된다.[441] 전부명령이 확정된 경우에는 전부명령이 제3채무자에게 송달된 때에 채무자가 채무를 변제한 것으로 본다. 다만, 이전된 채권이 존재하지 아니한 때에는 그러하지 아니하다. 유체물의 인도나 권리이전의 청구권에 대하여는 전부명령을 하지 못한다.

제10절 금전채권 외의 채권에 기초한 강제집행

금전으로의 환가를 전제로 하지 않는 채권에 기초한 강제집행에는 주는 채무에 관한 인도청구권의 집행과 하는 채무에 관한 의사진술을 명하는 재판의 집행이 있다.

동산인도청구권의 경우 동산의 직접점유의 이전을 목적으로 하는 청구권을 말한다. 이 경우 집행관이 집행기관이며, 채권자는 집행관에게 집행을 위임하여 집행관이 목적물을 채무자 또는 그 법정대리인으로부터 빼앗아

440) 대법원 1976. 9. 28. 선고 76다1145, 1146 판결
441) 대법원 2004. 9. 23. 선고 2004다29354 판결

집행한다. 집행관은 빼앗은 물건을 바로 채권자에게 인도항여야 하는데, 인도할 수 없는 때에는 채권자의 지시가 있을 때까지 보관하여야 한다. 유아인도를 명하는 재판에 관한 집행의 경우 유아가 의사능력이 있는 경우에 그 유아 자신이 인도를 거부하는 경우에는 집행불능이라 할 것이다.

건물을 건물소유자 이외의 제3자가 점유하고 있는 경우 건물철거의 집행권원을 얻어 철거집행을 하려면 먼저 제3자에 대한 퇴거의 집행권원을 얻어 퇴거 집행을 우선 하여야만 한다. 그 후에 비로소 건물철거 집행을 할 수 있다. 퇴거의 강제집행은 집행관이 직접 실력으로 채무자의 점유를 빼앗아 채권자에게 인도하여 그 점유를 취득하게 한다. 간접점유자가 직접점유자를 통하여 부동산을 간접적으로 점유하고 있는 경우 간접점유자 및 직접점유자에 대한 채무명의를 가지고 부동산에 대한 인도청구권을 집행하는 채권자로서는 현실적으로 직접점유자에 대하여 인도집행을 함으로써 간접점유자에 대한 인도집행을 한꺼번에 할 수밖에 없으므로, 직접점유자에 대하여 부동산에 대한 인도집행을 마치면 간접점유자에 대하여도 집행을 종료한 것으로 보아야 할 것이고, 또한 강제집행정지는 집행 종료 후에는 허용되지 아니한다.[442)]

토지소유권에 기한 건물철거 및 그 토지(대지)명도청구소송에 있어서 건물철거청구는 그 토지명도 청구권에 터잡아 하는 것이며 건물철거는 그 토지명도의 수단내지 이행의 태양으로서 그 명도청구권의 내용에 불과하고 그 토지명도집행의 방법을 명시하는데 지나지 않는 다 할 것이어서 위 청구에 기한 건물철거 및 토지명도를 명하는 판결의 집행에 있어서는 건물철거와 그 건물의 부지의 명도집행까지 끝나지 아니하면 그 토지의 인도집행은 아직 종료되지 아니하였다고 해석함이 타당하고 한편 위 건물의 철거를 동시에 집행하지 아니하고 위 토지 명도집행만을 함에 있어서는 그 건물의 용도에 따라 현상유지에 일반적으로 필요하다고 인정되는 범위내의 토지는 제외하고 그 부분에 관한 명도집행은 그 건물철거시에 그 철거와 함께 이를 하지 아니하면 아니된다.[443)] 즉 토지인도청구의 강제집행은 그 집행

442) 대법원 2000. 2. 11. 자 99그92 결정
443) 대법원 1977. 6. 30. 자 77마59 결정

권원에 그 지상건물 또는 수목의 철거·수거를 명하고 있어야만 가능하고, 그렇지 않으면 토지인도집행은 불가능한 것이다.

인도의 목적물을 채무자가 아닌 제3자가 점유하고 있는 때에는 원칙적으로 집행이 불가능하기 때문에 이 경우 채무자가 제3자에 대하여 인도청구권을 가지는 때에는 채무자의 인도청구권을 채권자가 압류하여 넘겨받아 채무자에 갈음하여 제3자에게 직접 자기 또는 집행권원에 따른 다른 제3자에게 인도할 것을 청구할 수 있다.

대체적 작위채무에 대한 강제집행으로서는 대체집행만 인정된다. 판결이 집행권원인 경우에는 제1심 수소법원이 집행기관으로 된다. 집행권원이 가집행선고 있는 판결인 경우 사건이 상소심에 계속 중이라도 관할법원은 제1심 수소법원이다. 대체집행 신청이 정당하면 법원은 채권자에 대하여 제3자로 하여금 채무자에 갈음하여 채무자의 비용으로 집행권원의 내용인 작위를 실시하게 하는 권능을 수여하는 수권결정을 한다. 수권결정은 일반적으로 집행관으로 하여금 작위를 실시하는 내용을 담고 있다. 부작위채무에 대한 강제집행은 간접강제에 의하는 것이 원칙이다. 그러나 부작위의무위반으로 생긴 상태의 제거는 작위채무에 해당하므로 대체집행이 인정된다. 부작위채무와 부대체적 작위채무에 대한 강제집행은 간접강제에 의한다. 간접강제 결정을 위해서는 반드시 채무자를 심문하여야 한다. 채무자가 간접강제결정에도 불구하고 채무이행을 하지 않으면 간접강제결정을 집행권원으로 하여 금전집행의 방법에 따라 배상금을 추심한다.

의사표시를 하여야 할 채무의 강제집행은 인낙·화해조서의 성립이나 그 이행판결의 확정으로서 의사의 진술이 행하여진 것으로 간주된다. 따라서 현실적인 강제집행절차는 없다. 집행문을 받을 필요도 없지만, 반대의무의 이행을 조건으로 하는 경우에는 집행문이 필요하고[444], 변론종결 후에 당사자가 변경된 경우에는 승계집행문이 필요하다.

---

444) 대법원 1979. 5. 22. 자 77마427 결정 "조건부 의사진술을 명하는 재판은, 그 조건이 성취되어 집행문이 부여될 때 의사를 진술한 것과 동일한 효력이 발생하고, 집행기관이 관여하는 현실적인 강제집행절차가 존재할 수 없으므로, 강제집행의 정지도 있을 수 없으니, 등기공무원은 강제집행정지결정에 구애됨이 없이 등기신청을 받아들여 등기기입을 할 수 있다."

著者略曆

韓國外國語大學校 法科大學 卒業
法學博士(韓國外國語大學校)
全北大學校 法科大學・法學專門大學院 副敎授

민사실무 입문

지 은 이 황태윤
펴 낸 이 서거석
펴 낸 곳 전북대학교 출판문화원

초판 1쇄 인쇄 | 2014년 12월 25일
초판 1쇄 발행 | 2014년 12월 30일

등록번호 제465-2012-000021호
주 소 전라북도 전주시 완산구 어진길 32(풍남동2가)
전 화 (063) 219-5321~2
팩 스 (063) 219-5323

ISBN 978-89-98534-43-1 93360 **값** 22,000원

이 도서의 국립중앙도서관 출판예정도서목록(CIP)은 서지정보유통지원시스템 홈페이지(http://seoji.nl.go.kr)와 국가자료공동목록시스템(http://www.nl.go.kr/kolisnet)에서 이용하실 수 있습니다.(CIP제어번호: CIP2014032414)